Die Durchbrechungen des Gesamtstatuts
im internationalen Ehegüterrecht

Studien zum vergleichenden und internationalen Recht -
Comparative and International Law Studies

Herausgeber: Bernd von Hoffmann und Erik Jayme

Band 68

PETER LANG
Frankfurt am Main · Berlin · Bern · Bruxelles · New York · Oxford · Wien

Tobias Bosch

Die Durchbrechungen des Gesamtstatuts im internationalen Ehegüterrecht

Unter besonderer Berücksichtigung deutsch-französischer Rechtsfälle

PETER LANG
Europäischer Verlag der Wissenschaften

Die Deutsche Bibliothek - CIP-Einheitsaufnahme

Bosch, Tobias:

Die Durchbrechungen des Gesamtstatuts im internationalen Ehegüterrecht : unter besonderer Berücksichtigung deutsch-französischer Rechtsfälle / Tobias Bosch. - Frankfurt am Main ; Berlin ; Bern ; Bruxelles ; New York ; Oxford ; Wien : Lang, 2002
(Studien zum vergleichenden und internationalen Recht ; Bd. 68)
Zugl.: Heidelberg, Univ., Diss., 2001
ISBN 3-631-39124-2

D 16
ISSN 0930-4746
ISBN 3-631-39124-2

www.peterlang.de

Meinen Eltern und Dorit

Vorwort

Die vorliegende Arbeit wurde im Frühjahr 2000 abgeschlossen und im Sommersemester 2001 von der juristischen Fakultät der Ruprecht-Karls-Universität Heidelberg als Dissertation angenommen. Rechtsprechung und Literatur befinden sich im Wesentlichen auf dem Stand vom Frühjahr 2000.

Mein herzlicher Dank gilt meinem Doktorvater, Herrn Prof. Dr. Dr. h.c. mult. Erik Jayme für die Betreuung des Promotionsvorhabens. Bereits während des Referendariats habe ich eine interessante und wertvolle Zeit als wissenschaftllicher Assistent an seinem Institut für ausländisches und internationales Privat- und Wirtschaftsrecht verbringen dürfen.

Weiter möchte ich mich bei Herrn Prof. Dr. Heinz-Peter Mansel bedanken, der nicht nur mein Zweitkorrektor war, sondern mir bereits während der Erstellung der Promotion stets hilfreich und freundschaftlich zur Seite stand.

Der Graduiertenstiftung Baden-Württemberg bin ich für die finanzielle Unterstützung zu Dank verpflichtet, ohne die die Arbeit nicht in dieser Form zustandegekommen wäre. Weiterer Dank gebührt dem Max-Planck-Institut für ausländisches und internationales Privatrecht in Hamburg, das mir die Nutzung der Bibliothek gestattete und einen Arbeitsplatz zur Verfügung stellte.

Schließlich gilt mein Dank all denjenigen, die bei der Erstellung der Arbeit im großen und kleinen tatkräftig mitgewirkt haben, insbesondere Uli, Gero, Maxi, Katja, Judith und Frau Pivl, sowie allen Freunden, die mich während dieser Zeit unterstützt haben.

Ich widme die Arbeit meinen Eltern, ohne deren umfassende Unterstützung weder mein Studium noch diese Arbeit möglich gewesen wäre sowie Dorit, die ich während der Erstellung dieser Arbeit kennen und lieben gelernt habe und nicht mehr missen möchte.

Frankfurt am Main, im Januar 2002 Tobias Bosch

Inhaltsverzeichnis

Abkürzungsverzeichnis

a.A.	anderer Ansicht
a.a.O.	am angegebenen Ort
A.C.	Appeal Cases
AcP	Archiv für die civilistische Praxis
a.E.	am Ende
a.F.	alter Fassung
Abs.	Absatz
AgrarR	Agrarrecht
al.	Alinéa
ALL E.R.	The All England Law Reports
Am.Dec.	American Decisions
Am.J Legal History	American Journal of Legal History
Am.J.Comp.L.	The American Journal of Comparative Law
AmJur	American Jurisprudence
AmJur2d	American Jurisprudence, Second Edition
Aufl.	Auflage
AußStrG	Gesetz über das Verfahren in Rechtsangelegenheiten außer Streitsachen (Österreich)
BayOLG	Bayrisches Oberstes Landesgericht
BayOLGZ	Entscheidungen des Bayrischen Obersten Landesgerichts in Zivilsachen
Bd.	Band
BE	Entscheidungen des Schweizer Bundesgerichts
bearb.	Bearbeitet
Begr.	Begründer

BerGesVR	Berichte der deutschen Gesellschaft für Völkerrecht
BGBl.	Bundesgesetzblatt
BGH	Bundesgerichtshof
BGHZ	Entscheidungen des Bundesgerichtshofs in Zivilsachen
BVerfG	Bundesverfassungsgericht
BWNotZ	Zeitschrift für das Notariat in Baden-Württemberg
Bzw.	Beziehungsweise
C.c.	Code civil
C.J.	Corpus Juris
C.J.S.	Corpus Juris Secundum
CC.	Codigo Civil
Ch.	Law Reports Chancery Division
Chap.	Chapter
Chron.	Chronique
cod.civ.	codice civile
Colum.L.Rev.	Columbia Law Review
Conv.	The Conveyancer and Property Lawyer
Corn.L.Q.	Cornell Law Quarterly
D.	Receuil Dalloz
D.i.p.	Droit international privé
D.L.R.	Dominion Law Reports
DAVorm.	Der Amtsvormund
DDR	Deutsche Demokratische Republik
Defrénois	Répertoire du Notariat Defrénois
Ders.	Derselbe

Disp. prel.	Disposizioni preliminari
DJZ	Deutsche Juristenzeitung
DNotZ	Deutsche Notar-Zeitschrift
DtZ	Deutsch-Deutsche Rechts-Zeitschrift
ed.	Edition
EGBGB-E	Gesetzesentwurf der Bundesregierung: Entwurf eines Gesetzes zur Neuregelung des Internationalen Privatrechts
Einl.	Einleitung
Engl.	Englisch
EStG	Einkommenssteuergesetz
F	Federal Reporter
f, ff	folgend(e)
F.A.Z.	Frankfurter Allgemeine Zeitung
FamRZ	Zeitschrift für das gesamte Familienrecht
Fasc.	Fascicule
franz.	Französisch
FS	Festschrift
Gaz.Pal.	Gazette du Palais
GBO	Grundbuchordnung
Geo.L.J.	Georgetown Legal Journal
GleichberG	Gleichberechtigungsgesetz
Grdz.	Grundzüge
h.M.	herrschende Meinung
Harvard L.Rev.	Harvard Law Review
HöfeO	Höfeordnung
Hrsg.	Herausgegeben
HS	Halbsatz

i.S.	im Sinne
Ivm.	in Verbindung mit
insbes.	Insbesondere
IntGesR	Internationales Gesellschaftsrecht
IntSachenR	Internationales Sachenrecht
IntVertragsR	Internationales Vertragsrecht
IPG	Gutachten zum internationalen und ausländischen Privatrecht
IPR	internationales Privatrecht
IPRax	Praxis des Internationalen Privat- und Verfahrensrechts
J.C.	Juris Classeur
JherJb.	Jherings Jahrbücher für die Dogmatik des deutschen Rechts; bis 1896 Jahrbücher für die Dogmatik des heutigen römischen und deutschen Privatrechts
JN	Jurisdiktionsnorm
JW	Juristische Wochenschrift
JZ	Juristenzeitung
Kap.	Kapitel
KG	Kammergericht
L. Rev.	Law Review
L.J.	Law Journal
L.Q.R.	Law Quarterly Review
L.T.R.	Law Times Reports
Lit.	Literatur
LOPJ	Ley Orgánica del Poder Judical
LRC	Law Reform Commission

M.M.	Mindermeinung
m.w.N.	mit weiteren Nachweisen
MDR	Monatsschrift für deutsches Recht
Minn.L.Rev.	Minnesota Law Review
MittBayNotK	Mitteilungen des Bayrischen Notarvereins
MittRhNotK	Mitteilungen der Rheinischen Notarkammer
MPI	Max-Planck-Institut für ausländisches und internationales Privatrecht
N.E.	Northeastern Reporter
N.W.	Northwestern Reporter
N.Y.S.	New York Supplement
NiemZ	Niemeyers Zeitschrift für Internationales Recht
NIPR	Nederlands Internationaal Privaatrecht
NJW	Neue Juristische Wochenschrift
NJW-RR	Neue Juristische Wochenschrift – Rechtsprechungs-Report Zivilrecht
NZ	Österreichische Notariats-Zeitung
OLG	Oberlandesgericht
OR	Obligationenrecht
P	Pacific Reporter
P.I.L	Private International Law
Prot.	Protokoll
RAG	Rechtsanwendungsgesetz der DDR
Rev.crit.d.i.p.	Revue critique de droit international privé
RGBl.	Reichsgesetzblatt
Rn.	Randnummer
Rpfleger	Der deutsche Rechtspfleger

Rsp.	Rechtsprechung
Rev.trim.dr.civ.	Revue trimestrielle de droit civil
S.	Seite
S.E.	South Eastern Reporter
S.L.T.	The Scots Law Times
S.W.	Southwestern Reporter
SchlHA	Schleswig-Holsteinische Anzeigen
SchwJbIntR	Schweizerisches Jahrbuch für internationales Recht
Stan.L.R.	Stanford Law Review
StAZ	Das Standesamt
TCFDIP	Traveaux du comité français de Droit International Privé
Tul.L.R.	Tulane Law Review
u.ä.	und ähnliches
U.Chi.L.Rev.	The University of Chicago Law Review
U.L.A.	Uniform Laws Annotated
U.S.	United States Reports
Urt.	Urteil
v.	Versus
v.	Vom
Va.J.Int.L.	Virginia Journal of International Law
VFGüterstandG	Gesetz über den ehelichen Güterstand von Vertriebenen und Flüchtlingen
W.L.R.	Weekly Law Reports
Will.	William
ZfRV	Zeitschrift für Rechtsvergleichung
ZGB	Das Schweizer Zivilgesetzbuch

ZGB	Das Zivilgesetzbuch der Deutschen-Demokratischen Republik
ZHR	Zeitschrift für das gesamte Handelsrecht
ZIP	Zeitschrift für Wirtschaftsrecht; bis 1982 : Zeitschrift für Wirtschaftsrecht und Insolvenz-praxis
zit.	Zitiert
ZMR	Zeitschrift für Miet- und Raumrecht
ZPO	Zivilprozeßordnung
ZRP	Zeitschrift für Rechtspolitik
ZVglRWiss	Zeitschrift für Vergleichende Rechtswissen-schaft
ZVR	Zwangsvollstreckungsrecht
ZZP	Zeitschrift für Zivilprozeß

Einleitung

Die Bedeutung des internationalen Familienrechts wird innerhalb des internationalen Privatrechts in Zukunft stark zunehmen, da die Zahl der Ehen, die Auslandsbezug haben, steigende Tendenz aufweist. So ist der Anteil binationaler Ehen von 3,6 Prozent im Jahr 1950 auf 12,7 Prozent im Jahr 1996 gestiegen. In Berlin wurden etwa 25 Prozent der Ehen zwischen einem Deutschen und einem ausländischen Partner geschlossen und der Bezirk Kreuzberg weist sogar eine Quote von 49 Prozent binationaler Ehe auf.[1] Damit wird auch den Problemen des internationalen Güterrechts, mit denen sich die vorliegende Arbeit beschäftigt, vermehrt Gewicht zukommen.

Im Zentrum der Arbeit steht die Frage, in welchen Fällen das deutsche internationale Ehegüterrecht, das grundsätzlich eine einheitliche Anknüpfung des Vermögens der Ehegatten anordnet, eine Durchbrechung dieser Einheit zuläßt mit der Folge, daß verschiedene Güterstatute die Vermögensverhältnisse der Ehegatten regieren. Die Arbeit weist dabei zwei zentrale Zielsetzungen auf: In der Hauptsache untersucht sie, in welchen Einzelfällen es zu einer Durchbrechung des güterrechtlichen Gesamtstatuts kommt und versucht die Reichweite der Durchbrechungen des Gesamtstatuts in der jeweiligen Fallgruppe zu bestimmen. Darüber hinaus soll aber auch anhand der in der Einzelanalyse gewonnenen Ergebnisse ein Blick auf das grundsätzliche Verhältnis von Gesamtstatut und Einzelstatut geworfen werden.

Das deutsche internationale Ehegüterrecht basiert, anders als das Kollisionsrecht anderer Länder, auf dem Prinzip der Einheit des Vermögensstatuts, d.h. der rechtlichen Beurteilung des gesamten Vermögens der Ehegatten durch eine einzige Rechtsordnung (Gesamtstatut). Das Prinzip der Einheit des Güterrechtsstatuts wird als eine der großen Errungenschaften des letzten Jahrhunderts angesehen[2] und stellt neben dem Gleichlauf des internationalen Ehegüterrechts mit dem allgemeinen Ehewirkungsrecht und dem Grundsatz der Unwandelbarkeit des Güterstatuts eine der „drei güterkollisionsrechtlichen Maximen" dar.[3] Allerdings kennt das deutsche Kollisionsrecht bereits seit in Kraft treten des EGBGB Möglichkeiten der Durchbrechung des einheitlichen Ehegüterstatuts zugunsten anderer Rechtsordnungen, so zunächst durch die Artt. 27, 28 EGBGB a.F., die im Zuge der IPR-Reform in die Artt. 3 III und 4 EGBGB überführt wurden. Die IPR-Reform erweiterte die Möglichkeiten zur Durchbrechung der Vermögenseinheit für den Bereich des Güterrechts durch die Einführung des Art. 15 II EGBGB.

---

[1] Vgl. den Bericht in der FAZ vom 5.6.1998, 9.

[2] Vgl. Jayme IPRax 1986, 265, 269 zur erbrechtlichen Vermögenseinheit.

[3] v.Bar, IPR II, Rn. 210.

Die güterrechtliche Konstellation der Durchbrechung des Gesamtstatuts läßt sich anhand eines Falles aufzeigen, der einer Entscheidung des LG Mainz zugrunde lag:[4] die Ehegatten, die im gesetzlichen Güterstand der Teilrepublik Bosnien-Herzogovina lebten, wählten für ein in ihrem Eigentum befindliches, in Deutschland belegenes Grundstück das Ehegüterrecht des Lageortes gemäß Art. 15 II Nr. 3 EGBGB. Das auf Grund des ehegüterrechtlichen Gesamtstatuts gemäß Artt. 15 I, 14 I EGBGB grundsätzlich auf alle Gegenstände anwendbare bosnisch-herzegowinische Güterrecht wird für einen speziellen Fall, nämlich das deutsche Grundstück, zugunsten des deutschen Ehegüterrechts durchbrochen, so daß zwei verschiedene Güterrechte nebeneinander gelten.

Dabei ist die Bezeichnung des vom Gesamtstatut abweichenden Statuts als Einzelstatut mißverständlich.[5] So wird häufig von einem Einzelstatut gesprochen, ohne inhaltlich zwischen dem sachenrechtlichen Einzelstatut und dem vermögensrechtlichen Einzelstatut zu trennen. Das vermögensrechtliche Einzelstatut hat aber mit dem Sachstatut, also derjenigen Rechtsordnung, der ein zum Vermögen gehörender Einzelgegenstand als rechtliches Einzelobjekt untersteht, nichts zu tun.[6] Vielmehr handelt es sich insoweit um ein territorial begrenztes familien- oder erbrechtliches Sonderstatut,[7] das insoweit von der lex rei sitae beherrscht wird. Sind innerhalb eines Landes mehrere Gegenstände belegen, die unter das familien- oder erbrechtliches Sonderstatut fallen, werden diese Gegenstände also wiederum von dem einheitlichen familienrechtlichen Sonderstatut zu einer Einheit zusammengefaßt. Um den bestehenden Unterschied auch sprachlich auszudrücken, wird deshalb vorgeschlagen, zwischen vemögensrechtlichem Gesamtstatut, vermögensrechtlichem Sonderstatut und sachenrechtlichem Einzelstatut zu unterscheiden.[8] Um den vornehmlich bei Art. 3 III EGBGB geprägten Begriff des vermögensrechtlichen Einzelstatuts aber beibehalten zu können, wird in dieser Arbeit zwischen Einzelstatut und Sachstatut als *sachenrechtlichem* Einzelstatut unterschieden.[9]

Insgesamt sieht das Gesetz nach der IPR-Reform vier Möglichkeiten zur Durchbrechung des güterrechtlichen Gesamtstatuts vor:

---

[4] LG Mainz, Beschl. v. 14. 12. 1992, DNotZ 1994, 564.

[5] v.Bar, IPR I, Rn. 534; Thoms, Einzelstatut, 7.

[6] Staudinger/Stoll, IntSachR, Rn. 182; Firsching/v.Hoffmann, IPR, § 2, Rn. 33. Vgl. im einzelnen zur Abgrenzung von Sach- und Vermögensstatut u. S. 123 ff.

[7] Staudinger/Stoll, IntSachenR, Rn. 182 m.w.N.; Thoms, Einzelstatut, 7; Wolff, IPR, 81 f.

[8] So Stoll, IntSachenR, Rn. 182, vgl. auch Wolf, IPR, 81 f.

[9] Die Begriffsbestimmung entspricht insofern der natürlichen Betrachtungsweise, da der Begriff Sachstatut bereits impliziert, daß sich das Statut auf die sachenrechtlichen Fragen bezieht.

1) durch den in Art. 3 III EGBGB normierten Vorrang des Belegenheitsstatuts für Gegenstände, die besonderen Vorschriften unterliegen und sich nicht in dem Staat befinden, dessen Güterrechtsstatut Anwendung findet,
2) durch Teilrück- oder weiterverweisungen eines ausländischen Kollisionsrechts, welches eine Rechtsspaltung vorsieht,
3) durch Rechtswahl eines anderen Güterstatuts für unbewegliches Vermögen gemäß Art. 15 II Nr. 3 EGBGB und
4) durch eine spätere Wahl eines Güterstatuts gemäß Art. 15 II Nr. 1, Nr. 2 EGBGB, die von dem ursprünglichen Güterrechtsstatut abweicht.

Bei den drei ersten Fallgruppen handelt es sich um die klassische Form der Durchbrechung des kollisionsrechtlichen Gesamtstatuts, wie sie oben erläutert wurde; es gelten unterschiedliche Güterstatute nebeneinander. Die vierte Konstellation beruht hingegen auf einer zeitlichen Spaltung des Vermögensstatuts, die zu den gleichen Rechtsfolgen, nämlich der gleichzeitigen Anwendung verschiedener Güterstände auf das Vermögen der Ehegatten, führt, weshalb auch die vierte Konstellation in diesem Zusammenhang zu behandeln ist. Da das Altstatut in den unter diesem Güterstatut erworbenen Gegenständen gleichzeitig mit dem Neustatut weiterlebt, kann diese Fallgruppe auch terminologisch zu den Durchbrechungen des einheitlichen Vermögensstatuts gerechnet werden.

Damit ergibt sich folgender Aufbau: Zunächst wird die geschichtliche Entwicklung hin zu einem einheitlichen Güterstatut sowie die Bestimmung des allgemeinen Güterstatuts nach dem geltenden Kollisionsrecht behandelt. Von besonderem Interesse ist in diesem Zusammenhang eine Analyse der Übergangsvorschrift des Art. 220 III EGBGB, der prinzipiell die Möglichkeit einer zeitlichen Spaltung in zwei Güterrechtsstatute enthält und damit der vierten Fallgruppe entspricht (Kapitel 1).[10]
Die folgenden Kapitel befassen sich dann mit den vier Fallgruppen der Durchbrechung des Vermögensstatuts, also mit den Durchbrechungen des Gesamtstatuts auf Grund einer objektiv abweichenden Anknüpfung des Einzelstatuts sowie auf Grund einer abweichenden Rechtswahl. Diese beiden Fälle sind dabei prinzipiell getrennt zu behandeln, da die ihnen zugrunde liegende Interessenlage zumindest teilweise differiert. Bei der Behandlung des Art. 3 III EGBGB kommt es neben dem Hauptproblem, was unter den besonderen Vorschriften im Sinne dieser Norm zu verstehen ist, zu einer Auseinandersetzung mit der geschichtlichen Entwicklung der Vorschrift, mit strukturellen Fragen sowie dem Anwendungsbereich der Norm (Kapitel 2). Die Spaltung infolge eines Renvoi wird, da unproblematisch, ebenfalls im Rahmen des 2.Kapitels behandelt. Die

[10] Von einer gesonderten Aufnahme in die Fallgruppen der Durchbrechungen des Gesamtstatuts wurde abgesehen, da es sich bei Art. 220 EGBGB nur um eine Übergangsvorschrift handelt und die Lösungen mit denen der vierten Fallgruppe übereinstimmen.

Untersuchung des Art. 15 II Nr. 3 EGBGB beschäftigt sich zum einen ausführlich mit dem Haager Ehegüterrechtsabkommen von 1978, das als Vorbild für die Einführung der Vorschrift gedient hat, zum anderen mit der Vielzahl der mit der Auslegung der Norm verbundenen Probleme (Kapitel 3). Der Schwerpunkt bei der Bearbeitung des Art. 15 II Nr. 1 und Nr. 2 EGBGB ist die Prüfung, inwieweit das Altstatut nach einer Rechtswahl für die bisherigen Gegenstände weiter Geltung behält (Kapitel 4).
Im Anschluß an die Untersuchung der einzelnen Fälle der Durchbrechungen des Gesamtstatuts wird die Erforderlichkeit von Ausgleichsansprüchen bei einer solchen Konstellation angesprochen (Kapitel 5). In einem letzten Schritt werden die in den vorherigen Kapiteln gewonnenen Erkenntnisse praktisch umgesetzt und die Durchbrechungen des Gesamtstatuts in deutsch-französischen Rechtsfällen mitsamt den in diesem Zusammenhang auftretenden Qualifikationsproblemen untersucht (Kapitel 6). Abschließend beschäftigt sich die Schlußbetrachtung mit dem prinzipiellen Verhältnis von Einzel- und Gesamtstatut aus der Sicht des heutigen IPR (Kapitel 7).

Kapitel 1:

Geschichtliche Entwicklung und Bestimmung des Ehegüterstatuts im deutschen internationalen Privatrecht

Dieses Kapitel befaßt sich mit der Bestimmung des Güterstandes ohne Durchbrechung des Gesamtstatuts nach deutschen IPR, um zu zeigen, wie sich das Gesamtstatut im internationalen Ehegüterrecht ermittelt. Dabei werden zwei Schwerpunkte gesetzt: Zunächst wird ein historischer Abriß über die Entstehung eines einheitlichen Güterstatuts im deutschen IPR gegeben. Im Anschluß daran werden die deutschen Kollisionsnormen zur Bestimmung des Güterstandes analysiert, wobei insbesondere der Einordnung der mittelbaren Rechtswahl, der objektiven und subjektiven Anknüpfung sowie der intertemporalen Übergangsnorm des Art. 220 III EGBGB besondere Beachtung geschenkt wird.

I. Historische Entwicklung des Grundsatzes der kollisionsrechtlichen Einheit des Güterrechtsstatuts

Die Behandlung des güterrechtlichen Vermögensstatuts als Einheit, wie dies im heutigen deutschen IPR als nahezu selbstverständlich vorausgesetzt wird, war lange Zeit nicht vorherrschend. Vielmehr wurde vom Mittelalter bis zur Mitte des 18. Jahrhunderts in Deutschland, als Folge des damals geltenden kollisionsrechtlichen Territorialitätsprinzips,[11] meist angenommen, daß sich das unbewegliche Vermögen prinzipiell und damit auch in Fragen des Ehegüterrechts nach der lex rei sitae richtet.[12] Demgegenüber wurde das bewegliche Vermögen der Ehegatten von Beginn an nach dem Grundsatz *mobilia personam sequuntur* behandelt und an die lex domicilii des Ehemannes angeknüpft[13]. Anders als im Bereich des Erbrechts, wo diese gespaltene Anknüpfung lange Zeit die eindeutig vorherrschende war,[14] gab es im Bereich des Ehegüterrecht jedoch schon in der älteren Literatur Stimmen,[15] die eine

[11] Reichelt, Gesamtstatut, 15; v.Bar, IPR I, Rn. 420 f. Das Territorialitätsprinzip ging von einer Beschränkung des Statuts auf das jeweilige Gebiet auch in Beziehung auf die personalen Rechte aus (Wächter AcP 24 (1841) 230, 251, 275 ff).

[12] Kegel/Schurig, IPR, § 12 II 1; Ludwig v.Bar, IPR I, 506 ff. m.w.N.; so Andreas von Gail, Observatio 124, Nr.9 bei v.Bar/Dopffel, Deutsches Internationales Privatrecht, 119 ff.; David von Mevius, Buch 2, Titel 2, Art. 12, Nr. 401 ff., bei v.Bar/ Dopffel, Deutsches Internationales Privatrecht, 513 ff.; Christian Rodenburg bei Gutzwiller, Geschichte, 133 ff., insbes. 135 zur lex rei sitae.

[13] Ludwig v.Bar, IPR I, 506 ff. m.w.N., Kegel/Schurig, IPR, § 12 II 1.

[14] v.Bar/Dopffel, Deutsches Internationales Privatrecht, 11 f.; Tiedemann, Internationales Erbrecht, 3 f.; Meili, IPR II, 114 ff.

der älteren Literatur Stimmen,[15] die eine Anknüpfung an ein einheitliches Güterstatut forderten.
Aus diesem Grunde setzte die Entwicklung hin zu einem einheitlichen Vermögensstatut im Bereich des Familienrechts auch früher als im Erbrecht ein, so daß Carl v. Wächter[16] feststellen konnte, daß vom Ende des 17. Jahrhunderts an die meisten Autoren in Deutschland die Anwendung der lex rei sitae auf Grundstücke im internationalen Ehegüterrecht ablehnten. Auch Mittermaier[17] setzte sich in etwa zur gleichen Zeit mit Nachdruck für die einheitliche Be-handlung des Vermögens im Güter- und Erbrecht ein, ohne Rücksicht darauf, wo das Vermögen belegen ist und ob Grundstücke zu diesem Vermögen zu zählen sind. Die Begründung, die für eine einheitliche Behandlung des Vermögens gegeben wurde, war, daß es nicht Absicht der Ehegatten sein könne, zu gleicher Zeit in verschiedenen ehelichen Güterverhältnissen zu leben.[18] Die theoretische Grundlage für die allgemeine Geltung des Prinzips eines einheitlichen Güterrechtsstatuts in Deutschland wurde dann durch die von Carl v. Wächter eingeleitete Entwicklung der Ablösung der Statutentheorie, auf deren unterschiedlicher Einteilung die Spaltung des Güterrechts letztendlich beruhte, geschaffen.[19]

Eine solche geschichtliche Entwicklung ist jedoch nicht in allen Staaten zu beobachten. Vielmehr haben sowohl das angloamerikanische und die ihm folgenden Verweisungsrechte als auch z.B. Argentinien das System der Spaltung der Anknüpfung beibehalten. Diese Rechtsordnungen sind also im Gegensatz zum deutschen Recht nicht zu einer einheitlichen Betrachtung des Güterrechtsstatutes übergegangen.[20]

[15] Wolfgang Adam Lauterbach bei v.Bar/Dopffel, Deutsches Internationales Privatrecht, 542 ff., insbes. 549 m.w.N.; Johannes Nicolaus Hert bei Gutzwiller, Geschichte, 207 f., der allerdings keine klare Entscheidung trifft, im Ergebnis aber von Güterrechtseinheit ausgeht; Ludwig v.Bar IPR I., 506 ff. m.w.N.; Johannes Voet bei Gutzwiller, Geschichte, 149, der zunächst der lex rei sitae zugeneigt war, später aber eine vermittelnde Meinung vertreten hat, bei der er vom Ergebnis her zu einer Anwendung eines einheitlichen Vermögensstatuts kommt (vgl. auch die Nachweise zum Erb- und Ehegüterrecht bei Savigny VIII, 301-303, 327 f., 340).

[16] Wächter, AcP 25 (1842) 1, 47 ff.

[17] Vgl. Die ausführliche Darstellung der Ansichten Mittermaiers und seinen Einfluß auf spätere Autoren bei Jayme, Liber Memorialis Laurent, 805, 810 f.

[18] Savigny, VIII, 327 f.

[19] Kegel/Schurig, IPR, § 12 II 1.

[20] Staudinger[12]/v.Bar, Art. 15 EGBGB, Rn. 56; Staudinger/Hausmann, Art. 4 EGBGB, Rn. 173 ff.

II. Bestimmung des Güterrechtsstatuts im deutschen internationalen Privatrecht

Das deutsche internationale Privatrecht unterscheidet seit der Reform des EGBGB vom 1. 9. 1986 bei der Bestimmung des Ehegüterstatuts zwischen der objektiven Anknüpfung gemäß Art. 15 I EGBGB, der auf das Statut der allgemeinen Ehewirkungen des Art. 14 EGBGB verweist, und der subjektiven Anknüpfung gemäß Art. 15 II, III EGBGB, wonach die Ehegatten ihr Güterrechtsstatut unmittelbar durch Rechtswahl bestimmen können.[21]

1) Einordnung der mittelbaren Rechtswahl

Problematisch erscheint die Unterscheidung zwischen objektiver und subjektiver Anknüpfung im Bereich der sogenannten mittelbaren Rechtswahl gemäß Art. 15 I iVm. Art. 14 II, III EGBGB.[22] Hier stellt sich die Frage um welchen der beiden Fälle der Anknüpfung es sich handelt, da die Rechtswahl der Bestimmung des Güterstatuts *vorgelagert* ist und deshalb keinen unmittelbaren Einfluß auf die Bestimmung des Güterstatuts hat. Praktische Folgen kann diese Unterscheidung bei der Prüfung eines Renvoi haben. Soweit man eine mittelbare Rechtswahl als Rechtswahl ansieht, enthält diese Rechtswahl gemäß Art. 4 II EGBGB nur eine Verweisung auf das Sachrecht nicht aber auf das Kollisionsrecht des gewählten Staates. Demgegenüber würde im Falle einer objektiven Anknüpfung die mittelbaren Rechtswahl gemäß Art. 4 I EGBGB eine Gesamtverweisung auch auf das Kollisionsrecht des gewählten Staates enthalten, mit dem Ergebnis, daß es nicht zwangsläufig zur Anwendung des von den Parteien vorgesehenen Sachrechts kommt, solange man in dieser Konstellation nicht gemäß Art. 4 I 1 HS 2 EGBGB eine Ausnahme vom Grundsatz der Gesamtverweisung erblickt.[23]

Für die Einordnung der mittelbaren Rechtswahl als Rechtswahl wird angeführt,[24] daß nur eine solche dem Prinzip der Parteiautonomie entspräche, da einer der Hauptbereiche der Rechtswahl der allgemeinen Ehewirkungen in der

[21] MüKo/Siehr, Art. 15 EGBGB, Rn. 7 f.

[22] Zum Begriff der mittelbaren Rechtswahl, der nicht ganz einheitlich verwandt wird, sich aber nunmehr durchgesetzt hat, vgl. Staudinger/v.Bar/Mankowski, Art. 15 EGBGB, Rn. 80; Stoll, Rechtswahl, 8, Fn. 10 m.w.N.

[23] Teilweise wird die Einordnung der mittelbaren Rechtswahl nur anhand der Frage, ob ein Renvoi möglich ist, beantwortet. Systematisch gesehen sind jedoch beide Probleme voneinander zu trennen, da auch dann, wenn man von einer objektiven Anknüpfung ausgeht ein Ausschluß des Renvois angenommen werden kann, so daß diese Frage nicht entscheidend ist.

[24] Stoll, Rechtswahl, 10.

Bestimmung des Güterrechtsstatuts liege, und man die Rechtswahl nach Art. 14 II, III EGBGB sonst völlig entwerte. Auch sei der Renvoiausschluß nur so, und nicht etwa über eine Analogie zu Art. 4 II EGBGB[25] oder die Ausnahmeklausel des Art. 4 I 2 EGBGB[26] methodisch befriedigend zu begründen.[27]

Gegen diese Argumentation wird geltend gemacht, daß die nur mittelbare Geltung der Rechtswahl auf gesetzlicher Anordnung beruhe und nicht auf dem Parteiwillen, es sich also um eine objektive Anknüpfung handle, auf die der Parteiwille nur mittelbar Einfluß habe. [28] Außerdem habe der Gesetzgeber durch Aufspaltung des internationalen Familienrechts in verschiedene Bereiche gemäß Art. 14 ff. EGBGB (allgemeine Ehewirkungen, Ehegüterrecht etc.) eine Qualifikationsentscheidung dahingehend getroffen, daß kein einheitliches Statut für alle Bereiche bestehen solle. Eine Verknüpfung zwischen diesen Bereichen könne, folge man dem Gesetzgeber, nur durch gesetzliche Anknüpfung vorgenommen, nicht aber durch Parteiautonomie herbeigeführt werden. Infolge der Qualifikation in verschiedene Bereiche habe der Gesetzgeber die Rechtswahlmöglichkeit nach Art. 15 II EGBGB eingeführt. Diese Differenzierung dürfe aber nicht überspielt werden, zumal die Ehegatten einer Rechtswahl bei der Eheschließung jederzeit güterrechtliche Bedeutung beimessen können.[29]
Auch das weitere Argument, daß eine Sachnormverweisung methodisch nur durch eine subjektive Anknüpfung ausreichend begründet werden könne, vermag nicht zu überzeugen. Zwar ist in der Tat zuzugeben, daß es widersprüchlich erscheint, objektiv anzuknüpfen und das so gewonnene Ergebnis auf dem Wege einer Analogie zu Art. 4 II EGBGB, der seinem Wortlaut nach nur im Bereich der Rechtswahl gilt, auszuschließen. Gleiches läßt sich rechtskonstruktiv allerdings nicht für den Lösungsweg über Art. 4 I 1 HS 2 EGBGB sagen, da insoweit das Gesetz die Möglichkeit einer Ausnahme auch im Bereich der objektiven Anknüpfung vorsieht, wenn die Annahme einer Gesamtverweisung dem Sinn der Verweisung widerspricht. Eine solche Einschränkung der Gesamtverweisung ist im Falle einer mittelbaren Rechtswahl auch sinnvoll, da dadurch der Gleichlauf zwischen Ehewirkungsstatut und Güterstatut weitestgehend verwirklicht werden kann,[30] vor allem aber, weil nur so dem Vertrauen der Parteien in

[25] Kartzke, IPRax 1988, 8, 10 f.; Kötters, Parteiautonomie, 46 f.; Palandt/Heldrich, Art. 15 EGBGB, Rn. 2; Lüderitz, IPR, Rn. 346.

[26] Staudinger/v.Bar/Mankowski, Art. 15 EGBGB, Rn. 84 ff.; unklar Erman/Hohloch, Art. 15 EGBGB, Rn. 7, 21; offen MüKo/Siehr, Art. 15 EGBGB, Rn. 129.

[27] Stoll, Rechtswahl, 10, Fn. 19.

[28] Kühne, IPRax 1987, 69, 73.

[29] Staudinger/v.Bar/Mankowski, Art. 15 EGBGB, Rn. 83.

[30] Ein Auseinanderfallen ergibt sich, wenn später eine abändernde Wahl des Ehewirkungsstatuts stattfindet, denn für das Güterrecht gilt insoweit der Grundsatz der Unwandelbarkeit.

ihre Rechtswahl und dem Interesse der Vorhersehbarkeit für die Parteien Rechnung getragen werden kann.[31]

Im Ergebnis ist festzuhalten, daß die Lösung, auch die mittelbare Rechtswahl unter den Aspekt der subjektiven Anknüpfung zu fassen, durch ihre Einfachheit besticht, jedoch der gesetzlich vorgesehenen Differenzierung nicht ausreichend Rechnung trägt. Da die Einordnung der mittelbaren Rechtswahl als objektive Anknüpfung auch nicht an der Frage Sachnorm- oder Gesamtverweisung scheitert, weil insoweit auf konstruktiv anderem Weg Übereinstimmung erzielt werden kann, ist diese vorzuziehen. Damit ist eine gemäß Art. 14 II-IV EGBGB vorgenommene mittelbare Rechtswahl nach Art. 15 I EGBGB für die Bestimmung des Güterstatuts maßgeblich. Technisch darf die Rechtswahl nicht nach der Eheschließung vereinbart werden.[32]

2) Objektive Anknüpfung

Das deutsche Recht verweist in Art. 15 I EGBGB im Bereich der objektiven Anknüpfung auf das Recht der allgemeinen Ehewirkungen gemäß Art. 14 EGBGB jedoch mit der Besonderheit, daß das Ehegüterstatut unwandelbar, auf den Zeitpunkt der Eheschließung abstellend, bestimmt wird.[33]
Der Verweis bezieht sich auf die familienrechtliche Anknüpfungsleiter des Art. 14 I EGBGB, nach der stufenweise vorzugehen ist. Dieser folgend, wird auf der ersten Ebene an die gemeinsame Staatsangehörigkeit, auf der zweiten Ebene an den gemeinsamen gewöhnlichen Aufenthalt und wenn beides nicht besteht, an die sonstige gemeinsame engste Verbindung mit einem Staat angeknüpft.[34]

a) Anknüpfung an die gemeinsame Staatsangehörigkeit

Auf der Stufe der Anknüpfung an die Staatsangehörigkeit bestehen Unklarheiten bei Mehrstaatern, bei dem Erwerb oder Verlust der Staatsangehörigkeit durch die Eheschließung und bei Staatenlosen oder Flüchtlingen.

Nach Art. 5 I 1 EGBGB entscheidet bei ausländischen Mehrstaatern deren effektive Staatsangehörigkeit. Dies gilt selbst dann, wenn eine oder mehrere inef-

---

[31] Kartzke, IPRax 1988, 8, 10 f.; Kötters, Parteiautonomie, 46 f.; Palandt/Heldrich, Art. 15 EGBGB, Rn. 2; MüKo/Siehr, Art. 15 EGBGB, Rn. 129; a.A. Kühne; IPRax 1987, 69, 73; Rauscher, NJW 1988, 2151, 2154.

[32] Jayme, IPRax 1986, 265, 266; v.Bar, IPR II, Rn. 212.

[33] Kropholler, IPR, § 45 III; Soergel/Schurig, Art. 15 EGBGB, Rn. 2, 27 m.w.N.; ausführlich Pakuscher, Unwandelbarkeit, 6 ff.

[34] Staudinger/v.Bar/Mankowski, Art. 15 EGBGB, Rn. 23.

fektive Staatsangehörigkeiten übereinstimmen.[35] Zur Beurteilung der Effektivität der Staatsangehörigkeit sind laut Gesetz insbesondere der gewöhnliche Aufenthalt oder der Verlauf des Lebens heranzuziehen Zudem sind die kulturelle Prägung, die Sprache, berufliche und private Verbindungen sowie die Erfüllung staatsbürgerlicher Pflichten zu berücksichtigen.[36] Eine Ausnahme vom Grundsatz der Effektivität der Staatsangehörigkeit gilt gemäß Art. 5 I 2 EGBGB dann, wenn eine Staatsangehörigkeit die Deutsche ist. Nach dem kaum überwindbaren Gesetzeswortlaut ist in diesem Fall die deutsche Staatsbürgerschaft maßgeblich.[37]

Bei dem Erwerb einer zusätzlichen Staatsangehörigkeit durch Heirat, bei der es sich allerdings um eine heute kaum noch vorkommende Fallgruppe handelt, stellt sich die Frage, ob die hinzugewonnene Staatsangehörigkeit zur Bestimmung des Güterrechtsstatuts jedenfalls dann herangezogen werden kann, wenn es sich um eine effektive Staatsangehörigkeit handelt, oder ob sie gänzlich außer Betracht gelassen werden muß.[38]
Hier dürfte eine ex lege automatisch mit der Ehe erworbene effektive Staatsangehörigkeit[39] zu beachten sein. Die Gegenargumente,[40] daß die Staatsangehörigkeit erst als Folge der Eheschließung erworben werde, der Gesetzeswortlaut aber die Staatsangehörigkeit bei Eheschließung fordere, sowie, daß in der Berücksichtigung der hinzugewonnenen Staatsangehörigkeit eine mittelbare Bevorzugung des Mannesrechts liege, können nicht überzeugen. Das zuerst genannte Argument erweist sich als zu formaljuristisch, um den in Art. 5 EGBGB normierten Grundsatz der Effektivität zu überspielen, zumal der Wortlaut des Art. 15 I EGBGB, der von einer Staatsangehörigkeit *bei* Eheschließung spricht,

---

[35] MüKo/Siehr, Art. 15 EGBGB, Rn. 13 ff.; Staudinger/v.Bar/Mankowski, Art. 14 EGBGB, Rn. 34 ff.

[36] OLG Frankfurt, Beschl. v. 26. 11. 1993, FamRZ 1994, 715, 716; OLG München, Urt. v. 10. 11. 1993, FamRZ 1994, 634.

[37] Wohl h.M. Palandt/Heldrich, Art. 15 EGBGB, Rn. 17; Staudinger/v.Bar/Mankowski, Art. 14 EGBGB, Rn. 34 ff., Henrich, FamRZ 1986, 841, 845 f. Berechtigte Kritik und eine ausdifferenzierte Lösung nach verschiedenen Fallgruppen findet sich bei Mansel, Personalstatut, Rn. 231 ff.; MüKo/Siehr, Art. 15 EGBGB, Rn. 13 ff.

[38] Für eine Berücksichtigung der effektiven Staatsangehörigkeit Jayme, IPRax 1987, 95, 96; Mansel, Personalstatut, Rn. 281; Pakuscher, Unwandelbarkeit, 36 ff.; MüKo/Siehr, Art. 15 EGBGB, Rn. 11; Erman/Hohloch, Art. 15 EGBGB, Rn. 18.; dagegen Palandt/Heldrich, Art. 15 EGBGB, Rn. 17; Staudinger/v.Bar/Mankowski, Art. 15 EGBGB, Rn. 31 ff., Wochner, IPRax 1985, 90, 91.

[39] Insoweit ist nach der hier vertretenen Auffassung auch in diesem Fall Art. 5 I 2 EGBGB zu beachten. Beim Erwerb einer zusätzlichen Staatsangehörigkeit eines deutschen Ehegatten durch Eheschließung ist demnach die Effektivität der hinzuerworbenen Staatsangehörigkeit stets ausgeschlossen (Erman/Hohloch, Art. 15 EGBGB, Rn. 18).

[40] Vgl. insbesondere die Diskussion bei Staudinger/v.Bar/Mankowski, Art. 15 EGBGB, Rn. 31 ff.

auch eine andere Auslegung zuläßt.[41] Stellt man auf die Effektivität der hinzugewonnenen Staatsbürgerschaft der Frau ab, so besteht auch keine Bevorzugung des Mannesrechts, da insoweit auch das der Frau zugehörige Recht Ehegüterrecht wird.[42]
Praktisch gesehen hat dieser Streit in den meisten Fällen keine Bedeutung, da das Recht der gemeinsamen effektiven Staatsangehörigkeit regelmäßig mit dem gemeinsamen gewöhnlichen Aufenthalt zusammenfällt, so daß über Art. 15 I iVm. Art. 14 I Nr. 1 bzw. Nr. 2 EGBGB letztendlich ein übereinstimmendes Ergebnis erzielt wird.[43]
Gleiches gilt für den Verlust einer Staatsangehörigkeit, weil diese regelmäßig mit dem Erwerb der neuen Staatsangehörigkeit des Ehepartners einhergeht.[44]
Für Staatenlose und Flüchtlinge wird anstelle der Staatsangehörigkeit, an das für das Personalstatut dieses Personenkreises maßgebende Recht des gewöhnlichen Aufenthalts angeknüpft.[45]

b) Anknüpfung an den gewöhnlichen Aufenthalt

Besitzen die Ehegatten bei ihrer Heirat keine gemeinsame, nach Art. 5 EGBGB zu berücksichtigende Staatsangehörigkeit, so wird auf der zweiten Ebene gemäß Art. 14 I Nr. 2 EGBGB an das Güterrecht des Staates angeknüpft, in dem beide Ehegatten zur Zeit der Heirat ihren gewöhnlichen Aufenthalt hatten.[46] Der Begriff des gewöhnlichen Aufenthaltes setzt dabei voraus, daß die Person an diesem Ort ihren Daseinsmittelpunkt begründet.[47] Dies wird anhand objektiver Kriterien wie Dauer und Beständigkeit des Aufenthaltes, soziale Integration u.ä. bestimmt. Dabei ist es nicht erforderlich, daß sich die Ehegatten am selben Ort befinden; erforderlich ist vielmehr nur der gewöhnliche Aufenthalt im selben Staat.[48] Eine Besonderheit ergibt sich im Bereich des Ehegüterrechts infolge des Unwandelbarkeitsgrundsatzes. Begründen die Ehegatten ihren ersten gemeinsamen Aufenthalt in einem bestimmten Land erst unmittelbar im Anschluß an

---

[41] In diesem Sinne Johannsen/Henrich/Henrich, EheR, Art. 15 EGBGB, Rn. 4 f.

[42] Ausführlich dazu Pakuscher, Unwandelbarkeit, 36 ff.. Selbst Staudinger/v.Bar/Mankowski, Art. 15 EGBGB, Rn. 32 stimmt diesem Argument zu, obwohl er die Gegenansicht vertritt.

[43] So auch MüKo/Siehr, Art. 15 EGBGB, Rn. 11.

[44] MüKo/Siehr, Art. 15 EGBGB, Rn. 12. Diese Konstellation besteht heute allerdings nur noch selten.

[45] Palandt/Heldrich, Art. 15 EGBGB, Rn. 17; Erman/Hohloch, Art. 5 EGBGB, Rn. 10 ff. m.w.N.

[46] v.Bar, IPR II, Rn. 204; MüKo/Siehr, Art. 15 EGBGB, Rn. 18.

[47] Kegel/Schurig, IPR, § 13 IV 3; Erman/Hohloch, Art. 5 EGBGB, Rn. 47 ff. m.w.N. Ausführlich zum Begriff des gewöhnlichen Aufenthalts Baetge, Aufenthalt, S. 28 ff.

[48] Palandt/Heldrich, Art. 15 EGBGB, Rn. 18.

die Heirat oder hatten sie diesen nur vor der Heirat, so kommt eine Anwendung des Art. 14 I Nr. 2 EGBGB nicht in Betracht.[49] Eine Korrektur dieses Ergebnisses im Wege einer teleologischen Reduktion ist ebenfalls nicht erforderlich, da man die in der Zukunft liegende Begründung des gemeinsamen Aufenthalts über Art. 14 I Nr. 3 EGBGB berücksichtigen kann.[50]

c) Anknüpfung an die gemeinsame engste Verbindung

Als dritte Stufe zur Bestimmung des Güterrechtsstatuts sieht Art. 14 I Nr. 3 EGBGB die Anknüpfung an das Recht der gemeinsamen engsten Verbindung der Ehegatten vor. Dabei sind sämtliche Umstände des Einzelfalles wie die gemeinsamen sozialen Verbindungen, Herkunft, Kultur, Sprache, berufliche Tätigkeiten und auch die gemeinsamen objektiv feststellbaren Zukunftspläne der Ehegatten zu berücksichtigen.[51]

---

[49] H.M. Staudinger/v.Bar/Mankowski, Art. 15 EGBGB, Rn. 30; Erman/Hohloch, Art. 15 EGBGB, Rn. 19; Soergel/Schurig, Art. 15 EGBGB, Rn. 9; Reinhart, in: Familie im internationalen Privatrecht, 21, 33; a.A. LG München, bei BayOLG, Beschl. v. 21. 2. 1979, FamRZ 79, 583, 584, das OLG steht dazu eher kritisch; Pakuscher, Unwandelbarkeit, 49; Makarov RabelsZ 17 (1952) 382, 389; Henrich, IPRax 1983, 208, 209; nicht eindeutig dazu KG, Beschl. v. 19. 4. 1979, NJW 1979, 1786. Dabei ist zu beachten, daß sich diese Frage nur dann stellt, wenn die Ehegatten zum Zeitpunkt der Eheschließung keinen gewöhnlichen Aufenthalt hatten. Bestand dieser hingegen und soll lediglich kurz nach der Hochzeit aufgegeben werden, so findet nach der h.M. Art. 14 I Nr.2 EGBGB Anwendung. Teilweise abweichend Schurig, der in diesem Fall, von einer Vorwirkung des neuen Aufenthalts ausgeht und deshalb dem bisherigen Aufenthalt seine Wirkung als gewöhnlichen Aufenthalt abspricht, so daß wiederum Art. 14 I Nr.3 EGBGB zu Anwendung kommt. Diese Lösung entspricht letztendlich der M.M. auf einem dogmatisch anderen Weg (Nr.3 statt Nr.2), wobei ein Teil der M.M. diese Fallgruppe wiederum ausklammert. Dagegen spricht jedoch, daß der Gesetzeswortlaut mißachtet wird. Zwar kann in einem solchen Fall die Bestimmung des gewöhnlichen Aufenthaltes besonders genau, insbesondere im Bezug auf die Dauer geprüft werden; ein erst einmal begründeter gewöhnlicher Aufenthalt endet jedoch erst mit Aufgabe desselben. Dem Ehepaar muß dann im Wege der Rechtswahl gemäß Art. 15 II EGBGB geholfen werden.

[50] MüKo/Siehr, Art. 15 EGBGB, Rn. 19 f.; Staudinger/v.Bar/Mankowski, Art. 15 EGBGB, Rn. 30; Palandt/Heldrich, Art. 15 EGBGB, Rn. 18 f.

[51] Palandt/Heldrich, Art. 15 EGBGB, Rn. 19; MüKo/Siehr, Art. 15 EGBGB, Rn. 20.

3) Subjektive Anknüpfung

a) Allgemeine Fragen der unmittelbaren Rechtswahl im internationalen Ehegüterrecht

Die Möglichkeit einer kollisionsrechtlichen Rechtswahl wurde im internationalen Ehegüterrecht erst im Zuge der IPR-Reform vom 1. 9. 1986 eingeführt. Die bis dahin bestehenden Rechtswahltatbestände des Art. 15 II HS 2 EGBGB a.F. und des § 1409 II BGB a.F. stellten keine kollisionsrechtlichen Rechtswahltatbestände dar; der Parteiwille war also für die Anknüpfung unerheblich.[52] Mit der Einführung der Rechtswahlmöglichkeit hat man sich nunmehr einer traditionsreichen und im internationalen Ehegüterrecht weit verbreiteten Auffassung angeschlossen,[53] der auch das Haager Ehegüterrechtsabkommen vom 14. 3. 1978[54] folgt, an dessen Fassung sich der Bundestag bei der IPR-Reform orientiert hat. Der deutsche Reformgesetzgeber hat sich bei seiner Neufassung des Gesetzes insoweit für das System der beschränkten Rechtswahl entschieden, den Ehegatten stehen also nur bestimmte Rechte zur Wahl.
Die Zulässigkeit einer Rechtswahl bestimmt sich dabei allein nach Art. 15 II EGBGB, die Einstellung der gewählten oder abgewählten Rechtsordnung zu einer Rechtswahl ist ohne Belang. Dies kann bei Nichtanerkennung durch das ausländische Recht zu hinkenden Güterrechtsverhältnissen führen.[55] Die Rechtswahl kann dabei jederzeit erfolgen und abgeändert werden, also auch während der Ehe.[56] Dadurch soll den Ehegatten die Möglichkeit eröffnet werden, sich während der Ehe den jeweiligen Lebensumständen anzupassen.[57] Die

---

[52] Staudinger/v.Bar/Mankowski, Art. 15 EGBGB, Rn. 90 f.

[53] Vgl. die Nachweise bei Staudinger/v.Bar/Mankowski, Art. 15 EGBGB, Rn. 92 ff.. Die Entwicklung der ehegüterrechtlichen Parteiautonomie nahm in Frankreich mit einem Gutachten Dumoulins aus dem Jahre 1524 (consilium 53) ihren Anfang. Es ist umstritten, ob Dumoulin allerdings tatsächlich Begründer der Lehre von der Parteiautonomie ist (so Raape/Sturm, IPR I, 407; Gutzwiller, Geschichte, 78; Wicki, Dogmengeschichte, 14 ff.; a.A. Gamillscheg, Einfluß Dumoulins, 110 ff.; Kötters, Parteiautonomie, 6 ff.; v.Bar, IPR II, Rn. 434 ff.). Diese Entwicklung fand aber zumindest im Anschluß an das consilium 53 statt (vgl. die Übersicht bei Kötters, Parteiautonomie, 6 ff.). Weit verbreitet ist die Parteiautonomie im internationalen Ehegüterrecht, vor allem im angloamerikanischen Rechtskreis, aber auch die meisten europäischen und ein Teil der südamerikanischen Rechte sehen zumindest seit neuerem die Möglichkeit einer Rechtswahl vor (vgl. die Nachweise bei Staudinger/v.Bar/Mankowski, Art. 15 EGBGB, Rn. 92 ff.).

[54] Das Haager Übereinkommen ist abgedruckt in RabelsZ 41 (1977), 554 ff. und ist bisher in Frankreich, Luxemburg und den Niederlanden in Kraft getreten (v.Bar, RabelsZ 57 (1993), 63, 80 f.). Ausführlich dazu u. S. 271 ff.

[55] MüKo/Siehr, Art. 15 EGBGB, Rn. 35; v.Bar, IPR II, Rn. 223.

[56] Rahn/Künkel/Paetzold, VIII, Rn. 784; Dethloff JZ 1995, 64, 68.

[57] Pirrung, IPR, 145; BT-Drucksache 10/504, 58.

ehegüterrechtliche Rechtswahl wirkt dabei aus Gründen der Rechtssicherheit prinzipiell ex nunc; die Ehegatten können aber eine Rückwirkung ihrer Rechtswahl vereinbaren.[58] Der Schutz des Rechtsverkehrs ist in einem solchen Fall über Art. 16 EGBGB hinreichend gewährleistet.[59]
Das Zustandekommen und die rechtsgeschäftliche Wirksamkeit beurteilen sich ebenso wie bei Art. 14 EGBGB nach dem Recht des Staates, das die Ehegatten gewählt haben. Dies folgt aus einer entsprechenden Anwendung der Art. 27 IV, 31 I EGBGB, deren Rechtsgedanken insoweit nicht auf das internationale Schuldrecht begrenzt sind.
Bezüglich der Form der Vereinbarung findet Art. 14 IV EGBGB gemäß Art. 15 III EGBGB entsprechende Anwendung. Im Ehegüterrecht bestehen dabei nach herrschender Meinung[60] Formerleichterungen soweit die Rechtswahl im Ausland stattfindet (Art. 14 IV 2 EGBGB). In diesem Fall bedarf die Rechtswahl nicht der Form eines Ehevertrags, wenn das ausländische Recht eine güterrechtliche Rechtswahl kennt und für diese eine weniger strenge Form vorsieht.[61] Grund dafür ist, daß Art. 14 IV EGBGB nur deshalb auf die Form des Ehevertrages abstellt, weil die meisten Rechtsordnungen keine Rechtswahl bezüglich der allgemeinen Ehewirkungen und damit auch keine besonderen Formvorschriften kennen. Anders ist es jedoch bei der güterrechtlichen Rechts-wahl, die den meisten Staaten bekannt ist und für die deshalb besondere Formvorschriften bestehen. Da der Grundgedanke des Art. 14 IV EGBGB aber in der Beachtung der Ortsform und nicht der Form des Ehevertrages liegt und Art. 15 III EGBGB nur eine entsprechende Anwendung des Art. 14 IV EGBGB verlangt, ist für das internationale Ehegüterrecht auf die spezielle Ortsform der güterrechtlichen Rechtswahl abzustellen.
Gegenstand einer Rechtswahl nach Art. 15 II EGBGB ist lediglich das anwendbare Güterrecht. Treffen die Ehegatten keine weitere Wahl, so gilt der gesetzliche Güterstand des gewählten Güterrechts. Über den Umfang der weiteren güterrechtlichen Gestaltungsmöglichkeiten entscheidet ebenfalls das gewählte Sachrecht.[62] Eine Versteinerung des Ehegüterrechts auf den Stand des gewählten Sachrechts zum Zeitpunkt der Rechtswahl ist dabei nur möglich, wenn dies vom gewählten Sachrecht zugelassen wird.[63] Ist das gewählte Sachrecht dabei

---

[58] Kropholler, IPR, § 45 III 3; Soergel/ Schurig, Art. 15 EGBGB, Rn. 23; Lichtenberger, DNotZ 86, 644, 658 ff.

[59] Palandt/Heldrich, Art. 15 EGBGB, Rn. 24; Staudinger/v.Bar/Mankowski, Art. 15 EGBGB, Rn. 116.

[60] Erman/Hohloch, Art. 15 EGBGB, Rn. 31; MüKo/Siehr, Art. EGBGB, Rn. 40; Staudinger/v.Bar/Mankowski, Art. 15 EGBGB, Rn. 100 ff. Allerdings existiert zu dieser Frage bisher keine Rechtsprechung, so daß die Praxis im Zweifel die strengere Form wählen sollte.

[61] Dies ist z.B. im Schweizer Recht der Fall, vgl. Art. 53 I IPRG.

[62] Wegmann, NJW 1987, 1740, 1742; Ferid, IPR, 8-109.

[63] MüKo/Siehr, Art. 15 EGBGB, Rn. 45; a.A. Lichtenberger, DNotZ 86, 644, 661, der eine Versteinerung im Rahmen der Rechtswahl generell zulassen will; anders Pakuscher (Un-

deutsches Sachrecht, so scheidet eine Versteinerung aus, da nach nunmehr herrschender Meinung[64] eine Unwandelbarkeit des Güterstandes nicht besteht. Auch kollisionsrechtlich wird eine Versteinerung vom deutschen Recht nicht beachtet. Dies hat aber bei einer Versteinerung im ausländischem Sachrecht zur Folge, daß diese durch eine erneute Rechtswahl kollisionsrechtlich überwunden werden kann, da die Unwandelbarkeit nur auf sachrechtlicher, nicht aber auf kollisionsrechtlicher Ebene anerkannt wird.

b) Rechtswahl gemäß Art. 15 II Nr. 1 EGBGB

Nach Art. 15 II Nr. 1 EGBGB können die Ehegatten als Güterrechtsstatut das Recht des Staates wählen, dem einer von ihnen angehört. Die Bestimmung der Staatsangehörigkeit vollzieht sich dabei prinzipiell nach den gleichen Grundsätzen, wie im Rahmen der objektiven Anknüpfung, also nach Art. 5 EGBGB. Umstritten ist in diesem Bereich, ob Art. 15 II Nr. 1 EGBGB die Wahl des ineffektiven Heimatrechts eines der Ehegatten zuläßt[65] oder ob nur das effektive Heimatrecht und bei einer deutschen Staatsbürgerschaft nur deutsches Recht (als Folge des Art. 5 I 2 EGBGB) gewählt werden kann.[66]

Argument für eine Beschränkung auf das effektive Heimatrecht ist der Wortlaut des Gesetzes. Art. 15 II EGBGB spricht von dem „Recht *des* Staates", dem einer der Ehegatten angehört und nicht etwa von dem Recht *eines* Staates und verweist damit auf die effektive Staatsangehörigkeit, die anhand der allgemeinen Norm des Art. 5 EGBGB bestimmt wird. Ein solches Verständnis der Gesetzesformulierung läßt sich auch durch einen Gegenschluß belegen.[67] Immer wenn der Gesetzgeber auch die nicht effektive Staatsangehörigkeit zum Tragen

---

wandelbarkeit, 215 f.) die eine solche generell ablehnt. Beide Ansichten berücksichtigen jedoch nicht in gebotener Weise die Trennung zwischen güterrechtlicher Rechtswahl und sachrechtlicher Wahl.

[64] Soergel/Schurig, Art. 15 EGBGB, Rn. 29 m.w.N.; v.Bar, IPR I, Rn. 319; Palandt/Heldrich, Art. 15 EGBGB, Rn. 3; Silberberg, RabelsZ 36 (1972), 526, 539 ff.; a.A. hauptsächlich die ältere Rechtsprechung BGH, Beschl. v. 21. 6. 1963, BGHZ 40, 32, 35; BGH, Urt. v. 14. 7. 1976, FamRZ 1976, 612.

[65] Palandt/Heldrich, Art. 15 EGBGB, Rn. 22; ders., Art. 14 EGBGB, Rn. 13; Soergel/Schurig, Art. 15 EGBGB, Rn. 18; Erman/Hohloch, Art. 15 EGBGB, Rn. 26; MüKo/Siehr, Art. 15 EGBGB, Rn. 25 ff.; Kropholler, IPR, § 45 III 3 a; Schlosshauer-Selbach, IPR, Rn. 381 f.; Lichtenberger, FS für Ferid, 269, 273; Kühne, IPRax 1987, 69, 71; Mansel, Personalstatut, Rn. 412.

[66] Staudinger/v.Bar/Mankowski, Art. 15 EGBGB, Rn. 133 ff.; Hüßtege, IPR, 6 A 4 (S. 61); Henrich, IntFamR, 65 f.; Dethloff, JZ 1995, 64, 68; Lichtenberger, DNotZ 1986, 644, 659; Johannsen/Henrich/Henrich, EheR, Art. 15 EGBGB, Rn. 10; Rahm/Künkel/Paetzold, VIII, Rn. 784.

[67] Hüßtege IPR, 6 A 4 (S. 61); Staudinger/v.Bar/Mankowski, Art. 15 EGBGB, Rn. 134.

kommen lassen wollte, wie in Art. 10 II Nr. 1, III Nr. 1 EGBGB[68] oder in Art. 14 II EGBGB, so spricht er von dem „Recht eines Staates" und davon, daß die Wahl „ungeachtet des Art. 5 Abs.1" vorgenommen werden könne.
Die Entstehungsgeschichte des Art 15 II Nr.1 EGBGB gibt zur Frage seiner Auslegung keinen klaren Hinweis. So wurden die im Vergleich zur Gesetzesfassung weitergehenden Vorschläge des MPI,[69] des Haager Ehegüterrechtsabkommens und des Referentenentwurfs nicht berücksichtigt. Ob die Einschränkung durch den aktuellen Gesetzestext jedoch beabsichtigt war, läßt sich daraus nicht ohne weiteres entnehmen,[70] da die Gegenentwürfe diskussionslos übergangen wurden und sich die Gesetzesbegründung[71] zumindest allgemein auf den anderslautenden Art. 3 des Haager Ehegüterrechtsabkommens[72] beruft.

Zwei Argumente sprechen jedoch entscheidend für eine teleologische Extension des Art. 15 II Nr. 1 EGBGB bzw. eine teleologische Reduktion des Art. 5 I EGBGB, die zur Folge haben, daß auch das Recht des Staates einer nicht effektiven Staatsangehörigkeit von den Ehegatten als Güterstatut gewählt werden kann.
Das EGBGB sieht in den strukturell gleich gelagerten Fällen der Artt. 10 II, 14 II EGBGB die Möglichkeit der Wahl des Rechts einer ineffektiven Staatsangehörigkeit vor. Eine abweichende Auslegung des Art 15 II Nr.1 EGBGB widerspricht somit der Systematik des Gesetzes. Außerdem würde sich durch eine unterschiedliche Auslegung des Art. 14 II EGBGB und des Art. 15 II EGBGB die eigentümliche Situation ergeben, daß über Art. 14 II EGBGB indirekt das Ehegüterrecht einer ineffektiven Staatsangehörigkeit gewählt werden kann; gleiches wäre aber für eine lediglich auf das Güterrecht bezogene Wahl nach Art. 15 II EGBGB nicht möglich.[73] Dem kann auch nicht entgegengehalten werden, daß es sich bei dieser Konstellation um ein Randproblem in Extrembereichen handle. Vielmehr zeigt diese Fallgestaltung, daß die Gesetzessystematik im Bereich

---

[68] Nicht ganz eindeutig ist nach der Formulierung des Art. 10 EGBGB, ob es sich um eine Rechtswahlvorschrift handelt, da von der Wahl des Namens gesprochen wird. Letztendlich dürfte es sich hier aber nur um eine ungenaue Formulierung handeln. Auch materiellrechtlich ist eine Wahl des Namens nur möglich, wenn ihn das gewählte Sachrecht zuläßt, daraus läßt sich die Ungenauigkeit der Formulierung ersehen (Soergel/Schurig, Art. 10 EGBGB, Rn. 30; MüKo/Birk, Art. 10 EGBGB, Rn. 61; Palandt/Heldrich, Art. 10 EGBGB, Rn. 16; a.A.: Mansel, Personalstatut, Rn. 411; Sturm StAZ 1990, 350, 353).

[69] Max-Planck-Institut, RabelsZ 47 (1983) 595, 633, 700.

[70] MüKo/Siehr, Art. 15 EGBGB Rn. 27.

[71] BT-Drucksache 10/504, 58.

[72] Abgedruckt in: RabelsZ 41 (1977) 554, 554 f.; franz. Fassung "1. la loi d'*un* Etat dont l'un des epoux a la nationalité"; engl. Fassung " 1. the law of *any* State of wich either spouse is a national".

[73] Mansel, Privatautomie, Rn. 412; Kühne, IPRax 1987, 69, 71; Kropholler, IPR, § 45 III 3 a, § 37 II 1 a.

des Ehegüterrechts von einer Einbeziehung auch der nicht effektiven Staatsangehörigkeit ausgeht und demnach eine harmonisierende Auslegung des Art. 15 II Nr.1 EGBGB erfordert.
Zudem widerspricht es dem Sinn und Zweck des Art. 15 II EGBGB, eine Einschränkung durch das in Art. 5 I EGBGB normierte Prinzip der Effektivität zu erfahren, was durch eine einschränkende oder erweiternde Auslegung der Vorschrift korrigiert werden muß. Grundgedanke des Art. 15 II EGBGB ist die Gewährung der Privatautonomie im internationalen Ehegüterrecht. Dabei wurde vom Gesetzgeber jedoch keine freie, sondern nur eine begrenzte Rechtswahl vorgesehen, um die Übereinstimmung mit dem Recht der allgemeinen Ehewirkungen herzustellen. Dies geschah aus dem Gedanken heraus, die Wahl sachfremder, die eine Partei einseitig begünstigender Rechte zu vermeiden, sowie um den Ehegatten die Möglichkeit zu geben, sich ihren jeweiligen Lebensumständen anpassen zu können.[74] Art. 15 II EGBGB beinhaltet demnach den Gedanken des Selbstbestimmungsrechts, also „die Freiheit der Parteien, das anwendbare Recht gleichsam abstrakt ohne Rücksicht auf das sachliche Ergebnis bestimmen zu können."[75]
Der Gedanke der Effektivität ist hingegen im Bereich der objektiven Anknüpfung angesiedelt, um bei der durch eine mehrfache Staatsangehörigkeit gegebenen Möglichkeit alternativer Anknüpfungen eine Schwerpunktbildung zu ermöglichen. Dieser Gedanke ist jedoch der Struktur der Rechtswahlnormen wesensfremd und sollte deshalb nicht zu einer Einschränkung bei der Bestimmung der möglichen Rechtsordnungen der Rechtswahl herangezogen werden.[76] Dies gilt auch im Bereich einer eingeschränkten Rechtswahl, denn auch das Recht der nichteffektiven Staatsangehörigkeit erfüllt die Voraussetzungen, die für die Einführung einer Beschränkung ausschlaggebend waren. Auch zu dieser Rechtsordnung besteht ein besonderer Bezug zumindest eines der Ehegatten.

Damit ist der weiten Auslegung zu folgen. Rechtstechnisch sollte dies im Wege einer teleologischen Reduktion des Art. 5 I EGBGB geschehen, da eine Anwendung des Effektivitätsgrundsatzes im Bereich der ehegüterrechtlichen Rechtswahl als nicht sinnvoll erscheint.

Des weiteren läßt Art. 15 II Nr. 1 EGBGB nach seinem Wortlaut als auch nach seinem Sinn und Zweck die Wahl des gemeinsamen Heimatrechts beider Ehe-

[74] BT-Drucksache 10/504, 58; Staudinger/v.Bar/Mankowski, Art. 15 EGBGB, Rn. 97; Soergel/Schurig, Art. 15 EGBGB, Rn. 16.

[75] Jayme, FS für Müller-Freienfels, 341, 347.

[76] Mansel, Privatautonomie, Rn. 181, 411 f.; Kühne, Entwurf, 51; Samtleben, RabelsZ 42 (1978), 456, 478.

gatten zu.[77] Die Interessen und Beziehungen der Parteien zur gewählten Rechtsordnung sind bei der Wahl des gemeinsamen Heimatrecht noch stärker einzuschätzen, als wenn lediglich das Heimatrecht eines Ehegatten gewählt werden würde. Zudem enthält Art. 15 II Nr.1 EGBGB anders als Art. 14 III 1 EGBGB keine gesetzliche Vorbehaltsklausel gegen eine Wahl des gemeinsamen Heimatrechts, was die Einbeziehung einer solchen in Art. 15 II Nr. 1 EGBGB zusätzlich stützt.[78] Bedeutsam wird die Wahl des gemeinsamen Heimatrechts im Vergleich zur übereinstimmenden objektiven Anknüpfung im Rahmen des Art. 4 II EGBGB, da eine Rück- oder Weiterverweisung durch den Heimatstaat im Falle einer Rechtswahl ausgeschlossen ist.

c) Rechtswahl nach Art. 15 II Nr. 2 EGBGB

Nach Art. 15 II Nr. 2 EGBGB kann auch das Recht des Staates gewählt werden, in dem einer der Ehegatten seinen gewöhnlichen Aufenthalt hat. Das besondere dieser Vorschrift liegt darin, daß diese Wahlmöglichkeit gleichberechtigt neben der Wahl nach Art. 15 II Nr. 1 EGBGB und der objektiven Bestimmung des Ehegüterstatuts gemäß Artt. 15 I, 14 I EGBGB steht und damit der Vorrang des Staatsangehörigkeitsprinzips zugunsten des flexibleren Aufenthaltsprinzips aufgegeben wurde.[79] Auch hier besteht wiederum die Möglichkeit, das Recht des gemeinsamen Aufenthaltsortes zu wählen.[80]

Der Begriff des gewöhnlichen Aufenthaltes ist dabei wie bei der objektiven Anknüpfung gemäß Art. 14 I Nr. 2 EGBGB zu bestimmen.[81] Eine autonome Defi-

[77] Staudinger/v.Bar/Mankowski, Art. 15 EGBGB, Rn. 140 ff.; Soergel/Schurig, Art. 15 EGBGB, Rn. 17; wohl auch Erman/Hohloch, Art. 15 EGBGB Rn. 26; Lüderitz, IPR, Rn. 346; a.A. Wegmann, NJW 1987, 1740, 1742.

[78] Art. 14 III 1 EGBGB lautet: " Ehegatten können das Recht des Staates wählen, dem ein Ehegatte angehört, wenn die Voraussetzungen des Absatzes 1 Nr.1 nicht vorliegen".

[79] Stoll, Rechtswahl, 48; Staudinger/v.Bar/Mankowski, Art. 15 EGBGB, Rn. 143.

[80] Kropholler, IPR, § 45 III 3 b; BT-Drucksache 10/504, 58; MüKo/Siehr, Art. 15 EGBGB, Rn. 29; Palandt/Heldrich, Art. 15 EGBGB, Rn. 22; Aretz/Korth, IPR, Rn. 117.

[81] Vgl. o. S. 41 f. bzgl. der objektiven Anknüpfung nach Art. 14 I Nr.2 EGBGB.

nition für den Bereich der Rechtswahl ist abzulehnen.[82] Nach Art. 15 II Nr. 3 EGBGB besteht des weiteren die Möglichkeit, das Recht des Lageortes für unbewegliches Vermögen zu wählen.[83]

4) Übergangsrecht gemäß Art. 220 EGBGB

Die Norm des Art. 220 EGBGB ist im Rahmen diese Untersuchung von zweifachem Interesse: Zum einen beinhaltet Art. 220 III EGBGB Übergangsrecht für die Bestimmung des Ehegüterstatuts, zum anderen enthält Art. 220 III EGBGB ein Lösungsmodell für die bei der vierten Fallgruppe der Durchbrechungen des güterrechtlichen Gesamtstatuts auftretenden Überleitungsprobleme, da die Anwendung des Art. 220 III EGBGB in bestimmten Situationen ebenfalls zu einer zeitlichen Spaltung der Güterstatute führt und insofern mit den Fallkonstellationen der vierten Fallgruppe übereinstimmt[84].

a) Struktur der Vorschrift

Art. 220 EGBGB enthält Übergangsvorschriften für das Kollisionsrecht, die infolge der IPR-Reform vom 1. 9. 1986 erforderlich geworden sind. Dabei befassen sich Art. 220 I und II EGBGB mit den Grundsätzen des intertemporalen Kollisionsrechts;[85] in Art. 220 III EGBGB wurde eine spezielle Regelung bezüglich des Ehegüterrechts getroffen, die infolge der Verfassungswidrigkeit der

---

[82] So Stoll, Rechtswahl, 144 f. mit dem Argument, daß der gesetzliche Aufenthaltsbegriff von einer ex post Feststellung durch den Richter geprägt, im Bereich der Rechtswahl aber eine zukünftige Betrachtungsweise gegeben sei. Um Rechtssicherheit zu erreichen und wegen der im Laufe der Zeit auftretenden Beweisschwierigkeiten, solle der Begriff eingeengt werden, indem man bei der Bestimmung bis auf Ausnahmefälle lediglich auf die physische Präsenz abstellt. Dem ist jedoch zu widersprechen (so auch Baetge, Aufenthalt, 97 f.; Staudinger/ v.Bar /Mankowski, Art. 15 EGBGB, Rn. 146 ff.). Zum einen ist nicht erkennbar, warum der Gesetzgeber bei der Rechtswahl einen anderen Begriff verwendet haben sollte als im übrigen internationalen Familienrecht. Auch dort spielt gerade das Kriterium der Rechtssicherheit eine große Rolle. Daneben ist aber auch zu beachten, daß durch die Einbeziehung anderer persönlicher Umstände der Ehegatten, wie soziale Integration etc., ein erweiterter Spielraum bei der Rechtswahl besteht, der eine einfachere Anpassung an geänderte Verhältnisse ermöglicht und somit dem Ziel des Gesetzes am besten entspricht. So erscheint es als nicht sinnvoll, Ehegatten erst nach 6 Monaten eine Rechtswahl zu ermöglichen, wenn sie endgültig in ein neues Land gezogen sind, dort arbeiten und keine Verbindung mehr zu ihrem Ausgangsort haben, zumal eine vorzeitige Rechtswahl als ungültig angesehen werden müßte.

[83] Vgl. dazu ausführlich u. S. 283 ff.

[84] Vgl. u. S. 347 ff.

[85] Vgl. grundlegend zum intertemporalen Kollisionsrecht Heß, Intertemporales Privatrecht, 237 ff.

Art. 15 I, II HS 2 EGBGB a.F.[86] erforderlich geworden war. Art. 220 III EGBGB ist dabei von seiner Struktur her eine Mischung aus intertemporalem Kollisionsrecht in den Sätzen 1-3 (teilweise), Satz 5 und Satz 6 HS 1, internationalem Kollisionsrecht in den Sätzen 1-3 und Satz 6 HS 2 sowie einer Sachnorm in Satz 4.[87]
Innerhalb des Art. 220 EGBGB ist umstritten, ob Art. 220 III EGBGB rückwirkend auf güterrechtlich relevante Sachverhalte Anwendung findet, die bereits vor dem in Kraft treten des IPR-Neuregelungsgesetzes abgeschlossen waren, wenn also die Ehe vor dem 1. 9. 1986 aufgelöst wurde, oder ob diese Fälle von Art. 220 I EGBGB erfaßt werden.[88] Innerhalb der letzten Meinung besteht darüber hinaus keine Übereinstimmung, ob es über Art. 220 I EGBGB zu einer Anwendung der verfassungswidrigen Regel des Art. 15 I EGBGB a.F. kommen würde oder nicht.[89]

Untersucht man Wortlaut und Systematik des Art. 220 EGBGB, so sprechen diese dafür, daß dessen Absatz 3 eine gegenüber den Absätzen 1 und 2 spezielle und abschließende Sonderregelung für das Ehegüterrecht enthält. Zudem wollte der Gesetzgeber mit der Regelung in Art. 220 III EGBGB die durch die Verfassungswidrigkeit des Art. 15 I EGBGB a.F. ausgelöste Rechtsunsicherheit gerade überwinden. Darüber hinaus ist ein Vertrauensschutz durch die Regeln der Bestandskraft rechtskräftiger Entscheidungen gewährleistet. Aus diesen Gründen ist Art. 220 III EGBGB auch auf vor dem 1. 9. 1986 abgeschlossene Vorgänge anzuwenden, soweit diese nicht bereits bestandskräftig sind.

---

86 BVerfG, Beschl. v. 22. 3. 1983, NJW 1983, 1968 ff. Das BVerfG stellte dabei einen Verstoß gegen den Gleichheitssatz (Art. 3 II GG) fest und erklärte Art. 15 I und II HS 1 EGBGB a.F. für nichtig, was gemäß Art. 117 GG zur Folge hatte, daß die Norm seit dem 31.3.1953 außer Kraft getreten war.

87 MüKo/Sonnenberger, Art. 220 EGBGB, Rn. 1 ff.; Staudinger/Dörner, Art. 220 EGBGB, Rn. 1, 64 ff.

88 Für eine Anwendung des Art. 220 I EGBGB: MüKo/Siehr, Art. 15 EGBGB, Rn. 147 ff.; v.Bar, IPR II, Rn. 228 Fn. 573; Röll, MittBayNot 1989, 1, 4. Für eine Anwendung des Art. 220 III EGBGB: Soergel/Schurig, Art. 220 EGBGB, Rn. 57 f.; Staudinger/Dörner, Art. 220 EGBGB, Rn. 86; wohl auch Palandt/Heldrich, Art. 220 EGBGB, Rn. 6, sowie inzident die Rechtsprechung, BGH, Urt. v. 17. 9. 1986, IPRax 1987, 114 ff.; OLG Hamm, Urt. v. 2. 7. 1987, IPRax 1988, 108 f.

89 So Röll, MittBayNot 1989, 1,4; a.A. wohl MüKo/Siehr, Art. 15 EGBGB, Rn. 148, der an eine analoge Anwendung des Art. 220 III EGBGB denkt. Das Problem dieser Ansicht besteht gerade darin, festzustellen, welches das internationale Ehegüterrecht ist, das bis zum 31. 3. 1986 gegolten hat.

b) Verfassungsmäßigkeit und Aufbau des Art. 220 III EGBGB

Bei einer Anwendung des Art. 220 III EGBGB erweist sich zunächst die Verfassungsmäßigkeit dieser Norm als problematisch.[90] So wird Art. 220 III 1 Nr. 2 EGBGB und insbesondere Art. 220 III 1 Nr. 3 EGBGB von einem Teil der Literatur[91] als verfassungswidrig angesehen. Der BGH[92] behandelte Art. 220 III EGBGB hingegen, gestützt von einigen Stimmen der Literatur,[93] als verfassungsgemäß. Die Frage kann jedoch im Rahmen dieser Arbeit offen gelassen werden, da bis zu einer gegenteiligen Entscheidung des Verfassungsgerichts von einer Gültigkeit des Art. 220 III EGBGB auszugehen ist und hier nur die zur Zeit geltende Bestimmung des Güterrechtsstatuts von Bedeutung ist. Im übrigen wendet die Gegenansicht anstelle des Art. 220 III 1 Nr. 3 EGBGB die bereits oben behandelten Artt. 15 I, 14 I Nr. 2 und Nr. 3 EGBGB an, so daß bei einer Verfassungswidrigkeit des Art. 220 III 1 Nr. 3 EGBGB zur Bestimmung des Güterstatuts auf das oben zu diesen Vorschriften Gesagte zurückgegriffen werden kann.[94]

Die Schwierigkeit des Art. 220 III EGBGB, der beim ersten Lesen kaum verständlich ist, beruht im wesentlichen auf zwei Faktoren. Zum einen ist Art. 220 III EGBGB, wie oben dargestellt, aus unterschiedlichen Normtypen zusammengesetzt, die miteinander vermischt wurden. Zum anderen wurden für verschiedene Zeiträume unterschiedliche, zum Teil sehr komplexe und differenzierte Regelungen getroffen, was ein Verständnis der Norm zusätzlich erschwert. Dabei sind drei Zeitpunkte von besonderer Bedeutung: der 1. 4. 1953, als Tag an dem das Grundgesetz in Kraft getreten ist, der 9. 4. 1983, als Tag an dem die Entscheidung des BVerfG zur Verfassungswidrigkeit der alten Regelung be-

---

[90] Ausführlich dazu Lorenz, Intertemporales Ehegüterrecht, 104 ff.; Staudinger/Dörner, Art. 220 EGBGB, Rn. 67 ff.

[91] Staudinger/ Dörner, Art. 220 EGBGB, Rn. 67 ff.; MüKo/Siehr, Art. 15 EGBGB, Rn. 173; Schurig, IPRax 1988, 88, 93; Rauscher, NJW 1987, 531, 534; Puttfarken, RIW 1987, 834, 838; Basedow, NJW 1986, 2971, 2974.

[92] BGH, Urt. v. 17. 9. 1986, IPRax 1987, 114, 116; BGH, Urt. v. 8. 4. 1987, NJW 1988, 638, 639 f. zu Satz 1 Nr.2. Als interessant erweist sich auch die bisher wenig beachtete Frage, ob das BVerfG im Beschl. v. 21. 6. 1988, FamRZ 1988, 920 bereits die Verfassungsmäßigkeit des Art. 220 III 1 Nr.3 EGBGB implizit bejaht hat (so wohl Lorenz, Intertemporales Ehegüterrecht, 105 ff.; a.A. MüKo/Siehr, Art. 15 EGBGB, Rn. 173, Fn. 232; Henrich, IPRax 1988, 366 f.).

[93] Palandt/Heldrich, Art. 15 EGBGB, Rn. 10; Erman/Hohloch, Art. 15 EGBGB, Rn. 45; Lichtenberger, DNotZ 1987, 297, 297 f. Im Wege einer verfassungskonformen Interpretation Henrich, IPRax 1987, 93, 95; MüKo/Sonnenberger, Einl. IPR, Rn. 298; ders., Art. 220 EGBGB, Rn. 20 f.

[94] Vgl. o. S. 41 f.; Staudinger/Dörner, Art. 220 EGBGB, Rn. 109.

kannt gemacht worden ist und der 1. 9. 1986, als Tag an dem das IPR-Reformgesetz in Kraft getreten ist.[95]
Betrachtet man Art. 220 III EGBGB unter diesem zeitlichen Aspekt, so enthält S. 6 eine Regelung für Ehen, die vor dem 1. 4. 1953 geschlossen wurden. Auf Ehen, die nach dem 31.3.1953 und vor dem 9.4.1983 geschlossen wurden, ist Art. 220 III 1-4 EGBGB anzuwenden, wobei Art. 220 III 1 EGBGB eine besondere Anknüpfungsleiter enthält, die allerdings nur für die Zeit bis zum 8. 4. 1983 gilt. Das ergibt sich aus Art. 220 III 2 EGBGB, wonach ab diesem Zeitpunkt Art. 15 EGBGB n.F. anzuwenden ist. Eine Sonderregel für die Zeit nach dem 8. 4. 1983 besteht für die Anknüpfung nach Art. 220 III 1 Nr. 3 EGBGB in Art. 220 III 3 EGBGB. Schließlich beinhaltet Art. 220 III 4 EGBGB eine Sachnorm für Übergangsansprüche, die aus einem, durch die verschiedenen Anknüpfungen nach Art. 220 III 1 und 3 iVm. Art. 15 I EGBGB n.F. möglicherweise ausgelöstem Wechsel des Güterstatutes, entstehen können.[96] Für Ehen, die nach dem 8.4.1983 geschlossen wurden, erklärt Art. 220 III 5 EGBGB den Art. 15 EGBGB n.F. für den gesamten Zeitraum für anwendbar. Wurde die Heirat nach dem 1. 9. 1986 eingegangen, so gilt Art. 15 EGBGB unmittelbar, Art. 220 III EGBGB greift nicht ein.
Wie sich aus der Analyse des Art. 220 III EGBGB ergeben hat, ist die Bestimmung des Güterstatut entscheidend vom jeweiligen Zeitpunkt der Eheschließung abhängig, weshalb sich die Untersuchung im folgenden an diesem und nicht am Aufbau von Art. 220 III EGBGB orientiert.

c) Anwendbares Recht bei einer Eheschließung vor dem 1. 4. 1953

Im einzelnen ergibt sich folgendes: Bei einer Eheschließung vor dem 1. 4. 1953 findet über Art. 220 III 6 EGBGB der Art. 15 EGBGB a.F.[97] Anwendung; das Ehegüterstatut bestimmt sich demnach nach der Staatsangehörigkeit des Ehemannes zum Zeitpunkt der Eheschließung.[98] Für die Ehegatten besteht jedoch die Möglichkeit, eine Rechtswahl nach Art. 15 II EGBGB n.F. zu treffen, die sich auch auf das bereits vorhandene Vermögen erstrecken kann.[99]

---

[95] Soergel/Schurig, Art. 220 EGBGB, Rn. 34.

[96] Zur Struktur des Abs. 3 vgl. insbesondere Staudinger/Dörner, Art. 220 EGBGB, Rn. 66.

[97] Abgedruckt bei Jayme/Hausmann, IPV, Nr. 2.

[98] MüKo/Siehr, Art. 15 EGBGB, Rn. 150 ff.; Palandt/Heldrich, Art. 15 EGBGB, Rn. 6 m.w.N.; a.A. Lorenz, Intertemporales Ehegüterrecht, 46 ff. insbes. 54 f., der Abs. 3 Satz 6 für verfassungswidrig hält und statt dessen Abs. 3 Satz 1-4 für die Bestimmung des Güterrechtsstatuts anwenden will. Dagegen überzeugend Staudinger/Dörner, Art. 220 EGBGB, Rn. 85.

[99] Vgl. u. S. 339 ff.

d) Anknüpfung bis zum 8. 4. 1983 bei einer Heirat nach dem 31. 3. 1953 und vor dem 9. 4. 1983

Für Ehen, die nach dem 31. 3. 1953 und vor dem 9. 4. 1983 eingegangen worden sind, wird bis zum 8. 4. 1983 das Ehegüterstatut gemäß Art. 220 III 1 EGBGB angeknüpft.

aa) Anknüpfung nach Art. 220 III 1 Nr. 1 EGBGB

Gemäß Art. 220 III 1 Nr. 1 EGBGB richtet sich das Ehegüterstatut in erster Linie nach dem gemeinsamen Heimatrecht der Ehegatten.
Problematisch ist bei dieser Anknüpfung allein die Frage, ob bei deutschen Staatsangehörigen Art. 5 I 2 EGBGB Anwendung findet[100] oder ob im Rahmen der intertemporalen Norm des Art. 220 III 1 Nr. 1 EGBGB auch für Deutsche die entscheidungserhebliche Staatsangehörigkeit nach dem Prinzip der Effektivität zu bestimmen ist.[101] Hier spricht vieles für die letztere Ansicht.
Zum einen handelt es sich bei Art. 5 I 2 EGBGB um eine systemwidrige Ausnahmevorschrift. Vor allem aber könnte durch eine Anwendung des Art. 5 I 2 EGBGB in verschiedenen Sachverhalten[102] ein nicht gewollter und verfassungsrechtlich nicht bedingter Statutenwechsel herbeigeführt werden, der dem in Art. 220 III EGBGB normierten Gedanken des Vertrauensschutzes, zuwiderlaufen würde.
Gestützt wird diese Lösung auch durch den Wortlaut und die Systematik des Gesetzes. Art. 220 III 1 EGBGB spricht lediglich von dem Recht des Staates, dem beide Ehegatten zum Zeitpunkt der Eheschließung angehörten. Damit enthält die Vorschrift, anders als Art. 220 III 2 EGBGB, der auf Art. 15 EGBGB n.F. und damit indirekt auf Art. 5 I 2 EGBGB n.F. verweist, keinerlei Hinweis auf eine Rückwirkung des Art. 5 I 2 EGBGB. Deshalb wird eine solche Rückwirkung im Rahmen des Art. 220 III 1 EGBGB allein auf das Argument gestützt, daß Art. 220 EGBGB ebenso wie Art. 5 I 2 EGBGB Inhalt des IPR-Neuregelungsgesetzes gewesen sei.

[100] So vor allem die Rechtsprechung BGH, Urt. v. 17. 9. 1986, IPRax 1987, 114, 117, sowie Urt. v. 8. 4. 1987, NJW 1988, 638, 640; KG, Urt. v. 15. 10. 1987, IPRax 1988, 106, 108; OLG Karlsruhe, Urt. v. 16. 2. 1989, IPRax 1990, 122, 123; zustimmend Lichtenberger, DNotZ 1987, 297, 301; Palandt/Heldrich. Art. 15 EGBGB, Rn. 8; Erman/Hohloch, Art. 15 EGBGB, Rn. 43.

[101] So die Gesetzeslage vor Inkrafttreten des IPR-Neuregelungsgesetzes, durch das Art. 5 I 2 EGBGB eingeführt wurde. Vgl. Jayme, IPRax 1987, 95, 96 und IPRax 1990, 102, 103; Schurig, IPRax 1988, 88, 90; Staudinger/Dörner, Art. 220 EGBGB, Rn. 92; MüKo/Siehr, Art. 15 EGBGB, Rn. 158; Lorenz, Intertemporales Ehegüterrecht, 62 ff.

[102] Vgl. die Fälle bei Lorenz, Intertemporales Ehegüterrecht, 62 ff. und bei Staudinger/Dörner, Art. 220 EGBGB, Rn. 92 f.

Eine solche erweiternde Auslegung des Art. 220 III EGBGB widerspricht jedoch dem Grundsatz des Vorbehalts des Gesetzes und dem im Bereich einer gesetzlichen angeordneten Rückwirkung besonders zu beachtenden, erhöhten Vertrauensschutz.[103] Eine Rückwirkung muß aus dem Gedanken des Rechtsstaatsprinzips heraus gesetzlich klar bestimmt sein. Gerade bei Überleitungsregeln sollte auch ein übermäßiger Kontinuitätsbruch mit der vorherigen Lage vermieden werden.[104] Zudem wollte der Gesetzgeber mit der Übergangsregel des Art. 220 III Nr. 1 EGBGB nur die Situation überbrücken, die durch die Verfassungswidrigkeit des Art. 15 I EGBGB a.F. entstanden war.[105] Es sollte also eine neue Güterrechtsanknüpfung geschaffen, nicht aber rückwirkend für diesen Bereich der Begriff der Staatsangehörigkeit verändern werden.
Daraus ergibt sich, daß der Gesetzgeber in Art. 220 III 1 EGBGB keine neue Gesamtregelung begründet, sondern nur den Anknüpfungspunkt für die Bestimmung des Güterrechtsstatuts rückwirkend geändert hat.[106] Für die diskutierte Rückwirkung der Staatsangehörigkeitsregelung findet der Grundsatz Anwendung, daß eine Rückwirkung vom Gesetzgeber ausdrücklich angeordnet werden muß. Da eine solche für Art. 220 III 1 EGBGB nicht ausdrücklich angeordnet wurde, gilt weiterhin das Kollisionsrecht, das zum Zeitpunkt der Eheschließung in Kraft war,[107] nämlich Art. 15 I EGBGB a.F.

bb) Anknüpfung nach Art. 220 III 1 Nr. 2 und Nr, 3 EGBGB

Greift Art. 220 III 1 Nr. 1 EGBGB nicht ein, so kommt nach Art. 220 III 1 Nr. 2 EGBGB das Recht zur Anwendung, dem die Ehegatten sich unterstellt haben oder von dessen Anwendung sie ausgegangen sind. Als besonderes Indiz für das Vorliegen der Nr. 2 nennt das Gesetz den Abschluß eines Ehevertrages.
Dabei wird unter dem „Sich-Unterstellen“ unter eine Rechtsordnung eine ausdrückliche oder schlüssige Rechtswahl verstanden, die keinen Formerfordernissen unterliegt.[108] Eine solche wird jedoch in den meisten Fällen nicht festzustellen sein, da bis zum in Kraft treten der IPR-Novelle vom 1. 9. 1986 eine Rechtswahl im deutschen IPR nicht möglich war.[109] Deshalb liegt das Schwer-

[103] Katz, Staatsrecht, Rn. 200 ff.

[104] Stern, Staatsrecht I, § 20 IV 4 g δ, ein solcher könnte aber eintreten.

[105] BT-Drucksache 10/5632, 45; MüKo/Sonnenberger, Art. 220 EGBGB, Rn. 4.

[106] Ähnlich auch Lorenz, Intertemporales Ehegüterrecht, 64; Schurig, IPRax 1988, 88, 89.

[107] Was immer mit dem Satz "alte Ehe, altes Kollisionsrecht" dokumentiert wird. Dies ergibt sich auch aus der Regelung in Abs. 1 und 2, vgl. Staudinger/v.Bar/Mankowski, Art. 15 EGBGB, Rn. 43 ff. insbes. Rn. 54 f.; Lorenz, Intertemporales Ehegüterrecht, 65.

[108] BGH, Urt. v. 3. 6. 1987, IPRax 1988, 103, 104; Lichtenberger, DNotZ 1987, 297, 298; Palandt/Heldrich, Art. 15 EGBGB, Rn. 9; Henrich, IntFamR, 78.

[109] Eine Rechtswahl dürfte praktisch nur dann vorliegen, wenn die Ehegatten von ausländischem Kollisionsrecht oder von der Verfassungswidrigkeit des Art. 15 EGBGB a.F. schon

gewicht innerhalb der Prüfung des Art. 220 III 1 Nr. 2 EGBGB bei der Frage, wann davon gesprochen werden kann, daß die Ehegatten von der Geltung einer Rechtsordnung „ausgegangen" sind. Dabei sieht der BGH aus verfassungsrechtlichen Gründen prinzipiell eine weite Auslegung des Art. 220 III 1 Nr. 2 EGBGB als geboten an, um die Anwendung des Art. 220 III 1 Nr. 3 EGBGB möglichst gering zu halten.[110] Bei der Auslegung des Begriffes des „Ausgehens" wird keine ganz einheitliche Linie vertreten.[111] Übereinstimmung besteht insoweit, als eine Wertung an objektiven Kriterien, wie Ehevertrag, gemeinsame Erklärungen während der Ehe etc. vorzunehmen ist.[112] Problematisch ist jedoch, inwieweit ein „Ausgehen" im Sinne des Art. 220 III 1 Nr. 2 EGBGB ein Willenselement enthalten muß bzw. zunächst nur eine gemeinsame rein subjektive Vorstellung ist, die sich lediglich bei der Feststellung notgedrungen in den oben genannten objektiven Kriterien manifestiert.[113] Insofern wird zumindest vom tatsächlichen Ergebnis her in den meisten Fällen Übereinstimmung bestehen.

Kann auch nach Art. 220 III 1 Nr. 2 EGBGB kein Güterstatut ermittelt werden, so ist nach Art. 220 III 1 Nr. 3 EGBGB hilfsweise an die Staatsangehörigkeit des Ehemannes anzuknüpfen.[114]

e) Neuanknüpfung nach dem 9. 4. 1983 gemäß Art. 220 III 2-4 EGBGB bei einer Heirat nach dem 31. 3. 1953 und vor dem 9. 4. 1983

In unserem Zusammenhang von besonderer Bedeutung sind die Regeln des Art. 220 III 2-4 EGBGB, die eine Neuanknüpfung des Güterrechtsstatuts zum 9. 4.

---

zu diesem Zeitpunkt ausgegangen sind bzw. eine Rechtswahl fälschlicherweise für möglich hielten (Lorenz, Intertemporales Ehegüterrecht, 65).

110 BGH, Urt. v. 17. 9. 1986, IPRax 1987, 114, 116. Im übrigen sind die Grenzen zwischen beiden Alternativen fließend, so daß es ausreichen dürfte, wenn zumindest die Voraussetzungen der 2.Alternative angenommen werden können (so BGH, Urt. v. 8. 4. 1987, IPRax 1987, 100, 102; Staudinger/Dörner, Art. 220 EGBGB, Rn. 96; v.Bar, IPR II, Rn. 230; a.A. Lorenz, Intertemporales Ehegüterrecht, 68; Schurig, IPRax 1988, 88, 90 ff.).

111 Ausführlich vgl. u. S. 58 ff.

112 Vgl. weitere mögliche Kriterien bei OLG Karlsruhe, Urt. v. 16. 2. 1989, IPRax 1990, 122, 123; MüKo/Siehr, Art. 15 EGBGB, Rn. 163 ff.

113 Vgl. die Übersicht über den Meinungsstand bei Lorenz, Intertemporales Ehegüterrecht, 79 ff.; Staudinger/Dörner, Art. 220 EGBGB, Rn. 96 ff.; sowie die verschiedenen Auslegungen der Rechtsprechung, OLG Frankfurt, Beschl. v. 13. 5. 1987, IPRax 1988, 104, 105; KG, Urt. v. 15. 10. 1987, IPRax 1988, 106, 107. Zu beachten ist, daß in jedem Fall ein gemeinsames "Ausgehen" der Ehegatten erforderlich ist, unabhängig davon, ob man dies in einem gemeinsamen Verhalten oder in einem gemeinsamen Willen der Eheleute sieht.

114 Zur Problematik der Verfassungswidrigkeit dieser Vorschrift und dem in einem solchen Fall anwendbaren Recht vgl. o. S. 51 f.

1983 vorsehen und dadurch in einigen Fällen einen Statutenwechsel herbeiführen. Von Interesse ist dabei insbesondere die Übergangsregel des Art. 220 III 4 EGBGB, der neben der gleichlautenden Vorschrift des Art. 236 § 3, 2 EGBGB die einzige Stelle ist, an der der Gesetzgeber Übergangsansprüche zumindest ansatzweise geregelt hat.[115]

aa) Kontinuität bei einer ursprünglichen Anknüpfung gemäß Art. 220 III 1 Nr. 1 EGBGB

Gemäß Art. 220 III 2 EGBGB findet bei einer Heirat nach dem 31. 3. 1953 und vor dem 9. 4. 1983 eine Neuanknüpfung zum 9. 4. 1983 anhand des Art. 15 EGBGB n.F. statt. Damit stimmen in Fällen einer Anknüpfung, die vor dem 9. 4. 1983 gemäß Art. 220 III 1 Nr. 1 EGBGB vorgenommen wurde, die ursprüngliche und die neue Anknüpfung (Art. 15 I, 14 I EGBGB n.F.) überein, da sich beide nach der gemeinsamen Staatsangehörigkeit der Ehegatten richten. Aus diesem Grunde kann in diesen Fällen grundsätzlich kein Statutenwechsel eintreten. Als problematisch erweist sich dabei allein die Anwendung des Art. 5 I 2 EGBGB n.F. Dieser wird nämlich bei Art. 220 III 2 EGBGB, anders als bei Art. 220 III 1 EGBGB[116], durch die Verweisung auf Art. 15 EGBGB n.F. miteinbezogen.[117] Bei einer Anwendung des Art. 5 I 2 EGBGB auf die Zeit nach dem 9. 4. 1983 könnte es mithin zu einer Güterrechtsspaltung kommen. Um dies zu vermeiden, findet Art. 5 I 2 EGBGB in diesem Fall aufgrund einer teleologischen Reduktion keine Anwendung.[118] Neben den oben genannten Gründen ist vor allem zu beachten, daß das Gesetz güterrechtliche Kontinuität herstellen wollte,[119] was nur mit einer solchen Auslegung erreicht werden kann.

bb) Neuanknüpfung bei einer Erstanknüpfung nach Art. 220 III 1 Nr. 2 EGBGB

Unklar ist, ob eine güterrechtliche Kontinuität auch bei einer Anknüpfung gemäß Art. 220 III 1 Nr. 2 EGBGB nach dem 9. 4. 1983 gewahrt werden kann. Zu dieser Frage hat die Rechtsprechung[120] und die h.L.[121] den Grundsatz aufge-

---

[115] Dazu u. S. 339 ff., insbes. S. 347 ff.

[116] Vgl. o. S. 53 f.

[117] So Staudinger/Dörner, Art. 220 EGBGB, Rn. 112; Palandt/Heldrich, Art. 15 EGBGB, Rn. 11; a.A. wohl nur Schurig, IPRax 1988, 88, 89.

[118] Staudinger/Dörner, Art. 220 EGBGB, Rn. 112; Soergel/Schurig, Art. 220 EGBGB, Rn. 41; Lorenz, Intertemporales Ehegüterrecht, 65; Jayme, IPRax 1990, 102, 103; a.A. Palandt/Heldrich, Art. 15 EGBGB, Rn. 11.

[119] BT-Drucksache 10/5632, 46.

[120] BGH, Urt. v. 17. 9. 1986, IPRax 1986, 114, 116; OLG Karlsruhe, Urt. v. 16. 2. 1989, IPRax 1990, 122, 123.

stellt, daß eine Anknüpfung, die nach Art. 220 III 1 Nr. 2 EGBGB vorgenommen wurde, prinzipiell über den 8. 4. 1983 hinaus wirkt und auf diesem Wege ein Statutenwechsel vermieden wird. Umstritten ist jedoch, ob dieser Grundsatz auf beide Alternativen des Art. 220 III 1 Nr. 2 EGBGB angewendet werden kann und ob nach dem 8. 4. 1983 nicht in jedem Fall eine Beschränkung auf die wählbaren Rechte des Art. 15 II EGBGB n.F. vorzunehmen ist.[122] Einigkeit besteht jedenfalls insoweit, als die Formvorschriften des Art. 15 III iVm. Art. 14 IV EGBGB n.F. nicht eingehalten werden müssen, da die Rechtswahl zeitlich vor dem 8. 4. 1983 lag.[123]

Um die aufgeworfenen Fragen klären zu können, soll zunächst die Begründung des oben aufgestellten Grundsatzes betrachtet werden. Bei der 1. Alternative des Art. 220 III 1 Nr. 2 EGBGB, dem sich unterstellen unter ein Recht, handelt es sich um eine tatsächliche oder konkludente Rechtswahl. Aus diesem Grund besteht regelmäßig Übereinstimmung mit einer Anknüpfung gemäß Art. 15 II EGBGB n.F., da sich die Ehegatten zumeist einem Recht unterstellt haben dürften, daß auch nach Art. 15 II EGBGB nF. gewählt werden kann. Wendet man Art. 220 III 2 EGBGB auf diesen Fall an, ist eine Kontinuität des Güterrechtsstatuts gewahrt.[124] Der zweite Schritt in der Argumentation ist nunmehr die Gleichstellung der Alternative des „Ausgehens" mit der Alternative des „Unterstellens", mit der logischen Konsequenz, daß Art. 220 III 2 EGBGB auf beide Alternativen übereinstimmend anzuwenden sei. Begründet wird eine solche Gleichstellung beider Alternativen mit dem Argument, daß der Gesetzgeber diese Gleichstellung mit der Gleichbehandlung beider Alternativen in Art. 220 III 1 Nr. 2 EGBGB zum Ausdruck gebracht habe.

---

121 Jayme, IPRax 1987, 95, 96; Staudinger/Dörner, Art. 220 EGBGB, Rn. 114; Palandt/Heldrich, Art. 15 EGBGB, Rn. 11; v.Bar, JZ 1987, 755, 756.

122 Teilweise wird eine Ausdehnung des Art. 15 II EGBGB n.F. auch auf den Zeitraum vor dem 8.4.1983 vorgenommen.

123 BT-Drucksache 10/5632, 46; BGH, Urt. v. 17. 9. 1986, IPRax 1986, 114, 116; v.Bar, IPR II, Rn. 229; Erman/Hohloch, Art. 15 EGBGB, Rn. 46. Dies ist ein weiteres Argument für die zur fehlenden Rückwirkung des Art. 5 I 2 EGBGB n.F. vertretenen Ansicht. Auch hier wird nicht dem *Gesamtzusammenhang* entnommen, daß die Formvorschriften zurückwirken. Viel-mehr wird präzise auf den vom Gesetzgeber angeordneten Zeitpunkt abgestellt; daraus läßt sich aber schließen, daß jede Norm eine eigenen intertemporalen Anwendungs- und Rückwirkungsbefehl benötigt.

124 BGH, Urt. v. 17. 9. 1986, IPRax 1987, 114, 116; Soergel/Schurig, Art. 220 EGBGB, Rn. 49, 56; MüKo/Siehr, Art. 15 EGBGB, Rn. 183; Palandt/Heldrich, Art. 15 EGBGB, Rn. 11; a.A. v.Bar, IPR II, Rn. 229; Henrich, IPRax 1987, 93, 94 f.; Lorenz, Intertemporales Ehegüterrecht, 75 f. Diese Autoren wollen die vor dem 9. 4. 1983 vorgenommene Rechtswahl hinüberwirken lassen, ohne Art. 15 II EGBGB n.F. anzuwenden. Sie berufen sich ebenfalls auf den BGH, der sich insofern nicht ganz eindeutig äußert. M.E. läßt sich aber aus dem Zusammenhang entnehmen, daß er den Art. 15 EGBGB n.F. ohne die Formvorschriften anwenden will. Die hier vertretene Meinung hat zudem den Vorteil, daß sie die gewünschte Lösung in Übereinstimmung mit der Formulierung des Gesetzes erzielt.

(1) Fortwirkung der Altanknüpfung bei der Alternative des „Ausgehens"

Eine solche Gleichstellung beider Alternativen, um die güterrechtliche Kontinuität zu wahren, stößt jedoch bei einer Weiterwirkung der Anknüpfung des Art. 220 III 1 Nr. 2 EGBGB in der 2. Alternative des „Ausgehens" über den 8. 4. 1983 hinaus auf ein verfassungsrechtliches Problem, da eine solche Weiterwirkung einen Verstoß gegen Art. 3 II GG darstellen könnte. Begründet wird die Möglichkeit des Verstoßes gegen Art 3 II GG mit dem Argument,[125] daß die Ehegatten meistens, insbesondere dann, wenn sie sich über die damalige Rechtslage informiert hatten, vom Heimatrecht des Mannes ausgegangen sind. Durch eine Weitergeltung über den 8. 4. 1983 hinaus würde diese faktische Benachteiligung der Frau aber nunmehr perpetuiert, was einen Verstoß gegen Art. 3 II GG darstelle. Die Gegenansicht[126] verweist hingegen darauf, daß bei Art. 220 III 1 Nr. 2 EGBGB in hinreichend geschlechtsneutraler Weise an das gemeinsame Verhalten der Ehegatten angeknüpft werde und ebenso das Heimatrecht der Ehefrau zum Zuge kommen könne. Verschärft wird die Problematik bei der Anwendung des des Art. 220 III 2 EGBGB dadurch, daß bis zum 8. 4. 1983 ein Vertrauensschutzbedürfnis der Ehegatten anzuerkennen ist,[127] an einer gemeinsamen Vorstellung festzuhalten, aufgrund derer sie güterrechtliche Dispositionen getroffen haben, auch wenn diese Vorstellung nicht der Verfassungslage entsprach. Ein solcher Vertrauensschutz existiert aber für die Zeit nach der Entscheidung des BVerfG nicht mehr. Aus diesem Grunde wird vertreten, die Verfassungsmäßigkeit durch eine restriktive Auslegung des Begriffs des „Ausgehens" der Ehegatten zu erreichen, wobei die dazu gewählten Ansätze unterschiedlich sind.[128] Ein neuerer Vorschlag will demgegenüber insgesamt für die Begriffsbestimmung auf den gemeinsamen Willen zum Zeitpunkt der Beendigung des Güterstandes abstellen.[129]

---

[125] Staudinger/Dörner, Art. 220 EGBGB, Rn. 117; MüKo/Siehr, Art. 15 EGBGB, Rn. 183; Soergel/Schurig, Art. 220 EGBGB, Rn. 51; Siehr, FS für Ferid II, 433, 440 f.; Henrich, IPRax 1987, 93, 94 f.; Rauscher, NJW 1987, 531, 534; Winkler v.Mohrenfels, IPRax 1995, 379, 383 f.

[126] BGH, Urt. v. 17. 9. 1986, IPRax 1987, 114, 116; Urt. v. 8. 4. 1987, IPRax 1988, 100, 102; Palandt/Heldrich, Art. 15 EGBGB, Rn. 11; Erman/Hohloch, Art. 15 EGBGB, Rn. 46; v.Bar, IPR II, Rn. 229.

[127] Dieses Vertrauen wurde gerade in Nr.2, 2.Alt. normiert (Staudinger/Dörner, Art. 220 EGBGB, Rn. 74) und zwar das Vertrauen *beider* Eheleute, weshalb insoweit keine erneute verfassungswidrige Rechtslage eingeführt wurde (so aber Winkler v.Mohrenfels, IPRax 1995, 379, 384).

[128] So stellt Lorenz (Intertemporales Ehegüterrecht, 90) auf die Vorstellungen der Parteien ab. Schurig (IPRax 1988, 88, 92 und Soergel, Art. 220 EGBGB, Rn. 49 ff., 56) will bei der Überleitung und beim Begriff des "Ausgehens" fragen, ob dieser auf einer verfassungskonformen oder einer verfassungswidrigen Anknüpfung beruht.

[129] Winkler v.Mohrenfels, IPRax 1995, 379, 384. Dies ist schon aus praktischen Gründen problematisch, da zum Zeitpunkt der Beendigung die Ehegatten oftmals nicht mehr einer

Betrachtet man die Situation, so befindet man sich im Spannungsfeld verschiedener gegenläufiger Interessen. Ein Vertrauensschutz der tatsächlichen Vorstellungen der Ehegatten besteht allenfalls bis zum 8. 4. 1983. Nach diesem Zeitpunkt wiegt der Gedanke der faktischen Verfassungswidrigkeit schwerer. Diese Tatsachen werden insgesamt überspielt von dem Gedanken der Parteiautonomie, der sich in Art. 15 II EGBGB n.F. manifestiert und nach Art. 220 III 2 EGBGB ab dem 9. 4. 1983 anwendbar ist. Auch soll eine Lösung gefunden werden, die weitestmöglich güterrechtliche Kontinuität wahrt.
Daraus ergibt sich folgendes: Bis zum 8. 4. 1983 beinhaltet das „Ausgehen“ die tatsächlichen Vorstellungen der Ehegatten, auch wenn diese gleichheitswidrig sein sollten. Für den nachfolgenden Zeitraum kann dies hingegen nicht unbeschränkt gelten. Vielmehr kann eine Anknüpfung an den verfassungswidrigen Zustand nur durch ein dem Gedanken der Rechtswahl entsprechendes Verhalten überbrückt werden, da sich in diesem Fall die Anknüpfung nicht mehr aus Art. 15 I EGBGB a.F., sondern aus Art. 15 II EGBGB n.F. ergibt. Erforderlich ist deshalb ein gemeinsames Verhalten der Ehegatten *nach* dem 8. 4. 1983, das unter Art. 15 II EGBGB n.F. zu fassen ist.
Zu fragen ist nunmehr, wie ein solches Verhalten konkret auszusehen hat, um diese Vorgabe zu erfüllen. Der BGH hat in seinem oben dargestellten Gedankengang aus der in Art. 220 III 1 Nr. 2 EGBGB vorgenommenen Gleichstellung von rechtlichem und faktischem Verhalten für die Zeit vor dem 8. 4. 1983 geschlossen, daß diese auch für die Zeit danach zu gelten habe. Eine solche Schlußfolgerung ist jedoch nicht zwingend. Vielmehr basieren beide Alternativen auf unterschiedlichen Interessenwertungen, die eine solche Gleichstellung verbieten. Stattdessen ist eine Orientierung an der Regel des Art. 15 II EGBGB n.F. erforderlich.
Aus diesem Grund wird für die Zeit nach dem 8. 4. 1983 teilweise die Äußerung eines rechtsgeschäftlichen Willens der Ehegatten gefordert.[130] Eine solche Voraussetzung wird jedoch regelmäßig nicht gegeben sein und läuft aus diesem Grund den Interessen der Kontinuität des Güterstatuts zuwider. Deswegen sollte man jedes gemeinsame Verhalten der Eheleute ausreichen lassen, das positiv darauf schließen läßt, daß sie sich einem bestimmten Güterstatut unterstellen wollten, da ein solches Verhalten einer tatsächlichen Rechtswahl entspricht, so daß man eine Parallele zu Art. 15 II EGBGB n.F. ziehen kann. Problematisch ist insoweit allein, wie sich die Fehlvorstellung der Ehegatten auswirkt, noch immer dem Mannesrecht zu unterstehen, obwohl dies nicht mit der tatsächlichen Rechtslage übereinstimmt. Eine solche Fehlinterpretation ist jedoch nur ein unbeachtlicher Fehler in der Vorstellungsbildung, der sich rechtlich nicht auswirkt. Allerdings muß das Festhalten an der Anknüpfung an dem Mannesrecht

---

Meinung sein werden. Im übrigen wird der gesetzliche Zeitpunkt für eine Rechtswahl, nämlich die Zeit nach dem 8.4.1983 nicht genügend beachtet.

[130] Winkler v.Mohrenfels, IPRax 1995, 379, 384. Dort auch zur Frage des Zeitpunktes, zu dem ein solcher Wille vorhanden sein muß.

positiv nach dem Übergang festgestellt werden, um der Verfassungswidrigkeit zu entgehen.

(2) Beschränkung auf die nach Art. 15 II EGBGB n.F. wählbaren Rechte

Zur Frage, inwieweit eine Beschränkung auf die nach Art. 15 II EGBGB n.F. wählbaren Rechte vorgenommen werden sollte, haben sich drei Ansichten gebildet. Nach der ersten Auffassung[131] soll Art. 15 II EGBGB n.F. sowohl vor als auch nach dem 9. 4. 1983 Anwendung finden. Die Vertreter der zweiten Ansicht[132] wollen hingegen Art. 15 II EGBGB n.F. erst ab dem 9. 4. 1983 anwenden, wohingegen der dritten Ansicht[133] zufolge Art. 15 II EGBGB überhaupt nicht zur Anwendung kommt. Betrachtet man diese Auslegungen aus dem oben dargelegten Verhältnis des Art. 220 III 1 Nr. 2 EGBGB zu Art. 220 III 2 EGBGB, so entspricht allein die zweite, vermittelnde Meinung der Gesetzeslage. Die erste Ansicht übergeht nämlich (wie bei der Anwendung des Art. 5 I 2 EGBGB im Bereich des Art. 220 III 1 Nr.1 EGBGB), daß das deutsche Recht für eine Rückwirkung über den 9. 4. 1983 hinaus einen gesetzlichen Anwendungsbefehl benötigt. Die dritte Meinung hingegen wendet Art. 220 III 2 EGBGB überhaupt nicht an und verstößt damit gegen den klaren Gesetzeswortlaut.[134]
Auch vermögen die gegen die vermittelnde Auffassung vorgebrachten Argumente nicht zu überzeugen. So wurde argumentiert, daß eine solche Lösung, die einen Statutenwechsel eintreten lasse, kaum praktikabel sei und dem Gedanken des Vertrauensschutzes widerspreche.[135] Praktisch gesehen stellt ein solcher Statutenwechsel jedoch kein größeres Problem dar, als ein möglicher Statutenwechsel, der nach Art. 220 III 1 iVm. 2, 3 EGBGB auftreten kann und vom Gesetzgeber bei Schaffung der Übergangsvorschrift in Satz 4 besonders berücksichtigt wurde. Auch besteht ein Vertrauensschutz auf eine einmal wirksame Rechtswahl über den 9. 4. 1983 hinaus[136] nicht, da der Gesetzgeber in Art. 220 III 2 EGBGB gerade eine davon abweichende Regelung getroffen hat und den

[131] Lorenz, Intertemporales Ehegüterrecht, 76; Lichtenberger, FS für Ferid II, 269, 282; Schurig, IPRax 1988, 88, 92; Erman/Hohloch, Art. 15 EGBGB, Rn. 47.

[132] MüKo/Siehr, Art. 15 EGBGB, Rn. 163 f.; Palandt/Heldrich, Art. 15 EGBGB, Rn. 11; Pakuscher, Unwandelbarkeit, 59 ff.

[133] Stoll, Rechtswahl, 230 f.; Staudinger/Dörner, Art. 220 EGBGB, Rn. 115; Henrich, IntFamR, 80 und IPRax 1987, 93, 93.

[134] Auch inhaltlich kann nicht angeführt werden, daß ein einmal gewähltes Recht bestimmend bleibe, wenn gesetzlich eine abweichende Regelung vorgesehen ist.

[135] Lorenz, Intertemporales Ehegüterrecht, 76.

[136] Stoll, Rechtswahl, 230 f.

Vertrauensschutz dadurch aufhebt.[137] Diese Ansicht enthält lediglich einen Verstoß gegen das vom BGH aufgestellte Kontinuitätsgebot. Da dieses Gebot aber nicht absolut gilt, hat der Gedanke der Überführung der Altgüterstände in einen für alle Ehen einheitlichen Gesetzeszustand wie er in Art. 220 III 2 EGBGB zum Ausdruck kommt Vorrang.

cc) Ursprüngliche Anknüpfung nach Art. 220 III 1 Nr. 3 EGBGB

Soweit das Ehegüterstatut ursprünglich nach Art. 220 III 1 Nr. 3 EGBGB angeknüpft wurde,[138] bestimmt sich das Güterstatut in die Zeit nach dem 8. 4. 1983 gemäß Art. 15 I, 14 I EGBGB n.F. mit der Besonderheit, daß als Zeitpunkt für die Anknüpfung nicht vom Tag der Eheschließung, sondern vom 9. 4. 1983 auszugehen ist (dies folgt aus Art. 220 III 3 EGBGB). In diesen Fällen spricht auch nichts gegen eine Anwendung des Art. 5 I 2 EGBGB. Durch die Neuanknüpfung nach dem 9. 4. 1983 kann es darüber hinaus zu einer Güterrechtsspaltung kommen.[139]

f) Eheschließung nach dem 8. 4. 1983 und vor dem 1. 9. 1986

Bei einer Heirat nach dem 8. 4. 1983 und vor dem 1. 9. 1986 ist Art. 15 EGBGB n.F. gemäß Art. 220 III 5 EGBGB unbeschränkt anwendbar.[140] Der vom Gesetzgeber angeordneten Rückwirkung stehen auch keine Vertrauensschutzgesichtspunkte entgegen, da mit Bekanntgabe der Entscheidung des BVerfG der Rechtsschein des Art. 15 EGBGB a.F. beseitigt war.[141] Als problematisch erweist sich in diesem Zusammenhang wiederum allein die Frage nach der Anwendung des Art. 5 I 2 EGBGB. Auch hier sollte, wie oben, eine teleologische Reduktion vorgenommen werden, um einen Statutenwechsel zu vermeiden.[142] Dieser könnte dadurch eintreten, daß bis zum 1. 9. 1986 eine Anknüpfung an die effektive Staatsangehörigkeit auch für Ehen, die nach dem 8. 4. 1983 ge-

---

[137] Ein Vertrauensschutz für nach dem 31.3.1953 geschlossene Ehe besteht nicht (vgl. BVerfG, Beschl. v. 21. 6. 1988, FamRZ 1988, 920).

[138] Zur Verfassungswidrigkeit vgl. o. S. 51 f.

[139] Geht man dagegen von der Verfassungswidrigkeit der Nr.3 aus und knüpft statt dessen an die Regeln des Art. 14 I Nr.2 oder Nr.3 EGBGB an, so kommt es zu keiner Güterrechtsspaltung jedenfalls dann nicht, wenn man folgerichtig auch die Anwendung des Satzes 3 ausschließt (vgl. Staudinger/Dörner, Art. 220 EGBGB, Rn. 120 m.w.N.).

[140] Lorenz, Intertemporales Ehegüterrecht, 121 f.

[141] BVerfG, Beschl. v. 21. 6. 1988, FamRZ 1988, 920; MüKo/Siehr, Art. 15 EGBGB, Rn. 176; Staudinger/Dörner, Art. 220 EGBGB, Rn. 83.

[142] Staudinger/Dörner, Art. 220 EGBGB, Rn. 129; Lorenz, Intertemporales Ehegüterrecht, 121 f.

schlossen wurden, stattfand. Die Anknüpfung würde nunmehr rückwirkend geändert, ohne daß sachliche Gründe dafür bestehen oder der Gesetzgeber an eine solche Möglichkeit gedacht hat. Eine Anwendung des Art. 5 I 2 EGBGB scheidet deshalb aus.

5) Sonderregeln

Als einzige staatsvertragliche Kollisionsnorm im Sinne des Art. 3 II EGBGB verdrängt Art. 8 III iVm. dem Schlußprotokoll des Niederlassungsabkommens zwischen dem deutschen Reich und dem Kaiserreich Persien vom 17. 2. 1929[143] Art. 15 EGBGB.

Das Haager Ehewirkungsabkommen vom 17. 7. 1905[144] ist mit Wirkung vom 23. 8. 1987 außer Kraft getreten und galt für den Zeitraum zuvor bis zum 23. 8. 1917 gegenüber Frankreich, bis zum 23. 8. 1922 gegenüber Belgien, bis zum 23. 8. 1962 gegenüber Schweden, bis zum 23. 8. 1972 gegenüber Polen und bis zum außer Kraft treten gegenüber Italien.[145] Bei einer Anwendung dieses Abkommens ist zu beachten, daß Art. 2 I des Abkommens für verfassungswidrig erklärt worden ist.[146] Die verfassungswidrige Anknüpfung nach Art. 2 I des Abkommens wird durch eine entsprechende Anwendung des Art. 220 III EGBGB ersetzt, so daß das Haager Ehegüterrechtsabkommen letztendlich nur noch für Ehen gilt, die vor dem 1. 4. 1953 geschlossen worden sind.[147]

Zu berücksichtigen ist weiterhin das am 6. 8. 1969 in Kraft getretene Gesetz über den ehelichen Güterstand von Vertriebenen und Flüchtlingen.[148] Dieses Gesetz sieht für Vertriebene, Flüchtlinge und bestimmte andere Personen eine Ausnahme von dem Grundsatz der Unwandelbarkeit vor und erlaubt einen einmaligen Statutenwechsel in den Güterstand der Zugewinngemeinschaft.[149]

Im Bereich des intertemporalen internationalen Ehegüterrechts ist die Vorschrift des Art. 236 § 3 EGBGB von Interesse. Dieser beinhaltet eine Sonderregelung für Sachverhalte, die eine Beziehung mit dem Beitrittsgebiet und einem Dritt-

---

[143] RGBl. 1930, II, 1002, 1006; teilweise abgedruckt bei Jayme/Hausmann, IPV, Nr. 17.

[144] RGBl. 1912, 453, 475.

[145] Zu den verschiedenen Mitgliedsstaaten des Abkommens und der Dauer ihrer Mitgliedschaft vgl. v.Bar, RabelsZ 57 (1993) 63, 77 ff.

[146] BGH, Urt. v. 17. 9. 1986, IPRax 1987, 114, 114 f.; zust. Henrich, IPRax 1987, 93, 93; Jayme, IPRax 1987, 95, 95; MüKo/Siehr, Art. 15 EGBGB, Rn. 3.

[147] Jayme, IPRax 1987, 95, 95; Staudinger/v.Bar/Mankowski, Art. 15 EGBGB, Rn. 4.

[148] BGBl. 1969, I, 1067, abgedruckt bei Staudinger/v.Bar/Mankowski, Art. 15 EGBGB, Rn. 421.

[149] Zu den Einzelheiten vgl. die Kommentierungen bei Staudinger/v.Bar/Mankowski, Art. 15 EGBGB, Rn. 418 ff.; MüKo/Siehr, Art. 16 EGBGB Anh., Rn. 1 ff.; Palandt/Heldrich, Anh. zu Art. 15 EGBGB, Rn. 2.

staat aufweisen.[150] Findet Art. 236 § 3 EGBGB Anwendung, so bestimmt sich das Ehegüterstatut für die Zeit bis zum 3. 10. 1990 nach § 19 RAG.[151] Für den Zeitraum danach wird gemäß Art. 236 § 3 S. 1 EGBGB an Art. 15 EGBGB mit der Maßgabe angeknüpft, daß Anknüpfungszeitpunkt der Zeitpunkt des Beitritts (3. 10. 1990) und nicht der der Eheschließung ist.[152] Durch die Neuanknüpfung kann es auch in diesen Fällen zu einem Statutenwechsel kommen.[153]

---

[150] Die eigentliche Schwierigkeit besteht darin, festzustellen, wann ein Sachverhalt dem Beitrittsgebiet zuzuordnen ist. Dazu werden im wesentlichen drei Ansichten vertreten; eine Ansicht knüpft dabei an die von der Rechtsprechung entwickelten Regeln des innerdeutschen Kollisionsrechts an; diese seien insoweit vorgeschaltet. Andere Autoren stellen hingegen auf den Grundsatz der engsten Verbindung analog Art. 4 III 2 EGBGB ab. Die dritte Meinung beschränkt den Geltungsbereich des § 236 EGBGB von vornherein auf das Beitrittsgebiet; nur dort sei das IPR geändert worden und nur die dortigen Gerichte hätten deshalb § 236 EGBGB anzuwenden (vgl. die Übersicht bei Staudinger/Dörner, Art. 236 EGBGB, Rn. 5 ff.; Mansel, in: Der Weg zur deutschen Rechtseinheit, 141 ff.; Palandt/Heldrich, Art. 236 EGBGB, Rn. 4 ff.; Jayme/Stankewitsch, IPRax 1993, 162 ff.; BGH, Urt. v. 1. 12. 1993, IPRax 1995, 114 ff.). Im übrigen ist umstritten, ob Art. 236 EGBGB analog auch auf deutsch-deutsche Sachverhalte anzuwenden ist (vgl. die Nachweise oben, sowie Staudinger/Dörner, Art. 236 EGBGB, Rn. 71 ff., insbes. Rn. 84 ff.; sowie BGH Urt. v. 23. 6. 1993, NJW 1993, 2176, 2177; anders wohl BGH, Urt. v. 1. 12. 1993, IPRax 1995, 114 ff.).

[151] § 19 RAG knüpft dabei wandelbar an das Recht einer gemeinsamen Staatsangehörigkeit an; hilfsweise wird das Recht der deutschen demokratischen Republik angewendet (abgedruckt bei Staudinger/Dörner Art. 236 EGBGB, Rn. 35).

[152] Staudinger/Dörner, Art. 236 EGBGB, Rn. 57; Henrichs IPRax 1991, 14, 17 f. (dort auch weitere Fallkonstellationen).

[153] Dazu u. S. 339 ff., insbes. S. 347 ff.

Kapitel 2:

Die Durchbrechung des Ehegüterstatuts im Rahmen der objektiven Anknüpfung insbesondere gemäß Art. 3 III EGBGB

Das deutsche IPR kennt grundsätzlich zwei verschiedene Vorschriften, die eine Durchbrechung des Ehegüterstatuts im Rahmen einer objektiven Anknüpfung zulassen. Eine Durchbrechung des Gesamtstatuts ergibt sich zunächst aus Art. 3 III EGBGB, der einen Vorrang des Belegenheitsstatuts für Gegenstände normiert, die besonderen Vorschriften unterliegen und die sich nicht in dem Staat befinden, dessen Güterrecht anwendbar ist. Eine Durchbrechung des Gesamtstatuts kann darüber hinaus auch im Rahmen der Rück- und Weiterverweisung gemäß Art. 4 I EGBGB auftreten und zwar in den Fällen, in denen das anwendbare ausländische Kollisionsrecht eine unterschiedliche Anknüpfung für verschiedene Teile des zum Gesamtstatut zählenden Vermögens vorsieht und es deswegen zu Teilrück- oder Teilweiterverweisungen kommt.

Die zweite Fallgruppe der Durchbrechungen des Gesamtstatuts durch Teilrück- oder Teilweiterverweisung ist im Gegensatz zu Art. 3 III EGBGB im Hinblick auf ihre Auslegung und Reichweite unproblematisch, da die Teilrück- bzw. Teilweiterverweisung grundsätzlich anerkannt und der Umfang der Durchbrechung des Gesamtstatuts vom jeweiligen Kollisionsrecht bestimmt wird. Diese Fallgruppe wird daher nur kurz dargestellt (vgl. unten I.), ist aber für die weitere Untersuchung deswegen von Bedeutung, weil sie eine vergleichbare Interessenlage aufweist und daher zum Vergleich insbesondere im Hinblick auf die verschiedenen Auslegungsmöglichkeiten des Art. 3 III EGBGB herangezogen werden kann.

Im Anschluss an die Darstellung der Teilrück- und Teilweiterverweisung wird die erste Fallgruppe der Durchbrechung des Gesamtstatuts gemäß Art. 3 III EGBGB einer ausführlichen Betrachtung unterzogen. Die Analyse der Durchbrechung des Ehegüterstatuts als Folge einer Anwendung des Art. 3 III EGBGB wird sich nach einem Überblick zu dieser Vorschrift (vgl. unten II.) ausführlich mit der geschichtlichen Entwicklung des Art. 3 III EGBGB und seiner Vorgängervorschrift Art. 28 EGBGB a.F. befassen (vgl. unten III.). Die historische Entwicklung ist im Rahmen des Art. 3 III EGBGB von besonderer Bedeutung, da der BGH seine Ansicht zur Auslegung der Frage, was unter dem Begriff der besonderen Vorschriften zu verstehen ist, im wesentlichen auf die Entstehungsgeschichte gestützt hat[154]. Diese ist jedoch bis heute umstritten geblieben. Im Anschluß daran wird der Anwendungsbereich des Art. 3 III EGBGB untersucht (vgl. unten IV.), wobei die Schwerpunkte auf der Reichweite der Vorschrift, den Gegenständen und Rechten, die unter Art. 3 III GGBGB zu fassen sind, so-

[154] Vgl. die umfassenden Nachweise zum Meinungsstand u. Fn 168-173.

wie den als besondere Vorschriften einzuordnenden Normen des deutschen Rechts liegen. Anschließend kommt es zu einer Auseinandersetzung mit dem Zentralbegriff der Norm dem Begriff der „besonderen Vorschriften“ (vgl. unten V.). Hierbei ist zunächst der strukturelle Aufbau der in Betracht kommenden besonderen Vorschriften von Interesse, um diese generell von den als allgemein einzuordnenden Vorschriften abgrenzen zu können. Danach wird die so gewonnene Struktur der besonderen Vorschriften mit anderen IPR-Normen, insbesondere den Regeln für Eingriffsnormen und dem Renvoi verglichen, um den Begriff der besonderen Vorschriften und damit Art. 3 III EGBGB in das deutsche IPR eingliedern zu können. Abschließend wird dann der *klassische* Streit, inwieweit Kollisionsnormen als besondere Vorschriften im Sinne des Art. 3 III EGBGB aufzufassen sind, diskutiert und einer Lösung zugeführt.

I. Durchbrechung des Gesamtstatuts durch Renvoi

Eine Durchbrechung des Gesamtstatuts kann zunächst als Folge eines Teilrenvoi eintreten. Eine Vermögensspaltung durch Teilrück- oder Teilweiterverweisung entsteht, wenn Art. 4 I EGBGB auf ein Recht verweist, das von einer kollisionsrechtlichen Vermögensspaltung ausgeht und daher Gegenstände des Gesamtvermögens, die in verschiedenen Staaten belegen sind, unterschiedlich anknüpft.[155] Die dadurch entstehende Teilrück- oder Teilweiterverweisung auf die Güterrechtsordnungen verschiedener Staaten wird aus deutscher Sicht unstreitig anerkannt, da sie auf der Kollisionsnorm des gemäß Art. 4 I EGBGB anwendbaren Rechts beruht.[156] Eine Teilrück- oder Teilweiterverweisung geht auch einer Anwendung des Art. 3 III EGBGB insoweit vor.[157]

Beispielsfall ist ein deutsch-amerikanisches Ehepaar, das seinen gemeinsamen gewöhnlichen Aufenthalt in den Vereinigten Staaten hat, in Deutschland aber ein Grundstück besitzt. Das gemäß Art. 15 I EGBGB i.V.m. Art. 14 I Nr. 2 EGBGB maßgebliche amerikanische Kollisionsrecht[158] verweist bezüglich des für das Grundstück geltende Güterecht auf das Recht der lex rei sitae, also das deutsche Recht, für das bewegliche Vermögen kommt hingegen das Güterrecht des gemeinsamen Aufenthalts zur Anwendung. Da diese Teilrückverweisung auf deutsches Ehegüterrecht vom deutschen IPR respektiert wird, kann auch auf diese Weise eine Spaltung des Ehegütervermögens in Einzel- und Gesamtstatut zustande kommen.

---

[155] Vgl. den Beispielsfall BGH, Urt. v. 2. 5. 1966, BGHZ 45, 351, 351 ff., der einen entsprechenden belgischen Erbrechtsfall behandelt.

[156] Staudinger/Hausmann, Art. 4 EGBGB, Rn. 58; MüKo/Sonnenberger, Art. 4 EGBGB, Rn. 64.

[157] Vgl. u. S. 118 f.

[158] Staudinger/v.Bar/Mankowski, Art. 15 EGBGB, Rn. 40.

Eine vergleichbare Situation, die ebenfalls zu einer Vermögensspaltung durch Teilrenvoi führt, besteht, wenn die objektive Anknüpfung auf das Kollisionsrecht eines Landes verweist, das eine Teilrechtswahl kennt, und eine nach dem dortigen Recht zulässige Rechtswahl getroffen wurde. Dabei ist allerdings zu beachten, daß die Teilrechtswahl nur dann über Art. 4 I EGBGB zum Tragen kommt, wenn die Rechtswahl nicht bereits nach Art. 15 II EGBGB insbesondere Art. 15 II Nr. 3 EGBGB wirksam ist, da das deutsche Recht diese Rechtswahl dann unmittelbar über Art. 15 II EGBGB als vorrangig gegenüber einer objektiven Anknüpfung anerkennt.[159]

Im vorliegenden Zusammenhang ist, insbesondere im Hinblick auf das Haager Ehegüterrechtsabkommen von 1978, auch das von Jayme[160] erstmalig aufgeworfene Problem zu klären, ob im Bereich des Renvoi im Ausland geltende Staatsverträge zu beachten sind.[161] Dabei ist unumstrittene Meinung,[162] daß ein im Ausland geltender Staatsvertrag, der das ausländische Kollisionsrecht abändert, im Rahmen der Verweisung berücksichtigt werden muß, da sich nur auf diesem Weg eine äußere Entscheidungsharmonie erreichen läßt.

Zwar ist insoweit das dagegen sprechende Argument zu bedenken, daß die Bundesrepublik Deutschland oftmals bewußt dem jeweiligen Staatsvertrag nicht beigetreten ist und der Renvoi damit einen Staatsvertrag zur Anwendung bringen würde, dessen Geltung im deutschen Recht abgelehnt wurde. Dem ist jedoch entgegenzuhalten, daß die Anwendung des Renvoi der privatrechtlichen Gerechtigkeit dient, in dem ein Ausgleich mit einem abweichenden Anknüpfungssystem herbeigeführt und internationale Entscheidungsgleichheit hergestellt wird, und nicht der Durchsetzung bestimmter Staatsinteressen. Vielmehr hat gerade die Diskussion um die Auslegung des Art. 3 III EGBGB gezeigt,[163] daß das IPR nicht auf dem Gedanken der Staatensouveränität, sondern auf dem Ausgleich privatrechtlicher Interessen beruht. Für den Ausgleich der privatrechtlichen Interessen ist es aber ohne Belang, ob die Rückverweisung auf Grund eines Staatsvertrages oder einer autonomen Kollisionsnorm zustande kommt.[164]

---

[159] Staudinger/v.Bar/Mankowski, Art. 15 EGBGB, Rn. 41.

[160] Jayme, FS für Beitzke, 541 ff., ders., IPRax 1981, 17 f.

[161] Vgl. dazu auch noch u. S. 382 ff.

[162] Jayme, FS für Beitzke, 541, 544; Staudinger/Hausmann, Art. 4 EGBGB, Rn. 115; Soergel/Kegel, Art. 4 EGBGB, Rn. 34; Raape/Sturm, IPR I, § 3 IV e) cc); Dessauer, ZVglRWiss 81 (1982), 215, 245.

[163] Vgl. o. S. 230 ff.

[164] Jayme, FS für Beitzke, 541, 544 f.

Gegen eine Beachtung von im Ausland geltenden Staatsverträgen spricht auch nicht das Anwendungsdefizit, das dadurch auftritt, daß manche Staatsverträge gelegentlich selbst von den ausländischen Gerichten übersehen werden.[165] Zwar führt die Anwendung eines im Ausland geltenden Staatvertrages in einem solchen Fall zu einer Divergenz mit der tatsächlichen Entscheidung des ausländischen Rechts, jedoch geht der Gedanke der Entscheidungsharmonie nicht so weit, daß der deutsche Richter im Rahmen seiner Entscheidung die bestehende Unkenntnis der jeweiligen Staatsverträge im Ausland zu berücksichtigen hat. Somit ist davon auszugehen, daß im Ausland geltende Staatsverträge im Bereich des Renvoi grundsätzlich zu berücksichtigen sind, wobei jedoch jeder Staatsvertrag im konkreten Fall einer gesonderten Betrachtung zu unterziehen ist.

II. Überblick zu Art. 3 III EGBGB

Die klassische Konstellation der Durchbrechung des ehegüterrechtlichen Gesamtstatuts und eine der undurchsichtigsten und umstrittensten Vorschriften[166] des deutschen internationalen Privatrechts ist Art. 3 III EGBGB. Dieser bestimmt, daß sich erb- und familienrechtliche Verweisungen des EGBGB bezüglich des Vermögens nicht auf Gegenstände beziehen, die sich nicht in dem Staat befinden, dessen Recht für anwendbar erklärt worden ist und die Gegen-stände nach dem Recht des Staates, in dem sie sich befinden, besonderen Vorschriften unterliegen. Zweck der Norm ist es, Regelungswidersprüche zwischen dem kollisionsrechtlich berufenem Vermögensstatut und der nicht berufenen lex rei sitae auszugleichen.[167] Dieser Konflikt ist vom Gesetzgeber in der Weise gelöst worden, daß er die Reichweite des Gesamtstatuts in den Fällen beschränkt, in denen das Recht des Belegenheitsstaates für die in seinem Gebiet belegenen Gegenstände besondere Vorschriften vorsieht.
Daraus ergibt sich nahezu zwangsläufig der Hauptstreitpunkt des Art. 3 III EGBGB, nämlich die Frage, was unter den dort bezeichneten besonderen Vorschriften zu verstehen ist. Die Meinungsverschiedenheiten entzünden sich insbesondere daran, ob zu den besonderen Vorschriften lediglich Sachnormen zu

---

[165] Ausführlich zu den möglichen Gründen des Anwendungsdefizits Jayme, FS für Beitzke, 541, 545 f.

[166] Reichelt, Gesamtstatut, 81, Fn. 447 m.w.N. Raape (Staudinger[9]/Raape, Art. 28 EGBGB a.F., Einl., D,V (S. 10)) nannte ihn "wohl die dunkelste aller Vorschriften des IPR", ebenso Ferid (IPR, 3-143) der Art. 28 EGBGB a.F. zudem noch für unpräzise formuliert hält und der deshalb zu derjenigen Vorschrift des EGBGB wurde, "die am gründlichsten mißverstanden und mit welcher der größte Unfug getrieben wurde". Wahl (RvglHWB, 342) bezeichnete die Fassung des Art.28 EGBGB a.F. als "unglücklich" und Wochner (FS für Wahl, 161, 162) stellt fest, daß Art. 28 EGBGB "wegen seines nicht ganz durchsichtigen Inhaltes den Anlaß zu einer Kontroverse gegeben hat" (dort auch weitere Zitate).

[167] MüKo/Sonnenberger, Art. 3 EGBGB, Rn. 18.

zählen sind oder ob dazu auch Kollisionsnormen gerechnet werden müssen, was den Anwendungsbereich des Art. 3 III EGBGB auf Grund der Rechtslage in den Common Law Staaten erheblich erweitern würde.
Im wesentlichen lassen sich dazu zwei Ansichten unterscheiden, wobei die eine Meinung nochmals unterteilt werden kann. Die Rechtsprechung,[168] die zunächst, bis zur Grundsatzentscheidung des BGH, keine einheitliche Linie vertrat,[169] und die nunmehr wohl herrschende Meinung in der Literatur[170] gehen von einer weiten Auslegung des Art. 3 III EGBGB aus und fassen darunter sowohl Sachnormen als auch Kollisionsnormen, solange diese sich gerade auf die Belegenheit der einzelnen Gegenstände beziehen.
Die Mindermeinung hingegen,[171] die erst kürzlich wieder Unterstützung gefunden hat,[172] läßt als besondere Vorschriften i.S. des Art. 3 III EGBGB lediglich Sachnormen gelten, wobei einige Autoren dieser Ansicht[173] darunter lediglich Vorschriften versteht, die rechtliches Sondervermögen für besondere Personen schaffen wie Fideikomisse, Lehen, Stamm-, Renten-, Erbpacht-, Anerbengüter oder ähnliche Sondervermögen. Die übrigen Autoren lassen demgegenüber auch solche Normen gelten, die das Gesamtvermögen einer Person in einzelne

[168] BGH, Urt. v. 2. 5. 1966, BGHZ 45, 351, 352; BGH, Urt. v. 5. 4. 1968, BGHZ 50, 63 ff., beide zu Art. 28 EGBGB a.F.; BGH, Urt. v. 21. 4. 1993, IPRax 1994, 375 zu Art. 3 III EGBGB; BGH, Beschl. v. 4. 10. 1995, ZIP 1995, 1775, 1776 unter III 1 b interlokal; OLG Zweibrücken, Beschl. v. 10. 7. 1985, IPRax 1987, 108, 109 zu Art. 28 EGBGB a.F.; BayOLG, Beschl v. 16. 8. 1982, BayOLGZ 1982 , 284, 288 f. zu Art. 28 EGBGB a.F.; BayObLG, Beschl. v. 3. 4. 1990, NJW-RR 1990, 1033 zu Art. 3 III EGBGB; OLG Köln, Beschl. v. 24. 2. 1992, IPRax 1994, 376 zu Art. 3 III EGBGB, allerdings unter fehlerhafter Anwendung (vgl. dazu Dörner IPRax 1994, 362, 364), zum südafrikanischen Recht OLG Zweibrücken, Beschl. v. 21. 7. 1997, Rpfleger 1997, 480 (= IPRax 1999, 110 m. Anm. Kartzke, IPRax 1999, 98).

[169] Vgl. die Zusammenstellung der Rechtsprechung von 1900 an bei Thoms, Einzelstatut, 38 ff.

[170] Palandt/Heldrich, Art. 3 EGBGB, Rn. 11 ff.; Erman/Hohloch, Art. 3 EGBGB, Rn. 13 ff.; MüKo/Sonnenberger, Art. 3 EGBGB, Rn. 24 ff.; Staudinger/Hausmann, Art. 3 EGBGB, Rn. 59 f.; Staudinger/Dörner, Art. 25 EGBGB, Rn. 536 ff.; Kropholler, IPR, § 26 II 2 b; v.Bar, IPR I, Rn. 534 f.; Firsching/v.Hoffmann, IPR, § 9, Rn. 62; Ferid, IPR, 3-144 ff.; Tiedemann, Internationales Erbrecht, 50 ff.; Lüderitz, IPR, Rn. 168 (kritisch); Kopp, Nachlaßspaltung, 15 ff.; Brandi, Haager Abkommen, 192 ff; Flick/Piltz, Der Internationale Erbfall, Rn 221; Andrae, Internationales Familienrecht, Rn 253.

[171] Soergel/Kegel, Art. 3 EGBGB, Rn. 16 ff.; Schurig, RabelsZ 54 (1990) 217, 238; ders. Soergel/Schurig, Art. 15 EGBGB, Rn. 66; ders., Art. 25 EGBGB, Rn. 89; Raape/Sturm, IPR I, § 12, II, III (S. 185 ff.), Müko¹/Sonnenberger, Art. 28 EGBGB, Rn. 8; Wochner, FS für Wahl, 161, 176, 184; Lurger, IPRax 1994, 235, 236 wohl auch Koch/Magnus/Winkler von Mohrenfels, IPR, 19, die der h.M. lediglich gewohnheitsrechtliche Geltung zukommen lassen, die M.M. aber für überzeugender halten.

[172] Thoms, Einzelstatut, 105 ff.; Solomon, IPRax 1997, 81 ff.

[173] Kegel/Schurig, IPR § 12 II 2 b; Soergel/Kegel, Art. 3 EGBGB, Rn. 17; Thoms, Einzelstatut, 108; Wochner, FS für Wahl, 161, 176, 184.

Teile aufspaltet und diese im Interesse von Privatpersonen zwingend unterschiedlichen Regeln unterwirft (Sachnormen für jedermann).[174]

III. Gesetzgebungsgeschichte der Art. 28 EGBGB a.F. und Art. 3 III EGBGB sowie vergleichbare Normen in ausländischen Rechtsordnungen

Im deutschen Kollisionsrecht hat sich für den Bereich des Nachlaß-, Ehe- und Kindschaftsrechts seit Mitte des 18. Jahrhunderts der Gedanke des Gesamtstatuts gegenüber dem bis dahin herrschenden Einzelstatut durchgesetzt.[175] Aus diesem Grund fand das Gesamtstatuts in den Artt. 15, 19, 24, 25, 27 EGBGB a.F. auch Eingang in die Normierungen des Ehe-, Kindschafts- und Erbrechts des EGBGB vom 18. August 1896.[176] Jedoch beinhaltete bereits das internationale Privatrecht alter Fassung eine Durchbrechung des Gesamtstatuts in Art. 28 EGBGB a.F. Diese Vorschrift stellt insoweit die Vorgängernorm zu Art. 3 III EGBGB dar.
Schon aus diesem Grund ist die Entstehungsgeschichte des Art. 28 EGBGB a.F. von Interesse. Besonders wichtig ist sie aber deshalb, weil sich der BGH[177] in seiner Grundsatzentscheidung vom 5. 4. 1968 zur weiten Auslegung des Begriffs der besonderen Vorschriften im wesentlichen auf die Entstehungsgeschichte des Art. 28 EGBGB a.F. stützte. Die Interpretation der Gesetzgebungsgeschichte des Art 28 EGBGB a.F. durch den BGH wurde jedoch im Anschluß an die Entscheidung insbesondere von Wochner[178] als fehlerhaft kritisiert mit der Folge, daß seither sämtliche Ansichten die Entstehungsgeschich-te zur Unterstützung ihrer Auslegung des Begriffs der besonderen Vorschriften heranziehen, was eine erneute Klärung erforderlich werden läßt. Diese Diskussion wurde auch nicht durch die IPR-Reform gegenstandslos, da sich der Gesetzgeber bei der Begründung zu Art. 3 III EGBGB unter anderem auf die zu Art 28 EGBGB a.F. entwickelten Auslegungsgrundsätze der Rechtssprechung gestützt hat.

1) Entstehungsgeschichte des Art. 28 EGBGB a.F.

Die geschichtliche Entwicklung des Art. 28 EGBGB a.F. kann in drei Phasen eingeteilt werden: die drei Vorentwürfe des badischen Ministerialrats Gebhard

---

[174] Diese terminologische Trennung wird nicht überall vorgenommen. Vielmehr wird teilweise nur von Sach- bzw. Kollisionsnormen gesprochen, ohne die Sachnormen noch einmal zu unterteilen. Dies empfiehlt sich aber, um Unklarheiten zu vermeiden.

[175] Vgl. o. S. 35 f.

[176] Abgedruckt bei Jayme/Hausmann, IPV, Nr. 2.

[177] BGH, Urt. v. 5. 4. 1968, BGHZ 50, 63, 68.

[178] Wochner, FS für Wahl, 161, 163 ff.

zur Kodifikation eines internationalen Privatrechts, die Beratung dieser Entwürfe in der ersten und zweiten Gesetzgebungskommission sowie das weitere Verfahren im Bundesrat und Reichstag.

a) Die Vorentwürfe von Gebhard

Gebhard war im Jahre 1874 in die erste Gesetzgebungskommission zum BGB berufen worden und wurde im Laufe der 1. Sitzungsperiode vom 17.-29. 9. 1874 von dieser damit beauftragt, einen Entwurf für den Allgemeinen Teil des Bürgerlichen Gesetzbuchs einschließlich des IPR zu erstellen.[179] Daraufhin entwarf er zunächst den unveröffentlicht gebliebenen sog. „Heidelberger Entwurf".[180] Dieser Entwurf muß noch vor dem Jahre 1878 fertiggestellt worden sein, da er noch keinen Bezug auf den grundlegenden Aufsatz von Mommsen,[181] der sich ausführlich mit einer Normierung des deutschen IPR beschäftigte, nahm. Unter dem Einfluß der Arbeit von Mommsen[182] erarbeitete Gebhard dann einen neuen, wesentlich abgeänderten Entwurf, der mitsamt den dazu ausgearbeiteten Motiven der Kommission im Jahre 1881 vorgelegt wurde und als „Erster Gebhardscher Entwurf" bezeichnet wird.[183] Dieser Entwurf kam jedoch vorerst nicht zur Beratung. Vielmehr wurde in der dritten Sitzung der Kommission vom 8. 10. 1881 beschlossen, sich mit den Bestimmungen des IPR erst im Anschluß an die Beratung sämtlicher Teilentwürfe zu befassen,[184] weshalb die Beratungen zum IPR erst im Jahre 1887 stattfanden. Zu diesem Zeitpunkt hatte Gebhard selbst eine Überarbeitung seines Entwurfs vorgenommen. Dieser sog. „Zweite Gebhardsche Entwurf"[185] enthielt lediglich kleinere Korrekturen seines vorherigen Vorschlages, die im wesentlichen darin bestanden, den Entwurf mit den bis dahin gefaßten Beschlüssen der Kommission zum Allgemeinen Teil des BGB in Einklang zu bringen.[186]

---

[179] Hartwieg, Renvoi, 85; Reichelt, Gesamtstatut, 42.

[180] Dieser Entwurf kann im juristischen Seminar der Universität Heidelberg unter der Nr. 11 a des Gebhardschen Nachlasses eingesehen werden. Die in unserem Zusammenhang interessanten Teile sind bei Wochner, FS für Wahl, 161, 164 ff. abgeduckt.

[181] Mommsen, AcP 61 (1878) 149 ff.

[182] Mommsen, AcP 61 (1878) 149 ff.

[183] Er ist mitsamt den Motiven abgedruckt bei Niemeyer, Vorgeschichte, 4 ff., 23 ff.

[184] Abgedruckt bei Hartwieg/Korkisch, Geheime Materialien, 75; Jakobs/Schubert, Beratung I, 3.

[185] Auch dieser Entwurf ist zusammen mit den Motiven abgedruckt bei Niemeyer, Vorgeschichte, 13 ff., 302 ff.

[186] Hartwieg, Renvoi, 85.

aa) Der „Heidelberger Entwurf"

In seinem „Heidelberger Entwurf" behandelt Gebhard das Verhältnis von Einzel- und Gesamtstatut in unvollständiger und nicht ganz schlüssiger Weise. Während er im Ehegüterrecht und im Kindschaftsrecht die Durchsetzung einer vom Gesamtstatut abweichenden lex rei sitae ausschließt,[187] geht er von einer Beachtung der lex rei sitae im Bereich des Erbrechtes aus und läßt dafür sogar einen lediglich kollisionsrechtlichen Anwendungsbefehl des Belegenheitsrechts ausreichen.[188] Zum Ausdruck kommt diese Haltung in der Formulierung von § 16 des Entwurfs, dessen Satz 3 folgenden Wortlaut hat:

> „Bestehen für die Erbfolge in gewisse Grundstücke nach den Gesetzen des Orts, wo sie belegen sind, *besondere Vorschriften*, oder ordnen die Gesetze am Orte der belegenen Sache eine von dem Abs. 1 *abweichende Beurtheilung* für die Erbfolge in Grundstücke *überhaupt* an, so entscheiden diese Gesetze."

Erstaunlich ist an diesem Absatz - abgesehen von der Tatsache, daß insoweit ein Vorrang der lex rei sitae normiert wurde -, daß Gebhard bereits die Formulierung „besondere Vorschriften" gebraucht, auch wenn dies wohl eher zufällig geschah.
Faßt man die Ansicht Gebhards zur Frage des Verhältnisses von Einzel- und Gesamtstatut wie sie sich aus dem „Heidelberger Entwurf" ergibt zusammen, so läßt sich sagen, daß es in diesem Entwurf an einer allgemeinen Behandlung des Verhältnisses der lex rei sitae zu einem Gesamtstatut fehlt und sich die an den einzelnen Stellen dazu gemachten Ausführungen als widersprüchlich erweisen. Insbesondere legt Gebhard nicht dar, warum er im Bereich des Erbrechts anders entscheiden will, als im Ehegüter- und Kindschaftsrecht, zumal das von ihm im Bereich des Erbrechts vorgebrachte Argument, daß das Common Law das Exekutionsobjekt in Händen habe, für die übrigen Bereiche ebenfalls zutrifft.[189]

---

[187] Vgl. die Textstellen bei Wochner, FS für Wahl, 161, 165 f.

[188] Dies läßt sich seinem Verweis auf das französische und österreichische Recht sowie auf das Common Law entnehmen (vgl. Wochner, FS für Wahl, 161, 166 f.). Zu beachten ist, daß eine Trennung in Normen, die lediglich eine kollisionsrechtliche Spaltung vorsehen und solche, die zudem eine sachrechtliche Spaltung enthalten, nicht vorgenommen wird. Vielmehr wird generell von der lex rei sitae gesprochen. Dies beruht darauf, daß zum damaligen Zeitpunkt die kollisionsrechtliche mit der sachrechtlichen Spaltung in den meisten Fällen zusammen-fielen, ein Problembewußtsein in dieser Hinsicht zum damaligen Zeitpunkt demnach nicht bestand.

[189] Wochner, FS für Wahl, 161, 167.

bb) Der „Erste-" und „Zweite Entwurf" Gebhards

Der „Erste Entwurf" Gebhards hat als Folge der Beschäftigung mit dem Aufsatz Mommsens[190] ein von „dem Heidelberger Entwurf" vollständig abweichendes Gesicht bekommen. Dies läßt sich schon daran erkennen, daß Gebhard unter dem Einfluß von Mommsen im Bereich des erbrechtlichen Gesamtstatuts von einer Wohnsitzanknüpfung zu einer Anknüpfung an die Staatsangehörigkeit übergeht.[191]

Für das hier diskutierte Problem findet sich in § 30[192] des Entwurfs zum ersten Mal eine allgemeine Regelung. § 30 entspricht in seiner Formulierung nahezu wortwörtlich § 16 des Kodifkationsvorschlages von Mommsen.[193] Dem von Mommsen bezeichneten Fall, daß nur die Gegenstände nicht dem Gesamtstatut unterstehen, die „als ein, von dem Gesamtvermögen ausgesondertes, besonderes Vermögen zu betrachten sind", fügt Gebhard eine weitere Alternative für solche Gegenstände hinzu, die „sonst unter ihren eigentümlichen, eine abweichende Beurteilung erheischenden Vorschriften stehen."

Aus der Erweiterung der Formulierung des § 30 des Entwurfs wurde von einigen Autoren[194] daraufhin der Schluß gezogen, daß Gebhard die Kollisionsnormen des Gebietsstaates miteinbezogen habe. Eine solche Schlußfolgerung ist jedoch problematisch, [195] da sich die Motive Gebhards in dieser Hinsicht als nicht eindeutig erweisen. Eine Erörterung des Problems taucht in den Motiven an drei Stellen auf: bei den Ausführungen zu den §§ 19, 20, zu § 23 und zu § 29,[196] wohingegen bei § 30[197] selbst auf die vorhergehenden Erläuterungen verwiesen wird.

Aus den Ausführungen zum Erbrecht[198] ergibt sich, daß Gebhard zu den Befürwortern eines einheitlichen Statuts zählte und eine Zersplitterung infolge einer Geltung der lex rei sitae, wie sie im französischen Recht oder der Konvention

---

[190] Mommsen, AcP 61 (1878) 149 ff.

[191] Vgl. Reichelt, Gesamtstatut, 42, sowie die Textstellen bei Wochner, FS für Wahl, 161, 164 (§ 16 Heidelberger Entwurf) und Niemeyer, Vorgeschichte, 19 (§ 29 des ersten Entwurfs).

[192] Niemeyer, Vorgeschichte, 19 f.

[193] Mommsen, AcP 61 (1878) 149, 201.

[194] Staudinger[9]/Raape, Art. 28 EGBGB, B V 1 (S. 766); Frankenstein, IPR IV, 311 f.; Habicht, IPR, 222; Melchior, Grundlagen, 406 f.

[195] So auch Wochner, FS für Wahl, 168 ff.; Thoms, Einzelstatut, 25 ff.; Zeuge, Recht der belegenen Sache, 18 ff., insbes. 22.

[196] Niemeyer, Vorgeschichte, 197 f., 212, 236 ff.

[197] Niemeyer, Vorgeschichte., 252.

[198] Niemeyer, Vorgeschichte, 236 ff.

zwischen Deutschland und Rußland besteht,[199] als nicht wünschenswert ablehnte. Jedoch macht Gebhard in dieser Passage keine Aussage im Bezug auf die Beachtung einer fremden lex rei sitae, sondern verweist insoweit auf die Ausführungen zum Ehegüterrecht.
In den Motiven zum Ehegüterrecht[200] stellt Gebhard in einem ersten Absatz die verschiedenen, im Rahmen des Ehegüterrechts vertretenen Ansichten dar.[201] Im folgenden setzt er sich mit der Ansicht von v.Bar[202] zu dieser Frage auseinander, um festzustellen, daß diese nicht dem Entwurf zugrundeliege. Der Entwurf gehe vielmehr davon aus, daß die einheitliche Behandlung des Vermögens im deutschen Ehegüterrecht auch bei im Ausland belegenen Grundstücken maßgebend sei. Allerdings gelte das nicht in jedem Falle:

> „Die Anwendung des deutschen Rechts auf im Auslande belegene Vermögensstücke deutscher Ehegatten empfiehlt sich nur insoweit, als die Durchführung dieser Beurteilung erzwingbar ist oder doch auf Anerkennung rechnen darf. Trifft diese Voraussetzung nicht zu, und es ist dies der Fall, wenn ein Staat gewisse zu dem Vermögen der Ehegatten gehörige Sachen als *besondere Vermögenskomplexe* behandelt und sie der lex rei sitae unterstellt, so läuft das materielle Recht bei dem Festhalten an den deutschen Gesetzen Gefahr. Der Richter kommt in die Lage, dem Ehegatten einerseits Rechte zuzusprechen, die derselbe tatsächlich nicht ausüben kann, mithin auch nicht hat, und andererseits Verpflichtungen aufzuerlegen, die nur begründet sind, wenn sich der Beteiligte in Wirklichkeit im Genusse der entsprechenden Rechte befindet. Es ist dies einer jener Konflikte, bei welchen demjenigen positiven Rechte der Vorrang zu lassen ist, in dessen Gebiete die Exekutionsobjekte liegen."

Liest man diesen Absatz, so fällt auf, daß die Argumentation geradezu die Fälle der kollisionsrechtlichen Güterrechtsspaltung und des Common Law zu behandeln scheint und diesen den Vorrang einräumen will.[203] Erst bei genauerer Betrachtung ergibt sich ein abweichendes Bild. Gebhard will eigentlich nur solche Gegenstände der lex rei sitae unterstellen, die von dem ausländischen Staat als „besondere Vermögenskomplexe" eingeordnet werden. Was Gebhard unter den

---

[199] Art. 10 der Konvention über die Regulierung von Hinterlassenschaften zwischen dem deutschen Reich und Rußland vom 12.November/ 31.Oktober 1874 (RGBl. 1875, 136 ff., 142).

[200] Niemeyer, Vorgeschichte, 197 f.

[201] Einheitliches Güterstatut im deutschen Recht, güterrechtliche Spaltung im Common Law.

[202] Ludwig v.Bar, IPR I, 512. Er geht davon aus, daß ein Statut für ein ganzes Vermögen nur dann im Ausland belegene Grundstücke ergreift, wenn sowohl dieses, als auch das Statut des ausländischen Grundstücks die Behandlung des Vermögens als Einheit kennt.

[203] Vgl. dazu insbes. die Parallelstelle bzgl. des Erbrechts in den Heidelberger Entwürfen, Wochner, FS für Wahl, 161, 167.

besonderen Vermögenskomplexen versteht läßt sich zumindest mittelbar dem in den Motiven nachfolgenden Absatz entnehmen:

> „Wie bereits angedeutet, behandelt das deutsche Recht noch jetzt gewisse Kategorien von Grundstücken als besondere selbständige Vermögenskomplexe. Sie teilen das Schicksal des übrigen Vermögens nicht und unterliegen ausschließlich der lex rei sitae. Es sind dies die Lehn- und Familienfideikommißgüter. . . . Das gleiche wird hinsichtlich der Stammgüter des niederen Adels und der bäuerlichen Erbgüter zu gelten haben. Werden dieselben auch künftig nicht als separate Vermögenskomplexe aufgefaßt werden dürfen, so können doch, soll ihre Existenz nicht in Frage gestellt werden, die ehelichen Güter- und Erbverhältnisse bezüglich derselben nach keinem anderen Rechte als nach der lex rei sitae beurteilt werden. Die Ausnahme von dem Prinzipe wird mit Rücksicht *hierauf* dahin zu fassen sein, daß dasselbe nicht Anwendung findet, wenn zu dem Vermögen eines der Ehegatten Gegenstände gehören, die sich in einem Staate befinden, nach dessen Recht sie als ein von dem Gesamtvermögen ausgesondertes, besonderes Vermögen zu betrachten sind oder sonst unter ihnen eigentümlichen, eine abweichende Beurteilung erheischenden Vorschriften stehen (§ 30). Der Entwurf Mommsens § 16 faßt nur ins Auge, wenn die Gegenstände als ein von dem Gesamtvermögen ausgesondertes, besonderes Vermögen betrachtet werden kann."

Diesem Absatz läßt sich entnehmen, daß Gebhard unter den besonderen Vermögenskomplexen nur die Lehn- und Familienfideikommißgüter verstand und diesen, durch die im Vergleich zu Mommsen erweiterte Fassung, die Stammgüter des niederen Adels und die bäuerlichen Erbgüter an die Seite stellen wollte, nicht aber an einen generellen Vorrang der lex rei sitae dachte. Gleiches folgt auch aus den Motiven Gebhards zum Kindschaftsrecht. Dort schreibt Gebhard, daß für den Entwurf die Anerkennung der Geltung der lex rei sitae nur insoweit geboten sei, als die Voraussetzungen des § 30 vorliegen.[204] Er geht also implizit davon aus, daß eine lex rei sitae wie die des Common Law nicht prinzipiell im Rahmen des § 30 des Entwurfs zur Anwendung kommt, sondern nur in den dort bestimmten Ausnahmefällen.

Der zweite Entwurf von Gebhard enthält keine wesentlichen Abweichungen von dem ersten Entwurf. Der Text des § 30 wurde geringfügig geändert[205] und in den Motiven findet sich in § 29 die Bemerkung,[206] daß die deutsch-russische

[204] Niemeyer, Vorgeschichte, 212.

[205] Abgedruckt bei Niemeyer, Vorgeschichte 19. Geändert wurden die zitierten Paragraphen. Der Begriff "Recht" wurde mehrfach durch den Begriff "Gesetze" ersetzt und in Satz 2 wurden hinter dem Wort "Gebiet" die Worte "die Gegenstände" eingefügt.

[206] Niemeyer, Vorgeschichte, 363.

Konvention,[207] wonach die Erbfolge in das unbewegliche Vermögen nach der lex rei sitae beurteilt wird, dem Vernehmen nach bei der praktischen Anwendung zu erheblichen Unzuträglichkeiten geführt habe.

b) Die Beratungen der Ersten Kommission

Die Beratungen zum Internationalen Privatrecht wurden von der Kommission am 9. September 1887 in der 691. Sitzung aufgenommen.[208] Grundlage der Beratung war der „Zweite Entwurf" Gebhards. Das Verhältnis Einzel- und Gesamtstatut wurde in der 697. Sitzung vom 23. 9. 1887 bei der Besprechung des § 30 des Entwurfes behandelt.[209] Diskutiert wurde zunächst der Wortlaut des Entwurfs. Dabei kam es zu einer Änderung des ersten Satzes sowie der Einführung des Begriffs der „besonderen Vorschriften". Des weiteren wurde beschlossen, Satz 2 des Entwurfes zu streichen, da er selbstverständlich sei.[210] Von besonderem Interesse sind aber vor allem folgende Ausführungen, die sich mit dem Inhalt der Vorschrift befassen und deswegen im Wortlaut wiederzu-geben sind:

> „Man verkannte die Schwierigkeit nicht, den dem Entwurfe und dem Antrage zum Grunde liegenden Gedanken in zutreffender und zweifelsfreier Weise zum Ausdruck zu bringen, glaubte aber eine Bestimmung der fraglichen Art nicht entbehren zu können, da die vorbehaltlose Durchführung der in § 19 Absatz 1 Satz 1, § 23 Satz 1, 2 und § 29 Absatz 1 aufgestellten Grundsätze zu [11577] erheblichen Unzuträglichkeiten und unter Umständen zu einer schweren Gefährdung des materiellen Rechts führen könnte (vgl. Mot. S. 112, 113[211]). Gemeint sind vornehmlich die Fälle, in welchen die maßgebende Bedeutung des Personalstatuts für das Güterrecht, die Rechte der Eltern am Kindesvermögen und das Erbrecht in Ansehung der Immobilien seitens eines Staates überhaupt nicht anerkannt wird, weil, wie z.B. im Gebiete des common law, der Begriff der Vermögenseinheit auf die bewegliche Habe sich beschränkt und die Grundstücke als besondere Vermögenskomplexe von besonderen Normen beherrscht werden; ferner die auch dem deutschen Recht bekannten Fälle, daß zu dem betreffenden Vermögen ein Lehen, Fideikommiß, Stammgut, Anerbengut oder sonst ein mehr oder minder selbständig gestellter Vermögensgegenstand, welcher nicht oder nicht völlig das Schicksal des übrigen Vermögens theilt, gehört.

[207] Art. 10 der Konvention RGBl. 1875, 136 ff., 142.

[208] Hartwieg/Korkisch, Geheime Materialien, 75 ff.

[209] Hartwieg/Korkisch, Geheime Materialien, 135 f.

[210] Satz 2 bestimmte, daß "die Gesetze des Staates, in dessen Gebiet die Gegenstände sich befinden" in einem solchen Fall entscheiden.

[211] Niemeyer, Vorgeschichte, 196 ff.

Von einer Seite wurde zugleich noch auf die negative Bedeutung der Vorschrift Werth gelegt, insofern dieselbe noch besonders in's Licht stelle, daß, soweit die Ausnahme nicht Platz greife, für die Bemessung von Rechten an einem ganzen Vermögen das Personalstatut und nicht die lex rei sitae entscheidend sei."

aa) Auslegung der Beratungen

Welches Verständnis des Willens des historischen Gesetzgebers sich aus diesem Protokoll entnehmen läßt, ist umstritten. Ein Teil der Literatur[212] sieht in der Begründung der Kommission lediglich eine Erläuterung der Gedanken Gebhards. Diese Ansicht nimmt an, daß von der Kommission nur an einen Ausschluß von Immobilien gedacht wurde, die aus dem allgemeinen Vermögen ausgesonderte Vermögenskomplexe darstellen, sowie an einen Ausschluß von Sondervermögen, wie Lehen, Anerbgüter etc. Die Gegenmeinung[213] geht hingegen davon aus, daß die Gesetzgebungsmateralien auch materiell-rechtliche Sondervorschriften für jedermann zu den besonderen Vorschriften zählen, also Normen, die lediglich verschiedene Erb- oder Güterrechtsregeln für bewegliches und unbewegliches Vermögen festlegen. Einigkeit besteht aber darüber, daß der Gesetzgeber in seinen Erläuterungen an eine lediglich kollisionsrechtliche Spaltung nicht gedacht habe. Letzteres ist, wie sich zeigen wird, nicht zutreffend.

In der Tat erweisen sich diese Erläuterungen auf den ersten Blick als nicht eindeutig. Zunächst verweisen die Beratungen allgemein auf die Gedanken, die dem Entwurf zugrunde liegen, also auf die Vorstellungen Gebhards. Gebhard[214] wollte aber, wie dargestellt, lediglich „besondere, spezielle Vermögenskomplexe" sowie vergleichbare Fälle dem Einzelstatut unterwerfen, nicht aber prinzipiell für die Fälle des Common Law einen Vorrang der lex rei sitae für Grundstücke festlegen.
Eine von dieser Position abweichende Bestimmung des Begriffs der besonderen Vorschriften ergibt sich jedoch aus Satz 2 der Beratungen. Dieser faßt auch „die Fälle, in welchen die maßgebende Bedeutung des Personalstatuts für das Güterrecht, die Rechte der Eltern am Kindesvermögen und das Erbrecht in Ansehung der Immobilien seitens eines Staates überhaupt nicht anerkannt wird, weil, wie z.B. im Gebiete des Common Law, der Begriff der Vermögenseinheit auf die bewegliche Habe sich beschränkt und die Grundstücke als besondere Vermö-

[212] Wochner, FS für Wahl, 161, 172; Thoms, Einzelstatut, 28.

[213] MüKo/Sonnenberger, Art. 3 EGBGB, Rn. 21 f.; Staudinger/Hausmann, Art. 3 EGBGB, Rn. 50; Staudinger[12]/Graue, Art. 28 EGBGB a.F., Rn. 14; Raape/Sturm, IPR I, § 12 III 2 (S. 187).

[214] Wochner, FS für Wahl, 161, 170.

genskomplexe von besonderen Normen beherrscht werden" unter den Anwendungsbereich des § 30 des Entwurfs. Damit fallen auch Vorschriften unter § 30 des Entwurfs, die, wie die Normen des Common Law, die Bedeutung des Personalstatuts und den Begriff der Vermögenseinheit auf das bewegliche Vermögen beschränken und für Grundstücke die Geltung der lex rei sitae anordnen. Die allgemein gewählte Formulierung, daß es um Grundstücke geht, die von „besonderen Normen" beherrscht werden, zeigt, daß darunter sämtliche Vorschriften fallen können, die zu einer Abtrennung der Grundstücke von der allgemeinen Behandlung führen, also Normen die materiell-rechtliches Sondervermögen schaffen sowie Kollisionsnormen. Die Formulierung, daß es sich um Grundstücke handelt, die als besondere Vermögenskomplexe von besonderen Normen beherrscht werden, steht dabei im Gegensatz zu der zuvor erwähn-ten Vermögenseinheit und schließt damit sämtliche Normen, die Grundstücke vom Gesamtstatut abtrennen, ein und ist nicht etwa auf materielles Sondervermögen beschränkt.

Dieses Verständnis der Beratungen wird durch den Verweis auf die fehlende Anerkennung durch die ausländische Rechtsordnung zusätzlich gestützt, da es auch in Fällen eines materiellen Sondervermögens oder einer kollisionsrechtlichen Spaltung zu einer fehlenden Anerkennung kommen kann. Darüber hinaus unterscheidet Satz 2 gerade zwischen den Fällen des Common Law, das den Begriff der Vermögenseinheit für Grundstücke überhaupt nicht kennt, und den im deutschen Recht bekannten Sondervermögen. Diese Trennung weist eindeutig auf die Kenntnis der Systemunterschiede der verschiedenen Rechtsordnungen hin sowie auf die bewußte Einbeziehung beider Normtypen.

Damit stellt Satz 2 der Begründungen eine klare Abweichung von den Vorstellungen Gebhards dar.[215] Da dieser Satz aber, anders als die lediglich generelle Berufung auf die Ideen Gebhards, eine eindeutige Aussage zu der Frage, was unter den Begriff der besonderen Vorschriften zu subsumieren ist, enthält, hat der lediglich allgemeine Bezug auf die Ideen Gebhards keine entscheidende Aussagekraft. Vielmehr wollte die Erste Kommission auch die Fälle des Common Law in die Anwendung der Norm miteinbeziehen. Im übrigen waren die Erläuterungen Gebhards zu diesem Punkt, wie dargestellt, ihrer Formulierung nach durchaus mißverständlich, so daß die Kommission möglicherweise von vornherein von einem erweiterten Verständnis des Begriffs der besonderen Vorschriften ausgegangen ist, da sie ihre Äußerungen zum Common Law als übereinstimmend mit den Gedanken Gebhards betrachtete.

Die hier vertretene Auslegung der Beratungen der Ersten Kommission findet auch in der Rechtslehre Zustimmung.[216] Allerdings wird diese Einbeziehung unter Hinweis auf das englische Erbrecht lediglich als Verweis auf Fälle der materiellen und kollisionsrechtlichen Spaltung und nicht einer lediglich kollisions-

[215] So auch Kegel/Schurig, IPR, § 12 II 2 b bb.

[216] MüKo/Sonnenberger, Art. 3 EGBGB, Rn. 21 f.; Raape/Sturm, IPR I, § 12 III 2 (S. 187); a.A. Wochner, FS für Wahl, 161, 172 iVm. 170, 176.

rechtlichen Spaltung gesehen mit der Begründung, daß die materielle und kollisionsrechtliche Spaltung der Rechtslage des Common Law zum damaligen Zeitpunkt entspräche. Ob das Common Law zum Zeitpunkt der Beratungen tatsächlich nur eine materiell-rechtliche und keine kollisionsrechtliche Spaltung kannte, erscheint jedoch zweifelhaft und bedarf näherer Überprüfung. Sollte das Common Law in größerem Ausmaße Normen kennen, die lediglich eine kollisionsrechtliche Spaltung anordnen, so wäre der Verweis des historischen Gesetzgebers entgegen dem bisherigen Verständnis dahingehend zu deuten, daß er auch kollisionsrechtliche Spaltungen unter den Begriff der besondere Vorschriften fassen wollte.

bb) Rechtslage nach dem Common Law

Zunächst ist zu klären, in welchem Sinn der Begriff des Common Law in diesem Zusammenhang verwandt wurde, ob als Rechtsbegriff[217] oder als Bezeichnung für das gesamte anglo-amerikanische Rechtssystem.[218] Dies ist insofern von Bedeutung, als sich das amerikanische und das englische Rechtssystem in den Bereichen, die hier von Bedeutung sind, nicht unerheblich unterscheidet. Betrachtet man die Formulierung des historischen Gesetzgebers, der vom „Gebiete des common law“ spricht, so muß man davon ausgehen, daß er sie im zweiten Sinne gebrauchen wollte, weil er den Begriff in einem räumlichen Zusammenhang verwendet. Auch eine Beschränkung auf lediglich englisches Territorium erscheint unwahrscheinlich, da dies eher unüblich ist und für eine solche Einschränkung keine Anhaltspunkte ersichtlich sind. Deshalb soll in einem ersten Schritt die Rechtslage in Großbritannien und im Anschluß daran die amerikanische Rechtslage untersucht werden.

(1) Englisches Erbrecht

Als unzweifelhaft erweist sich die Situation im englischen Erbrecht. Nach englischem Erbrecht galt bis zum Administration of Estates Act 1925, der seit dem 1. 1. 1926 in Kraft ist, für Liegenschaften und Fahrnis ein unterschiedlicher Erbrechtsgang. Das bewegliche Vermögen fiel zunächst einem vom Erblasser bestellten (executor) oder einem vom Gericht ernannten Verwalter (administrator) an. Der Verwalter wies dann in einem zweiten Schritt das Vermögen an die eigentlichen Erben anhand eines Verteilungsplans zu, der sich nach dem Statute

---

[217] Als Bezeichnung für das gemeine (strenge) Recht im Gegensatz zum sog. "equity law" (Bil-ligkeitsrecht). Zu dieser Unterscheidung Henrich, Einführung, 2 ff.

[218] Als Gegensatz zum kontinentaleuropäischen Recht ("civil law"). Vgl. Blumenwitz, Einführung, 7.

of Distribution von 1670 bestimmte und eine allgemeine Erbfolge festlegte.[219] Völlig anders gestaltete sich hingegen die Vererbung des unbeweglichen Vermögens (real estate). Hier bestand eine Singularsukzession meistens an den ältesten Sohn (heir at law).[220] Das Grundstück ging auch, im Unterschied zum beweglichen Vermögen, unmittelbar auf den Erben über. Erst mit dem Administration of Estates Act 1925 wurde ein gleiches Erbrecht für bewegliches und unbewegliches Vermögen eingeführt; der gesamte Nachlaß fällt nun dem Verwalter an.[221] Seither besteht lediglich die kollisionsrechtliche Trennung der beiden Vermögen fort.
Vergleichbare Regelungen mit lokalen Unterschieden bestanden in Nordirland, der Republik Irland und in Schottland. Diese wurden erst in den Jahren 1956 in Nordirland, 1963 in der Republik Irland und 1964 in Schottland beseitigt.[222]

(2) Englisches Ehegüterrecht

Eine davon abweichende Lösung bestand im englischen Ehegüterrecht. Das englische Ehegüterrecht beinhaltete im Bereich des Common Law bis zum Ende des 19. Jahrhunderts eine starke Benachteiligung der Frau.[223] Es wurde von dem Grundsatz beherrscht: „by marriage, the husband and wife are one person in law: that is, the very being or legal existence of the woman is suspended durring the marriage, or at least is incorperated and consolidated into that of the husband."[224]
Dies hatte zur Folge, daß das bewegliche Eigentum der Frau mit der Heirat in das Eigentum des Mannes überging. Die jeweilige Inhaberschaft an Rechten standen der Frau bis zu dem Zeitpunkt ihrer Realisierung zu, welche durch eine Handlung des Mannes ausgelöst wurde. Ihm kamen allerdings schon vorher die

---

[219] Ferid/Firsching/Lichtenberger, IntErbR VI, US Grdz., Rn. 17; Staudinger/Hausmann, Art. 3 EGBGB, Rn. 43; Morris, (1969) 85 L.Q.R. 339, 347; Wilke, DJZ, 1926, 52, 55 f.

[220] Morris, *Interstate Succession to land in the Conflict of laws* 85 L.Q.R. 339, 345 f. (1969); Ferid/Firsching/Lichtenberger, IntErbR VI, US Grdz., Rn. 13 ff.; Wilke DJZ 1926, 52, 55 f. Dieser stellt auch die lokalen Unterschiede, wie eine Vererbung an den jüngsten Sohn, an alle Söhne, die Einbeziehung der Witwe oder des Witwers etc. dar.

[221] Vgl. den Text bei Ferid/Firsching/Lichtenberger, IntErbR III, Großbritannien, Texte 1; Oppenheimer, JW 1926; 1944, Wilke, DJZ 1926, 52, 55.

[222] Zu Nordirland vgl Morris, *Interstate Succession to land in the Conflict of laws* 85 L.Q.R. 339, 355 (1969); zur Republik Irland Staudinger/ Hausmann, Art. 3 EGBGB, Rn. 43; Morris, 371; und zu Schottland Morris, 357.

[223] Diese wurde durch mehrere Gesetze in den Jahren 1870-1893 abgeschafft, in der Hauptsache durch den "Married Women's Property Act of 1882" (vgl. Dicey/Morris, Conflict II, Rule 150, 1067 (1993)).

[224] Blackstone, zit. bei Dicey/Wade, Law and Public Opinion 371 (1963).

daraus gezogenen Früchte zu. Gleiches galt für die sog. leaseholds.[225] Auch hier blieb die Frau Inhaberin des Rechts, wohingegen die Früchte dem Mann zustanden. Wiederum abweichend war die Regelung bezüglich der Grundstücke der Ehefrau. An diesen behielt die Frau das volle Eigentum, der Mann erlangte durch die Heirat lediglich ein unveräußerliches Nutznießungsrecht. Die Frau konnte sich jedoch prinzipiell nicht vertraglich binden oder ohne Zustimmung des Mannes testieren. Damit war ein Verkauf des Grundstücks während der Dauer der Ehe nicht möglich.[226]
Aufgebrochen wurde dieses System zunächst durch die equity Gerichte.[227] Diese beließen der Frau auch während der Ehe separate property, das allerdings auf einen trustee übertragen werden mußte.[228] Aufgehoben wurde die Regelung letztendlich auch für das Common Law, durch die Gesetzgebung der Jahre 1870 - 1893, insbesondere durch den Married Women's Property Act 1882. Dieser führte den Grundsatz der Gütertrennung im englischen Recht ein und zwar gleichermaßen für Mann und Frau.[229]
Damit läßt sich festhalten, daß zum Zeitpunkt der Beratung (1887) aufgrund des Married Women's Property Act 1882 in England ein einheitliches Ehegüterrecht für bewegliches und unbewegliches Vermögen bestand. Lediglich kollisionsrechtlich kann von einer Spaltung ausgegangen werden, was einer Entscheidung des House of Lords aus dem Jahre 1891[230] zu entnehmen ist, bei der das Belegenheitsrecht in einem englisch-schottischen Ehegüterrechtsfall auf das in England belegene Grundstück angewandt wurde.

(3) Amerikanisches Ehegüterrecht

Eine vergleichbare Rechtslage kann bei einer Betrachtung des amerikanischen Ehegüterrechts festgestellt werden. Das amerikanische Ehegüterrecht übernahm

---

[225] Eine Art. verdinglichte Grundstückspacht mit zeitlicher Begrenzung, ausführlich dazu Eisenhauer, Englisches Grundstücksrecht 11 ff.

[226] Dicey/Morris, Conflict II, Rule 150, 1067 (1993); Bromley/Lowe, Family law 493 ff. (1987); Dicey/Wade, Law and Public Opinion 372 (1963); Hanisch, Moderne Tendenzen, 12 ff.

[227] Zum System der equity Gerichte Blumenwitz, Einführung, 8 ff.

[228] Nach Common Law galten die Gegenstände somit als Eigentum des trustees, vgl. dazu Dicey/Wade, Law and Public Opinion 375 ff. (1963); Bromley/Lowe, Family Law 496 ff. (1987); Hanisch, Moderne Tendenzen, 15 f. Bei diesen Autoren finden sich auch die weiteren Einzelheiten zur Funktionsweise und rechtlichen Konstruktion.

[229] Bromley/Lowe, Family Law 498 ff. (1987); Hanisch, Moderne Tendenzen, 17 ff. Die entscheidende güterechtliche Umstellung fand im Jahre 1882 statt, die Gesetzgebungsakte in der Zeit nach 1882 dienten lediglich der Klarstellung einiger sich daraus ergebender Schwierigkeiten.

[230] vgl. Re De Nicols, 2 Ch. 410 ff. (1900); Welch v. Tennent A.C. 639 ff. (1891); Dicey/Morris, Conflict II, Rule 150, 1066 ff. (1993); North/Fawcett, P.I.L. 872 ff. (1992).

zunächst die Regel des Common Law, daß „in the eyes of law the husband and wife were one person - the husband“.[231] Eine Aufhebung der ehegüterrechtlichen Benachteiligung der Frau ergab sich jedoch auch hier in Folge der von den Einzelstaaten erlassenen Married Women's Property Acts.[232] Dabei setzte die Entwicklung in Amerika zeitlich vor der gleichartigen Entwicklung in England ein. Sie begann bereits um das Jahr 1835 und war, was den Erlaß der Gesetze in den einzelnen Bundesstaaten betraf, bis zum Ende des amerikanischen Bürgerkriegs (1865) abgeschlossen.[233] Lediglich die kollisionsrechtliche Güterspaltung wurde beibehalten, so daß für unbewegliches Vermögen weiterhin die situs-Regel galt.[234]

(4) Amerikanisches Erbrecht

Schwieriger einzuordnen ist die Rechtslage des amerikanischen Erbrechts. Zwar war die aus dem Common Law stammende Unterscheidung zwischen real und personal property Ausgangspunkt der Entwicklung des amerikanischen Erbrechts. Sehr bald wurde jedoch in Amerika erkannt, daß das aus dem Feudalrecht stammende System der primogeniture nicht dem demokratischen Grundgedanken der neuen Staaten entsprach. Aus diesem Grunde wurde eine solche Erbfolgeregelung für Grundstücke aufgegeben. Stattdessen wurden auch im Bereich des real property die englischen Statutes of Distribution von 1670, die in England, wie bis dahin in Amerika nur für personal property galten, als Grundlage für die Erbfolge herangezogen. In Amerika bestand daher historisch gesehen prinzipiell die gleiche Erbfolge für bewegliches und unbewegliches Vermögen,[235] auch wenn beide Erbrechtssysteme oftmals noch in unterschiedlichen Gesetzesabschnitten (tables) geregelt waren.[236]

---

[231] Basch, In the Eyes of the Law 17 (1982); Krause, Familiy Law, 173 ff. (1990). Auch hier galten natürlich die Equity-Regeln, soweit equity courts vorhanden waren, Chused, *Married Women's Property law: 1800 – 1850,* 71 Geo. L.J. 1359, 1361 (1983).

[232] Krause, Family Law 175 f. (1990); Basch, In the Eyes of the Law 27ff. (1982); Chused, *Late Nineteenth Century Married Women's Property Law: Reception of the Early Married Women's Property Acts by Courts and Legislatures*, 29 Am.J.Legal History 3 ff (1985).

[233] Vgl. die Übersicht zu den einzelnen Gesetzen bei Chused, *Married Women's Property law: 1800 – 1850,* 71 Geo.A.J. 1359, 1399, 1409, Fn. 263 sowie Fn. 207, 209 (1983). Der bekannteste aller Women Property Acts, den Married Women's Property Act von New York aus dem Jahre 1848, der in § 1 bestimmt, daß das Eigentum der Frau deren "separate property" wird, als ob sie ein " single female" sei, findet sich bei Basch, In the Eyes of the Law, 233 ff. (1982); eine Besprechung des Oregon Women's Property Act bei Chused, *Late Nineteenth Century Married Women's Property Law: Reception of the Early Married Women's Property Acts by Courts and Legislatures*, 29 Am.J.Legal History 3 ff. (1985).

[234] Bergmann/Ferid, IEK XII, USA, S. 66 ff.; Leflar/McDougal/Felix, Conflicts §§ 232, 233 (1986); Scoles/Hay, Conflict 14.5 ff. (1992).

[235] Ferid/Firsching/Lichtenberger, IntErbR VI, USA Grdz., Rn. 20; Morris, History, 76 ff. (1930); Rheinstein/Glendon, Decendents' Estates 26 ff. (1971); Reppy/Tomkins, History 80

Jedoch behielt das amerikanische Recht infolge seiner historischen Entwicklung einige, nur für das real property geltende Besonderheiten. An erster Stelle sind die Regeln des ancestral estate zu nennen. Bei dem ancestral estate handelt es sich um den Nachlaß, den der Erblasser von einer Person im Rahmen eines Erbganges oder einer Schenkung von einer Person erhalten hat, mit der er blutsverwandt und der gegenüber er erbberechtigt war.[237] Für diesen Teil des Nachlasses gilt weiterhin das Erstgeborenenrecht, so daß das ancestral estate eine sachrechtliche Sondererbfolge darstellt. Allerdings waren die Normen des ancestral estates nicht sehr weit verbreitet.[238]
Eine weitere Ausnahme bestand in einigen Staaten für die Rechte des überlebenden Ehegatten. Nach dem ursprünglichen Common Law stand der Witwe, wie oben dargestellt, lediglich ein Erbrecht am beweglichen Vermögen zu, dessen Anteil nach den Statutes of Distribution von 1670 bestimmt wurde, nicht jedoch ein Erbrecht am unbeweglichen Vermögen. Bei der Übernahme der Statutes of Distribution für das unbewegliche Vermögen kam es dann im Bereich des Ehegattenerbrechts in einigen Staaten zu einer Modifizierung der im übrigen übernommenen Statutes. Anstatt dem überlebenden Ehegatten ein Erbrecht an den Grundstücken zuzugestehen, wie dies den Statutes of Distribution entsprochen hätte, wurde hingegen das in einigen Staaten zugunsten des anderen Ehegatten bereits bestehenden Recht des dowers für die Frau beziehungsweise des courtesys für den Mann weiter beibehalten.[239]

Dabei ist es schwierig, die genaue Verbreitung und Ausgestaltung der Nutznießungsrechtechte des überlebenden Ehegatten festzustellen. In den community-property Staaten bestanden solche Nutznießungsrechte von vorneherein nicht oder sie wurden aufgehoben, da das System der Gütergemeinschaft bereits zu einer Beteiligung der überlebenden Ehegatten am unbeweglichen Vermögen führte. In den restlichen 42 Staaten existierten hingegen die unterschiedlichsten Ausgestaltungen von dower und courtesy. Teilweise wurden auch in diesen Staaten die Nutznießungsrechte aufgehoben, in anderen Staaten kam es hingegen lediglich zu einer Angleichung von dower und courtesy. Einige Staaten wiederum dehnten diese Rechte sogar auf das bewegliches Vermögen aus, in anderen berechtigte der dower hingegen nicht nur zur Nutznießung des Grund-

---

ff. (1928); sowie der Überblick bei Grossmann, Erbrecht und Nachlaßbehandlung, 19 ff., der sämtliche Rechte der einzelnen Staaten darstellt, allerdings mit der Rechtslage im Jahre 1929.

236 Rheinstein, Decendents' Estates, 33 (1955).

237 Grossmann, Erbrecht und Nachlaßbehandlung, 10 m.w.N.

238 Ferid/Firsching/Lichtenberger, IntErbR VI, USA, Rn. 108; Morris, History 92 ff. (1930); Rheinstein, Decendents' Estates, 35 (1955). Beide führen die einzelnen Staaten auf.

239 Ferid/Firsching/Lichtenberger, IntErbR VI, USA, Rn. 89. Dabei handelt es sich beim Common Law dower um ein lebenslängliches Nutznießungsrecht in Höhe von einem Drittel an dem Land des überlebenden Ehegatten (vgl. ausführlich dazu u. S. 84 ff.).

stücks, sondern zu einem Eigentumsanteil daran, wobei teilweise dem Ehegatten ein Wahlrecht zwischen Erbrecht am unbeweglichen Vermögen oder dem Nutznießungsrecht zugestanden wurde.[240] Einige Rechtsordnungen unterschieden auch danach, wer Miterbe war oder ob der überlebende Ehegatte die Ehefrau oder der Ehemann war. Eine Analyse der Rechtsordnungen der verschiedenen Einzelstaaten zeigt dabei, daß zum Zeitpunkt der Beratungen im Jahre 1887 in einer Mehrzahl der Staaten die Erbfolge für bewegliches und unbewegliches Vermögen für den überlebenden Ehegatten in gleicher Weise ausgestaltet war.[241]

Zum Zeitpunkt der Beratungen kennen demzufolge mit Sicherheit die Rechtsordnungen der überwiegenden Anzahl der amerikanischen Bundesstaaten nur mehr eine kollisionsrechtliche, nicht aber eine sachrechtliche Spaltung des Erbrechts. Eine sachrechtliche Spaltung kann allenfalls für die Rechtsordnungen angenommen werden, die den Ehegatten anstelle eines Erbrechts für unbewegliches Vermögen lediglich ein dower oder courtesy Recht zukommen lassen.[242] Ob das Bestehen solcher Nutznießungsrechte in diesen Rechtsordnungen tatsächlich zu einer materiellrechtlichen Spaltung führen, kann nur eine genauere Untersuchung dieser Rechte zeigen.

(5) Das Recht auf dower oder courtesy

Die Herkunft des dower ist nicht völlig geklärt.[243] Der Begriff dower wurde bereits in der Magna Charta von 1215 erwähnt.[244] Das Recht des dower enwik-

---

[240] Vgl. zu den Regelungen in den einzelnen Staaten, Woerner, A Treatise I, §§ 66, 67, 106 (1923); Vernier, American Family Laws III, §§ 188, 189, 215, 216 (1930); Grossmann, Erbrecht und Nachlaßbehandlung, 19 ff.; Rheinstein, Decendents' Estates, 65 ff (1955). Allerdings fand die völlige Aufhebung dieser Rechte in der überwiegenden Anzahl von Staaten erst nach den Beratungen statt.

[241] Vgl. die sehr gute Zusammenfassung bei Vernier, American Family Laws III, § 227 (1930); sowie die einzelstaatlichen Regelungen bei Grossmann, Erbrecht und Nachlaßbehandlung, 19 ff.

[242] So Niewöhner, MittRhNotK 1981, 219, 220; inzident Grossman, Erbrecht und Nachlaßbehandlung, 14; Hanisch, Moderne Tendenzen, 84 f., Rn. 243.

[243] Der Begriff ("dowery") wurde bereits in der Bibel verwandt. Auch innerhalb des romanischen Rechtskreises bestand ein "dos" (bzw."dot" in Frankreich), welches allerdings die Mitgift der Ehefrau bezeichnete, vgl. 19 C.J., Dower, § 4, S. 458 (1920) sowie Corporation Comission v. Dunn, 94 S.E. 481, 483 (1917). Teilweise wird eine Herleitung aus dem Dänischen angenommen (vgl. 17A AmJur, Dower, § 4, S. 283 f. (1957)). Zur geschichtlichen Entwicklung vgl.a. Fröschle, Entwicklung der gesetzlichen Rechte der überlebenden Ehegatten, 35 ff., der zusätzlich die geschichtliche Entwicklung dieses Rechtsinstituts in Frankreich und im germanischen Rechtskreis ("Wittum") aufzeigt.

[244] Dort in Kapitel 7 (vgl. 17A AmJur, Dower, § 4, S. 283 f.(1957)).

kelte sich jedoch erst in der Zeit danach zu dem dower, wie er ursprünglich innerhalb des Common Law bestand.[245]

Es handelte sich bei diesen Rechten um lebenslängliche Nutznießungsrechte der Frau am unbeweglichen Vermögen des Ehemannes in Höhe eines Drittels (dower) oder des Mannes am gesamten Grundvermögen der Frau (courtesy). Als rechtlich geschützte Interessen entstanden sie mit der Eheschließung und wurden erst bei Tod des Ehegatten wirksam.[246] Der Schutz bestand in einer Art Verfügungsverbot, so daß die Grundstücke nicht wirksam ohne Zustimmung des Ehegatten veräußert werden konnten.[247] Das dower-Recht weist drei Stufen auf: Mit der Heirat entstand zunächst der dower inchoate, ein rechtlich geschützter Wartezustand.[248] Dieser verfestigte sich nach dem Tod zu dem dower consumate before assigment, einem Anspruch gegen die Erben auf Zuweisung der zur Nutznießung bestimmten Grundstücke. Nach Teilung des Vermögens durch die Erben entstand der dower consumate after assigment; die Witwe war nunmehr tenant in dower.[249]

Sinn und Zweck des dowers im historischen Common Law war die Versorgung der Familie sowie der Schutz vor einer möglichen Verschwendungen des Grundvermögens durch den Ehemann. Mitausschlaggebend für die Schaffung des Rechts war die güterrechtliche Stellung der Frau, da diese kein eigenes Vermögen besitzen durfte.[250] In England wurde dieses Recht durch den Dower Act 1833 in der Weise eingeschränkt, daß der Mann durch Testament das do-

---

[245] Es existierten dabei zunächst 5 verschiedene Arten des dower (vgl. 17A AmJur, Dower, § 4, S. 283 f.(1957)).

[246] Ferid/Firsching/Lichtenberger, IntErbR VI, USA Grdz., Rn. 89 m.w.N.; Vernier, American Family Laws III, §§ 188 ff. (1930). Zu den weiteren Unterschieden zwischen dower und courtesy vgl. Bergmann/Ferid, IEK, USA, 28. Lieferung, S. 26.

[247] Bei einer trotzdem vorgenommenen Veräußerung blieb das Recht als Anwartschaft weiterhin bestehen (Koppenhöfer DNotZ 1961, 460, 461 f.; Ferid/Firsching/Lichtenberger, IntErbR VI, USA Grdz., Rn. 89, Fn. 6). Dies galt nur bezüglich des dowers, für das Recht auf courtesy war dieser Schutz von vorneherein zunächst nicht notwendig, da die Ehefrau nicht über Grundstücke verfügen konnte.

[248] Dieser war rechtlich nicht übertragbar, deshalb kein estate; stellte für den Erwerber aber eine nicht zu beseitigende Belastung dar. Die Frau konnte allerdings darauf verzichten (vgl. David, Die Rechtsstellung der überlebenden Ehefrau, 125).

[249] Bondzio, Internationales Ehegüterrecht, 16 f. m.w.N.; David, Die Rechtsstellung der überlebenden Ehefrau, 126 f.

[250] Nicht ganz unumstritten ist die Frage, ob dies nur dem Schutz der Witwe oder auch dem der Familie dienen sollte, da die Kinder (zumindest teilweise als Erben) geschützt waren. M.E. sollte damit auch der Schutz der Kinder erreicht werden, da nur einer (heir at law) am Grundvermögen beteiligt war und dieses in vielen Fällen das wichtigste Vermögenselement darstellte (vgl. Bishop, Commentaries § 245 (1873); 19 C.J., Dower § 10, S. 460 (1920) m.w.N.).

wer-Recht beseitigen konnte. Endgültig abgeschafft wurde es erst durch den Administration of Estates Act 1925.[251]
Bei der Übernahme des dowers durch den amerikanischen Gesetzgeber kam es zu den geschilderten Veränderungen des Rechts in den einzelnen Staaten. Damit änderte sich auch der Sinn und Zweck des dowers. Zwar bestand der familienrechtliche Ansatz , nach dem der dower der Versorgung und Unterstützung der Witwe dienen sollte, weiter fort, die Basis des dowers wird aber nicht mehr allein in dem Schutz der Frau, sondern in dem öffentlichen Interesse des Staates an der Unterstützung der Witwe gesehen. Aus diesem Grund wurde der dower nicht als Teil der Eheschließung (contract of marriage) angesehen, sondern es wurde eine eigenständige Entstehung durch das positive Recht angenommen.[252]
Darüber hinaus wurde der erbrechtlichen Komponente des dowers mehr Beachtung geschenkt, was dadurch deutlich wird, daß die Witwe vielfach wie eine Erbin eingestuft wurde und den Entscheidungen einiger Gerichten zufolge bei Inanspruchnahme des dowers Erbschaftssteuer zahlen mußte.[253] Der dower im amerikanischen Recht[254] war demnach ein der Witwe, aus öffentlichem Interesse des Staates an ihrer Versorgung gewährtes, Recht, dessen Entstehung die Eheschließung, den Grundbesitz des Ehemannes sowie seinen Tod voraussetzte.

251 Rheinstein, Decendents' Estates, 62 ff. (1955); Hanisch, Moderne Tendenzen, 84 f., insbes. Fn. 243; Bromley/Lowe, Family Law 498 ff. (1987); Dicey/Wade, Law and Public Opinion 371 ff. (1963). Interessant ist daran, daß der dower innerhalb einer Neuregelung des gesetzlichen Erbrechts abgeschafft wurde.

252 Auch ein Ausschluß durch Testament ist aus diesem Grunde nicht möglich (zum Ganzen Crenshaw v. Moore 137 S.W. 924, 924 (1911); Billings v. People 59 N.E. 798, 800 (1901); Corporation Commission v. Dunn 94 S.E. 481, 483 (1917); 19 C.J., Dower § 10, S. 460 (1920); in 17A AmJur, Dower, § 6, S. 286 f. (1957) steht: "The right to dower is not regarded as springing from contract, although the contract of marriage is a prerequisite to its existence, but from the positive terms of common law or statute law"; oder bei Stitt v. Smith 113 N.W. 632, 632 f. (1907): "During the life of the husband the interest of the wife in his estate is in no sense a vested one, growing out of the marriage contract, but a mere expectancy, or possibilty, incident to the marriage relation, contigent upon her surviving husband."

253 Die Frage war sehr umstritten, die wohl überwiegende Meinung lehnte dabei die Zahlung einer inheritance tax ab (vgl. Tiffany, Law of Real Property § 208 (1920); Note, 25 Harvard L. Rev. 181 f. (1911/12); Note, 15 Colum.L.Rev. 692, 693 (1915); Corporation Commission v. Dunn 94 S.E. 481, 483 (1917); Billings v. People 59 N.E. 798, 800 (1901); Crenshaw v. Moore 137 S.W. 924, 924 (1911); 28 AmJur, Inheritance, Estate, and gift taxes, §§ 239 ff., S. 179 ff. (1959) m.w.N.).

254 Diese Wandlung galt wohl auch für das spätere englische Recht (vgl. 17A AmJur, Dower, § 6, S. 286 f. (1957) insbes. Fn. 11).

Die Frage ist nunmehr, ob ein solcher dower[255] dazu führt, daß von einer unterschiedlichen Erbrechtsordnung für bewegliches und unbewegliches Vermögen gesprochen werden kann. Dies hängt im wesentlichen von der konkreten Ausgestaltung des dowers ab. Soweit der dower auf das bewegliche Vermögen ausgedehnt wurde oder zu einem Eigentumsanteil am Grundstück in gleicher Höhe wie der gesetzliche Erbteil für bewegliches Vermögen umgestaltet wurde, bestehen übereinstimmende Erbrechtsordnungen für bewegliches und unbewegliches Vermögen. Soweit der dower in seiner ursprünglichen Gestalt in einem Staat galt, war das Recht des überlebenden Ehegatten am unbeweglichen Vermögen ein Nutznießungsrecht und am beweglichen Vermögen war er als Erbe beteiligt. Die Frage ist, ob beide Rechte bei gleicher Erbrechtsquote miteinander vergleichbar wären. Dagegen spricht zunächst, daß das deutsche (s. §§ 1934a, 2303ff. BGB) wie auch andere Rechte zwischen Ausgleichsansprüchen und der Erbenstellung differenziert. Darüber hinaus handelt es sich bei dem dower um ein Nutznießungsrecht, das in die Eigentumszuordnung des Grundstücks nicht eingreift. Auch nach der rechtlichen Konstruktion ist der dower ein Anspruch, der sich gegen die Erben richtet und kein Erbrecht. Dies war gerade der Grund, warum die überwiegende Meinung eine auf den dower bezogene in-heritance tax ablehnte und selbst die Gegenmeinung allenfalls davon sprach, den Ehegatten wie einem Erben zu behandeln.[256] Ein weiterer Hinweis ist, daß nach einer Ansicht[257] selbst ein dinglich wirkendes Nießbrauchsrecht eines Ehegatten[258] nicht im Erbschein vermerkt wird und nach der Gegenansicht[259] ein solches Nießbrauchrecht zwar einzutragen ist, aber als Nießbrauch und nicht als

[255] Die Ausführungen gelten ebenfalls für das Recht auf courtesy. Eine gesonderte Untersuchung ist entbehrlich, da diese Nutznießungsrechte in ihrer modernen Form, auch was die Nutznießungsquoten angeht, angeglichen wurden.

[256] Tiffany, Law of Real Property § 208 (1920); Note, 25 Harvard L.Rev. 181, 181 f. (1911 / 1912); Note, 15 Colum.L.Rev. 692, 693 (1915); Corporation Commission v. Dunn 94 S.E. 481, 483 (1917); Billings v. People 59 N.E. 798, 800 (1901); Crenshaw v. Moore 137 S.W. 924, 924 (1911); 28 AmJur, Inheritance, Estate, and gift taxes, §§ 239 ff., S. 179 ff. (1959) m.w.N.

[257] BayOLG, Beschl. v. 13. 1. 1961, BayOLGZ 1961, 4, 19 ff.; OLG Hamm, Beschl. v. 21. 7. 1954, NJW 1954, 1731, 1733; LG Frankfurt, Beschl. v. 10.2.1976, MDR 1976, 668, 668; Staudinger/Dörner, Art. 25 EGBGB, Rn. 144, 849; Staudinger/Stoll, IntSachenR, Rn. 193; v.Bar, IPR II, Rn. 377.

[258] Beim dower handelt es sich sogar insoweit nur um ein schuldrechtlich wirkendes Nießbrauchsrecht, da die Ehefrau nur den Anspruch auf Begründung dieses Rechts hat, den dower consumate before assigment.

[259] Tiedemann, Internationales Erbrecht, 109 ff. m.w.N.; MüKo/Birk, Art. 25 EGBGB, Rn. 342; Kegel/Schurig, IPR, § 21 IV 4; IPG 1972, Nr. 31, 303, 305 ff. (Spanien/Hamburg); IPG 1977, Nr. 34, 311, 321 ff. (Frankreich/Göttingen).

Erbrecht. Daraus läßt sich der Schluß ziehen, daß keine der beiden Ansichten von einer Erbenstellung des Nießbrauchsberechtigten ausgeht.[260]
Aus diesen Gründen kann man diese Form des dowers am unbeweglichen Vermögen nicht mit einem Erbrecht am beweglichen Vermögen gleichsetzten mit der Konsequenz, daß unterschiedliche materielle Erbrechtsordnungen für die jeweiligen Form des Vermögens gelten.

(6) Exkurs: Qualifikation des dowers als familien- oder erbrechtlich

Im Rahmen des dowers besteht weiterhin das Problem, ob ein solches Nutznießungsrecht als erb- oder güterrechtlich zu qualifizieren ist. Eine güterrechtliche Qualifikation hätte bei dieser Untersuchung zur Folge, daß anstelle von einer gespaltenen Erbrechtsordnung, von einer gespaltenen Güterrechtsordnung auszugehen wäre. Allerdings würde eine güterrechtliche Qualifikation nicht zu einer abweichenden Gesamtbetrachtung, sondern lediglich zu einer Verschiebung der Sachrechtsspaltung vom Erbrecht zum Güterrecht führen, weshalb es angebracht erscheint, diese Frage nur als Exkurs zu behandeln.
Technisch hätte eine materielle Güterrechtsspaltung so auszusehen, daß für bewegliches Vermögen ein Güterstand der Gütertrennung anzunehmen wäre, wohingegen für das unbewegliche Vermögen ein Güterstand der Zugewinngemeinschaft gelten würde.[261] Um diese Voraussetzung zu erfüllen müßte der dower einen verkappten Zugewinn darstellen. Problematisch ist, ob letzteres überhaupt möglich ist, da der dower, anders als der Zugewinn, nur im Fall des Todes und nicht im Fall der Scheidung eingreift. Insofern könnte es sich aber um einen, auf das unbewegliche Vermögen beschränkten Fall einer durch gewisse Ausgleichsansprüche modifizierte Gütertrennung handeln,[262] so daß aus Sicht des deutschen Rechts von zwei Güterständen zu sprechen wäre, selbst wenn das amerikanische Recht lediglich den gesetzlichen Güterstand der Gütertrennung kennt.
Innerhalb der deutschen Literatur ist es umstritten, ob das dower-Recht als familienrechtlich[263] oder als erbrechtlich[264] zu qualifizieren ist. Die qualifikationsrechtliche Einordnung des dowers erweist sich zum einen als

[260] So ausdrücklich MüKo/Birk, Art. 25. EGBGB, Rn. 342, der davon spricht, daß der Ehegattennießbrauch nicht als subjektives Erbrecht angesehen werden kann.

[261] Ein gespaltenes Güterrecht besteht nur dann, wenn unterschiedliche Güterrechtsordnungen für verschiedene Teile des Vermögens gelten (Niewöhner, MittRhNotK 1981, 219, 219).

[262] Zu solchen Formen Jayme, FS für Ferid I, 221, 227 f., 231 f. Da letztendlich nur zwei prinzipiell unterschiedliche Formen der Güterstände (Gütergemeinschaft/Gütertrennung) bestehen, sind die verschiedensten Mischformen als abweichende Güterstände möglich, nicht nur die deutsche Konstruktion der Zugewinngemeinschaft (vgl. den rechtsvergleichenden Überblick bei Staudinger/v.Bar/Mankowski, Art. 15 EGBGB, Rn. 235 ff.).

[263] Staudinger/v.Bar/Mankowski, Art. 15 EGBGB, Rn. 322; Wolf, IPR, 57; Silberschmidt NiemZ 48 (1933/1934) 313, 319; Neumayer, FS für Ferid I, 659, 668; Neuner, Sinn, 65; Niehwöhner, MittRhNotK, 1981, 219, 220.

rechtliche Einordnung des dowers erweist sich zum einen als schwierig, weil er sowohl familien-, als auch erbrechtliche Elemente enthält, zum anderen aber hauptsächlich deshalb, weil der dower, wie aufgezeigt, in unterschiedlichen Varianten existiert, die möglicherweise eine unterschiedliche Qualifikation erforderlich machen. Für die Qualifikation des dowers kommen prinzipiell vier Möglichkeiten in Betracht: eine Qualifikation als familienrechtlich, als ehegüterrechtlich, als erbrechtlich und eine Doppelqualifikation des inchoate dowers als familien- bzw. ehegüterrechtlich und der weiteren dower-Rechte als erbrechtlich.[265]

α) Grundlage der Argumentation

Eine güterrechtliche Einordnung würde voraussetzen, daß das deutsche Recht den dower als Teil der vermögensrechtlichen Sonderordnung der Gütertrennung begreifen, der diese modifiziert. Das wäre der Fall, wenn der dower eine Ent-

---

[264] Fröschle, Entwicklung der gesetzlichen Rechte der überlebenden Ehegatten, 42; Clausnitzer, Güterrechtliche Stellung, 146 f. Die amerikanische Rechtsprechung qualifiziert überwiegend erbrechtlich (vgl. die umfassenden Nachweise bei Bondzio, Internationales Ehegüterrecht, 206 ff., der selbst nicht ganz klar Stellung bezieht, aber wohl eine güterrechtliche Qualifikation bevorzugt). Ebenfalls nicht eindeutig, Tzschucke (Das Pflichteilsrecht der Vereinigten Staaten), der einerseits zwar davon spricht, daß der Dower ehegüterrechtlich sei (S. 23 ff.), dann aber wiederum davon spricht, er sei dem Erbrecht gleichgestellt bzw. stelle einen Zwangserbteil dar (S. 25, 30 ff.). Da er auch das Wahlrecht des überlebenden Ehegatten für erbrechtlich hält, dürfte er bei einer Qualifikation wohl eher von einer erbrechtlichen Einordnung ausgehen. Schermutzki (Gesetzliche Stellung des überlebenden Ehegatten, 23 ff.) unterscheidet zwischen den Staaten, die ein dower inchoate in der ursprünglichen Form noch kennen (ehegüterrechtliche Qualifikation) und den übrigen Staaten, in denen der dower nunmehr ein reines Erbrecht sei. Ähnlich aber wohl insgesamt für eine erbrechtliche Lösung David, Die Rechtsstellung der überlebenden Ehefrau, 283 ff.; ebenfalls wohl erbrechtlich Grossmann, Erbrecht und Nachlaßbehandlung, 14, der den dower als eine Art Pflichtteilsrecht ansieht. Zur amerikanischen Rechtsprechung siehe z.B. Hewitt v. Cox 15 S.W. 1026 ff. (1891); 17 S.W. 873 ff. (Arkansas 1891). Der entscheidende Satz in Stull v. Graham 31 S.W. 46, 51 f. (Arkansas 1895) lautet: "As the deceased's domicile at the time of his death was in Arkansas, it undoubtly follows that the widow's right to dower in personality, wherever situated, is determined by the law of this state, and it should be allotted to her as therein provided". Die Entscheidung bezieht sich auf einen dower am beweglichen Nachlaß. Bei unbeweglichem Nachlaß stellt sich die Frage im amerikanischen Recht aufgrund der kollisionsrechtlichen situs-Regel nicht. Gründe für eine abweichende Einordnung bestehen insoweit nicht. Klar auch Ehler v. Ehler 243 N.W. 591 ff. (Iowa 1932): "Right of dower is not governed by the marriage contract, but by law of state where real estate is situated". Zur Einordnung des Rechts auf election als erbrechtlich vgl. In re Slade's estate 276, N.Y.S. 956 ff. (1935) und In re Tamburri's Will 100 N.Y.S.2d 647 ff. (1950).

[265] Eine Qualifikation als sachenrechtlich, wie teilweise angesprochen (Koppenhöfer, DNotZ 1961, 460, 462), soll hier nicht erörtert werden, da dies augenscheinlich nicht mit den deutschen Vorstellungen übereinstimmt. Zudem dürfte die Einschätzung der amerikanische Sicht von Koppenhöfer nicht richtig sein.

schädigung für die während der Ehe bestehende Gütertrennung darstellen soll und geleistete Dienste und Vermögensvorteile ausgleichen will.[266] Betrachtet man den dower hingegen nicht als Teil der ehegüterrechtlichen Sonderordnung, so kommt immer noch eine familienrechtliche Einordnung unter die allgemeinen Ehewirkungen in Betracht, da diese die Vermögensverhältnisse der Ehegatten zueinander erfassen, solange diese nicht dem Ehegüterrecht oder dem Erbrecht unterfallen.[267] Eine solche Einordnung könnte sich darauf gründen, daß der inchoate dower eine Art Verfügungsbeschränkung enthält, welche von der herrschende Meinung in diesem Fall dem Ehegüterrecht zugerechnet werden würde.[268] Erbrechtlich zu qualifizieren wäre der dower hingegen, wenn es nicht um die Abwicklung einer güterrechtlichen Sonderordnung ginge, sondern darum, daß der überlebende Ehegatte kraft seiner nahen Verbundenheit mit dem Verstorbenen an dessen Vermögen beteiligt wird.[269]

Die Vertreter der Ansicht, die den dower dem Güterrecht zuweisen, argumentieren mit dessen historischer Entwicklung.[270] Dieses Argument vermag jedoch eine Qualifikation als güterrechtlich nicht zu tragen. Eindeutig eherechtliche Züge hatte nämlich nur die ursprüngliche Form des Versprechens von Gegenständen bei der Heirat.[271] Schon die im Common Law ausgeprägte Form des dowers als Nutznießungsrecht im Todesfall läßt keine klare Einordnung mehr erkennen. Dies gilt mehr noch für die ins amerikanische Recht übernommenen Formen, die mit dem Güterstand des separate property zusammentrafen. Auch das von Neuner und Silberschmidt[272] vorgebrachte Argument, daß der dower des Common Law „mit einiger Sicherheit" eine güterrechtliche Einrichtung sei, trifft nicht zu.[273] So stuft die amerikanische Rechtsprechung den dower überwiegend erbrechtlich ein.[274] Für die erbrechtliche Qualifikation wurde demgegenüber

---

[266] Jayme, FS für Ferid I, 221, 227 f., 231 f.; Staudinger/Dörner, Art. 25 EGBGB, Rn. 149.

[267] MüKo/Gernhuber, Einl. zu §§ 1363-1563 BGB, Rn. 1 f.

[268] Vgl. die Nachweise bei Staudinger/v.Bar/Mankowski, Art. 14 EGBGB, Rn. 320 f.; dies., Art. 15 EGBGB, Rn. 261 ff. m.w.N., der sich demgegenüber für eine Anknüpfung nach Art. 14 EGBGB ausspricht. Bei einer Einordnung des weiteren Rechts als erbrechlich würde dies zu einer Doppelqualifikation führen.

[269] LG München I, Urt. v. 26. 2. 1976, FamRZ 1978, 364 ff. m. Anm. Jayme (S. 366 ff.); Staudinger/Dörner, Art. 25 EGBGB, Rn. 30 f.

[270] Wolf, IPR, 57.

[271] Fröschle, Entwicklung der gesetzlichen Rechte des überlebenden Ehegatten, 35.

[272] Neuner, Sinn, 65; Silberschmidt, NiemZ 48 (1933/1934) 3134, 319.

[273] Vorsicht ist schon deshalb geboten, weil beide Autoren von einem "Miteigentum, das die Frau am Vermögen des Mannes hat" ausgehen. Ein dower dieser Form bestand zwar in einigen amerikanischen Bundesstaaten, z.B. Florida (vgl. die Übersicht bei Koppenhöfer, DNotZ 1961, 460, 461), entspricht aber nicht der Normalform der dowers.

[274] Vgl. o. Fn. 264.

angeführt,[275] daß der dower, zumindest in seiner späteren Phase, durch Testament sowie durch eine Verfügung zu Lebzeiten entzogen werden konnte, was mit einer güterrechtlichen Einordnung nicht zu vereinbaren sei.

β) inchoate dower

Um die Frage der Qualifikation klären zu können, ist das Verhältnis von inchoate dower (dem rechtlich geschützten Wartezustand) und dem tatsächlichen Nutznießungsrecht zu klären. Die güterrechtliche Einordnung basiert in der Hauptsache auf der Vorstellung, daß der dower schon während der Ehe in Form des inchoate dowers seine Wirkung entfalte.[276] Diese Wirkung wird deswegen als güterrechtlich angesehen, weil sie gedanklich mit den Verfügungsverboten der §§ 1365, 1369 BGB gleichgesetzt wird, die ehegüterrechtlich qualifiziert werden.[277]

Eine solche Überlegung ist bezüglich des dowers nicht zutreffend. Betrachtet man die §§ 1365, 1369 BGB, so haben diese einen doppelten Zweck: Sie sollen die wirtschaftlichen Grundlagen der Ehe und der Familiengemeinschaft wahren sowie dem Schutz eines möglichen Zugewinnausgleiches dienen.[278] Abweichendes gilt für den inchoate dower, da dieser gerade nicht eine mögliche Veräußerung durch den Ehemann verhindert, sondern lediglich zur Folge hat, daß das Grundstück mit einer Anwartschaft belastet übertragen wird. Eine so entstandene Anwartschaft erwächst erst mit dem Tod des Ehemannes zum Vollrecht: Bis zu diesem Zeitpunkt zeigt sie keinerlei Wirkung und bei einem vorherigen Ableben der Ehefrau erlischt sie. Daraus ergibt sich, daß der inchoate dower nur der Sicherung des späteren Nutznießungsrechtes dient und keine eigenständige Funktion für die bestehende Ehe hat. Die Folge ist, daß dem inchoate dower kein eigenständiger Charakter im Rahmen der Qualifikation zukommt. Er folgt insoweit der Einordnung des Nutznießungsrechts.[279] Die Verfügungsbeschränkung erweist sich in dieser Hinsicht als neutral, eine Einordnung als erbrechtliche Beschränkung ist durchaus möglich.[280]

---

[275] Fröschle, Entwicklung der gesetzlichen Rechte der überlebenden Ehegatten, 42.

[276] Neuner, Sinn, 65.

[277] Dies ist umstritten (vgl. die Nachweise bei Staudinger/v.Bar/Mankowski, Art. 14 EGBGB, Rn. 320 f.; dies., Art. 15 EGBGB, Rn. 261 ff. m.w.N.).

[278] BGH, Beschl. v. 28. 4. 1961, BGHZ 35, 135, 136 f.; BGH, Urt. v. 25. 6. 1980, BGHZ 77, 293, 296, (jeweils zu § 1365); Staudinger/Thiele, § 1365 BGB, Rn. 2. Noch deutlicher wird der Zweck eines Schutzes während der Ehe bei § 1369 (vgl. MüKo/Gernhuber, § 1369 BGB, Rn. 1 ff.).

[279] Damit scheidet auch eine Doppelqualifikation aus.

[280] Dies mag zunächst erstaunen, da man von der Vorstellung her Verfügungsbeschränkungen eher familienrechtlich versteht, was sie häufig auch sind. Allerdings bestehen auch im Erbrecht mehrere Regelungen, die Verfügungen unwirksam sein lassen, so die §§ 2113 BGB (Schutz der Nacherben), § 2129 BGB (Entziehung der Verfügungsmacht des Vorerben), §

γ) Einordnung des Nutznießungsrechts

Zunächst ist zu fragen, ob die Ausgestaltung des dowers als lebenslanges Nutznießungsrecht einen ersten Hinweis auf seine Qualifikation als familien- oder erbrechtlich gibt. Ein auf den Tod bezogenes Nießbrauchrecht kommt typischerweise in den romanischen Rechten vor und stellt dort einen Teil des Ehegattenerbrechts dar.[281] Die rechtsvergleichende Betrachtung des dowers spricht also für eine Qualifikation als erbrechtlich.
Eine weiteres gewichtiges Argument für eine erbrechtliche Einordnung folgt aus einem Vergleich der Struktur des dowers mit der Systematik des deutschen Familien- und Erbrechts. Leben die Ehegatten in einer Zugewinngemeinschaft, so wird der bei Tod eines der Ehegatten entstehende Anspruch aus § 1371 I, II HS 1 BGB von der herrschende Meinung als güterrechtlich qualifiziert.[282] Besteht zwischen den Ehegatten hingegen der Güterstand der Gütertrennung, so qualifiziert die herrschende Meinung den beim Tod des einen Ehegatten entstehenden Ausgleichsanspruch gemäß § 1931 IV BGB hingegen erbrechtlich.[283] Diese unterschiedliche Qualifikation ist auch folgerichtig, betrachtet man das Ergebnis aus dem Sinn und Zweck der unterschiedlichen Güterstände und deren Systematik. Mit der Vereinbarung des Güterstandes der Gütertrennung wol-lten die Ehegatten erreichen, daß keine güterrechtlichen Ausgleichsansprüche zwischen ihnen bestehen. Deshalb sind die in § 1931 IV BGB vorgesehenen Ansprüche solche, die auf der nahen Verbundenheit des überlebenden Ehegatten mit dem Erblasser beruhen, nicht aber auf dem Ehegüterrecht. Das läßt sich auch der Gleichbehandlung des überlebenden Ehegatten mit den erbberechtigten Kindern in § 1931 IV BGB entnehmen, deren Erbrecht ebenfalls auf der nahen Verbundenheit mit dem Erblasser basiert.[284] Eine abweichendes Verständnis würde hingegen ohne Not zu einer Verwischung der Güterstände Gütertren-

2205,3 BGB (Schutz vor nicht autorisierten Verfügungen des Testamentsvollstreckers), § 2211 BGB (Beschränkung der Verfügungsmacht der Erben bei Anordnung einer Testamentsvollstreckung). Nicht in jedem Fall handelt es sich dabei allerdings um Verfügungsverbote, in Sinn und Zweck stimmen sie mit diesen jedoch überein (vgl. Staudinger/Kohler, § 135 BGB, Rn. 50 ff.; MüKo/Mayer-Maly, § 135 BGB, Rn. 19a ff.).

[281] Als Folge des Dotalsystems, so z.B. das frühere schweizer Recht in Art. 462 ZGB a.F., in Frankreich Art. 767 C.c., die ehemaligen Art. 581 ff. c.c. in Italien, Art. 834 CC. in Spanien (vgl. dazu Greif, MDR, 1965, 447, 447; Staudinger/Dörner, Art. 25, EGBGB Rn. 144 m.w.N.).

[282] Vgl. die umfangreichen Nachweise bei Staudinger/v.Bar/Mankowski, Art. 15 EGBGB, Rn. 342 ff.; sowie bei Looschelders, Anpassung, 313 ff. Vertreten wird ebenfalls eine Einordnung als güterrechtlich bzw. eine Doppelqualifikation als güter- und erbrechtlich.

[283] Jayme, FS für Ferid I, 221, 227; ders. ZfRV 24 (1983), 162,176 f. (mit einer Übersicht über die unterschiedlichen Ansichten); Staudinger/v.Bar/Mankowski, Art. 15 EGBGB, Rn. 369 ff. m. w.N., Kropholler, IPR, § 45 III 1; Ney, Das Spannungsverhältnis zwischen dem Güter- und dem Erbstatut, 167, 171; a.A. Soergel/Schurig, Art. 15 EGBGB, Rn. 38.

[284] Looschelders, Anpassung, 315 f.

nung und Zugewinngemeinschaft führen, die den Zielen und Gedanken der Gütertrennung widerspricht.
Betrachtet man den dower anhand der Systematik des deutschen Rechts, so erkennt man eine verblüffende Übereinstimmung. Die Ehegatten lebten im Güterstand des separate property und der dower dient dazu, der Frau die Unterstützung des überlebenden Ehegatten zu sichern. Darüber hinaus wurde im amerikanischen Recht der dower nicht mehr als Teil der Eheschließung angesehen, sondern als ein positiv-rechtliches, vom Staat gegebenes Institut zum Schutze der Frau verstanden, was zeigt, daß man nicht eine güterrechtliche Sonderordnung abwickeln, sondern die Unterstützung der Frau aufgrund ihrer ehelichen Verbundenheit mit dem Mann erreichen wollte.[285] Der Unterschied zu dem deutschen Recht besteht lediglich darin, daß als Erbrecht anstelle eines Teiles am Nachlaß ein Nutznießungsrecht gegeben wurde, was aber aus rechtsvergleichender Sicht nicht als außergewöhnliches darstellt.
Gegen die Annahme, daß der dower ein ehegüterrechtlicher Ausgleichsanspruch sei, spricht auch, daß das auslösendes Moment ehegüterrechtlicher Ausgleichsansprüche die Auflösung der Ehe ist, weshalb ehegüterrechtliche Ausgleichsansprüche in der Regel auch bei einer Scheidung gewährt werden. Ein Anspruch aus dem dower wird jedoch nur bei einem Tod des Ehegatten nicht aber bei einer Trennung der Ehegatten gewährt. Diese Tatsache läßt ebenfalls auf eine erbrechtliche Qualifikation schließen.
Ein weiteres, gegen eine ehegüterrechtliche Einordnung sprechendes Argument ist die im amerikanischen Recht gewählte Konstruktion des dowers. Der dower entstand nicht als Folge des contract of marriage, sondern war ein vom Gesetzgeber zur Versorgung der Frau gegebenes, positiv-rechtliches und eigenständiges Rechtsinstitut. Die Entstehung des dowers im Zuge der Eheschließung ist deshalb als Argument für eine güterrechtliche Einordnung nicht ausreichend, da der dower durch seine rechtliche Eigenständigkeit gerade außerhalb der vereinbarten Güterrechtsordnung stand.

δ) Ausschlußmöglichkeit des dowers als Hinweis für die Qualifikation

Darüber hinaus ist zu untersuchen, ob die Möglichkeit, den dower auszuschließen, weitere Hinweise auf seine Qualifikation gibt. Im frühen Common Law war ein Ausschluß des dowers gänzlich unmöglich.[286] Erst während der Zeit Heinrichs des VIII. wurde mit dem Statute of Uses 1535 die Möglichkeit einge-

---

[285] Dies ist letztendlich das entscheidende Argument für eine erbrechtliche Einordnung innerhalb des Vergleiches, da sich der Sinn und Zweck des dowers, die Versorgung und Unterstützung der Frau zu sichern, insoweit als nicht eindeutig erweist, weil eine Unterstützung des überlebenden Ehegatten sowohl auf familienrechtlichem als auch auf erbrechtlichem Weg erreicht werden kann (Looschelders, Anpassung, 297 f.).

[286] Vernier, American Family Laws III § 197 (1935); 17A AmJur, Dower, § 95, S. 364 f. (1957).

führt, die Entstehung des dowers zu vermeiden.[287] Dazu mußte der Ehemann der Frau vor der Eheschließung einseitig ein jointure an bestimmten Grundstükken aussetzen.[288] Im Bereich des equity und in einem Teil der Staaten in Amerika, die das jointure-Recht übernommen hatten, wurde es in der Folgezeit dahingehend geändert, daß das jointure-Recht durch einen vor Eingehung der Ehe abgeschlossenen Ehevertrag vereinbart und dadurch der dower abbedungen werden konnte.[289] Eine durchgreifende Änderung fand in England durch den Dower Act 1833 [290] statt. Der dower konnte danach durch Testament entzogen werden. Auch war es möglich, zu Lebzeiten über die Grundstücke frei und ohne Belastung durch das Anwartschaftsrecht zu verfügen[291]. Damit war erstmals nicht nur eine Ersetzung des dowers durch ein jointure-Recht, sondern eine völlige Abdingbarkeit möglich.

Abweichend gestaltete sich hingegen die Entwicklung in den Vereinigten Staaten. Dort gab es einige wenige Staaten, die einen völligen Ausschluß des dowers durch Testament vorsahen. Die allermeisten der Bundesstaaten ließen hingegen lediglich ein Wahlrecht zwischen einem testamentarischen oder gesetzlichen Erbteil und dem dower zu.[292] Darüber hinaus ist zu beachten, daß der dower in einem Teil der amerikanischen Staaten in der Weise modifiziert wurde, daß er nur den Besitz des Ehemannes zum Zeitpunkt des Todes umfaßte, nicht hingegen denjenigen zum Zeitpunkt der Eheschließung. Der inchoate dower wurde also nicht mitübernommen.[293]

[287] Bishop, Commentaries, § 358 f. (1873); 17A AmJur, Dower, § 95, S. 364 f. (1957); Fröschle, Entwicklung der gesetzlichen Rechte der überlebenden Ehegatten, 41.

[288] Bei dem jointure-Recht handelte es sich um ein vertraglich ausgesetztes dingliches Versorgungsrecht. Wurde dies nach Eheschließung ausgesetzt, so bestand für die Ehefrau ein Wahlrecht zwischen den beiden Rechten (zu den Voraussetzungen und dem Wahlrecht vgl. 19 C.J., Dower, §§ 142 ff., 507 f. (1920).

[289] Vernier, American Family Laws III, §§ 196, 197 (1935); Tiffany, Law of Real Property, § 226 (1920); 17A AmJur., Dower, § 95 ff., S. 364 ff. (1957). Einige ließen eine Abdingbarkeit auch nach Eheschließung zu (vgl.Vernier, American Family Laws III, § 198 (1935).

[290] 3 & 4 Will.4 c. 105 (vgl. die Erklärung dieser Fundstelle bei Fröschle, Entwicklung der gesetzlichen Rechte der überlebenden Ehegatten, 163).

[291] Fröschle, Entwicklung der gesetzlichen Rechte der überlebenden Ehegatten, 42; Bishop, Commentaries §§ 368 f. (1873); Hanisch, Moderne Tendenzen, 13, 85, 90; Holdsworth, History 197 (1942); Parry, The Law of Succession 130 (1937).

[292] Vernier, American Family Laws III § 199 (1935); David, Die Rechtsstellung der überlebenden Ehefrau, 127 ff.; Bishop, Commentaries §§ 434 ff. (1873); Tiffany, Law of Real Property § 225 (1920); Grossmann, Erbrecht und Nachlaßbehandlung, 14.

[293] David, Die Rechtsstellung der überlebenden Ehefrau, 124 f.; Note, 11 Minn.L.Rev. 354, 355 (1926/27);Vernier, American Family Laws III §§ 191, 200 (1935) mit einem Staatenüberblick.

Betrachtet man die verschiedenen Möglichkeiten den dower abzubedingen, so läßt sich, aufgrund der verschiedenen Ausgestaltungen die der dower erfahren hat, keine klare Aussage für seine Qualifikation treffen. Der teilweise bestehende Zusammenhang mit dem Ehevertrag weist auf ein güterrechtliches Verständnis des dowers hin. Dies gilt jedoch nur für die Möglichkeit der vertraglichen Vereinbarung des jointures, nicht aber für die Fälle einer einseitigen Aussetzung des jointures durch den Ehemann. Die engen Verknüpfungen mit dem Testament weisen demgegenüber auch in den Fällen, in denen nur eine Wahlmöglichkeit eröffnet wird, eindeutig in die Richtung des Erbrechts. Auch in den Staaten, in denen der inchoate dower nicht mehr besteht, spricht vieles für eine erbrechtliche Qualifikation des dowers.

ε) Ergebnis

Letztendlich entscheidend für eine erbrechtlich Qualifikation ist demnach das Zusammenspiel zwischen dem Güterstand des separate property und der Ausformung des dower-Rechts, das eine widerspruchsfreie Qualifikation nur als erbrechtlich zuläßt.[294] Aufgrund der nicht bestehenden güterrechtlichen Qualifikation kann der dower auch nicht zu einer unterschiedlichen Güterrechtsordnung für bewegliches und unbewegliches Vermögen führen.

(7) executor und administrator

Eine weitere Rechtsfigur, die bei der Frage, ob eine Spaltung des Sachrechts im damaligen Common Law vorlag, Schwierigkeiten bereitet, ist die des executors beziehungsweise des administrators. Die Regel des Common Law war, daß der Nachlaß nicht unmittelbar auf die Erben, sondern zunächst auf die personal representatives überging. Bei testamentarischer Erbfolge war der personal representative der vor Erblasser eingesetzte executor, bei gesetzlicher Erbfolge der vom Nachlaßgericht ernannte administrator. Diese Regelung galt allerdings nur für den Bereich des personal estate, wohingegen das real estate unmittelbar dem Erben (heir at law) anfiel.[295] Der personal representative ist rechtlich Zwischen-

[294] Ob dies auch für die Zeit gilt, als in England noch nicht die ehegüterrechtliche Regelung des separate property bestand, mag offen bleiben. Dies zu diesem Zeitpunkt bestehende Güterrecht (vgl. o. Einheit von Mann und Frau) kann m.E. in unser System der Güterordnungen nicht eingeordnet werden, da sie nicht unserer Vorstellung von Gütergemeinschaft entspricht. Insofern könnte auch hier vieles dafür sprechen, den dower als eine außerhalb des Güterrechts stehende Regelung anzusehen. Die Tatsache allein, daß ein voreheliche Ausschluß durch jointures bestand, dürfte jedenfalls nicht für eine Qualifikation als ehegüterrechtlich ausreichen.

[295] Zur geschichtlichen Entwicklung des Erbrechts und der personal representatives vgl. Parry, The Law of Succession 33 ff., 126 ff., insbes. 131, 144 (1937); Jenks, History 64 ff. (1912); Holdsworth, History 171, 535 f.; 563 ff. (1942).

erwerber des Nachlasses und dabei als Treuhänder für die Endbegünstigten tätig. Aufgabe des personal representatives ist es, den Nachlaß zu sammeln, die Nachlaßschulden zu begleichen und im Anschluß daran den Überschuß an die Endbegünstigten nach der jeweiligen testamentarischen oder gesetzlichen Anordnung zu verteilen.[296]
Die Regelung, daß der personal representative nur für bewegliches Vermögen zuständig ist, galt in England bis zum Jahre 1925, bis der Administration of Estates Act 1925 die Rechte des personal representatives auf den gesamten Nachlaß ausdehnte.[297] In den Vereinigten Staaten war die Rechtslage differenziert. In einem Teil der Bundesstaaten bestand die aus dem Common Law übernommene Regelung fort. Demgegenüber hatte in etwa der Hälfte der Bundesstaaten eine Abkehr von der Begrenzung der Verwaltung auf das bewegliche Vermögen stattgefunden. Dabei kam es in einigen Staaten zu einer Ausdehnung der Zuständigkeit des personal representatives auf das unbewegliche Vermögen. In den übrigen Staaten wurde das bewegliche Vermögen hingegen dem Einfluß des personal representatives entzogen und seine Stellung auf die Betreuung des unbeweglichen Vermögens begrenzt.[298] Dabei haben die unterschiedlichen Staaten bis heute an den jeweiligen Regelungen im wesentlichen festgehalten.[299]

Damit stellt sich die Frage, ob in den Fällen, in denen nur ein Teil des Vermögens auf den personal representative übergeht, bevor es die endgültigen Berechtigten zugewiesen wird, eine gespaltene Erbrechtsordnung besteht, auch wenn den Erbberechtigten die gleiche Quote am beweglichen wie am unbeweglichen Vermögen zusteht. Dies hängt davon ab, wie man die Rechtsfigur des personal representative und die Tatsache, daß der Nachlaß vorübergehend auf ihn übergeht, einordnet. Es ist also zu untersuchen, inwieweit die Stellung des personal representative und der amerikanischen Endberechtigten mit der Stellung eines deutschen Erben vergleichbar ist.[300]

---

296 BayOLG, Beschl. v. 1. 2. 1980, IPRax 1982, 111, 113 f.; Ferid /Firsching/Lichtenberger IntErbR III, Großbritanien Grdz., Rn. 234, 247 ff., Band VI, USA Grdz., Rn. 256 ff.; Henrich, Einführung, 104 f.; Staudinger/Dörner, Art. 25 EGBGB, Rn. 107; Firsching IPRax 1982, 98, 99; Schwenn, NJW 1952, 1113, 1113.

297 Administration of Estates Act 1925 Nr. 1 und 2 (abgedruckt bei Ferid/Firsching/Lichtenberger, IntErbR III, Großbritanien, Texte 1), sowie o. S. 80; Schwenn NJW 1952, 1113, 1113.

298 Grossmann, Erbrecht und Nachlaßbehandlung, 5, 156 f.; Woerner, A Treatise II, § 337 (1937) mit Nachweisen über die jeweilige Rechtslage in den Einzelstaaten; Schouler, Law of Wills III, § 1908 (1923); 23 C.J., Executors and Administrators, § 328 ff, S. 1136 ff. (1921); Schwenn, NJW 1952, 1113, 1113.

299 Ferid/Firsching/Lichtenberger, IntErbR VI, USA Grdz., Rn. 20, 242.

300 Dabei handelt es sich um eine Frage der qualitativen Diskrepanz, vgl. dazu Looschelders, Anpassung, 13 ff. m.w.N.; Staudinger/Dörner, Art. 25 EGBGB, Rn. 709, 720; Kropholler, FS für Ferid I, 279, 280; von der Seipen, Akzesorische Anknüpfung, 83 ff.

Die deutsche Literatur behandelt diese Frage im Rahmen der Ausstellung eines Fremdrechtserbscheins nach § 2369 BGB. Die Einordnung einer Person als Erbe muß jedoch für das Gebiet des deutschen Rechts allgemein und damit auch für unseren Fall gelten.[301] Dabei wird die Frage, wer als Erbe einzutragen ist, der personal representative oder die Endberechtigten, unabhängig von dem Streit,[302] ob und auf welche Weise der personal representative im Erbschein zu vermerken ist, nach einhelliger Meinung[303] dahingehend beantwortet, daß nur die Endberechtigten als Erben in den Erbschein einzutragen sind. Umstritten ist bei der Eintragung der Endberechtigten als Erben lediglich, ob specific legatees (Personen die eine Art Einzelvermächtnis erhalten[304]) ebenfalls als Erben in das Testament aufzunehmen sind.[305]

Der Grund für die Nichteintragung der personal representatives als Erben ist, daß die Erbenstellung im deutschen Recht nicht auf der Frage, wie sich die Eigentumsübertragung auf die Erben gestaltet, beruht,[306] sondern darauf, wer materiell-rechtlich letztendlich Nachfolger in das Vermögen des Erblassers wird. Dies sind aber zweifelsfrei die Endbegünstigsten des Common Law, so daß sie auch nach deutschem Verständnis als Erben anzusehen sind.[307] Die Beschränkung der Zuständigkeit eines personal representative auf das bewegliche oder unbewegliche Vermögen führt also nicht zu unterschiedlichen Erbrechtsordnungen für die jeweiligen Vermögensteile.

---

301 Ferid/Firsching/Lichtenberger, IntErbR VI, USa Grdz., Rn. 62 h.

302 Zum Streit zwischen Anerkennungs- und Spaltungstheorie ausführlich Berenbrock, Internationale Nachlaßabwicklung, 177 ff.; KG, Beschl. v. 20. 3. 1972, IPRspr. 1972, Nr. 123; Firsching, IPRax 1982, 98, 99; Wengler, JR 1955, 41, 41 f.; Kegel/Schurig, IPR § 21 IV 4; Gottheiner, RabelsZ 21 (1956), 36, 56 f.; ders. Anpassungs- und Umdeutungsprobleme bei deutsch-englischen Erbrechtsfällen, 102 ff.; Raape, IPR, § 39 III 3 (S. 448 ff.); Ferid/Firsching/Lichtenberger, IntErbR VI, USA Grdz., Rn. 62 h. Zum Ganzen auch die übersichtliche Darstellung von Rheinstein AcP 166, (1966) 547 ff.

303 BayOLG, Beschl. v. 1. 2. 1980, IPRax 1982, 111, 113; KG, Beschl. v. 20. 3. 1972, IPRspr. 1972, Nr. 123; Ferid/Firsching/Lichtenberger, IntErbR VI, USA Grdz., Rn. 62 h; Firsching, DNotZ 1959, 354, 367; ders. Deutsch-Amerikanische Erbfälle, 128 ff.; Kegel/Schurig, IPR § 21 IV 4; v.Bar, IPR II, Rn. 376, Fn. 105; Staudinger/Dörner, Art. 25 EGBGB, Rn. 107, 853; MüKo/Birk, Art. 25 EGBGB, Rn. 237, 335 ff.; Staudinger/Schilken, § 2369 BGB, Rn. 31 f.; MüKo/Promberger, § 2369 BGB, Rn. 21 f.; zu Art. 3 III EGBGB Raape/Sturm, IPR I, § 12 III 2 Fn. 22 (S. 187, 192); Gottheimer, RabelsZ 21 (1956), 36, 67 ff.; Schwenn, NJW, 1953, 1113, 1115; Marx, NJW 1953, 529, 530.

304 Henrich, Einführung, 107.

305 Wengler, JR 1955, 41, 42; anders Staudinger/Dörner, Art. 25 EGBGB, Rn. 853.

306 Dies ist die Frage der Anpassung an das Sachstatut.

307 Einer Nennung als Erben im Erbschein steht auch nicht entgegen, daß sie möglicherweise in ihrer Verfügungsmacht beschränkt sind (das hängt davon ab, welche Meinung man bzgl. des administrators vertritt). Dafür wird durch die Nennung des ausländischen Erbrechts ausreichend Sorge getragen.

(8) Ergebnis

Betrachtet man die Rechtslage des Common Law zum Zeitpunkt der Beratungen der Ersten Kommission, so ergibt sich ein differenziertes Bild. In England bestand lediglich im Erbrecht eine Spaltung des Sachrechts, nicht mehr jedoch im englischen Ehegüterrecht, daß nur noch eine kollisionsrechtliche Güterspaltung kannte. Die gleiche Rechtslage wie im englischen Ehegüterrecht galt im Ehegüterrecht der Vereinigten Staaten. Im Bereich des amerikanischen Erbrechts existierte hingegen eine differenzierte Situation. In einem Teil der separate-property Staaten bestand noch eine unterschiedliche Erbfolge für bewegliches und unbewegliches Vermögen. Im dem übrigen Teil der separate-property Staaten und in sämtlichen community-property Staaten galt hingegen, teilweise schon seit längerer Zeit, ein einheitliches materielles Erbrecht. In diesen Fällen bestand lediglich die kollisionsrechtliche Spaltung weiter. Zusammenfassend ist festzustellen, daß in einem überwiegenden Teil des Common Law nur noch eine kollisionsrechtliche und keine sachrechtliche Spaltung des Erb- und Ehegüterrechts mehr existierte.

Zieht man die Konsequenz aus dieser Tatsache für die Analyse der Beratungen und nimmt den Verweis des Gesetzgebers auf das Common Law ernst, so beziehen sich die Beratungen auch auf Fälle, in denen die ausländische Rechtsordnung lediglich eine kollisionsrechtliche Spaltung anordnet. Eine solche Auslegung der Beratungen stimmt auch mit dem übrigen Wortlaut der Beratungen überein. So verweisen die Beratungen zum einen auf die fehlende Anerkennung des Gesamtstatuts in Fällen des Common Law und differenziert zwischen den Fällen des Common Law einerseits und denen des deutschen Recht andererseits.[308] Diese Bedingungen werden aber ebenfalls erfüllt, wenn man zu den in Betracht kommenden besonderen Vorschriften Kollisionsnormen zählt. Gerade die Frage der Anerkennung eines ausländischen Gesamtstatuts basiert im wesentlichen auf der Rechtslage im Kollisionsrecht und nicht im Sachrecht des anerkennenden Landes,[309] so daß ein widerspruchsfreies Verständnis der Beratungen die Einbeziehung der kollisionsrechtlichen Spaltung sogar erfordert. Anders als bisher angenommen, faßte die Erste Kommission mit ihrem Verweis also auch Kollisionsnormen unter die besonderen Vorschrif-ten.[310] Ein solches Verständnis entspricht, wie dargestellt, durchaus den in den Beratungen der Ersten Kommission geäußerten Vorstellungen, die sämtliche besonderen Normen er-

---

[308] Vgl. dazu o. S. 77 ff.

[309] Vgl. ausführlich u. S. 241 ff.

[310] Es ist zwar nicht anzunehmen, daß die erste Kommission tatsächlich so weitreichende Erwägungen über den Inhalt des Common Law angestellt hat. Da die kollisionsrechtliche Spaltung schon damals eines der prägenden Elemente des Common Law war, erscheint es wahrscheinlich, daß die Kommission auch diesen Fall im Auge hatte.

fassen wollten, die eine Abtrennung von Grundstücken in besondere Vermögenskomplexe verursachen.

cc) Weiterer Verlauf der Verhandlungen

Im weiteren Verlauf der Beratungen kam es zu einer kurzfristige Änderung des Wortlautes der Vorschrift. In der 733. Sitzung der Ersten Kommission erfolgte eine vorläufige Zusammenstellung der beschlossenen Bestimmungen.[311] Im letzten Teil der, nunmehr unter § 22 gefaßten, Bestimmung des § 30 des Gebhardschen Entwurfes wurde die Formulierung „besondere widersprechende Vorschriften“ in „besondere, *den ersteren* widersprechende Vorschriften“ geändert.[312] Den Beratungen lag gleichfalls ein Antrag Gebhards vor, den § 22 in einer von dem Entwurf leicht abweichenden Version zu fassen.[313] Die Kommission entschied sich letztendlich in allen wesentlichen Teilen für die Formulierungen, die in der ursprünglichen Version der Bestimmung vorgesehen waren.[314] Diese Fassung wurde dann in die von der Kommission beschlossene, nicht veröffentlichte, besondere Beilage zu dem Entwurf des Bürgerlichen Gesetzbuches übernommen.[315]

In diesem Zusammenhang ist der Gedanke aufgekommen, daß aus der vorrübergehend abgeänderten Formulierung weitere Schlüsse auf die Auslegung gezogen werden können.[316] Da es sich bei den im Vorentwurf erwähnten §§ 11, 15 und 21 I um Kollisionsnormen handelt und die besonderen Vorschriften des Belegenheitsstaates diesen Vorschriften widersprechen sollen, kann es sich dabei logischerweise ebenfalls nur um Kollisionsnormen handeln. Denn es ist nicht möglich, daß eine Sachnorm einer Kollisionsnorm widerspricht, ohne daß sie

---

[311] Hartwieg/Korkisch, Geheime Materialien, 164 ff.; Jakobs/Schubert, Beratung I, 262 ff.

[312] Hartwieg/Korkisch, Geheime Materialien, 168; Jakobs/Schubert, Beratung I, 267. Bei Wochner (FS für Wahl, 161, 173) lautet die Formulierung "den erstern" widersprechende Vorschriften.

[313] Hartwieg/Korkisch, Geheime Materialien, 164, 175 f.; Jakobs/Schubert, Beratung I, 274.

[314] Die Version der Sitzung vom 23.9.1887. Eine Abweichung bestand bei den geänderten Paragraphenangaben sowie darin, daß aus der Formulierung "in dessen Gebiet sie *sich* befinden" die Formulierung "in dessen Gebiet *die Gegenstände* sich befinden" wurde. Die Abweichung ist aber ohne jegliche Folgen, so daß sie vernachlässigt werden kann.

[315] Dies geschah aus politischen Gründen, da lange Zeit von Seiten des Auswärtigen Amtes generelle Bedenken an einer gesetzlichen Normierung des Internationalen Privatrechts bestanden (vgl. zu den Einzelheiten Hartwieg/Korkisch, Geheime Materialien, 32 ff., 37 ff., 177 ff., dort insbesondere Bl. 13 R P.A., 15 P.A. sowie Bl. 17 R P.A., das den § 22 der Beilage enthält).

[316] Die darüber bestehende Diskussion hat sich wohl vor allem deswegen ergeben, weil lange Zeit nur der abgeänderte Text bekannt war (vgl. Zeuge, Recht der belegenen Sache, 22 f. m.w.N.; Staudinger[9]/Raape, Art. 28 EGBGB a.F., B V 1 (S. 766 f.)).

selbst nicht zumindest eine versteckte Kollisionsnorm enthält.[317] Der Wortlaut weist demzufolge in dieser Formulierungsvariante auf eine klare Einbeziehung der Kollisionsnormen in die besonderen Vorschriften hin.[318]
Auch das dagegen vorgebrachte Argument, daß den Protokollen zu entnehmen sei, „daß die Kommission, ebenso wie vorher Gebhard, mit der Gesetzesvorschrift *in erster Linie* die Erbfolge in Sondergüter wie Fideikommisse zu sichern trachte",[319] vermag nicht zu überzeugen. Dagegen spricht schon die Formulierung der Protokolle vom 23. 9. 1887.[320] In diesen heißt es, daß mit dem § 30 des Gebhardschen Entwurfes *„vornehmlich"* solche Fälle wie die des Common Law gemeint sind und nur *„ferner"* diejenigen des deutschen Rechts, wie Fideikommisse u.ä. Nimmt man darüber hinaus die oben dargestellten Gedanken der Einbeziehung des Kollisionsrechts hinzu, erweist sich die abgeänderte Formulierung vielmehr als folgerichtig.
Allerdings können aus dieser vorübergehenden Fassung keine entscheidenden Schlüsse gezogen werden, da sie während der Sitzung wieder getilgt wurde.[321] Aber allein die Tatsache, daß eine so formulierte Fassung in Betracht gezogen wurde, zeigt, daß man sich mit der Frage der Einbeziehung ausländischer Kollisionsnormen auseinandergesetzt hat.[322]

c) Die Beratungen der Zweiten Kommission

Die Zweite Kommission befaßte sich in der 401.-409. Sitzung vom 6.-27. 3. 1895 mit den Beratungen zum Internationalen Privatrecht.[323] Als Grundlage diente ihr dabei der vorläufige Entwurf der Ersten Kommission, der auch als

[317] Staudinger[9]/Raape, Art. 28 EGBGB a.F., B V 1 (S. 766 f.); Melchior, Grundlagen, 406. Sachliche Gründe gegen dieses Argument wurden bisher nicht vorgetragen.

[318] Zeuge, Recht der belegenen Sache, 23.

[319] Thoms, Einzelstatut, 29 (Hervorhebung durch den Verfasser); abgeschwächt Zeuge, Recht der belegenen Sache, 23.

[320] Hartwieg/Korkisch, Geheime Materialien, 135 f.(dort die Protokolle 11576, 11577).

[321] So auch Wochner, FS für Wahl, 161, 173; Thoms, Einzelstatut, 29.

[322] Schlüsse daraus zu ziehen, daß diese Fassung letztendlich nicht Gesetz wurde und nunmehr nur Sachnormen gemeint seien, ist nicht zulässig, da auch die abweichende Fassung Gebhards abgelehnt wurde. Vielmehr wollte man mit der Ausgangsfassung an dem bereits Gesagten festhalten, aller Wahrscheinlichkeit nach empfand man diese Fassung als klar genug. Zudem ist zu beachten, daß nach der neuen Formulierung nur auf Kollisionsnormen abgestellt wurde, so daß man eventuell für die Einbeziehung der deutschen Sondergüter die alte Fassung wählte, da diese vom Wortlaut her beide Normgruppen umfaßte und man so dem Problem der inzidenten Kollisionsnorm aus dem Weg gehen konnte.

[323] Protokolle I, Vorwort, S. X ff. mit einer ausführlichen Beschreibung des weiteren Geschehens; Jakobs/Schubert, Beratung I, 3.

Anlage zum Protokoll der 401. Sitzung beigefügt wurde.[324] In ihrer 408. Sitzung vom 26. 3. 1895 behandelte die Zweite Kommission dabei Art. 22[325] des vorläufigen Entwurfes. Dieser wurde ohne Beanstandungen gebilligt. Zudem wurde von v. Jacubezky folgender Antrag eingebracht:[326]

„...der Vorschrift als Abs. 2 beizufügen: „An Stelle der nach den §§ 11, 15 und dem 21 Abs.1 maßgebenden Gesetze eines ausländischen Staates kommen in Ansehung der im Inlande befindlichen Gegenstände die deutschen Gesetze zur Anwendung, wenn in dem ausländischen Staate für die in dessen Gebiete befindlichen Gegenstände, die zu einem solchen inländischen Vermögen gehören, die dortigen Gesetze gelten."

Zur Erläuterung und Begründung des Antrags wurde von dessen Urheber folgendes ausgeführt:[327]

„Der Vorschlag beruhe auf der Thatsache, daß manche fremden Rechte der lex rei sitae eine Ausdehnung geben, welche die Anwendung der Gesetze ausschließe, die nach den im Antrag angezogenen Paragraphen bei Geltung der gleichen Grundsätze im Auslande zur Anwendung kommen würden. Wenn z.B. in Frankreich die Jurisprudenz den Satz aufgestellt habe, daß die Mobilien sich nach dem Personalstatute des Erblassers, die Immobilien aber, soweit sie in Frankreich belegen seien, sich nach dem franz. Rechte vererbten, so widerstreite dies dem vom deutschen Gesetzgeber in § 21 Abs. 1 angenommenen Grundsatz und könne zur Schädigung deutscher Interessen gereichen. Der Antrag wolle verhindern, daß dem ausländischen Rechte gegenüber die Möglichkeit aus der Hand gegeben werde, den fremden Staat zur Abschließung eines Vertrages zu zwingen. Ob der die inländischen Interessen benachteiligende fremde Rechtssatz auf Gesetz oder auf Gewohnheitsrecht oder auf der Praxis beruhe, solle keinen Unterschied machen. Dagegen solle, soweit das ausländische Recht, wie das französische, zwischen beweglichen und unbeweglichen Vermögen, eine Theilung vornehme, auch bei der Anwendung der deutschen Gesetze entsprechend geschieden werden."

Dazu wurde in den Protokollen folgendermaßen Stellung genommen:

„Die Kommission lehnt den Antrag ab, da sie von der Annahme desselben mehr Schaden als Vorteil erwarten zu müssen glaubte. Man machte gel-

---

[324] Protokolle VI, 8 ff. (Prot. 401, S. 8175 ff).

[325] Protokolle, VI, 80 f. (Prot. 408, S. 8298 f.); Wochner, FS für Wahl, 161, 173; Jakobs/Schubert, Beratung I, 296 f.

[326] Vgl. die Nachweise in Fn. 325.

[327] Protokolle VI, S. 80 f. (Prot. 408, S. 8298 f.).

tend, die vorgeschlagene Bestimmung würde dazu beitragen, den Begriff der Vermögenseinheit zu erschüttern, der sich im modernen Rechte als ein erheblicher Fortschritt herausgebildet habe. Gerade das gewählte Beispiel zeige deutlich, zu welchen Mißständen der Satz führen würde, da auf der Hand liege, daß bei seiner Anwendung alle Streitfragen des franz. Rechts über die Gestaltung der Schuldenhaftung, des Pflichtteilsrechts u. mitübernommen werden müßten. Diese Nachteile überwögen so sehr, daß man auch bei grundsätzlicher Billigung gesetzlicher Zwangsmittel im internationalen Privatrechte doch hier, zumal bei der Zweifelhaftigkeit des Erfolges, von der vorgeschlagenen Bestimmung absehen müsse."

Bei diesem Teil der Beratungen handelt sich wohl um den undurchsichtigsten Abschnitte der Gesetzgebungsgeschichte zu Art. 28 EGBGB a.F., was auch aus der Tatsache, daß aus diesen Erläuterungen die unterschiedlichsten Schlüsse[328] gezogen worden sind, ersichtlich wird. Aus diesem Grund sollen die Ausführungen schrittweise analysiert werden.
In einem ersten Gedankengang übernimmt die Kommission den ersten Absatz des Artikels unbeanstandet und stimmt dadurch mit dem bisher dazu Gesagten überein. Der Erweiterungsantrag hat nunmehr zum Inhalt, daß in Fällen, in denen nach deutschem IPR ein ausländisches Gesamtstatut zur Anwendung kommen würde, stattdessen für die im Inland belegenen Gegenstände deutsches Recht gelten soll, wenn der ausländische Staat für die in seinem Gebiet befindlichen Gegenstände die Geltung der lex rei sitae anordnet.[329] Nach dem Antrag soll es also in bestimmten Fällen auch im deutschen Recht zu einer Vermögensspaltung kommen.[330]
Aus dieser Perspektive ist die Meinungsäußerung der Kommission zu dem Antrag zu untersuchen. Zunächst ist die Passage zu betrachten, die davon spricht, daß die vorgeschlagene Bestimmung dazu beitragen würde, den Begriff der Vermögenseinheit zu erschüttern. Aus diesen Erörterungen schließt Thoms,[331]

---

[328] BGH Urt. v. 5. 4. 1968, BGHZ 50, 63, 68 f.; Wochner, FS für Wahl, 161, 174; Thoms, Einzelstatut, 30 ff.; Melchior, Grundlagen, 406.

[329] Nicht eindeutig ist in diesem Zusammenhang, auf welchen Satzteil sich die Formulierung im letzten Teil "die zu einem solchen inländischen Vermögen gehören" bezieht, insbesondere welches Vermögen damit gemeint ist und welches in diesem Zusammenhang das inländische Vermögen sein soll. Dies könnte entweder als allgemeine Präzisierung oder als Einschränkung der Anwendung deutschen Rechts lediglich auf die im Inland belegenen Vermögensgegenstände verstanden werden, die nach ausländischem Recht der lex rei sitae unterliegen (Spiegelbildfunktion). Aus der Formulierung wird also nicht klar, ob sämtliche im Inland belegenen Gegenstände oder nur solche, für die im entsprechenden Land das dortige Recht gilt, dem Abs.2 unterfallen sollen. Diese Frage kann aber offenbleiben, da die genaue Auslegung in unserem Zusammenhang letztendlich nicht entscheidend ist.

[330] Wobei es je nach Gerichtsstand und Auslegung des Abs.2 zu einer auch inländischen oder lediglich inländisch/ausländischen Spaltung kommen würde.

[331] Thoms, Einzelstatut, 31.

daß die Kommission zum Ausdruck gebracht habe, daß man über § 22 der vorläufigen Fassung nicht das Prinzip der Anwendung des französischen Rechts für in Frankreich belegenen Grundstücke übernehmen wolle. Bei einer Berücksichtigung des französischen Rechts für französische Grundstücke würde man die Schwierigkeiten importieren, die man durch die Einführung des Personalstatuts bereits überwunden glaubte.
Eine solche Auslegung der Beratungen verkennt jedoch der Ausgangspunkt der Äußerungen der Kommission. Bei dem vorliegenden Antrag ging es um die Frage der Einführung einer Vermögensspaltung im deutschen Recht und nicht um die Frage der Geltung französischen Rechts für dortige Grundstücke bei deutschem Gesamtstatut. Die Übernahme des Prinzips der Vermögensspaltung in deutsches Recht wird als mißlich empfunden. Man wollte also eine Erschütterung der in Deutschland bestehenden Vermögenseinheit, die durch die Übernahme des Antrags und die Einführung einer geteilten Erb- und Güterrechtsordnung eingetreten wäre, verhindern. Über die Frage, was die Kommission unter den in § 22 bezeichneten Vorschriften verstanden habe, befindet sich in der Passage hingegen keine Aussage. Dazu wurde zu Beginn lediglich ausgeführt, daß der § 22 in seiner bestehenden Form in den Beratungen unbeanstandet gebilligt wurde.

Äußerst schwer zu verstehen sind die im folgenden von der Kommission gemachten Äußerungen. Auf den ersten Blick scheinen sich die Äußerungen unmittelbar auf die in deutschen Erbrechtsfällen durch das französische Recht eingeführte Erbrechtsspaltung zu beziehen und eine solche abzulehnen. Eine Auslegung der Beratungen in dieser Weise würde jedoch sowohl dem Inhalt als auch der Begründung des Antrags sowie den zunächst gemachten Ausführungen der Kommission völlig widersprechen. Die Äußerungen würden sich nicht mehr auf den diskutierenden Antrag, sondern auf den bereits gebilligten Absatz 1 beziehen. Aus diesem Grund erscheint eine solche Auslegung der Beratungen der Kommission als nicht richtig. Gegen ein solches Verständnis der Beratungen spricht auch, daß in diesem Zusammenhang davon gesprochen wird „zu welchen Mißständen *der* Satz führen würde", womit nur der neue, diskutierte Antrag gemeint sein kann. Die Formulierung in diesem Satz „das gewählte Beispiel" bezeiht sich insoweit nicht auf das französische Beispiel, sondern dessen Übertragung nach Deutschland in der Form, wie sie im letzten Satz des Antrags zum Ausdruck gekommen ist.
Problematisch an einem solchen Verständnis der Beratungen ist allerdings, wie die Kommission in einem solchen Fall zur Anwendung der französischen Schuldenhaftung oder Pflichtteilsregelung kommen würde, da es bei dem Antrag um die Anwendung deutschen Rechts auf in Deutschland belegene Grundstücke ging. Entweder beruhte diese Annahme auf einem Denkfehler oder man meinte auch in diesen Fällen zwar prinzipiell deutsches Recht anwenden zu können, aber trotzdem Teile des französischen Rechts berücksichtigen zu müssen. Im übrigen sind die abweichenden Auslegungsmöglichkeiten dieses Satz

wiederum im Bezug auf die Formulierungen des ersten Teils der Beratungen widersprüchlich, so daß er als Argument für eine bestimmte Ansicht nicht verwendet werden kann.
Würdigt man abschließend die Äußerungen der Zweiten Kommission, so hat sie sich mit der Frage, was unter besonderen Vorschriften zu verstehen ist, nicht auseinandergesetzt. Es wurde in den Protokollen lediglich erklärt, daß man ein System der Vermögensspaltung, wie es in Frankreich vorherrscht, nicht in deutsches Recht übernehmen wolle.

Im weiteren Verlauf der Gesetzgebungsgeschichte kam es zu keinen weiteren inhaltlichen Änderungen oder zu Diskussionen über die Vorschrift. Allein der Ort der gesetzlichen Bestimmung wurde, infolge der allgemeinen Diskussion über die Stellung des IPR,[332] mehrfach geändert und die Vorschrift letztendlich als Art. 28 in das EGBGB aufgenommen.[333]

d) Ergebnis

Die Schlußfolgerung, die aus der Gesetzgebungsgeschichte zu Art. 28 EGBGB a.F. gezogen werden kann, ist, daß der historische Gesetzgeber unter den in der Norm erwähnten besonderen Vorschriften nicht nur besondere Sachnormen, sondern auch Kollisionsnormen verstanden hat, die eine Anwendung des allgemeinen Vermögensstatuts durchbrechen können. Der BGH konnte also richtigerweise die Entstehungsgeschichte des Art. 28 EGBGB a.F. als Stütze für die von ihm vertretene Ansicht heranziehen.

2) Die Haager Abkommen

In der Diskussion um das Verständnis des Art. 28 EGBGB a.F. wird von einigen Autoren,[334] die der engen Auslegung zuzurechnen sind, als Argument für ihre Ansicht die Texte und Entstehungsgeschichten der Haager Abkommen betreffend den Wirkungen der Ehe sowie zur Regelung der Vormundschaft angeführt. Diese Abkommen, die zeitlich nicht weit nach den Beratungen zum EGBGB abgeschlossen wurden, enthalten in Art. 6 II des Vormundschaftsabkommens[335] sowie in Art. 7 des Eherechtsabkommens[336] Vorschriften, die mit Art. 28 EGBGB a.F. vergleichbar sind.

---

[332] Zur weiteren Gesetzgebungsgeschichte sowie den Beratungen im Reichstag ausführlich Hartwieg/Korkisch, Geheime Materialien, 37 ff.

[333] Thoms, Einzelstatut, 32, die die unterschiedlichen Bestimmungen aufführt, die § 22 des vorläufigen Entwurfs bis zur Aufnahme in das Gesetz durchlief.

[334] Wochner, FS für Wahl, 161, 175 f.; Thoms, Einzelstatut, 33 f.

[335] RGBl. 1904, 240 ff., 249.

Diese, von ihrem Wortlaut her von Art. 28 EGBGB a.F. etwas abweichenden Artikel,[337] bezogen sich unzweifelhaft nur auf Bauerngüter, Lehen, Fideikommisse und diesen gleichstehende Güter.[338] Aus dem nahen zeitlichen Zusammenhang mit der Einführung des EGBGB sowie der Tatsache, daß sich der vom Wortlaut und Inhalt her eingeschränktere Vorschlag der deutschen Delegation gegenüber einer von der Kommission geplanten weiteren Fassung durchgesetzt hat,[339] wird die Schlußfolgerung gezogen, daß die bei den Verhandlungen eindeutige Ansicht der deutschen Delegierten auch bei Art. 28 EGBGB a.F. zu gelten habe. Es sei kein Grund ersichtlich, warum die deutschen Regierungsvertreter bei den Verhandlungen etwas Abweichendes gemeint haben könnten, als bei der Ausarbeitung des EGBGB. Dies müsse besonders deswegen gelten, weil die Vertreter des Auswärtigen Amtes, die an den Vertragsverhandlungen beteiligt gewesen seien, auch Einfluß auf die Gesetzgebungsarbeiten zum EGBGB ausgeübt hätten.[340]

Dem kann nur bedingt gefolgt werden. Zwar weisen die Vorschriften in der Tat einige Parallelen auf. Zu beachten ist aber folgendes: Bei den in Frage stehenden Haager Abkommen handelt es sich nicht um loi uniforme,[341] vielmehr gelten die Bestimmungen nur für und innerhalb der Vertragsstaaten.[342] Damit war die den Abkommen zugrundeliegende Fragestellung, inwieweit für Grundstükke innerhalb der Vertragsstaaten die lex rei sitae anwendbar sein soll. Gerade nicht behandelt wird aber die für einen Vergleich mit Art. 28 EGBGB a.F. viel wichtigere Problematik, wie auf ein ausländisches (hier also ein außerhalb der

---

[336] RGBl. 1912, 453, 475. Zuerst wurde eine solche Regel im Rahmen der nie in Kraft getretenen Erbrechtskonvention gebraucht (abgedruckt bei Kahn, Abhandlungen II, 56 ff. (Art. 6, S. 58 f.)).

[337] So ist nur von Grundstücken die Rede.

[338] Meili/Mamelok, Das internationale Privat- und Zivilprozeßrecht auf Grund der Haager Abkommen, 286 f.; Dungs, Sechs Haager Abkommen über Internationales Privatrecht, 42, 58; Dittmann, Die sechs Haager Abkommen über internationales Privatrecht und Zivilprozeßrecht, 60 f., 86, der bei den jeweiligen Artikeln die vom Reichsjustizamt zu den Abkommen verfaßten Denkschriften wiedergibt.

[339] Der deutsche Vorschlag wurde vorgetragen in Conférence de La Haye, Actes de la Troisième conférence, 99, 107 (vgl. a. Kahn, Abhandlungen II, 269 Fn. 117). Die dabei gebrauchte Formulierung der régime foncier spécial tauchte auch in diesem Zusammenhang zunächst bei der Diskussion der Erbrechtskonvention auf. Die weitergehenden Formulierungen sowie die Vorstellungen der Kommission finden sich in Conférence de La Haye, Actes de la Deuxième conférence, 114; Conférence de La Haye, Actes de la Troisième conférence, 104, 106; sowie zusammenfassend dargestellt bei Meili/Mamelok, Das internationale Privat- und Zivilprozeßrecht auf Grund der Haager Abkommen, 267 f.

[340] Thoms, Einzelstatut, 34.

[341] v.Bar, IPR I, Rn. 191.

[342] Dies gilt auch für die Regeln, die die Grundstücke betreffen. Art. 10 des Minderjährigenschutzabkommens lautet folgendermaßen: "dieses Abkommen, das nur auf die europäischen Gebiete der Vertragsstaaten Anwendung findet, ..." (ähnlich Art. 12 Eherechtsabkommen).

Vertragsstaaten bestehendes) IPR reagiert werden soll, das für die in seinem Gebiet belegenen Grundstücke eine Geltung der lex rei sitae festlegt. Aus diesem Grund ging es bei den Streitigkeiten im Zusammenhang mit den Vertragsabschlüssen immer nur darum, wie weit das Prinzip der Vermögenseinheit ausgedehnt werden soll.[343] Daß die deutschen Vertreter in dieser Frage auf einer möglichst weitgehenden Ausdehnung eines einheitlichen Vermögensstatuts beharrten, versteht sich von selbst. Damit wird jedoch noch nichts darüber ausgesagt, wie auf die kollisionsrechtliche Spaltung durch das IPR eines Drittstaates für dort belegene Gegenstände zu reagieren ist.
Im übrigen ist anzumerken, daß selbst wenn die Haager Abkommen ein solche weitgehende Schlußfolgerung zuließen, diese lediglich ein schwaches Indiz für eine enge Auslegung des Art. 28 EGBGB a.F. wäre, da zwischen dem EGBGB und den Abkommen lediglich ein zeitlicher Zusammenhang besteht, der nicht gegen den anderslautenden Willen des historischen Gesetzgebers ankommen könnte. Die Haager Abkommen können demnach keinen entscheidenden Hinweis auf die Auslegung des Art. 28 EGBGB a. F. geben.

3) Entstehungsgeschichte des Art. 3 III EGBGB

Im Zuge der geplanten Reform des IPR kam die Frage der Übernahme einer mit Art. 28 EGBGB a.F. vergleichbaren Regel in das neue EGBGB in die Diskussion. Im folgenden soll die Entwicklung bis zur Aufnahme des Art. 3 III EGBGB in das Reformgesetz, die vom Gesetzgeber in diesem Zusammenhang gemachten Ausführungen sowie die Schlußfolgerungen, die die Lehre daraus gezogen hat, dargestellt werden.

a) Die vorbereitende Diskussion

Schon ab Mitte der fünfziger Jahre beschäftigte sich der Deutsche Rat für Internationales Privatrecht mit einer Reform des deutschen Kollisionsrechts.[344] Dies mündete in verschiedene Reformvorschläge zu einzelnen Gebieten; so zum deutschen internationalen Eherecht (1962), zum internationalen Kindschafts-, Vormundschafts- und Pflegschaftsrecht (1966), zum internationalen Erbrecht (1969) sowie zum internationalen Personen- und Sachenrecht (1972).[345] Die bis zum Jahre 1972 angefertigten Vorschläge wurden angesichts des Näherrückens

---

[343] Instruktiv wird das an dem Streit um die Erbrechtskonvention deutlich, bei der das Auseinanderfallen in diesem Punkt dazu führt, daß die Konvention nicht zustande kommt (vgl. Kahn, Abhandlungen II, 181 ff.).

[344] Zu den Gründen für die Notwendigkeit einer Reform vgl. z.B. Kühne, Entwurf, 21 ff.; Pirrung, IPR, 16 ff.

[345] Pirrung, IPR, 18; Lauterbach (Hrsg.), Reform des deutschen internationalen Eherechts, 1 ff.; ders., Reform des deutschen internationalen Eherechts, 1 ff.

einer IPR-Reform von dem Rat erneut überarbeitet und in den Vorschlägen und Gutachten zur Reform des deutschen internationalen Personen-, Familien- und Erbrechts (1981) zusammengefaßt.[346]
In den Gutachten wurde zu Art. 28 EGBGB a.F. mehrfach Stellung genommen. So setzt Beitzke[347] in seinen Vorschlägen zur Reform des Eherecht voraus, daß Art. 28 EGBGB a.F. bestehen bleibe, wobei er die endgültige Entscheidung darüber zu einem späteren Zeitpunkt treffen wollte. Innerhalb der Reformvorschläge zum Erbrecht wurde hingegen vom Deutschen Rat der Beschluß gefaßt, daß Art. 28 EGBGB a.F. aufzuheben sei.[348] Begründet wurde der Beschluß mit den historisch überholten Vorstellungen, auf denen Art. 28 EGBGB a.F. beruhe sowie damit, daß der Grundsatz der Nachlaßeinheit in diesem Zusammenhang höher zu bewerten sei, als Fragen der Durchsetzbarkeit und der friedensstiftenden Wirkung des Art. 28 EGBGB a.F.[349] Im Gegensatz dazu steht das von Ferid für die Beratungen zum Erbrecht erstellte Gutachten,[350] das eine mit Art. 28. EGBGB a.F. vergleichbare Regelung formuliert, mit der er sich dann aber im Plenum nicht durchsetzen konnte. Die Ansicht des Deutschen Rates wird auch in den Vorschlägen von 1981 mit Verweis auf die früheren Ausführungen zum Erbrecht beibehalten.[351] Innerhalb der Gutachten spricht sich diesmal Firsching gegen eine Abschaffung des Art. 28 EGBGB a.F. aus mit dem Argument, daß die Vorschrift bisher nicht geschadet habe,[352] ohne damit erfolgreich zu sein.

Auf der Grundlage dieser Reformvorschläge [353] arbeitete Kühne im Auftrag des Bundesministers der Justiz einen weiteren Entwurf zur Neuregelung des IPR-Gesetzes aus. Dieser sah in § 35[354] die Aufhebung der Artt. 7 bis 31 EGBGB a.F. vor, ohne daß der Entwurf eine mit Art. 28 EGBGB a.F. vergleichbare Vorschrift enthielt. Begründet wurde der Verzicht auf eine vergleichbare Norm damit, daß die Interessen an einem Vorrang des Belegenheitsstatutes im jeweiligen Einzelfall ganz unterschiedlich zu bewerten sein könnten unabhängig davon, ob das jeweilige Belegenheitsstatut eine vermögensrechtliche Spaltung kenne oder nicht. Deshalb sei der passende Ort für die Berücksichtigung des Belegenheitsstatuts die im Entwurf im Erb- und Güterrecht vorgesehenen Ele-

[346] Beitzke (Hrsg.), Vorschläge zur Reform, S. 1 ff.

[347] Beitzke, in Lauterbach (Hrsg.), Reform des deutschen internationalen Eherechts, 95.

[348] Lauterbach (Hrsg.), Reform des deutschen internationalen Erbrechts, 2.

[349] Lauterbach (Hrsg.), Reform des deutschen internationalen Erbrechts, 14 f.

[350] Ferid, in Lauterbach (Hrsg.), Reform des deutschen internationalen Erbrechts, 20, 35 ff.

[351] Beitzke, Vorschläge zur Reform, 14, 66.

[352] Firsching, in Beitzke (Hrsg.), Vorschläge zur Reform, 202, 212.

[353] Kühne, Entwurf, 31 f.

[354] Kühne, Entwurf, 15.

mente der Parteiautonomie, denn nur durch die Parteiautonomie könne den Problemen des Einzelfalles angemessen Rechnung getragen werden.[355]

Ende 1979 und Anfang 1980 wurden am Max-Planck Institut für Internationales Privatrecht zwei, von den bisherigen Vorschlägen abweichende Entwürfe ausgearbeitet,[356] wobei der Entwurf von Neuhaus/Kropholler ohne Kenntnis des Kühne-Entwurfes erstellt wurde. Neuhaus und Kropholler sahen in Art. 28 ihres Entwurfs einen Vorrang der lex rei sitae vor, allerdings unter der abschwächenden Formulierung in den Erläuterungen, daß der Artikel nur falls „das Vortrittsangebot an die lex rei sitae ... beibehalten werden soll", wie in ihrem Entwurf dargestellt auszusehen habe.[357] Der zweite Entwurf, die Thesen des Instituts, enthielten keine dem Art. 28 EGBGB a.F. vergleichbare Norm, ohne das Fehlen näher zu erläutern. Alle vier Entwürfe waren im Jahre 1980 Gegenstand eines Kolloquiums, das im Max-Planck-Institut stattfand. In diesem Rahmen wurde jedoch nicht speziell über die Abschaffung oder Beibehaltung des Art. 28 EGBGB a.F. diskutiert.[358] Auch in der Literatur und bei weiteren Stellungnahmen gab es teilweise Zustimmung und teilweise Ablehnung für eine Aufnahme dieses Artikels in das neue IPR.[359].

b) Gesetzgebungsverfahren

Aufbauend auf den verschiedenen Entwürfen und der daraus entstandenen Diskussion, wurde Ende des Jahres 1981 im Bundesministerium der Justiz ein Referentenentwurf eines Gesetzes zur Neuregelung des Internationalen Privatrechts erarbeitet. Dieser Entwurf wurde nicht veröffentlicht, über ihn wurde aber mehrfach, zum Teil ausführlich, berichtet.[360] In Art. 3 II des Entwurfes war eine mit Art. 28 EGBGB a.F. vergleichbare Regelung vorgesehen.[361]

---

[355] Kühne, Entwurf, 206 f.

[356] Neuhaus/Kropholler, RabelsZ 44 (1980) 326 ff.; Max-Planck-Institut, RabelsZ 44 (1980) 344 ff.

[357] Neuhaus/Kropholler, RabelsZ 44 (1980) 326, 334 f.

[358] Über dieses Kolloquium besteht ein Bericht (Dopffel/Drobnig/Siehr, Kolloquium, 1 ff.), der im Anhang auch die vier gemachten Vorschläge enthält.

[359] Für eine Abschaffung z.B. Kegel/Schurig, IPR, § 12 II 3. Dagegen mit eigenem Vorschlag Raape/Sturm, IPR I, § 12 VII (S. 190). Das deutsche Institut für Vormundschaftswesen lehnt hingegen in seiner Stellungnahme zu dem Entwurf Kühnes die Streichung des Art. 28 EGBGB a.F. ab (DAVorm 1980, Sp. 585, 606); ebenso Stöcker WM 1980, 1134, 1138.

[360] MüKo[1]/Sonnenberger, Einleitung IPR, Rn. 492; Schwimann, StAZ 1983, 57 ff.; Pirrung, IPR, 19; ders. IPRax 1983, 201, 203; Beitzke, DAVorm 1983, Sp. 163 ff., ders. StAZ 1983, 1, 5; Wengler StAZ 1983, 11, 11; Stellungnahme des Bundesverbandes der deutschen Standesbeamten, StAZ 1983, 80, 137.

[361] Schwimann, StAZ 1983, 57, 65, der allerdings Zweifel daran äußert, ob eine solche Übernahme in den Entwurf sinnvoll ist.

Aus diesem Referentenentwurf sowie den dazu von den Ressorts der Landesjustizverwaltungen und interessierten Verbänden abgegebenen Stellungnahmen entstand der Gesetzesentwurf der Bundesregierung vom 11. 5. 1983 zur Neuregelung des Internationalen Privatrechts.[362] Dieser Entwurf wurde am 20. 10. 1983 zusammen mit der Stellungnahme des Bundesrates[363] gemäß Art. 76 II GG sowie der Auffassung der Bundesregierung zu den Äußerungen des Bundesrates[364] zur Beschlußfassung in den Bundestag eingebracht.
Bei den Verhandlungen des Rechtsausschusses des Deutschen Bundestages kam es zu einer Umformulierung des Wortlautes des Art. 3 III EGBGB-E.[365] Durch die sprachlichen Änderungen sollte aber lediglich deutlicher als bisher der Grundsatz des Vorranges des Einzelstatuts vor dem Gesamtstatut ausgedrückt werden; materiell-rechtliche Änderungen sollten sich hingegen daraus nicht ergeben.[366] Aus diesem Grund kann bei der Analyse des gesetzgeberischen Willens auf die Äußerungen im Entwurf der Bundesregierung zurückgegriffen werden, zumal auch der Bundesrat keine Änderungsvorschläge unterbreitete.[367] Die zweite und dritte Lesung des abgeänderten Entwurfs fand am 19. 6. 1986 statt. Der Bundesrat stimmte dem IPR-Neuregelungsgesetz am 11. 7. 1986 zu.[368]

Während des Gesetzgebungsverfahrens kam es zu verschiedenen Äußerungen zu dem Entwurf der Bundesregierung. Besonders interessant ist in diesem Zusammenhang eine weitere Stellungnahme des Max-Planck-Instituts.[369] Es plädierte in dieser Stellungnahme für eine ersatzlose Streichung des Art. 3 III des Entwurfes[370] mit der Begründung, die Vorschrift sei verwirrend, unpraktikabel, unlogisch und überflüssig.

c) Analyse der Gesetzesbegründung

Die Begründung des Regierungsentwurfes[371] führt zunächst aus, daß Art. 28 EGBGB a.F., der den Vorrang des Einzelstatus vor dem Gesamtstatut regle, als

---

[362] BT-Drucksache 10/504, 4 ff.; BR-Drucksache 222/83, 1 ff.

[363] BR-Drucksache 222/83, 1 ff.; BT-Drucksache 10/504, S. 98 ff.

[364] BT-Drucksache 10/504, 104 ff.

[365] Vgl. die Gegenüberstellung der beiden Formulierungen bei Pirrung, IPR, 31.

[366] So der Rechtsausschuß, BT-Drucksache 10/5632, 39 abgedruckt bei Pirrung, IPR, 116. Inspiriert wurde die Umformulierung wohl durch Stoll, IPRax 1984, 1, 2.

[367] BT-Drucksache 10/504, 98.

[368] Pirrung IPR, 82 f., der auch die einzelnen die Ausschußberatungen aufführt.

[369] Max-Planck-Institut, RabelsZ 47 (1983) 595 ff.

[370] Max-Planck-Institut, RabelsZ 47 (1983) 595, 605 f.

[371] BT-Drucksache 10/504, 36 f.; Pirrung, IPR, 116 f.

Art. 3 III des EGBGB-Entwurfs beibehalten werden solle. In einem nächsten Schritt wird die geltende Rechtsprechung dargestellt, die neben den unstreitig als besondere Vorschriften anzusehenden Sonderregeln für Fideikommisse, Lehen etc., auch die rein kollisionsrechtliche Vermögensspaltung mit einer Belegenheitsanknüpfung zu den besonderen Vorschriften gezählt habe. Die praktischen Vorteile der BGH-Lösung werden im folgenden näher erläutert. Im Anschluß daran wird die Begründung Kühnes für die Nichtaufnahme einer solchen Vorschrift in seinen Entwurf dargestellt und mit den Worten abgelehnt:

> „Die gegen die herrschende Praxis vorgebrachten Bedenken und die mit der Fassung der Bestimmung verbundenen Auslegungszweifel haben kein so starkes Gewicht, daß Art. 28 EGBGB aufgegeben werden sollte."[372]

Nach weiteren Ausführungen über die Gründe, die für eine generelle Beibehaltung des Art. 28 EGBGB a.F. sprechen, sowie Erläuterungen zum Verhältnis der Vorschrift zur vorgesehenen Rechtswahl im Ehegüterrecht und einem Vergleich der Vorschrift mit dem österreichischen IPR-Gesetz, wird im nächsten Absatz folgendes bemerkt:

> „Wegen der für die Praxis im wesentlichen durch die Rechtsprechung des Bundesgerichtshofs herausgearbeiteten Auslegungsgrundsätze soll der Wortlaut nicht ohne zwingenden Grund geändert werden. Nur hinsichtlich der bisher angeführten Einzelvorschriften des EGBGB soll durch eine allgemeinere Fassung („Abschnitte 3 und 4") dem Umstand Rechnung getragen werden, daß die Vorschrift einen generellen Grundsatz enthält.".[373]

Aus diesen Formulierungen hat die weitaus überwiegende Ansicht in der Literatur[374] die Schlußfolgerung gezogen, daß der Gesetzgeber in den Materialien unmißverständlich zum Ausdruck gebracht habe, daß er den neuen Text des Art. 3 III EGBGB i.S. der weiten Auslegung, die der BGH dem Art. 28 EGBGB a.F. gegeben hat, verstanden wissen will.
Dagegen gab es jedoch einige abweichende Stellungnahmen. So meint Schurig,[375] daß der Gesetzgeber die Entscheidung zugunsten der weiten Auslegung nur in der Begründung nicht aber im Gesetz selbst zum Ausdruck gebracht ha-

---

[372] BT-Drucksache 10/504, 37; Pirrung, IPR, 116.

[373] BT-Drucksache 10/504, 37; Pirrung, IPR, 117.

[374] Staudinger/Hausmann, Art. 3 EGBGB, Rn. 60; Staudinger/v.Bar/Mankowski, Art. 15 EGBGB, Rn. 20; Staudinger/Dörner, Art. 25 EGBGB, Rn. 536; MüKo/Sonnenberger, Art. 3 EGBGB, Rn. 25 (der aus diesem Grund seine Ansicht gewechselt hat); Palandt/Heldrich, Art. 3 EGBGB, Rn. 14; Erman/Hohloch, Art. 3 EGBGB, Rn. 18; v. Bar, IPR I, Rn. 534; Lüderitz, IPR, Rn. 168; Kropholler, IPR, § 26 II 2; Hanisch, ZIP 1990, 1241, 1245 f.; Otte, IPRax 1993, 142, 144; Lichtenberger, DNotZ 1986, 644, 647.

[375] Schurig, IPRax 1990, 389, 390, Fn. 6; ders. in Soergel/Schurig, Art. 15 EGBGB, Rn. 66.

be, weshalb eine solche Betrachtungsweise nicht zwingend sei. Von anderer Seite wurde angeführt,[376] daß der Gesetzgeber in seinen Materialien eine eindeutige Stellungnahme vermissen lasse. Thoms[377] hält die Gesetzesbegründung schon von ihrer Formulierung her für nicht geeignet, die weite Auslegung zu stützen. Durch die Materialien werde zugestanden, daß mit der Fassung der Norm Auslegungszweifel verbunden seien. Zudem habe sich der BGH bei seiner Entscheidung inhaltlich nicht mit den Materialien und den Gegenmeinungen auseinandergesetzt, sondern sich lediglich auf den nicht entgegenstehenden Wortlaut der Norm gestützt. Deshalb erscheine es fraglich, ob der Gesetzesbegründung eine bindende Festlegung auf die weite Auslegung zukomme.

Erstes Argument gegen die vorgebrachten Bedenken ist, daß für im Gesetzestext nicht klar entschiedenen Fragen zur Auslegung einer Norm gerade auf die Materialien zurückzugreifen ist, um den Willen des Gesetzgebers zu ergründen.[378] Im vorliegenden Fall wollte der Gesetzgeber sogar die von ihm selbst festgestellten Auslegungszweifel, die mit dem Begriffes der besonderen Vorschriften verbunden sind, durch die von ihm in der Gesetzesbegründung getätigten Äußerungen gerade klären.
Betrachtet man die Formulierung des ersten der zitierten Sätze, kann ihm zwar nicht ausdrücklich die Übernahme der Meinung des BGH entnommen werden, da nur die generelle Übernahme des Art. 28 EGBGB a.F. erörtert wird. Inzident ergibt sich jedoch, daß man mit der herrschenden Praxis in der Rechtsprechung übereinstimmt, denn sonst hätte eine Einschränkung formuliert werden müssen. Völlig eindeutig äußert sich der Wille des Gesetzgebers bei der zweiten hier angeführten Formulierung: Dort will man den Wortlaut der Vorschrift, wegen der durch die Rechtsprechung des BGH dazu herausgearbeiteten Auslegungsgrundsätze, nicht ändern. Da es sich aber bei den Auslegungsgrundsätzen des BGH um die *weite* Auslegung handelt, kann dies aber nichts anderes bedeuten, als daß diese Rechtsprechung dem Willen des Gesetzgebers entspricht.

d) Schlußfolgerungen für die Auslegung von Art. 3 III EGBGB

Der Gesetzgeber hat sich gegen den Widerstand eines Großteils der Lehre zu einer Übernahme des Art. 28 EGBGB a.F. in den neuen Gesetzesentwurf entschieden. Dabei hat er in den Materialien eindeutig zu erkennen gegeben, daß der neue Art. 3 III EGBGB im Sinne der bisherigen Auslegungsgrundsätze des

---

[376] Koch/Magnus/Winkler von Mohrenfels, IPR, 19.

[377] Thoms, Einzelstatut, 48 f.

[378] Dies ist wiederum unabhängig von der Frage, ob man infolge von materiellrechtlichen Wer-tungen auch von dem Willen des Gesetzgebers abweichen kann, was durchaus möglich ist. Insoweit wird aber von der Gegenansicht die historische Auslegung mit der teleologischen und grammatikalischen Auslegung unzulässigerweise vermischt.

BGH verstanden werden solle und damit zum Ausdruck gebracht, daß eine weite Auslegung des neuen Art. 3 III EGBGB mit dem gesetzgeberischen Wil-len übereinstimmt.

4) Rechtsvergleichung

Vergleichbare Vorschriften mit Art. 3. III EGBGB finden sich in mehreren Ländern.[379] So beinhalten § 32 des österreichischen IPRG von 1978,[380] Art. 86 II des Schweizer IPRG,[381] Kap. 1 § 2 des schwedischen Gesetzes über internationale Nachlaßverhältnisse,[382] Sec. 138 des israelischen Sucession Act von 1965[383] sowie in Art. 3099 Abs. 2 Cc. von Quebec[384] ähnliche Regelungen für das internationale Erbrecht. Auf dem Gebiet des Ehegüterrechts findet sich eine dem Art. 3 III EGBGB vergleichbare Norm lediglich in § 13 Abs. 3 des IPRG der Republik China von 1953.[385]

IV. Anwendungsbereich des Art. 3 III EGBGB

Um den Anwendungsbereich des Art. 3 III EGBGB bestimmen zu können, sollen die einzelnen Tatbestandsmerkmale der Norm untersucht werden. Dabei liegen die Schwerpunkte der Analyse auf der Reichweite der Vorschrift, den Gegenständen und Rechten, die unter Art. 3 III GGBGB zu fassen sind, sowie den als besondere Vorschriften einzuordnenden Normen des deutschen Rechts. Ausgenommen sind in diesem Abschnitt hingegen die Fragen, ob zu den „besonderen Vorschriften“ auch Kollisionsnormen zählen und wie das Verhältnis von Art. 3 III EGBGB zu den Rechtswahltatbeständen ist, da diese Probleme später gesondert behandelt werden.

---

[379] Vgl. die Übersicht bei Staudinger/Hausmann, Art. 3 EGBGB, Rn. 54.

[380] Rummel, ABGB § 32 IPRG, Rn. 1 f. Das österreichische Recht bezieht sich allerdings nur auf einen Vorrang des Sachenrechtsstatuts, nicht aber des erbrechtlichen Vermögensstatuts.

[381] Honsell/Vogt/Schneyder, IPR, Art. 86 IPRG, Rn. 15 ff.; zum Vergleich mit Art. 3 III EGBGB v.Overbeck, IPRax 1997, 362, 363. Die schweizer Vorschrift regelt nur die Zuständigkeit.

[382] Ferid/Firsching/Lichtenberger, IntErbR V, Schweden, Texte 4, 62.

[383] Ferid Firsching/Lichtenberger, IntErbR III, Israel Grdz., Rn. 35, Texte A, 204 f.

[384] Staudinger/Hausmann, Anh zu Art. 4 EGBGB, Rn. 64. Die Regelung ist allerdings auf ein durch Rechtswahl bestimmtes Erbstatut beschränkt.

[385] Begmann/Ferid, IEK II, Republik China, 36.

1) Reichweite des Art. 3 III EGBGB

a) Ausgeschlossene Kollisionsnormen des 3. und 4. Abschnitts

Art. 3 III EGBGB schließt seiner Formulierung nach die Anwendung der Kollisionsnormen des dritten und vierten Abschnitts aus, soweit sich die Normen auf das Vermögen beziehen. Verdrängt werden demnach in einschlägigen Fällen: das Güterrechtsstatut (Art. 15 EGBGB), das Scheidungsstatut (Art. 17 I EGBGB), das Versorgungsausgleichsstatut (Art. 17 III EGBGB),[386] das Kindschaftsrecht (Art. 21 EGBGB n.F., bis 1998 entsprach dies Artt. 19, 20, 21 EGBGB) soweit es das Kindesvermögen regelt, das Adoptionsstatut (Art. 22 EGBGB), das Vormundschafts-, Betreuungs- und Pflegschaftsstatut (Art. 24 EGBGB) sowie das Erbstatut (Art. 25 EGBGB).[387] Das Kindschaftsrecht wird nur insoweit verdrängt, wie es sich um Fragen des Kindesvermögens handelt und nicht um das persönliche Verhältnis zwischen Eltern und Kind. Auch kann das Haager Abkommen über den Schutz Minderjähriger von 1961 bei vermögensrechtlichen Entscheidungen Art. 3 III EGBGB vorgehen.[388]

b) Vorfragen

Es stellt sich die Frage, inwieweit Art. 3 III EGBGB auch die Anknüpfung von Vorfragen beeinflußt und zu einer Sonderanknüpfung der Vorfrage an der lex rei sitae anstelle der normalerweise vom deutschen IPR vorgesehenen selbständigen Anknüpfung an der lex fori führt. Stoll[389] machte dem Vorentwurf der Bundesregierung den Vorwurf, daß er in dieser Hinsicht nicht genau formuliere und auch die Vorfragen der Sonderanknüpfung an der lex rei sitae unterwerfe, was nicht gewollt sein könne. Wohl auch als Folge dieser Kritik[390] kam es im

---

386 Zu Art. 17 III EGBGB vgl. o. S. 150 f., insbes. Fn. 561.

387 Staudinger/Hausmann, Art. 3 EGBGB, Rn. 61; MüKo/Sonnenberger, Art. 3 EGBGB, Rn. 26.

388 Kegel/Schurig, IPR, § 12 II 2 a. Das Abkommen ist abgedruckt bei Jayme/Hausmann, IPV, Nr. 35.

389 Stoll, IPRax 1984, 1, 2.

390 Der Aufsatz von Stoll wird im entscheidenen Bericht des Rechtsausschusses (BT-Drucksache 10/5632, 39) nicht ausdrücklich erwähnt. Dort wurde lediglich gesagt: "Der bisher in *Artikel 28 EGBGB* enthaltene Grundsatz vom Vorrang des Einzelstatuts vor dem Gesamtstatut soll durch Absatz 3 deutlicher als bisher ausgedrückt werden. Aus diesem Grunde ist die Beschreibung des Gegenstands der Regelung, nämlich der Unterstellung des Vermögens einer Person in familien- bzw. erbrechtlicher Hinsicht unter eine Rechtsordnung, konkretisiert." Da Stoll jedoch gerade Kritik an dem Wortlaut geäußert hatte und dem Rechtsausschuß der Aufsatz auch bekannt gewesen sein dürfte, ist ein Zusammenhang unschwer herzustellen (so auch MüKo/Sonnenberger, Art. 3 EGBGB, Rn. 27; Thoms, Einzelstatut, 47).

Rechtsausschuß des Bundestages zu einer sprachlichen Neuformulierung des Entwurfes, woraus sich entnehmen läßt, daß eine Anwendung des Art. 3 III EGBGB auf Vorfragen jedenfalls nicht ohne weiteres möglich ist.
Aus diesem Grund wird die Anknüpfung von Vorfragen von Art. 3 III EGBGB im Prinzip nicht beeinflußt. Vielmehr sind dazu die dafür entwickelten allgemeinen Grundsätze zur selbständigen bzw. unselbständigen Anknüpfung von Vorfragen heranzuziehen.[391] Lediglich da, wo man im Rahmen einer solchen Anknüpfung zu einer Anwendung einer für die Hauptfrage ausgeschlossenen Vorschrift des 3. oder 4. Abschnitts kommen würde, wird diese Vorschrift auch für die Vorfrage von Art. 3 III EGBGB verdrängt und nach der lex rei sitae angeknüpft.[392] Grund ist, daß nur ein solches Verständnis sowohl dem Prinzip der selbständigen Anknüpfung von Vorfragen als auch Art. 3 III EGBGB gerecht wird.[393]
Daraus ergeben sich die folgenden praktischen Lösungen. Die Geschäftsfähigkeit bestimmt sich nach Art. 7 EGBGB, die Gültigkeit einer Eheschließung nach Art. 13 EGBGB und die Kindschaftsbeziehung nach Artt. 19 I, 20 I EGBGB. Die Frage der Testierfähigkeit ist in Fällen des Art. 3 III EGBGB, soweit es sich um eine besondere, von der allgemeinen Geschäftsfähigkeit unabhängige, nur auf das Testieren abgestellte Fähigkeit handelt, nach der lex rei sitae anzuknüpfen, da sich diese nicht nach Art. 7 EGBGB, sondern nach Art. 25 EGBGB richtet.[394]

c) Teilfragen

Über Art. 3 III EGBGB findet das Belegenheitsrecht nicht nur dann Anwendung, wenn seine Normen das vom deutschen IPR zunächst angeordnete Gesamtstatut in vollem Umfang verdrängen, sondern auch dann, wenn das auslän-

[391] MüKo/Sonnenberger, Einl. IPR, Rn. 494 ff.; Kropholler, IPR, § 32 I ff.; Raape/Sturm, IPR I, § 16 (S. 287 ff.); v.Bar, IPR I, Rn. 607 ff.

[392] Staudinger/Dörner, Art. 25 EGBGB, Rn. 525; Staudinger/Hausmann, Art., 3 EGBGB, Rn. 64; MüKo/Sonnenberger, Art. 3 EGBGB, Rn. 27.

[393] Genaugenommen handelt es sich eigentlich um zwei nacheinander geschaltete Problemkreise, die voneinander unabhängig zu behandeln sind, und nicht um die Frage, ob Art. 3 III EGBGB auf eine selbstständige bzw. unselbständige Anknüpfung anzuwenden ist. Die eigentliche Frage besteht darin, ob Art. 3 III EGBGB prinzipiell auf Vorfragen angewandt werden kann. Das ist aufgrund der Stellung der Vorschrift im allgemeinen Teil zu bejahen. Durch eine Anwendung des Art. 3 III EGBGB auf die Vorfrage muß dann weder die Vorfrage unselbständig angeknüpft werden noch werden Vorschriften außerhalb des 3. oder 4. Teils verdrängt. Deshalb ergibt sich auch für den einzig problematischen Fall, daß man aufgrund einer selbständigen Anknüpfung bei einer Vorfrage zur Anwendung einer Vorschrift des 3. oder 4. Abschnitts kommen würde, daß insoweit Art. 3 III EGBGB vorgeht.

[394] Palandt/Heldrich, Art. 25 EGBGB, Rn. 16; MüKo/Birk, Art. 26 EGBGB Rn. 12.

dische Recht nur für bestimmte Teilfragen eine gesonderte Anknüpfung an der lex rei sitae bestimmt.[395]
Als Beispiele für eine solche Abweichung in Teilfragen werden die §§ 28 II, 31, 32 des österreichischen IPRG Gesetzes genannt.[396] Betrachtet man § 32 IPRG, so ordnet dieser für dingliche Rechte an unbeweglichen Sachen eine Geltung der lex rei sitae auch in den Fällen an, in denen „diese Rechte in den Anwendungsbereich einer anderen inländischen Verweisungsnorm fallen". Da der Erwerb einer Erbschaft grundsätzlich in den Bereich des Erbstatuts fällt,[397] handelt es sich bei § 32 IPRG um eine davon abweichende, auf Grundstücke bezogene Sonderanknüpfung. Diese Sonderanknüpfung stellt auch lediglich eine Teilverweisung dar, da § 32 IPRG nach herrschende Meinung[398] nur den Modus der Eigentumsübertragung und nicht den Erwerbsgrund regelt.

Als problematischer im Hinblick auf eine Einordnung als besondere Vorschrift im Sinne des Art. 3 III EGBGB erweist sich die Norm des § 28 II IPRG.[399] Dieser Vorschrift zufolge sind der Erbschaftserwerb und die Haftung für Nachlaßschulden nach österreichischem Recht zu beurteilen, wenn eine Verlassenschaftsabhandlung[400] in Österreich durchgeführt wird. Betrachtet man die Struk-

---

[395] MüKo/Sonnenberger, Art. 3 EGBGB, Rn. 25; Staudinger/Hausmann, Art. 3 EGBGB, Rn. 65; Staudinger/Dörner, Art. 25 EGBGB, Rn. 539; Jayme, ZfRV 24 (1983) 162, 167 f.; Firsching, IPRax 1983, 166, 168.

[396] Abgedruckt z.B. bei Staudinger/Dörner, Anh. zu Art. 25 f EGBGB, Rn. 420; Firsching, IPRax 1983, 166, 167. Darunter fällt auch Art. 22 disp. prel. des italienischen Rechts, der nach herrschender italienischer Ansicht den Eigentumserwerb an beweglichen und unbeweglichen Sachen bei einer Erbfolge der lex rei sitae unterstellt (Lorenz, IPRax 1990, 82, 82 f.; Staudinger/Dörner, Art. 25 EGBGB, Rn. 539). Dabei handelt es sich trotz seiner Einbeziehung sämtlicher Gegenstände nicht um eine allgemeine Vorschrift (vgl. u. die ausführliche Argumentation zum vergleichbaren südamerikanischen Kollisionsrecht S. 175 ff.).

[397] Ferid/Firsching/Lichtenberger, IntErbR IV, Östereich Grdz., Rn. 16, 24; MüKo/Birk, Art. 25 EGBGB, Rn. 229 ff.; vgl. u. S. 123 ff.

[398] Schwimann, IPR, 256 ff.; Lorenz, IPRax 1990, 206, 206; Staudinger/Dörner, Anh. zu Art. 25 f EGBGB, Rn. 427 ff.; Zemen, ZfRV 24 (1983) 67, 69; Hoyer, FS für Beitzke, 521, 536 f.; Rummel, ABGB, § 32 IPRG, Rn. 2; a.A. wohl BayOLG, Beschl. v. 2. 6. 1982, IPRax 1983, 187, 189 f.; v.Bar, IPR II, Rn. 365, der von einer Nachlaßspaltung ausgeht. OGH, Beschl. v. 27. 5. 1986, IPRax 1988, 35, 35 f., der diese Ansicht aber in späteren Entscheidungen inzident aufgegeben hat (vgl. dazu Lorenz, IPRax 1990, 206, 206). Vgl.auch den besonders schwierige Fragen aufwerfenden Fall eines Spaltnachlasses bei doppelter, österreichischer und deutscher Staatsbürgerschaft (OGH Beschl. v. 21. 12. 1992, IPRax 1994, 222 f.; dazu Lurger, IPRax 1994, 235 ff.).

[399] § 28 II IPRG hat folgenden Wortlaut: „Wird eine Verlassenschaftsabhandlung in Österreich durchgeführt, so sind der Erbschaftserwerb und die Haftung für Nachlaßschulden nach österreichischem Recht zu beurteilen."

[400] Dabei handelt es sich um ein Verfahren zur Abwicklung des Nachlasses, das im AußStrG (insbes. §§ 20 ff.) und im JN (§§ 105 ff. zur Zuständigkeit) geregelt ist. Das Vorverfahren setzt mit der Todesfallaufnahme ein, danach fordert das Abhandlungsgericht die vermutli-

tur der Norm, so fällt folgendes auf: Neben dem Umstand, daß hier eine Teilfrage[401] aus dem Bereich des Erbstatuts ausgegliedert wurde, ist vor allem beachtenswert, daß, abhängig von der Bedingung einer Verlassenschaftsabhandlung, aber unabhängig von der Einordnung des jeweiligen Gegenstandes als beweglich oder unbeweglich, als Rechtsfolge generell die Geltung der lex rei sitae angeordnet wird.
Die Norm entspricht damit auf der Rechtsfolgenseite den Voraussetzungen des Art. 3 III EGBGB. Für eine unumstrittene Einordnung wäre weiterhin erforderlich, daß bestimmte Gegenstände durch § 28 II IPRG aus der allgemeinen Sonderbehandlung der Haftung für Nachlaßschulden ausgegliedert wären.[402] Ansonsten müßte auch hier die Frage beantwortet werden, inwieweit eine generelle Anordnung der lex rei sitae durch eine ausländische Norm unter Art. 3 III EGBGB fällt.[403] Denn allein die Tatsache, daß es sich um eine Teilfrage handelt, führt nur zu einer horizontalen Aufspaltung in das allgemeine Erbrechtsstatut gemäß Art. 18 I IPRG und dem speziellen Statut für den Erbschaftserwerb und Nachlaßschulden, nicht aber zu der erforderlichen vertikalen Teilung innerhalb dieser Sonderstatute.[404]
Das Vorliegen einer vertikale Spaltung hängt davon ab, ob die in § 28 II IPRG aufgestellte Bedingung einer Verlassenschaftsabhandlung die gesonderte Behandlung bestimmter Gegenstände anordnet. Dazu ist der Begriff der Verlassenschaftsabhandlung zu analysieren. Die Fälle, in denen in Österreich eine solche Verlassenschaftsabhandlung vorzunehmen ist, sind in den Bestimmungen der §§ 21-25 AußStrG geregelt.[405] Bei inländischen Erblassern findet eine Verlassenschaftsabhandlung nach § 21 AußStrG für alles bewegliche Vermögen sowie

chen Erben zur Erbserklärung auf, womit das Verlassenschaftsverfahren im engeren Sinne beginnt. Innerhalb des Verfahrens werden die letztwilligen Erklärungen eröffnet und die Erbschaft abgewickelt. Beendet ist das Verfahren mit rechtskräftiger Einantwortung der Erben (Rummel, ABGB, vor § 797 ABGB, Rn. 1 ff.; Hoyer, IPRax 1986, 345, 346).

401 Abweichend müßten das die Autoren einordnen, die in dem Erbschaftserwerb eine Verweisung auf das gesamte Erbstatut sehen (vgl. o. Fn. 398), da sich insoweit § 28,II IPRG und § 32 IPRG Gesetz decken (Rummel, ABGB, § 28 IPRG, Rn. 4).

402 So lehnte das BayOLG, Beschl. v. 2. 6. 1982, IPRax 1983, 187, 189 eine Anwendung des Art. 28 EGBGB a.F. auf § 28 II IPRG mit der Begründung ab, daß § 28 II IPRG keine unterschiedliche Anknüpfung für bewegliches und unbewegliches Vermögen kenne. Anders hingegen Dörner (Staudinger/Dörner, Anh. zu Art. 25 f EGBGB, Rn. 431; ders. Staudinger/ Dörner, Art. 25 EGBGB, Rn. 539), der mit Verweis auf § 22 AußStrG, § 28 II IPRG Art. 3 III EGBGB unterwirft (ebenso MüKo/Sonnenberger, Art. 3 EGBGB, Rn. 25; wohl auch (inzident) Jayme, ZfRV 24 (1983) 162, 168).

403 Diese Frage ist umstritten und schwer zu beantworten, vgl. dazu u. S. 175 ff.

404 Art. 3 III EGBGB verlangt gerade eine Spaltung auf tatsächlicher, nicht auf rechtlicher Ebene wie sich aus der Gesetzesformulierung und der daraus vorausgesetzen Normstruktur ergibt (vgl. u. S. 169 ff., insbes. die Definition S. 180).

405 RGBl. 1854, 208. Abgedruckt auch in: Das Österreichische Recht, Bd. 20, g 1. Inhaltlich ausführlich dazu Schwimann, NZ 1979, 102, 103 ff.; Köhler, IPR, 121 ff.

die im Inland gelegenen unbeweglichen Güter des Verstorbenen statt. Ausländischer unbeweglicher Nachlaß fällt nur dann unter die österreichische Abhandlungsjurisdiktion, wenn der Belegenheitsstaat seinerseits eine Jurisdiktion ablehnt.[406] Bei staatenlosen Erblassern sowie bei Erblasser mit ungeklärter Staatsangehörigkeit ist die Abhandlungsjuristiktion für den gesamten beweglichen wie unbeweglichen inländischen Nachlaß gegeben (§§ 22, 25 AußStrG).[407]
Schwieriger ist es die Nachlaßjurisdiktion bei ausländischen Erblassern zu bestimmen. Nach § 22 AußStrG ist ihr gesamtes inländisches (österreichisches) unbewegliches Nachlaßvermögen abzuhandeln. Für das gesamte bewegliche und unbewegliche ausländische Nachlaßvermögen kommt eine österreichische Abhandlung nicht in Betracht. Das bewegliche inländische Nachlaßvermögen wird gemäß § 23 III AußStrG dann in Österreich abgehandelt, wenn der Erblasser dort seinen letzten Wohnsitz oder seine letzte Niederlassung hatte und zusätzlich der ausländische Staat keine Gegenseitigkeit übt oder seine Haltung dazu nicht zu ermitteln ist. Im Falle einer Gegenseitigkeit besteht eine Nachlaßjurisdiktion nur dann, wenn alle sich in Österreich befindlichen, vom maßgeblichen Recht zu Erben berufenen Personen eine Abhandlung beantragen und sich auf ein Edikt keine weitere Erben rechtzeitig melden oder keiner von den sich meldenden und Ansprüche erhebenden Erben der Abhandlung widerspricht. Darüber hinaus existiert eine österreichische Jurisdiktion, wenn der Heimatstaat des Erblassers eine solche ablehnt und die Erben eine österreichische Abhandlung beantragen.[408]
Betrachtet man die Regelungen des AußStrG, so könnten Zweifel aufkommen, ob es sich um Einzelregelungen für bestimmte Gegenstände handelt, oder ob nicht eine verkappte Gesamtregelung vorliegt. Da jedoch neben der personellen Differenzierung die Hauptunterscheidungsmerkmale des AußStrG in der Beweglichkeit und der Belegenheit der Sache bestehen und je nach Konstellation eine unterschiedliche Verweisung ausgesprochen wird, die in unterschiedlichen materiell-rechtlichen Regelungen endet, stellt § 28 II IPRG iVm. den §§ 21ff. AußStrG eine besondere Vorschrift i.S. des Art. 3 III EGBGB dar. Dies gilt auch für österreichische Erblasser, da für sie zumindest ausländische Grundstücke aus der Nachlaßabhandlung ausgenommen sind.[409] Auch die Tatsache, daß die Anordnung zumindest teilweise bewegliche Sachen betrifft, ist unbeachtlich, weil Art. 3 III EGBGB nicht auf unbewegliche Sachen beschränkt ist.[410]

---

[406] Schwimann, NZ 1979, 102, 103.

[407] Köhler, IPR, 127 f.

[408] Schwimann, NZ 1979, 102, 103 f; Köhler, IPR, 124 ff.

[409] Daß das Statut nach § 28 II IPRG mit dem allgemein Erbstatut übereinstimmt (§ 28 I IPRG), so daß inhaltlich keine Divergenz auftritt, ist dabei unbeachtlich.

[410] Vgl. u. S. 126.

d) Rück- und Weiterverweisungen

Im Verhältnis der Rück- und Weiterverweisungen zu Art. 3 III EGBGB besteht insofern Einigkeit, als letzterer eine nach Art. 4 I EGBGB vorgenommene Verweisung verdrängt, auch wenn Art. 3 III EGBGB, anders als noch Art. 28 EGBGB a.F., die Rück- und Weiterverweisung nicht ausdrücklich zitiert. Durch die allgemeinere Formulierung des Wortlautes des Art. 3 III EGBGB sollte im Vergleich zu der Aufzählung der Einzelvorschriften in Art. 28 EGBGB a.F. keine inhaltliche Änderung herbeigeführt werden.[411] Darüber hinaus handelt es sich bei Art. 4 I EGBGB lediglich um eine, die Verweisungen des 3. und 4. Abschnitts ergänzende Hilfskollisionsnorm, für die nichts anderes gelten kann, als für die ausdrücklich in Art. 3 III EGBGB angeführten Vorschriften.[412]

aa) Nebeneinander von Art. 4 I EGBGB und Art. 3 III EGBGB

In der praktischen Anwendung bestehen jedoch bezüglich des Verhältnisses der beiden Vorschriften zueinander Differenzen.[413] So ging das OLG Köln in einem Beschluß vom 24. 2. 1992[414] davon aus, daß beide Normen gleichwertig nebeneinander stehen könnten. Die Gegenmeinung[415] will hingegen zunächst das gewöhnliche Statut in Verbindung mit Art. 4 I EGBGB bestimmen. Nur wenn dieser Weg nicht zu dem Recht des Belegenheitsortes führe, komme eine Anwendung des Art. 3 III EGBGB in Betracht. Die vorrangige und zunächst zu prüfende Norm sei aber Art. 4 I EGBGB. Die Situation erklärt sich am einfach-sten anhand eines Falles:[416] Ein belgischer Erblasser mit dem letzten Wohnsitz in der Bundesrepublik hinterläßt ein Grundstück in Frankreich. Das vom deutschen Recht berufene belgische Recht verweist für Mobilien zurück auf das deutsche

---

[411] Pirrung, IPR, 116 f.

[412] MüKo/Sonnenberger, Art. 3 EGBGB, Rn. 28; Staudinger/Hausmann, Art. 3 EGBGB, Rn. 66.

[413] Ohne jedoch zu unterschiedlichen Endergebnissen zu führen.

[414] OLG Köln, Beschl. v. 24. 2. 1992, IPRax 1994, 376, 377. Eine Entscheidung war in diesem Fall nicht notwendig, da man über beide Normen zu demselben Belegenheitsrecht kam. Vgl. auch RG, Urt. v. 21. 12. 1935, JW 1936, 2466, 2469 m. Anm. Maßfeller. Manche Äußerungen in der Literatur erweisen sich nicht als eindeutig, so will Graue (Staudinger[12]/Graue, Art. 28 EGBGB, Rn. 2 a.E.) soweit Art. 28 reicht Rück- und Weiterverweisungen ausschließen. Kegel (Soergel/Kegel, Art. 3 EGBGB, Rn. 19) hält es für gleichgültig, ob das Belegenheitsrecht über Art. 3 III EGBGB oder über andere Regeln des deutschen IPR angewandt wird.

[415] Staudinger/Hausmann, Art. 3 EGBGB, Rn. 67; Dörner, IPRax 1994, 362, 364; ders. Staudinger/Dörner, Art. 25 EGBGB, Rn. 527 ff.; Ferid, IPR, 3-149; Raape/Sturm, IPR I, § 12 III 3 (S. 187).

[416] Der Fall enspricht der Konstellation, die der Entscheidung des OLG Köln zugrunde lag.

Recht und für Immobilien weiter auf das französische Belegenheitsrecht. Gleichzeitig besteht in Frankreich die „besondere Vorschrift" des Art. 3 II C.c., so daß das französische Belegenheitsrecht auch über Art. 3 III EGBGB zur Anwendung kommen würde.
Die aus dieser Situation entstehende Frage, ob französisches Erbrecht in diesem Fall über Art. 25 I EGBGB iVm. Art. 4 I EGBGB oder über Art. 3 III EGBGB zur Anwendung kommt, läßt sich anhand des Wortlautes des Art. 3 III EGBGB beantworten. Art. 3 III EGBGB lautet: „Soweit Verweisungen[417]... das Vermögen einer Person dem Recht *eines* Staates unterstellen,[418] beziehen sie sich nicht auf Gegenstände, die sich nicht in *diesem* Staat befinden[419] und nach dem Recht des Staates, *in dem sie sich befinden,*[420] besonderen Vorschriften unterliegen". Dem Wortlaut läßt sich entnehmen, daß sich die Verweisung des Art. 3 III EGBGB nur auf Gegenstände bezieht, die sich außerhalb des Geltungsbereichs des grundsätzlich maßgeblichen und demzufolge mit Hilfe des Renvoi bestimmten Erbstatuts befinden, also auf dem Gebiet einer davon abweichenden Rechtsordnung belegen sind.[421] Gestützt wird dies durch die materiell-rechtliche Überlegung, daß Art. 3 III EGBGB eine Sonderanknüpfung zur allgemeinen Anknüpfung darstellt und deshalb auch nur dann angewandt werden will, wenn die allgemeine Anknüpfung nicht zum Ziel gelangt. Systematisch gesehen ist also zunächst das maßgebende Statut unter Einbeziehung des Art. 4 I EGBGB zu bestimmen, bevor auf Art. 3 III EGBGB zurückgegriffen wird.[422]

bb) Anwendbarkeit des Art. 4 I EGBGB nach einer Verweisung durch Art. 3 III EGBGB

In Zusammenhang mit der Klärung des Verhältnisses beider Vorschriften zueinander ist anzusprechen, ob eine Rück- oder Weiterverweisung durch das Belegenheitsrecht im Anschluß an eine Verweisung durch Art. 3 III EGBGB mög-

---

[417] Zu diesen zählt nach dem oben Gesagten auch Art. 4 I EGBGB.

[418] Die belgische Verweisung dem französischen Recht bezüglich der in Frankreich belegenen Immobilie.

[419] In unserem Fall *nicht* in Frankreich.

[420] Mithin außerhalb Frankreichs.

[421] Staudinger/Dörner, Art. 25 EGBGB, Rn. 527.

[422] Diese Vorgehensweise ist auch in allen anderen Fällen, in denen Art. 4 I EGBGB eine Rolle spielen kann, zu beachten (vgl. die weiteren Fallgruppen bei Staudinger/Dörner, Art. 25 EGBGB, Rn. 528 ff.). Allerdings ist anzumerken, daß eine solche Vorgehensweise nach der jetzigen Gesetzeslage zwar richtig, aber in manchen Fällen unpraktisch ist. In der Regel ist bei Grundstücken das Belegenheitsrecht bekannt und damit auch, ob besondere Vorschriften bestehen. Sind solche vorhanden, kann man sich die Überlegungen und Untersuchungen zu den ausländischen Rechten und den unterschiedlichen Verweisungen bzgl. des Grundstücks ersparen, da das Belegenheitsrecht in jedem Fall zur Anwendung kommt.

lich ist. Diese Frage stellte sich bei einer Entscheidung des KG vom 17. 11. 1994.[423] Der Fall befaßte sich mit der Anfechtung des Testamentes eines Erblasser mit Wohnsitz in der Bundesrepublik Deutschland aus dem Jahre 1973 mit Eintritt des Erbfalles nach dem 1. 1. 1976, soweit der Nachlaß in der früheren Deutschen Demokratischen Republik belegenen Grundstücke umfaßte.[424]
Das KG kam in Übereinstimmung mit der herrschende Meinung[425] für die in der DDR belegenen Grundstücke zu einer Anwendung des Rechtes der früheren DDR über die Art. 236 § 1 EGBGB, Art. 3 III EGBGB (analog) iVm. § 25 II RAG.[426] Dabei verstand das Gericht die Anknüpfung über Art. 3 III EGBGB als Gesamtverweisung, die gemäß Art. 4 I 1 EGBGB auch das Kollisionsrecht der anderen Rechtsordnung umfasse. Daher komme über Art. 4 I 1 EGBGB § 26 RAG für die Anfechtung und Auslegung des Testaments der in der DDR belegenen Grundstücke zur Anwendung. Dieser verweise aber bezüglich der Anfechtung von Testamenten auf das Recht des Staates, in dem der Erblasser zum Zeitpunkt der Errichtung des Testamentes seinen Wohnsitz hatte. Da sich der Wohnsitz des Erblassers im vorliegenden Fall in der Bundesrepublik Deutschland befand und das deutsche Recht die Verweisung über Art. 4 I 2 EGBGB auch annehme, kam das Gericht zur Anwendung des BGB.[427]

Grundgedanke des Urteils[428] ist, daß § 26 RAG eine Modifizierung des § 25 RAG für einen gesonderten Bereich darstelle, ohne grundsätzlich in die Bestimmung des Statuts durch § 25 II RAG einzugreifen. § 26 RAG wird demzufolge als eine dem § 25 II RAG „nachgeschaltete" Norm betrachtet. Diesem Verständnis liegt jedoch eine Fehlbewertung des Verhältnisses von § 25 RAG zu § 26 RAG sowie zu den Art. 3ff. EGBGB zugrunde, so daß ihr nicht gefolgt werden kann.[429]

---

423 KG, Urt. v. 17. 11. 1994, FamRZ 1995, 762 ff.; so auch LG München, Beschl. v. 1.8.1989, Rpfleger 1990, 167 m. Anm. Lorenz.

424 Die Frage der Anfechtung, Auslegung, Gültigkeit etc. eines Testaments bestimmt sich bei einer wie hier bestehenden Nachlaßspaltung für jeden Teil gesondert nach dem für ihn geltenden Recht, kann also für den einen Teil des Vermögens wirksam und für den anderen Teil unwirksam sein (vgl. BayOLG, Beschluß v. 1. 2. 1980, IPRax 1982, 111, 112 f.; Palandt/Heldrich, Art. 25 EGBGB, Rn. 9; Firsching, IPRax 1982, 98, 100).

425 Zuletzt BGH, Beschl. v. 4. 10. 1995, BGHZ 131, 26; vgl. die umfassenden Nachweise bei Staudinger/Dörner, Art. 25 EGBGB, Rn. 896 f.

426 Abgedruckt bei Jayme/Hausmann, IPV, Nr.4.

427 Ebenso KG, Beschl. v. 21. 11. 1995, FamRZ 1996, 569 571 f.; Notariat Stuttgart-Botnang, Beschl. v. 2. 12. 1993, FamRZ 94, 658, 660, das wie einige der im folgenden zitierten Autoren wie selbstverständlich von einer Geltung des § 26 RAG in diesen Fällen ausgeht.

428 MüKo/Leipold, Art. 235 § 1 EGBGB, Rn. 19 f.; Bestelmeyer, Rpfleger 1993, 381, 385; ders. DtZ 1994, 99, 100 (inzident); ders. FamRZ 1994, 1444, 1445 f.

429 Staudinger/Hausmann, Art. 3 EGBGB, Rn. 66; Soergel/Schurig, Art. 25 EGBGB, Rn. 113a, Fn. 15.

Betrachtet man das Verhältnis von § 25 RAG zu § 26 RAG, so stellt sich § 26 RAG als die speziellere, dem § 25 RAG vorgelagerte Kollisionsnorm dar. § 26 RAG trennt einen Teil der Erbrechtsverhältnisse aus dem allgemeinen Erbstatut heraus und knüpft diese gesondert an. Insofern enthält § 26 RAG eine Ausnahme zu den allgemeinen Grundsätzen des § 25 RAG hinsichtlich der Beurteilung von letztwilligen Verfügungen. § 26 RAG ist also kein Teilbereich des § 25 RAG, sondern eine Ausnahmeregelung dazu.[430]
Da es sich um eine spezielle Anknüpfung handelt, die nicht von dem nach § 25 II RAG bestimmten Erbstatut erfaßt wird, ist bezüglich der von § 26 RAG geregelten Teilfragen auf die allgemeinen interlokalen Anknüpfungsgrundsätze, also die analoge Anwendung der Art. 3ff. EGBGB,[431] zurückzugreifen, was oftmals übersehen wird. Über Art. 3 III EGBGB beruft das deutsche Recht, abweichend von den Fällen einer allgemeinen Anknüpfung,[432] nur denjenigen Bereich, der von der „besonderen Vorschrift" des ausländischen Rechts umfaßt wird. Bei § 26 RAG handelt es sich aber, anders als bei § 25 II RAG, nicht um eine besondere Vorschrift i.S. des Art. 3 III EGBGB. Deshalb kommt § 26 RAG nur in den Fällen zur Anwendung, in denen die Artt. 25, 26 EGBGB auf das Recht der ehemaligen DDR verweisen, ohne daß eine Übereinstimmung mit der Anwendung des Belegenheitsrechtes bezüglich des übrigen Erbstatuts bestehen muß.
Dies hat zur Folge, daß § 25 II RAG und § 26 RAG meistens nicht zusammen angewandt werden. In den Fällen des § 25 II RAG handelt es sich um einen Erblasser, der seinen „letzten gewöhnlichen Aufenthalt" nicht im Gebiet der ehemaligen DDR hatte und der auch nicht „effektiver Staatsbürger der DDR war.[433] Deshalb führt eine mögliche Verweisung nach Art. 25 EGBGB für den Teilbereich in keinem Fall zum Recht der ehemaligen DDR. Im Rahmen des Art. 26 EGBGB handelt es sich in den Fällen des Art. 26 I-IV EGBGB mit Ausnahme des Art. 26 I Nr. 5 EGBGB um eine Sachnormverweisung,[434] so daß eine Anwendung des § 26 RAG ausgeschlossen ist. Lediglich im Rahmen des Art. 26 V 1 EGBGB sowie des Art. 26 I Nr. 5 EGBGB kann es also zu einer Anwendung des § 26 RAG in Fällen des § 25 II RAG kommen.

---

[430] Dörner, DNotZ 1977, 324, 331 ff. Er bezeichnet § 26 zwar nur als Ausnahme zu § 25 I RAG, da er aber schon § 25 II RAG als Ausnahme zu Art. 25 I RAG sieht, kann dem Zusammenhang entnommen werden, daß er § 26 RAG als Ausnahme zur Ausnahme begreift. Johnen/Schotten, DtZ 1991, 225, 227 f.; völlig eindeutig insoweit Ministerium der Justiz der DDR (Hrsg.); Kosewähr, Kommentar zum RAG, § 25, 0, d, § 26, 0.

[431] Vgl. die Nachweise in Fn. 425.

[432] Staudinger/Dörner, Art. 25 EGBGB, Rn. 628.

[433] Insoweit wurde eine übereinstimmende Auslegung von Art. 25 EGBGB und § 25 I RAG hergestellt, so daß es nicht zu einer Rückverweisung durch § 25 I RAG kommen konnte, da in den Begriff des letzten gewöhnlichen Aufenthalts auch die Frage der effektiven deutschen Staatsbürgerschaft miteinbezogen wurde (vgl. Dörner, DNotZ 1977, 324, 325 ff.; MüKo/Birk, Art. 25 EGBGB, Rn. 372 ff.; Wasmuth, DNotZ 1992, 3, 5 f.).

[434] Palandt/Heldrich, Art. 26 EGBGB, Rn. 2; Staudinger/Dörner, Art. 26 EGBGB, Rn. 27, 32.

Auch wenn dieses Ergebnis verwundert, so findet dies in der Konstruktion des DDR-Rechts seine Begründung, da die DDR in ihrem IPR eine abweichende Anknüpfung für Grundstücke bestimmt hat. Auch wird dieses Ergebnis dadurch gemildert, daß sich in den meisten von § 26 RAG ausgenommenen Fragen die Anknüpfung im deutschen IPR gleichfalls nach dem in § 26 RAG festgelegten Errichtungsstatut bestimmt, so daß nach beiden Anknüpfungen das gleiche materielle Recht zur Anwendung kommt.
Wendet man die hier gefundene Lösung auf den vom KG entschiedenen Fall an, so ergibt sich folgendes: Da sich die Anfechtung des Testaments aufgrund des § 26 RAG nicht nach dem Erbstatut des § 25 II RAG richtet, ist sie gesondert anzuknüpfen. Dies geschieht nach den Artt. 25, 26 EGBGB. Im deutschen Recht ist es umstritten, ob sich die Anfechtung wegen Willensmängeln[435] nach dem Errichtungs- oder nach dem Erbstatut bestimmt.[436] Da der Erblasser schon zum Zeitpunkt der Errichtung seinen ständigen Aufenthalt in der BRD hatte,[437] stimmen beide im vorliegenden Fall überein. Eine Entscheidung kann also offen bleiben. Anwendbar war deutsches Sachrecht.[438]

Darüber hinaus war die Lösung des KG in einem weiteren Punkt fehlerhaft. Eine Rück- oder Weiterverweisung durch das ausländische Kollisionsrecht ist bei Art. 3 III EGBGB prinzipiell nicht möglich, selbst wenn man die Verweisung auf das ausländische Kollisionsrecht erstreckt. Nach der Struktur der besonderen Vorschriften, die durch Art. 3 III EGBGB berufen werden, ist es erforderlich, daß zumindest inzident eine kollisionsrechtliche Vorschrift besteht, die das eigene Belegenheitsrecht für anwendbar hält.[439] Demzufolge erübrigt sich die Prüfung einer Rück- oder Weiterverweisung.[440]

---

435 Die Anfechtung gemäß § 2079 BGB richtet sich für beide Ansichten nach dem Erbstatut, da es sich um die Beurteilung zukünftiger Entwicklungen handelt.

436 Für eine Anknüpfung nach dem Erbstatut, BGH, Beschl. v. 6. 7. 1977, FamRZ 1977, 786, 787; BayOLG, Beschl. vom 1. 2. 1980, BayOLGZ 1980, 42, 48; Palandt/Heldrich, Art. 25 EGBGB, Rn. 12; ders., Art. 26 EGBGB, Rn. 8. Für das Errichtungsstatut, Staudinger/Dörner, Art. 25 EGBGB, Rn. 239; Erman/Hohloch, Art. 26 EGBGB, Rn. 27; v. Bar IPR II, Rn. 381, Fn. 151; zur älteren Literatur Staudinger[12]/Firsching, vor Art. 24-26 EGBGB, Rn. 89 ff.

437 Dies kann man der Bemerkung auf S. 763 unten der Entscheidung entnehmen.

438 Man kommt so, wie oben dargestellt, auf einem anderen Weg zur Anwendung des deutschen Sachrechts.

439 Vgl. o. S. 171 ff.

440 Staudinger/Dörner, Art. 25 EGBGB, Rn. 543; wohl auch Staudinger/Hausmann, Art. 3 EGBGB, Rn. 66.

e) Abgrenzung des Vermögensstatuts zum Sachstatut

Das Problem der Abgrenzung des Vermögens- vom Sachstatut gehört im Bereich des Art. 3 III EGBGB zu den schwierigsten Fragen und ist ein Grund für die vielen Unsicherheiten, die bei Art. 3 III EGBGB bestehen. Mit Sicherheit liegt dies an der oftmals nicht eindeutigen Terminologie.[441] So wird in vielen Fällen von dem Einzelstatut gesprochen, ohne zwischen dem sachenrechtlichen Einzelstatut und dem vermögensrechtlichen Einzelstatut zu trennen. Um den bestehenden Unterschied auch sprachlich auszudrücken, wird deshalb vorgeschlagen, zwischen vermögensrechtlichem Gesamtstatut, vermögensrechtlichem Sonderstatut und sachenrechtlichem Einzelstatut zu unterscheiden.[442] Besser erscheint es aber, um den vornehmlich bei Art. 3 III EGBGB geprägten Begriff des vermögensrechtlichen Einzelstatuts beibehalten zu können, zwischen Einzelstatut und Sachstatut als *sachenrechtlichem* Einzelstatut zu differenzieren.[443]

Ausgangspunkt der Abgrenzung von Vermögens- und Sachstatut ist, daß sich Art. 3 III EGBGB nur auf die Vermögensstatute des 3. und 4. Abschnitts bezieht. Das Sachstatut regelt hingegen allein die sachenrechtlichen Tatbestände des jeweiligen Gegenstandes und bestimmt sich kollisionsrechtlich in nahezu allen Rechtsordnungen nach der lex rei sitae.[444] Insofern sind die beiden Statute klar voneinander getrennt; das eine regelt die Zusammenfassung mehrerer Gegenstände zu einem Vermögen und die daraus folgende rechtliche Behandlung, das andere regelt die eigentumsrechtlichen Fragen. Eine Überschneidung tritt dann auf, wenn das Vermögensstatut auch sachenrechtliche Fragen regelt, wie den Erwerb oder Verlust von Gegenständen durch Erbfolge, Heirat etc. Insofern besteht eine Konkurrenz zwischen beiden Statuten, die teilweise zugunsten des Vermögensstatuts,[445] teilweise zugunsten des Sachstatuts entschieden wird. Allerdings läßt man vielfach eine Geltung der lex rei sitae in den Fällen zu, in denen die Gesamtnachfolge eine Rechtsfolge anordnet, die sich von der Art des dinglichen Rechts nicht mit der sachenrechtlichen Ordnung des Belegenheits-

---

[441] Vgl. o. S. 32.

[442] So Stoll, IntSachenR, Rn. 182; inzident auch Wolf, IPR, 81 f.

[443] Die Begriffsbestimmung entspricht insofern der natürlichen Betrachtungsweise, da der Begriff Sachstatut bereits impliziert, daß sich das Statut auf die sachenrechtlichen Fragen bezieht.

[444] Vgl. für das deutsche Recht die durch Gesetz vom 21. 5. 1999 eingefügten Artt. 43 ff.

[445] Nishitani, IPRax 1998, 74, 75; Staudinger/Stoll, IntSachenR, Rn. 181; Kropholler, IPR, § 54 I 2; Palandt/Heldrich, Art. 25 EGBGB, Rn. 11; v.Bar, IPR I, Rn. 533; Kegel/Schurig IPR, § 19 II; teilweise a.A. RG, Urt. v. 2. 10. 1930, IPRspr. 1930, Nr. 88; MüKo/Birk, Art. 25 EGBGB, Rn. 167, 169; Nußbaum, IPR, 301; Staudinger/Dörner, Art. 25 EGBGB, Rn. 43; Tiedemann, Internationales Erbrecht, 100, die von einem generellen Vorrang des Sachstatuts ausgehen (ausführlich dazu im folgenden).

statuts verträgt.[446] Bildlich gesehen führt das vermögensrechtliche Einzelstatut zu einer vertikalen Abspaltung auf vermögensrechtlicher Ebene, wohingegen das Sachstatut horizontal die sachrechtlichen Fragen abtrennt. Dies zeigt sich daran, daß die qualifikationsrechtlichen Probleme des Sachstatuts wie die Einordnung des Vindikationslegats unabhängig von der Frage Einzel- und Gesamtstatut auftreten.
Betrachtet man die Begründungen, die für die jeweilige Einordnung gegeben werden, so erweist sich, daß die theoretischen Aspekte häufig nicht ausreichend Beachtung finden.[447] Als Gründe für das jeweilige Ergebnis wird z.B. angeführt, daß sich das Einzelstatut gegenüber dem Gesamtstatut durchsetzen würde.[448] Andere gehen von einer Unvereinbarkeit mit der jeweiligen Sachrechtsordnung aus und erkennen deshalb deren Vorrang an.[449] Weitere Ansichten stützen ihre Lösung auf Art. 3 III EGBGB[450] bzw. auf den ordre public.[451] Eine letzte Ansicht behandelt die Frage als Qualifikationsproblem[452] und löst sie zugunsten des Sachstatuts.

In der Tat ist die zu klärende Frage die qualifikationsrechtliche Grenzziehung zwischen Vermögens- und Sachstatut. Hier ergibt sich eine gewisse, oftmals schwer erkennbare, weil nicht explizit ausgesprochene Differenzierung.[453] Wäh-

---

[446] BGH, Urt. v. 28. 9. 1994, IPRax 1996, 39 ff.; Dörner, IPRax 1996, 26 ff.; Nishitani, IPRax 1998, 74, 76 f.; Staudinger/Stoll, IntSachenR, Rn. 191 m.w.N.; dagegen z.B. Looschelders, Anpassung, 407 ff. m.w.N.

[447] Vielfach wird das Verhältnis in der Weise charakterisiert, daß man von einer Billigung durch die lex rei sitae spricht (so z.B. Firsching/v.Hoffmann, IPR, § 9 Rn. 31).

[448] So wohl MüKo/Birk, Art. 25 EGBGB, Rn. 169; Tiedemann, Internationales Erbrecht, 40 f.; Staudinger/Dörner, Art. 25 EGBGB, Rn. 43.

[449] Palandt/Heldrich, Art. 25 EGBGB, Rn. 11; v.Bar, IPR II, Rn. 377; Soergel/Schurig, Art. 25 EGBGB, Rn. 24; Kropholler, IPR § 54 I 2.

[450] Raape, IPR, § 56 VII 6 (591 f.) mit dem Argument a maiore ad minus; Ferid, IPR, 7-30, 7-33; Schlosshauer-Selbach, IPR, Rn. 340.

[451] So wohl van Venrooy, ZvglRWiss 85 (1986) 205, 229 ff.; Raape IPR, § 56 VII 6 (S. 591 f.) sieht lediglich den Grundgedanken des ordre public in der Geltung der Sachenrechtsordnung verkörpert.

[452] BGH, Urt. v. 28. 9. 1994, IPRax 1996, 39, 40 f.; Staudinger/Stoll, IntSachenR, Rn. 184; Soergel[11]/Kegel, vor Art. 7 EGBGB, Rn. 564; Melchior, RabelsZ 3 (1929) 733, 749 mit etwas anderer Lösung; Looschelders, Anpassung, 405 ff., der erbrechtlich qualifiziert, dabei jedoch die jeweilige Sachenrechtsordnung berücksichtigen will (S. 130; 410).

[453] Eine Zwischenmeinung vertritt Stoll.Er ordnet die Vermögensgestaltung generell dem Gesamtstatut zu (Staudinger/Stoll, IntSachenR, Rn. 181), will aber in Einzelfällen, wie beim Vindikationslegat abweichend qualifizieren (Staudinger/Stoll, IntSachenR, Rn. 184). Dagegen spricht jedoch, daß die Fragen der Übertragung entweder sachen- oder vermögensrechtlich qualifiziert werden können. Folgt man der letzteren Lösung, muß man eine abweichende Lösung für die Einschränkung des Gesamtstatuts zu suchen.

rend ein Teil der Autoren[454] prinzipiell sämtliche sachenrechtliche Fragen dem Gesamtstatut zuschlagen und lediglich bei unerträglichen Widersprüchen mit der Sachenrechtsordnung davon abweichen wollen, grenzen andere Autoren[455] in der Weise ab, daß die dinglichen Wirkungen beim Sachstatut verbleiben. Während danach das Erbstatut also darüber entscheidet, wer Erbe wurde, welche Nachlaßteilhaberechte existieren, wem sie zustehen und auf welche Weise sich der Erwerb vollzieht (Zwischenerwerb, Vonselbsterwerb), sollen die Existenz und die Ausgestaltung der einzelnen Vermögensrechte sowie die Voraussetzungen seiner Entstehung, Übertragung und seines Erlöschens dem Sachstatut unterliegen. Kenne also das deutsche Belegenheitsrecht das vom Erbstatut zugewiesene Recht seiner Art nach nicht oder ermögliche es einen Rechtsübergang nicht in der vom Erbstatut vorgesehenen Weise, so könne das deutsche Sachstatut Vorrang beanspruchen.
Der Unterschied beider Ansichten, auch wenn sie, wie bei der Einordnung des Vindikationslegats, häufig zu denselben Ergebnissen kommen, ist fundamental. Ein Vorrang des Sachstatuts führt nämlich von Beginn an zu einer Begrenzung auf die jeweilige Sachenrechtsordnung. Dingliche Zuordnungen der ausländischen Rechtsordnung können nur insoweit berücksichtigt werden, wie diese im deutschen Recht möglich sind. Demgegenüber führt eine vermögensrechtliche Qualifikation grundsätzlich zu einer Beachtung sämtlicher ausländischen sachenrechtlichen Vorgänge. Die Nichtbeachtung des ausländischen Sachenrechts erfordert dann immer eine gesonderte Begründung. Auch an eine Anwendung des Art. 3 III EGBGB kann nur in letzterem Fall gedacht werden, da Art. 3 III EGBGB von seinem Anwendungsbereich her nur eine Geltung der lex rei sitae für *vermögensrechtliche*, nicht aber für sachenrechtliche Einzelstatute anordnet.

Als Grund für den Vorrang des Sachstatuts vor dem Vermögensstatut wird genannt, daß die rechtliche Zusammenfassung verschiedener Gegenstände zu einer Vermögenseinheit der Anerkennung durch das für den einzelnen Gegenstand maßgebliche Recht bedürfe und ein Vermögensstatut seine Herrschaft über den Einzelgegenstand nur aufgrund einer Anerkennung durch das Einzelstatut gewinnen könne. Diese These beruht auf einem nicht haltbaren völkerrechtlichen Modell des IPR und kann deshalb keine Hilfe für die Qualifikationsentscheidung sein.[456] Vielmehr dürfte der Gedanke, daß sich eine Vermögenseinheit grundsätzlich auf den gesamten Bereich der Zuordnung von Gegenständen einschließlich der dazugehörigen sachenrechtlichen Fragen bezieht, dazu führen, auch die sachenrechtlichen Fragen vermögensrechtlich zu qualifi-

[454] Palandt/Heldrich, Art. 25 EGBGB, Rn. 11 mit der Einschränkung über Art. 3,III EGBGB; Tiedemann, Internationales Erbrecht, 100 f.; Looschelders, Anpassung, 409 f.; Kropholler, IPR § 54 I 2; Soergel/Schurig, Art. 25 EGBGB, Rn. 24; v.Bar, IPR I, Rn. 533.

[455] Staudinger/Dörner, Art. 25 EGBGB, Rn. 43; ders. IPRax 1996, 26, 27; MüKo/Birk, Art. 25 EGBGB, Rn. 169 ff.; wohl ebenso BGH, Urt. v. 28. 9. 1994, IPRax 1996, 39, 40 f.

[456] Vgl. u. S. 230 ff.

zieren.[457] Das Prinzip der Einheit des Vermögensstatuts, dem das deutsche Recht anhängt, muß dann auch zu einer Berücksichtigung von Folgen führen, die aus fremden Vermögensstatuten entstehen. Auch die Tatsache, daß es bei der sachenrechtlichen Qualifikation im Grundsatz nur darum geht, daß tragende Prinzipien des deutschen materiellen Sachenrechts nicht verletzt werden, und nicht darum, allgemein die vermögensrechtlichen Übertragungstatbestände als sachenrechtlich zu qualifizieren, führt zu einer Qualifikation als vermögensrechtlich, da diese Prinzipien auf anderem Weg berücksichtigt werden können.

Hat man sich prinzipiell für eine Qualifikation als vermögensrechtlich entschieden, so stellt sich die Frage, ob und inwieweit die jeweilige materielle Sachenrechtsordnung zu berücksichtigen ist. Daß eine Berücksichtigung in bestimmten Fällen stattzufinden hat, ist unzweifelhaft. Eine Einbeziehung über Art. 3 III EGBGB ist nicht möglich, da es sich bei der materiellen Sachenrechtsordnung nicht um „besondere Vorschriften" handelt, sondern um allgemeine Regelungen. Eine Beachtung der lex rei sitae als sachenrechtliche Kollisionsnorm scheidet wegen der Qualifikation als vermögensrechtlich aus. Aus diesem Grund sind die tragenden Prinzipien der Sachenrechtsordnung als „wesentliche Prinzipien des deutschen Rechts" zu verstehen und über Art. 6 EGBGB zu beachten.[458]

2) Die Gegenstände des Art. 3 III EGBGB

Dieser Teil der Arbeit befaßt sich mit den Gegenständen, die unter Art. 3 III EGBGB subsumiert werden können. Dabei widmet sich der Abschnitt zunächst Fragen der Belegenheit bei Art. 3 III EGBGB, insbesondere ob die Belegenheit anhand der lex fori oder der lex rei sitae bestimmt wird und wo Forderungen belegen sind. Im Anschluß daran werden die besonders problematischen Gegenstände wie Gesamthands-, Gesellschaftsanteile und Versorgungsanwartschaften einer genaueren Betrachtung unterzogen.

a) Sachen und Rechte, Bestimmung der Belegenheit

Art. 3 III EGBGB spricht dem Wortlaut nach nur von „Gegenständen". Dennoch ist allgemein anerkannt,[459] daß die Vorschrift in einem umfassenderen

---

[457] Loosschelders, Anpassung, 409 f. Dieses Argument findet sich auch bei Staudinger/v.Bar/Mankowski, Art. 15 EGBGB, Rn. 389, 394 und v.Bar, IPR I, Rn. 533.

[458] Tiedemann, Internationales Erbrecht, 102 f.

[459] Staudinger/Hausmann, Art. 3 EGBGB, Rn. 72; MüKo/Sonnenberger, Art. 3 EGBGB, Rn. 35; Erman/Hohloch, Art. 3 EGBGB, Rn. 14; Palandt/Heldrich, Art. 3 EGBGB, Rn. 12; Soer-gel/Kegel, Art. 3 EGBGB, Rn. 22; Habicht, IPR, 221; Kropholler, IPR, § 26 II 3; Staudinger/Dörner, Art. 25 EGBGB, Rn. 526; Tiedemann, Internationales Erbrecht, 42 f.; Piltz,

Sinn zu verstehen und außer auf körperliche (unbewegliche wie bewegliche) Gegenstände auch auf sonstige Vermögensrechte wie Forderungen,[460] Urheber- und andere gewerbliche Schutzrechte, Gesellschaftsanteile, Patente etc. anzuwenden ist.

Problematisch ist in diesem Zusammenhang die Frage, welches Recht darüber zu entscheiden hat, wo der jeweilige Gegenstand oder das jeweilige Recht belegen ist. Gerade bei Rechten kann sich dies, anders als bei Gegenständen, wo es sich meist nur um eine Tatfrage handelt,[461] als schwierig erweisen, wenn mehrere Rechtsordnungen die Belegenheit für sich beanspruchen.

aa) Bestimmung der Belegenheit nach der lex fori oder der lex rei sitae

Die herrschende Meinung[462] hat dazu folgende Grundsätze entwickelt: Die Frage, wo ein Gegenstand i.S. des Art. 3 III EGBGB belegen ist, entscheidet das deutsche Recht. Demgegenüber bestimmen die besonderen Vorschriften des Belegenheitsstaates, welche Gegenstände erfaßt werden.[463] Die Gegenansicht[464] stimmt lediglich dem letzten Teil zu. Darüber hinaus will sie auch die Belegenheit des Gegenstandes von der lex rei sitae und nicht von der lex fori bestimmen lassen. Zu beachten ist, daß sich die gleiche Frage auch bei dem Rechtswahltat-

---

FamRZ 1979, 991, 992; inzident ebenso LG Traunstein, Urt. v. 23. 4. 1986, IPRspr. 1986 Nr. 111, 253 f.; OLG München, Urt. v. 14. 1. 1987, WM 1987, 809, 809 (ohne inhaltliche Äußerung). Nicht klar Lüderitz, IPR, Rn. 168, der lediglich von "Gegenständen" spricht, ohne jedoch Rechte ausdrücklich auszuschließen.

[460] Im dem Fall des LG Traunstein, Urt. v. 23. 4. 1986, IPRspr. 1986 Nr. 111, 253 f.; OLG München, Urt. v. 14. 1. 1987, WM 1987, 809, 809 (Berufungsinstanz), handelte es sich um ein Sparbuch.

[461] Frankenstein, IPR I, 514.

[462] RG, Urt. v. 21. 12. 1935, JW 1936, 2466, 2469; LG Hamburg, Urt. v. 28. 11. 1972, IPRspr. 1972, Nr. 127 (obiter); Staudinger/Hausmann, Art. 3 EGBGB, Rn. 72; Soergel/Kegel, Art. 3 EGBGB, Rn. 22; Tiedemann, Internationales Erbrecht, 43 ff; Ferid/Firsching/Lichtenberger, IntErbR II, Deutschland Grdz., Rn. 50; Kropholler, IPR, § 26 II 3; Staudinger[9]/Raape, Art. 28 EGBGB a.F., B II (S. 764 f.); ders., IPR, § 38 A I 3 (S. 420); Zeuge, Recht der belegenen Sache, 35; inzident LG Traunstein, Urt. v. 23. 4. 1986, IPRspr. 1986 Nr. 111, 253 f.; OLG München, Urt. v. 14. 1. 1987, WM 1987, 809, 809.

[463] Neben den genannten Autoren, z.B. OLG Zweibrücken, Beschl. v. 20. 7. 1992, DtZ 1992, 360, 360 (interlokal). Auch das anglo-amerikanische Recht läßt das jeweilige Lagerecht über die Frage entscheiden, was zum unbeweglichen Vermögen zu zählen ist und was nicht (vgl. dazu Jayme, ZfRV 17 (1976) 93, 93 ff. (dort auch ausführlich zur Qualifikationsrückverweisung); Neuhaus, RabelsZ 17 (1954) 554, 556 ff.; Soergel/Schurig, Art. 25 EGBGB, Rn. 80).

[464] Frankenstein, IPR I, 514; Erman[7]/Arndt, Art. 28 EGBGB a.F., Rn. 7; Staudinger/Dörner, Art. 25 EGBGB, Rn. 532.

bestand des Art. 15 II Nr.3 EGBGB stellt und sich die h.M. dort ebenfalls für eine Anknüpfung der Belegenheit an der deutschen lex fori entscheidet.[465]

Nach dem Stand der heutigen Dogmatik[466] ist grundsätzlich von einer Bestimmung der Belegenheit anhand der lex fori, also nach deutschem Recht auszugehen, was auch von der Gegenmeinung[467] anerkannt wird. Eine Abweichung von diesem Grundsatz solle sich aber für Art. 3 III EGBGB aus der Struktur der Norm ergeben. Art. 3 III EGBGB ordne die Geltung des Belegenheitsrechts nur insoweit an, wie diese Rechtsordnung für bestimmte Vermögensgegenstände, die sie in ihrem Geltungsbereich für belegen ansehe, besondere Vorschriften enthalte. Deshalb sei das Verständnis der deutschen Norm gewissermaßen akzessorisch an den Begriffsinhalten des Belegenheitsrechts auszurichten.[468] Praktisch könne die Anknüpfung an der lex causae in der Weise geschehen, daß danach gefragt werde, „ob eine Rechtsordnung, auf deren Gebiet bei natürlicher Betrachtung bestimmte Vermögensgegenstände belegen sein könnten, diese Gegenstände in der Tat als in ihrem Geltungsbereich belegen ansieht und besonderen Vorschriften unterwirft".[469]

Gegen die Bestimmung der Belegenheit nach der lex causae im Rahmen von Art. 3 III EGBGB wurde argumentiert,[470] daß diese zu einem Zirkelschluß führe.[471] Das allgemein gegen die Qualifikation nach der lex causae vorgebrachte Argument des Zirkelschlusses vermag jedoch auch hier, wie die tatsächliche Bestimmung des Ortes der Belegenheit nach der lex causae durch die Mindermeinung zeigt, nicht zu überzeugen und gilt generell als widerlegt.[472]

---

[465] Vgl. u. S. 318 sowie Staudinger/v.Bar/Mankowski, Art. 15 EGBGB, Rn. 165; Kötters, Parteiautonomie, 55.

[466] Die bestehenden Fragen, ob es sich in unserem Fall um eine Qualifikation (so das RG, Urt. v. 21. 12. 1935, JW 1936, 2466, 2469; Raape, IPR, § 38 A I 3 (S. 420); Tiedemann, Internationales Erbrecht, 43 ff.), eine Vorfrage (Zeuge, Recht der belegenen Sache, 34) oder einen Fall der Auslegung handelt (vgl. dazu Kropholler, IPR, § 14 I 3) und nach welcher Methode grundsätzlich zu qualifiziern bzw. auszulegen ist (vgl. dazu z.B. Palandt/Heldrich, vor Art. 3 EGBGB, Rn. 27 f.; v.Bar, IPR I, Rn. 581 ff. m.w.N.) werden weggelassen, da die Beantwortung den Rahmen der Arbeit sprengen würde. Auch werden die Theorien in ihrer Reinform nicht mehr vertreten, so daß es mehr auf die hier erörterten Einzelfragen, als auf die theoretische Einordnung ankommt.

[467] Dörner, DNotZ 1988, 67, 99 f.

[468] Dörner, DNotZ 1988, 67, 99 f. Nichts anderes meint auch Frankenstein, IPR I, 514, wenn er schreibt: " Ob nun ein Recht, für das ein Einzelstatut Geltung beansprucht, sich im Gebiet dieses Einzelstatuts befindet, kann nur dasselbe Einzelstatut entscheiden."

[469] Staudinger/Dörner, Art. 25 EGBGB, Rn. 532.

[470] Tiedemann, Internationales Erbrecht, 44 f.

[471] So grundsätzlich Ferid, IPR, 4-14 gegen Wolff, IPR, 49 ff.

[472] Vgl. v.Bar, IPR I, Rn. 585, 595 ff.; ausführlich Weber, Qualifikation, 126 ff.

Schwerer wiegt das Argument der Normenhäufung,[473] wenn also mehrere Staaten einen Gegenstand i.S. des Art. 3 III EGBGB als in ihrem Land belegen ansehen und für diesen Gegenstand besondere Vorschriften aufweisen, was insbesondere bei einer Forderung auftreten kann, da diese keine reelle Belegenheit besitzt. Die gegen das Argument der Normhäufung gemachte Einwendung, daß das deutsche Recht in einem solchen Fall, dem Prinzip der Durchsetzbarkeit folgend, jenem Recht den Vorzug geben sollte, das sein Gebot durchzusetzen vermag,[474] kann als Entscheidungskriterium nicht weiterhelfen und zeugt von der Hilflosigkeit der Mindermeinung in dieser Konstellation; denn wie soll aus deutscher Sicht entschieden werden, welches der ausländischen Rechte sich durchzusetzen vermag und was hat zu geschehen, wenn mehrere oder keine Rechtsordnung sich durchsetzen kann.
Entscheidend für eine Bestimmung nach der lex fori ist aber vor allem, daß die Mindermeinung nicht mit der Systematik des Art. 3 III EGBGB übereinstimmt. Betrachtet man den Wortlaut, so spricht Art. 3 III EGBGB von Gegenständen, „die sich nicht in diesem Staat befinden und nach dem Recht des Staates in dem sie sich befinden, besonderen Vorschriften unterliegen." Diese Formulierung zeigt, daß die Bestimmung der Belegenheit unabhängig von der Frage der besonderen Vorschriften geregelt ist und nicht von diesen beeinflußt wird. Vielmehr ordnet Art. 3 III EGBGB eine Vorgehensweise in zwei Schritten an: Zunächst ist der Ort der Belegenheit zu bestimmen und erst im Anschluß daran ist zu klären, ob für die so ermittelten Gegenstände besondere Vorschriften bestehen.
Dabei ist zudem zu beachten, daß die Prüfung, die die Mindermeinung schon im Rahmen der Belegenheit vornimmt, von der herrschende Meinung innerhalb des Tatbestandsmerkmals der besonderen Vorschriften durchgeführt wird. Für das Bestehen einer besonderen Vorschrift ist es erforderlich, daß gerade der Staat, in dem der anhand der lex fori bestimmte „Gegenstand" belegen ist, eine besondere Vorschrift bereit hält.[475] Eine besondere Vorschrift dieses Staates kann aber nur dann bestehen, wenn dieser ebenfalls von einer Belegenheit in seinem Gebiet ausgeht. Insofern findet eine *Doppelprüfung* sowohl nach der lex fori als auch nach der lex causae statt mit dem Vorteil, daß auf diese Weise eine Normenhäufung vermieden werden kann.

[473] Kahn, JherJb. 30 (1891) 1, 129 ff.; v.Bar IPR I, Rn. 598; Kegel/Schurig, IPR, § 7 III 2 b; Weber, Qualifikation, 126 ff. Ein Fall des Normenmangels kann in diesem Zusamenhang schon logisch nicht eintreten, weil dann keine besondere Vorschriften bestehen und damit das allgemeine Vermögensstatut Anwendung findet.

[474] Erman[7]/Arndt, Art. 28 EGBGB a.F., Rn. 7.

[475] Tiedemann, Internationales Erbrecht, 45 f.

bb) Bestimmung der Belegenheit im einzelnen, insbesondere die Belegenheit von Forderungen

Daran anschließend ergibt sich die Frage, wie die Belegenheit im einzelnen zu bestimmen ist. Unproblematisch ist die Bestimmung der Belegenheit für körperliche Gegenstände (§ 90 BGB). Hier handelt es sich um eine reine Tatfrage.[476] Zu beachten ist, daß der Kreis der betroffenen Gegenstände vom Belegenheitsstaat bestimmt wird, was insbesondere bei der Frage interessant ist, welche Gegenstände und Rechte zum unbeweglichen Vermögen gehören.[477] Äußerst schwierig ist demgegenüber die Bestimmung der Belegenheit von Forderungen und sonstigen Vermögensrechten bei Art. 3 III EGBGB. Das Problem besteht darin, daß sich bei nichtkörperlichen Gegenständen jede Belegenheit als fiktiv erweist.[478]

Als Lösung wurde zunächst eine Anknüpfung nach § 2369 II 2 BGB vorgeschlagen,[479] die jedoch sehr schnell in Kritik geriet.[480] Im folgenden wurde dann eine Anknüpfung nach § 23 II ZPO[481] bzw. eine Anknüpfung nach den Regeln des internationalen Enteignungsrechtes[482] befürwortet. Nicht oder kaum in Betracht gezogen wurde bisher der Erfüllungsort der Forderung, das Forderungsstatut oder der Wohnsitz des Gläubigers.[483]

(1) Grundsätzliche Erwägungen

Ausgangspunkt für die Abwägung zwischen den unterschiedlichen Anknüpfungsmöglichkeiten sind die grundlegenden Überlegungen, die Wengler[484] zur Belegenheit von Rechten angestellt hat. Anders als die Belegenheit von Sachen, erweist sich die Belegenheit von Rechten aufgrund ihrer Nichtkörperlichkeit als äußerst unsicher. Die Probleme, die daraus entstehen, werden offensichtlich,

---

476 Tiedemann, Internationales Erbrecht, 46.

477 Zum Umfang des unbeweglichen Vermögens nach deutschem Recht u. S. 318 ff.

478 Grundlegend Wengler, FS der Universität der Berlin, 285 ff., Schack, IZPR, Rn. 960.

479 Staudinger[9]/Raape, Art. 28 EGBGB a.F., B I (S. 765); wohl ebenso RG, Urt. v. 21. 12. 1935, JW 1936, 2466, 2469.

480 Zunächst jedoch ohne daß andere konkrete Anknüpfungspunkte unterbreitet wurden (vgl. Habicht, IPR, 221; Frankenstein, IPR I, 514 (von einem anderen Ausgangspunkt her); Nussbaum, IPR, 83 ff.; Zeuge, Recht der belegenen Sache, 34).

481 Nussbaum, IPR, 83 ff.; Tiedemann, Internationales Erbrecht, 46 ff.

482 Soergel/Kegel, Art. 3 EGBGB, Rn. 22.

483 MüKo/Kreuzer, Nach Art. 38 EGBGB Anh. III, Rn. 58.

484 Wengler, FS der Universität Berlin, 285 ff. Den Ausführungen ist vieleicht nicht in allen Punkten zuzustimmen, sie zeigen jedoch mit unübertroffener Klarheit und Schärfe die Probleme auf, die bei der Belegenheit von Rechten bestehen.

stellt man die Fragen, die Wengler am Anfang seiner Untersuchung aufführt:[485] „Ist ein Recht in einem bestimmten Gebiet oder an einem bestimmten Ort (Punkt) belegen? Ist ein Recht stets nur in einem Gebiet, bzw. an einem Ort, belegen, oder gibt es auch mehrfache Belegenheit von Rechten?"

Aus den Fragen läßt sich bereits erkennen, daß mit dem Ort der Belegenheit in aller Regel die Vorstellung eines spezifischen, sich aus der Lage im Raum ergebenden Anknüpfungsmoments verbunden ist. Da eine räumliche Belegenheit bei einer Forderung nicht besteht, muß sich der mögliche Anknüpfungspunkt aus anderen Gesichtspunkten herleiten lassen.[486] Genau formuliert bestimmt sich die Lage der Forderung in Wirklichkeit nach dem gewünschten Anknüpfungspunkt und nicht umgekehrt.
Interessant ist eine von Wengler[487] beobachtete Gegebenheit; so kann es, bestimmt man die Belegenheit von subjektiven Rechten anhand der dafür bestehenden Rechtsschutzmöglichkeiten, zu einer mehrfachen Belegenheit des Rechtes kommen. Diese Tatsache ist an sich aber nicht ungewöhnlich. Vielmehr tritt der gleiche Effekt auch bei dem Eigentum an einer Sache auf; auch hier gibt es eine Hauptbelegenheit der Sache und weitere Orte, an denen Rechtsschutz bezüglich dieses Eigentums geleistet wird. Eine vergleichbare Situation könne auch bei Rechten bestehen, so daß man von einem Hauptrecht oder einer Hauptbelegenheit und Nebenrechten oder einer Nebenbelegenheit sprechen würde.[488] Offensichtlich sei, daß nur aus dem Zweck der einzelnen Vorschrift, die den Begriff der Belegenheit verwendet, ermittelt werden kann, auf welche der verschiedenen denkbaren Belegenheiten es ankommen soll.[489]

(2) Das Element der Normenhäufung

Die Belegenheit einer Forderung ist demnach für Art. 3 III EGBGB anhand des Sinns und Zwecks der Norm gesondert zu bestimmen, da das deutsche Recht dafür keine einheitliche Anknüpfung kennt.[490] Bei der Diskussion, ob die Belegenheit bei Art. 3 III EGBGB nach der lex fori oder der lex rei sitae zu bestimmen ist, war ein entscheidendes Argument, daß im Rahmen des Art. 3 III EGBGB nicht mit einer mehrfachen Belegenheit operiert werden sollte, da dies die Anwendung mehrerer Vermögensstatute auf eine Forderung zur Folge hätte,

[485] Wengler, FS der Universität Berlin, 285, 288 ff.

[486] Wengler, FS der Universität Berlin, 285, 288.

[487] Wengler, FS der Universität Berlin, 285, 308 ff.

[488] Wengler, FS der Universität Berlin, 285, 308 f.

[489] Wengler, FS der Universität Berlin, 285, 317.

[490] Wengler, FS der Universität Berlin, 285, 319.

was zu einer nicht sinnvollen Normenhäufung führen würde.[491] Um dem Sinn und Zweck des Art. 3 III EGBGB zu entsprechen, muß das Verbot der Normhäufung aber auch für die Frage der Forderungsbelegenheit bei Art. 3 III EGBGB gelten.

Betrachtet man die vorgeschlagenen Lösungen unter diesem Gesichtspunkt, so erweist sich lediglich eine Belegenheit der Forderung am Erfüllungsort, am Wohnsitz des Gläubigers sowie am Forderungsstatut als völlig unproblematisch. Bei einer Bestimmung der Belegenheit nach § 23 S. 2 ZPO ergibt sich hingegen folgendes Bild: § 23 S. 2 ZPO geht grundsätzlich von einer Belegenheit der Forderung am Wohnsitz des Schuldners aus.[492] Die 2.Alt. des § 23 S. 2 ZPO eröffnet jedoch einen zusätzlichen Gerichtsstand für die Fälle, in denen eine Sache für die Forderung als Sicherheit haftet. Der Gläubiger kann dabei im Rahmen des § 23 S. 2 ZPO zwischen den beiden Gerichtsständen wählen.[493] Übertragen auf die Bestimmung der Forderungsbelegenheit würde die vollständige Anwendung des § 23 S. 2 ZPO zu einer Mehrfachbelegenheit führen. Das kann nur vermieden werden, wenn man § 23 S.2 ZPO in der Weise versteht, daß lediglich der Schuldnerwohnsitz für die Bestimmung der Belegenheit entscheidend ist.[494]

Auch eine Bestimmung der Belegenheit anhand des internationalen Enteignungsrechts führt zu nicht eindeutigen Ergebnissen. Zwar sieht die h. M.[495] die Forderung im internationalen Enteignungsrecht ebenfalls als am Wohnsitz des Schuldners belegen an.[496] Ein Teil der Literatur knüpft dagegen[497] für der Enteignung von Forderungen an die Lage des Schuldnervermögens an, da es nur dort zu einer Befriedigung des Gläubigers kommen könne. Bei Art. 3 III EGBGB würde eine solche Bestimmung der Belegenheit wiederum zu einer Vervielfältigung der Anknüpfungspunkte führen, da eine Belegenheit der Forderung in jedem Staat gegeben wäre, in dem der Schuldner Vermögen besäße.

---

491 So ausdrücklich zu Art. 28 EGBGB a.F. Wengler, FS der Universität Berlin, 285, 319 f. In Bezug auf eine Anwendung des § 2369 II 2 BGB ebenso Tiedemann, Internationales Erbrecht, 48.

492 Thomas/Putzo, § 23 ZPO, Rn. 7.

493 Zöller/Vollkommer, § 23 ZPO, Rn. 11; Stein/Jonas/Schumann, § 23 ZPO, Rn. 24.

494 Wengler, FS der Universität Berlin, 285, 320 f.

495 BGH, Urt. v. 1. 2. 1952, BGHZ 5, 35, 38; BGH, Urt. 11. 7. 1957, BGHZ 25, 134, 139; BGH, Urt. v. 25. 2. 1960, BGHZ 32, 97, 99; Reithmann/Martiny/Martiny, IntVR, Rn. 1016; Ebenroth, JZ 1988, 75, 88; MüKo/Kreuzer, Nach Art. 38 EGBGB Anh. III, Rn. 56 ff.; Plassmann, JZ 1962, 17, 19.

496 Begründet wird zumeist mit § 23, 2 ZPO (vgl. BGH, Urt. v. 5. 5. 1977, IPRspr. 1977 Nr. 4; Staudinger/Großfeld, IntGesR, Rn. 861).

497 Staudinger/Stoll, IntSachenR, Rn. 203; Soergel/v.Hoffmann, Art. 38 EGBGB Anh. III, Rn. 37 ff.; Wengler, FS der Universität Berlin, 285, 334 ff.; Kegel, Probleme, 26 ff.; ders. Soergel[11]/Kegel, vor Art. 7 EGBGB, Rn. 820 ff.; Beemelmanns, Die gespaltene Gesellschaft, 109 ff.; Lüderitz, JZ 1961, 443, 444.

Um dies zu vermeiden, kann eine Anknüpfung der Forderungsbelegenheit nach den Grundsätzen des Enteignungsrechts nur im Sinne der h. M., d. h. als eine Anknüpfung am Wohnsitz bzw. am gewöhnlichen Aufenthalt des Schuldners verstanden werden.
Als problematisch erweist sich in dieser Hinsicht auch die Regel des § 2369 II 2 BGB. § 2369 II BGB erklärt einen Anspruch für im Inland befindlich, wenn für die Klage ein deutsches Gericht zuständig ist. Damit bezieht sich § 2369 II 2 BGB nicht nur auf § 23 S. 2 ZPO sondern auf sämtliche durch die ZPO eröffneten Zuständigkeiten, also auch auf die §§ 13 ff, 21, 23, 25, 26, 29, 38 ZPO.[498] Dies führt wiederum zu einer Vielzahl von Belegenheitsorten der Forderung, da die Zuständigkeiten nur teilweise zusammenfallen. Anders als in den vorher aufgezeigten Fällen ist eine Einschränkung auf lediglich eine Belegenheit nicht möglich. Deshalb scheidet eine Anwendung des § 2369 II 2 BGB im Rahmen des Art. 3 III EGBGB schon aus diesem Grund aus.[499] Als Schlußfolgerung aus diesen ersten Überlegungen kommen für die Bestimmung der Forderungsbelegenheit folgende Anknüpfungspunkte in Betracht: Der Wohnsitz des Gläubigers und des Schuldners, der Erfüllungsort sowie das Forderungsstatut.

(3) Begründungen für die einzelnen Anknüpfungspunkte

Eine Anknüpfung der Belegenheit am Wohnsitz des Gläubigers wird in Deutschland nahezu generell abgelehnt,[500] wohingegen sie international gesehen in anderen Ländern wie z. B. in der Schweiz Befürworter findet.[501] Begründet wird die Wohnsitzanknüpfung wie folgt: Wenn das Recht Interessen schützt, so liegt das Recht dort, wo der menschliche Interessenträger sich befindet. Deshalb bezeichnete das Bundesgericht der Schweiz es als „das natürlichste, das Forderungsrecht als da gelegen anzusehen, wo sich der Träger desselben (dauernd) befindet“.[502] Das Recht wird also auf die Person bezogen und dabei dem Inhaber des Forderungsrechtes zugeordnet.

---

[498] MüKo/Promberger, § 2369 BGB, Rn. 11; Staudinger/Schilken, § 2369 BGB, Rn. 20.

[499] Tiedemann, Internationales Erbrecht, 48, die zudem noch auf die Parteiautonomie abstellt; Nußbaum, IPR, 84 f.

[500] Kegel, Probleme, 26; Soergel/v.Hoffmann, Anh III Art. 38 EGBGB, Rn. 39; Seidl-Hohenveldern, Enteignungsrecht, 93 f.; a.A. MüKo/Kreuzer, Nach Art. 38 EGBGB Anh. III, Rn. 58; Raape, IPR^2, § 47 (S. 310 ff.), der aber in den darauf folgenden Auflagen (Raape, IPR, § 67 (S. 674 ff.)) seine Meinung änderte.

[501] Schweizerisches Bundesgericht, Urt. v. 21. 3. 1905, BE 31 (1905), Bd. 1, 208, 211; Schack, IZPR, Rn. 960. Weitere umfassende Nachweise bei Mössle, Forderungspfändung, 224 f.

[502] Schweizerisches Bundesgericht, Urt. v. 21. 3. 1905, BE 31(1905), Bd. 1, 208, 211.

Die Anknüpfung der Belegenheit der Forderung an dem Erfüllungsort geht auf Savigny zurück,[503] der prinzipiell im Erfüllungsort den Schwerpunkt eines Rechtsverhältnisses erblickte. Er konnte sich mit seinem Vorschlag jedoch nicht durchsetzen.[504] Aus diesem Grund spielte der Erfüllungsort bei der Bestimmung der Forderungsbelegenheit keine entscheidende Rolle.[505] Beachtenswert ist allerdings, daß die Anknüpfung am Erfüllungsort die Gewichtung in einem Punkt entscheidend verschiebt, da die Forderung nicht bei den Personen der Forderung, sondern bei der Forderung selbst lokalisiert wird.
Die h. M.[506] in Deutschland, die die Forderung am Wohnsitz des Schuldners für belegen hält, geht in ihrer Bestimmung der Belegenheit in zwei Schritten vor: Sie lokalisiert die Forderung zunächst dort, wo sich das Vermögen des Schuldners befindet, mit dem Argument, daß es sich bei der Realisierung der Forderung aus dem Schuldnervermögen um das *spezifische* Element einer Forderung handle. Außerdem bestünden nur dort, wo sich das Vermögen befindet, ausreichende Vollstreckungsmöglichkeiten.[507] In einem zweiten Schritt wird das Vermögen am Wohnsitz des Schuldners personalisiert, mit dem Argument, daß sich das Vermögen typischerweise an diesem Ort befinde. Darüber hinaus könne nur am Schuldnerwohnsitz ein effektiver Zwang zur Eintreibung der Forderung ausgeübt werden.[508] Dieser zweite Schritt der Personalisierung des

---

[503] Savigny, VIII, 208, 246.

[504] Vgl. die ausführliche Darstellung der geschichtlichen Entwicklung bei Kreuzer, Warenkauf, 22 ff. (mit umfangreichen Nachweisen auf S. 29, Fn. 56); Schack, Erfüllungsort, 83 ff.; v.Bar, IPR I, Rn. 537.

[505] Schack, Erfüllungsort, 83, Rn. 115; Soergel[11]/Kegel, vor Art. 7 EGBGB, Rn. 821; Seidl-Hohenveldern, Enteignungsrecht, 88; MüKo/Kreuzer, Nach Art. 38 EGBGB Anh. III, Rn. 56.

[506] BGH, Urt. v. 1. 2. 1952, BGHZ 5, 35, 38; BGH, Urt. 11. 7. 1957, BGHZ 25, 134, 139; BGH, Urt. v. 25. 2. 1960; BGHZ 32, 97, 99; Reithmann/Martiny/Martiny, IntVR, Rn. 1016; Ebenroth, JZ 1988, 75, 88; MüKo/Kreuzer, Nach Art. 38 Anh. III, Rn. 56 ff.; Plassmann, JZ 1962, 17, 19; Nussbaum, IPR, 83 ff. Ebenso für Art. 3 III EGBGB LG Traunstein, Urt. v. 23. 4. 1986, IPRspr. 1986 Nr. 111, 253 f.; OLG München, Urt. v. 14. 1. 1987, WM 1987, 809, 809, die in diesem Zusammenhang inzident von einer Belegenheit des Sparguthabens am Wohnsitz des Schuldners (der Bank) ausgehen.

[507] Nicht gesagt werden kann, daß sich die Vollstreckung gegen die Person des Schuldners richtet, da die Personalvollstreckung wegen Geldforderungen abgeschafft worden ist (Rosenberg/Gaul/Schilken, ZVR, § 9, III, 2; Baur/Stürmer, ZVR I, 3.1 ff., insbes. 3.26 ff., 3.29, beide auch mit der historischen Entwicklung). Eine Personalvollstreckung besteht hingegen noch in einigen anderen Bereichen zur Erzwingung unvertretbarer Handlungen, der Abgabe einer eidesstattlichen Offenbarungsversicherung, bei Zuwiderhandlungen gegen eine Duldungs- oder Unterlassungsverpflichtung sowie im einstweiligen Rechtsschutz (vgl. §§ 888, 890, 901, 913, 918, 933 ZPO). Insoweit ungenau Tiedemann, Internationales Erbrecht, 47.

[508] Seidl-Hohenveldern, Enteignungsrecht, 88 ff., der beide Ansichten sehr gut zusammenfaßt und erläutert. Nicht zutreffend ist die Ansicht des BGH (Urt. v. 1. 2. 1952, BGHZ 5, 35, 37), wonach die Belegenheit aus der einen allgemeinen Rechtsgedanken enthaltenden Vor-

Schuldnervermögens ist derjenige, der von der Mindermeinung [509] nicht mitgetragen wird, weshalb sie die Forderung überall dort belegen sieht, wo Schuldnervermögen besteht.
Die Anknüpfung der Belegenheit einer Forderung am Schuldstatut wurde in Deutschland bisher wenig beachtet, ist in Frankreich aber herrschende Meinung.[510] Der Grund für diese Anknüpfung wird darin gesehen, daß die Belegenheit der Forderung mit der Hauptanknüpfung übereinstimmt und sich am Schwerpunkt des Rechtsverhältnisses befindet.

(4) Diskussion

Als erste Frage ist zu klären, ob die Belegenheit der Forderung an die Forderungsinhaber oder an die Forderung selbst angeknüpft werden sollte. Knüpft man die Belegenheit der Forderung am Wohnsitz des Schuldners, da er die Forderung begleichen muß, oder am Wohnsitz des Gläubigers, da er Träger des Forderungsrechts ist, an, überzeugt das nicht. Mit einer solchen Anknüpfung an die Person werden einzelne Elemente, aus denen die Forderung besteht, angeführt, ohne daß eine besondere Begründung dafür besteht, warum gerade das eine Element der Forderung und nicht ein anderes das entscheidende Anknüpfungsmoment darstellen soll. Man behandelt insofern nur Teilaspekte der Forderung und nicht die gesamte Forderung.[511] Zudem zeigt ein Vergleich der Forderung mit dem Eigentum, daß es sachgerechter erscheint, an der Forderung an-

---

schrift des § 23 S. 2 ZPO gefolgert werden kann, denn insoweit ergibt sich schon aus § 2369 II BGB Gegenteiliges.

[509] Staudinger/Stoll, IntSachenR, Rn. 203; Soergel/v.Hoffmann, Art. 38 EGBGB Anh. III, Rn. 37 ff.; Wengler, FS der Universität Berlin, 285, 334 ff.; Kegel, Probleme, 26 ff.; ders. Soergel[11]/Kegel, vor Art. 7 EGBGB, Rn. 820 ff.; Beemelmanns, Die gespaltene Gesellschaft, 109 ff.; Lüderitz, JZ 1961, 443, 444.

[510] Breitenstein, RIW 1982, 149, 154; Mössle, Forderungspfändung, 30, Fn. 31. In Deutschland ebenso Beitzke, FS für Janssen, 29, 39 mit der Übernahme der französischen Lösung. Batiffol/Lagarde,D.i.p. II, Nr. 543 f.; wohl auch Loussouarn/Bourel, D.i.p., Rn. 424 f.; Cour de cassation, Urt. v. 1. 7. 1981, Clunet 109 (1982) 148, 150, mit Note Bourel; dass., Rev.crit.d.i.p. 71 (1982) 336, 338 f., mit Note Lagarde, der die Forderung im Enteignungsrecht allerdings an jedem Punkt belegen sieht, an dem vollstreckbares Vermögen besteht. Anders wiederum Batiffol, Rev.crit.d.i.p. 68 (1979) 805, 806 f. In England geht man von einer Lage der Forderung am Wohnsitz des Schuldners aus, betrachtet diese jedoch nicht als eine "universal rule" und weicht deshalb auch auf andere Belegenheiten aus oder nimmt eine mehrfache Belegenheit an (Dicey/Morris, Conflict, Rule 114, S. 924 ff. (1993); North/Fawcett, P.I.L. 809 ff. (1992) mit sehr kritischen Äußerungen).

[511] Zum Erfüllungsort sei an dieser Stelle hinzugefügt, daß er zwar eine objektive Form der Anknüpfung darstellt und insofern auf die Forderung an sich bezogen ist, es sich jedoch nicht hinreichend begründen läßt, warum gerade dort der Sitz der Rechtsverhältnisses sein soll (vgl. die Nachweise in Fn. 505).

statt an der Person anzuknüpfen, denn auch beim Eigentum wird an der Sache selbst und nicht an der Person des Eigentümers angeknüpft.
Für eine Anknüpfung an den Wohnsitz des Schuldners wird darüber hinaus das Argument der dort bestehenden Vollstreckungsmöglichkeit genannt. Dagegen spricht aber, daß sich eine Vollstreckung im heutigen Recht gegen das Vermögen, nicht aber gegen die dahinterstehende Person als Träger des Vermögens richtet. Dies zeigt sich unter anderem daran, daß Zwang auch außerhalb des Landes ausgeübt werden kann indem der Schuldner seinen Wohnsitz hat, wenn sich dort Vermögen des Schuldners befindet, da dort in aller Regel ein Gerichtsstand oder zumindest eine Vollstreckungsmöglichkeit besteht.[512] Die Personalisierung beruht darüber hinaus auf der Annahme, daß sich das Vermögen des Schuldners regelmäßig an dessen Wohnsitz befindet, versagt aber in all den Fällen, in denen dort kein Vermögen vorhanden ist. Den stärksten Einfluß für eine wirkungsvolle Vollstreckung hat demnach nicht der Staat, in dem der Schuldner wohnt, sondern der, in dem sich das Vermögen befindet. Das Argument der Vollstreckung kann also allenfalls eine Lokalisierung der Forderung beim Vermögen, nicht aber am Wohnsitz des Schuldners begründen.

Die Ansicht, nach der die Forderung überall dort belegen ist, wo der Schuldner Vermögen hat, ist für die Bestimmung der Forderungsbelegenheit im Rahmen des Art. 3 III EGBGB hingegen deshalb abzulehnen, weil sie zu einer mehrfachen Anknüpfung und damit zu einer mehrfachen Belegenheit führen kann und aus diesem Grund, wie oben festgestellt, Sinn und Zweck der Norm widerspricht.
Zudem ist die von dieser Ansicht verwendete Anknüpfung an den Orten, an denen eine Vollstreckungsmöglichkeit besteht, auch aus anderen Gründen unzutreffend. Die Argumentation beruht auf folgenden Überlegungen: Die Forderung sei Teil des Vermögens des Schuldners (als Passiva) bzw. werde aus dem Vermögen des Schuldners erfüllt. Auf das gesamte Vermögen könne aber im Wege der Zwangsvollstreckung eingewirkt werden, weshalb die Forderung dort belegen sei. Es wird die logische Kette Forderung-Vermögen-Zwangsvollsteckung aufgestellt und letzteres als spezifisches Element der Forderung definiert, woraus dann die Belegenheit der Forderung gefolgert wird. Diese Kette erweist sich jedoch als brüchig, denn sie vermag nicht zu erklären, warum die Macht, in das Vermögen vollstrecken zu können, gleichzeitig dazu führen soll, daß eine Macht besteht, auf die Forderung einwirken zu können, wenn diese einem anderen Forderungsstatut untersteht.
Das wird in gewisser Hinsicht auch von der Literatur[513] anerkannt. Sie beschränkt die Forderungsenteignung auf den Rechtsverkehr, insbesondere auf das Schuldnervermögen im Enteignungsstaat. Genaugenommen bedeutet dies,

[512] In Deutschland z.B. § 23 S. 1 ZPO.

[513] Wengler, FS der Universität Berlin, 285, 337 ff.; Soergel[11]/Kegel, vor Art. 7 EGBGB, Rn. 825 m.w.N.; Staudinger/Stoll, IntSachenR, Rn. 203.

von der hier geschilderten Sichtweise aus gesehen, nichts anderes, als daß nur eine Enteignung des Schuldnervermögens, nicht aber auch der Forderung besteht. Dies erweist sich auch aus Sicht des Gläubigers als folgerichtig, denn von ihm aus hat er nicht die Forderung, sondern nur die Fähigkeit, in einem Staat zu vollstrecken, verloren; er kann aber durchaus noch in Vermögen vollstrecken, das in Drittstaaten vorhanden ist. Dies zeigt, daß keine unmittelbare Verbindung zwischen Forderung, Schuldnervermögen und Zwangsvollstreckung besteht, so daß eine Anknüpfung der Belegenheit der Forderung am Schuldnervermögen argumentativ nicht durchgreifend ist.
Daran anschließend stellt sich für das Enteignungsrecht die Frage, ob eine absolute Forderungsenteignung in keinem Fall möglich ist. Geht man, wie im Folgenden vertreten, davon aus, daß die Belegenheit durch das Forderungsstatut bestimmt wird, so kann nur der Belegenheitsstaat als einziger die Forderung enteignen, was dann aus deutscher Sicht anerkannt werden und absolut und nicht nur auf den Schuldnerstaat beschränkt gelten würde.[514]

Betrachtet man die materiell-rechtlichen Normen, die die Belegenheit behandeln, dann lassen sich für die Bestimmung der Belegenheit im IPR keine ausreichenden Schlußfolgerungen ziehen. Bei beiden Vorschriften (§ 2369 II BGB, § 23 S. 2 ZPO) fällt auf, daß sie nicht eine bestimmte Belegenheit der Forderung vorsehen, sondern alternative Möglichkeiten eröffnen,[515] der Gesetzgeber sich bezüglich der Belegenheit also gerade nicht festlegen wollte. Die Entscheidung hat demnach für das IPR autonom zu erfolgen.
Nach dem EGBGB ist das über eine Forderung bestimmende Recht das Forderungsstatut. Es trifft die Entscheidung über die Entstehung und das Erlöschen der Forderung sowie über deren Übertragbarkeit und Inhalt.[516] Die Forderung stellt ein *unkörperliches Substrat* aus einem Vertrag, Delikt etc. dar. Das Forderungsstatut ist der natürliche Grund der Belegenheit, weshalb es nur der Logik entspricht, daraus den Anknüpfungspunkt für die Belegenheit zu entnehmen. Eine solche Lösung stimmt auch mit dem Gedanken überein, daß insofern eine unpersonale Anknüpfung an der Forderung selbst zu erfolgen hat. Zudem findet die Anknüpfung, anders als beim Erfüllungsort, an dem Anknüpfungspunkt statt, der auch nach den materiell-rechtlichen Überlegungen des EGBGB den Schwerpunkt des Rechtsverhältnisses darstellt. Die Anknüpfung umschließt

[514] Bzgl. der ungerechtfertigten Doppelbelastungen des Schuldners können die dazu entwickelten Lösungen übernommen werden (vgl. dazu Pammel, Belegenheit, 42 ff.; Seidl-Hohenfeldern, Enteignungsrecht, 149 ff.; Soergel/v.Hoffmann, Art. 38 EGBGB Anh III, Rn. 30 ff., 40; Großfeld, IntGesR, Rn. 863 f.). Die Lösungswege differieren zwischen Leistungsverweigerungsrecht, Wegfall der Geschäftsgrundlage, § 242 BGB, ebenfalls unterscheiden sich die Ergebnisse zwischen Schutz des Schuldners und Halbierung der Forderung.

[515] Dies gilt insbesondere für § 2369 II BGB, ebenso für § 23 S. 2 ZPO (Pammel, Belegenheit, 30 f.).

[516] MüKo/Martiny, Art. 33 EGBGB, Rn. 2; Soergel/v.Hoffmann, Art. 33 EGBGB, Rn. 7.

auch, anders als nach den anderen Ansichten, sämtliche im Bezug auf die Forderung relevanten Faktoren, indem sich aus diesen das Forderungsstatut zusammensetzt. Da es sich bei der Frage der Belegenheit im IPR um die Bestimmung eines Anknüpfungspunktes handelt, bietet es sich von vorneherein an, die Lösung nach allgemeinen Grundsätzen zu bestimmen und nicht nach Regeln des Vollstreckungsrechts. Gerade durch die Bestimmung materiell-rechtlicher Fragen durch eine Rechtsordnung wird ihr vom deutschen Recht zugestanden, über wesentliche, die Forderung betreffende Fragen zu entscheiden. Dies gilt auch für die Belegenheit. Die Belegenheit einer Forderung bestimmt sich also nach der Rechtsordnung, der diese selbst unterworfen ist; sie ist ein Bestandteil dieses Rechts. Außerdem stimmt dieses Modell der Anknüpfung mit derjenigen beim Eigentum überein. Die Hauptbelegenheit der Forderung ist das Land des Forderungsstatuts, wohingegen überall dort, wo Vermögen des Schuldners und damit Vollstreckungsmöglichkeiten bestehen, die von Wengler erwähnten Nebenbelegenheiten liegen. Gleiches gilt für das Eigentum. Auch beim Eigentum existiert eine Hauptbelegenheit am tatsächlichen Aufenthaltsort der Sache, aber weitere Orte an denen Rechtsstreitigkeiten bezüglich des Eigentums ausgetragen werden können.

Gegen eine Anknüpfung am Forderungsstatut kann auch nicht vorgebracht werden, daß die Möglichkeit einer Bestimmung des Forderungsstatut durch Rechtswahl besteht und damit auch der Belegenheit gewählt werden könne.[517] Zum einen handelt es sich allenfalls um einen Fall der mittelbaren Rechtswahl, so daß kein Verstoß gegen die im internationalen Erb- und Familienrecht nur eingeschränkt zulässigen Rechtswahlmöglichkeiten vorliegt. Vor allem aber ist die Abhängigkeit der Belegenheiten vom Willen der Parteien bei einer Forderung keine Besonderheit. So kann auch die Belegenheit eines Gegenstandes jederzeit geändert werden. Außerdem führt auch die Bestimmung der Belegenheit einer Forderung anhand des Wohnsitzes des Schuldners oder anhand der Belegenheit des Vermögens zu einer Abhängigkeit vom Willen der Schuldners. Insoweit erweist sich die Anknüpfung am Forderungsstatut auch bei einer Rechtswahl als besonders stabil, da sie vom Willen beider Parteien abhängig ist und im Verlauf selten einer Änderung unterliegt. Dies stellt einen weiteren Vorteil dieser Anknüpfung dar.

Die Belegenheit der Forderung bei Art. 3 III EGBGB bestimmt sich nach dem Forderungsstatut. Eine solche Lösung ergibt sich zum einen daraus, daß diese Anknüpfung mit den allgemeinen Vorstellungen des IPR über den Sitz des Rechtsverhältnisses zusammenfällt. Auch erfüllt diese Anknüpfung die Bedingung eines einzigen Anknüpfungspunktes, so daß keine Normenhäufung auftreten kann. Zudem handelt es sich um eine nicht personenbezogene Anknüpfung,

[517] So die Argumentation von Tiedemann, Internationales Erbrecht, 48, zu § 2369 II BGB.

wie es auch der Situation beim Eigentum entspricht. Vorteilhaft ist darüber hinaus, daß die Bestimmung der Belegenheit relativ stabil ist.

b) Gesamthandsanteile

Das Problem inwieweit Gesamthandsanteile von Art. 3 III EGBGB erfaßt werden können, ist in letzter Zeit mehrfach in Entscheidungen[518] bezüglich in der DDR belegenen Grundstücken aufgetreten, ohne daß sich dazu bisher eine einheitliche Linie herauskristallisiert hat. Die Grundkonstellation, auf die das Problem zurückgeführt werden kann, ist, daß zum Nachlaß eines zwischen dem 1. 1. 1976 und dem 2. 10. 1990 verstorbenen Erblassers ein Anteil an einer Gesamthandsgemeinschaft gehört, deren Vermögen ganz oder teilweise aus einem Grundstück in der ehemaligen DDR besteht, so daß sich die Frage stellt, ob es über Art. 3 III EGBGB zu einer Anwendung des § 25 II RAG auf die Gesamthandsgemeinschaft kommen kann.

Die bisher ergangen Entscheidungen lösen diese Frage auf drei unterschiedlichen Wegen. Während das OLG Dresden[519] den Anteil an der Erbengemeinschaft als beweglich qualifiziert und deshalb eine Anwendung des § 25 II RAG ablehnt, kommt das OLG Oldenburg[520] zum gegenteiligen Schluß, indem es den Anteil als unbeweglich qualifiziert. Einen dritten, von beiden Entscheidungen abweichenden Weg geht das Bayrische Oberste Landesgericht.[521] Das BayOLG stellt nicht auf die Qualifikation des Anteils an der Erbengemeinschaft als beweglich oder unbeweglich ab, sondern auf dessen Belegenheit. Das Gericht isoliert den Anteil an der Gesamthandsgemeinschaft völlig von den Ge-genständen des Erbvermögens und setzt ihn mit Forderungen, gewerblichen Schutzrechten und Mitgliedschaftsrechten gleich und fragt, vergleichbar mit der oben behandelten Frage nach der Belegenheit der Forderung, wo dieser An-teil belegen sei. Unter Anwendung der Kriterien der effektiven Zugriffsmöglichkeit auf das Recht, den Wohnsitz des Schuldners sowie des Rechtsgedankens des § 2369 II 2 BGB kommt das Gericht dann zu einer Belegenheit des Gesamthandsanteils in der BRD. Diese Rechtsordnung kenne aber keine besonderen Vorschriften im Sinne des Art. 3 III EGBGB und § 25 II RAG sei mangels der Belegenheit des Anteils im Gebiet der ehemaligen DDR nicht einschlägig, so daß eine Anwendung des Art. 3 III EGBGB ausscheide.

Die Ausgangslage in den Fällen eines Anteils am Gemeinschaftsvermögen ist unzweifelhaft, daß in deutsch-deutschen Altfällen, die vor der Wiedervereini-

---

[518] BayOLG, Beschluß v. 29. 9.1998, 1 Z BR 67/98 (wird in IPRax 2000 veröffentlicht m. Anm. Andrae); OLG Oldenburg, Urt. v. 9. 9. 1997, MittRhNotK 1998, 136 ff. m Anm. Schellenkamp; OLG Dresden, Beschl. v. 22. 5. 1997, MittRhNotK 1997, 267 f.

[519] OLG Dresden, Beschl. v. 22. 5. 1997, MittRhNotK 1997, 267 f.

[520] OLG Oldenburg, Urt. v. 9. 9. 1997, MittRhNotK 1998, 136 f.

[521] BayOLG, Beschl. v. 29. 9.1998, 1 Z BR 67/98.

gung aufgestellten Grundsätze des interlokalen Privatrechts weiterhin gelten, so daß es für im Gebiet des ehemaligen DDR belegene Nachlaßgegenstände zu einer analogen Anwendung des Art. 3 III EGBB kommen kann und daß in § 25 RAG prinzipiell eine Norm existiert, die nach h.M. eine besondere Vorschrift im Sinne des Art. 3 III EGBGB darstellt.[522] Damit konzentriert sich die Frage, ob Anteile an Gesamthandsgemeinschaften in diesen Fällen eine besondere rechtliche Behandlung erfahren, auf zwei Punkte: Liegen die übrigen Voraussetzungen des Art. 3 III EGBGB vor und erfüllen die Gesamthandsanteile die Tatbestandsmerkmale des § 25 II RAG, der „die erbrechtlichen Verhältnisse in bezug auf das Eigentum und andere Rechte an Grundstücken und Gebäuden, die sich in der Deutschen Demokratischen Republik befinden" nach dem Recht der DDR behandelt wissen will. Insofern ist zunächst bezüglich der Anwendbarkeit des Art. 3 III EGBGB die vom BayOLG aufgeworfene Frage der Belegenheit des Gesamthandsanteils zu klären und nur wenn diese zugunsten einer Belegenheit im Gebiet der ehemaligen DDR beantwortet wird, kommt es auf das vom OLG Dresden und OLG Oldenburg angesprochene Problem der Qualifikation des Gesamthandsanteils im Rahmen einer Anwendung des § 25 II RAG an.

Aus rechtlicher Sicht bestimmt sich dabei, wie bereits festgestellt,[523] die Frage, wo ein Gegenstand belegen ist, nach der lex fori, wohingegen sich die Qualifikation eines Gegenstandes als beweglich oder unbeweglich nach der lex rei sitae richtet. Die Belegenheit des Gesamthandsanteils ist demnach aus Sicht des deutschen Rechts zu bestimmen. Das BayOLG argumentiert zugunsten einer Belegenheit des Anteils in der BRD, indem es zunächst den Erbschaftsanteil von den erblichen Vermögensgegenständen abkoppelt und ihn Forderungen, gewerblichen Schutzrechten oder Mitgliedschaftrechten gleichstellt. Begründet wird die Gleichstellung mit der Konstruktion der gesamthänderischen Bindung, da nur der Gesamthandsanteil, nicht aber das Grundstück selbst, in den Nachlaß falle. Die auf das Grundstück bezogene Rechtsposition des Erben sei kein selbständiger Gegenstand des Rechtsverkehrs und könne deshalb auch keinen anderen Regeln als der übrige Anteil an der Erbengemeinschaft unterliegen, so daß Gegenstand der besonderen Erbfolge im Sinn des Art. 3 III EGBGB nur der Anteil am Nachlaß sein könne. Dessen Belegenheit bestimme sich aber wie bei anderen immateriellen Vermögensrechten nach der effektiven Zugriffsmöglichkeit eines Staates, dem Rechtsgedanken des § 2369 II 2 BGB oder nach dem Wohnsitz des Schuldners.

Interessant an dieser Argumentation ist, daß die Frage der Belegenheit von Gesamthandsanteilen bisher nie problematisiert wurde, obwohl die Behandlung von Gesamthandsanteilen an Grundstücken schon lange umstritten ist, sich aber bis dato immer auf die Qualifikation als beweglich oder unbeweglich konzentrierte, obwohl diese Frage als inhaltlich nachgeordnet eine Belegenheit am Grundstück voraussetzen muß. Ein Grund für die fehlende Behandlung mag

---

[522] Vgl o. S. 120.

[523] Vgl o. S. 127 ff. sowie u. S. 315 ff.

sein, daß die Vorstellung einer eigenständigen, an einem Punkt konzentrierten Belegenheit des Gesamthandsanteils an einem in mehreren Ländern belegenen Erbschaftsvermögen ungewöhnlich ist. Dennoch sollte sie nicht von vornherein außer Betracht gelassen werden.

Die Lösung des Problems muß sich dabei, wie es auch das Urteil andeutet, unzweifelhaft aus der spezifischen rechtlichen Konstruktion der Gesamtheitsgemeinschaft ergeben. Dabei bietet es sich an, Parallelen zu der Belegenheit von Gegenständen und Mitgliedschaftsrechten zu ziehen, um die besonderen Schwierigkeiten, die bei der Gesamthandsgemeinschaft auftreten, besser einordnen zu können. Während die Belegenheit eines Gegenstandes und der daran bestehenden Rechte an dem tatsächlichen Ort, an dem er sich befindet, gegeben ist, tritt bei Mitgliedschaften eine rechtliche Verselbständigung ein, so daß es bei dieser nicht mehr auf die Belegenheit der in ihrem Eigentum stehenden Gegenstände, sondern auf die Belegenheit der Rechtsperson ankommt. Betrachtet man die Gesamthandsgemeinschaft, so ist sie zwischen diesen beiden Polen einzuordnen; sie ist keine völlig eigenständige Rechtspersönlichkeit, beinhaltet aber auf der anderen Seite kein unmittelbares Eigentumsrecht für die einzelnen Erben am jeweiligen Erbschaftsgegenstand. Zu entscheiden ist deshalb, welchem der beiden Formen eine Gesamthandsgemeinschaft näher kommt.

Die Erbengemeinschaft hat dabei keine eigene Rechtspersönlichkeit oder eine daran angenäherte Rechtsstellung inne.[524] Die Erben selbst sind also die Rechtsträger des Nachlaßvermögens.[525] Zudem ist die Gemeinschaft nur in der Weise denkbar, daß die einzelnen Gegenstände gemeinschaftlich sind und zwar mit sachenrechtlichem Charakter, der in der Weise verstanden wird, daß jeder Nachlaßgegenstand dem einzelnen Miterben ganz gehört, allerdings eingeschränkt durch die Rechte der Miterben.[526] Zweck des durch die Gesamthandsgemeinschaft gebildeten Sondervermögens ist darüber hinaus die Verwaltung, Nutzung und Liquidation des Nachlasses.

Die sachenrechtliche Beteiligung der Erben an den jeweiligen Gegenständen spricht dafür, das Anteilsrecht ebenfalls dort als belegen anzusehen, da insoweit die Erbengemeinschaft nur eine besondere rechtliche Konstruktion der Trägerschaft des Eigentums darstellt, die aber nicht wesensgemäß vom Eigentumsrecht abweicht, zumal auch am Ort der Belegenheit des Gegenstandes der Zweck der Erbengemeinschaft realisiert werden muß. Eine abweichende Betrachtung wäre nur dann möglich, wenn eine ausreichende rechtliche Verselbständigung der Miterbengemeinschaft bestünde, an der es aber mangels Organi-

---

524 Staudinger/Werner, § 2032, Rn 7; MüKo/Dütz, § 2032, Rn 12; Soergel/Wolf, vor § 2032, Rn 4.

525 Andrae, Gesamtstatut oder Einzelstatut bei der Vererbung eines Miterbenanteils, erscheint in IPRax 2000.

526 Staudinger/Werner, § 2032, Rn 6, 8; MüKo/Dütz, § 2032, Rn 11.

sationsstruktur, rechtlichem Sitz u.ä. gerade fehlt.[527] Außerdem würde es bei einer gesonderten einheitlichen Belegenheit der Rechte an einer Erbengemeinschaft auch an einem sachgerechten Anknüpfungskriterium vergleichbar mit dem Forderungsstatut für die Forderung fehlen. Weder das Erbstatut noch die jeweiligen Wohnsitze der Erben weisen eine besondere Verbindung zu einem Recht an einem über mehrere Länder verteilten Nachlaßvermögen auf. Darüber hinaus hat das BayOLG nicht dargetan, warum bei einer Erbengemeinschaft die Belegenheit der verschiedenen Rechte an einem Ort zusammengefaßt werden sollen. Soweit man deshalb für Rechte generell oder in diesem speziellen Fall eine mehrfache Belegenheit zuläßt,[528] bestünde diese sinnvollerweise am Ort der jeweiligen Belegenheit.

Auch spricht der Sinn und Zweck des Art. 3 III EGBGB, undurchsetzbare Rechtslagen zu verhindern, Entscheidungsharmonie sowie die Übereinstimmung von Sachenrecht und Vermögensstatut herzustellen,[529] für eine mehrfache Belegenheit der Erbenanteile am Ort der jeweiligen Gegenstandsbelegenheit, da der Staat, der die tatsächliche Einflußmöglichkeit auf den Gegenstand hat, die im Gegensatz zur Belegenheit einer Forderung tatsächlich und nicht nur fiktiv besteht, auf die Durchsetzung seines Belegenheitsrecht nicht deswegen verzichten wird, weil das deutsche Recht eine besondere rechtliche Konstruktion der Erbengemeinschaft kennt. Gerade die tatsächliche Existenz des Gegenstandes im Vergleich zur Forderung macht im Rahmen einer Anwendung des Art. 3 III EGBGB, der auf dem Gedanken der Durchsetzbarkeit beruht, eine Bestimmung der Belegenheit nach dem Gegenstand und nicht nach dem Erbanteilsrecht unumgänglich. Aus diesen Gründen kann der Entscheidung des BayOLG nicht gefolgt werden: Die Belegenheit der Rechte der Erbengemeinschaft an dem auf dem Gebiet der ehemaligen DDR belegenen Grundstück befand sich vielmehr ebenfalls dort.

Deshalb kommt es weiter darauf an, ob die Anteile an einer Erbengemeinschaft, zu der auch unbewegliches Vermögen gehört, als unbeweglich oder als beweglich zu qualifizieren sind. Die Qualifikation richtet sich dabei, wie bereits festgestellt[530], nach der lex rei sitae, so daß dafür keine allgemeine, sondern lediglich eine länderbezogene Antwort gegeben werden kann.[531] Insofern ist § 25 II RAG dahingehend zu untersuchen, ob er Gesamthandsanteile an Grundstücken umfaßt oder nicht. Einen ersten Hinweis für eine Einbeziehung dieser Anteile bietet bereits der Wortlaut des § 25 II RAG, der von den erbrechtlichen Ver-

---

527 Andrae, Gesamtstatut oder Einzelstatut bei der Vererbung eines Miterbenanteils, erscheint in IPRax 2000.

528 Vgl. o. S. 130 ff.

529 Vgl. u. S. 229 ff.

530 Vgl. die Nachweise o. Fn. 523.

531 Zur Frage der Qualifikation von Gesamthandsanteilen nach deutschem Recht vgl. u. S. 333 ff.

hältnisse in bezug auf das Eigentum und anderen Rechten an Grundstücken und Gebäuden spricht. Einen weiteren Hinweis in diese Richtung gibt § 42 II ZGB, der unter dem Titel „Das sozialistische Eigentum und das persönliche Eigentum" das Gesamteigentum behandelt und dafür auf die Vorschriften der Erbengemeinschaft verweist, da diese Vorschrift zeigt, daß der DDR-Gesetzgeber die verschiedenen Eigentumsformen als vergleichbar ansieht.[532] Zudem bestimmt § 34 I ZGB für alle Arten des gemeinschaftlichen Eigentums, „daß das Eigentum an einem Grundstück, einem Gebäude oder einer Sache mehreren Eigentümern gemeinschaftlich zusteht" und gibt damit zu erkennen, daß er auch im Fall von Gemeinschaftseigentum von einer sachenrechtlichen Beteiligung der Eigentümer an der Sache ausgeht. Insofern liegt eine Einbeziehung der erbrechtlichen Gesamthandsgemeinschaft unter den Begriff des Eigentums oder eines anderen Rechts an Grundstücken in § 25 II RAG durch den DDR-Gesetzgeber nahe. Entscheidend zugunsten eines solchen Verständnisses ist aber vor allem Sinn und Zweck des § 25 II RAG, der darin bestand, für Eigentums- und Nutzungsverhältnisse an Grundstücken und Gebäuden in der früheren DDR deren „untrennbaren Zusammenhang mit der ökonomischen und sozialen Entwicklung" zu gewährleisten. Die DDR wollte also in Bezug auf die in ihrem Land belegenen Grundstücke so weit als möglich ihre eigenen materiell-rechtlichen Regelungen zur Anwendung bringen und ihre staatpolitischen Ziele in diesem Bereich durchsetzen. Insofern würde eine Qua-lifikation als beweglich dem Sinn und Zweck des § 25 II RAG widersprechen, so daß anzunehmen ist, daß das Recht der ehemaligen DDR Anteile an einer Gesamthandsgemeinschaft in Bezug auf die in der DDR belegenen Grundstükke als unbeweglich qualifiziert.[533]

c) Gesellschaftsanteile

Offensichtlich können auch Gesellschaftsanteile an Personengesellschaften Gegenstände i.S. des Art. 3 III EGBGB darstellen, da Mitgliedschaften und somit auch Anteile an Personengesellschaften unter diesen Begriff subsumiert werden. Schwierig zu beantworten ist in diesem Zusammenhang die Frage, ob sich die

---

[532] A.A. OLG Dresden, MittRhNotk 1997, 267, 268.

[533] Ebenso Andrae, Gesamtstatut oder Einzelstatut bei der Vererbung eines Miterbenanteils, erscheint in IPRax 2000. Nicht zu überzeugen vermag das gegen eine Qualifikation als unbeweglich vorgebrachte Argument (OLG Dresden, MittRhNotK 1997, 267, 268; Schotten/ Johnen, DtZ 1991, 260), daß § 25 II RAG aus dem Grund eng auszulegen sei, weil es sich um eine Ausnahmevorschrift zur allgemeinen Anknüpfung handle, da dies Argument für sich genommen schon systematisch kein tragfähiges Argument für die eine oder andere Auslegung sein kann (OLG Oldenburg, MittRhNotK 1998, 136, 136) sowie vor allem, weil Sinn und Zweck des § 25 II RAG eine weite Auslegung verlangen.

Vererbung von Anteilen deutscher Personengesellschaften nach Art. 3 III EGBGB richtet.[534]

aa) Rechtslage des deutschen Gesellschaftsrechts

Um diese Frage klären zu können, soll zunächst die Rechtslage des deutschen Gesellschaftsrechts dargestellt werden. Von Interesse sind in dieser Hinsicht die Fälle der einfachen und der qualifizierten Nachfolgeklausel. Bei der einfachen Nachfolgeklausel handelt es sich um eine Klausel, die vorsieht, daß die Personengesellschaft mit den Erben des verstorbenen Gesellschafters fortgeführt und nicht, wie vom Gesetz vorgesehen (§§ 727 BGB, 131 Nr.4 HGB), aufgelöst wird.[535] Die erbrechtliche Besonderheit besteht darin, daß nicht die Erbengemeinschaft als Gesamthandsgemeinschaft, sondern die einzelnen Erben mit dem Erbfall in Höhe ihrer Erbquote in die Gesellschafterstellung eintreten. Damit handelt es sich bei der einfachen Nachfolgeklausel um einen, von der üblichen erbrechtlichen Gestaltung abweichenden Fall der Einzelnachfolge, der nach der herrschende Meinung[536] auch für einen Kommanditanteil gilt. Die qualifizierte Nachfolgeklausel enthält über die Einzelnachfolge hinaus noch die Regelung, daß nicht alle Erben, sondern nur einer oder einige von ihnen in die Gesellschafterstellung nachrücken sollen, wohingegen die übrigen, nicht zum Zug kommenden Erben lediglich ein Ausgleichanspruch erhalten.[537] Die qualifizierte Nachfolgeklausel stellt demnach einen Fall der Sondernachfolge dar.

bb) Die verschiedenen Ansichten zur Behandlung der Nachfolgeklauseln

Die daraus entstehende Frage ist, ob die verschiedenen Nachfolgeklauseln besondere Vorschriften im Sinne des Art. 3 III EGBGB sind, die die Erbfolge abweichend von der gewöhnlichen Erbfolge der §§ 1922ff. BGB regeln. Für die Beantwortung dieser Frage haben sich zwei Grundrichtungen gebildet, die in sich wiederum verschiedene Differenzierungen aufweisen.

Die erste Ansicht[538] geht davon aus, daß es sich bei beiden Nachfolgeklauseln um Fälle einer erbrechtlichen Sonderrechtsnachfolge in Gesellschaftsanteile

---

[534] Zur Frage, ob Art. 3 III EGBGB überhaupt auf deutsches Recht anwendbar ist, vgl. u. S. 157 ff.

[535] K.Schmidt, GesR, § 45,V,3; MüKo/Leiphold, § 1922 BGB, Rn. 35 ff., 37; MüKo/Ulmer, § 727 BGB, Rn. 21 ff. m.w.N.; Palandt/Edenhofer, § 1922 BGB, Rn. 17.

[536] Wie auch die Sondernachfolge (MüKo/Leiphold, § 1922 BGB, Rn. 42; Siegmann, Personengesellschaftsanteil und Erbrecht, 75 ff. beide m.w.N.; a.A. Ulmer, NJW 1990, 73, 75).

[537] K.Schmidt, GesR, § 45,IV,4; MüKo/Ulmer, § 727 BGB, Rn. 31 ff. m.w.N.

[538] MüKo/Birk, Art. 25 EGBGB, Rn. 100 (unklar dazu allerdings Rn. 180 ff., 186); Siebert, OHG, 23 ff., 46 ff.; Hüßtege, IPR, C III, (S. 25); v.Bar, IPR II, Rn. 371; Palandt/Heldrich, Art. 3 EGBGB, Rn. 13; Zitelmann, FS für Gierke, 255, 258; Schotten, Rpfleger 1991, 181,

handle, die aus diesem Grund von Art. 3 III EGBGB erfaßt würden, wobei teilweise vertreten wird,[539] daß Art. 3 III EGBGB nur auf Komplementärbeteiligungen, nicht aber für Kommanditanteile Anwendung finde. Die Gegenmeinung[540] sieht das Problem der Nachfolgeklausel in ihrer Qualifikation als gesellschaftsrechtlich oder erbrechtlich. Da die Nachfolgeklauseln aber als gesellschaftsrechtlich einzuordnen seien, scheide Art. 3 III EGBGB von seinem Anwendungsbereich her aus, da er sich nur auf Vorschriften des 3. und 4. Abschnitts beziehe. Im Bezug auf die Klauseln komme deutsches Gesellschaftsrecht als Recht des Verwaltungssitzes zur Anwendung,[541] im übrigen würden die allgemeinen Regeln für die Erbfolge gelten.
Die unterschiedlichen Ergebnisse, zu denen die beiden Ansichten führen, sollen anhand eines Falles dargestellt werden. Zum Nachlaß eines italienischen Erb-

---

185; Handbuch/Gottwald/Haas, Kap. 9, Rn. 27; Erman/Hohloch, Art. 3 EGBGB, Rn. 16; Ferid, FS für Hueck, 343, 368 f., 374; ders. in Lauterbach (Hrsg.), Reform des deutschen internationalen Erbrechts, 38 f.; Staudinger[12]/Graue, Art. 28 EGBGB a.F., Rn. 2 und Raape/Sturm, IPR I, § 12 IV 2 e (S. 189) sehen in Art. 28 EGBGB a.F. den Vorrang des Gesellschaftsstatuts vor dem Erbstatut normiert, ordnen die Frage also dem Gesellschaftsstatut zu, welches dann über Art. 28 a.F. EGBGB das Erbrecht verdrängt. Sie sind also genaugenommen zwischen beiden Ansichten anzusiedeln. v.Oertzen, RIW 1991, 818 ff.; IPRax 1994, 73, 75 nimmt nur eine analoge Anwendung des Art. 3 III EGBGB an, da er über Art. 3 III EGBGB nur zu einer Übereinstimmung des Gesellschaftsstatuts mit dem Erbstatut kommen will und deshalb nicht in jedem Fall das Belegenheitsrecht anwendet (dann nicht, wenn das Gesellschaftsstatut nach der Gründungstheorie bestimmt wird). Sachlich qualifiziert er jede Vorschrift zunächst, um sie dann gesondert danach zu befragen, ob sie eine erbrechtliche Sonderregel darstellt. Bezüglich des fehlenden Gleichlaufs zwischen dem nach Art. 3 III EGBGB bestimmtem Erbrecht und dem nach der Gründungstheorie bestimmten Gesellschaftsrecht sind seine Überlegungen nicht folgerichtig. Bestimmt sich nämlich das Gesellschaftsstatut nach dem Gründungsrecht, so ist auch dieser Staat danach zu befragen, ob er bezüglich der Vererbung von Gesellschaftsanteilen besondere Vorschriften anordnet. Über Art. 3 III EGBGB kommt man dann zu einer Anwendung des *Belegenheitsrechts* des Gründungsstaates der Gesellschaft und damit automatisch zu einer Übereinstimmung von Gesellschaftsstatut und Erbstatut bzgl. des Gesellschaftsanteils.

[539] Palandt/Heldrich, Art. 3 EGBGB, Rn. 13; Handbuch/Gottwald/Haas, Kap. 9, Rn. 27; Erman/Hohloch, Art. 3 EGBGB, Rn. 16. Diese Unterscheidung ist jedoch auf Grund der Gleichbehandlung der Nachfolgeklauseln, insbesondere was die Einzel- und Sondernachfolge angeht, nicht nachvollziehbar (so auch v.Oertzen, RIW 1994, 818, 819).

[540] Ebenroth, ErbR, Rn. 1246, 1280 f.; Staudinger/Dörner, Art. 25 EGBGB, Rn. 59 ff., 524; Witthoff, Vererbung, 62 ff., 72; Staudinger/Hausmann, Art. 3 EGBGB, Rn. 73; Lüderitz, IPR, Rn. 168, Fn. 38; MüKo/Sonnenberger, Art. 3 EGBGB, Rn. 36; Thoms, Einzelstatut, 13 f.; Soergel/Schurig, Art. 25 EGBGB, Rn. 76, Fn. 1, Rn. 89, Fn. 63 (allerdings ausgehend von dem Ansatz, daß Art. 3 III EGBGB auf deutsches Recht keine Anwewndung findet); Lorz, Europäische Integration, 489, 501 f; Flick/Piltz, Der Internationale Erbfall, Rn. 224, 137.

[541] Zum Streit um die Anknüpfung gesellschaftsrechtlicher Rechtsverhältnisse und die Lösung im deutschen Recht vgl. Staudinger/Großfeld, IntGesR, Rn. 22 ff., 33 ff.; v.Bar, IPR II, Rn. 619 ff.

lassers gehört ein Anteil an einer deutschen OHG, an der er als persönlich haftender Gesellschafter beteiligt war. Im Gesellschaftsvertrag findet sich eine qualifizierte Nachfolgeklausel; in seinem Testament bestimmt er seine Tochter unter mehreren Erben als seine Nachfolgerin in der Gesellschaft.
Gemäß Art. 25 EGBGB wird der Erblasser nach italienischem Recht beerbt, welches die Verweisung auch annimmt. Folgt man der ersten Ansicht, so handelt es sich bei dem Gesellschaftsanteil um eine Sondererbfolge, so daß für alle Fragen der Vererbung des Gesellschaftsanteils über Art. 3 III EGBGB deutsches Erbrecht zur Anwendung kommen würde. Die zweite Meinung qualifiziert die Frage der Singularzession der Tochter und den Übergang der Erbschaft hingegen als gesellschaftsrechtlich. Aufgrund der Sitztheorie finde deutsches Gesellschaftsrecht Anwendung, so daß sich die Vererbung des Anteils nach deutschem Recht bestimmen würde. Im übrigen gelte italienisches Erb-recht, so daß weitere Fragen wie Pflichtteilsansprüche usw. bezüglich des Gesellschaftsanteils nach italienischem Recht bestimmt würden.[542]
Der tatsächliche Unterschied der beiden Meinungen besteht also nicht darin, ob auf die von den Nachfolgeklauseln geregelten Probleme deutsches Recht anzuwenden ist, sondern welchem Recht die darüber hinausgehenden erbrechtlichen Fragen bezüglich des Gesellschaftsanteils zu unterwerfen sind.

cc) Qualifikation der Nachfolgeklauseln

Der dogmatische Ausgangspunkt ist klar. Entscheidend ist, ob die in den Nachfolgeklauseln enthaltenen Regelungen erbrechtlich oder gesellschaftsrechtlich zu qualifizieren sind. Schwierigkeiten bei der Lösungsfindung bereitet der Umstand, daß es sich bei den Nachfolgeklauseln nicht um geschriebenes, sondern um durch richterliche Rechtsfortbildung weiterentwickeltes Recht handelt.
Die Unterscheidung zwischen Gesellschaftsstatut und Erbstatut wird allgemein nach folgender Formel getroffen: Das Erbstatut bestimmt, wer zu welchem Anteil Erbe wird, das Gesellschaftsstatut entscheidet dagegen, was dem Erben aus dem Gesellschaftsverhältnis zufließt, also ob die Gesellschafterstellung überhaupt vererblich ist.[543] Diese Definition hilft jedoch bei der Qualifikation der Nachfolgeklauseln nicht weiter. Die entscheidende Frage, ob das Gesellschaftsstatut den Gesellschaftsanteil nur prinzipiell vererblich stellt und die übrigen Fragen dem Erbstatut überläßt oder den Gesellschaftsanteil als Singularübertragung im Wege eines unmittelbaren Übergangs vererblich stellt, wird durch die allgemeine Formel in keine bestimmte Richtung beantwortet.

---

[542] Umstritten ist, ob der von der Singularzession ausgelöste Ausgleichsanspruch dem Gesellschaftsstatut (MüKo/Birk, Art. 25 EGBGB, Rn. 186) oder dem Erbstatut (Staudinger/Dörner, Art. 25 EGBGB, Rn. 62; Witthoff, Vererbung, 120f.) zuzuordnen ist.

[543] Ferid, FS für Hueck, 343, 358, MüKo/Birk, Art. 25 EGBGB, Rn. 183; Staudinger/Dörner, Art. 25 EGBGB, Rn. 60; Ebenroth, ErbR, Rn. 1281.

Im materiellen deutschen Recht werden die Nachfolgeklauseln nach längerer Diskussion inzwischen als erbrechtlich eingeordnet.[544] Danach handelt es sich um eine Nachfolge von Todes wegen in den Gesellschaftsanteil, da dieser Teil des vom Erblasser hinterlassenen Vermögens ist und aus diesem Grund in den Nachlaß fällt.[545] Das im materiellen Recht bestehende Verständnis der Nachfolgeklauseln als erbrechtlich gibt einen ersten Hinweis für eine dementsprechende Qualifikation, zumal die Tatsache, daß die Nachfolgeklauseln durch richterliche Rechtsfortbildung entstandenes Recht sind, der Einordnung durch die Rechtsprechung besonderes Gewicht zukommen läßt.

Auch die Formulierung einer solchen Klausel (beispielsweise lautet eine qualifizierte Nachfolgeklausel: „Beim Tode eines Gesellschafters wird die Gesellschaft immer nur mit dem ältesten leiblichen Nachkommen fortgesetzt.“)[546] zeigt, daß der Regelungsgehalt der Nachfolgeklausel eindeutig im erbrechtlichen Bereich liegt. Man kann sich die Aufteilung zwischen beiden Gebieten folgendermaßen vorstellen: Die Nachfolgeklausel hat ihre Ursache im Gesellschaftsrecht; die rechtlichen Veränderungen werden jedoch im Erbrecht vorgenommen.

Entscheidend ist aber vor allem folgende Überlegung: Dem Erbstatut unterfallen grundsätzlich alle erbrechtlich relevanten Fragen; es bestimmt unter anderem die testamentarische oder gesetzliche Erbfolge sowie den Erbgang,[547] also genau die in den Nachfolgeklauseln geregelten Fälle. Zudem besteht kein Grund, warum bezüglich der Nachfolgeklauseln diese Fragen dem Erbrechtstatut entzogen und dem Gesellschaftsstatut zugeordnet werden sollten. Das dafür vorgebrachte Argument, daß nur auf diese Weise sichergestellt werden könne, daß es zu einer gewollten Bestimmung dieser Fragen durch das Gesellschaftsstatut und nicht durch das Belegenheitsstatut komme, vermag nicht zu überzeugen.[548] Dabei wird nämlich übersehen, daß das Belegenheitsrecht mit dem Gesellschaftsstatut übereinstimmen muß, da nur das Gesellschaftsstatut überhaupt in der Lage ist, besondere Vorschriften für die in Frage stehende Gesellschaft bereitzustellen. Darüber hinaus zeigt der Vergleich einer qualifizierten Nachfolgeklausel mit dem Höferecht, daß es sich aufgrund der übereinstimmenden Struktur um einen Fall der erbrechtlich zu qualifizierenden Sonder-

---

[544] Vgl. die Entwicklung in der Rechtsprechung BGH, Urt. v. 10. 2. 1977, BGHZ 68, 225, 229 (erbrechtlich); BGH Urt. v. 30. 4. 1984, BGHZ 91, 132, 135 ff. (gesellschaftsrechtlich); BGH, Urt. v. 14. 5. 1986, BGHZ 98, 48, 50 f.; BGH, Beschl. v. 3. 7. 1989, BGHZ 108, 187, 192 (beide erbrechtlich); MüKo/Leiphold, § 1922 BGB, Rn. 34 f.; K. Schmidt, § 45 V 3 b.

[545] Z.B. BGH, Beschl. v. 3. 7. 1989, BGHZ 108, 187, 192; K.Schmidt, § 45 V 3 b beide m.w.N.

[546] K.Schmidt, § 45 V 4 a.

[547] v.Bar, IPR II, Rn. 375 ff.; Lorz, Europäische Integration, 489, 491 f.; Staudinger/Dörner, Art. 25 EGBGB, Rn. 16 ff.

[548] So Thoms, Einzelstatut, 13 f.; Lorz, Europäische Integration, 489, 491 f.; MüKo/Sonnenberger, Art. 3 EGBGB, Rn. 36; Ebenroth, ErbR, Rn. 1246, 1280 f.

nachfolge handelt muß. Die Nachfolgeklauseln sind also erbrechtlich zu qualifizieren.[549]

dd) Teil- oder Gesamtregelung

Dabei ist folgende Besonderheit zu beachten: Wie oben dargestellt,[550] kann ein Belegenheitsrecht über Art. 3 III EGBGB auch nur einige Teilfragen gesondert anknüpfen. Betrachtet man unter diesem Gesichtspunkt eine Nachfolgeklausel, die eine Einzelnachfolge anordnet, so ist diese Klausel als Teilregelung zu verstehen, da sie lediglich den Übergang des Gesellschaftsanteils auf die Erben abweichend von dem allgemeinen Erbschaftsübergang festlegt.
Demgegenüber dürfte eine qualifizierte Nachfolgeklausel eine vom allgemeinen Erbstatut abweichende Gesamtregelung enthalten. Der Hauptgrund für diese Annahme ist, daß bei einer qualifizierten Nachfolgeklausel das Zentralelement eines jeden Erbfalles, die Erfolge, abweichend bestimmt wird. Allerdings können deswegen Zweifel aufkommen, weil für große Teile des Erbrechts wie Pflichtteil, Testamentsvollstreckung etc. auf die allgemeinen Vorschriften zurückgegriffen werden muß.
Die Frage, ob eine generelle Regelung geplant ist, läßt sich zunächst deswegen schwer beantworten, weil die Nachfolgeklauseln durch Rechtsfortbildung entstanden sind und deswegen keine umfassende Regelung erhalten haben. Wie bereits erwähnt kann man aus der Tatsache, daß die qualifizierte Nachfolgeklausel eine Sondererbfolge festlegt, den Schluß ziehen, daß mit der Klausel eine allumfassende Regelung angestrebt wird, da das Zentralelement eines Erbfalles, die Erbfolge, abweichend geregelt ist. Dieses Argument wird durch einen Blick auf die anderen im deutschen Recht geregelten Sondererbfolgen wie z. B. das Höferecht gestützt, da diese Sondererbfolgen in erheblichem Maße vergleichbare Abweichungen enthalten, wie sie bei der Vererbung von Gesellschaftsanteilen infolge einer qualifizierten Nachfolgeklausel auftreten. So bestimmt das Hoferbenrecht eine besondere Erbfolge (§§ 3-7 HöfeO), einen besonderen Abfindungsanspruch (§ 12 HöfeO) der einer besonderen Berechnung unterliegt, eine gesonderte Ausschlagung (§ 11 HöfeO). Demgegenüber wird für die Auslegung, die Testamentsvollstreckung, die Vor- und Nach- sowie eine Ersatzerbschaft angeht auf die anwendbaren Regeln des BGB zurückgegriffen.[551] Auch in

[549] Nicht gefolgt werden kann Heyn, Doppelqualifikation, 59, der in diesen Fällen eine Doppelqualifikation erb-/gesellschaftsrechtlich mit Schwerpunkt auf dem Gesellschaftsrecht erblickt. Erstaunlich dabei ist vor allem, daß er auf Tatbestandsseite ein Interessengleichgewicht sieht, wohingegen er die Rechtsfolge eindeutig dem Gesellschaftsrecht zuordnet (dort Fn. 11).

[550] Vgl. 114 ff.

[551] Ausführlich dazu Lange/Kuchinke, ErbR, § 55; sowie Wöhrmann/Stöcker, LwErbR, insbes. § 7, Rn. 13 ff., 61 ff., § 16, Rn. 38 ff. (zu den einzelnen Anwendungen der Normen des BGB).

anderen Fällen der Sondererbfolge werden also lediglich Teile des Erbrechts gesondert behandelt. Betrachtet man die Praktikabilität beider Ansätze, so hat die Lösung, sämtliche Fragen dem deutschen Recht zu unterstellen, zudem den unbestreitbaren Vorteil, daß die erbrechtlichen Fragen nicht künstlich auseinandergerissen und unterschiedlichen Rechten unterworfen werden. Gerade in Fällen, in denen wesentliche Teile des Erbrechts der deutschen Rechtsordnung unterliegen, bietet sich dies an, um komplizierte Angleichungsprobleme zu vermeiden.

d) Versorgungsanwartschaften

Weiter ist zu untersuchen, ob ein Ausgleich von Versorgungsanwartschaften mit internationalem Bezug zu einer Anwendung von Art. 3 III EGBGB führen kann. Die ganz herrschende Meinung[552] geht davon aus, daß der Ausgleich von Versorgungsanwartschaften nicht vom Einzelstatut des Art. 3 III EGBGB berührt werden. Demgegenüber sind einige Autoren[553] sowie eine Entscheidung des AG Charlottenburg[554] gegenteiliger Ansicht. Um das Problem zu veranschaulichen, soll der Fall des AG Charlottenburg kurz dargestellt werden. Das Gericht hatte über den Versorgungsausgleich einer deutsch-amerikanischen Ehe zu entscheiden. Der amerikanische Ehemann der deutschen Antragsstellerin besaß Versorgungsanwartschaften in der US-Sozialversicherung sowie zusätzlich aus seiner Tätigkeit als Armeeoffizier eine Anwartschaft auf eine Armeepension.

Der Versorgungsausgleich war nach dem für die Scheidung maßgeblichen deutschen Recht durchzuführen.[555] In den Versorgungsausgleich wurden vom AG

[552] Staudinger/Hausmann, Art. 3 EGBGB, Rn. 74; MüKo/Sonnenberger, Art. 3 EGBGB, Rn. 37; MüKo/Winkler v.Mohrenfels, Art. 17 EGBGB, Rn. 223; Palandt/Heldrich, Art. 3 EGBGB, Rn. 13; Lüderitz, IPRax 1987, 74, 78, Fn. 54; Thoms, Einzelstatut, 15; Staudinger[12]/Graue, Art. 28 EGBGB a.F., Rn. 22 a.E.; Soergel[11]/Schurig, Nachträge, zu Art. 17 EGBGB, Rn. 141; ders. Soergel/Schurig, Art. 17 EGBGB, Rn. 164; Erman/Hohloch, Art. 3 EGBGB, Rn. 16; Wagner, Versorgungsausgleich mit Auslandsberührung, Rn. 39.

[553] Piltz, FamRZ 1979, 991 ff.; ders., Internationales Scheidungsrecht, 97 f.; Adam, Internationaler Versorgungsausgleich, 351 ff, insbes. 359 ff.; Wochner, JZ 1980, 414, 415, Fn 15. Diese Autoren befürworten die Anwendung teilweise aufgrund einer güterrechtlichen Einordnung des Versorgungsausgleichs - gegen die damals h.M., die eine Einordnung als scheidungsrechtlich bevorzugte, welche dann auch Gesetz wurde. Als Folge der güterrechtlichen Qualifikation wurden die §§ 1587 ff. BGB von diesen Autoren als besondere, von dem allgemeinen Güterrecht abweichende Vorschriften eingeordnet. Diese Argumentation ist aber spätestens durch das IPR-Reformgesetz obsolet geworden (zur früheren, ablehnenden Ansicht Jayme, ZfRV 21 (1980) 175, 184).

[554] AG Charlottenburg, Urt. v. 29. 8. 1983, NJW 1984, 2042 f.

[555] Zum damaligen Zeitpunkt bestand die Regel des Art. 17 III EGBGB noch nicht (zum Streit nach welchem Statut der Versorgungsausgleich zu bestimmen war vgl. Staudinger/v.Bar/ Mankowski, Art. 17 EGBGB, Rn. 278).

nur die Anwartschaften gegen die US-Sozialversicherung, nicht aber die Armeepension miteinbezogen. Gestützt wurde die Nichteinbeziehung auf eine Entscheidung des US-Supreme Court.[556] Der US-Supreme Court nahm eine Armeepension bei einer Scheidung nach kalifornischem Recht aus dem aufzuteilenden quasi-gemeinschaftlichen Vermögen der Ehegatten[557] mit der Begründung heraus, daß ansonsten den Bundesinteressen ein schwerer Schaden zugefügt werde.[558] Das in dem Urteil geäußerte Einbeziehungsverbot des amerikanischen Rechts sei, so das AG, eine besondere Vorschrift i.S. des Art. 28 EGBGB a.F., und da auch die übrigen Voraussetzungen dieser Vorschrift vorlägen, sei es angebracht, die Armeepension nicht in den Versorgungsausgleich miteinzubeziehen.

Bevor die Entscheidung des AG im einzelnen untersucht wird, sollen zunächst die Argumente, die gegen die Anwendung des Art. 3 III EGBGB auf die Fälle des internationalen Versorgungsausgleichs vorgebracht werden, einer genaueren Betrachtung unterzogen werden.

aa) Versorgungsrechtsstatut als Vermögensstatut

Als erstes Argument wird regelmäßig[559] genannt, daß ein Ausgleich von Anwartschaften nach dem maßgeblichen Ehewirkungsstatut im Zeitpunkt der Scheidung ohne Rücksicht auf die Belegenheit der Anwartschaften stattfinde. Damit soll aller Wahrscheinlichkeit nach gesagt werden, daß das Belegenheitsrecht in keinem Fall einen Einfluß auf die Versorgungsanwartschaft haben kann. Dem ist entgegenzuhalten, daß die Zusammenfassung mehrerer Vermögensrechte zu einem Vermögensstatut dazu führt, daß sich das Statut nicht mehr nach dem Belegenheitsrecht, sondern nach dem für das Vermögensstatut ge-

---

556 McCarty v. McCarty 453 U.S. 210 ff. (1981).

557 Auf diesem Weg werden in den community property Staaten auf güterrechtlicher Ebene die sozialrechtlichen Anwartschaften zwischen den Ehegatten aufgeteilt (vgl. ausführlich Jayme in Zacher, Versorgunsausgleich im internationalen Vergleich, 289, 293 ff.; Staudinger/v.Bar/ Mankowski, Art. 17 EGBGB, Rn. 312 bei beiden auch zur Frage, ob ein solcher Ansatz güter- oder versorgungsrechtlich zu qualifizieren ist).

558 Als Begründung führt der US-Supreme Court aus, daß es sich bei der Armeepension um ein höchstpersönliches Recht handle, welches auch nach dem Tod nicht unbedingt auf die Frau übergehen müsse. Zudem zeigten Gesetzgebungsgeschichte und andere Gesetze, daß es sich dabei nicht um gemeinschaftliches Vermögen der Ehegatten handle. Auch solle die Pension ein besonderer Anreiz für eine Tätigkeit in der US-Army und für ein rechtzeitiges Ausscheiden sein und dadurch eine Überalterung der Armee vermieden werden. Diese Ziele würden durch eine Teilung bei Scheidung erheblich gemindert. Eine vergleichbare Entscheidung (Hisquierdo v. Hisquierdo 439 U.S. 572 (1979) besteht für bundesrechtliche Rentenanwartschaften für Eisenbahnangestellte (vgl. dazu Jayme in Zacher, Versorgungsausgleich im internationalen Vergleich, 289, 295).

559 Staudinger/Hausmann, Art. 3 EGBGB, Rn. 74; MüKo/Sonnenberger, Art. 3 EGBGB, Rn. 37; Thoms, Einzelstatut, 15.

wählten, einheitlichen Anknüpfungspunkt bestimmt. Insoweit kommt man zur ersten entscheidenden Frage, die sich bei der Anwendung des Art. 3 III EGBGB auf Versorgungsanwartschaften stellt, nämlich ob es sich bei dem Anwartschaftsstatut um ein Vermögensstatut, wie es für Art. 3 III EGBGB vorausgesetzt wird, handelt.

Die Besonderheit eines Vermögensstatuts liegt darin, unterschiedliche Vermögensrechte zu einem einheitlichen Statut zusammenzufassen.[560] Da Art. 17 III EGBGB ein einheitliches Statut für sämtliche (also mehrere) bei den Ehegatten bestehenden Anwartschaften bestimmt, ist das Versorgungsrechtsstatut prinzipiell ein vermögensrechtliches Gesamtstatut.[561] Dies entspricht Sinn und Zweck des Art. 17 III 2 EGBGB, der dazu geschaffen wurde, einzelne international bestehende Rechtspositionen zu einer Gesamtheit zusammenzufassen und diese einem einheitlichen rechtlichen Schicksal zu unterwerfen. Daß diese Zusammenfassung zu einem einheitlichen Statut nur der Abwicklung dient, ist ohne Belang, denn nichts anderes bezweckt die Zusammenfassung der einzelnen Vermögenspositionen zu einem Erbstatut. Das oben genannte Argument vermag also einen Ausschluß des Art. 3 III EGBGB nicht zu begründen.

bb) Art. 17 III 2 EGBGB als lex specialis zu Art. 3 III EGBGB

Des weiteren wird gegen eine Anwendung des Art. 3 III EGBGB angeführt,[562] daß der Ausnahmefall des Art. 17 III 2 Nr.2 EGBGB[563] als lex specialis der Norm des Art. 3 III EGBGB vorgehe und abschließend die Bedingungen festlege, nach denen eine im Inland belegene Anwartschaft - ohne Rücksicht darauf, ob deutsches Recht im übrigen Ausgleichsstatut ist - nach deutschem Recht auszugleichen ist. Dieses Argument ist allerdings nur von eingeschränkter Bedeutung, da Art. 3 III EGBGB allenfalls in Bezug auf die in Deutschland, nicht aber die im Ausland belegenen Versorgungsanwartschaften verdrängt werden würde, so daß Art. 17 III 2 EGBGB nur für diesen Teilbereich eine Ausnahmevorschrift zu Art. 3 III EGBGB wäre.

---

560 Firsching/v.Hoffmann, § 2, Rn. 33; Solomon, IPRax 1997, 81, 81.

561 Ebenso Palandt/Heldrich, Art. 3 EGBGB, Rn. 12 der generell auf Art. 17 EGBGB und nicht nur auf Art. 17 I EGBGB verweist. Ausdrücklich anderer Ansicht hingegen Erman/Hohloch, Art. 17 EGBGB, Rn. 59. Nur auf Art. 17 I EGBGB verweisend z.B Staudinger/Hausmann, Art. 3 EGBGB, Rn. 61; Erman/Hohloch, Art. 3 EGBGB, Rn. 14. Kegel/Schurig, IPR, § 12 II 2 a faßt hingegen Art. 17 EGBGB generell nicht unter die von Art. 3 III EGBGB verdrängten Kolllisionsnormen.

562 MüKo/Sonnenberger, Art. 3 EGBGB, Rn. 37; Thoms, Einzelstatut, 15.

563 Staudinger/Hausmann, Art. 3 EGBGB, Rn. 74 nennt stattdessen Art. 17 III 2 Nr.1 EGBGB. Dies ist m.E. die einzig sinnvolle Variante. Im folgenden wird wegen dieser Unklarheit nur von Art. 17 III 2 EGBGB gesprochen, zumal die Frage, ob es um Art. 17 III 2 Nr.1 oder Nr. 2 EGBGB geht für die Argumentation keinen Unterschied macht.

Darüber hinaus spricht gegen einen Vorrang des Art. 17 III 2 EGBGB, daß ein solcher nicht mit der Systematik der Vorschrift in Einklang zu bringen ist. Art. 17 III EGBGB beinhaltet in Satz 1 und 2 eine Anknüpfungsleiter: Nur wenn eine Anknüpfung nach Art. 17 III 1 EGBGB nicht stattfinden kann, kommt die Regel des Art. 17 III 2 EGBGB zum Tragen.[564] Die Anknüpfung des Versorgungsausgleichs an deutsches Recht gemäß Art. 17 III 2 EGBGB ist demnach eine hilfsweise Anknüpfung, die nur dann zum Tragen kommt wenn das eigentlich anwendbare Recht einen Versorgungsausgleich nicht kennt. Kennt das gemäß Art. 17 III 1 EGBGB anwendbare Scheidungsstatut demgegenüber einen Versorgungsausgleich, so werden anhand dieses Rechts auch die im Inland belegenen Anwartschaften ausgeglichen. Im übrigen werden auch in Fällen des Art. 17 III 2 EGBGB beim Versorgungsausgleich die bestehenden ausländischen Anwartschaften miteinbezogen.[565] Art. 17 III 2 EGBGB enthält somit keine Sonderanknüpfung für im Inland belegene Anwartschaften, sondern eine Sonderanknüpfung nach deutschem Recht für alle Anwartschaften und damit eine fundamental andere Anknüpfungsart als sie in Art. 3 III EGBGB geregelt ist. Bildlich gesprochen greift Art. 3 III EGBGB im Wege einer horizontalen, an der Belegenheit orientierten Sonderanknüpfung in ein Gesamtstatut ein, wohingegen Art. 17 III 2 EGBGB vertikal eine nachrangige Anknüpfung des Gesamtstatuts darstellt. Aus diesem Grund ist Art. 17 III 2 EGBGB keine lex specialis zu Art. 3 III EGBGB.

cc) Argument des lediglich schuldrechtlichen Ausgleichs

Weiteres Argument gegen eine Anwendung des Art. 3 III EGBGB im Recht des internationalen Versorgungsausgleichs ist, daß in jedem Fall eine schuldrechtliche Ausgleichsmöglichkeit bestehe, auch wenn die Zulässigkeit von Eingriffen in die Anwartschaft nach dem die Anwartschaft beherrschenden Recht zu beurteilen sei.[566] Eine Anwendung des Art. 3 III EGBGB sei nicht passend, da der Versorgungsausgleich sich durchführen lasse, ohne daß das Schicksal der im

---

564 Dies ergibt sich bereits aus dem Wortlaut (vgl. Staudinger/v.Bar/Mankowski, Art. 17 EGBGB, Rn. 354; Soergel/Schurig, Art. 17 EGBGB, Rn. 140; Palandt/Heldrich, Art. 17 EGBGB, Rn. 21; MüKo/Winkler v.Mohrenfels, Art. 17 EGBGB, Rn. 197, 202; Erman/Hohloch, Art. 17 EGBGB, Rn. 55). Teilweise wird eine Anwendung des Satzes 2 auch dann angenommen, wenn der ausländische Versorgungsausgleich nach Art und Umfang hinter dem deutschen Recht zurückbleibt (Lüderitz, IPRax 1987, 74, 79), was jedoch abzulehnen ist (dazu die oben genannten Autoren).

565 MüKo/Winkler v.Mohrenfels, Art. 17 EGBGB, Rn. 204 f., 223 ff.; Staudinger/v.Bar/Mankowski, Art. 17 EGBGB, Rn. 420 ff.

566 Nach deutschem Recht kommt es im Normalfall zu einer unmittelbaren Aufteilung der Anwartschaften durch Splitting, Quasi-Splitting oder Realteilung (vgl. § 1587 b BGB). Lediglich wenn diese nicht möglich sind, findet ein schuldrechtlicher Ausgleich gemäß § 2 VAHRG (Schönfelder Nr. 48a) statt.

Ausland belegenen Anwartschaften unmittelbar berührt werde, so daß es nicht zu einem Durchsetzungskonflikt komme.[567] Der Grund für die fehlende unmittelbare Durchführbarkeit des Versorgungsausgleichs liege in der Rechtsnatur der Anwartschaften als ausländische, öffentlichrechtliche Rechtsverhältnisse, in die aber von einem deutschen Gericht nicht im Wege des Splitting, Quasisplitting oder der Realteilung eingegriffen werden könne.[568]

Dieses Argument ist jedoch zweifelhaft, da Tatsache, daß ein Eingriff in ausländische Versorgungsanwartschaften nur schuldrechtlich möglich ist, prinzipiell gegen die Zusammenfassung von ausländischen Anwartschaften zu einem einheitlichen Statut angeführt werden kann.[569] Der Gesetzgeber hat sich in Art. 17 III EGBGB aber entschlossen, auch die ausländischen Anwartschaften in einen Versorgungsausgleich miteinzubeziehen, selbst wenn lediglich ein schuldrechtlicher Ausgleich möglich ist. Das Argument kann aber nicht dazu verwandt werden, den Ausschluß einzelner, spezieller Anwartschaften durch ein Belegenheitsrecht zu überspielen. Die Möglichkeit des schuldrechtlichen Ausgleichs vermag es gerade nicht zu begründen, warum ein Ausschluß durch das die Anwartschaft beherrschende Recht keine Geltung haben soll.
Dies zeigt ein Vergleich mit den anderen Fälle, in denen Art. 3 III EGBGB zur Anwendung kommt, sehr deutlich. Zuerst wird gemäß Artt. 15, 25 EGBGB iVm. Art. 3 III EGBGB über die Zugehörigkeit eines „Gegenstandes" zu einem Gesamtstatut entschieden. Kann dieses Gesamtstatut nicht in der angenommenen Weise durchgesetzt werden, dann ergeben sich daraus schuldrechtliche Ausgleichansprüche. Nach Art. 3 III EGBGB ausgegliederte Vermögensbestand-teile bleiben jedoch von Beginn an außen vor und werden auch nicht in den schuldrechtlichen Ausgleich miteinbezogen. Die Möglichkeit der Existenz schuldrechtlicher Ansprüche kann also kein Argument für die Zuordnung eines Vermögensteils zu einem Gesamtstatut liefern, sondern ist die Folge einer solchen Zuordnung. Sie bestehen erst auf Sekundärebene und sind für die Frage der Anwendbarkeit des Art. 3 III EGBGB ohne Belang.

dd) Interessenlage

Vergleicht man die Interessenlage einer Anwendung des Art. 3 III EGBGB auf Vermögensstatute mit der einer Anwendung auf Versorgungsanwartschaften, so zeigt sich eine weitgehende Übereinstimmung. Mehr noch als in den Normalfällen des Art. 3 III EGBGB besteht bei Anwartschaften ein Interesse des jeweili-

[567] Soergel/Schurig, Art. 17 EGBGB, Rn. 140.

[568] BGH, Beschl. v. 7. 11. 1979, BGHZ 75, 242, 246 f.; BGH, Urt. v. 12. 5. 1989, NJW 1989, 1997, 1997; MüKo/Winkler v.Mohrenfels, Art. 17 EGBGB, Rn. 227; Palandt/Heldrich, Art. 17 EGBGB, Rn 25.

[569] So z.B. Bürgle, FamRZ 1978, 388, 390 f.

gen Staates, bestimmte Anwartschaften aus der Regelbehandlung herauszulösen und sie besonderen Vorschriften zu unterwerfen, da durch die öffentlichrechtliche Ausgestaltung der Versorgungsanwartschaften der Einfluß und das Interesse des Heimatstaates besonders ausgeprägt ist. Es verbietet sich, diese Abtrennung durch den Belegenheitsstaat aus deutscher Sicht nicht zu beachten, zumal eine Abtrennung im Bereich des übrigen Familien- und Erbrechts akzeptiert wird. Es geht bei einer Anwendung des Art. 3 III EGBGB auf Versorgungsanwartschaften darum, ob der Heimatstaat spezielle Anwartschaften einer gesonderten Regelung unterstellen kann und ob dies vom deutschen Recht zu beachten ist. Hält man die Vorschrift des Art. 3 III EGBGB überhaupt für sinnvoll, sollten solche Fälle über Art. 3 III EGBGB gelöst werden. Art. 3 III EGBGB ist demzufolge prinzipiell auch auf Versorgungsanwartschaften anwendbar.

ee) Lösung des Falles des AG Charlottenburg

Untersucht man die Lösung des Falles des AG Charlottenburg, so stellt sich die Frage, ob die US-amerikanische Armeepension zu den berücksichtigungsfähigen Versorgungsanwartschaften zählt. Dies würde voraussetzen, daß es sich um „Anwartschaften oder Aussichten auf eine Versorgung wegen Alters-, Berufs- oder Erwerbsunfähigkeit“ handelt (§§ 1587 I 1 BGB iVm. § 1587a II, V BGB). Davon ausgeschlossen sind nach § 1587 I 2 BGB „Anwartschaften oder Aussichten, die weder mit Hilfe des Vermögens noch durch Arbeit der Ehegatten begründet oder aufrechterhalten worden sind.“[570] Zu den nicht zu den Versorgungsanwartschaften gehörenden Ausnahmen werden gemeinhin „Volksrenten“ und vergleichbare Institute gezählt.[571] Deren Besonderheit besteht darin, daß sie aus dem allgemeinen Steueraufkommen gewährt werden und jedem Bürger ohne vorherige Eigenleistung und typischerweise nach einem Einheitssatz zustehen.

Diese Unterscheidung hat v. Bar[572] auf die Armeepension angewandt und festgestellt, daß die Armeepension ihrer besonderen Ausgestaltung wegen nicht unter § 1587 I 2 BGB falle und schon deshalb eine Einbeziehung in den übrigen Versorgungsausgleich ausscheide. An dieser Stelle bestehe das eigentliche Problem des Falles, wohingegen eine Anwendung des Art. 3 III EGBGB auf Versorgungsanwartschaften abzulehnen sei.

Dem ist jedoch zu widersprechen, da es sich bei der amerikanischen Armeepension um eine den Vorstellungen des § 1587 I BGB entsprechende Anwartschaft

---

570 v.Bar, in Zacher, Versorgungsausgleich im internationalen Vergleich, 361, 381; MüKo/Winkler v.Mohrenfels, Art. 17 EGBGB, Rn. 226; Soergel/Schurig, Art. 17 EGBGB, Rn. 147; Johannsen/Henrich/Henrich, EheR, Art. 17 Rn. 69.

571 Umfassend zu den Versorgunganwartschaften in den einzelnen Ländern und der Frage der jeweiligen Einbeziehung in den Versorgungsausgleich Staudinger/v.Bar/Mankowski, Art. 17 EGBGB, Rn. 420 ff.

572 v.Bar, JZ 1987, 755, 759 f.

handelt. Die Armeepension wird aufgrund des Alters des Berechtigten gewährt; sie ist erst nach 20 Dienstjahren fällig und beruht auf der Arbeit des Versorgungsberechtigten. Auch die Tatsache, daß sie ein höchstpersönliches Recht des Soldaten ist, stimmt mit der Konstruktion einer Anwartschaft deutschen Rechts überein. Abweichend von der Armeepension und dem Recht der Bundesrepublik läßt die US-amerikanische Sozialversicherung auch Angehörigen von Versicherten unmittelbar von der Anwartschaft abgeleitete Rechtsansprüche zukommen. Der geschiedene frühere Ehegatte, dessen Ehe mit dem Versicherten mindestens zehn Jahre andauerte, ist unter bestimmten Voraussetzungen selbst unmittelbar anspruchsberechtigt. Die Rentenleistungen an Angehörige werden insoweit neben der Versichertenrente gewährt.[573] Vergleicht man die beiden amerikanischen Versicherungssysteme mit dem deutschen Recht, ähnelt die Armeepension dem deutschen Anwartschaftsrecht sogar mehr als die amerikanischen Sozialversicherung.[574] Aus diesem Grund ist die Pension als anrechnungsfähige Anwartschaft einzustufen.

Dieses Ergebnis kann auch der Begründung der Sonderbehandlung der Armeepension im amerikanischen Recht entnommen werden. Die Ausnahmebehandlung der Armeepension wurde aus militär- und bundespolitischen Gründen durchgeführt, [575] nicht aber weil es sich es um ein von einer „Anwartschaft abweichendes Rechtsinstitut" handle.[576] Vielmehr bestehe für die Anwartschaft ein „Einbeziehungsverbot".[577] Ein Einziehungsverbot läßt sich aber nicht in die von § 1587 I BGB festgelegten Unterscheidungskriterien einordnen. Insofern empfiehlt es sich auch nicht, eine erweiternde Auslegung des § 1587 I BGB vorzunehmen, um den Besonderheiten der ausländischen Rechtsordnung gerecht zu werden, da das Einbeziehungsverbot ein strukturell anders gelagertes Problem ist, das seine Lösung im deutschen Recht bereits in Art. 3 III EGBGB hat, da Art. 3 III EGBGB regelt, wann und in welcher Weise ein ausländischer Staat der Zusammenfassung zu einem Gesamtstatut widersprechen kann.

---

[573] Steinmeyer, ZVglRWiss 83 (1984), 329, 331 ff.

[574] Ausführlich zur Frage, ob die Anwartschaften der US-amerikanischen Social Security unter § 1587 BGB fallen Gümpel, FamRZ 1990, 226 ff.; ders., FamRZ 1991, 138 ff. (als Erwiderung auf Reinhard) sowie Reinhard, FamRZ 1990, 1194 ff.

[575] Außerdem zieht das Bundesgericht aus der Tatsache der höchstpersönlichen Leistung an den einzelnen Soldaten eine andere Schußfolgerung als das deutsche Recht. Das entscheidende Gewicht der Entscheidung liegt jedoch in der besonderen bundespolitischen Bedeutung, denn auch die betriebliche Altersversorgung in Amerika kennt keine eigenen Ansprüche geschiedener Ehegatten (Steinmeyer, ZVglRWiss 83 (1984) 329, 333), ohne daß diese deswegen aus dem internen Ausgleich ausgenommen werden.

[576] Soweit unser Verständnis überhaupt auf die amerikanische Entscheidung übertragbar ist. Allerdings ging das kalifornische Gericht von einer Beachtung innerhalb der Aufteilung des ehegüterrechtlichen Vermögens aus. Dies deutet darauf hin, daß es sich hierbei nicht um eine gänzlich andere Anwartschaft handeln kann.

[577] So Lüderitz, IPRax 1987, 74, 79.

Die weitere Lösung des Falles ergibt, daß das Einbeziehungsverbot eine besondere Vorschrift i.S. des Art. 3 III EGBGB darstellt. Zwar läßt sich das nicht auf den ersten Blick erkennen, da die Armeeanwartschaft keine konkrete Anwendung der lex rei sitae bestimmt, aber der Vergleich mit anderen materiell-rechtlichen Regelungen, die besondere Vorschriften darstellen, zeigt, daß die Festlegung einer materiell-rechtlich abweichenden, speziellen Sachlösung ausreichend ist, die dann als versteckte Kollisionsnorm ausgelegt werden kann. Da von den allgemeinen Regeln des amerikanischen Versorgungsausgleichs für einen Einzelfall abgewichen wurde und insoweit eine Sonderzuweisung der Armeepension stattfand, ist darin eine besondere Vorschrift i.S. des Art. 3 III EGBGB zu erblicken.[578]

Bei der Lösung wurde aber folgendes übersehen: Als Reaktion auf diese Entscheidung wurde der „Uniformed Services Former Spouses' Protection Act of 1982“ erlassen.[579] Darin wurde festgelegt, daß auch für Armeepensionen den Urteilen Folge zu leisten ist, die eine Teilung der Ansprüche und Anwartschaften für den Fall der Scheidung vorsehen.[580] Damit wurde die durch die Gerichtsentscheidung verbotene Einbeziehung der Armeeanwartschaft aufgehoben. Nach deutschem Recht werden auch Änderungen der Gesetzeslage, die nach dem Ende der Ehezeit eingetreten sind, berücksichtigt.[581] Der entscheidende Zeitpunkt ist der Tag der jeweiligen gerichtlichen Entscheidung. Da das Urteil des AG Charlottenburg auf den 29. 8. 1983 datiert ist, hätte der amerikanische Uniformed Services Former Spouses' Protection Act noch Berücksichtigung finden müssen.[582] Aus diesem Grund hätte Art. 3 III EGBGB keine Anwendung finden dürfen.

---

[578] Das Argument von Lüderitz, daß alle öffentlichrechtlichen Ansprüche besonderen Vorschriften unterliegen, vermag nicht durchzugreifen, da es für Art. 3 III EGBGB erforderlich ist, daß die Vorschriften gerade die oben geschilderte besondere Struktur einer Abkoppelung der einzelnen Anwartschaft aus den Regelungen der übrigen Anwartschaften haben. Nicht ausreichend sind irgendwelche öffentlich-rechtlichen Vorschriften.

[579] Abgedruckt in The United States Law Week vom 21. 12. 1982.

[580] Steinmeyer, ZVglRWiss 83 (1984) 329, 344; Jayme in Zacher, Versorgungsausgleich im internationalen Vergleich, 289, 296, Fn. 26; Bergmann/Ferid, IEK XII, USA, 44 f.

[581] BGH, Beschl. v. 1. 2. 1984, BGHZ 90, 52, 56 ff.; Palandt/Diedrichsen, § 1587 BGB, Rn. 34 ff.; Soergel/Vorwerk, § 1587 BGB, Rn. 25 f.; MüKo/Dörr, § 1587 BGB, Rn. 18. Gründe für eine Versteinerung sind nicht ersichtlich.

[582] Dabei ist zum Uniformed Services Former Spouses Act noch folgendes zu beachten: Wenn die Ehe mindestens 10 Jahre parallel zu den Dienstjahren bestand, hat der andere Ehegatte einen unmittelbaren Rechtsanspruch auf eine eigene Anwartschaft. Insoweit besteht eine Übereinstimmung mit den Ansprüchen gegen die gesetzliche Rentenversicherung. Ein Ausgleich muß lediglich dann stattfinden, wenn die Ehe kürzere Zeit gedauert hat (vgl. dazu Steinmeyer, ZVglRWiss 83 (1984) 329, 340 ff.). Allerdings kann die Zuweisung bei einer länger als 10 Jahre dauernden Ehezeit nur von einem amerikanischen Gericht oder einem Gericht vorgenommen werden, mit dessen Staat ein entsprechender Staatsvertrag besteht (AG Landstuhl, Urt. v. 17. 2. 1994, IPRax 1995, 108, 109; Staudinger/v.Bar/Mankowski, Art. 17 EGBGB, Rn. 313).

Zusammenfassend läßt sich festhalten, daß Art. 3 III EGBGB auch auf Versorgungsanwartschaften Anwendung findet, da Art. 17 III EGBGB die Regelung eines Gesamtstatuts enthält. Das dazu ergangene Urteil des AG Charlottenburg war allerdings nicht zutreffend, da infolge des zwischenzeitlich ergangen Uniformed Services Former Spouses' Protection Act die Armeepension keine besonderen Vorschriften im Sinne des Art. 3 III EGBGB mehr darstellte, so daß der Tatbestand des Art. 3 III EGBGB nicht erfüllt war.

3) Die „besonderen Vorschriften" des inländischen Belegenheitsrechts

In diesem Abschnitt wird erörtert, ob Art. 3 III EGBGB auf deutsches Sachrecht anwendbar ist und welche, von den allgemeinen Regelungen abweichenden besonderen Vorschriften im deutschen Recht bestehen. Schwierigkeiten bereitet dabei vor allem das deutsche Höferecht, soweit es fakultativ ausgestaltet wurde, da es dadurch nicht mehr zum intern zwingenden Recht zählt und deshalb auch seine Durchsetzbarkeit in internationalen Sachverhalten fraglich geworden ist. Vorab ist gedanklich zu klären, ob für die Durchsetzbarkeit besonderer Vorschriften des deutschen Sachrechts eine Kollisionsnorm erforderlich ist oder ob dafür die Existenz einer besonderen Sachnorm ausreicht, da nur im ersten Fall eine Anwendung des Art. 3 III EGBGB überhaupt in Betracht kommt. Die Frage ist nicht unumstritten, wird aber meistens in der Weise gelöst,[583] daß zumindest eine inzidente Kollisionsnorm bestehen muß, um dem Sachrecht auch in internationalen Sachverhalten Geltung zu verschaffen. Aus diesem Grund ist auch eine Kollisionsnorm zur Durchsetzung materiell-rechtlicher Sondererbfolgen des deutschen Rechts gegenüber dem ausländischen Gesamtstatut erforderlich.

aa) Art. 3 III EGBGB als Kollisionsnorm für deutsches Recht

Daraus entsteht die Frage, ob Art. 3 III EGBGB diese Funktion als Kollisionsrecht für besondere materielle Vorschriften des inländischen Rechts erfüllen kann oder ob Art. 3 III EGBGB nur auf ausländisches, nicht aber auf inländisches Recht anwendbar ist, mit der Folge, daß sich das inländische Recht allenfalls im Wege der in den Sachnormen enthaltenen inzidenten Kollisionsnormen durchsetzen könnte.

---

583 so schon Staudinger[9]/Raape, Art. 28 EGBGB a.F., B V (S. 766 f.) m.w.N. aus der älteren Literatur; Staudinger/Dörner, Art. 25 EGBGB, Rn. 535; Ferid, IPR, 3-144, 3-146; MüKo/Sonnenberger, Art. 3 EGBGB, Rn. 23; a.A Staudinger/Hausmann, Art. 3 EGBGB, Rn. 56; ausführlich dazu u. S. 171 ff. Die meisten der Autoren befassen sich nicht mit dieser Frage, sondern konstatieren lediglich, daß sich die Sachnormen durchsetzen, ohne eine genaue rechtliche Begründung dafür zu nennen.

(1) Die verschiedenen Meinungen

Zur Lösung dieses Problems haben sich zwei Wege herausgebildet: Die Vertreter der ersten Ansicht[584] nehmen an, daß sich die in Frage kommenden deutschen Sachnormen aufgrund von inzidenten Kollisionsnormen durchsetzen, wohingegen die Gegenmeinung die kollisionsrechtliche Durchsetzungsnorm in Art. 3 III EGBGB erblickt.[585]

Diejenigen, die von der Anwendung inzidenter Kollisionsnormen ausgehen, begründen dies auf unterschiedliche Weise. So wurde darauf abgestellt, daß die inzidenten Kollisionsnormen eine lex specialis zu Art. 3 III EGBGB darstelle.[586] Des weiteren wurde angeführt,[587] daß zum Zeitpunkt der Schaffung des Art. 28 EGBGB a.F die bestehenden Sondergüter dem Landesrecht angehört hätten, so daß sich Art. 28 EGBGB a.F. mit deren internationaler Durchsetzbarkeit gar nicht hätte befassen können. Im Reichsrecht selbst wäre eine Bestätigung bereits vorhandener Kollisionsnormen sinnlos gewesen. Auf zukünftige inländische Sondervermögen hätte Art. 28 EGBGB a.F. aber nicht abzielen können, da es dem späteren Gesetzgeber bei Schaffung des jeweiligen Sondervermögens vorbehalten bleiben müsse, ob sich diese Bestimmung auch kollisionsrechtlich durchsetzen solle.[588] Eine abweichende Begründung wird von Dörner gegeben.[589] Er geht auf Grund der Tatsache, daß nur von Kollisions- nicht aber vor Sachnormen zurückgewichen wird, davon aus, daß mit besonderen Vorschriften i.S. des Art. 3 III EGBGB nur (ausländische) Kollisionsnormen gemeint sein können.

Die Gegenmeinung[590] beruft sich für die Anwendung des Art. 3 III EGBGB auf deutsches Sachrecht auf den Willen des Gesetzgebers, der die Art. 28 EGBGB a.F. sowie Art. 3 III EGBGB n.F. gerade zum Schutz des deutschen Höferechts erlassen habe, also auf diese Fälle angewandt wissen wolle. Außerdem habe der

---

584 Baade, SchlHA 1959, 33, 33 ff., 37; Staudinger/Dörner, Art. 25 EGBGB, Rn. 535.

585 BGH, Beschl. v. 14. 7. 1965, IPRspr. 1964/65 Nr. 171; Stöcker, WM 1980, 1134, 1136 f.; MüKo/Sonnenberger, Art. 3 EGBGB, Rn. 31 f.; Thoms, Einzelstatut, 10 ff.; Erman/Hohloch, Art. 3 EGBGB, Rn. 16; Palandt/Heldrich, Art. 3 EGBGB, Rn. 13; Kropholler, IPR, § 26 II 2 a; Ferid, IPR, 3-141; Staudinger[12]/Graue, Art. 28 EGBGB a.F., Rn. 18 ff.

586 Baade, SchlHA 1959, 33, 33 ff., 37.

587 Soergel/Kegel, Art. 3 EGBGB, Rn. 14 f.

588 Diese Argumentation beachtet nicht die Tatsache, daß inzwischen Art. 3 III EGBGB erlassen wurde. Zum Zeitpunkt des Erlasses bestand Sondervermögen auch im Bundesrecht. Des-halb kann nunmehr lediglich der Gedanke der Bestätigung angeführt werden. Insofern würde es sich um ungeschriebenes Kollisionsrecht handeln, das nunmehr normiert worden wäre. Für eine Nichteinbeziehung zukünftiger Sachverhalte bestehen darüber hinaus keinerlei Anhaltspunkte.

589 Staudinger/Dörner, Art. 25 EGBGB, Rn. 546, 535.

590 Vgl. o. Fn. 585, sowie schon Melchior, RabelsZ 3 (1929) 733, 737 f.

Gesetzgeber Art. 3 III EGBGB als eine Kollisionsnormen für Eingriffsnormen verstanden, bei der keine differenzierte Behandlung des in- und ausländischen Rechts geboten sei.[591] Auch sei Art. 3 III EGBGB gerade die Kollisionsnorm, die die Durchsetzung der Sondervermögen anordne.[592]
Analysiert man die Argumentationen der verschiedenen Ansichten, so handelt es sich bei diesem Streit im wesentlichen um ein konstruktives Problem, da für beide Ansichten feststeht, daß es zu einer Durchsetzung des deutschen Sondervermögens kommt.[593]

(2) Die Doppelfunktion des Art. 3 III EGBGB im deutschen Recht

Darüber hinaus hat der Streit hat keine große praktische Bedeutung mehr. Grundlage beider Ansichten ist, daß es sich bei den in Betracht kommenden Sachnormen des deutschen Rechts um intern zwingendes Recht handeln muß, da nur in diesem Falle der notwendige unbedingte Durchsetzungswille des deutschen Rechts besteht, der Voraussetzung für das Bestehen einer inzidenten Kollisionsnorm bzw. Eingriffsnorm ist.[594] Infolge der weitgehenden Einführung eines fakultativen Höferechts[595] stellt das Höferecht kein intern zwingendes Recht mehr dar, so daß die praktische Anwendbarkeit des Meinungsstreites auf den Bereich begrenzt ist, in dem das Höferecht weiterhin nicht abwählbar gestaltet ist (z.B. im Bereich der Ehegattenhöfe).[596]
Die richtige Lösung dürfte in diesen Fällen in der Annahme einer Doppelfunktion des Art. 3 III EGBGB abhängig von dem Typ der jeweiligen Sachnorm liegen. Soweit die in Betracht kommenden Sachnorm in einer Eingriffsnorm besteht, ist ein zusätzlicher kollisionsrechtlicher Anwendungsbefehl durch Art. 3 III EGBGB nicht erforderlich. Vergleichbar mit Art. 34 EGBGB bestätigt Art. 3 III EGBGB in einem solchen Fall für den Bereich des internationalen Erb- und Familienrechts den Grundsatz, daß sich zwingende Bestimmungen des deutschen Rechts gegen das eigentlich anwendbare Recht durchsetzen. Insoweit besitzt Art. 3 III EGBGB hauptsächlich klarstellende Wirkung und paßt sich in die Systematik des IPR ein, nur vor Kollisionsnormen zurückzuweichen.[597]

---

591 MüKo/Sonnenberger, Art. 3 EGBGB, Rn. 31 f.

592 Staudinger/Hausmann, Art. 3 EGBGB, Rn. 56.

593 Klar ist für beide Meinungen, daß der Gesetzgeber Art. 3 III EGBGB anwenden wollte. Lediglich ob dies der Systematik entspricht, wird bestritten.

594 Vgl. u. S. 199 ff.

595 Vgl. u. S. 164 f.

596 Staudinger/Dörner, Art. 25 EGBGB, Rn. 547; MüKo/Sonnenberger, Art. 3 EGBGB, Rn. 33.

597 Die Unterscheidung von Dörner (Staudinger/Dörner, Art. 25 EGBGB, Rn. 545) zwischen in- und ausländischen Kollisionsnormen ist an dieser Stelle nicht schlüssig, da Art. 3 III

Darüber hinaus kann Art. 3 III EGBGB aber für materiell-rechtliche Sondererbfolgen des deutschen Rechts die Funktion der Kollisionsnorm haben, die diese Erbfolgen im internationalen Bereich durchsetzt. Wie festgestellt, muß grundsätzlich ein kollisionsrechtlicher Anwendungsbefehls für Sachnormen vorhanden sein, damit Art. 3 III EGBGB anwendbar ist. Dies gilt prinzipiell auch für deutsche Sachnormen. Ein solcher Anwendungsbefehl fehlt aber, soweit es sich bei den in Frage kommenden materiell-rechtlichen Vorschriften nicht um Eingriffsnormen, sondern um Sondererbfolgen handelt und diese deshalb keine inzidenten Kollisionsnormen enthalten. Der Gesetzgeber hat in seiner Begründung[598] zu Art. 3 III EGBGB zum Ausdruck gebracht, daß er mit der Übernahme des Art. 28 EGBGB a.F. das deutsche Höferecht auch im internationalen Bereich weiterhin durchsetzen will.[599] Art. 3 III EGBGB soll demzufolge die Funktion der durchsetzenden Kollisionsnorm übernehmen.
Im Vergleich zum ausländischen Recht besitzt das deutsche Recht in solchen Fällen eine Sonderstellung, da es konstruktiv die Existenz zweier Kollisionsnormen erfordert; zuerst die Kollisionsnorm, die den Anwendungsbefehl für die Sachnorm enthält, und zum Zweiten die Kollisionsnorm, die erklärt, daß nur vor Kollisionsnormen zurückgewichen wird. Es erscheint jedoch sinnvoll, auf zwei kollisionsrechtliche Anordnungen durch den Gesetzgeber zu verzichten,[600] und diese für materielle Sondervermögen des deutschen Rechts in Art. 3 III EGBGB zu erblicken. Art. 3 III EGBGB kann deshalb, soweit es dem Willen des Gesetzgebers entspricht oder Sinn und Zweck es erfordern, die kollisionsrechtliche Durchsetzungsnorm für materielle Sondervorschriften darstellen.

bb) Anwendung des Art. 3 III EGBGB auf landesrechtliches Sondervermögen

Weiterhin werden zur Frage der Erstreckung des Art. 3 III EGBGB auf landesrechtliches Sondervermögen unterschiedliche Ansichten vertreten: Einerseits wird eine Ausdehnung des Art. 3 III EGBGB auf Landesrecht abgelehnt,[601] an-

---

EGBGB von einer Gleichbehandlung in- und ausländischen Rechts ausgeht. Sie kann sich also lediglich gegen die zweite Funktion des Art. 3 III EGBGB richten.

[598] BT-Drucksache 10/504, 37; vgl. o. S. 109 ff.

[599] Trotz der Einführung des fakultativen Höferechts (dazu u. S. 163 f.).

[600] Ansonsten müßten einzelne Kollisionsnormen für die jeweiligen Sondererbfolgen geschaffen werden, was sehr umständlich wäre.

[601] So zunächst diejenigen, die von einer Nichtanwendbarkeit des Art. 3 III EGBGB auf deutsches Recht ausgehen (z.B. Staudinger/Dörner, Art. 25 EGBGB, Rn. 548). Zudem auch Autoren, die im übrigen der a.A. folgen (Raape/Sturm, IPR I, § 12 IV 2 (S. 188 f.); MüKo/Sonnenberger, Art. 3 EGBGB, Rn. 32; Staudinger[12]/Promberger/Schreiber, Art. 64 Rn. 160; Staudinger/Mayer, Art. 64 EGBGB, Rn. 146; wohl auch Staudinger[12]/Graue, Art. 28 EGBGB a.F., Rn. 19.

dererseits wird eine solche angenommen.[602] Die Nichtanwendbarkeit des Art. 3 III EGBGB auf Landesrecht wird damit begründet, daß sich das Landesrecht gemäß den Artt. 1 II, 55, 64 EGBGB im Bezug auf die landesrechtlichen Anerbenregelungen gegenüber dem Bundeskollisionsrecht durchsetzen würde, da die Landesgesetze ihren Anwendungsbereich selbst bestimmten.[603]
Die Gegenansicht stützt sich auf zwei Argumente: Die Rechtsprechung und die einschlägigen Kommentare hätten von jeher keinen Zweifel an einer Einbeziehung von Anerben- oder Bauerngüter gelassen, die auf Landesrecht beruhen.[604] Eine Anwendung des Art. 3 III EGBGB auf landesrechtliches Sondervermögen entspräche überdies dem Willen des Gesetzgebers, wie er bei Erlaß des Art. 28 EGBGB a.F. zum Ausdruck gekommen sei.[605] Eine weitergehende theoretische Begründung findet sich bei Stöcker.[606] Stöcker bestreitet, daß die im EGBGB zugunsten der Landesgesetze gemachten Vorbehalte sich auch auf den Bereich der landesrechtlichen Kollisionsnormen erstrecken würden, wie dies von der Gegenansicht vertreten wird. Aus der Tatsache, daß dem Reich die Gesetzgebungskompetenz für das internationale Privatrecht zustand, und es davon auch umfassend Gebrauch gemacht habe, ohne im EGBGB anzudeuten, daß die Kollisionsnormen der Artt. 7-31 EGBGB nur für die durch Reichsgesetz geordnete zivilrechtliche Materie gelten solle, schließt Stöcker, daß mit dem in Kraft treten des EGBGB sämtliche landesrechtlichen Kollisionsregeln aufgehoben worden seien. Bekräftigt werde dies dadurch, daß die Wahrnehmung der auswärtigen Beziehungen, die nach damaliger Auffassung auch durch das Kollisionsrecht berührt wurden, dem Reich zugestanden hätten.

(1) Argument der Gesetzgebungsgeschichte

In der Tat spricht die Gesetzgebungsgeschichte für eine Einbeziehung der landesrechtlichen Sondervermögen in Art. 28 EGBGB a.F., da sowohl in den Gebhardschen Motiven[607] als auch in den Verhandlungen der Ersten Kommission[608] von Lehen, Fideikommissen, Stamm- und Anerbengütern gesprochen wird. Diese Sondervermögen waren zum Zeitpunkt der Beratungen aber ausschließlich

---

602 OLG Köln, Beschl. v. 1. 12. 1954, IPRspr. 1954/55, Nr. 133; Stöcker, WM 1980, 1134, 1136 f.; Melchior, RabelsZ 3 (1929) 733, 737 f.; Staudinger/Hausmann, Art. 3 EGBGB, Rn. 80; Thoms, Einzelstatut, 10 ff.

603 Ausführlich MüKo/Sonnenberger, Art. 3 EGBGB, Rn 32.

604 OLG Köln, Beschl. v. 1. 12. 1954, IPRspr. 1954/55, Nr. 133; Thoms, Einzelstatut, 10 ff.

605 Melchior, RabelsZ 3 (1929) 733, 737 f.; ders. Grundlagen, 403 f.; Thoms, Einzelstatut, 10 ff.

606 Stöcker, WM 1980, 1134, 1136 f.

607 Niemeyer, Vorgeschichte, 197 f.

608 Harwieg/Korkisch, Geheime Materialien, 136.

landesrechtlicher Natur.[609] Zu bemerken ist allerdings, daß der Gesetzgeber diese Formulierung als beispielhafte Umschreibung gebrauchte, ohne den daraus erwachsenden Konflikt mit den Artt. 59, 64 EGBGB zu behandeln. Aus diesem Grund kann aus der Formulierung des Gesetzgebers bei den Beratungen zu Art. 28 EGBGB a.F. kein endgültiger Schluß gezogen werden. Zudem spricht der Gesetzgeber[610] bei den Beratungen zu Art. 3 III EGBGB davon, daß Art. 3 III EGBGB der Durchsetzung „deutschen Höferechts" diene. Diese Formulierung weist eher auf die bundesrechtliche Höfeordnung als auf die weiterhin in einigen Bundesländern bestehenden landesrechtlichen Anerbengesetze hin, da sie die Landesgesetze sonst der Vollständigkeit halber hätte erwähnen müssen, ohne jedoch eine endgültige Entscheidung zu treffen.

(2) Verhältnis Bundes- zu Landeskollisionsrecht

In Anbetracht dessen ist das Verhältnis zwischen Art. 3 III EGBGB und den landesrechtlichen Vorbehalten entscheidend.
Nach nahezu einhelliger Meinung,[611] ist das landesrechtliche IPR im Rahmen der Artt. 55 ff. EGBGB aufrechterhalten worden und geht den übrigen Regeln des EGBGB vor. Bereits der Wortlaut sowie die Stellung des Art. 55 EGBGB, der eine Aufrechterhaltung der Landesgesetze festlegt, soweit dies im EGBGB (wie z.B. in Art. 64 EGBGB) vorgesehen ist, zeigt den generellen Vorrang bestehender landesrechtlicher Regelungen. Die Bestimmung des Art. 64 EGBGB, wonach das landesrechtliche Anerbenrecht unberührt bleiben soll, beinhaltet die Erklärung einer generellen Zuweisung des Anerbenrechts an den Landesgesetzgeber, inklusiv der dazugehörigen kollisionsrechtlichen Normen. Andernfalls hätte es einer ausdrücklichen Beschränkung auf die materiell-rechtlichen Vorschriften bedurft. Ein solches Verständnis entspricht auch der Intention des Gesetzgebers, der die bestehenden Anerbengüter in ihrer ursprünglichen Form, das heißt zusammen mit den Kollisionsnormen, aufrechterhalten wollte, auch soweit es sich um kollisionsrechtliches Gewohnheitsrecht handelt.

---

[609] Staudinger/Mayer, Art. 64 EGBGB, Rn. 61 ff. m.w.N. (bzgl. der Anerbengüter), Art. 59 EGBGB, Rn. 1 ff. (bzgl der Lehen, Stammgüter und Fideikommisse). Ausführlich dazu auch Planck, Art. 59 EGBGB. Danach ergibt sich folgendes Bild: Das Lehensrecht war in den meisten deutschen Landesstaaten zum Zeitpunkt des Erlasses des EGBGB bereits nicht mehr in Kraft. Die übrigen Rechtsinstitute bestanden hingegen noch, wurden jedoch im Laufe der Zeit aufgehoben.

[610] Pirrung, IPR, 116.

[611] Soergel/Kegel, vor Art. 3 EGBGB, Rn. 33 f.; MüKo/Sonnenberger, Einl. IPR, Rn.257; Staudinger/Sturm/Sturm, Einl zum IPR, Rn. 400 ff.; Staudinger[12]/Promberger/Schreiber, Art. 64 EGBGB, Rn. 159 ff. m.w.N.; wohl auch BGH, Beschl. v. 11. 12. 1956, BGHZ 22, 317, 328 ff., der insoweit zwei gewohnheitsrechtliche Landeskollisionsregeln anerkennt (vgl. dazu Staudinger[12]/Promberger/Schreiber, Art. 64, Rn. 162 f.; a.A. nur Stöcker, WM 1980, 1134, 1136 f.).

In mehreren Fällen erweist sich eine Fortgeltung des kollisionsrechtlichen Gewohnheitsrecht als problematisch. In einigen Bundesländern[612] wurden die bestehenden landesrechtlichen Kollisionsnormen ausdrücklich aufgehoben; in Baden wurden sogar die Artt. 7-30 EGBGB a.F. vorübergehend rezipiert.[613] Teilweise sind einschlägige Landesgesetze nicht vorhanden. In diesen Fällen stellt sich die Frage, ob die ungeschriebenen Kollisionsnormen trotzdem weiter Bestand haben sollen.[614]
Für die ersten beiden Fallgruppen ist dies zu verneinen. Die Besonderheit der Artt. 55ff. EGBGB besteht darin, daß der Landesgesetzgeber den Anwendungsbereich seiner Gesetze selbst festlegen kann.[615] Hebt der Landesgesetzgeber die landesrechtlichen Kollisionsnormen auf oder ersetzt er sie durch Bundesrecht, gibt er damit zu erkennen, daß er diesen Regelungsbereich der bundesgesetzlichen Regelung überlassen will. Dies muß erstrecht für ungeschriebenes landesrechtliches Kollisionsrecht gelten: Es kann nicht sein, daß an die Aufhebung von ungeschriebenem Kollisionsrecht höhere Anforderungen gestellt werden als an die geschriebenen Kollisionsrechts. In der Aufhebung ist ein genereller Rückzug aus einer landesrechtlichen Normierung des Kollisionsrechts zu erblicken. In diesen Fällen kommt es zu einer Anwendung des EGBGB; ein Rückgriff auf ehemaliges Landeskollisionsrecht ist allenfalls zur Lückenfüllung möglich.[616] Im übrigen können die ungeschriebenen landesrechtlichen Kollisionsnormen angewendet werden, weil sie nicht vom Landesgesetzgeber außer Kraft gesetzt wurden.

cc) Fakultatives Höferecht

Die im Zusammenhang mit dem Höferecht interessanteste Frage ist, ob sich durch die Einführung eines fakultativen Höferechts[617] im zweiten Gesetz zur Änderung der Höfeordnung vom 29. 3. 1976[618] eine Anwendung des Art. 3 III EGBGB auf die in Deutschland im Gebiet der Höfeordnung belegene Höfe erübrigt. Eine Nichtanwendung des Art. 3 III EGBGB wird mit der Begründung

[612] So in Preußen, Bayern und Sachsen (vgl. Soergel/Kegel, vor Art. 3 EGBGB, Rn. 33 f.).

[613] Dazu Sturm, BWNotZ 1974, 125 ff.

[614] So Staudinger/Sturm/Sturm, Einl zum IPR, Rn. 400 ff.; Soergel/Kegel, vor Art. 3 EGBGB, Rn. 33 f.

[615] MüKo/Sonnenberger, Einl. IPR, Rn.257.

[616] Dies widerspricht auch nicht der Entscheidung des BGH, Beschl. v. 11. 12. 1956, BGHZ 22, 317, 328 ff., da diese die Länder Hessen und Nordrhein-Westfalen betraf.

[617] Wöhrmann/Stöcker, LwErbR, Einl., Rn. 16; Lange/Wulff/Lüdtke-Handjery, § 1 HöfeO, Rn. 4.

[618] BGBl. I, 1976, 881 ff.

vertreten,[619] daß ein ausländischer Erblasser, der eine Eintragung bezüglich der Höfeeigenschaft veranlaßt, damit konkludent eine Rechtswahl gemäß Art. 25 II EGBGB zugunsten des deutschen Rechts ausspreche, so daß deutsches Höferecht über Art. 25 II EGBGB und nicht über Art. 3 III EGBGB zur Anwendung komme.[620]

(1) Das deutsche Höferecht

Um diese Frage beantworten zu können, ist es erforderlich, das Höferecht einer genaueren Betrachtung zu unterziehen. Das fakultative Höferecht bestimmt sich anhand der Höfeordnung, soweit die weiteren Voraussetzungen erfüllt sind, wie folgt: Hat eine Besitzung einen Wirtschaftswert zwischen 10.000 und 20.000 DM, wird sie zum Hof i.S. der Höfeordnung, wenn der Eigentümer eine entsprechende Erklärung abgibt und der Hofvermerk im Grundbuch eingetragen wird (§ 1 I 3 HöfeO). Liegt der Wirtschaftswert des Hofes über 20.000 DM, was den gesetzlichen Regelfall darstellt und wovon die überwiegende Anzahl der Höfe umfaßt sein dürfte,[621] unterstehen die Betriebe kraft Gesetz der Höfeordnung. Sie verlieren die Hofeigenschaft erst durch Erklärung des Eigentümers gegenüber dem Landwirtschaftsgericht und Löschung des Hofvermerks im Grundbuch (§ 1 IV HöfeO). Eine Wiedereintragung ist allerdings jederzeit möglich.

(2) Rechtswahl durch Eintragung des Höfevermerks in das Grundbuch

Schlußfolgerung aus dieser Konstruktion des Höferechts ist, daß eine Rechtswahl gemäß Art. 25 II EGBGB allenfalls in den Fällen vorliegen kann, in denen der ausländische Erblasser eine Eintragung veranlaßt hat, nicht aber in den Fällen, in denen er es lediglich versäumt hat, eine Löschung vorzunehmen, da der Nichtvornahme einer Löschung nicht die Bedeutung einer Rechtswahl beigemessen werden kann. Im übrigen fehlt es in den Fällen der Nichteintragung für eine Rechtswahl an der gemäß Art. 25 II EGBGB notwendigen Form.
Die für eine Rechtswahl gemäß Art. 25 II EGBGB notwendige Form erweist sich auch bei der Vornahme einer Eintragung der Hofeigenschaft als problematisch, da die Eintragungserklärung gegenüber dem Landwirtschaftsgericht einer öffentlichen Beglaubigung bedarf (§ 4 II HöfeVO[622]), wohingegen Art. 25 II

---

[619] Staudinger/Dörner, Art. 25 EGBGB, Rn. 547 f.; MüKo/Sonnenberger, Art. 3 EGBGB, Rn. 32 f.; wohl auch Thoms, Einzelstatut, 85.

[620] Ähnlich MüKo/Sonnenberger, Art. 3 EGBGB, Rn. 32 f., der allerdings zunächst eine Rechtswahl fordert, bevor er die Eintragung des Hofvermerks zuläßt.

[621] Der Gesetzgeber hat aus diesem Grunde die Höhe des Wirtschaftswertes von 30.000 DM auf 20.000 DM gesenkt (vgl. Quadflieg/Weihrauch, FamRZ 1977, 228, 229).

[622] Abgedruckt z.B. bei Lange/Wulff/Lüdtke-Handjery, HöfeO, Teil III B Nr. 11 (S. 504, 505).

EGBGB für eine gültige Rechtswahl die Formerfordernisses einer Verfügung von Todes wegen fordert. Die öffentlichen Beglaubigung stellt aber ein Weniger im Vergleich zu einer notariellen Beurkundung dar.[623] Sie entspricht auch nicht der Form, die das BGB für öffentliche oder eigenhändige Testamente vorsieht und somit nicht der notwendigen Form einer Rechtswahl gemäß Art. 25 II EGBGB.[624] Die Eintragung stellt lediglich in den Fällen eine Rechtswahl dar, in denen die Form der öffentlichen Beglaubigung für eines der anderen Rechte, die nach Art. 26 I, IV EGBGB[625] in Frage kommen, ausreicht oder ausnahmsweise für die Erklärung gegenüber dem Landwirtschaftsgericht die erbrechtlichen Formvorschriften des BGB eingehalten wurden.

Ein Ausschluß des Art. 3 III EGBGB liegt, bis auf in den zuvor geschilderten Ausnahmefällen, demnach nur dann vor, wenn der ausländische Erblasser unabhängig von der Erklärung der Eintragung der Höfeeigenschaft eine Wahl des deutschen Rechts nach Art. 25 II EGBGB vorgenommen hat.

(3) Genereller Ausschluß des Art. 3 III EGBGB

Als letztes stellt sich die Frage, ob aufgrund der Tatsache, daß die Höfeordnung in weiten Teilen fakultativ gestaltet wurde, eine Anwendung des Art. 3 III EGBGB auf die Höfeordnung generell ausgeschlossen ist. Ein Ausschluß könnte sich daraus ergeben, daß der Gesetzgeber das Höferecht nach der Gesetzesänderung nur noch als dispositives Instrument der Nachlaßregulierung versteht und ihm keine international zwingende Wirkung mehr beimißt.[626] Dieses Argument ist aber lediglich dann stichhaltig, wenn der Gesetzgeber mit der Einführung des fakultativen Höferechts die kollisionsrechtliche Durchsetzbarkeit des Höferechts aufgegeben hätte. Sollte es hingegen dem Willen des Gesetzgebers oder Sinn und Zweck des Höferechts entsprechen,[627] daß sich das deutsche Höferecht weiterhin in internationalen Sachverhalten durchsetzt, könnte Art. 3 III EGBGB infolge seiner Doppelfunktionalität die kollisionsrechtliche Durchsetzungsnorm für die höferechtliche Sondererbfolge darstellen.

Bereits aus den Materialien zu Art. 3 III EGBGB geht hervor, daß der Gesetzgeber in den Fällen, in denen deutsches Höferecht zur Anwendung kommt, auch dessen unbedingte Anwendung auf internationalen Sachverhalte gewollt hat.[628]

---

[623] Palandt/Heinrichs, § 129 BGB, Rn. 3; MüKo/Förschler, § 129 BGB, Rn. 1.

[624] Dazu Staudinger/Dörner, Art. 26 EGBGB, Rn. 49 ff.

[625] Teilweise wird nur eine analoge Anwendung befürwortet, Staudinger/Dörner, Art. 26 EGBGB, Rn. 49 ff.

[626] MüKo/Sonnenberger, Art. 3 EGBGB, Rn.32; dagegen Staudinger/Mayer, Art. 64 EGBGB, Rn 145.

[627] Vgl. o. S. 159 f.

[628] BT-Drucksache 10/504, 37.

Auch wird das deutsche Höferecht faktisch auch ohne Rechtswahl oder anderweitige Erklärung des ausländischen Erblassers angewandt.
Ein weiteres Argument sind die Fälle, in denen der ausländische Erblasser die Eintragung des Betriebes als Hof veranlaßt hat, ohne eine ausdrückliche Rechtswahl zugunsten des deutschen Belegenheitsrechts vorzunehmen. In diesen Fällen ging der Erblasser davon aus, daß deutsches Erbrecht zur Anwendung kommt, was aber nur über eine Anwendung des Art. 3 III EGBGB erreicht werden kann. Die gleichen Grundsätze haben dann für die Anwendung fakultativen Landeshöferechts zu gelten.[629]
Abschließend ist festzuhalten, daß eine Anwendung des Art. 3 III EGBGB aufgrund seiner Doppelfunktion auch im Rahmen des fakultativen Höferechts möglich ist und immer dann eingreift, wenn keine wirksame Rechtswahl zugunsten des deutschen Belegenheitsrechts getroffen wurde. Eine Rechtswahl kann dabei nicht bereits in einer Eintragung der Höfeeigenschaft erblickt werden, da eine solche Eintragung nicht den Formerfordernissen des Art. 25 II EGBGB entspricht.

4) Die Fälle der Nichtanwendbarkeit des Art. 3 III EGBGB

Art. 3 III EGBGB ist, wie festgestellt, nicht anwendbar, wenn bereits eine nach Art. 4 I EGBGB beachtliche Teilrück- oder weiterverweisung zum Recht des Lageortes führt. In diesen Fällen liegt das Grundstück in dem Land, dessen Statut infolge der allgemeinen Anknüpfung gemäß den Artt. 25 I, 4 I EGBGB maßgebend ist, so daß Art. 3 III EGBGB vom Wortlaut her ausscheidet.[630]

Ebenfalls nicht anwendbar ist Art. 3 III EGBGB, wenn die Kollisionsnormen eines ausländischen Rechts, in dessen Gebiet sich ein Gegenstand befindet und dessen Recht nach deutschem IPR nicht zur Anwendung kommt, generell eine abweichende Anknüpfung des Gesamtstatuts vorsieht.[631] In einem solchen Fall handelt es sich bei den abweichenden Kollisionsnormen des ausländischen Staates nicht um besondere Vorschriften i.S. des Art. 3 III EGBGB, vielmehr steht in einem solchen Fall „Gesamtstatut gegen Gesamtstatut".[632] Beispielhaft

---

629 So in Art. 1 WürttAnerbenG, der allerdings im Gegensatz zur HöfeO eine positive Eintragung zur Begründung der Höfeeigenschaft verlangt (abgedruckt bei Wöhrmann/Stöcker, LwErbR, Teil D 2, 659, 659). Zu beachten ist, daß das WüttAnerbenG nur in Teilen Baden-Württembergs gilt (im früheren württembergischen Rechtgebiet sowie in Nordbaden).

630 Ausführlich dazu o. S. 118 f.

631 Ebenroth/Eyles, IPRax 1989, 1, 4; Erman/Hohloch, Art. 3 EGBGB, Rn. 19; Palandt/Heldrich, Art. 3 EGBGB, Rn. 15; Staudinger[12]/Graue, Art. 28 EGBGB a.F., Rn. 3; Staudinger/Hausmann, Art. 3 EGBGB, Rn. 68; MüKo/Sonnenberger, Art. 3 EGBGB, Rn. 25; Tiedemann, Internationales Erbrecht, 51; a.A. OLG München, Beschl. v. 2. 6. 1982, IPRax 1983, 187, 190.

632 Thoms, Einzelstatut, 62.

sind Fälle die Bezug mit Dänemark aufweisen, da die dänische erbrechtliche Kollisionsnorm, anders als das deutsche Recht, die Rechtsnachfolge von Todes wegen an den Wohnsitz anknüpft. Folge ist, daß in diesen Sachverhalten ein in Dänemark belegenes Grundstück eines deutschen Erblassers mit Wohnsitz in Dänemark aus deutscher Sicht nach deutschem, aus dänischer Sicht nach dänischem Recht beurteilt wird.[633] Dieselbe Problematik tritt in Fällen auf, in denen der ausländische Staat zwar dem Staatsangehörigkeitprinzip folgt, aber eine andere Staatsangehörigkeit als das deutsche Recht als die Effektive ansieht.[634]

Die Anwendbarkeit des Art. 3 III EGBGB scheidet im übrigen auch in Sachverhalten aus, in denen ein Teil des Nachlasses ohne Rücksicht auf die Belegenheit der Gegenstände dem eigenen Statut unterstellt wird, so wie es das französische oder englische Kollisionsrecht für das bewegliche Nachlaßvermögen vorsehen, indem sie es dem Wohnorts- oder Domizilrecht unterwerfen.[635] Entscheidend für eine Anwendung des Art. 3 III EGBGB ist nicht, ob eine Teilregelung getroffen wird, sondern daß die für den Teil bestehende Anknüpfung an den Lageort des Gegenstandes anknüpft und hierfür die Anwendung des lex rei sitae bestimmt. Diese Situation trifft für das geschilderte französische und englische Kollisionsrecht nicht zu, weshalb Art. 3 III EGBGB auf diese Fälle nicht anwendbar ist.

5) Die Rechtsfolge des Art. 3 III EGBGB

Die logische Rechtsfolge des Art. 3 III EGBGB ist die Anwendung des Belegenheitsrechts. Diese Schlußfolgerung wurde jedoch von Wochner[636] bestritten, der in Art. 3 III EGBGB eine Regel der internationalen Zuständigkeit erblickt. In Fällen des Art. 3 III EGBGB fehle es bereits an der Zuständigkeit der deutschen Gerichte; die Norm bestimme deshalb nicht das auf den jeweiligen Gegenstand anwendbare Recht.[637]

---

[633] Der eigentliche Grund für eine Nichtberücksichtigung dieser Fälle liegt nicht in dem Aufeinandertreffen von zwei Gesamtstatuten, sondern darin begründet, daß die dänische Kollisionsnorm keine besondere Vorschrift i.S. des Art. 3 III EGBGB ist (vgl. u. S. 173 ff.).

[634] A.A. OLG München, Beschl. v. 2. 6. 1982, IPRax 1983, 187, 190; dagegen Firsching, IPRax 1983, 166, 169; MüKo/Sonnenberger, Art. 3 EGBGB, Rn 25.

[635] BayOLG, Beschl. v. 3. 4. 1990, IPRspr. 1990, Nr. 144; Ebenroth/Eyles, IPRax 1989, 1, 4; MüKo/Sonnenberger, Art. 3 EGBGB, Rn. 25; Staudinger/Hausmann, Art. 3 EGBGB, Rn. 69; Staudinger/Dörner, Art. 25 EGBGB, Rn. 541; Lorenz, Rpfleger 1990, 167, 168; anders LG München, Beschl. v. 1. 8. 1989, Rpfleger 1990, 167, das eine Anwendung auf französischen beweglichen Nachlaß in Betracht zieht und nur infolge einer Rückverweisung zu deutschem Recht kommt. Eine solche Rückverweisung ist aber - wie oben (S. 118 ff.) gezeigt - bei Art. 3 III EGBGB nicht möglich.

[636] Wochner, FS für Wahl, 161, 182 ff.

[637] Ausführlich dazu u. S. 258ff.

Es erscheint jedoch äußerst zweifelhaft, daß das EGBGB eine Bestimmung der internationalen Zuständigkeit, also des Prozeßrechts, enthalten soll. Auch widerspricht ein solches Verständnis dem Willen des Gesetzgebers, da dieser für Art. 28 EGBGB a.F. zunächst einen 2. Satz vorgesehen hatte, der die Geltung der lex rei sitae ausdrücklich anordnete, diesen aber als „selbstverständlich und daher entbehrlich gestrichen“[638] hatte. Art. 3 III EGBGB ist demnach eine ungeschriebene Kollisionsnorm zu entnehmen,[639] die für die erfaßten Gegenstände auf das Recht des Lageortes verweist.[640]
Es empfiehlt sich dennoch, Art. 3 III EGBGB entgegen der Gesetzessystematik als Zuständigkeitsvorschrift aufzufassen, wie es vergleichbar Art. 86 II IPRG des Schweizer Rechts vorsieht. Einer der tragenden Gründe des Art. 3 III EGBGB ist die fehlende Durchsetzbarkeit in Staaten, die der Belegenheitsanknüpfung folgen.[641] Aus Praktikabilitätsgründen bietet es sich deshalb an, in Fällen des Art. 3 III EGBGB keine Entscheidung zu treffen, indem man bereits die Zuständigkeit verneint, weil dieser Entscheidung im Belegenheitsland die Anerkennung versagt werden würde. Nichts anderes folgt im Bereich der freiwilligen Gerichtsbarkeit aus dem Gleichlaufgrundsatz des internationalen Erbrechts für den Erbschein.[642] Danach sind deutsche Nachlaßgerichte zur Erteilung eines Erbscheins nur dann zuständig, wenn deutsches Recht Erbstatut ist.

---

638 Hartwieg/Korkisch, Geheime Materialien, 136. Auch der Verweis von Wochner, FS für Wahl, 161, 182, Fn 93 auf das Protokoll 12308 (Hartwieg/Korkisch, Geheime Materialien, 176), in dem ein erneuter Antrag einen solchen Schlußsatz einzuführen abgelehnt und in Klammern dazu vermerkt wurde, daß dieser zwar selbstverständlich sei, sich eine Aufnahme aber dennoch empfehlen dürfte, da das Gesetz ohne ihn lückenhaft erscheine, vermag nicht zu überzeugen. Aus der erneuten Ablehnung und der Anmerkung kann nicht, wie Wochner schließt, entnommen werden, daß mehr als die reine Selbstverständlichkeit Grund der Streichung gewesen sei. Dies dürfte neben inhaltlichen Gründen schon daran scheitern, daß die Erläuterungen in den Klarhmmern nur vom Redakteur des Protokolls zu stammen scheinen (dies läßt sich wohl inzident der Klammer S. 175 am Anfang entnehmen).

639 BGH, Urt. v. 2. 5. 1966, BGHZ 45, 351, 352; v.Bar, IPR I, Rn. 534; Soergel/Kegel, Art. 3 EGBGB, Rn. 7, 9, 16; Staudinger/Hausmann, Art. 3 EGBGB, Rn. 75; Staudinger/Dörner, Art. 25 EGBGB, Rn. 542; Kropholler, IPR, § 26 II 4; Raape/Sturm, IPR, § 12,V (S. 189).

640 Die Tatsache, daß die lex rei sitae gleichfalls von Belegenheitsstaat aus Anwendung begehrt, führt nicht zu dem Ergebnis, daß die deutsche Verweisung nicht bestehen würde (unklar MüKo/Sonnenberger, Art. 3 EGBGB, Rn. 29; wohl ebenso wie hier , MüKo/Sonnenberger, Einl. IPR, Rn. 60). Da die Verweisung abhängig davon ist, inwieweit das Recht des Belegenheitsstaates selbst über die jeweiligen Gegenstände herrschen will, kann von einer bedingten Verweisung gesprochen werden (so Ebenroth/Eyles, IPRax 1989, 1, 3; Staudinger/Hausmann, Art. 3 EGBGB, Rn. 75; Lüderitz, IPR, Rn. 168; Soergel/Kegel, Art. 3 EGBGB, Rn. 7, 9, 16). Genau genommen müßte von einer bedingten Teilverweisung gesprochen werden, da es sich bei der von Art. 3 III EGBGB vorgenommenen Verweisung nicht um eine Gesamtverweisung handelt.

641 Vgl. u. S. 256 ff.

642 Vgl. u. S. 258.

Deshalb sollte, soweit Art. 3 III EGBGB eingreift, die Zuständigkeit für streitige Verfahren gleichfalls abgelehnt werden.

V. Verständnis des Begriffes der besonderen Vorschriften in Art. 3 III EGBGB

Dem folgenden Abschnitt liegt eine gedankliche Zweiteilung zugrunde: In eine Beschäftigung mit strukturellen Fragen, die im Zusammenhang mit den besonderen Vorschriften auftreten, einerseits und der Behandlung des klassischen Streits über die Einbeziehung einer nur kollisionsrechtlichen Spaltung in die besonderen Vorschriften andererseits.
Dabei wird im Rahmen der Beschäftigung mit strukturellen Fragen zunächst die notwendige Struktur untersucht, die Normen aufweisen müssen, um als besondere Vorschriften zu gelten, indem anhand von verschiedenen Normbeispielen die Grundelemente, die den Begriff der besonderen Vorschriften definieren, herausgearbeitet werden. Im Anschluß daran soll die daraus gewonnene Struktur des Art. 3 III EGBGB in das System des deutschen Kollisionsrecht eingegliedert werden, insbesondere indem Art. 3 III EGBGB mit der Regelung für Eingriffsnormen und dem Renvoi verglichen wird. Leider hat die Konzentration auf den Streit, ob Kollisionsnormen zu den besonderen Vorschriften zu zählen sind, verhindert, daß man sich in ausreichendem Maße mit dem Aufbau des Begriffes der besonderen Vorschriften, der Eingliederung des Art. 3 III EGBGB in die Strukturen des IPR sowie der äußerst schwer zu beantwortende Frage, welche Normen im einzelnen unter die besonderen Vorschriften zu subsumieren sind, beschäftigt hat, weshalb diesen Frage ein besonderer Augenmerk gewidmet wurde.
Der folgenden Untersuchung wird keine der unterschiedlichen Auslegungen des Begriffs der besonderen Vorschriften zugrundegelegt. Ansatzpunkt ist, daß grundsätzlich sowohl bestimmte Kollisions- als auch bestimmte Sachnormen besondere Vorschriften darstellen können, was bisher nicht angezweifelt wurde.

1) Struktureller Aufbau der besonderen Vorschriften

In der Formulierung des Art. 3 III EGBGB sind drei Elemente erkennbar, die bei der Bestimmung der besonderen Vorschriften eine Rolle spielen können. Der Wortlaut, der von *besonderen* Vorschriften spricht, deutet darauf hin, daß es im Verhältnis dazu auch allgemeine Vorschriften geben muß. Das zweite Element, das sich nicht unmittelbar aus dem Wortlaut, aber aus dem Gesamtzusammenhang des Art. 3 III EGBGB zu ergeben scheint, ist eine irgendwie geartete Bezugnahme der in Betracht kommenden „besonderen Vorschrift“ auf das Belegenheitsrecht.[643] Es muß sich bei einer solchen Norm offenbar um eine

[643] Vgl. o. S. 167 f.

Vorschrift mit räumlich begrenztem Anwendungsbereich handeln.[644] Das dritte Element, das die Struktur einer besonderen Vorschrift mitdefinieren könnte, ist, daß das ausländische Recht den unbedingten Anwendungswille zugunsten seiner „besonderen Vorschrift“ in der Form zum Ausdruck bringen muß, daß es zumindest inzident eine kollisionsrechtliche Regel zu ihrer Durchsetzung aufstellt, wohingegen eine materiell- rechtliche Sonderregel allein nicht genügen würde.[645]
Auffallend und ungewöhnlich an dem Tatbestandsmerkmal der besonderen Vorschriften ist, daß für dessen Bestimmung wesentliche Elemente der ausländischen Rechtsordnung entnommen werden müssen. Vom deutschen Recht wird lediglich die Struktur, wie eine solche Norm auszusehen hat, festgelegt. Durch die Befragung der ausländischen Rechtsordnung wird ein wesentlicher Teil der Entscheidung über die Ausdehnung des Art. 3 III EGBGB auf den ausländischen Gesetzgeber verlagert.

a) Element der räumlichen Bezugnahme

Als relativ unproblematisch erweist sich das von Art. 3 III EGBGB geforderte Element der räumlichen Bezugsnahme. Der Grund für das Bestehen des Elements der räumlichen Einschränkung innerhalb der besonderen Vorschriften ist, daß die Rechtsfolge der besonderen Vorschrift die Anwendung des Belegenheitsrechtes sein muß. Von den in Betracht kommenden Kollisionsnormen sind deshalb nur solche zu berücksichtigen, die auf das Belegenheitsrecht verweisen. Unklar ist, ob bei den in Frage kommenden Sachnormen ebenfalls eine räumliche Bezugnahme erforderlich ist. Sachnormen weisen aber regelmäßig zumindest inzident eine räumliche Begrenzung auf.
Ein gutes Beispiel dafür ist § 10 des österreichischen WEG. In § 10 I WEG ist für den Todesfall ein unmittelbarer Übergang des im gemeinsamen Eigentum der Ehegatten stehenden Wohnungseigentums im Wege eines Vindikationslegats auf den überlebenden Ehegatten vorgesehen, [646] falls dieser den Anteil nicht schon nach allgemeinen erbrechtlichen Vorschriften bekommen sollte.[647] Da § 10 WEG nicht unter §§ 28 II, 31, 32 IPRG fällt, die österreichische Lehre

---

[644] Schurig, Kollisionsnorm, 58 ff.; Voser, Loi d'application immédiate, 237 f.; ausführlich Siehr, RabelsZ 46 (1982) 357, 363 ff., 378 ff.

[645] Vgl. die Ausführungen zu ausländischen zwingenden Normen o. S. 182; sowie MüKo/Mar-tiny, Art. 34 EGBGB, Rn. 98 f.; MüKo/Sonnenberger, Einleitung IPR, Rn. 56 ff., 60; Schurig RabelsZ 54 (1990) 217, 238; ausführlich Coester, ZVglRWiss 82 (1983) 1, 8 ff. m.w.N.; Wengler, ZVglRWiss 54 (1941) 171, 183 ff.; ebenso die Lehre der loi d'application immédiate. Zu Art. 28 EGBGB a.F. bemerkte der BGH, Urt. v. 2.5.1966, BGHZ 45, 351, 352, daß dieser im vorliegenden Fall anwendbar sei, da das ausländische Recht "unbedingt seine eige-nen Vorschriften für maßgebend erklärt".

[646] Das einzige im östereichischen Recht bestehende Vindikationslegat.

[647] Rummel/Würth, ABGB, § 10 WEG, Rn. 1.

sie aber in jedem Fall anwenden will, wird die Vorschrift als Eingriffsnorm verstanden.[648] Der Grund für ein Verständnis der Vorschrift als Eingriffsnorm liegt in der Konstruktion der Norm als Vindikationslegat sowie in ihrer besonderen sozialpolitischen Bedeutung, die Wohnung zugunsten des überlebenden Ehegatten zu schützen.[649]
Die Einordnung des § 10 des österreichischen WEG in die besonderen Vorschriften bereitet im Vergleich mit den Normen des deutschen Höferechts keine größeren Schwierigkeiten. Eine Bezugnahme auf das Belegenheitsrecht läßt sich zwar nur inzident, aber eindeutig daran erkennen, daß sich die Vorschrift lediglich auf österreichisches Wohnungseigentumsrecht bezieht. Eine solche Konstellation der inzidenten räumlichen Bezugnahme, erweist sich bei Sachnormen, die besondere Vorschriften darstellen, als geradezu typisch, da solche Normen in den seltensten Fällen eine ausdrückliche Verweisung auf das Belegenheitsrecht enthalten. Allerdings folgt aus dem Beispiel des § 10 des österreichischen WEG nicht, daß eine autolimitierte Sachnorm in jedem Fall eine Eingriffsnorm sein muß. Das Merkmal der räumlichen Begrenzung innerhalb einer Sachnorm kann zwar ein Hinweis auf eine Eingriffsnorm sein,[650] aber es existieren auch Sachnormen, die eine örtliche Begrenzung vorsehen und nicht Eingriffsnormen sind.[651]

b) Unbedingter Anwendungswille des ausländischen Rechts

Von großer Bedeutung ist die Frage, ob ein Erklärung des unbedingten Anwendungswillens der in Betracht kommenden Norm durch das ausländische Recht erforderlich ist. Diese Frage ist deswegen von besonderem Interesse, weil eine ausländische Rechtsordnung ihren unbedingten Geltungswillen in internationalen Sachverhalten nur durch Schaffung einer dementsprechenden Kollisionsnorm zum Ausdruck bringen kann. Logische Folge wäre, daß ein Sondervermögen, das allein durch Sachnormen geschaffen wird, nicht ausreicht, solange nicht zugunsten der Durchsetzung der Sachnormen zumindest eine inzidente Kollisionsnorm besteht. Mithin wäre die Existenz einer solchen Kollisionsnorm ein entscheidendes Element für eine besondere Vorschrift.

---

648 Rummel/Schwimann, ABGB, § 28 IPRG, Rn. 5; ders., OeNotZ 1979, 102, 107 f.; Mähnhardt/Posch, IPR, 1.2.5.5; Zemen, ZfRV 24 (1983) 67, 75; OGH, Urt. v. 8. 10. 1991, ZfRV 33 (1992) 232, 232.

649 Schwimann, OeNotZ 1979, 102, 107 f.; zum Zweck des § 10 WEG vgl. auch Faistenberger/ Barta/Call, § 10 WEG, Rn. 4.

650 Jayme, GS für Ehrenzweig, 35, 43; Kegel, GS für Ehrenzweig, 51, 65 ff., 77.

651 Zu diesen Abgrenzungen ausführlich Schurig, Kollisionsnorm, 58 ff., 64; Voser, Loi d'application immédiate, 108 ff.; Kropholler, IPR, § 12 IV, V; Siehr, RabelsZ 46 (1982) 357, 363 ff., 378 ff.

Das Problem läßt sich am besten anhand des Art. 540 II Codice Civile vor Augen führen.[652] Art. 540 II Codice Civile bestimmt, daß dem Ehegatten das Wohnrecht[653] in dem als Familienwohnung verwendeten Hause sowie der Gebrauch der Mobiliarausstattung vorbehalten ist, soweit es im Eigentum des Erblassers stand oder zum Gesamtgut gehörte. An eine kollisionsrechtliche Durchsetzung dieser Norm wird in Italien jedoch nicht gedacht, vielmehr soll die Vorschrift nur dann Anwendung finden, wenn italienisches Recht Erbstatut ist.[654] Frage ist, ob das deutsche Recht über Art. 3 III EGBGB Art. 540 II Codice Civile als Sondervermögen zur Anwendung bringen soll, selbst wenn das italienische Recht dies nicht vorsieht.

Verfolgt man die Behandlung dieser Frage in der Literatur,[655] dann fällt auf, daß die meisten Äußerungen dazu aus der ersten Hälfte dieses Jahrhunderts stammen und dem Problem erst in letzter Zeit erneut Beachtung geschenkt wurde. Dabei äußern sich die meisten Autoren in der Weise, daß sie einen unbedingten Geltungswillen des ausländischen Rechts verlangen; lediglich Haus-mann bezieht dagegen explizit Stellung.[656] Hausmann begründet seine Ansicht wie folgt: „Einer Formulierung einseitiger Kollisionsnormen, die den vorgenannten Sachnormen zur Durchsetzung gegenüber einem abweichenden Gesamtvermögensstatut verhelfen, bedarf es angesichts der Regelung in Art. 3 III EGBGB nicht, die gerade diese Funktion erfüllen soll."
Diese Begründung geht am Kern der Sache vorbei. Art. 3 III EGBGB bestimmt nur, daß sich ein ausländisches Einzelstatut, vorausgesetzt es ist ein solches, gegenüber dem von uns bevorzugten Gesamtstatut durchsetzt, jedoch nicht, welche einzelnen strukturellen Erfordernisse an eine besondere Vorschrift zu stellen sind. Auch ist es nicht Funktion des Art. 3 III EGBGB eine ausländische Kollisionsnorm zu ersetzen. Deshalb kann eine Lösung dieses Problems nicht

---

[652] Abgedruckt mit Übersetzung bei Ferid/Firsching/Lichtenberger, IntErbR III, Italien, Texte B (S. 31 f.). Der italienische Orginaltext lautet "Al coniuge, anche quando concorra con altri chiamati, sono riservati i dritti di abitazione sulla casa adibita a residenza familiare e di uso sui mobili che la corredano, se di proptietà del defunto o comuni."

[653] Bei dem Wohnrecht handelt es sich um ein beschränkt dingliches Recht in etwa vergleichbar mit § 1093 BGB (ausführlich Hausmann, FamRZ 1978, 377, 383 f.).

[654] Ferid/Firsching/Lichtenberger, IntErbR III, Italien, Rn. 62 a.

[655] Staudinger/Dörner, Art. 25 EGBGB, Rn. 535; MüKo/Sonnenberger, Art. 3 EGBGB, Rn. 23; Zeuge, Recht der belegenen Sache, 35 ff., inbes. 39; Staudinger[9]/Raape, Art. 28 EGBGB a.F., B IV (S. 765 f.); Ferid, IPR, 3-143.

[656] Wohl auch Frankenstein, IPR I, 514 a.E.. Da sich die meisten Autoren zu dieser Frage überhaupt nicht äußern, sondern nur feststellen, daß Sachnormen besondere Vorschriften sein können, ist nicht ganz klar, ob dies bedeutet, daß sie eine kollisionsrechtliche Norm für nicht erforderlich halten (so wohl Staudinger/Dörner, Art. 25 EGBGB, Rn. 535; MüKo/Sonnenberger, Art. 3 EGBGB, Rn. 23). Ich bezweifle das, da die Tatsache, daß Sachnormen vielfach inzidente Kollisionsnormen enthalten, ein Problembewußsein gar nicht hat auf-kommen lassen.

schon Art. 3 III EGBGB selbst entnommen werden.[657] Betrachtet man die Struktur des Art. 3 III EGBGB, so besteht die Besonderheit gerade darin, daß ein Teil der Entscheidung auf den ausländischen Gesetzgeber verlagert wird. Schon diese Tatsache spricht dafür, sich auch in der Frage der Berücksichtigung ausländischen Anwendungswillens nach seiner Entscheidung zu richten.
Zudem besteht aus deutscher Sicht kein Interesse daran, über Art. 3 III EGBGB eine materielle ausländische Vorschrift anzuwenden, die das Belegenheitsrecht selbst in einem solchen Fall gar nicht angewandt haben will. Eine solche Auslegung des Begriffs der besonderen Vorschriften ist dem Gedanken völlig entgegengesetzt, den der ausländische Gesetzgeber mit der Schaffung des jeweiligen materiell-rechtlichen Sondergutes verfolgt. Die materiell-rechtliche Anord-nung steht in untrennbarem Zusammenhang mit den weiteren Anordnungen über das sonstige Vermögen als Einheit. Ein solches Sondergut ist als *systemimmanent* konstruiert, da es nur im Zusammenspiel mit den übrigen allgemeinen Vorschriften einen Sinn ergibt und nur im Zusammenhang mit diesen gewollt ist.
Gerade das Beispiel des Art. 540 CC zeigt die Richtigkeit eines solchen Verständnisses. Art. 540 CC trifft eine erbrechtliche Sonderregelung, da der Ehefrau das Wohnrecht abweichend von der allgemeinen Erbfolge zugewiesen wird.[658] Art. 540 CC enthält auch einen Belegenheitsbezug, da sich Art. 540 CC auf die einzelne Wohnung und die darin enthaltene Mobiliarausstattung bezieht. Gedacht ist die Norm jedoch nur innerhalb des Systems des italienischen Ehegattenerbrechts, nicht aber als eine für sämtliche in Italien belegenen Wohnungen geltende Vorschrift. Quintessenz dieser Überlegung ist, daß das deutsche Recht in Wahrheit nicht vor dem ausländischen Sachstatut, sondern nur vor der fremden Kollisionsnorm zurückweicht.

c) Allgemeine und besondere Vorschriften

Am schwierigsten zu beantworten ist die Frage, was unter den besonderen in Abgrenzung zu allgemeinen Vorschriften zu verstehen ist, da es Probleme bereitet, die passenden Normgruppen zu finden, zwischen denen die Unterscheidung getroffen werden soll.

---

[657] Dazu oben bei der Doppelfunktion des Art. 3 III EGBGB (S. 159 f.) die erste Funktion.

[658] Daß die Zuweisung in der Form eines gesetzlichen Vindikationslegats geschieht und nicht im Wege der Erbfolge, ist nur eine rechtstechnische Abweichung, um das Ziel einer Sondererbfolge zu erreichen. Dies zeigt auch das Beispiel des österreichischen Rechts, das nur für den Fall des WEG ein Vidikationslegat eingeführt hat, um den überlebenden Ehegatten durch die unmittelbare dingliche Wirkung besserzustellen.

aa) Auslegungsmöglichkeiten

Die Besonderheit einer ausländischen Vorschrift kann zum einen darin erblickt werden, daß sie von den Regeln des deutschen Kollisionsrechts abweicht. Eine solche Unterscheidung bedeutet nicht, daß jegliche abweichende Anknüpfung des ausländischen Kollisionsrechts eine besondere Vorschrift darstellt. Vielmehr fallen unter die besonderen Vorschriften nur solche Normen, die die obengenannten Voraussetzungen erfüllten, also kollisionsrechtlich die Geltung des Belegenheitsrechts anordnen. Die Unterscheidung ist dann folgendermaßen zu treffen: Allgemeine Vorschriften sind sämtliche Kollisionsnormen, die von einer einheitlichen rechtssubjektsbezogenen Anknüpfung des Vermögen ausgehen, wohingegen Anknüpfungen am Rechtsobjekt, soweit sie das Belegenheitsrecht für anwendbar erklären, besondere Vorschriften darstellen würden.
Vergleichsmaßstab kann zum anderen das ausländische Recht selbst sein. Innerhalb des ausländischen Rechts müssen dann allgemeine wie besondere Vorschriften bestehen. Eine solche Unterscheidung führt allerdings zu der Frage, ob die Differenzierung innerhalb des dortigen materiellen Rechts oder des dortigen Kollisionsrechts zu suchen ist. Auf der Ebene der Sachnormen kann man danach fragen, ob eine Vorschrift des ausländischen Rechts zu einer vom Normalfall abweichenden Güter- oder Erbrechtsordnung führt. Ebenso ist es möglich, die Unterscheidung nur auf kollisionsrechtlicher Ebene zu treffen. Dazu müßten mindestens zwei voneinander abweichende Kollisionsnormen für das Vermögensstatut bestehen. Von diesen Normen wäre dann diejenige, die auf das Belegenheitsrecht verweist aufgrund der Übereinstimmung mit den übrigen Merkmalen als besondere, die andere hingegen als allgemeine Vorschrift anzusehen.
Gegen eine Unterscheidung auf der Ebene der Sachnormen spricht, daß das deutsche Recht vor der ausländischen Kollisionsnorm und nicht vor der ausländischen Sachnorm zurückweicht. Außerdem führt eine nur auf Sachnormenebene zu treffende Unterscheidung zu einem generellen Ausschluß der Möglichkeit, kollisionsrechtliche Vorschriften in Art. 3 III EGBGB einzubeziehen, was sich aber in dieser Weise nicht aus dem Wortlaut und der Struktur des Art. 3 III EGBGB ergibt. Aus diesen Gründen ist die Unterscheidung zwischen allgemeinen und besonderen Vorschriften, folgt man der Variante einer Differenzierung innerhalb des ausländischen Rechts, auf der Ebene der Kollisionsnormen zu treffen. Eine besondere Vorschrift besteht demnach in den Fällen, in denen eine Kollisionsnorm des Belegenheitsstaates eine Anknüpfung an seinem Recht unter Erfüllung der übrigen Voraussetzungen des Art. 3 III EGBGB und abweichend von den sonstigen, allgemeinen Regeln seines internationalen Privatrechts bestimmt.
Ein solches Verständnis des Begriffs der besonderen Vorschriften steht auch nicht im Konflikt mit der Ansicht, die lediglich materielle Normen unter Art. 3 III EGBGB fassen will, da auch nach dieser Ansicht ein kollisionsrechtliches

Element für eine Anwendung des Art. 3 III EGBGB erforderlich ist,[659] und die Einschränkung auf Sachnormen auf andere Weise begründet werden kann. Die Unterscheidung zwischen allgemeinen und besonderen Sachnormen ist für diese Ansicht von Belang, um festzustellen, ob die zu prüfende Norm eine inzidente Kollisionsnorm enthält.

bb) Wortlaut

Für die Entscheidung, welche der beiden Auslegungsmöglichkeiten für den Begriff der besonderen Vorschriften gewählt werden soll, führt Kegel[660] den Wortlaut des Art. 3 III EGBGB an. Bei einer Unterscheidung zwischen deutschem und ausländischem Kollisionsrecht müsse es richtigerweise „andere" und nicht „besondere" Vorschriften heißen. Diese Schlußfolgerung ist jedoch nicht zwingend. Soweit von Art. 3 III EGBGB nämlich nicht alle, sondern nur eine bestimmte Gruppe ausländischer Kollisionsnormen erfaßt werden sollen, würde sich die Formulierung „besondere" Vorschriften als zutreffend erweisen. Da aufgrund der übrigen Voraussetzungen des Art. 3 III EGBGB nur solche Kollisionsnormen dem Art. 3 III EGBGB unterfallen, die einen Verweis auf das Belegenheitsrecht enthalten, liegt ein solches Verständnis näher, weshalb dem Wortlaut in diesem Zusammenhang keine entscheidende Bedeutung zukommt.

cc) Südamerikafälle

Da die unterschiedlichen Vergleichsmaßstäbe praktische Auswirkung für die Einordnung der Kollisionsrechtsnormen einiger südamerikanischer Länder als besondere Vorschriften haben, werden sie anhand dieser Fälle analysiert. Die internationalen Privatrechte einiger südamerikanischer Länder wie Panama, Uruguay, Venezuela[661] und Mexiko[662] unterscheiden nicht zwischen beweglichem und unbeweglichem Vermögen, sondern bestimmtem, daß sich die Nachfolge von Todes wegen grundsätzlich nach der lex rei sitae richtet. Dabei werden diese Vorschriften, die nur positiv die Erbfolge bezüglich der im eigenen Land befindlichen Gegenstände festlegen,[663] von der Literatur[664] der jeweiligen

---

[659] Vgl. o. S. 171 f.

[660] Soergel[8]/Kegel, Art. 28 EGBGB a.F., II 1 a aa.

[661] Dazu Tiedemann, Internationales Erbrecht, 51 ff., 125 ff.; Staudinger/Dörner, Anh zu Art. 25 f EGBGB, Rn 376 ff. (Mexiko), 436 ff. (Panama), 631 ff. (Uruguay), 644 ff. (Venezuela).

[662] Dazu v.Sachsen-Gessaphe, Das mexikanische internationale Erbrecht, 30 ff., 230 ff.

[663] Anders lediglich Art. 2400 Código Civil des Rechtes von Uruguay der bereits als allseitige Kollisionsnorm konzipiert ist (bei Staudinger/Dörner, Anh zu Art. 25 f EGBGB, Rn. 634 f.).

[664] Siehe die Zusammenfassungen bei Tiedemann, Internationales Erbrecht, 51 ff., 125 ff., insbes. 129 f.; v.Sachsen-Gessaphe, Das mexikanische internationale Erbrecht, 252 ff.

Länder als allseitige Kollisionsnormen verstanden. Eine solche Auslegung ist auch konsequent, da diese Kollisionsnormen bezüglich der im Ausland belegenen Gegenstände gerade von einer Nichtanwendbarkeit des eigenen Rechts ausgehen[665] und dadurch für sämtliche im Ausland belegenen Gegenstände Verweisungen aussprechen, mit der Folge, daß es zu Vermögensspaltungen kommen kann.
Abweichende Regelungen finden sich in den Kollisionsrechten Brasiliens und Argentiniens.[666] Beide Rechtsordnungen knüpfen die Nachfolge von Todes wegen grundsätzlich am Wohnsitz des Erblassers an. Das argentinische Recht bestimmt davon abweichend, daß das in Argentinien belegene unbewegliche und bewegliche Vermögen mit festem Lageort nach argentinischem Recht vererbt wird.[667] In Brasilien wird das Wohnsitzrecht von Art. 10 § 1 LICC durchbrochen, der in Verbindung mit Art. 5 XXXI der Verfassung für den Fall, daß ein ausländischer Erblasser oder ein Brasilianer mit ausländischem Wohnsitz einen brasilianischen Ehegatten, eheliche Kinder oder brasilianische Kinder hinterläßt, vorsieht, daß sich die Nachfolge des in Brasilien belegenen beweglichen und unbeweglichen Vermögens nach brasilianischem Recht richtet.[668] Die Kollisionsrechte beider Länder sehen also eine Anwendung des Belegenheitsrechts zu großen Teilen oder für bestimmte Fallgruppen anstelle der allgemeinen Anknüpfung am Wohnsitz vor.

Die unterschiedliche Struktur der südamerikanischen Kollisionsrechte zeigt, daß die Wahl des Vergleichsmaßstabs für die besonderen Normen entscheidend ist, um bestimmen zu können, ob die jeweiligen Kollisionsnormen unter Art. 3 III EGBGB fällt. Während das brasilianische und das argentinische Recht sowohl allgemeine als auch besondere Vorschriften innerhalb ihrer Kollisionsrechte kennen, ist dies innerhalb der übrigen Rechtsordnungen nicht der Fall. Diese Rechtsordnungen haben nur eine einzige Kollisionsnorm, die allerdings von der Regelung des deutschen Kollisionsrechts abweicht und von ihrer Struktur her den weiteren Voraussetzungen entspricht, die von Art. 3 III EGBGB festlegt werden.

---

[665] An Entscheidungen fehlt es schon deshalb, weil sich die Zuständigkeit der jeweiligen Gerichte auf das im Inland belegene Vermögen beschränkt (Tiedemann, Internationales Erbrecht, 130 zu Venezuela).

[666] Tiedemann, Internationales Erbrecht, 139 ff., 183 ff.; Staudinger/Dörner, Anh zu Art. 25 f EGBGB, Rn. 20 ff., 75 ff.

[667] Tiedemann, Internationales Erbrecht, 139 ff.; Staudinger/Dörner, Anh zu Art. 25 f EGBGB, Rn. 20 ff.

[668] Ferid/Firsching/Lichtenberger, IntErbR I, Brasilien, Rn. 9, 11; Tiedemann, Internationales Erbrecht, 186 f. Etwas anderes gilt nur soweit, wie das eigentliche anwendbare Recht für die überlebenden Familienmitglieder günstiger ist.

(1) Lösungsvorschläge

Obwohl das hier dargestellte Problem bisher eher geringe Beachtung in der Diskussion um Art. 3 III EGBGB fand und insbesondere nicht unter dem hier entwickelten Blickwinkel betrachtet wurde, können drei Lösungsmöglichkeiten unterschieden werden. So vertritt Tiedemann[669] und ihr folgend Dörner[670] die Ansicht, daß auch die alleinige Anknüpfung an die lex rei sitae einen Fall des Art. 3 III EGBGB darstelle. Der Grund dafür sei darin zu erblicken, daß in den Fällen einer Anknüpfung an die lex rei sitae durch eine solche Anknüpfung kein abweichendes Gesamtstatut gebildet werde. Vielmehr komme es zu einer Anknüpfung an die jeweilige Belegenheit der einzelnen Gegenstände. Das betreffende Recht verzichte somit auf eine Zusammenfassung der Vermögensgegenstände zu einer Vermögensgesamtheit. Damit verweigere der Belegenheitsstaat einem Gesamtstatut seine Anerkennung und belasse es bei den vorrangigen Einzelstatuten. Ein solcher Standpunkt des Belegenheitsstaates verdiene es aber, über Art. 3 III EGBGB beachtet zu werden.
Demgegenüber vertritt v. Sachsen-Gessaphe die Ansicht,[671] daß eine Anwendung des Art. 3 III EGBGB in solchen Fällen ausscheide, da es sich nicht um einen Konflikt zwischen Einzel- und Gesamtstatut handle, sondern um einen Konflikt zwischen zwei Gesamtstatuten. Der Konflikt zweier Gesamtstatute falle aber nicht unter Art. 3 III EGBGB, weshalb es bei der Anwendung des nach deutschem IPR bestimmten Gesamtstatuts bleibe.
Auch Zeuge[672] hat sich zu diesem Problem geäußert und will einen Mittelweg einschlagen. Zeuge geht davon aus, daß eine solche ausländische Kollisionsnorm vom Wortlaut her nicht unter Art. 3 III EGBGB falle und deswegen grundsätzlich nicht anwendbar sei. Da er dieses Ergebnis jedoch für unbillig hält, schlägt er vor, die lex rei sitae nur für Grundstücke anzuwenden, nicht aber für bewegliche Gegenstände. Dafür gibt er eine zweifache Begründung: Zum einen wolle Art. 3 III EGBGB den Verhältnissen des Grund und Bodens gerecht werden und daher das Erbrecht der Liegenschaften enger an das Belegenheitsrecht binden. Zum anderen hält er es für unverständlich, den Staaten die Berücksichtigung der lex rei sitae zu verweigern, die das Belegenheitsrecht weiter als andere Staaten ausgedehnt haben. Insofern müsse man diese Staaten zumindest gleich behandeln.
Die Erwägungen von Zeuge können jedoch nicht überzeugen, da Art. 3 III EGBGB nicht nur auf das Liegenschaftsrecht beschränkt ist, sondern ebenso

---

[669] Tiedemann, Internationales Erbrecht, 53 ff.

[670] Staudinger/Dörner, Art. 25 EGBGB, Rn. 538.

[671] v.Sachsen-Gessaphe, Das mexikanische internationale Erbrecht, 268. Ebenso ein unveröffentlichtes Gutachten des Max-Planck-Instituts für internationales und ausländisches Privatrecht G 58/70.

[672] Zeuge, Recht der belegenen Sache, 54 f.

bewegliche Gegenstände miteinbezieht. Auch die Gleichbehandlung der von ihm angeführten Fallgruppen trügt, da, wie das argentinische Recht zeigt, durchaus auch andere Spaltungen als zwischen beweglichem und unbeweglichem Vermögen möglich sind. Die von ihm vorgenommene Trennung der ausländischen Kollisionsnormen erweist sich insofern als willkürlich und ist deshalb abzulehnen.

(2) Gesamtstatut gegen Gesamtstatut

Weiterführend ist hingegen die von den übrigen Autoren aufgeworfene Fragestellung, ob es sich bei dem von der lex rei sitae begründeten Statut um ein Gesamtstatut handelt und welche Schlußfolgerungen gegebenenfalls daraus gezogen werden können.
Für eine Beantwortung ist zunächst der Begriff des Gesamt- oder Vermögensstatuts zu klären. Unter Gesamtstatut ist die Sachrechtsordnung zu verstehen, die bezüglich bestimmter Bereiche (Güter-/Erbrecht) eine Gesamtheit von Vermögensgegenständen erfaßt.[673] Das Gesamtstatut bestimmt also eine einheitliche Anknüpfung des Vermögens als Ganzes, wohingegen das Einzelstatut ein territorial begrenztes Sonderstatut darstellt. Da die Definition auf unseren internationalprivatrechtlichen Vorstellung der einheitlichen Anknüpfung des Vermögens beruht, wird davon ausgegangen, daß eine Gesamtstatut nur dann vorliegt, wenn prinzipiell das gesamte Vermögen von der Kollisionsnorm erfaßt werden soll und nicht nur ein Teil davon.
Vor dem Hintergrund dieser Definition ist die Einordnung der dargestellten Kollisionsnormen eindeutig: Diese Kollisionsnormen bestimmen kein Gesamtstatut, sondern lediglich ein oder mehrere Einzelstatute. Der Grund ist darin zu sehen, daß kollisionsrechtliche Vorschriften, die am Recht der jeweiligen Belegenheit anknüpfen, sich aufgrund ihrer Konstruktion nicht auf das gesamte Vermögen beziehen können, da sie nicht eine Gesamtheit von Vermögensgegenständen erfassen wollen. Allerdings zeigt die Fallgruppe dieser Kollisionsnormen deutlich, daß ein Einzelstatut eine Vielzahl von Vermögensgegenständen und sogar das ganze Vermögen umfassen kann, so daß der Unterschied dieser Anknüpfung zum Gesamtstatut letztendlich darin besteht, daß sie das ganze Vermögen erfassen kann aber nicht erfassen muß. Daraus läßt sich die Schlußfolgerung ziehen, daß infolge der von den Vorstellungen des deutschen Rechts geprägten Definition des Gesamtstatuts nur rechtssubjektsbezogene Anknüpfungen, niemals aber rechtsobjektbezogene Anknüpfungen ein Gesamtstatut darstellen können.

In den Fällen der südamerikanischen Kollisionsrechte handelt es sich demnach nicht um das Aufeinandertreffen zweier Gesamtstatute, sondern um das Zusammenspiel von Einzel- und Gesamtstatut. Allerdings ist zu fragen, ob diese Fest-

[673] Firsching/v.Hoffmann, IPR, § 2, Rn. 33.

stellung allein schon für eine Anwendung des Art. 3 III EGBGB ausreicht. Dies ist schon deswegen zweifelhaft, weil Art. 3 III EGBGB nicht von Einzel- und Gesamtstatut, sondern von allgemeinen und besonderen Vorschriften spricht und die Klassifizierung als Einzelstatut auf der konkreten Ausgestaltung der Definition des Gesamtstatuts beruht.[674] Da außerdem der Wortlaut des Art. 3 III EGBGB eine Einbeziehung der in Frage stehenden Kollisionsnormen je nach dem gewählten Vergleichsmaßstab sowohl zuläßt als auch ausschließt, kann die Einordnung als Einzelstatut allein nicht entscheidend sein.

(3) Schlußfolgerung aus Sinn und Zweck des Art. 3 III EGBGB

Für eine endgültige Entscheidung ist es erforderlich, Sinn und Zweck des Art. 3 III EGBGB miteinzubeziehen. Dabei kann die oben dargestellte Argumentation von Tiedemann und Dörner nicht überzeugen, da diese auf einem falschen völkerrechtlichen Verständnis des Art. 3 III EGBGB beruht.[675] Das zeigt sich auch deutlich an den vorliegenden Beispielen. Die Rechtsordnungen die am Belegenheitsrecht anknüpfen, verzichten nicht etwa, wie von Tiedemann und Dörner vertreten, völlig auf die Zusammenfassung mehreren Gegenstände zu einer einheitlichen rechtlichen Behandlung, sondern setzen für diese Zusammenfassung lediglich eine räumliche Grenze.[676]
Dennoch ist das von Tiedemann und Dörner favorisierte Ergebnis zutreffend. Die korrekte Begründung ist darin zu sehen, daß wesentliches Element für die Einführung des Art. 3 III EGBGB die fehlende Durchsetzbarkeit in den Ländern ist, die der Belegenheitsanknüpfung folgen.[677] Die fehlende Durchsetzbarkeit besteht aber gleichermaßen in den Ländern, in denen die lex rei sitae besondere Kollisionsnorm ist wie in den Ländern, in denen sie allgemeine Kollisionsnorm ist.[678] Auch die übrigen Argumente, die bei der Begründung des Art. 3 III EGBGB eine Rolle spielen, gelten für beide Fälle in gleicher Weise. Demgegenüber ist die interne kollisionsrechtliche Systematik der einzelnen Länder als Grund für die Berücksichtigung innerhalb des Art. 3 III EGBGB nicht von Belang, weshalb eine Beachtung der ausländischen Differenzierung nicht erforderlich ist. Insbesondere der Vergleich der Kollisionsrechte Panamas, Uruguays, Venezuelas und Mexikos mit den ebenfalls sehr weitgehenden Fällen des argentinischen und brasilianischen Rechts zeigt, daß der Unterschied zwischen

---

[674] Auch das Einzelstatut führt nicht zu einer völlig getrennten Behandlung der einzelnen Gegenstände, sondern lediglich zu einer Eingrenzung der Gleichbehandlung auf einen räumlichen Bereich, wie die südamerikanischen Kollisionsnormen veranschaulichen.

[675] Ausführlich dazu u. S. 230 ff.

[676] Darin besteht gerade der Unterschied zwischen Einzelvermögensstatut und Sachstatut (vgl. o. S. 123 ff.).

[677] Vgl. u. S. 256 ff.

[678] Zur Anerkennungslage in Venezuela und Brasilien vgl. u. S. 253.

den beiden Kollisionsrechtssystemen lediglich ein gradueller, nicht aber ein qualitativer ist und zu einer übereinstimmenden Behandlung führen muß.

dd) Ergebnis

Unter besonderen Vorschriften sind demnach solche Vorschriften des ausländischen Kollisionsrechts zu verstehen, die Gegenstände gerade aufgrund ihrer Belegenheit im eigenen Gebiete den eigenen Normen unterwerfen und die Zugehörigkeit des Gegenstandes zu einem Vermögen unberücksichtigt lassen.[679] Vergleichsmaßstab ist also nicht die kollisionsrechtliche Vorschrift des Belegenheitsstaates, sondern das deutsche Kollisionsrecht. Dabei kann trotzdem von besonderen und nicht von anderen Vorschriften gesprochen werden, da nicht jegliche Abweichungen von der deutschen Regelung berücksichtigt werden, sondern nur solche, welche die Zugehörigkeit zu einem Vermögensstatut nicht anerkennen.

d) Definition

Zusammenfassend läßt sich folgende, von Kegel[680] entwickelte, allgemeine Definition des Begriffes der besonderen Vorschriften festhalten: „Besondere Vorschriften im Sinne des *Art. 3 III EGBGB*[681] sind demnach internationalprivatrechtliche Sätze des Belegenheitsstaates, die eine bestimmte Gruppe von Gegenständen im Unterschied von anderen Gegenständen wegen ihrer inländischen Belegenheit dem eigenen Recht unterwerfen."[682]

2) Eingliederung der besonderen Vorschriften in das System des IPR

Im folgenden Abschnitt soll Art. 3 III EGBGB mit ähnlichen Strukturen des EGBGB verglichen werden, um die systematische Verankerung des Art. 3 III EGBGB im IPR aufzuzeigen und um darzustellen, daß es sich bei Art. 3 III

[679] So bereits Habicht, IPR, 222; Staudinger[9]/Raape, Art. 28 EGBGB a.F., B V 2 (S. 767); RG, Urt. v. 21. 12. 1935, JW 1936, 2466, 2469.

[680] Soergel[8]/Kegel, Art. 28 EGBGB a.F., II 1 a aa. Die Definition von Kegel ist zutreffend, obwohl er bei dem Element der Vergleichbarkeit anderer Ansicht war, da diese Abweichung nicht explizit im Wortlaut der Definition zum Ausdruck kommt und "die anderen Gegenstände" auch Gegenstände sein können, die sich außerhalb des Belegenheitsstaates befinden.

[681] Änderung des Verfassers, bei Kegel hieß es an dieser Stelle Art. 28 EGBGB.

[682] Diese Definition gilt, wie bereits erörtert, ebenfalls für die Mindermeinung. In praktischen Fällen würde dies zwar deshalb nicht klar hervortreten, weil Ausgangspunkt der Mindermeinung die Untersuchung einer Sachnorm wäre. Die dieser Sachnorm auch nach der Mindermeinung zugeordnete Kollisionsnorm müßte jedoch die oben genannte Definition erfüllen.

EGBGB nicht um eine völlige Ausnahmevorschrift im System des IPR handelt. Dabei wird untersucht, inwieweit Übereinstimmungen des Art. 3 III EGBGB mit den Eingriffsnormen und dem Renvoi bestehen. Insbesondere der Vergleich mit den zwingenden Eingriffsnormen deutschen und ausländischen Rechts ist von besonderem Interesse, da die enge Auslegung des Begriffs der besonderen Vorschriften den Anwendungsbereich des Art. 3 III EGBGB auf zwingende Normen beschränken will. Darüber hinaus besteht eine Beachtung zwingenden ausländischen Anwendungswillens in Art. 11 IV EGBGB.[683] Ein Vergleich erübrigt sich jedoch, da dieser keine weiteren, über die bei den Eingriffsnormen zu gewinnenden Erkenntnisse bringt.

a) Vergleich des Art. 3 III EGBGB mit Eingriffsnormen

Bei einem Vergleich des Art. 3 III EGBGB mit dem IPR der Eingriffsnormen besteht das Problem, daß das Recht der Eingriffsnormen äußerst umstritten und diffus ist,[684] so daß ein umfassender Vergleich schwerfällt und teilweise nur mit einzelnen Ansichten Übereinstimmung hergestellt werden kann. Dabei wird zunächst die Behandlung der Eingriffsnormen im deutschen Kollisionsrechts Art. 3 III EGBGB gegenübergestellt, bevor die Struktur der Eingriffsnormen mit den Vorschriften, die über Art. 3 III EGBGB zur Anwendung kommen, verglichen werden.

aa) Behandlung der Eingriffsnormen im deutschen Kollisionsrecht

Im deutschen Kollisionsrecht wird danach unterschieden, ob es sich um die kollisionsrechtliche Behandlung deutscher oder ausländischer Eingriffsnormen handelt, da lediglich die Behandlung deutschen Eingriffsrechts eine Normierung im EGBGB erfahren hat.

(1) Inländische Eingriffsnormen

Art. 34 EGBGB bestimmt unabhängig vom Vertragsstatut die Anwendung der Vorschriften des deutschen Rechts,... die ohne Rücksicht auf das auf den Vertrag anzuwendende Recht den Sachverhalt zwingend regeln", und enthält damit eine Sonderanknüpfung deutscher, nicht aber ausländischer Eingriffsnormen. Die Regelung des Art. 34 EGBGB weist mehrere Besonderheiten auf: sie bezieht sich nur auf den Unterabschnitt des Vertragsrechts,[685] ist eine lediglich

---

[683] MüKo/Spellenberg, Art. 11 EGBGB, Rn. 90 f.; Palandt/Heldrich, Art. 11 EGBGB, Rn. 20.

[684] So beginnt der Streit bereits bei der terminologischen Schwierigkeit, eine einheitliche Definition für den Begriff der Eingriffsnorm zu finden (dazu Busse, ZVglRWiss 95 (1996) 386, 388 f.; Mentzel, Sonderanknüpfung, 7 ff.).

[685] Ob eine Ausdehnung auf weitere Bereiche erforderlich und in Art. 34 EGBGB enthalten ist, wird unterschiedlich bewertet (für eine Erweiterung Soergel/v.Hoffmann, Art. 34

einseitige Kollisionsnorm[686] und unterzieht nur international zwingende Normen einer gesonderten Behandlung.[687]
Zu beachten sind außerdem die Artt. 27 III, 29 I, 30 I EGBGB, die ebenfalls Sonderanknüpfungen enthalten. Diese Sonderanknüpfungen setzen sich aber nur gegen eine abweichende Rechtswahl durch und dies auch nur dann, wenn weitere, spezielle Voraussetzungen erfüllt sind.[688] Anders als bei Art. 34 EGBGB, handelt es sich bei diesen Vorschriften um allseitige Sonderanknüpfungen,[689] da über sie auch ausländisches zwingendes Recht zur Anwendung kommen kann. Die Abweichung zu Art. 34 EGBGB besteht aber vor allem darin, daß über diese Sonderanknüpfungen nicht nur international zwingendes Recht, sondern auch national zwingendes Recht Anwendung findet.[690] Aus diesem Grund sind die Artt. 27 III, 29 I, 30 I EGBGB nicht deckungsgleich mit Art. 34 EGBGB. Eine Überschneidung ergibt sich nur dann, wenn eine deutsche Norm zugleich national wie auch international zwingendes Recht darstellt.[691]
Da sich die Artt. 27 III, 29 I, 30 I EGBGB deshalb nur am Rande mit der Frage der Eingriffsnormen befassen, können sie für die weitere Untersuchung außen vor gelassen werden.

(2) Ausländische Eingriffsnormen

Äußerst umstritten ist, ob und auf welche Art und Weise ausländische Eingriffsnormen innerhalb des deutschen IPR anzuwenden sind. Zu dieser Frage existieren im wesentlichen vier Ansätze:[692] Die Rechtsprechung schließt jede

---

EGBGB, Rn. 13 m.w.N.; Junker, JZ 1991, 699, 700; Sonnenberger, FS für Rebmann, 819, 824 f.; dagegen BGH, Urt. v. 28. 1. 1993, NJW 1993, 1126, 1128; Palandt/Heldrich, Art. 34 EGBGB, Rn. 3).

686 Mentzel, Sonderanknüpfung, 209.

687 Es ist also ein internationaler Geltungswille der Vorschrift erforderlich. Nicht ausreichend ist, daß sie zum inländisch zwingenden Recht gehört (Palandt/Heldrich, Art. 34 EGBGB, Rn. 3; MüKo/Martiny, Art. 34 EGBGB, Rn. 6 f.; Soergel/v.Hoffmann, Art. 34 EGBGB, Rn. 12).

688 MüKo/Martiny, Art. 34 EGBGB, Rn. 15; Sonnenberger, FS für Rebmann, 819, 823; v.Hoff-mann, IPRax 1989, 261, 262 ff.

689 v.Hoffmann, IPRax 1989, 261, 262 ff.; Menzel, Sonderanknüpfung, 180.

690 Lorenz, RIW 1987, 569, 580; Soergel/v.Hoffmann, Art. 30 EGBGB, Rn. 17; Menzel, Sonderanknüpfung, 178 ff.; v.Bar, IPR I, Rn. 260 ff.

691 In diesen Fällen ist es dann äußerst umstritten, welche der Vorschriften Vorrang hat (dazu Erman/Hohloch, Art. 34 EGBGB, Rn. 8; Mentzel, Sonderanknüpfung, 220 ff.; MüKo/Martiny, Art. 34 EGBGB, Rn. 15 f.; ders., Art. 27 EGBGB, Rn. 68; ders., Art. 29 EGBGB, Rn. 26, 32; Junker, IPRax 1989, 69, 72 ff.; Lorenz, RIW, 1987, 569, 580).

692 Vgl. die umfassenden Darstellungen der verschiedenen Meinungen bei Soergel/v.Hoffmann, Art. 34 EGBGB, Rn. 78 ff.; Schäfer, FS für Sandrock, 41 ff.; Mentzel, Sonderanknüpfung, 16 ff.

direkte Anwendung ausländischer Eingriffsnormen aus, mit der Ausnahme solcher Normen des ausländischen Staates, die von diesem tatsächlich durchsetzbar sind, und berücksichtigt die ausländischen Eingriffsnormen lediglich auf der Ebene des anwendbaren Sachrechts.[693] Der Rechtsprechung nahestehend ist die von Kegel[694] entwickelte Machttheorie. Danach sind ausländische politische und wirtschaftspolitische Vorschriften nur dann anzuwenden, wenn der sie erlassende Staat auch die Möglichkeit hat, sie durchzusetzen.
Nach der Schuldstatuttheorie[695] verweist das deutsche Kollisionsrecht hingegen nicht nur auf die privatrechtlichen Normen der fremden Rechtsordnung, sondern auch auf dessen zwingende öffentlich-rechtliche Eingriffsnormen. Allerdings läßt diese Theorie eine abweichende Anknüpfung für zwingende Normen, die nicht durch das Schuldstatut berufen sind, nicht zu.
Eine davon abweichende Lösung hat die Lehre der Sonderanknüpfung von Eingriffsnormen entwickelt.[696] Danach können ausländische Eingriffsnormen unabhängig vom jeweiligen Schuldstatut gesondert angeknüpft werden, wenn bestimmte zusätzliche Voraussetzungen gegeben sind. Konstruktiv sind innerhalb der Lehre der Sonderanknüpfung zwei Ansätze zu unterscheiden: Der unilaterale Ansatz[697] geht davon aus, daß für jede ausländische Eingriffsnorm eine einseitige Kollisionsnorm der lex fori besteht, wohingegen die übrigen Autoren[698] diese einseitigen Kollisionsnormen zu allseitigen Kollisionsnormen ausbauen wollen.

bb) Gegenüberstellung mit Art. 3 III EGBGB

Vergleicht man das Kollisionsrecht der Eingriffsnormen mit Art. 3 III EGBGB, so läßt sich lediglich eine teilweise Übereinstimmung feststellen, die stark von der im IPR der Eingriffsnormen vertretenen Ansicht abhängt.

---

693 Im Rahmen der Unmöglichkeit, §§ 134, 138, 242 BGB usw. Man unterscheidet dabei den kollisionsrechtlichen und den materiellrechtlichen Ansatz des BGH (ausführlich Busse, ZvglRWiss 95 (1996) 386, 394 ff., 413 f.; kollisionsrechtlicher Ansatz in BGH, Urt. v. 17. 12. 1959, BGHZ 31, 367, 371 f.; BGH, Urt. v. 16. 4. 1975, BGHZ 64, 183, 189 ff.; materiellrechtlicher Ansatz in BGH, Urt. v. 21. 12. 1969, BGHZ 34, 169, 176 ff.; BGH, Urt. v. 22. 6. 1977, BGHZ 59, 83, 84 ff.; BGH, Urt. v. 29. 9. 1977, BGHZ 69, 295, 297 ff.).

694 Soergel[11]/Kegel, vor Art. 7, Rn. 396 ff.; Kegel, Probleme, 7.

695 Mann, FS für Wahl, 141, 142 ff, 157 ff.; Palandt/Heldrich, Art. 34 EGBGB, Rn. 6; Vischer, Internationales Vertragsrecht, 189 ff.; Stoll, FS für Kegel II, 623, 628 f.

696 Wengler, ZvglRWiss 54 (1941) 168, 173 ff.; Zweigert, RabelsZ 14 (1942) 283, 286 ff.; Neumayer, BerGesVR 2 (1958) 35, 42 ff.; Kropholler, IPR, § 52 IX 3 4; Siehr, RabelsZ 52 (1988) 41, 96; Soergel/v.Hoffmann, Art. 34 EGBGB, Rn. 89 ff, insbes. 92; vgl. auch die Darstellung bei Joerges, RabelsZ 43 (1979) 6, 35 ff.

697 Vgl. Fn 696.

698 Schurig, RabelsZ 54 (1990) 217, 237 ff.; ders., Kollisionsnorm, 321 ff.; Mentzel, Sonderanknüpfung, 233 ff.; Schubert, RIW 1987, 729, 743 ff.

Der wesentliche Unterschied besteht darin, daß Art. 3 III EGBGB als allseitige Kollisionsnorm konzipiert ist, wohingegen Art. 34 EGBGB nur eine einseitige Kollisionsnorm darstellt. Übereinstimmung kann in dieser Hinsicht lediglich mit dem Teil der Sonderanknüpfungstheorie hergestellt werden, die das IPR der Eingriffsnormen zu einem System allseitiger Kollisionsnormen ausbauen will. Die Sonderanknüpfungstheorie nimmt Art. 3 III EGBGB, auf Grund der prinzipiellen Übereinstimmungen des Kollisionsrechts der Eingriffsnormen mit Art. 3 III EGBGB, dabei als Beispiel für die Möglichkeit und Machbarkeit einer Erweiterung zu allseitigen Kollisionsnormen.[699]
Eine faktische Übereinstimmung besteht mit der Machttheorie und der kollisionsrechtlichen Lösung des BGH soweit es auf die Fähigkeit des ausländischen Staates ankommt, sein Recht durchsetzen zu können. Eine solche Möglichkeit besteht regelmäßig nur dann, wenn der Gegenstand im jeweiligen Land belegen ist. Insofern zeigt sich, daß sowohl Art. 3 III EGBGB als auch diese Ansichten ihre Wurzeln im Territorialitätsprinzip haben.[700]
Ebenso wie Art. 3 III EGBGB besitzt Art. 34 EGBGB die Struktur, Kollisionsnorm für Kollisionsnormen zu sein,[701] da materielle Eingriffsnormen bereits eine inzidente Kollisionsnorm enthalten. Abweichend von Art. 34 EGBGB kommt über Art. 3 III EGBGB nicht nur international zwingendes Recht zur Anwendung, vielmehr können auch andere Kollisionsnormen prinzipiell die Voraussetzungen des Art. 3 III EGBGB erfüllen. Für das deutsche Recht ergibt sich die zusätzliche Abweichung, daß Art. 3 III EGBGB die weitere Funktion zukommt, Kollisionsnorm für Sachnormen zu sein.

cc) Merkmale einer Eingriffsnorm

Darüber hinaus ist zu untersuchen, inwieweit die von Art. 3 III EGBGB berufenen Normen hinsichtlich ihrer Struktur mit den Eingriffsnormen übereinstimmen. Dazu ist zu klären, welche Voraussetzungen erfüllt sein müssen, um von einer Eingriffsnorm sprechen zu können. Dies erweist sich als äußerst schwie-

[699] Schurig, RabelsZ 54 (1990) 217, 237 f.

[700] Zu der Problematik dieses Begriffes MüKo/Sonnenberger, Einl. IPR, Rn. 374 ff.; Busse ZvglRWiss 95 (1996) 386, 395 f.; BGH, Urt. v. 17. 12. 1959, BGHZ 31, 367, 371 f.; umfassend Kropholler, IPR, § 22. Das Territorialitätsprinzip kann allein keine ausreichende Begründung für die Beachtung von Eingriffsnormen liefern (Kreuzer, Wirtschaftsrecht, 88; Soergel/v.Hoffmann, Art. 34 EGBGB, Rn. 84 f.).

[701] Mentzel, Sonderanknüpfung, 210; so wohl auch Junker, IPRax 1989, 69, 75. Beide entnehmen das kollisionsrechtliche Element der Sachnorm, da Art. 34 EGBGB lediglich die Auswirkungen der zwingenden Norm auf das Vertragsverhältnis betreffe und nicht schon selbst eine Sonderanknüpfung begründe. Zur Rechtslage bei Art. 3 III EGBGB vgl. o. S. 159 f.

rig; die Eingriffsnormen werden sogar als „sachrechtlich nicht definierbar" angesehen.[702]

Dennoch lassen sich zumindest gewisse Elemente festmachen, die den Eingriffsnormen zugrunde liegen und einen Vergleich mit den von Art. 3 III EGBGB berufenen Normen ermöglichen. Bei Eingriffsnormen muß es sich um zwingende, ordnungsrelevante Normen handeln.[703] Darunter werden besondere Vorschriften wirtschaftlicher und sozialpolitischer Art verstanden, die hauptsächlich öffentlichen Belangen und nicht den Interessen des einzelnen dienen.[704] Weiteres entscheidendes Element für die Ermittlung einer Eingriffsnorm ist der internationale Geltungswille oder Anwendungswille[705] der in Frage stehenden Vorschrift. Eingriffsnormen sind die zwingenden Normen des Vertragsstatutsstaates, die ohne Rücksicht auf das nach seinen allgemeinen Kollisionsnormen[706] für den Schuldvertrag maßgebende Recht anzuwenden sind.[707]

Darüber hinaus wird vielfach gefordert,[708] daß eine enge Verbindung zwischen Erlaßstaat der Eingriffsnorm und dem Sachverhalt bestehen muß sowie daß der Inhalt der anzuwendenden Norm mit den Werten der Rechtsordnung des Forumstaates vereinbar ist.[709] Insgesamt gesehen sind diese Definitionen bei der Frage der Bestimmung einer Eingriffsnorm nicht sonderlich aufschlußreich, da

---

702 Schurig, RabelsZ 54 (1990) 217, 228.

703 Sonnenberger, FS für Rebmann, 819, 833; Voser, Lois d'application immédiate, 62 ff.; Schneyder, Wirtschaftskollisionsrecht, Rn. 12 ff.; Schubert, RIW 1987, 729, 730 f.; Basedow, RabelsZ 52 (1988) 8, 18 f.

704 In der Tat ist zuzugeben, daß mit einer solchen Definition nicht viel gewonnen ist, da unter diese eine solche Vielzahl von Vorschriften fallen, daß nicht wirksam zwischen Eingriffsnormen und den übrigen zwingenden Normen abgegrenzt werden kann.

705 Coester, ZVglRWiss 82 (1983) 1, 8 ff.; Wengler, ZVglRWiss 54 (1941) 168, 181 ff.; Großfeld/Junker, CoCom, 118 ff.; Kreuzer, Wirtschaftsrecht, 90 f.; Schurig in Holl/Klinke, Internationales Privatrecht, Internationales Wirtschaftsrecht, 55, 57 f.; MüKo/Martiny, Art. 34 EGBGB, Rn. 98 f.; MüKo/Sonnenberger, Einl. IPR, Rn. 60; Siehr, RabelsZ 52 (1988) 41, 92; Kropholler, IPR, § 52 IX 3; Soergel/Hoffmann, Art. 34 EGBGB, Rn. 89.

706 Ob wirklich eine Abweichung vom allgemeinen Vertragsstatut erforderlich ist, wird bezweifelt (MüKo/Martiny, Art. 34 EGBGB, Rn. 9). Dieser führt als Gegenbeispiel einen Staat an, der immer sein eigenes Recht zur Anwendung bringt. Hier kann eine Parallele zu den oben dargestellten (S. 175 ff.) erbrechtlichen Kollisionsnormen gezogen werden, die ihr eigenes Recht ebenfalls generell für anwendbar erklären.

707 So die vielfach übernommene Definition von Lorenz, RIW 1987, 569, 578.

708 Berger in Herrmann/Berger/Wackerbarth, Deutsches und Internationales Wirtschaftsrecht im Wandel, 322, 330; MüKo/Martiny, Art. 34 EGBGB, Rn. 121 ff.; Schäfer, FS für Sandrock, 37, 45 f.; Großfeld/Junker, CoCom, 121 ff.

709 Diese Prüfungspunkte gehören korrekterweise wieder zum Kollisionsrecht der lex fori. Je nach Anknüpfungsmodell werden sie bei der Kollisionsnorm oder innerhalb des inländischen ordre public geprüft (ausführlich dazu MüKo/Martiny, Art. 34 EGBGB, Rn. 121 ff. m.w. N.).

sie eher die Struktur einer Eingriffsnorm beschreiben, anstatt zu bestimmen, in welchen Fällen eine Eingriffsnorm tatsächlich vorliegt.

dd) Strukturelle Gemeinsamkeiten

Vergleicht man die Struktur der Eingriffsnormen mit derjenigen der Vorschriften, die über Art. 3 III EGBGB zur Anwendung kommen, so läßt sich als zentrales Element in beiden Fällen feststellen, daß eine ausländische Norm aus dem Grund zur Anwendung gebracht wird, weil sie einen unbedingten Anwendungswillen aufweist. Beide Anwendungsbefehle basieren darauf, daß ein Teil der Entscheidung dem ausländischen Gesetzgeber überlassen bleibt, indem der Geltungswille der ausländischen Rechtsordnung anerkannt wird. Zudem ergibt sich die Entscheidung des ausländischen Gesetzgebers in beiden Fällen aus den Kollisionsnormen des in Betracht kommenden Staates.
Des weiteren hat das Element der Belegenheit innerhalb beider Normstrukturen einen bestimmenden Einfluß. Für Eingriffsnormen kann die Belegenheit im jeweiligen Land nach Ansicht einiger Autoren[710] die geforderte enge Verbindung darstellen. Auch dient die räumliche Begrenzung bei Eingriffsnormen dazu, das inzident bestehende kollisionsrechtliche Element der Sachnorm zu ermitteln. Eine autolimitierte Sachnorm enthält gerade in ihrer räumlichen, personalen oder temporalen Begrenzung ihr kollisionsrechtliches Element.[711] Eine räumliche Begrenzung ist jedoch nicht notwendige, sondern nur mögliche Voraussetzung für die Existenz einer Eingriffsnorm. Demgegenüber spielt die Belegenheit bei Art. 3 III EGBGB innerhalb der Kollisionsnormen eine entscheidende Rolle, um die besonderen von den allgemeinen Vorschriften zu trennen.

Abschließend läßt sich festhalten, daß die wesentliche Gleichartigkeit zwischen den Normen, die über Art. 3 III EGBGB zur Anwendung kommen einerseits und Eingriffsnormen andererseits, darin besteht, daß beide wegen ihres internationalen Geltungswillens beachtet werden. Außerdem spielt das Element der Belegenheit bei Eingriffsnormen eine wichtige und bei den über Art. 3 III EGBGB zur Anwendung kommenden Normen eine entscheidende Rolle. Ob darüber hinaus eine vergleichbare Interessenlage besteht und sich Art. 3 III EGBGB nur auf ordnungspolitisch relevante Normen bezieht, wird im Rahmen der Diskussion über die Auslegung des Begriffs der besonderen Vorschriften zu klären sein.

---

[710] MüKo/Martiny, Art. 34 EGBGB, Rn. 107; Soergel/v.Hoffmann, Art. 34 EGBGB, Rn. 95.

[711] Schurig, Kollisionsnorm, 58 ff.; Kegel, GS für Ehrenzweig, 51, 65 ff.; Voser, Lois d'application immédiate, 108 ff., 237 ff.; ausführlich dazu Siehr, RabelsZ 46 (1982) 357, 363 ff.

b) Vergleich mit dem Renvoi

Zudem liegt ein Vergleich des Art. 3 III EGBGB mit der in Art. 4 EGBGB geregelten Rück- und Weiterverweisung nahe, da in beiden Fällen das Problem besteht, inwieweit ein ausländischer Anwendungswille vom deutschen IPR berücksichtigt werden soll. Der Unterschied beider Normen liegt darin, daß bei Art. 3 III EGBGB dem positiven Anwendungswillen des ausländischen IPR nachgeben wird und das ausländische Recht der deutschen kollisionsrechtlichen Lösung vorgezogen wird, wohingegen im Falle eines Renvoi das ausländische Recht gerade nicht angewendet werden will, und das deutsche Recht dieser Entscheidung des ausländischen Rechts Folge leistet.[712] Eine Übereinstimmung beider Fälle besteht jedoch insoweit, als das deutsche Recht jeweils dem vom ausländischen Recht geäußerten Anwendungswillen folgt. Aufgrund dieser Ähnlichkeit wird Art. 3 III EGBGB auch als „teilweiser Renvoi“[713] beziehungsweise „Renvoi eigener Art“[714] bezeichnet.

aa) Die Behandlung des Renvois im deutschen Kollisionsrecht

Im folgenden soll der Streit zwischen Sachnorm- und Gesamtverweisung, bei dem es letztlich darum geht, inwieweit ein ausländischer Anwendungswille vom deutschen IPR innerhalb des Renvoi zu berücksichtigten ist, kurz dargestellt werden, zumal wesentliche Argumente dieses Streits bei der Frage der Auslegung des Art. 3 III EGBGB wiederkehren.

(1) Sachnorm- oder Gesamtverweisung

Das deutsche Kollisionsrecht bekennt sich in Art. 4 I EGBGB zum Prinzip der Gesamtverweisung und sieht eine Sachnormverweisung lediglich für diejenigen Fälle vor, in denen eine Gesamtverweisung dem Sinn der Verweisung widerspricht.[715] Damit hat sich das deutsche Recht in Art. 4 I EGBGB prinzipiell für eine Berücksichtigung des ausländischen Anwendungswillens entschieden.

---

[712] Aus diesem Grund wird bei Art. 3 III EGBGB von einem positiven und bei Art. 4 I EGBGB von einem negativen Kompetenzkonflikt gesprochen, da im ersten Fall eine weitere Rechtsordnung ebenfalls Anwendung beansprucht, wohingegen bei der Rückverweisung beide Rechtsordnungen nach ihrem Kollisionsrecht nicht anwendbar sind (Neuhaus, IPR, § 38 (S. 286 f.); Kropholler, IPR, § 26 I).

[713] Siehr, IPRax 1987, 4, 5.

[714] Ebenroth/Eyles, IPRax 1989, 1, 3.

[715] v.Bar, IPR I, Rn. 619 f.; Palandt/Heldrich, Art. 4 EGBGB, Rn. 1; Staudinger/Hausmann, Art. 4 EGBGB, Rn. 45 f., dort (Rn. 27 ff.) auch zu Art. 27 EGBGB a.F., der den Renvoi lediglich für bestimmmte Bereiche vorsah, aber eine Ausdehnung durch die Rechtsprechung erfahren hatte.

Dennoch kommen auch weiterhin Stimmen auf, die sich gegen eine Beachtung des Renvoi und für dessen Abschaffung aussprechen.[716] Beide Formen der Verweisung sind logisch möglich, was sich schon daran zeigt, daß unterschiedliche Länder[717] völlig gegensätzliche Haltungen zum Problem des Renvois einnehmen.

Als geklärt dürfte in diesem Zusammenhang gelten, daß das Kollisionsrecht seine Entscheidung aufgrund einer autonomen Wertung trifft. Ausländisches Recht wird also nicht deshalb angewandt, weil es selbst angewendet werden will, sondern weil es von der inländischen Rechtsordnung für maßgebend erklärt wird.[718] Daraus läßt sich jedoch nicht die Schlußfolgerung ziehen, daß schon aus diesem Grund der Anwendungswille des ausländischen Rechts völlig unbeachtlich ist. Die autonome kollisionsrechtliche Entscheidung kann vielmehr in der Weise ausfallen, daß der fremde Anwendungswille berücksichtigt wird, wie dies bei Art. 3 III EGBGB und bei den Eingriffsnormen der Fall ist.[719] Der Anwendungswille für sich genommen kann jedoch auch keine Begründung für die Rück- oder Weiterverweisung darstellen;[720] seine Berücksichtigung ist nur die Folge davon.

Der inhaltliche Unterschied zwischen Sachnorm- und Gesamtverweisung besteht darin, daß bei der Sachnormverweisung nach deutschem Recht die Beziehung des Tatbestandes zu dem fremden Recht ausschlaggebend ist, wohingegen bei der Gesamtverweisung aus der engen Beziehung des Tatbestandes zur fremden Rechtsordnung der Schluß gezogen wird, daß diese am geeignetsten sei, den Fall zu entscheiden.[721] Letztendlich können nur die dahinterstehenden Interessen klären, welchem Verständnis der Vorzug zu geben ist.

Zunächst ist kurz auf die einzelnen Gründe einzugehen, die für und gegen einen Renvoi sprechen.[722] Als Hauptargument für eine Sachnormverweisung wird regelmäßig genannt, daß mit einer abweichenden Anknüpfung die Wertungen, die dem deutschen Kollisionsrecht zugrunde liegen, empfindlich durchkreuzt werden würden.[723] Zudem bestünden Schwierigkeiten bei der Ermittlung des aus-

---

[716] So in letzter Zeit Flessner, Interessenjurisprudenz, 129 ff., 138 f.; Mäsch, RabelsZ 61 (1997) 286, 306 ff.

[717] Vgl. die Übersichten bei MüKo/Sonnenberger, Art. 4 EGBGB, Rn. 2 f.; Staudinger/Hausmann, Art. 4 EGBGB, Rn. 5.

[718] Mäsch, RabelsZ 61 (1997) 286, 294 f.; Kahn, Abhandlungen I, 126 f.

[719] Reichart, Renvoi, 6 ff.

[720] So hingegen die früheren Lehre, die das IPR vom Staat und nicht vom Sachverhalt aus bestimmte (vgl. v.Bar, IPR I, Rn. 626; Flessner, Interessenjurisprudenz, 130 f.).

[721] Schnitzer, IPR I, 208

[722] Die Argumente sind zusammenfassend dargestellt bei Müller, FS des Heidelberger Instituts, 191 ff.; Reichart, Renvoi, 13 ff.; Staudinger/Hausmann, Art. 4 EGBGB, Rn. 12 ff.; Raape/ Sturm, IPR I, § 11 VI (S. 173 ff.); Staudinger[12]/Graue, Art. 27 EGBGB, Rn. 4 f.; Lüderitz, IPR, Rn. 151 ff.

[723] Schwander, Liber Amicorum Schnitzer, 411, 413 f.; v.Bar, IPR I, Rn. 626.

ländischen Rechts. Auch könne der geplante äußere Entscheidungseinklang durch den Renvoi nicht hergestellt werden. Außerdem führe der Renvoi zu einer fehlenden Rechtssicherheit. Durch eine Gesamtverweisung würden die erzielten Ergebnisse beliebig werden, ohne daß ein inhaltlicher Grund oder eine besondere Interessenwertung bestehe.[724]
Für die Verwendung eines Renvoi spricht hingegen, so die Befürworter, daß die Wertungen des deutschen Kollisionsrechts nur Annäherungswerte darstellten, so daß diese Wertungen eine Sachnormanknüpfung nicht rechtfertigen könnten.[725] Weiterhin habe die Rückverweisung oftmals den begrüßenswerten Effekt der Anwendung der lex fori.[726] Zudem könne man nur dann, wenn man einen Renvoi zuließe, das Ziel des internationalen Entscheidungseinklangs erreichen.[727] Letztendlich stünden einer Sachnormverweisung auch Vertrauensschutzgründe entgegen: Die Parteien rechneten nicht mit der Anwendung des Heimatsachrechts, da dieses im Heimatland selbst nicht zur Anwendung käme. Aus diesem Grund bestehe ein schutzwürdiges Vertrauen in die Anwendung des Heimatkollisionsrechts, welchem das deutsche IPR Folge zu leisten habe.[728]

(2) Internationaler Entscheidungseinklang

Von diesen Argumenten soll der internationale Entscheidungseinklang einer näheren Betrachtung unterzogen werden, da dieser auch im Rahmen der Diskussion zur Auslegung des Art. 3 III EGBGB eine wichtige Rolle spielt. Der internationale Entscheidungseinklang ist seit Savigny das formale Ideal des IPR. Er beruht auf dem Gedanken, daß das Ergebnis eines Rechtsstreits nicht von dem Ort des Verfahrens abhängen, sondern unabhängig vom angerufenen Gericht nach derselben materiellen Rechtsordnung beurteilt werden soll.[729]

---

[724] Dafür werden verschiedene Gründe angeführt. So wird z.B. gesagt, ein möglicher Zirkelschluß könne nicht oder nur willkürlich aufgelöst werden (zum Ganzen Flessner, Interessenjurisprudenz, 132 ff. m.w.N.).

[725] MüKo/Sonnenberger, Art. 4 EGBGB, Rn.20.

[726] Kühne, FS für Ferid II, 251, 253; Keller/Siehr, IPR, 465 ff.; Wolf, IPR, 76 f.

[727] Kropholler, IPR, § 24 I; Neuhaus, IPR, § 35 II ff. (S. 270 ff.); Pagenstecher, Entscheidungseinklang, 12 ff.

[728] Michaels, RabelsZ 61 (1997) 685, 709 ff.

[729] Ausführlich dazu Kropholler, IPR, § 6. Die von Mäsch, RabelsZ 61 (1997) 286, 297 gegen das Prinzip des Entscheidungseinklangs vorgebrachte Kritik vermag nicht zu überzeugen. Sein Hinweis auf die mangels konkurrierender internationaler Zuständigkeiten oftmals fehlende praktische Relevanz geht deswegen fehl, weil es in Art. 4 I EGBGB um den potentiellen und nicht um den tatsächlichen Entscheidungseinklang geht (Michaels, RabelsZ 61 (1997) 685, 691 m.w.N.). Auch die Berufung auf die autonome kollisionsrechtliche Entscheidung des deutschen Rechts vermag nicht durchzugreifen, da er von einer einseitigen Interessenwertung ausgeht, ohne zu erkennen, daß die internationalprivatrechtliche Gerechtigkeit noch weitere Interessen miteinbezieht.

Das zentrale Argument gegen den internationalen Entscheidungseinklang ist, daß er aufgrund willkürlich an einer Stelle abgebrochener Verweisungszirkel den äußeren Entscheidungseinklang in vielen Fällen gar nicht erreichen könne. Zudem sei ein System widersprüchlich, das nur dann funktioniere, wenn die andere Seite den Renvoi ablehne.
Im deutschen Recht findet gemäß Art. 4 I 2 EGBGB der Abbruch von Verweisungszirkeln schon in einem relativ frühen Stadium statt, so daß in der Tat in diesen Fällen ein Entscheidungseinklang nicht erzielt werden kann. Eine Ausweitung der Fälle, in denen ein solcher erreicht werden kann, wäre aber, wenn auch nicht für sämtliche Fälle, möglich,[730] wurde aber auf Grund des höher bewerteten Interesses des Heimwärtsstrebens nicht Gesetz. Letztendlich wichtiger als dieses Argument ist, daß nur mit der Anerkennung des Renvoi überhaupt ein internationaler Entscheidungseinklang hergestellt werden kann.[731]

bb) Der Vergleich mit Art. 3 III EGBGB

Der Vergleich zwischen dem Renvoi und Art. 3 III EGBGB zeigt, daß es sich in beiden Fällen um allseitige Kollisionsnormen handelt. Zudem ist in beiden Fällen die Beachtung des ausländischen Geltungswillens eines der zentralen Elemente der jeweiligen Norm, wenn auch im einen Fall der positive Anwendungswillen der ausländischen Rechtsordnung und im anderen Fall der negativen Anwendungswillen Berücksichtigung findet. Die Entscheidung des ausländischen Gesetzgebers wird also in beiden Fällen von der deutschen Kollisionsnorm beachtet. Zudem ist auch Art. 4 I EGBGB wie Art. 3 III EGBGB eine Kollisionsnorm für Kollisionsnormen. Keine Rolle spielt beim Renvoi allerdings die Belegenheit des jeweiligen Gegenstandes.

c) Schlußfolgerung

Art. 3 III EGBGB stellt, wie die Vergleiche mit dem Kollisionsrecht der Eingriffsnormen und dem Renvoi gezeigt haben, keinen Fremdkörper in dem System des deutschen Kollisionsrechts dar, sondern paßt sich darin ein, da wesentliche Merkmale des Art. 3 III EGBGB auch in anderen Vorschriften des EGBGB enthalten sind. Insbesondere die Elemente der Durchsetzbarkeit, der Kollisionsnorm für Kollisionsnormen, der Belegenheit und die Beachtung des ausländischen Anwendungswillens, die wesentliche Elemente des Art. 3 III EGBGB bilden, finden sich wenn auch in abweichender Zusammensetzung im

---

[730] Außer man würde eine Einzelfallbehandlung einführen, (ähnlich Michaels, RabelsZ 61 (1997) 685, 692; Pagenstecher, Entscheidungseinklang, 12 ff.).

[731] Damit sich ein Prinzip als zutreffend erweist, ist es m. E. nicht erforderlich, daß das diesem Prinzip zugrundeliegende Gesetz in jeder Fallkonstellation das gewünschte Ergebnis erzielt. Dazu sind Gesetze als allgemeine Regelungen oftmals gar nicht in der Lage.

Kollisionsrecht der Eingriffsnormen sowie in Art. 4 EGBGB, und sind typische Elemente, die im IPR verwendet werden. Art. 3 III EGBGB ist also keine Ausnahmevorschrift innerhalb des deutschen IPR, die bereits aus diesem Grund einer einschränkenden Behandlung zu unterwerfen ist.

3) Der Streit, ob Kollisionsnormen als besondere Vorschriften aufzufassen sind

Die Diskussion um die Auslegung des Art. 3 III EGBGB wird in der Weise dargestellt, daß zunächst die Gründe der Anordnung einer kollisionsrechtlichen Spaltung durch die ausländische Rechtsordnungen untersucht werden. Die Gründe der kollisionsrechtlichen Spaltung sind deswegen von besonderem Interesse, weil das deutsche Recht sich bei Art. 3 III EGBGB nach dem ausländischen Geltungswillen richtet und die Motivation der ausländischen Rechtsordnungen damit den Hintergrund für die deutsche kollisionsrechtliche Entscheidung bildet. Als Hauptvertreter der kollisionsrechtlichen Spaltung werden die französische Rechtsordnung und der angloamerikanische Rechtskreis untersucht. Daran anschließend folgt eine Darstellung und Würdigung der Argumente der Mindermeinung, der herrschenden Meinung sowie die Erläuterung der eigenen Ansicht.

a) Analyse der Gründe, aus denen ausländische Rechtsordnungen eine lediglich kollisionsrechtliche Spaltung anordnen

aa) Frankreich

(1) Geschichtliche Entwicklung

Ausgangspunkt der Rechtsentwicklung in Frankreich war, daß sich die französischen Autoren des Mittelalters[732] bei dem aus der Statutentheorie entstandenen Streit, ob die Anknüpfung des Erbrechts dem Personal- oder dem Realstatut untersteht, der letzteren Ansicht anschlossen. Diese Anknüpfung wurde dann für den Bereich der beweglichen Sachen im Laufe der Zeit durch die Regel „mobila sequuntur personam" abgelöst,[733] wobei es zwischen Dumoulin und d'Argentré zu dem Konflikt kam, ob die Anknüpfung für Mobilien dem Personal- oder dem Realstatut zuzurechnen sei.[734]

---

[732] Ausführlich dazu Lainé, D.i.p. II, 284 ff.; Niggemann, Nachlaßeinheit oder Nachlaßteilung, 4 ff.; Loussouarn/Bourel, D.i.p., Rn. 428; Sipp-Mercier, Die Abwicklung deutsch-französischer Erbfälle in der Bundesrepublik Deutschland und Frankreich, 17 f.

[733] Ausführlich dazu Freyria, Loi applicable aux successions, 45 ff.

[734] Mayer, D.i.p., Nr. 800; Freyria, Loi applicable aux successions, 101 ff.

Der französische Code civil normierte lediglich eine Anknüpfung für unbewegliche Gegenstände in Art. 3 al. 2 C.c., in dem bestimmt ist, daß „les immeubles, même ceux possédés par des étrangers, sont régis par la loi française." Obwohl dieser Satz nicht zwingend zu der Anwendung der lex rei sitae führen muß,[735] zogen Rechtsprechung und Literatur [736] nahezu einhellig die Schlußfolgerung aus Art. 3 al. 2 C.c., daß erbrechtliche Fragen für Grundstücke am Ort der Belegenheit anzuknüpfen sind.
Als schwieriger erwies es sich, eine Lösung für die Anknüpfung der beweglichen Gegenstände zu finden, da der Code civil dazu keine Aussage trifft. Hier entschied man sich nach einigem Zögern für eine Anknüpfung an das loi du domicile. Dabei schwelte der Streit, ob es sich dabei um einen Ausfluß des Personal- oder des Realstatuts handele, bis Mitte des 20. Jahrhunderts und wurde Schließlich zugunsten des letzteren entschieden.[737] In neuerer Zeit entstand ein weiterer Erklärungsversuch[738] für die Anknüpfung am Recht des Domizils: angeknüpft werde an der juristischen Tatsache des Todes des Erblassers. Für diese Tatsache enthalte das interne Recht in Art. 110 C.c. eine Ortsbestimmung. Danach werde der Ort, an dem das Nachlaßverfahren eröffnet wird, durch den Wohnsitz des Erblassers bestimmt. Aufgrund der Übereinstimmung in der Fragestellung des internen und des internationalen Privatrechts ergebe sich mithin eine Anknüpfung am Domizil des Erblassers.
Aus heutiger Sicht erscheint die Beibehaltung der zweifachen Anknüpfung am Belegenheitsrecht und am Wohnsitz erstaunlich, weil Frankreich, anders als der anglo-amerikanische Rechtskreis, schon seit langem die Einheit des Erbrechts

[735] Erstaunlicherweise findet Art. 3 alinéa 2 C.c. keine Anwendung auf Verträge, soweit sich diese auf Grundstücke oder Normen des ehelichen Güterstandes beziehen (Battifol/Lagarde, D.i.p. II, Nr. 638; Lancin, Gaz.Pal. 1994.2, doctr., 916, 918).

[736] Droz/Revillard, J.C., D.i.p., Fasc. 557-A, Nr.. 11 ff. mit umfassenden Rechtsprechungsnachweisen; Loussouarn/Bourel, D.i.p., Rn. 429 ff.; Mayer, D.i.p., Nr. 802 f.; Droz, TCFDIP 1966-69, 319, 337 ff.; Revillard, Defrénois 1981.1, 1505, 1507; Audit, D.i.p., Nr. 862; Niggemann, Nachlaßeinheit oder Nachlaßteilung, 40 ff.; Megacode, Art. 3 C.c., Rn. 91; Vareilles-Sommières, D.i.p. II, 298 ff.; Héron, Morcellement, 89 ff.; a.A. Lainé, D.i.p. II, 327 f.; Lancin, Gaz.Pal. 1994.2, doctr., 916, 919 f.

[737] Der Streit wurde deswegen so lange nicht endgültig entschieden, weil Art. 13 C.c. bis zum Jahre 1927 vorsah, daß Ausländer ihr Domizil in Frankreich nur dann haben konnten, wenn sie eine Genehmigung der französischen Regierung dafür erhielten. Deshalb war es erforderlich als "domicile du droit" den Wohnsitz des Geburtslandes anzunehmen, was natürlich für eine Nähe zum Personalstatut sprach. Als Folge davon wandte die Rechtsprechung in einigen Entscheidungen nicht mehr das Recht des ursprünglichen Wohnsitzes, sondern das nationale Recht unmittelbar an, entschied sich also für das Personalstatut (Civ., Urt. vom 8. 3. 1909, D.P. 1909.1, 305, 305; Alger, Urt. vom 12. 5. 1926, D.P. 1930.2, 185, 188 f.; vgl. dazu auch Schlechtriem, Ausländisches Erbrecht, 26 f.).

[738] Battifol/Lagarde, D.i.p. II, Nr. 637; Revillard, Defrénois 1981.1, 1505, 1508; Droz/Revillard, J.C., D.i.p., Fasc. 557-A, Nr. 26.

im innerstaatlichen Recht kennt und trotzdem an der kollisionsrechtlichen Spaltung festhält.

(2) Begründungen

Historischer Grund für die Anknüpfung der Nachfolge von Todes wegen am Ort der Belegenheit war, daß das jeweilige Grundstück in früheren Zeiten fast immer das gesamte Vermögen des Erblassers verkörperte und den sozialen Rang bestimmte.[739] Damit wurde das Grundstück zum charakteristischen Element des Familienverbundes und dessen gesellschaftlicher Stellung, so daß eine Anknüpfung am Objekt nahelag.
Die herausragende Bedeutung des Grundstücks verschwand jedoch seit Anfang des 19. Jahrhunderts im Zuge der Industrialisierung, weshalb die bisherige Argumentation nicht weiter aussagekräftig ist. Seither lassen sich im wesentlichen zwei Begründungsansätze für eine Anknüpfung am Belegenheitsrecht erkennen: Zum einen werden die praktischen Vorteile betont, die sich aus einer Übereinstimmung von Gerichtsbarkeit und Gesetzgebungsbefugnis ergeben sowie die Vorteile der Verzahnung des Sachenrechts mit dem Erbrecht. Der zweite, neuere Ansatz beruht wiederum auf dem sozialen Komponente, die ein Grundstück für die Beständigkeit der Familie besitzen solle.

Grundannahme der ersten Argumentation ist, daß zwischen den einzelnen Sachen und dem gesamten Prozeß der Erbschaftsübertragung eine besondere Beziehung bestehe.[740] Die Übertragung beziehe sich nicht auf die Erbschaft als Ganzes, sondern nur auf die einzelnen Vermögensgegenstände.[741] Die Fragen, wie sich der Übergang der Sache auf die Erben, die Ausgestaltung der Erbengemeinschaft oder die Schuldenregelung vollzieht, könnten nur von der lex rei sitae geregelt werden. Folge sei, daß die erbrechtlichen Fragen insgesamt dem Recht der Belegenheit unterstellt werden müßten.[742] Untermauert wird die The-

---

739 Audit, D.i.p., Nr. 862; Battifol/Lagarde, D.i.p. II, Nr. 638; Droz/Revillard, J.C., D.i.p., Fasc. 557-A, Nr. 13.

740 Battifol/Lagarde, D.i.p. II, Nr. 638; Audit, D.i.p., Nr. 862; Boulanger, Les successions inter-nationales, Rn. 14; Mayer, D.i.p., Nr. 801; Loussouarn/Bourel, D.i.p., Rn. 431; Droz/Revil-lard, J.C., D.i.p., Fasc. 557-A, Nr. 13.

741 Ein Teil der Autoren unterscheidet insoweit zwischen horizontalen und vertikalen Bindungen.

742 Nicht zu überzeugen vermag der Ansatz von Héron (Héron, Morcellement, 21 ff.). Dieser möchte alle Systeme, auch diejenigen, die von einer Nachfolge in das Vermögen der Person ausgehen, auf ein Ursystem zurückführen, das der erbrechtlichen Nachfolge in Gegenstände. Dabei übersieht er jedoch, daß es sich hier um zwei unterschiedliche Ausgangspunkte handelt (objektive/subjektive Anknüpfung), die nicht deswegen auf eine Einheit zurückzuführen sind, weil sie dieselben Probleme behandeln (dagegen ausführlich Lequette, TCFDIP 1983/84, 163, 165 ff.).

se mit dem Beispiel des anglo-amerikanischen trusts, der infolge seiner Konstruktion der Erbschaftsübertragung nicht in das französische System integriert werden könne.[743]
Darüber hinaus werden die bedeutenden Vorteile angeführt,[744] die die Übereinstimmung von Gerichtsbarkeit und anwendbarem Recht mit sich brächten, da die Praktikabilität und Einfachheit der Lösung internationaler Erbrechtsfälle und damit deren Qualität erhöht werde. Aus diesem Grund sei eine Anknüpfung am Belegenheitsrecht im Interesse der Rechtsunterworfenen. Zudem sei eine einheitliche Anknüpfung des erbrechtlichen Vermögensstatuts unbrauchbar, da diese von den anderen Ländern nicht anerkannt werde und aus diesem Grund auch nicht durchsetzbar sei.[745] Daran könnten auch entstehende Ausgleichszahlungen nichts ändern, deren Höhe infolge der ausländischen Belegenheit nur schwer ermittelbar sei.

Die zweite Argumentation setzt an dem Gedanken an, daß das Grundstück ebenso wie das Erbrecht einen sozialen Faktor der Gesellschaft darstelle. Das Erbrecht habe nicht nur die Aufgabe, die Übertragung unter Privatpersonen zu regeln, sondern trage primär politische, wirtschaftliche und soziale Züge.[746] Da einer individualistischen Konzeption des Erbrechts nicht gefolgt werden könne, sei es an den sozialen und politischen Zielen der heutigen Zeit auszurichten.[747] Dabei zeige sich, daß der Grundbesitz nunmehr die Aufgabe habe, die Beständigkeit der Familie zu stützen. Dieser Gedanke spiele aber vor allem eine wesentliche Rolle für den Staat, in dem die Grundstücke belegen sei, weshalb der Belegenheitsstaat dem Rechnung tragen und sein Erbrecht zur Anwendung bringen müsse.[748] Die Idee des sozialen Bezugs der Grundstücke sei unter anderem in den attributions préférentielles des Art. 832 C.c. zum Ausdruck gekommen.[749] Art. 832 C.c. normiert eine vorzugsweise Zuteilung von Grundstücken an bestimmte Personen gegen eine, in einigen Sonderfällen nicht dem wahren Wert entsprechende Ablösung in Geld. Gegenstand solcher Zuteilungen können sein: landwirtschaftliche Betriebe, Handels-, Industrie- und Handwerksbetriebe

---

743 Héron, Morcellement, 133 ff.

744 Audit, D.i.p., Nr. 862; Bolanger, Étude comparative, Rn. 68; Droz, TCFDIP 1966-69, 319, 337 ff.; Mayer, D.i.p., Nr. 801.

745 Droz/Revillard, J.C., D.i.p., Fasc. 557-A, Nr. 14; Droz, TCFDIP 1966-69, 319, 337 ff.

746 So schreibt Vareilles-Sommières plastisch (Vareilles-Sommières, D.i.p. II, 307 f.): "...il (l'état) poursuit un but social ou politique: il veut l'égalité,... et par là il met la succession en harmonie avec l'esprit et les institutions de notre société démocratique. ... Dans d'autres pays, le Législateur s'applique, par la loi successorale, à entretenir et fortifier les institutions aristocratiques.". Dazu auch Loussouarn/Bourel, D.i.p., Rn. 431.

747 Die früheren sozialen Besonderheiten des Grundeigentums wurden bereits geschildert.

748 Loussouarn/Bourel, D.i.p., Rn. 431; Battifol/Lagarde, D.i.p. II, Nr. 638.

749 Battifol/Lagarde, D.i.p. II, Nr. 638; Héron, Morcellement, 126 f.

sowie Wohn- und Geschäftsräume, auch wenn sie nur gemietet oder gepachtet sind. Zuteilungsberechtigt ist der überlebende Ehegatte oder jeder Erbe, der Miteigentümer ist.[750] Allerdings ist die attribution préférentielle dispositiv und kann durch Testament abbedungen werden.[751]
Ein vergleichbarer Gedanke findet sich bei Héron[752] Er sieht als Folge von Diskriminierungen sowie des Fehlens von Pflichtteilsrechten in den Vererbungsformen des anglo-amerikanischen und des moslemischen Rechts einen Verstoß gegen den französischen ordre public, weshalb diese Rechtsordnungen auf französische Grundstücke nicht angewandt werden könnten. Deshalb bevorzugt Heron eine Anknüpfung, die von Anfang an nicht auf den ordre public zugreifen müsse.
In Frankreich besteht demnach eine zweifache Begründung für die Anwendung der lex rei sitae im internationalen Erbrecht. Neben dem ersten klassischen Ansatz, der eine Weiterentwicklung der Statutentheorie, wie sie d'Argentré[753] entwickelt hat, darstellt, wird auch versucht, die Anwendung der lex rei sitae aus der modernen Entwicklung heraus zu begründen.

bb) Der anglo-amerikanische Rechtskreis

Betrachtet man den anglo-amerikanischen Rechtsraum, so lassen sich zwei grundlegende Tendenzen feststellen, wobei die Entwicklung von Land zu Land etwas differiert. Während die Rechtsprechung relativ unangefochten an der situs-Regel festhält, zeigt sich die Lehre zunehmend kritisch und fordert zum Teil vehement die Abschaffung der kollisionsrechtlichen Vermögensspaltung.
Die am weitesten fortgeschrittene Kritik an der lex rei sitae findet sich in England. Dort plädiert die Lehre[754] nahezu einhellig für die Abschaffung der Anknüpfung an der lex rei sitae für Grundstücke und selbst die Gerichte wenden diese Regel nur noch deswegen an, weil sie Gesetz ist und nicht, weil sie von ihr überzeugt sind.[755] Ähnlich ist die Lage in Schottland: Auch dort steht die Li-

---

750 Zur attribution préférentielle vgl. Ferid/Firsching/Lichtenberger, IntErbR II, Frankreich, Rn. 280; Ferid/Sonnenberger, FranzZR III, 5 D 222 ff.; Megacode, Art. 832 C.c., Rn. 7 ff.

751 Lagarde, Rev.crit.d.i.p. 78 (1989) 249, 266 m.w.N.

752 Héron, Morcellement, 152 ff., insbes.158 f.

753 v.Bar, IPR I, Rn. 438 f.; ausführlich Gutzwiller, Geschichte, 89 ff.

754 Morris, *Interstate Succession to land in the Conflict of laws* 85 L.Q.R. 339, 339 ff., 369 ff. (1969), dort auch die ältere gegenteilige Rechtsprechung; Miller, *International Aspects of Interstate Succession* 1988 Conv. 31, 42 ff.; Dicey/Morris, Conflict, Rule 135, S. 1024 ff. (1993). Kritisch zur Situs-Regel ohne sich ausdrücklich zu äußern North/Fawcett, P.I.L., 836 f., 851 f. (1992)

755 Re Collins 1985 Ch 505, 512 f. das folgendermaßen formuliert: "I reach the conclusion with some regret. I think there is much force in the trenchant criticism contained in *Dicey/Morris, The Conflict of Laws*, pp. 613-614 as to the illogicality of requiring English immovable assets to be regulated for the purpose of succession by the lex situs rather than

teratur[756] der situs-Regel sehr kritisch gegenüber. Zudem hat die Scottish Law Commission[757] vorgeschlagen, die Norm abzuschaffen und durch eine einheitliche Anknüpfung zu ersetzen, was aber bisher nicht verwirklich wurde.
Abweichend ist die Situation in den Vereinigten Staaten. Auch dort sprechen sich einige Autoren[758] für eine Abschaffung der kollisionsrechtlichen situs-Regel aus. Im Vergleich zu Großbritannien hält demgegenüber die herkömmliche Doktrin und die Rechtsprechung[759] an der lex rei sitae fest. Die neueste Entwicklung geht in Übereinstimmung mit den allgemeinen Tendenzen des Kollisionsrechts der Vereinigten Staaten dahin, daß man am Prinzip der situs-Regel festhalten und sie nur in Einzelfällen oder ganz bestimmten Konstellationen ausschalten will.
In dieser Form sind auch die §§ 233, 234, 236 des Restatement Second, Conflict of Laws[760] ausgestaltet. § 236 I des Restatement Second legt fest, daß der einschlägige erbrechtliche Sachverhalt an das Recht anzuknüpfen sei, das das Gericht des Ortes anwenden würde. Aus § 236 II des Restatement Second folgt, daß es sich bei diesem Recht im Regelfall um das eigene Ortsrecht handle. Von

---

by the law of the domicile. However, that is the law as it stands at present. If the Law Commission choose to look at the matter, they may find factors which suggest that a rule which accords with the view in *Dicey/Morris* would be fairer and better. But my job is to administer the law as it now is."

756 Meston, Succession Act 115 f. (1964); nur darstellend Anton, P.I.L. 675 ff. (1990) mit der gegenteiligen Rechtsprechung.

757 Scottish Law Commission, Memorandum No. 71, 103 ff., 108. Der Report No. 124, 116 der Law Commission machte keinen formellen Vorschlag, da man die Entscheidung der Haager Konvention zum Erbrecht dazu abwarten wollte. In den Erläuterungen zu dem Gesetzentwurf wurde aber eine einheitliche Anknüpfung bevorzugt.

758 Scoles/Hay, Conflict, § 20.2 (1992); Weintraub, Conflict, § 8.22 (1986); ders., *An Inquiery into the utility of „situs" as a concept in conflict analysis*, 52 Corn.L.Q. 1, 16 ff., 42 (1966/1967); Hancock, *Equitable Conversion and the Land Taboo in Conflicts of Laws*, 17 Stan.L.R. 1095 1109 ff. (1964/65); ders., *Conceptual Devices for Avoiding the Land Taboo in Conflict of Laws: The Disadvantages of Disingenuousness*, 20 Stan.L.R. 1, 13 ff. (1967/68); Carteaux, *Conflicts of Law and Successions: Comprehensive Interest Analysis as a viable alternative to the traditional approach*, 59 Tul.L.R. 389, 391 ff., 425 f. (1984/85), die allerdings vor allem die Inflexibilität der Regelung kritisiert und dies gleichfalls auf die lex domicili bezieht und deshalb den Kompromiß des Restatement Second bevorzugt.

759 Leflar/McDougal III/Felix, Conflicts, § 194 (1986); Stumberg, Conflict 371 ff. (1963); Cramton/Currie/Kay, Conflict 31 ff. (1987); 12 Cal Jur3d, Conflict of Laws, § 43 ff. (1974); 15A, C.J.S., Conflict of Laws, § 19 1; 16 (1967); 16 AmJur2d, Conflict of Laws, § 26; 41 (1979); 41 AmJur2d, Husband and Wife, § 66 (1995), an diesen Stellen auch Nachweise auf die umfangreiche, gleichlautende Rechtsprechung.

760 So lautet z.B. Restatement Second, Conflicts of Laws § 236 (1971):

"(1) The devolution of interests in land upon death of the owner interstate is determined by the law that would be applied by the courts of the situs.

(2) These courts would usually apply their own local law in determining such questions."

der Konzeption her vergleichbar, nur bedeutend weitergehender ist auch das neue IPR-Gesetz von Louisiana.[761] Dieses Gesetz sieht ebenfalls die situs-Regel als generelles Prinzip an, macht davon jedoch eine Reihe von Ausnahmen, so beispielsweise für die formelle Gültigkeit von Testamenten, die Testierfähigkeit, die Auslegung von Testamenten etc..

Gegen eine Anknüpfung am Belegenheitsrecht werden im anglo-amerikanischen Rechtskreis folgende Argumente vorgebracht: Zum einen wird gesagt, daß die kollisionsrechtliche Spaltung historisch überholt sei. Sie basiere auf dem alten System, das für bewegliche und unbewegliche Gegenstände unterschiedliche Erbrechte und Gerichtsbarkeiten vorgesehen habe. Diese Differenzierung sei aber nunmehr abgeschafft, so daß sich auch die kollisionsrechtliche Regel dafür erübrige. Zudem hätte sich die Wichtigkeit des Grundbesitzes in der heutigen Zeit relativiert. Außerdem würden durch eine Spaltung in zwei oder mehrere Erbrechte ungerechte und nicht mehr nachvollziehbare Ergebnisse erzielt.

Als Argument[762] für eine Anknüpfung der Grundstücke an der lex rei sitae wird zunächst auf die historische Basis dieser Regel verwiesen. Darüber hinaus stützt man die Anknüpfung am Belegenheitsrecht auf die staatliche Interessen, die an der Anwendung des inländischen Rechts bestehen würden und auf die praktischen Vorteile, die eine solche Anknüpfung mit sich brächte.[763]
Der erste Gedanke beruht auf der Tatsache, daß der jeweilige Staat die tatsächliche Kontrolle über die Grundstücke hat und schon aus diesem Grund seine Gesetze Anwendung finden müßten. Aus der tatsächlichen Lage ergebe sich auch, daß das Grundstück wirtschaftliche, politische und soziale Einflüsse auf den Sitzstaat habe, weshalb dessen Recht die Übertragung des Grundstücks kontrollieren müsse. Demgegenüber stellt das zweite Argument darauf ab, daß die Anwendung der lex rei sitae zu Rechtssicherheit, Praktikabilität und Einheitlichkeit der Rechtsanwendung führe, was gerade bei Grundstücken von großer Wichtigkeit sei. Außerdem sei die Anwendung des Belegenheitsrechts einfacher und billiger, da kein ausländisches Recht ermittelt werden müsse und

[761] Dazu Symonides, RabelsZ 57 (1993) 460, 490 ff. Der Abdruck des Gesetzes findet sich auf S. 508 ff.

[762] Anzumerken ist, daß die Frage häufig nicht problematisiert und argumentativ behandelt wird. Vielmehr wird zumeist mit Selbstverständlichkeit die situs-Regel angewandt, ohne daß die gegenteiligen Literaturstimmen Beachtung finden.

[763] Zu den Argumenten vgl. Restatement Second, Conflict of Laws § 223, Comment b; § 236 Comment a (1971); Schoenblum, *Choice of Law and Succession to Wealth: A Critical Analysis of the Ramifications of the Hague Convention on Succession to Decedents' Estates*, 32 Va. J. Int. L. 83, 87 ff. (1991/92) m.w.N.; Hill, *The Judical Function in Choice of Law*, 85 Colum. L. Rev 1585, 1629 f. (1985); Restatement, Second, Conflicts of Laws, Tentative Draft No. 5, Chapter 7, Topic 2, S. 12 f. (1959); Weintraub, Conflict, § 8.2 (1986) sowie die gute Darstellung bei Richman/ Reynolds, Conflict, §§ 66 a, 86 a (1993), die ebenfalls für eine flexiblere Anwendung plädieren.

facher und billiger, da kein ausländisches Recht ermittelt werden müsse und die Rechtsanwender mit ihrem Recht am besten vertraut seien. Darüber hinaus sei auch für Dritte die Rechtssicherheit, die durch die Belegenheitsanknüpfung entstehe, von besonderem Interesse.[764] Analysiert man die beiden Ansätze, so beruht der erste auf dem Territorialitätsgedanken, wohingegen der zweite als pragmatisch einzustufen ist.

cc) Zusammenfassung

Die Unterstützung und die Argumente für die Beibehaltung der kollisionsrechtlichen situs-Regel weichen in den verschiedenen Ländern sehr voneinander ab. Während in Frankreich die überwiegende Literatur und die Rechtsprechung hinter der situs-Regel stehen und auch versucht haben, ihre dogmatische Begründung der heutigen Zeit anzupassen, stößt die Regel in Großbritannien auf sehr viel größeren Widerspruch und wird dort als historisch überholt angesehen. Wiederum abweichend ist die Lage in den USA: Auch hier ist die situs-Regel unter den Beschuß der neueren Dogmatik gekommen. Insgesamt gesehen wird sie jedoch noch von weiten Teilen in Rechtsprechung und Lehre getragen. Die Entwicklung in den USA geht im Einklang mit der amerikanischen Dogmatik dahin, flexiblere Lösungen zu entwickeln, und ausgehend von einer Grundsatzanknüpfung an der lex rei sitae, in Einzelfällen davon abzuweichen. Die Gesamtsituation der verschiedenen Rechtsordnungen ist also sehr heterogen, obwohl die jeweiligen Begründungen vergleichbare Elemente enthalten. Jedenfalls ist nicht damit zu rechnen, daß es in diesen Ländern in nächster Zeit zu wesentlichen Änderungen im Bereich der kollisionsrechtlichen situs-Regel kommt.

b) Auslegung in historischer, systematischer und grammatikalischer Hinsicht

An dieser Stelle soll nochmals auf den bisher ermittelten Ausgangspunkt der Diskussion um die Auslegung des Begriffs der besonderen Vorschriften hingewiesen werden: Systematik und Wortlaut des Art. 3 III EGBGB lassen die beiden vertretenen Auslegungsvarianten gleichermaßen zu. Die Gesetzgebungsgeschichte zeigt jedoch unzweifelhaft, daß der Gesetzgeber die nur kollisionsrechtliche Spaltung in den Anwendungsbereich des Art. 3 III EGBGB miteinbeziehen wollte und damit der weiten Auslegung des Art. 3 III EGBGB den Vorzug gab. Angesichts des klaren Willens des Gesetzgebers[765] liegt demnach die Begründungspflicht für eine abweichende Auslegung des Art. 3 III EGBGB bei der Mindermeinung.

---

[764] Dies gilt im amerikanischen System im besonderen Maße, da dort am Ort der jeweiligen Belegenheit des Grundstücks eine "title search" durchzuführen ist, um den Nachweis der Eigentümerstellung erbringen zu können (vgl. dazu Reimann, Einführung in das US-amerika-nische Privatrecht, 144).

[765] Vgl. o. S. 109 ff.

c) Argumentation der Mindermeinungen

aa) Beschränkung auf Sondervermögen, das politischen oder wirtschaftspolitischen Zielen dient

Nach der engeren der beiden Mindermeinungen[766] sei Art. 3 III EGBGB nur auf solche besonderen Vorschriften zu beziehen, die einen politischen oder wirtschaftspolitischen Charakter aufweisen würden wie Lehen, Familien- und Fideikommisse, Stammgüter, Rentengüter, Erbhöfe und vergleichbare Sondervermögen. Erstaunlicherweise fällt die positive Begründung für eine solche Beschränkung recht kurz aus. So formuliert Kegel,[767] einer der Vorreiter dieser Ansicht:

> „Art. 3 III EGBGB gilt unstreitig für Fideikommisse, Lehen, Erbhöfe und andere Sondervermögen für bestimmte Personen. Diese Sondervermögen dienen politischen oder wirtschaftspolitischen Zielen. Z.B. sollen Fideikommisse einen wirtschaftlich unabhängigen Adel für Staatsaufgaben verfügbar machen (politischer Zweck) und Erbhöfe die Landwirtschaft kräftig machen (wirtschaftspolitischer Zweck). Es geht hier also nicht um Gerechtigkeit zwischen Einzelnen, sondern um Staatsinteressen.
> Von daher ist für ausländische Sondervermögen solcher Art die Herrschaft der lex rei sitae begreiflich. Sie entspricht der Regel des internationalen Verwaltungsrechts, daß Eingriffe in private Rechte, die ein fremder Staat aus politischen oder wirtschaftspolitischen Gründen, also aus Staatsinteressen, vornimmt, im Interesse der internationalen Ordnung anerkannt werden, soweit der fremde Staat die Macht hat, sich durchzusetzen..."

Eine vergleichbare Argumentation findet sich bei Lurger:[768]

> „Das Durchsetzungsinteresse im Belegenheitsstaat kann nicht Zweck der Bestimmung des Art. 3 Abs.3 EGBGB sein, ..., sondern ausschließlich die Bereitschaft Deutschlands, den besonderen politischen und wirtschaftspolitischen Zielen, die der Belegenheitsstaat für bestimmte Sondervermögen verfolgt, nachzugeben."

Eine erste Analyse der Argumentation zeigt schon deren Grundfehler: Anstelle einer positiven Begründung für eine Einschränkung des Art. 3 III EGBGB wird

---

[766] Soergel/Kegel, Art. 3 EGBGB, Rn. 16 ff.; Schurig, RabelsZ 54 (1990) 217, 238; ders., Soergel/Schurig, Art. 15 EGBGB, Rn. 66; ders., Art. 25 EGBGB Rn. 89; Wochner, FS für Wahl, 161, 176, 184; Lurger, IPRax 1994, 235, 236; Thoms, Einzelstatut, 100 ff.

[767] Soergel/Kegel, Art. 3 EGBGB, Rn. 12 f.

[768] Lurger, IPRax 1994, 235, 236.

lediglich postuliert, daß sich Art. 3 III EGBGB *nur* auf Sondervermögen beziehe, das politischen oder wirtschaftspolitischen Zwecken dient. Da eine solche Einschränkung des Art. 3 III EGBGB aber gerade nicht dem Willen des Gesetzgebers entspricht, stellt die Mindermeinung statt einer Begründung lediglich eine Behauptung auf.
Betrachtet man die Argumentation im einzelnen, so geht Kegel in drei Schritten vor: Zunächst bezeichnet er eine Gruppe von Vermögensgegenständen, im wesentlichen bauernrechtliche Sondergüter, und stellt fest, daß solche Güter unstreitig unter Art. 3 III EGBGB fallen würden. Aus der Übereinstimmung dieser Tatsache mit der, daß solche Güter zweifellos Sondervermögen politischer oder wirtschaftspolitischer Art darstellen, schließt er, daß letzteres den rechtspolitischen Grund für Art. 3 III EGBGB bilden müsse.
Zunächst kann die Tatsache, daß nur Sondervermögen als einzige *unstreitig* unter Art. 3 III EGBGB fallen, keine Bedeutung für das Verständnis der Art. 3 III EGBGB haben, da die Einbeziehung der anderen Normen nur als Folge der abweichenden Auslegung der Vorschrift durch die Mindermeinung umstritten ist. Gegen diese Argumentation spricht aber vor allem, daß das bäuerliche Erb-recht in der Zwischenzeit einer tiefgreifenden Veränderung unterzogen wurde. Betrachtet man die Entwicklung in Deutschland, so wurde das Zwangserbrecht durch das neue, seit 1. 7. 1976 geltende Höferecht abgeschafft. Stattdessen wurde ein fakultatives Höferecht eingeführt.[769] Durch die Abschaffung des Zwangserbrechts haben die dem Höferecht zugrundeliegenden Gedanken aber eine wesentliche Veränderung erfahren.[770] So steht nicht mehr der agrarstrukturpolitische Zweck „der Erhaltung eines wohlhabenden Bauernstandes" und die Verhinderung der Bodenzersplitterung im Vordergrund. Vielmehr sollte dem „sozialtypischen Erblasserwillen" vermehrt Geltung verschafft werden. Dem Erblasserwillen wurde also der Vorrang vor den weiterhin bestehenden, agrarpolitischen Zielen eingeräumt. Diese Veränderung wirkt sich aber dahingehend aus, daß es sich bei dem Höferecht nunmehr um eine materiellen Sondererbfolge handelt vergleichbar mit der Sondererbfolge in Gesellschaftsanteile und nicht mehr um Sondervermögen mit wirtschaftspolitischem Charakter.

---

[769] Vgl. zu den Einzelheiten o. S. 157 ff., 163 ff.

[770] So lautet die Gesetzesbegründung (BT-Drucksache 7/1443, 13 f.): "In der agrarpolitischen Zweckmäßigkeit wird allerdings nicht der alleinige oder ausschlaggebende Grund für die Beibehaltung des Anerbenrechts im Geltungsbereich der Höfeordnung gesehen, zumal der Gefahr einer agrarpolitisch unerwünschten Aufteilung oder Zweckentfremdung ... bereits durch die Genehmigungserfordernisse des Grundstücksverkehrsgesetzes ... entgegengewirkt wird. Der Entwurf geht vielmehr davon aus, daß das Anerbenrecht vom Willen der in der Landwirtschaft tätigen Bevölkerung getragen wird." (unter 9) " Im übrigen sieht der Entwurf seine rechtspolitische Zielsetzung vor allem darin, den tatsächlichen oder mutmaßlichen Erblasserwillen höferechtlich stärker zur Geltung zu bringen, ..." Vgl. auch Wöhrmann/Stöcker, LwErbR, § 1, Rn. 5, 76 ff.; Lange/Wulff/Lüdtke-Handjery, § 1 HöfeO, Rn. 53 ff.; Quadflieg/Weihrauch, FamRZ 1977, 228, 229; Pikalo, DNotZ 1976, 390, 391 f.

Auch ein Blick ins Ausland zeigt, daß sich ein solches Verständnis des Höferecht durchzusetzen beginnt. Die Erbrechtsvorschriften in Dänemark und in Finnland zeigen,[771] daß für landwirtschaftliche Betriebe zwar Sondererbregeln bestehen, diese aber durch Testament abbedungen werden können. Auch in Österreich[772] ist das Anerbenrecht nur fakultativ und kann durch eine testamentarische Verfügung aufgehoben werden. Dem Erblasserwillen wurde also auch dort der Vorrang vor agrarpolitischen Zielen eingeräumt, wohingegen in Norwegen[773] weiterhin ein landwirtschaftliches Erbrecht mit obligatorischem Charakter besteht. Eine mit Norwegen vergleichbare Rechtslage findet sich dem Prinzip nach auch in der Schweiz,[774] da die Bauerngüter dort ebenfalls grundsätzlich einem Zwangserbrecht unterliegen. Allerdings wurde das Zwangserbrecht in der Gesetzesnovelle vom 4. 10. 1991 in der Weise aufgelockert,[775] daß der Erblasser durch letztwillige Verfügung unter mehreren, die Voraussetzungen erfüllenden Erben einen bestimmten als Nachfolger auswählen kann und auch die Möglichkeit einer Enterbung hat. International läßt sich also eine mit der Entwicklung in Deutschland vergleichbare Tendenz der Entpolitisierung des Höferechts feststellen.

Für die oben dargestellte Argumentation können daraus unterschiedliche Konsequenzen gezogen werden: Man kann natürlich an der These festhalten, daß nur Sondervermögen mit politischem oder wirtschaftspolitischem Charakter unter Art. 3 III EGBGB falle. Konsequenterweise dürfte man dann die oben angeführten Normen des Höferechts nicht mehr über Art. 3 III EGBGB zur Anwendung bringen und würde sich damit völlig von dem Willen des Gesetzes entfernen, das ausdrücklich die Anerbengüter und das deutsche Höferecht in den Anwendungsbereich des Art. 3 III EGBGB miteinbeziehen will. Nicht ausreichend für eine Einordnung der Sondervermögen als Eingriffsnormen kann insoweit sein, daß die genannten Gesetze auch politische Zwecke verfolgen, denn dies tut nahezu jede zivilrechtliche Regelung.[776] Zudem fehlt mit dem Wegfall des wirtschaftspolitischen Zwecks der Sondervermögen auch ein entscheidendes Zwischenglied innerhalb des oben dargestellten Gedankengangs, da die Begründung der Zuordnung des Art. 3 III EGBGB zum Recht der Eingriffsnormen entfällt.

Will man dem Grundanliegen des Art. 3 III EGBGB, der Einbeziehung landwirtschaftlicher Sondergüter hingegen Rechnung tragen, so muß man unter den

---

[771] Winkler, AgarR 1997, 411, 412 f, 415 f.

[772] Fellner, NZ 1990, 292, 295 f.; Kathrein, Anerbenrecht, Einl., 15; § 8 AnerbenG, Rn. 1; Meyer, Anerbengesetz, Einl., 14.

[773] Winkler, AgarR 1997, 411, 413 ff.; Staudinger/Hausmann, Art. 3 EGBGB, Rn109 f.

[774] Tuor/Schnyder/Schmid, ZGB, 552 ff., insbes. 562 ff.

[775] Vgl. § 19 des Bundesgesetzes über das bäuerliche Bodenrecht (BGBB) abgedruckt bei Gauch/Schönenberger, ZGB/OR, Anhang IX, A.

[776] So auch Stöcker, WM 1980, 1134, 1134 ff.

besonderen Vorschriften zumindest solche Normen verstehen, die materiell-rechtliche Sondervermögen schaffen. Ob eine Begrenzung darauf letztendlich tragfähig ist, wird im folgenden zu untersuchen sein. Die Beschränkung auf Sondervermögen mit politischem oder wirtschaftspolitischem Charakter scheitert jedenfalls daran, daß sie im geltenden Recht keinen Niederschlag gefunden hat.[777]

bb) Vergleichbarkeit mit Eingriffsnormen

Ein weiteres in die Richtung von Kegels Begründung zielendes Argument[778] ist die Übereinstimmung der Normstruktur der von Art. 3 III EGBGB berufenen Vorschriften mit Eingriffsnormen. Diese Argumentation leidet bereits unter dem oben dargestellten Mangel, daß der Gesetzgeber in Art. 3 III EGBGB nicht nur Normen zur Anwendung berufen will, die von ihrer Struktur her Eingriffsnormen entsprechen, sondern zumindest auch dispositive materielle Sondererbfolgen.[779] Da die von Art. 3 III EGBGB berufenen Normgruppen nicht auf intern zwingendes Recht beschränkt sind, kann Art. 3 III EGBGB keine spezielle Regelung des Eingriffsrechts darstellen.[780] Soweit die von Art. 3 III EGBGB berufenen Normen jedoch eine mit Eingriffsnormen vergleichbare Struktur und Interessenlage aufweisen, könnte dies den Grund für eine enge Auslegung, die auf materiell-rechtliches Sondervermögen beschränkt ist, bilden.

(1) Begründung des Regierungsentwurfes

Ein erstes Anzeichen für eine Gleichbehandlung von Art. 3 III EGBGB und Eingriffsnormen finde sich laut Thoms[781] bereits in der Begründung des Regierungsentwurfs zu Art. 3 III EGBGB. Dort steht:[782]

---

777 So bereits der BGH, Urt. v. 5. 4. 1968, BGHZ 50, 63, 68.

778 Thoms, Einzelstatut, 100; Lurger, IPRax 1994, 235, 236; Schurig, Kollisionsnorm, 194 f.; ders., RabelsZ 54 (1990) 217, 238; Solomon, IPRax 1997, 81, 86 spricht nur von einer Ähnlichkeit.

779 Dies ist m.E. auch der österreichischen Dogmatik entgangen, die ihre Anerbengüter selbst als Eingriffsnormen sieht (so Rummel/Schwimann, ABGB, § 28 IPRG, Rn. 6; ders., vor § 1 IPRG, Rn. 20; Zemen ZfRV, 24 (1983) 67, 75 f.

780 Großfeld/Junker, CoCom, 118; v.Bar, IPR I, Rn. 260 f.; MüKo/Martiny, Art. 34 EGBGB, Rn. 6 ff.; Hoffmann, IPRax 1989, 261, 263; Junker, IPRax 1989, 69, 73 f.; Soergel/v.Hoffmann, Art. 34 EGBGB, Rn. 12; Lorenz, RIW 1987, 569, 578, 581; Reithmann/Martiny/Limmer, IntVR, Rn. 387. Die abweichenden Ansichten bei Schurig, RabelsZ 54 (1990) 217, 227, Fn. 33.

781 Thoms, Einzelstatut, 102 ff.

782 BT-Drucksache 10/504, 37; Pirrung, IPR, 117.

> „Im zweiten Abschnitt enthält Artikel 11 Abs. 4 EGBGB-E eine entsprechende Sondervorschrift für die Form von Verträgen in bezug auf Grundstücke, im Fünften Abschnitt Artikel 34 eine in diesem Zusammenhang zu erwähnende allgemeine Vorschrift über die Berücksichtigung der zwingenden Bestimmungen einer im übrigen nicht anwendbaren Rechtsordnung bei Schuldverträgen."

Die Formulierung „eine in diesem Zusammenhang zu erwähnende Vorschrift" läßt jedoch keinen Hinweis auf eine inhaltliche Übereinstimmung beider Normen zu. Vielmehr zeigt der Wortlaut „zu *erwähnende* Vorschrift" im Vergleich mit der für den Vergleich mit Art. 11 IV EGBGB-E gebrauchten Formulierung, die von einer „entsprechenden Sondervorschrift" spricht, daß nicht an eine inhaltliche Gleichbehandlung gedacht wurde. Ansonsten hätte eine andere Formulierung gewählt werden müssen wie „eine entsprechende Vorschrift für das Vertragsrecht" oder ähnliches.

(2) Übereinstimmung infolge des ausländischen Anwendungswillens

Die wesentliche Gleichartigkeit zwischen den Normen, die über Art. 3 III EGBGB zur Anwendung kommen, und Eingriffsnormen besteht darin, daß beide wegen ihres internationalen Geltungswillens vom deutschen Recht beachtet werden.[783] Eine solche Übereinstimmung ist jedoch keine ausschließ-liche Besonderheit der Eingriffsnormen, vielmehr wurde eine Beachtung des ausländischen Anwendungswillens auch beim Renvoi festgestellt. Ebenfalls basieren alle drei Normen auf der Konstruktion, daß sie Kollisionsnormen für Kollisionsnormen sind. Aus der Tatsache allein, daß Art. 3 III EGBGB und die Eingriffsnormen in diesen Punkten übereinstimmen, kann also noch nicht die Schlußfolgerung einer engen Auslegung des Art. 3 III EGBGB gezogen werden. Vielmehr zeigt der Vergleich mit dem Renvoi, daß ein ausländischer Anwendungswille auch dann Beachtung finden kann, wenn er dazu dient, rein privatrechtliche Interessen zur Durchsetzung zu bringen und nicht wie im Fall der Eingriffsnormen ordnungspolitische Interessen. Um einordnen zu können, aus welchem Grund Art. 3 III EGBGB den ausländischen Anwendungswillen beachtet, ist die Interessenlage zu untersuchen, die erb- oder familienrechtlichen Sonderregelungen typischerweise zugrunde liegt.

Bereits oben wurde festgestellt, daß die höferechtlichen Sondererbfolgen in den meisten Fällen nur noch erbrechtlichen und nicht wirtschafts- und agrarpolitischen Charakter haben. Die englische Erbenregelung vor dem Jahre 1925 ist ein weiterer Fall für eine über Art. 3 III EGBGB Anwendung findende Sondererb-

[783] Vgl. o.S. 181 ff.

folge.[784] Die abweichende Ausgestaltung der materiellen Erbfolge in unbewegliches Vermögen hat dabei seine historischen Wurzeln in dem feudalistischen System des Mittelalters sowie in dem Gedanken der Erhaltung des Familiengutes in einer Hand.[785] Indem das feudalistische System zurückgedrängt wurde, gewann das zweite Element für die Beibehaltung der Einzelnachfolge an Bedeutung. Im Vordergrund steht also ein gesellschaftspolitisches Interesse an der Erhaltung des Familienvermögens.
Bei der Bestimmung der gesellschaftspolitischen Interessen geht es also im wesentlichen um eine Abwägung der verschiedenen Parteiinteressen, also um die Frage wer Erbe werden soll. Dies ist nicht weiter überraschend, denn die erbrechtliche Behandlung einzelner Personen beinhaltet auch eine Entscheidung über deren gesellschaftliche Stellung. Von entscheidender Bedeutung ist aber vor allem, daß die Wertungen eines Staates, die zu einer Sondererbfolge führen, die gleichen sind wie bei allgemeinen Erbfolgeregelungen und der Staat lediglich aus bestimmten gesellschaftspolitischen Gründen die Gewichtung der Parteiinteressen für verschiedene Gegenstände des Erblasservermögens in unterschiedlicher Weise trifft. Ansonsten müßten nahezu die gesamten Bestimmungen des Familien- und Erbrechts als Eingriffsnormen verstanden werden, weil solchen Vorschriften stets auch bestimmte staatliche Zwecke zugrundeliegen. Ein solches Verständnis könnte lediglich für Pflichtteilsansprüche fraglich sein, da diese eine sehr starke Komponente des Sozialschutzes aufweisen. Jedoch geht die h.M.[786] davon aus, daß eine völlige Versagung eines Pflichtteils im ausländischen Recht keinen Verstoß gegen den deutschen ordre public darstellt und hält auch nicht das deutsche Pflichtteilsrecht für eine international zwingende Vorschrift.[787] Bei Sondererbfolgen fließen also keine über die im Erbrecht prinzipiell bestehenden Partei- und Ordnungsinteressen hinausgehenden Wertungen in die Entscheidung des Staates mit ein.[788]

---

[784] Solomon, IPRax 1997, 81, 81 f., 85 f.; MüKo[1]/Sonnenberger, Art. 28 EGBGB a.F., Rn. 5; Raape/Sturm, IPR I, § 12 III 2 (S. 187); Kegel/Schurig, IPR, § 12 II 2 b bb führt die vergleichbaren amerikanischen Vorschriften auf.

[785] Dazu Rheinstein/Glendon, Decendents' Estates 25 ff. (1955); Maine, Ancient Law 256 ff. (1930); Scoles/Halbach, Problems and Materials on Decendents' Estates and Trusts 5 ff. (1973); Reppy/Tomkins, History 67 ff. (1928); Pollock/Maitland, History 260 ff (1968).

[786] Dazu Staudinger/Dörner, Art. 25 EGBGB, Rn. 695.

[787] Staudinger/Dörner, Art. 25 EGBGB, Rn. 184 m.w.N.

[788] MüKo[1]/Sonnenberger, Art. 28 EGBGB a.F., Rn. 5; Raape/Sturm, IPR, § 12, III, 2 (S. 187); Solomon IPRax 1997, 81, 85 f. Erstaunlicherweise führt Solomon die Anerkennung der materiellen Sondererbfolge wieder auf die politischen Gründe des Feudalsystems zurück. Dies macht aber keinen Sinn, da er damit eine über die Eingriffsnormen hinausgehende Ausdehnung begründen will. Vielmehr kann es sich nur um Fälle einer gesellschaftspolitischen Son-derregelung handeln. Kegel/Schurig, IPR, § 12 I b bb erkennt diese Fallgruppe gerade deswegen nicht an, weil sie ihre politische und wirtschaftspolitische Bedeutung verloren habe (zur Geschichte und dem System des Lehnswesens und dem Zeitpunkt des Zerfalls ab

Dem ausländische Anwendungswillen, der über Art. 3 III EGBGB Berücksichtigung findet, liegen demnach in der Hauptsache Parteiinteressen zugrunde. Demgegenüber beruhen Eingriffsnormen auf öffentlichen Ordnungsinteressen. Deshalb kann auch die insoweit bestehende Strukturgleichheit kein Argument für eine enge Auslegung liefern. Vielmehr zeigt sich gerade daran deutlich, daß in Fällen der Sondererbfolge der Anwendungsgrund nicht die jeweilige materielle Interessenlage der Norm, sondern allein der bestehende ausländische Anwendungswille ist.

cc) Der Ansatz von Solomon

Eine neue, die bisherige Argumentation erweiternde Begründung wird von Solomon gegeben,[789] der hauptsächlich rechtspolitische Gründe für eine einschränkende Auslegung der Art. 3 III EGBGB ins Feld führt. Anders als das Sachenrecht enthielten die erbrechtlichen Nachfolgeregelungen auch eine rechtspolitische Entscheidung darüber, wem die Vermögenswerte des Erblassers zukommen sollten. Den Regelungsgrund des Erbrechts bildeten im wesentlichen Parteiinteressen, da es um eine gerechte Verteilung des Nachlasses gehe. Demgegenüber stelle das Sachenrecht auf die Verkehrs- und Ordnungsinteressen ab. Die Parteiinteressen bezüglich der Verteilung des Nachlaßvermögens ließen den Belegenheitsstaat unberührt; es dürfe für ihn grundsätzlich unerheblich sein, wie die Erben untereinander rechtlich stünden.
Art. 25 I EGBGB mache nun durch seine einheitliche Anknüpfung an die Staatsangehörigkeit deutlich, daß den Parteiinteressen im Erbrecht der Vorrang vor den Verkehrs- und Ordnungsinteressen zukomme. Angesichts dieser gesetzlichen Wertung erschiene es überraschend, wenn Art. 3 III EGBGB diese Entscheidung schon allein deshalb wieder rückgängig machen würde, weil ein anderer Staat eine abweichende kollisionsrechtliche Wertung habe. Würde das deutsche Recht in einem solchen Fall - entgegen der kollisionsrechtlichen Entscheidung in Art. 25 I EGBGB - das Belegenheitsrecht auf ausländische Grundstücke anwenden, nur weil der Belegenheitsstaat kollisionsrechtlich die lex rei sitae beriefe, so werde dem Belegenheitsrecht auch hinsichtlich der erbrechtlichen Fragen die endgültige Entscheidung überlassen, obwohl nach deutscher Sicht für die Anwendung des Belegenheitsrechts allein Verkehrs- und Ordnungsinteressen sprächen. Die Berücksichtigung einer lediglich kollisionsrechtliche Spaltung sei „nur noch eine Entscheidung der internationalprivatrechtlichen Gerechtigkeit, indem Verkehrsinteressen (Anwendung des Orts-

dem 17. Jahrhundert vgl. Eisenhauer, Moderne Entwicklungen im englischen Grundstücksrecht, 7 ff.; Gray, Land Law 54 f. (1993)).

[789] Solomon, IPRax 1997, 81, 84 ff.

rechts) den Parteiinteressen (Anwendung des Rechts, dem eine Person ...eng verbunden ist) vorgezogen werden."[790]
Demgegenüber bestehe ein besonderes materielles Interesse des Belegenheitsstaates hinsichtlich der Regelungen der Erbfolge, wenn er aus gesellschafts- oder wirtschaftspolitischen Gründen eine besondere erbrechtliche Regelungen erlassen habe. Diesen Interessen habe das deutsche Recht in Art. 3 III EGBGB trotz der grundsätzlichen Entscheidung in Art. 25 I EGBGB Rechnung getragen nicht hingegen den Verkehrs- und Ordnungsinteressen des ausländischen Staates, die einer kollisionsrechtlichen Spaltung zugrunde lägen.

(1) Einteilung in Parteiinteressen einerseits und Verkehrs- und Ordnungsinteressen andererseits

Der Ansatz von Solomon basiert auf der Anwendung der von Kegel[791] entwickelten, nicht unumstrittenen[792] Interessentheorie auf Art. 3 III EGBGB. Gerade die von dieser Theorie vorgenommene Einteilung in Partei-, Verkehrs- und Ordnungsinteressen wird vielfach[793] nicht geteilt. So werden die Verkehrs- und Ordnungsinteressen nicht als Gegensatz zu den Parteiinteressen, sondern als ein Teil davon verstanden, da die den Verkehrs- und Ordnungsinteressen zugrundeliegenden Elemente wie Sicherheit und Klarheit der Entscheidung, internati-

---

790 Solomon, IPRax 1997, 81, 86; Kegel/Schurig, IPR, § 12 II b cc. Interessant ist auch die Aussage Schurigs (Schurig, Kollisionsnorm, 195) dazu: "Die zu allgemeiner kollisionsrechtlicher Nachlaßspaltung führenden Interessen (selbst wo diese noch mit einigen verschiedenen Sachvorschriften für beweglichen und unbeweglichen Nachlaß generell verbunden sind) sind *keine besonderen* kollisionsrechtlichen Interessen, die uns zu einer abweichenden Anknüpfung veranlassen könnten; sie sind bereits in der kollisionsrechtlichen Grundentscheidung zugunsten der Nachlaßeinheit bewertet und verarbeitet, sie stehen der "Bündelung" unter die allgemeine Kollisionsnorm darum nicht entgegen.".

791 Kegel/Schurig, IPR, § 2; ders., FS für Lewald, 259 ff., 270 ff.; ihm folgend Lüderitz, IPR, Rn. 94 ff.; ders., FS für Kegel I, 31 ff.; Schurig, Kollisionsnorm, 184 ff.; ders., RabelsZ 59 (1995) 229 ff. Zurückzuführen ist die Idee der Interessenjurisprudenz auf Heck, AcP 112 (1914), 1 ff., ders. zur Anwendung der Interessentheorie auf das IPR, ZHR 38 (1891) 305, 306 f., 311 f. Bei einigen Autoren findet sich eine praktische Anwendung so bei Mansel, Personalstatut, Rn. 55 ff.; Brandi, Haager Abkommen, 162 ff.; weitere Nachweise bei Flessner, Interessenjurisprudenz, 14, Fn 39, 40.

792 Ausführlich Flessner, Interessenjurisprudenz, 44 ff., 48 ff., der darauf hinweist, daß der Ansatz von Kegel in vielen Lehrbüchern überhaupt nicht erwähnt und in der Praxis nur vereinzelt nachweisbar sei (S. 14 f.). Bucher, Anknüpfungsgerechtigkeit, 27 ff., 35 ff.; MüKo/Son-nenberger, Einl. IPR, Rn. 79 ff.; Neuhaus, IPR, § 5 II, § 20 II (S. 43 ff., 164 ff.); ders., RabelsZ 25 (1960) 375, 376 ff.; ders., RabelsZ 46 (1982) 4, 19 f. Kritisch Staudinger/Sturm/ Sturm, Einl zum IPR, Rn. 55 ff. Eine Orientierung an den den Normen zugrundliegenden Wertungen dürfte jedoch unzweifelhaft sein.

793 Ausführlich MüKo/Sonnenberger, Einl. IPR, Rn. 83 ff.; Neuhaus, IPR, § 5 II, § 20 II (S. 43 ff., 164 ff.); ders., RabelsZ 25 (1960) 375, 376 ff.; Bucher, Anknüpfungsgerechtigkeit, 37 ff.

onaler Entscheidungseinklang usw. überwiegend im Interesse der Beteiligten bestünden.[794] Die Einteilung in die ein oder andere Interessenkategorie kann also nicht den Ausschlag geben. Darüber hinaus entnimmt Solomon die Einteilung in Parteiinteressen des Vermögensstatutstaates einerseits und in Verkehrs- und Ordnungsinteressen des Belegenheitsstaates andererseits der ebenso gelagerten Unterscheidung im materiellen Sachen- und Erbrechts. Diese Schlußfolgerung ist jedoch nicht unproblematisch, da die internationalprivatrechtlichen Interessen nicht mit der materiellen Interessenlage übereinstimmen muß.[795] Vor allem liegt dem Gedankengang aber folgende Inkonsequenz zugrunde: Soweit man die Fragen des Erbrechts den Parteiinteressen und die Fragen des Sachenrechts den Verkehrs- und Ordnungsinteressen zuordnet, muß diese Einteilung auch für den Belegenheitsstaat gelten, der sein Erbrecht auf die in seinem Gebiet belegenen Gegenstände anwenden will. Dem Belegenheitsstaat ist die Verteilung des Nachlaßvermögens bezüglich der dort belegenen Gegenstände gerade nicht gleichgültig, da er eine dahingehende kollisionsrechtliche Regelungen trifft und dadurch den unbedingten internationalen Anwendungswillen seines Erbrechts zum Ausdruck bringt. Aus diesem Grund ist für diesen Staat die Stellung der Erben zueinander gerade nicht unerheblich; er bezieht die Parteiinteressen in seine kollisionsrechtliche Wertung mit ein.[796]

Folgt man allerdings der von Kegel[797] vorgeschlagenen Definition von Parteiinteressen einerseits und Verkehrs- und Ordnungsinteressen andererseits, bleibt es bei der von Solomon ursprünglich vorgenommenen Aufteilung. Kegel versteht unter Parteiinteressen nämlich nur die Rechte, die mit der Person eng verbunden sind und läßt eine enge Verbindung der Person nur zu deren Wohnsitz- oder Heimatstaat zu, so daß eine Anknüpfung am Recht des Belegenheitsstaates von vornherein nicht den Parteiinteressen entsprechen kann. Vergleicht man allerdings die Interessenlage von Wohnsitz- und Belegenheitsstaat im einzelnen, was für die kollisionsrechtliche Betrachtung des Art. 3 III EGBGB von größerer Bedeutung ist als die Einteilung in die eine oder andere Kategorie, so sind durchaus Überscheidungen feststellen.

---

[794] MüKo/Sonnenberger, Einl. IPR, Rn. 79 ff.; Neuhaus, IPR, § 5 II, § 20 II (S. 43 ff., 164 ff.).

[795] So die Interessentheorie (vgl. Kegel/Schurig, IPR, § 2 I; dagegen z.B. v.Bar, IPR I, Rn. 510).

[796] Daß diese Vorstellung nicht unserer Wertung entspricht, spielt keine Rolle, da es bei Art. 3 III EGBGB um die Abgrenzung der aus unserer und aus ausländischer Sicht anwendungswilligen Rechtsordnungen geht. Insofern kann das fehlenden Interesse des ausländischen Staates in einem solchen Fall nicht Ausgangspunkt, sondern allenfalls Endpunkt einer Interessenanalyse sein.

[797] Kegel/Schurig, IPR, § 2 II 1.

In Art. 25 EGBGB wurde der Gesetzgeber[798] von dem Gedanken geleitet, daß es das Parteiinteresse gebiete in Angelegenheiten, die die Partei persönlich betreffe, an einem Recht anzuknüpfen, dem die Person eng verbunden ist. Als mögliche Anknüpfungen wurden deshalb das Heimatrecht sowie das Recht des letzten Wohnsitzes in Betracht gezogen. Im einzelnen nannte der Gesetzgeber als Gründe für seine Entscheidung, am Personalstatut anzuknüpfen, daß die Staatsangehörigkeit stabiler, weniger manipulierbar und sicherer feststellbar sei als der gewöhnliche Aufenthalt. Sie berücksichtige zudem die Heimatverbundenheit und den Umstand, daß in den anderen Heimatländern ebenfalls überwiegend dem Staatsangehörigkeitsprinzip gefolgt werde und mit einer Anknüpfung am Personalstatut der internationaler Entscheidungseinklang gefördert werden könne. Für die Anknüpfung an das Staatsangehörigkeitsprinzips im Erbrecht[799] sprächen zudem Gründe der Klarheit, die Übereinstimmung mit den personenrechtlichen Anknüpfungen sowie die Beibehaltung eines bewährten Rechtsgrundsatzes. Die meisten der genannten Gründe, die für die Anknüpfung an die Staatsangehörigkeit angeführt werden, daß sie stabil, wenig manipulierbar, sicher feststellbar sei, internationalen Entscheidungseinklang herbeiführe, Klarheit erzeuge und die Beibehaltung eines bewährten Grundsatzes darstelle, können auch für eine Anknüpfung am Belegenheitsrecht angeführt werden.
Die Übereinstimmung der Interessenlage im einzelnen zeigt, daß der Einordnung in Parteiinteressen einerseits und Verkehrs- und Ordnungsinteressen andererseits wie Kegel sie vornimmt, im wesentlichen auf dem definitorischen Unterschied zwischen einer personen- und einer sachbezogenen Anknüpfung beruht und nicht auf einer gegensätzlichen inhaltlichen Interessenlage. Da Art. 3 III EGBGB aber prinzipiell die Beachtung objektbezogener Anknüpfungen regelt, läßt allein die Einteilung in verschiedene Interessenkategorien keine weiteren Schlußfolgerungen zu.

(2) Abweichung von der Wertung in Art. 25 EGBGB

Solomon argumentiert weiterhin, daß Art. 25 EGBGB eine Grundaussage zugunsten einer einheitlichen Anknüpfung an die Staatsangehörigkeit und damit zugunsten der Parteiinteressen enthalte und auf diese Weise den Vorrang gegenüber der Belegenheitsanknüpfung und der dort vorgenommenen abweichenden Bewertung der kollisionsrechtlichen Interessen zum Ausdruck bringe. Angesichts dieser Wertung des Gesetzgebers scheine es überraschend, wenn Art. 3 III EGBGB seine Entscheidung allein infolge einer abweichenden kollisionsrechtlichen Interessenwertung des Belegenheitsstaates rückgängig mache. Eine

[798] BT-Drucksache 10/504, 30 f. Umfassend zu dieser Interessenwertung Mansel, Personalstatut, Rn. 55, der ausführlich die Interessenabwägung zwischen der Anknüpfung an das Heimatrecht und an das Recht des letzten Wohnsitzes darstellt.

[799] BT-Drucksache 10/504, 74.

Abweichung sei nur dann geboten, wenn der Belegenheitsstaat über die abweichenden kollisionsrechtlichen Interessen hinaus materielle Gründe für seine Anknüpfung anführen könne.[800]

Überraschend an dieser Argumentation ist, daß sie die vom Gesetzgeber bei Art. 3 III EGBGB getroffene Entscheidung nicht beachtet und als Grund für diese Nichtberücksichtigung die gesetzgeberische Entscheidung des Art. 25 I EGBGB anführt. So wie sich der Gesetzgeber in Art. 25 I EGBGB für eine Anknüpfung am Parteiinteresse entschieden hat, hat er sich, wie es sich aus der Gesetzesbegründung klar ergibt, bei Art. 3 III EGBGB für die Berücksichtigung einer nur kollisionsrechtlichen Spaltung und damit für eine Beachtung der *Verkehrs- und Ordnungsinteressen* des ausländischen Staates entschieden. Um eine Begründung für eine Abweichung von der bei Art. 3 III EGBGB konkret vorgenommenen Wertung des Gesetzgebers zu finden, kann es aber nicht ausreichend sein, sich auf eine abweichend ausgefallene, allgemeine gesetzgeberische Entscheidung bei Art. 25 I EGBGB zu berufen.[801]

Ebenfalls nicht zu überzeugen vermag der zweite Teil der Argumentation, wonach nur ein besonderes materielles Interesse des Belegenheitsstaates für eine abweichende Anknüpfung nach Art. 3 III EGBGB ausreiche und ein solches materielles Interesse hinsichtlich der Regelung der Erbfolge in den Fällen bestehe, in denen der Belegenheitsstaat aus gesellschafts- oder wirtschaftspolitischen Gründen eine besondere erbrechtliche Regelungen erlassen habe.[802] Diese Argumentation ist schon in Betracht auf die Einteilung in Parteiinteressen einerseits und Verkehrs- und Ordnungsinteressen andererseits erstaunlich. Materiellrechtliche Sondervermögen, die aus gesellschafts- oder wirtschaftspolitischen Gründen geschaffen wurden, dienen nicht in größerem Maße den internationalen Parteiinteressen des Erblassers als die anderen allgemeinen Erbrechtsregelungen dieses Staates. Im übrigen weisen die Sondererbfolgen auch keine Verbindung zu einer personalen Anknüpfung auf, wie dies für die Erfüllung der kegelschen Definition der Parteiinteressen erforderlich sein würde. Aus der Unterscheidung zwischen den verschiedenen kollisionsrechtlichen Interessen ergibt sich also kein Grund für eine Einschränkung des Art. 3 III EGBGB auf materiell-rechtliches Sondervermögen.

---

[800] Die Argumentation zeigt m.E. noch einmal deutlich, daß es nicht um die Unterscheidung zwischen Partei- und Ordnungsinteressen geht. Vielmehr beruht sie darauf, daß kollisionsrechliche Interessen für eine abweichende Anknüpfung nicht ausreichen, ein materielles Interesse hingegen schon.

[801] Betrachtet man die Argumentation genau, so ergibt sich folgendes: Behauptet wird eigentlich, daß der Gesetzgeber bei Art. 3 III EGBGB die Interessen nicht korrekt ermittelt und bewertet habe. Umgekehrt sei dies hingegen bei Art. 25 I EGBGB geschehen. Letztendlich läuft die Argumentation darauf hinaus, ein als richtig empfundenes Prinzip gegenüber einem als falsch empfundenen Prinzip durchzusetzen.

[802] Solomon, IPRax 1997, 81, 85.

Auch ist auf folgendes hinzuweisen: Materiell-rechtliches Sondervermögen werden bei Art. 3 III EGBGB nur dann beachtet,[803] wenn darüber hinaus ein kollisionsrechtlicher Anwendungsbefehl besteht. Der eigentliche Grund für die Beachtung des Sondervermögens ist also die kollisionsrechtliche Entscheidung des Belegenheitsstaates und nicht die gesellschafts- oder wirtschaftspolitischen Gründe, die für die Schaffung des Sondervermögens gesprochen haben. Unterstützt wird dieses Argument durch die Tatsache, daß die Kollisionsnormen, die für eine abweichende Anknüpfung der Sonderordnung sorgen, anders als bei Eingriffsnormen keinen besonderen Bezug zu der jeweiligen Sonderordnung aufweisen. Das ausländische Recht besitzt kein, über das allgemeine kollisionsrechtliche Interesse hinausgehendes Anwendungsinteresse. Deshalb kann das Bestehen einer Sonderordnung auch kein Kriterium im Rahmen des Art. 3 III EGBGB sein. Hierbei zeigt sich auch der Unterschied zwischen ausländischen Eingriffsnormen und Normen für lediglich materiell-rechtliches Sondervermögen, denn die ersteren beinhalten gerade einen auf sich bezogenen Anwendungsbefehl, welcher bei materiell-rechtlichem Sondervermögen nicht festzustellen ist.
Noch ein weiteres Argument spricht gegen eine Verwendung der gesellschafts- oder wirtschaftspolitischen Gründen als Unterscheidungskriterium. Betrachtet man die Argumente, die von den ausländischen Rechtsordnungen für eine Anwendung des Belegenheitsrecht angeführt werden, so zeigt sich, daß dafür auch gesellschafts- und wirtschaftspolitische Gründe ins Feld geführt werden. So nennen französische Autoren[804] den Schutz der Beständigkeit der Familie, die bei Grundstücken besonderen Einfluß auf das soziale Umfeld haben. Auch verfolgt der Schutz des Systems der title seacher und die rules of perpetuities im anglo-amerikanischen Recht[805] wirtschaftspolitische Zwecke. Der gesellschafts- und wirtschaftspolitische Zweck kann also gleichermaßen eine Begründung für eine kollisionsrechtliche Spaltung wie für die Einführung einer Sondererbfolge sowie für die Schaffung der allgemeinen Erbrechtsregelungen bilden und kann demzufolge kein Argument für die abweichende kollisionsrechtliche Behandlung einer bestimmten Normengruppe sein.

Aus der Wertung des Art. 25 EGBGB läßt sich also kein Vorrang des Gesamtstatuts vor einer abweichenden kollisionsrechlichen Belegenheitsanknüpfung entnehmen. Vielmehr entspricht die Belegenheitsanknüpfung im Rahmen des Art. 3 III EGBGB den Vorstellungen des Gesetzgebers und damit auch der von ihm vorgenommen Interessenwertung. Zudem können gesellschaftspolitische Gründe für die Einführung eines Sondervermögens allein nicht ausreichen, um ein abweichendes kollisionsrechtliches Interesse zu begründen.

---

[803] Vgl. o. S. 171 ff.

[804] Vgl. o. S. 191 ff.

[805] Vgl. o. S. 195 ff.

(3) Einfluß ausländischer Rechtsordnungen

Als letztes Argument führt Solomon[806] an, daß bei Art. 3 III EGBGB stillschweigend davon ausgegangen werde, daß ein ausländischer Staat, der kollisionsrechtlich der lex rei sitae folge, der Zuordnung der in seinem Gebiet belegenen Grundstücke zu einem einheitlichen Vermögen unter Geltung eines anderen Statuts widerspreche. Jedoch ließe sich dem anglo-amerikanischen Schrifttum[807] entnehmen, daß aus Sicht des anglo-amerikanischen Rechts keine materiell-rechtlichen Einwände gegen eine Vererbung englischer bzw. US-amerikanischer Grundstücke nach ausländischem Recht bestünden. Bilde der Staat keine materiell-rechtlichen Sondervermögen, so könne man seine kollisionsrechtliche Regelung nur als Ausdruck seiner Abwägung der beteiligten internationalprivatrechtlichen Interessen auffassen, die sich aber nach dem vorher Gesagten nicht gegenüber der Interessenbewertung des deutschen Rechts in Art. 25 I EGBGB durchsetzen könne.
Damit ist letztlich die Frage der Anerkennung einer abweichenden Entscheidung durch den Belegenheitsstaat angesprochen, da in der Nichtanerkennung einer abweichenden Anknüpfung ein Einwand des ausländischen Staates gegen die Vererbung nach ausländischem Recht zu erblicken ist. Eine deutsche Entscheidung über Grundstücke, die im anglo-amerikanischen Raum belegen sind, wird jedoch nicht anerkannt, da die erforderliche jurisdiction für eine Anerkennung fehlt.[808] Die abweichenden Stimmen[809] beruhen auf der Tatsache, daß diese Autoren für die Abschaffung der situs-Regel plädieren; sie werden jedoch nicht von gerichtlichen Entscheidungen getragen.[810] Von einem fehlenden mate-

806 Solomon, IPRax 1997, 81, 87.

807 Morris, *Interstate Succession to land in the Conflict of laws*, 85 L.Q.R. 339, 369 f. (1969); Restatement Second, Conflict of Laws, § 236 Comment a (1971).

808 Ausführlich zur Anerkennung vgl. u. S. 247 ff.; Otte, IPRax 1993, 142 ff.; Brandi, Haager Abkommen, 231 ff.; Dicey/Morris, Conflict, Rule 40 , S. 495 ff. (1993).

809 Soweit Solomon der Comment a zu § 236 des Restatement Second, Conflict of Laws anführt, ergibt sich m.E. aus dem Zusammenhang etwas anderes. Hier wird im ersten Satz der Kommentierung festgestellt, daß der Situs-Staat ein materielles Interesse an der Vererbung habe. Weil sich die erbrechtlichen Regelungen der Einzelstaaten in einem vergleichbaren Rahmen hielten, bestehe aber kein rechtspolitischer Grund nicht auch das Recht eines anderen Staates anzuwenden. Zudem beruhe das Restatement 2d auf dem Prinzip der wichtigsten Beziehung.
Dieses Prinzip kommt in der Relativierung der bestehenden Interessen des situs-Staates zum Ausdruck, nicht aber in einem fehlenden materiellen Interesse an der Anwendung des eigenen Rechts. Zudem liegt die Entscheidung, ausnahmsweise ein anderes Recht anzuwenden, in den Händen des Gerichts am Ort der Belegenheit; es wird nicht daran gedacht, die juridiction abzuändern. Allein die Möglichkeit einer unbedingten Anwendung der situs-Regel sollte aufgeweicht werden.

810 Dazu o. S. 195 ff.

riellen Interesse kann also nicht gesprochen werden,[811] jedenfalls nicht solange diese Rechtordnungen Anknüpfung an das Belegenheitsrecht beibehalten wird.

(4) Ergebnis

Zusammenfassend ist festzuhalten, daß auch Solomon nicht dogmatisch schlüssig zu begründen vermochte, warum von der in Art. 3 III EGBGB vorgenommenen Wertung des Gesetzgebers abgewichen werden soll. Auch das von ihm als einschränkendes Element vorgeschlagene materielle Interesse des Belegenheitsstaates, wenn dieser aus gesellschafts- oder wirtschaftspolitischen Gründen eine besondere erbrechtliche Regelung erläßt, erweist sich als unwirksam, weil diesem materiellen Interesse kein vergleichbares kollisionsrechtliches Interesse des Belegenheitsstaates zugeordnet werden kann.

dd) Interessengerechtigkeit

Als weiteres Argument gegen die h. M. führt Thoms an,[812] daß es bei der Anwendung des Art. 3 III EGBGB nur dann zu adäquaten Ergebnissen komme, wenn man der Mindermeinung folge. Als erstes Beispiel dafür erörtert sie einen von Kegel[813] übernommenen Fall:

Ein Deutscher hinterläßt ein Grundstück in New York und ein gleichwertiges Grundstück in Hamburg. Erbe ist nach New Yorker Recht X, nach deutschem Recht erben X und Y je zur Hälfte. In New York gilt Nachlaßspaltung: Fahrnis wird nach Wohnsitzrecht, Grundvermögen nach der lex rei sitae vererbt.

Wende man Art. 3 III EGBGB auf diesen Fall an, so erbe X das New Yorker Grundstück allein, das deutsche Grundstück zur Hälfte. X erhalte also ¾ des

---

[811] Man lese nur die gegenteiligen Ausführungen von Schoenblum, *Choice of Law and Succession to Wealth: A Critical Analysis of the Ramifications of the Hague Convention on Succession to Decedents' Estates*, 32 Va.J.Int. L. 83, 88 f. (1991): "Strong academic arguments have been made in opposition to a rigidly applied situs rule. All such arguments, however, have recognized the continuing, legitimate interests of the situs and the fact that its interests must be taken into account. The convention would entirely disregard the situs' interests. Such disregard could have some very harmful economic, political, and social effects and is entirely antithetical to any rational conflicts resolution process."

[812] Thoms, Einzelstatut, 105 ff.

[813] Kegel/Schurig, IPR, § 12 II 2 b cc. Thoms verändert den Fall leicht und unterstellt dem Erb-lasser eine bestimmte Vorstellung. Diese ist jedoch bei der gesetzlichen Erbfolge unbeachtlich. Es kommt nicht darauf an, ob der Erblasser davon ausging, das Erbe werde gleichmäßig geteilt, er hätte auch davon ausgehen können, daß das amerikanische Grundstück nach amerikanischem Recht vererbt werden würde. Bewiesen werden soll eine ungerechte Lösung unabhängig von den Vorstellungen des Erblassers.

Nachlasses und Y lediglich ¼ davon.[814] Folge man der Mindermeinung, so könne man den Belegenheitsstaat zwar nicht daran hindern, sich durchzusetzen, da er sowieso tue, was er wolle. Ein Ausgleich zwischen den Erben solle aber über dingliche oder schuldrechtliche Ansprüche erreicht und so das in diesem Fall einschlägige deutsche Erbstatut zur Anwendung gebracht werden.
Zunächst erstaunt es, daß hier ein Beispiel gewählt wurde, das nicht der Realität entspricht. Die Erbrechtsregeln des Staates New York stimmen nämlich, was die Aufteilung des Erblasservermögens unter Abkömmlingen angeht, mit der deutschen Regelung überein, jeder erhält die Hälfte.[815] Tatsächlich würde man zum gleichen Ergebnis wie nach deutschem Recht kommen. Dies ist auch nicht verwunderlich, da nahezu alle Staaten, die nur noch eine kollisionsrechtliche Spaltung vorsehen, von einer mehr oder weniger mit der Erbfolge des deutschen Rechts vergleichbaren Verteilung ausgehen. Einzelnachfolgen existieren eigentlich nur noch dort, wo dies durch materielle Sonderregelungen vor-gesehen ist. Gerade in diesen Fällen will aber auch die Mindermeinung Art. 3 III EGBGB anwenden und kommt deshalb zu keinem anderen Ergebnis.
Im übrigen zeigt sich an dem geschilderten Fall auch die große praktische Schwäche der Mindermeinung. Wandelt man den Fall nämlich in der Weise ab, daß nur das Grundstück in New York besteht und X in Deutschland kein Vermögen hat, so ist der Ausgleichsanspruch nicht durchsetzbar. Eine solche Konstellation, die zumindest zu einer teilweisen Undurchsetzbarkeit führt, dürfte nicht selten sein, da Grundstücke einen erheblichen Wert besitzen und deshalb oftmals kein ausreichendes Vermögen im Gesamtstatutsstaat vorhanden sein wird. Die tatsächliche Durchsetzbarkeit des nach Art. 25 I EGBGB bestimmten Statuts über Ausgleichsansprüche erweist sich also als zufällig.
In einem zweiten Beispiel[816] behandelt Thoms die Beteiligung Dritter am Nachlaß. Dabei geht es um Fragen der Schuldenhaftung bei einem Spaltnachlaß und des möglicherweise daraus folgenden internen Ausgleichs. Da die ganz herrschende Meinung[817] von der gesamtschuldnerischen Haftung der Teilnachlässe ausgeht, soweit nicht fixierte Nachlaßverbindlichkeiten bestehen, kommt man

[814] Erstaunlicheweise kommt Thoms, Einzelstatut, 106 auf ein Verhältnis 2/3 zu 1/3.

[815] Estates, Powers and Trusts Law des Staates New York, § 4.1.1. (a) 1, (b). Abgedruckt bei Ferid/Firsching/Lichtenberger, IntErbR VIII, USA Texte, New York Texte III Nr. 30 a, 49 ff.

[816] Thoms, Einzelstatut, 107 f.

[817] Ausführlich Kopp, Nachlaßabwicklung, 125 ff. (auch zur nicht ganz unproblematischen Ter-minologie); Dörner, DNotZ 1988, 67, 106 ff.; ders., Staudinger/Dörner, Art. 25 EGBGB, Rn. 751 ff.; Henle, Nachlaßspaltung, 164 ff.; MüKo/Birk, Art. 25 EGBGB, Rn. 145 ff.; Palandt/Heldrich, Art. 25 EGBGB, Rn. 9; Soergel/Schurig, Art. 25 EGBGB, Rn. 98 f.

zu identischen Ergebnissen. Von Vorteil sei soweit, so Thoms,[818] daß nicht erst ein „fiktiver Gesamtnachlaß“ gebildet werden müsse.[819]
Eine unterschiedliche Argumentation ergebe sich jedoch, wenn es um den internen Ausgleich gehe.[820] Ein solcher besteht zwar nach allen Ansichten, er variiert jedoch in der Art der Berechnung, da die Mindermeinung ihre internen Ausgleichsansprüche ebenfalls miteinbezieht. Hierzu merkt Thoms an, daß Probleme mit Pflichtteilsansprüchen eintreten könnten, wenn ein Erbe im Außenverhältnis einstehe und im Innenverhältnis keinen Regreß erhalten könne.[821] Eine Lösung dafür will sie über eine Herabsetzung des Grundstückswertes im Rahmen des § 2311 BGB erreichen.[822] Da die Ausgleichsansprüche nach der Mindermeinung in den meisten Fällen deutlich höher sein dürften und für die daraus entstehenden Probleme eine zweifelhafte Lösung benutzt wird, spricht dies gerade für die weite Ansicht, die diese Probleme weitestgehend vermeidet.[823]
Aus diesem Grund können auch die praktischen Beispiele die Mindermeinung nicht stützen, zumal sie eine dogmatische Begründung nicht zu ersetzen vermögen.

ee) Vergleich mit dem Haager Abkommen von 1989 über das auf die Erbfolge anzuwendende Recht

Auf der 16. Haager Konferenz, die vom 3. bis zum 20. Oktober 1988 tagte, wurde der Entwurf eines Übereinkommens über das auf die Rechtsfolge von

---

[818] Thoms, Einzelstatut, 108.

[819] Tatsächlich wird jedoch von der h.M. lediglich eine gesamtschuldnerische Haftung angenommen, nicht ein Gesamtnachlaß gebildet.

[820] Strittig ist die Frage, welches Statut über den Ausgleich zu befinden hat. Hierzu werden die unterschiedlichsten Lösungen vertreten (vgl. die Nachweise o. Fn. 817). Richtet sich der Ausgleich nach deutschem Recht, so wird dieser auf § 426 I BGB gestützt.

[821] Dies entspricht der oben dargestellt Situation. Eine vergleichbare Konstellation tritt für die h.M. nicht ein, da sie die Pflichtteile gesondert für die Teilnachlässe berechnet. Allerdings hängt das davon ab, ob man einen Pflichtteil als allgemeine oder als fixierte Nachlaßverbindlichkeit begreift (vgl. Kopp, Nachlaßabwicklung, 143 ff.).

[822] Es erscheint dogmatisch als äußerst fragwürdig, eine solche Situation mit “ungewöhnlichen Verhältnissen auf dem Grundstücksmarkt” gleichzusetzen. Besser scheint der Vorschlag von Kopp (Kopp, Nachlaßabwicklung, 160) zu sein, die Fälle als gestörte kollisionsrechtliche Gesamtschuld zu begreifen und auf diesem Wege zu lösen.

[823] Die dritte Fallgruppe von Thoms zum Ehegüterrecht bringt nichts Neues. Allenfalls ist zu sagen, daß die von ihr dargestellte und kritisierte Konstellation nunmehr durch Rechtswahl nach Art. 15 II Nr. 3 EGBGB herstellt werden kann, ohne daß das Ergebnis als ungerecht oder unbefriedigend empfunden wird.

Todes wegen anzuwendende Recht vereinbart.[824] Der endgültige Konventionsentwurf wurde auf der Vollversammlung vom 19. 10. 1988 beschlossen. Er trägt nunmehr das Datum des 1. 8. 1989 als Tag der ersten Zeichnung des Abkommens durch die Schweiz.[825] Für die vorliegende Untersuchung ist dieses Abkommen unter den zwei Gesichtspunkten von besonderem Interesse, welche Entscheidung das Abkommen in Bezug auf eine einheitliche oder eine gespaltene Anknüpfung des Erbstatuts trifft und welche Ausnahmen es gegebenenfalls in Bezug auf eine einheitliche Anknüpfung zuläßt. Gerade diese Fragen waren zum Teil heftig umstritten, da Vertreter der verschiedenen kollisionsrechtlichen Hauptströmungen an der Ausarbeitung beteiligt waren. Allerdings sind die durch die folgende Analyse gewonnenen Erkenntnisse insoweit zu relativieren, als der Konvention bisher geringer Erfolg beschieden war; sie wurde bisher erst von vier Staaten gezeichnet und von einem ratifiziert.[826] Darüber hinaus sind die Reaktionen in den übrigen Ländern sehr gemischt ausgefallen. So steht man in Deutschland[827] dem Abkommen ablehnend gegenüber, wohingegen im angloamerikanischen Rechtskreis eher befürwortende Stellungnahmen abgegeben wurden.[828] Insgesamt ist in nächster Zeit nicht damit zu rechnen, daß die Konvention in Kraft tritt.[829]

[824] Der englische und französische Abkommenstext ist abgedruckt in Conférence de La Haye, Actes et documents de la Seizième Session II, 514 ff. Eine deutsche Übersetzung findet sich bei Brandi, Haager Abkommen, 438 ff.

[825] v.Overbeck, SchwJbIntR XLVI (1989) 138, 138.

[826] Rev. crit. d.i.p. 86 (1997), 191. Von den übrigen Zeichnungsstaaten ist bisher nichts über die Einleitung eines Ratifizierungsverfahrens bekannt.

[827] Abl. Pirrung, FS für Ferid II, 339, 354 f; Kunz, ZRP 1990, 212, 214, mit Verweis auf einen Schreiben des Bundesministerium der Justiz, in dem dieses eine Ratifikation derzeit ausschließt. v.Bar, IPR II, Rn. 355; Ebenroth, ErbR, Rn. 1227; positiv Kropholler, IPR, § 51 I 1, zu Art. 3 des Abkommens auch Basedow/Diehl-Leistner in Jayme/Mansel, Nation und Staat, 13, 41.

[828] Vgl. die positiven Äußerungen der irischen Law Reform Commission, LRC 36-1991, 89 ff., 104 f.; sowie der britisch-schottischen Law Reform Commission und des Advisory Committe on Private International Law beim U.S. Secretary of State (bei Brandi, Haager Abkommen, 34; dort auch weitere Nachweise auf positive und negative Stimmen der Literatur). Ablehnend dagegen z.B. North, Recueil des Cours 220 (1990 I) 9, 278 ff., 282; Schoenblum, *Choice of Law and Succession to Wealth: A Critical Analysis of the Ramifications of the Hague Convention on Succession to Decedents' Estates,* 32 Va.J.Int'l. L. 83 ff. (1991).

[829] Dem Übereinkommen werden nur geringe Erfolgsaussichten eingeräumt Pirrung, FS für Ferid II, 339, 354 f.; Staudinger/Dörner, Vorbem. zu Art. 25 f. EGBGB, Rn. 125.

(1) Das Prinzip der Nachlaßeinheit innerhalb des Abkommens

Erstaunlicherweise konnte sich die Spezialkommission, obwohl sie auch mit Mitgliedern aus Ländern, die der Nachlaßspaltung folgen, besetzt war, schon zu einem frühen Zeitpunkt und mit großer Mehrheit[830] für das Prinzip der Nachlaßeinheit entscheiden. Das kann aller Wahrscheinlichkeit nach darauf zurückgeführt werden, daß die Delegierten[831] der Staaten, die der Nachlaßspaltung anhängen, dieses Prinzip in ihrem eigenen Kollisionsrecht als kritikwürdig empfanden. Diese Entscheidung wurde auch im weiteren Verlauf der Verhandlungen nicht in Frage gestellt und fand seine Normierung in Art. 7 I des Entwurfes. Infolgedessen äußern sich die Materialien nur spärlich zu den Gründen, warum dem Prinzip der Nachlaßeinheit der Vorzug gegeben wurde.[832] Eine Ausnahme zu diesem Prinzip wurde jedoch für besondere Fälle in Art. 15 der Konvention vorgesehen.[833]
Anders als im Rahmen der objektiven Anknüpfung war die Frage, ob auch bei der Rechtswahl lediglich ein einheitliches Erbstatut wählbar sein oder ob in diesem Bereich nicht die Wahl der lex rei sitae für einzelne Vermögensgegenstände möglich sein sollte, heftig umstritten.[834] In dieser Frage votierten die Vertreter der Common Law Länder vehement für die Einführung einer Rechtswahlmöglichkeit des Belegenheitsrechts sowohl in der Spezialkommission als auch in der Zweiten Kommission, ohne sich letztendlich durchsetzen zu können. Als Kompromiß wurde dann Art. 6 in den Text der Konvention aufgenommen. Dieser erlaubt entgegen seines etwas mißverständlichen Wortlautes keine echte kollisionsrechtliche Teilrechtswahl, sondern beinhaltet lediglich die

---

[830] Das Abstimmungsergebnis war 19 Stimmen für die Nachlaßeinheit, darunter Frankreich, England und die U.S.A., bei 3 Enthaltungen (Östereich, Belgien, Kanada).

[831] Delegierter der USA war Scoles; dessen Kritik an der Nachlaßspaltung in Scoles/Hay, Con-flict, § 20.2 (1992); ders., Receuil des Cours 209 (1988 II) 9, 67 ff.. Französischer Delegierter war Lagarde, der in seinem Lehrbuch (Battifol/Lagarde, D.i.p. II, Nr. 638) die Vermögensspaltung zwar noch stützt, nicht so jedoch in Rev.crit.d.i.p. 78 (1989) 249, 274 f.

[832] So nennt Waters (Waters, Rapport, Nr. 24, (S. 535)) nur die von den Parteien nicht bezweckte Ungerechtigkeit der erbrechtlichen Verteilung, die durch die gespaltene Anknüpfung entstehen könne, die unklare Unterscheidung von beweglichem und unbeweglichem Vermögen sowie die Leichtigkeit, mit der das eine in das andere umgewandelt werden könne.

[833] Ausführlich dazu u. S. 219 ff.

[834] Vgl. die Stellungnahmen der USA und Großbritanniens zum ersten Enwurf, Observations des Goverments sur le Document préliminaire No. 12, in Conférence de La Haye, Actes et documents de la Seizième Session II, 287 f. 298; sowie die Diskussion in der zweiten Kommission, Pocés-verbal No. 4 ff., in Conférence de La Haye, Actes et documents de la Seizième Session II, 369 ff.. Nach Waters (Waters, Rapport de la Commission spéciale Nr. 30 (S. 253 f.)) wurde eine solche Wahlmöglichkeit zunächst zugelassen. Im Verlaufe der Sitzung kam es jedoch wiederum zu einer Abänderung (Waters, Rapport, Nr. 27, 69 (S. 537, 559 ff.)).

Rechtsfigur der materiell-rechtlichen Verweisung.[835] Es können also nur im Rahmen der zwingenden Vorschriften des eigentlich anwendbaren Rechts gewisse Normen einer anderen Rechtsordnung mittels summarischer Bezugnahme zum Inhalt des in Frage stehenden rechtlichen Verhaltens gemacht werden.[836] Soweit eine Abweichung von dispositiven Vorschriften möglich ist, wurde die Verweisungsmöglichkeit nicht auf die Rechtsordnung des Belegenheitsstaates beschränkt, sondern die Verweisung kann sich auf jedes beliebige Recht erstrecken,[837] auch wenn der Hauptanwendungsfall sicherlich in einer Verweisung auf das Belegenheitsrecht bestehen wird. Im Bereich der Rechtswahl wurde also ebenfalls am Prinzip der Einheit des Nachlasses festgehalten.

Insgesamt betrachtet, beinhaltet das Haager Erbrechtsabkommen eine erstaunlich weitgehende Durchsetzung des Prinzips der Nachlaßeinheit,[838] die lediglich durch die Artt. 4 und 15 des Abkommens durchbrochen wird. Dies zeigt, daß die derzeitige Tendenz im internationalen Erbrecht in Richtung der Nachlaßeinheit weist.[839] Allerdings kann eine so strikte Durchführung der Nachlaßeinheit, wie im Abkommen vorgesehen, die Verbreitung des Abkommens erschweren, da auch die Rechtswahlmöglichkeit, das Belegenheitsrecht zu wählen, nicht zugelassen wurde, was den Ländern des Common Law trotz der positiven Haltung zu dem Abkommen bei der praktischen Umsetzung erhebliche Schwierigkeiten bereiten wird.

(2) Nachlaßspaltung durch einen Renvoi zweiten Grades (Art. 4 des Haager Erbrechtsabkommens)

Im Zusammenhang mit Fragen der Nachlaßspaltung ist Art. 4[840] des Haager Erbrechtsabkommens von Interesse. Art. 4 der Konvention regelt einen speziellen Fall der Weiterverweisung (Renvoi au second degré):

---

[835] Waters, Rapport Nr. 69 (S. 561).

[836] Kropholler, IPR, § 40 I; Kegel/Schurig, IPR, § 18 I 1 c.

[837] Dies entspricht der Systematik der materiell-rechtlichen Verweisung, da sie gerade keine Rechtswahl darstellt.

[838] van Loon, Hague Yearbook of International Law 2 (1989) 48, 52 f.

[839] Allerdings besteht in den Ländern, die seit längerem der Vermögenseinheit folgen, die umgekehrte Tendenz, zumindest in bestimmten Bereichen und für bestimmte Gegenstände von diesem Prinzip abzuweichen.

[840] Der französische Text lautet: "Si la loi applicable en vertu de l'article 3 est celle d'un Etat non contractant et que les règles de conflit de cet Etat désignent, pour tout ou partie de la succession, la loi d'un autre Etat non contractant qui appliquerait sa propre loi, la loi de cet autre Etat est applicable".

Die englische Fassung ist: "If the law applicable according to Article 3 is that of a non-Contracting State, and if the choice of law rules of that State designate, to the whole or part of

„Ist das nach Art. 3 anzuwendende Recht das Recht eines Nichtvertragsstaates und verweist das Internationale Privatrecht dieses Staates für die gesamte Erbfolge oder einen Teil auf das Recht eines anderen Nichtvertragsstaats, der sein eigenes Recht anwenden würde, so ist das Recht dieses anderen Staates anzuwenden.“[841]

An Art. 4 des Erbrechtsabkommens ist zunächst überraschend, daß Art. 4 der Konvention überhaupt die Regelung eines Renvoi enthält, da die Haager Konventionen regelmäßig nur aus loi uniforme bestehen und dies auch für die Erbrechtskonvention gilt, wie sich den Artt. 2 und 17 entnehmen läßt.[842] Eine weitere Besonderheit ist, daß die Weiterverweisung durch das IPR des ersten Nichtmitgliedsstaates nicht nur dann gilt, wenn dieser eine solche für den gesamten Nachlaß bestimmt, sondern auch in den Fällen, in denen die Weiterverweisung nur für einen Teil des Nachlasses angeordnet wird.
Welche Fälle damit angesprochen sind, zeigt das von Lagarde[843] gebildete Beispiel: Ein französisches Gericht muß nach einem Beitritt Frankreichs zur Konvention über die Erbfolge eines Amerikaners entscheiden, der nach mehr als fünfjährigem Aufenthalt in London gestorben ist und in New York ein Grundstück hinterläßt. Haben sowohl England als auch Amerika das Abkommen nicht ratifiziert, so verweist Art. 3 II der Konvention zunächst auf englisches Recht. Da England dem Abkommen nicht beigetreten ist, verweist die situs-Regel des englischen Rechts auf New Yorker Recht weiter, welches die Verweisung annimmt. Gemäß Art. 4 der Konvention ist die Weiterverweisung von dem französischen Gericht zu berücksichtigen. In einer solchen Konstellation würde es dann infolge der Möglichkeit einer partiellen Weiterverweisung zu einer Nachlaßspaltung kommen.
Die Frage der Einführung eines Renvoi war während den Verhandlungen sehr umstritten.[844] Es wurden drei verschiedene Lösungswege diskutiert: Den für Haager Abkommen üblichen Weg, keinen Renvoi vorzusehen, keine Stellung dazu zu nehmen und die Entscheidung den Gerichten der Mitgliedstaaten zu

---

the succession, the law of another non-Contracting State which would apply ist own law, the law of the latter State applies." Beide Texte sind abgedruckt in Conférence de La Haye, Actes et documents de la Seizième Session II, 514 f.

841 So die Übersetzung des Bundesjustizministerium, abgedruckt bei Brandi, Haager Abkommen, 438 ff.

842 Dies hat die unterschiedlichsten Reaktionen, je nach Haltung zum Renvoi, hervorgerufen. So erblickt Lagarde (Lagarde, Rev.crit.d.i.p. 78 (1989) 249, 257 ff.) darin einen großen Fortschritt, wohingegen Graue (RabelsZ 57 (1993) 26, 58 ff.) die Norm als Randerscheinung abtut.

843 Lagarde, Rev.crit.d.i.p. 78 (1989), 249, 258 f.

844 Waters, Rapport de la Commission spéciale, Nr. 67 (S. 277); Waters, Rapport, Nr. 57 ff. (S. 550 ff.).

überlassen sowie der nunmehr normierte Vorschlag. In der Spezialkommission schloß man sich zunächst der ersten Möglichkeit an, der dritte Vorschlag konnte sich dann aber in der Zweiten Kommission durchsetzen. Gerade die eben beschriebene Fallkonstellation des teilweisen Renvoi stieß auf besonders heftigen Widerstand, da durch diese das Prinzip der Nachlaßeinheit unnötig eingeschränkt werden würde. Aus diesem Grund gelang es der dänischen Delegation, den Vorbehalt in Art. 24 I b) der Konvention durchzusetzen, um die Möglichkeit zu haben, dem Abkommen ohne Anwendung des Art. 4 beitreten zu können.[845]

(3) Die Abweichung vom Prinzip der Nachlaßeinheit in Art. 15 des Haager Erbrechtsabkommens

Art. 15 des Abkommens beinhaltet ebenfalls eine Abweichung vom Prinzip der Nachlaßeinheit. Da er eine Ausnahme zugunsten des Belegenheitsrechts vorsieht, soll er einer genauen Untersuchung unterzogen und mit Art. 3 III EGBGB verglichen werden. Art. 15 hat in der deutschen Übersetzung[846] folgenden Wortlaut:

> „Das nach dem Übereinkommen anzuwendende Recht berührt nicht besondere Regelungen über die Erbfolge, denen bestimmte unbewegliche Sachen, Unternehmen oder andere besondere Arten von Vermögen wegen ihrer wirtschaftlichen, familiären oder sozialen Bestimmung nach dem Recht des Staates unterliegen, in dem sie belegen sind.“.[847]

Bereits in der Spezialkommission wurde deutlich,[848] daß man als Ausgleich zum Prinzip der Nachlaßeinheit eine Ausnahmeregelung für spezielle erbrechtliche Sonderregelungen hinsichtlich bestimmter, nicht im Staat der allgemeinen Anknüpfung liegenden Gegenstände schaffen und für diese eine Anknüpfung an das Recht der Belegenheit zulassen wollte. Dabei war die inhaltliche Gestaltung

---

[845] Waters, Rapport, Nr. 142 (S. 609 f.).

[846] Bei Brandi, Haager Abkommen, 442.

[847] Die französische Fassung lautet folgendermaßen: “ La Loi applicable en vertu de la Convention ne porte pas atteinte aux régimes successoreaux particuliers auxquels certains immeubles, entreprises ou autres catégories spéciales de biens sont soumis par la loi de l'Etat de leur situation en raison de leur destination économique, familiale ou sociale.” (Conférence de La Haye, Actes et documents de la Seizième Session II, 516).

Die englische Fassung ist: “The law applicable under the Convention does not affect the application of any rules of the law of the State where certain immovables, enterprises or other special categories of assets are situated, which rules institute a particular inheritance regime in respect of such assets because of economic, family or social considerations.” (Conférence de La Haye, Actes et documents de la Seizième Session II, 517).

[848] Conclusions de la Commission spéciale, Conférence de La Haye, Actes et documents de la Seizième Session II, 191 ff.

der Vorschrift heftig umstritten.[849] Interessant ist vor allem, daß es während der Verhandlung zu einer Änderung der Zielrichtung des Art. 15 kam. Zunächst war daran gedacht worden, lediglich Ausnahmen für materiell-rechtliche Vorschriften zuzulassen, die dem öffentlichen Interesse dienen. Davon kam man jedoch im Laufe der Verhandlung ab und sah den Zweck nunmehr darin, besondere Erbfolgen aus der allgemeinen Anknüpfung auszunehmen.[850] Auch der Vorschlag, Art. 15 der Konvention vergleichbar mit Art. 7 des römischen Schuldrechtübereinkommens[851] zu gestalten, wurde abgelehnt. Der in der Spezialkommission angenommene Entwurf wurde auch in den Diskussionen der Zweiten Kommission trotz einiger Änderungsvorschläge[852] mit gleicher Zielrichtung beibehalten und stimmt deshalb im wesentlichen mit der endgültigen Fassung überein; es kam lediglich zu einer geringfügigen sprachlichen Umstellung.[853]

α) Besondere Regelungen der Erbfolge

Erstes Tatbestandsmerkmal des Art. 15 der Konvention ist, daß besondere Regelungen der Erbfolge vorliegen müssen. Dabei befassen sich die Erläuterungen nicht vertieft mit der Frage, wie solche besondere Erbfolgeregelungen auszusehen haben. Vielmehr werden hierzu hauptsächlich Beispiele genannt. So führt Waters[854] die erbrechtlichen Sonderregelungen für die Nachfolge in landwirtschaftliche Güter oder Familienunternehmen an und zählt dazu auch das homestead right[855] des anglo-amerikanischen Rechts. In der Literatur[856] wird wei-

---

849 Waters Rapport de la Commission spéciale, Nr. 61 (S. 275).

850 Es wurde dabei zum Ausdruck gebracht, daß die Normen des öffentlichen Interesses stattdessen über den ordre public Anwendung finden sollten.

851 Abgedruckt bei Jayme/Hausmann, IPV, Nr. 43. Art. 7 des römischen Schuldrechtsübereinkommens enhält eine Regelung bezüglich der Berücksichtigung der zwingenden Vorschriften der Staaten, die nicht Vertragsstatutsstaaten sind und mit denen der Sachverhalt eine enge Verbindung aufweist.

852 Procès-verbeaux de la Deuxième Commission, Procès-verbal No. 11, Conférence de La Haye, Actes et documents de la Seizième Session II, 421 ff.

853 Zu beachten ist, daß Art. 15 der endgültigen Fassung der Konvention Art. 11 des Vorentwurfes war.

854 Waters, Rapport de la Commission spéciale, Nr. 60, 62 (S. 272 ff.); Rapport, Nr. 110, 112 (S. 586 ff.).

855 Bei dem homestead right handelt es sich um ein zeitweilig begrenztes oder lebenslanges Nutznießungsrecht des überlebenden Ehegatten und meist auch der minderjährigen Kinder am Familienheim (Ferid/Firsching/Lichtenberger, IntErbR VI, USA Grdz., Rn. 93). Ebenfalls für eine Einbeziehung der homestead rights van Loon, Hague Yearbook of International Law 2 (1989) 48, 53. Zweifelnd, aber eher positiv Irish Law Commission LRC 36-1991, S. 76 f.

856 Lagarde, Rev.crit. d.i.p. 78 (1989) 249, 266 f.; v.Overbeck, SchwJbIntR XLVI (1989) 138, 150; zur französischen attribution préférentielle vgl. o. S. 194.

terhin die in Frankreich und der Schweiz bekannte Rechtsfigur der attribution préférentielle als besondere Erbfolgeregelung genannt.
Vergleicht man die Formulierung des Art. 15 des Abkommens mit Art. 3 III EGBGB zeigt sich schon ein wesentlicher Unterschied zwischen den beiden Vorschriften. Während Art. 3 III EGBGB nur von besonderen Vorschriften des Belegenheitsstaates spricht, verlangt Art. 15 des Abkommens besondere Regelungen der Erbfolge. Der unterschiedliche Wortlaut zeigt, daß damit nur materiell-rechtliche Regelungen gemeint sein können, weshalb Art. 15 der Konvention anders als Art. 3 III EGBGB nicht die Möglichkeit beinhaltet, unter die besonderen Regelungen Kollisionsnormen zu subsumieren. Eine Nichtbeachtung von Kollisionsrecht war bei der Schaffung der Konvention auch gerade bezweckt, da man das Prinzip der Vermögenseinheit in weitestmöglichem Maße verwirklichen wollte.[857]

β) Die Gegenstände des Art. 15 der Konvention

Weiteres Merkmal des Art. 15 der Konvention ist, daß es sich um bestimmte unbewegliche Sachen, Unternehmen oder andere besondere Arten von Vermögen handeln muß. In den Erläuterungen zu diesem Begriff führt Waters[858] zunächst die erbrechtlichen Sonderregeln für bäuerliche Betriebe an. Bei der Frage, welche besonderen erbrechtlichen Unternehmensnachfolgeregelungen von Art. 15 des Abkommens erfaßt werden, verweist der Report auf die einschlägigen Bestimmungen in Polen, Deutschland und Belgien. Er erklärt, daß es sich dabei um Normen handelt, die verhindern sollen, daß es durch die reguläre Erbfolge zur Auflösung des Unternehmens kommt. Als andere besondere Arten des in Betracht kommenden Vermögens nennt Waters besondere geschichtliche Gegenstände wie Skulpturen, Gemälde und Schmuck, die sich im Familienbesitz befinden und infolge einer früheren testamentarischen Verfügung von Generation zu Generation nur in gerader Linie weitergegeben werden dürften.
Besondere Aufmerksamkeit ist der Formulierung zu schenken, daß es sich um *bestimmte* unbewegliche Sachen, Unternehmen oder andere besondere Arten von Vermögen handeln muß. Aus dieser Formulierung schließt Brandi,[859] daß das Abkommen nicht für solche Vorschriften gelten kann, die für alle unbeweglichen Gegenstände besondere Erbfolgeregelungen enthalten. Als Begründung führt er neben dem Wortlaut „or other special categories of assets" an, daß eine abweichende Auslegung dem Grundanliegen der Konvention, die Nachlaßspaltung so weit wie möglich abzuschaffen, widersprechen würde.
An diesem Verständnis sind gewisse Zweifel angebracht. Zum einen ist nicht ganz geklärt, wie es zu der Änderung des Konventionstextes kam, denn Art.

[857] Vgl. o. S. 216 f., sowie Waters, Rapport, Nr. 23 f. (S. 535).

[858] Waters, Rapport, Nr. 112 (S. 588 f.).

[859] Brandi, Haager Konvention, 211.

11[860] des Abkommensentwurfs sprach noch von „certain enterprises, immovables or other special categories of assets“ und in der Diskussion der Zweiten Kommission wurde die Änderung des Wortlautes nicht erörtert. Zudem verwendet Waters[861] auch in seinen endgültigen Erläuterungen ebenfalls noch die ursprüngliche Version, so daß es sich bei der Umstellung wohl eher um ein Redaktionsversehen handeln dürfte. Wahrscheinlich soll sich der Begriff „bestimmte“ sowohl auf die unbeweglichen Gegenstände wie auch auf die Unternehmen beziehen, so daß die Änderung des Wortlautes inhaltlich keinen Unterschied macht.

Viel entscheidender ist aber, inwieweit die unter Art. 15 des Abkommens fallenden Sondererbfolgen eine solche einschränkende Auslegung erfüllen würden. Betrachtet man bestimmte Unternehmen in Deutschland, so müßte zwischen Personengesellschaften und Nichtpersonengesellschaften unterschieden werden. Blickt man unter diesem Gesichtspunkt auf die französische attribution préférentielle oder auf das anglo-amerikanische homestead right, so können sich diese prinzipiell auf alle Grundstücke beziehen. Als bestimmt könnte man in diesem Zusammenhang allenfalls noch die Tatsache ansehen, daß der Ehegatte bei der attribution préférentielle Miteigentümer gewesen sein muß;[862] noch schwerer fällt eine passende Auslegung bei dem homestead right. Da die vorgenannten materiellen Sondererbfolgen, aber in jedem Fall zu den unter Art. 15 der Konvention zu subsumierenden Vorschriften zu zählen sind, ist mit einer weiten Auslegung des Begriffes der „bestimmten unbeweglichen Sachen“ zu rechnen, zumal generell eine weiten Auslegung des Abkommens erwartet wird.[863] Letztendlich wird die Frage der Auslegung dieses Begriffes durch die Rechtsprechung zu klären sein.

γ) Wirtschaftliche, familiäre oder soziale Bestimmung

Als letztes Merkmal fordert Art. 15 des Abkommens, daß die besonderen Vermögensmassen wegen ihrer wirtschaftlichen, familiären oder sozialen Bestimmung dem Belegenheitsrecht unterworfen werden. Im Verlaufe der Verhandlungen war schon die Formulierung dieses Merkmals umstritten. Der Vorschlag

---

[860] Conférence de La Haye, Actes et documents de la Seizième Session II, 234 f.

[861] Waters, Rapport, Nr. 112 (S. 588 f.): "L'article prévoit que les régimes successoraux particuliers du *situs* s'appliquent aux "immeubles, entreprises ou autres catégories spéciales de biens",...".

[862] Problematisch an einer solchen Auslegung ist, daß sich diese Eigenschaft eigentlich nicht auf das Grundstück bezieht.

[863] Diese Befürchtung hatten auch die Verfasser, die deshalb beim letzten Merkmal des Art. 15 der Konvention besonders zum Ausdruck brachten, daß es eng ausgelegt werden soll (Waters, Rapport, Nr. 112 (S. 588 f.)).

der amerikanischen Delegation lautete,[864] daß nur solche Güter ausgenommen werden sollten, die wegen ihrer „particular use occupancy or development of the asset" eine besondere Erbfolge aufweisen. Begründet wurde der amerikanische Vorschlag damit,[865] daß die Fassung des Vorentwurfs zu weit sei und den Richtern erlaube, das Recht ihres eigenen Staates anzuwenden, wenn sie dieses für passender halten. Dem Vorschlag wurde entgegengehalten,[866] daß das Wort enterprises dann entfalle und man diesen Ausdruck beibehalten wolle. Außerdem fand man, daß die Formulierungen des Vorentwurfs die Absicht der Konvention besser zum Ausdruck bringe als das bei der vorgeschlagenen Formulierung der Fall sei. Schließlich wurde der Änderungsvorschlag zurückgezogen,[867] da man sich darauf einigte, daß der Report das restriktive Verständnis und die Intention des Art. 15 des Abkommens klar zum Ausdruck bringen werde. Diese Absicht wurde im Report[868] auch verwirklicht, der feststellt:

> „It was the intention of the Commission that the phrase contained here should be strictly construed, and not be regarded as an invitation to States or courts to bring within situs control any subject having broad economic, family or social connotations."

Äußerst schwierig gestaltet sich demgegenüber der Versuch des Reports, positiv festzustellen, welche Wertung diese Formulierung der Vorschrift enthält. So heißt es:

> „The Convention is concerned with the protection of the family's indefeasable inheritance rights, with economic wealth that affects people when that wealth passes from generation to generation, such as in the form of small family businesses, and with social concerns such as the well-being of groups of peoples within society. Social concerns would also be reflected in the attempt of the estate to maintain the standards and values of society as those elements are reflected in laws concerning inheritance and family."

Betrachtet man diese Deutung der Begriffe, so kann Brandi[869] zugestimmt werden, der sagt, daß der Versuch des Reports, den Inhalt dieser Kriterien näher zu

---

[864] Document de travail No. 13, Conférence de La Haye, Actes et documents de la Seizième Session II, 312.

[865] Procès-verbal No. 11, Conférence de La Haye, Actes et documents de la Seizième Session II, 421.

[866] Waters, Rapport, Nr. 112 (S. 588 f.).

[867] Procès-verbal No. 11, Conférence de La Haye, Actes et documents de la Seizième Session II, 422.

[868] Waters, Rapport, Nr. 112 (S. 588 f.).

[869] Brandi, Haager Abkommen, 212.

definieren, „angesichts der Weite dieser Begriffe“ gescheitert ist. Denn es ist in der Tat so, daß unter die oben genannte Definition nahezu jede erbrechtliche Vorschrift subsumiert werden kann. Entnehmen läßt sich aus dem Report allenfalls, daß die Verfasser eine restriktive Auslegung anstrebten. Die Definition läßt aber den Gerichten freie Hand, so daß die von der amerikanischen Delegation geäußerte Befürchtung durchaus eintreffen kann. Abschließend gesehen ist das einzig wirksame Unterscheidungskriterium, daß eine besondere Erbfolge vorliegen muß.

δ) Die Berufung zwingender Vorschriften durch Art. 15 des Abkommens

Von besonderer Bedeutung im Hinblick auf den Streit über die Auslegung des Art. 3 III EGBGB ist die im Laufe der Beratung geführte Diskussion über die Frage, ob Art. 15 der Konvention nur Erbfolgeregelungen mit zwingender Wirkung berufe. In diesem Zusammenhang wurde zwei Vorschläge eingebracht: Zunächst wurde von der mexikanischen Delegation[870] vorgeschlagen, dem Begriff der wirtschaftlichen, familiären oder sozialen Bestimmung der Vermögensgegenstände noch ein weiteres Kriterium hinzuzufügen, das der nationalen Sicherheit. Als Beispiele für solche Vorschriften nannte der mexikanische Delegierte[871] Gesetze seines Landes, die es Ausländern verbieten würden, Grundstücke entlang der Grenze oder an einem Ufer zu besitzen. Gleiches gelte für Aktienbesitz an Stromerzeugern mit Kernkraftwerken. Die Gründe für diesen Schutz bestünden in den besonderen wirtschaftlichen und politischen Interessen des die Norm erlassenden Staates. Dieser Vorschlag fand jedoch keine Zustimmung,[872] weil es sich bei den erwähnten Vorschriften nicht um spezifisch erbrechtliche Normen handeln würde und diese Normen vielmehr vom ordre public des Art. 18 der Konvention erfaßt wären. Daraufhin wurde der Vorschlag zurückgezogen.
Bedeutsamer war der Vorschlag der niederländischen Delegation, die Art. 15 der Konvention um folgende Formulierung ergänzen wollte:[873] „ if, and so far as, under the law of the latter State, those rules must be applied whatever the law applicable to the succession.“ Durch diesen Zusatz sollte der Text und Inhalt des Abkommens mit Art. 7 des römischen Schuldrechtübereinkommens

[870] Document de travail No. 16, Conférence de La Haye, Actes et documents de la Seizième Session II, 312. Dieser Vorschlag wurde bereites in der Commission spéciale diskutiert (vgl. Waters, Rapport de la Commission spéciale, Nr. 61 (S. 274 f.)).

[871] Procès-verbal No. 11, Conférence de La Haye, Actes et documents de la Seizième Session II, 421.

[872] Procès-verbal No. 11, Conférence de La Haye, Actes et documents de la Seizième Session II, 422 f.; Waters, Rapport, Nr. 111 (S. 588 f.); ders., Rapport de la Commission spéciale, Nr. 61 (S. 274 f.).

[873] Document de travail No. 58, Conférence de La Haye, Actes et documents de la Seizième Session II, 318.

harmonisiert werden. Eine Sondererbfolge sollte demnach nur dann über Art. 15 der Konvention zur Anwendung kommen, wenn dieser international zwingende Wirkung verliehen wurde, es die Sondererbfolge also eine Eingriffsnorm darstellt.[874]
Dieser Abänderungsvorschlag war unter den Kommissionsteilnehmern heftig umstritten. Der niederländische Delegierte[875] führte zu seiner Begründung aus, daß es nur dann gerechtfertigt sei, die erbrechtliche Vermögenseinheit zu durchbrechen, wenn es sich bei den Sondererfolgen um Eingriffsnormen handle. Unterstützt wurde er dabei von dem italienischen und dem portugiesischen Delegierten,[876] die davon ausgingen, daß Art. 15 der Konvention bereits nach der bisherigen Fassung implizit ein solches Verständnis enthalte.
Dem Erweiterungsvorschlag trat vor allem die französische Delegation entgegen.[877] Sie führte an, daß die Normen, die nach den Vorstellungen der Konvention unter Art. 15 des Abkommens fallen sollen, nicht unbedingt Eingriffsnormen sein müßten. Vielmehr seien einige der Sondererbfolgen als vom Erblasser frei abwählbar gestaltet. Deshalb riskiere man, daß das Belegenheitsrecht auf ein bäuerliches Gut nur aus dem Grund nicht angewandt werde, weil der Gesetzgeber das Recht nicht in Form einer Eingriffsnorm ausgestaltet habe. Der Gesetzgeber wäre durch die Einschränkung des Art. 15 der Konvention also dazu gezwungen, vermehrt Eingriffsnormen zu schaffen, in Fällen, in denen man nach heutigem Verständnis davon ausgehe, daß dem Erblasser eine gewisse Dispositionsfreiheit zu gewähren sei.[878] Interessant ist auch die Bemerkung des damaligen Generalsekretärs Droz.[879] Er merkt an, daß sich die Frage, wie mit bestimmten Gütern, die aus wirtschaftlichen Gründen nicht geteilt werden sollen, umzugehen sei, sich in der Form bis dato nicht gestellt habe, da bis zu diesem Zeitpunkt jedenfalls im französischen Recht auf Grund des bestehenden

---

874 So die Erläuterungen des niederländischen Delegierten, Procès-verbal No. 11, Conférence de La Haye, Actes et documents de la Seizième Session II, 422, der den französischen Begriff der loi de police verwendete.

875 Procès-verbal No. 11, Conférence de La Haye, Actes et documents de la Seizième Session II, 422.

876 Procès-verbal No. 11, Conférence de La Haye, Actes et documents de la Seizième Session II, 422 f.

877 Ihr schlossen sich der dänische und der deutsche Delegierte an (Procès-verbal No. 11, Conférence de La Haye, Actes et documents de la Seizième Session II, 422). Dabei dachte der deutsche Delegierte wohl an die Vorschriften der §§ 2029, 2312 BGB, die in der Stellungnahme Deutschlands zum Vorentwurf erwähnt wurden (Observations des Goverments sur le Document préliminaire No. 12, Conférence de La Haye, Actes et documents de la Seizième Session II, 285) und die durch anderweitige letztwillige Verfügung abdingbar sind (MüKo/ Dütz, § 2049 BGB, Rn. 4).

878 Zum Ganzen auch die Erläuterungen bei Waters, Rapport, Nr. 113 (S. 588 ff.).

879 Procès-verbal No. 11, Conférence de La Haye, Actes et documents de la Seizième Session II, 422.

Kollisionsrechts generell das Belegenheitsrecht auf Grundstücke angewandt wurde. Deshalb müsse man sich in der Tat fragen, wie Normen gestaltet sein müßten, damit sie sich gegen das Prinzip der Vermögenseinheit durchsetzen können.

Da die niederländische Delegation ihren Vorschlag nicht zurückzog, kam es zur Abstimmung. Dabei entschied sich die Kommission zuerst mit knapper, bei der Wiederholung der Abstimmung in zweiter Lesung dann mit deutlicher Mehrheit gegen die Annahme des Vorschlags.[880] Daraus lassen sich verschiedene Schlußfolgerungen ziehen. Zwar ging es den gegen den Vorschlag votierenden Kommissionsmitgliedern wohl zunächst darum, in dieser Frage keine endgültige Festlegung treffen zu müssen.[881] Gleichwohl wird sich aus der Abstimmung entnehmen lassen, daß Art. 15 der Konvention keine international zwingenden Vorschriften voraussetzt, um zur Anwendung zu kommen. Dafür sprechen auch die weiteren, von Brandi[882] angeführten Argumente: Zum einen sei der Begriff der Eingriffsnormen im anglo-amerikanischen Rechtskreis bis dato weitgehend unbekannt geblieben,[883] so daß es unzulässig erscheine, ein solches Erfordernis in eine Konvention auf internationaler Ebene hineinzulesen, ohne daß über die Rechtsfigur vorher Einigkeit erzielt worden sei. Zum anderen hätten die bisherigen Haager Abkommen, die die Rechtsfigur der loi d'application immédiate übernehmen, die Einführung ausdrücklich angeordnet.[884]

Darüber hinaus wird auch die Frage, ob es sich zumindest um inländisch zwingendes Recht handeln muß, zu verneinen sein. Zum einen zeigen die in diesem Zusammenhang von den Kommissionsmitgliedern angeführten Beispiele, daß sie unter Art. 15 der Konvention auch lediglich dispositive, erbrechtliche Sonderregeln fassen wollten. Zum anderen ist die Unterscheidung zwischen inländisch zwingendem Recht und inländisch dispositivem Recht kein Gradmesser für das Interesse des situs-Staates an der Anwendung des Belegenheitsrechts in internationalen Fällen. Indem der Erblasser eine solche Erbfolge durch letztwillige Verfügung auszuschließen kann, sollen ihm lediglich erweiterte erbrechtliche Gestaltungsmöglichkeiten in die Hand gegeben werden, ohne daß sich der mit der Schaffung der Norm verfolgte Zweck des implementierenden Staates ändert. Kollisionsrechtlich besteht nämlich kein stärkeres Anwendungsinteresse

---

[880] Die erste Abstimmung war 15 gegen 14 Stimmen (Procès-verbal No. 11, Conférence de La Haye, Actes et documents de la Seizième Session II, 423), die zweite Abstimmung ist dokumentiert bei Waters, Rapport, Nr. 113, (S. 590 f.).

[881] Waters, Rapport, Nr. 113, (S. 590 f.).

[882] Brandi, Haager Abkommen, 214 ff.

[883] Vgl. die rechtsvergleichende Untersuchung von Guedij, 39 Am.J.Comp.L. (1991) 661 ff., insbes. 681 ff.

[884] Neben Art. 7 des römischen EWG-Übereinkommens über das auf vertragliche Schuldverhältnisse anzuwendende Recht (abgedruckt bei Jayme/Hausmann, IPV, Nr. 43) ist dies Art. 16 des Haager Abkommenentwurfs über das auf die Stellvertretung anwendbare Recht (Conférence de La Haye, Actes et documents de la Treizième Session IV, S. 374).

einer Sondererbfolge nur aus dem Grund, weil es sich um eine intern zwingende Norm handelt, vielmehr existiert ein unbedingtes Anwendungsinteresse nur bei Eingriffsnormen. Da man bei Art. 15 der Konvention aber wie festgestellt kein unbedingtes Anwendungsinteresse verlangt, erweist sich ein solches Verständnis nur dann als sinnvoll, wenn davon sowohl dispositives, als auch intern zwingendes Recht erfaßt wird.[885]

ε) Vergleich des Art. 15 der Konvention mit Art. 3 III EGBGB

Vergleicht man Art. 15 des Abkommens mit Art. 3 III EGBGB, so zeigt sich, daß die Normen auf unterschiedlichen Grundkonzeptionen beruhen. Art. 15 des Abkommens geht von Fällen der materiellen Vermögensspaltung aus und schenkt nach bisherigem Verständnis dem kollisionsrechtlichen Anwendungswillen des Belegenheitsstaates keine Beachtung. Ein abweichender Gedanke liegt Art. 3 III EGBGB zugrunde. Art. 3 III EGBGB berücksichtigt primär die kollisionsrechtliche Erklärung des Anwendungswillens durch den Belegenheitsstaates, wohingegen die rein materiell-rechtliche Spaltung keine eigenständige Bedeutung aufweist. Beide Vorschriften besitzen voneinander abgegrenzte Anwendungsbereiche; Art. 3 III EGBGB für eine rein kollisionsrechtliche Spaltung und Art. 15 der Konvention für eine rein materiell-rechtliche Spaltung. In der Schnittmenge, in der sowohl nach Art. 3 III EGBGB als auch nach Art. 15 des Abkommens das Belegenheitsrecht zur Anwendung kommt, befinden sich die Normen, die sowohl eine kollisionsrechtliche als auch eine materiell-rechtliche Sonderregelung enthalten.

Die Frage ist, ob sich aus der Vorschrift des Art. 15 der Konvention für die Auslegung oder die Argumentation zu Art. 3 III EGBGB irgendwelche Erkenntnisse gewinnen lassen. So schließt Thoms[886] aus der Ähnlichkeit zwischen Art. 3 III EGBGB und Art. 15 des Abkommens sowie dem ihrer Meinung nach engen Anwendungsbereich des Art. 15 der Konvention, daß diese Vorschrift ein weiterer Hinweis für eine enge Auslegung des Art. 3 III EGBGB sei.

Diese These ist jedoch nicht haltbar. Schon die unterschiedlichen Grundkonzeptionen der beiden Vorschriften lassen an einer Vergleichbarkeit zweifeln. Zudem vermag Art. 15 des Abkommens mit Sicherheit nicht die von Thoms vertretene Auslegung des Art. 3 III EGBGB einer Begrenzung des Art. 3 III EGBGB auf Eingriffsnormen zu stützen, da ein solches Verständnis des Art. 15 des Abkommens von dessen Verfassern gerade abgelehnt wurde. Auch ist zu bezweifeln, daß der Anwendungsbereich des Art. 15 des Abkommens tatsächlich so gering sein wird, wie von Thoms angenommen. Bezieht man Rechte wie das homestead oder die attribution préférentielle in den Anwendungsbereich des Art. 15 des Abkommens mit ein, dürfte dieser relativ häufig zur Anwendung

---

885 Ebenso Brandi, Haager Abkommen, 216; Lagarde, Rev.crit.d.i.p. 78 (1989) 249, 266.

886 Thoms, Einzelstatut, 110 f.

kommen, da materiell-rechtliche Sonderregelungen in unterschiedlichen Varianten in vielen Rechtsordnungen bestehen.[887]
Aber auch für eine weite Auslegung der Mindermeinung zu Art. 3 III EGBGB bietet Art. 15 der Konvention keine Stütze. Ein Tatbestandsmerkmal des Art. 15 des Abkommens ist, daß es sich bei der Sonderregel um eine wirtschaftliche, familiäre oder soziale Bestimmung handelt. Vergleichbar damit wird für Art. 3 III EGBGB von der weiten Mindermeinung gefordert, daß die Sondererbfolge aus gesellschafts- oder wirtschaftspolitischen Gründen bestehen muß.[888] Nun zeigte die Diskussion bezüglich dieses Merkmals aber, daß eine solche Einschränkung der Sondererbfolge nur wenig zur Klärung des Anwendungsbereichs des Art. 15 der Konvention beitragen konnte. Vielmehr läßt sich nahezu jede erbrechtliche Vorschrift einem dieser Ziele zuordnen. Nichts anderes gilt auch im Rahmen der Diskussion um Art. 3 III EGBGB. Darüber hinaus zeigt die von Droz[889] gemachte Bemerkung über die Neuartigkeit solcher Fragen für die Länder, die bisher der lex rei sitae für Grundstücke angewandt haben, daß kein Zusammenhang zwischen der kollisionsrechtlichen Entscheidung dieser Länder und der materiell-rechtlichen Sondererbfolge besteht, was im Rahmen des Art. 3 III EGBGB aber erforderlich ist. Lediglich die Tatsache der hervorgehobenen Behandlung von Sondererbfolgen durch das Abkommen spricht zugunsten der Mindermeinung, allerdings nur in einem bedingten Ausmaß, da die Behandlung der Sondererbfolgen durch das Abkommen gegen die Systematik des Art. 3 III EGBGB verstößt.
Abschließend läßt sich festhalten, daß Art. 15 der Konvention mit Sicherheit eine derjenigen Gründe ist, warum die Konvention von vielen als zu komplex eingeschätzt wird.[890] Auch enthält die Auslegung des Art. 15 der Konvention erhebliche Unklarheiten und Unsicherheiten, die nicht einfach zu klären sein dürften. Jedenfalls lassen sich aus Art. 15 des Abkommens keine Argumente für eine einschränkende Auslegung des Art. 3 III EGBGB gewinnen.

ff) Ergebnis

Die Argumentation der Mindermeinung vermag nicht zu erklären, warum von den Vorstellungen des Gesetzgebers, der eine lediglich kollisionsrechtliche Spaltung in Art. 3 III EGBGB miteinbeziehen will, abgewichen werden soll. Soweit über Art. 3 III EGBGB nur Eingriffsnormen für berufen gehalten werden, wird nicht bemerkt, daß sich die rechtliche Qualität der auch nach dieser

[887] Thoms, Einzelstatut, 111. Das zeigen auch die oben gemachten Ausführungen zu den Rechten der verschiedenen Länder (ebenso Lagarde, Rev.crit.d.i.p. 78 (1989) 249, 266).

[888] Solomon, IPRax 1997, 81, 85.

[889] Procès-verbal No. 11, Conférence de La Haye, Actes et documents de la Seizième Session II, 422.

[890] North, Receuil des Cours 220 (1990 I) 9, 282.

Meinung berufenen Güter geändert hat und sie in vielen Fällen keine Eingriffsnormen mehr darstellen. Deshalb ist auch jeglicher Hinweis im Gesetzestext und in der Gesetzesbegründung, daß Art. 3 III EGBGB eine Regelung für ausländische Eingriffsnormen enthält, entfallen. Soweit sich die Vertreter der Mindermeinung auf alle materiellen Sondervermögen beziehen, scheitern sie daran, daß sie dem in Art. 25 EGBGB enthaltenen Gedanken der einheitlichen Anknüpfung Vorrang vor Art. 3 III EGBGB gewähren, ohne zu beachten, daß dies nicht dem vom Gesetzgeber geäußerten Willen entspricht. Zudem vermögen sie nicht zu begründen, warum es gerade zu einer Berufung von materiell-rechtlichem Sondervermögen im Vergleich zu allgemeinen erbrechtlichen Regelungen kommen soll, da die den beiden Normengruppen zugrundeliegenden Ziele im wesentlichen übereinstimmen. Zudem beruht die Berufung der Normen aus deutscher Sicht in beiden Fällen auf einer allgemeinen Kollisionsnorm, die zu der Sondererbfolge keine weitergehendere Beziehung aufweist als zur allgemeinen Erbfolge. Letztendlich beruht die enge Auslegung wohl auf dem Gedanken, daß man Art. 3 III EGBGB für rechtspolitisch verfehlt hält[891] und seinen Anwendungsbereich deswegen auf das Unumgängliche beschränkt sehen will. Mit dem bestehenden Recht ist dies aber nicht in Einklang zu bringen.

d) Argumentation der herrschenden Ansicht

Ausgangspunkt der herrschenden Meinung ist die Tatsache, daß es dem Willen des Gesetzgebers entspricht, eine lediglich kollisionsrechtliche Spaltung unter Art. 3 III EGBGB zu fassen. Im folgenden sollen die weiteren, für die herrschende Meinung sprechenden Gründe auf ihre Stichhaltigkeit untersucht werden. Dabei kommt es zunächst zu einer Auseinandersetzung mit dem von Zitelmann und Frankenstein begründeten Ansatz der notwendigen Anerkennung des Gesamtstatuts durch das Einzelstatut. Im Anschluß daran wird die Theorie der Näheberechtigung und ausführlich das Argument des Durchsetzbarkeit, anhand der Anerkennungsfähigkeit deutscher erbrechtlicher Entscheidungen in verschiedenen Ländern, untersucht. Danach kommt es zu einer Diskussion der Argumente des äußeren Entscheidungseinklangs, der Verzahnung des Erbrechts mit dem Sachenrecht, des Gedankens der Vermögensspaltung im deutschen Kollisionsrecht, der Übereinstimmung des Art. 3 III EGBGB mit dem Renvoi sowie der Auslegungsvariante von Braga. Abschließend wird die eigene Ansicht dargestellt.

---

[891] Kegel/Schurig, IPR, § 12 II 3.

aa) Notwendige Anerkennung des Gesamtstatuts durch das Einzelstatut

Ein erster von Zitelmann und Frankenstein[892] Anfang dieses Jahrhunderts entwickelter Begründungsansatz argumentiert,[893] daß Art. 3 III EGBGB eine spezielle Regelung des Verhältnisses zwischen Einzel- und Gesamtstatut enthalte. Danach bedürfe die rechtliche Zusammenfassung verschiedener Gegenstände zu einer Vermögenseinheit der Anerkennung durch das für den jeweiligen Einzelgegenstand maßgebliche Recht. Das Vermögensstatut gewinne seine Herrschaft über den Einzelgegenstand nur aufgrund einer Anerkennung durch das Einzelstatut. Erkenne das Sachstatut die Zugehörigkeit eines Gegenstandes zu einem Gesamtvermögen nicht an, bleibe es bei der alleinigen Herrschaft des Einzelstatuts. Dieses Regelungsprinzip werde von Art. 3 III EGBGB zum Ausdruck gebracht. Nur so könne man erklären, warum das Vermögensstatut zwar vor dem als Einzelstatut berufenen Belegenheitsrecht, nicht jedoch vor einem fremden Gesamtstatut zurückweiche. Diese Argumentation wurde zunächst nicht weiter verfolgt, bevor in letzter Zeit einige Autoren[894] diesen Ansatz erneut zur Begründung des Art. 3 III EGBGB heranzogen, so daß er wiederum aktuell geworden ist.

(1) Die Argumentation von Zitelmann

Ausgangspunkt Zitelmanns ist seine Lehre des doppelten IPR. Aus seiner Sicht existieren zwei Formen des IPR: das völkerrechtliche oder überstaatliche IPR sowie das innerstaatliche IPR.[895] Zitelmann geht davon aus, daß die Lösung der Probleme des internationalen Privatrechts eine überall gültige sein wird und deswegen von jeder Rechtsordnung angenommen werden soll.[896] Er sucht deshalb nach Anwendungsnormen, welche sich in jedem Staat gleichermaßen zur Annahme empfehlen. Ziel seines Systems ist es, ein einheitliches internationales Privatrecht zu schaffen.[897]

---

[892] Zitelmann, IPR II, 695 ff.; ders., FS für Gierke, 255, 260 ff.; Frankenstein, IPR I, 508 ff.

[893] Zitelmann, IPR II, 695 ff.; ders., FS für Gierke, 255, 260 ff.; Frankenstein, IPR I, 508 ff.; Tiedemann, Internationales Erbrecht, 39 ff.; Dörner, IPRax 1994, 362, 363; ders., Staudinger/Dörner, Art. 25 EGBGB, Rn. 522; Staudinger/Hausmann, Art. 3 EGBGB, Rn. 41.

[894] Tiedemann, Internationales Erbrecht, 39 ff.; Dörner, IPRax 1994, 362, 363; ders., Staudinger/Dörner, Art. 25 EGBGB, Rn. 522; Staudinger/Hausmann, Art. 3 EGBGB, Rn. 41.

[895] Zitelmann, IPR I, 73 f.

[896] Zitelmann, IPR I, 35.

[897] Zitelmann, IPR I, 7 ff. Auf S. 8 heißt es: "Hieße z.B. der Satz, daß deutsches Recht maßgebend sei, so müßte deutsches Recht als maßgebend betrachtet werden, gleichgültig in welchem Lande der Rechtsstreit zur Austrag käme, der deutsche Richter, der englische, der amerikanische würde gleicherweise deutsches Recht anzuwenden haben."

α) Die Lehre des doppelten IPR

Ausgehend vom subjektiven Privatrecht kommt Zitelmann zu folgendem Gedankengang:[898] Das subjektive Privatrecht sei durch Gesetz des Staates verliehene rechtliche Macht. Nur der Staat könne rechtliche Macht verleihen und entziehen, der selbst rechtliche Macht über das habe, worüber er Macht verleihen und entziehen wolle. Die Macht eines Staates müsse, um international wirksam zu sein, völkerrechtlich anerkannt sein. Deshalb könne nur das Gesetz desjenigen Staates Rechte mit internationaler Wirksamkeit geben und nehmen, der eine völkerrechtlich anerkannte Rechtsmacht entsprechenden Inhalts habe.
Auf der Suche nach den allgemeinen Grundsätzen des IPR ist Zitelmann somit auf der Ebene des Völkerrechts angelangt und entnimmt die Lösung nunmehr der allgemeinen völkerrechtlichen Herrschaftsabgrenzung zwischen den Staaten.[899] Die Herrschaftsbereiche der Staaten werden für ihn nach einem zweifachen Gesichtspunkt gegeneinander abgegrenzt: Sie seien nach dem Gebiet (räumlich) und nach den zu beherrschenden Personen geteilt. Daraus gewinnt Zitelmann die beiden entscheidenden Elemente seines überstaatlichen IPR, die Personalhoheit und die Gebietshoheit.[900] Aus der Abgrenzung dieser zwei Prinzipien entwickelt Zitelmann die verschiedenen Anknüpfungspunkte des überstaatlichen IPR. Dabei ist zu beachten, daß Zitelmann die völkerrechtliche Basis des IPR noch als unvollkommen betrachtet und deshalb das IPR selbst als fehlerhaft ansieht. Die Lösung dafür komme jedoch vom Völkerrecht, das die Widersprüche und Lücken der Gebietsabgrenzung und der Personalhoheit zu klären habe.[901]
Das Verhältnis von völkerrechtlichem und innerstaatlichem IPR sieht Zitelmann[902] in der Weise, daß es bei der primären Geltung des innerstaatlichen internationalen Privatrechts bleibe; nur das sei vom Richter anzuwenden. Das völkerrechtliche IPR sei demgegenüber subsidiär.[903] Eine Rückgriffsmöglichkeit auf das völkerrechtliche IPR bestehe nur insoweit, als das innerstaatliche Recht keine Lösungen für einen Konfliktfall bereithalte. Das völkerrechtliche IPR diene in der Hauptsache als Ziel und Vorgabe für den Staat zur Anpassung seiner innerstaatlichen Normen, da die Konflikte im internationalen Privatrecht für Zitelmann auf der Völkerrechtswidrigkeit des innerstaatlichen Kollisionsrechts beruhen.

[898] Zitelmann, IPR I, 42 ff., 71.

[899] Zitelmann, IPR I, 71 f., 82 ff.

[900] Zitelmann, IPR I, 82 ff.

[901] Zitelmann, IPR I, 77 ff., 166 ff.

[902] Zitelmann, IPR I, 73 ff., 202 ff.

[903] Die tiefere Begründung liegt für ihn darin, daß das Völkerrecht nur zwischen, nicht aber innerhalb der einzelnen Staaten gilt und es zudem an einer übergeordneten Zwangsgewalt fehlt (Zitelmann, IPR I, 73 f., 204).

β) Die Anwendung der allgemeinen Lehren auf das Verhältnis von Einzel- und Gesamtstatut

Auf der Grundlage seiner allgemeinen Lehren hat Zitelmann ein bestimmtes Verhältnis von Einzel- und Gesamtstatut entwickelt, das er durch den Gesetzgeber in Art. 28 EGBGB a.F. verwirklicht sah. Gedanklicher Ausgangspunkt ist für ihn die Systematik des materiellen Rechts. Dem materiellen Recht sei das Sondergut an einem oder einer Mehrheit von Vermögensstücken bekannt, für die etwas Besonderes an rechtlichen Regeln gegenüber dem sonstigen Vermögen gelten, und zwar nicht bloß in dem Sinne, daß die Vermögensgegenstände rechtlich anders behandelt werden als andere, sondern in dem Sinne, daß sie ausgenommen sind von den rechtlichen Regeln, die für das Schicksal des sonstigen Vermögens als einer Einheit gelten.[904] Dabei ist für Zitelmann der Begriff der Rechte am Vermögen von sekundärer, abgeleiteter Art. Denn das Vermögen als Objekt eines einheitlichen Rechts sei nur die Zusammenfassung der einzelnen Rechtsbeziehungen zu einer Einheit. Die Vorstellung eines Rechts am Vermögen sei also nur möglich, wenn die Vorstellung der ursprüng-lichen subjektiven Rechte bereits geschaffen sei.[905]

Aus diesem Gedankengang heraus entwickelt Zitelmann seine internationalprivatrechtliche Lösung für das Verhältnis von Einzel- und Gesamtstatut. Ebenso wie im materiellen Recht gebe es im internationalen Privatrecht eine Vermögenseinheit. Gleichzeitig unterlägen die einzelnen Gegenstände dem Sach- oder Sonderstatut. Gedanklich sei die Herrschaft des Einzelstatut überall das Ursprüngliche, das Vermögen als solches hingegen eine künstliche Zusammenfassung. Deshalb sei auch die Herrschaft des Vermögensstatuts erst etwas Abgeleitetes; das Vermögensstatut lebe nur durch die Anerkennung der Einzelstatuten. Sobald das Einzelstatut aber diese Anerkennung verweigere, könne auch das rechtliche Schicksal, das vom Vermögensstatut angeordnet sei, dieses einzelne Stück nicht mitumfassen; eine Anwendbarkeit des Vermögensstatuts entfalle dann.[906] Schließlich könne der Heimatstaat des Vermögensinhabers nach völkerrechtlichen Grundsätzen nicht über Rechte an Sachen bestimmen, die im Gebiete eines anderen Staates lägen, er könne nur die Rechte am Vermögen als solchem verleihen.[907] Deshalb bedürfe es der Anerkennung der Zugehörigkeit zu dem Vermögen als Einheit durch den ausländischen Staat.

Aus diesen Überlegungen zieht Zitelmann[908] zwei Folgerungen: Die Antwort auf die Frage, ob eine solche Anerkennungsweigerung des Einzelstatuts vorliege, könne nur aus der materiellen Rechtsordnung des einzelnen Staates ent-

[904] Zitelmann, FS für Gierke, 255, 255; Gierke, Deutsches Privatrecht II, § 104, III (S. 56 ff.).

[905] Zitelmann, IPR II, 22.

[906] Zitelmann, FS für Gierke, 255, 255; ders., IPR II, 695 f.

[907] Zitelmann, IPR II, 29 f.

[908] Zitelmann, IPR II, 696.

nommen und nicht auf allgemeine Grundsätze gestützt werden. Zudem müsse dann jeder dritte Staat eine solche Entscheidung als gegeben hinnehmen. Die erste Schlußfolgerung basiert auf seiner Unterscheidung zwischen Sondervermögen und Vermögenseinheit im materiellen Recht. Dem internationalen Privatrecht gehöre nur der Satz an, daß die einzelnen Vermögensstücke dem Einzelstatut und das Vermögen als Ganzes dem Vermögensstatut unterworfen seien und daß das Vermögensstatut nur soweit die Herrschaft habe, wie dies das Einzelstatut zulasse. Die zweite Schlußfolgerung ergibt sich für Zitelmann aus seinem völkerrechtlichen Ansatz, da der deutsche Staat zwar nicht an das Kollisionsrecht des fremden Staates, wohl aber an dessen materielles Recht gebunden sei, sofern er diesen überhaupt anerkenne.[909]

γ) Die einzelnen Fallgruppen

Aus dieser Vorstellung von Einzel- und Gesamtstatut heraus versucht Zitelmann festzustellen, in welchen Fällen das Sonderstatut die Einheit des Vermögens derart leugne, daß die Anwendbarkeit des Vermögensstatuts entfalle.[910] Er unterscheidet dabei drei Konstellationen: Erstens sei dem Sonderstatut die Vorstellung eines einheitlichen Vermögens unbekannt, zweitens kenne das Sonderstatut prinzipiell die Einheitlichkeit des Vermögens, nicht aber die Art des Ver-mögens, die das Vermögensstatut anordnet[911] und drittens, daß das Sonderstatut ein solches Recht am einheitlichen Vermögen kenne und anerkenne wie es das Vermögensstatut anordne, aber gerade das einzelne Vermögensstück von dieser Behandlung ausnehme, indem es die Sache dinglich für diesen Fall einer anderen Behandlung unterwerfe.

Die ersten beiden Konstellationen sind für Zitelmann von geringerer Wichtigkeit. Im ersten Fall seien denknotwendig alle Einzelstücke Sondergut und damit dem Vermögensstatut entzogen. Praktisch gesehen kämen solche Fälle allerdings nur noch selten vor, da in nahezu allen Rechtsordnungen die Idee der Vermögenseinheit durchgedrungen sei. Bei der zweiten Fallgruppe komme es darauf an, ob sich das Sonderstatut nur innerhalb des allgemein bestimmten Statuts auswirken oder sich auch andere Statute durchsetzen solle, wenn nur der Vermögensgegenstand im Inland liege.

Von besonderem Interesse ist für Zitelmann hingegen der dritte Fall, da Art. 28 EGBGB a.F. allein davon spreche. Für diese Konstellation nimmt Zitelmann eine genauere Abgrenzung des Begriffs der ausgenommenen Vermögensstücke vor und unterscheidet zwei Möglichkeiten. Die erste rechtliche Gestaltungs-

---

[909] Dies ergebe sich aus dem völkerrechtlichen IPR. Lediglich wenn eine abweichende (aus seiner Sicht fehlerhafte) Kollisionsnorm unseres Staates bestehe, wäre eine andere Entscheidung möglich (Zitelmann, IPR II, 696).

[910] Vgl. dazu ausführlich Zitelmann, FS für Gierke, 255, 271 ff.; ders., IPR II, 697 ff.

[911] Als Beispiel nennt er das italienische Recht, das im Ehegüterrecht nur eine Errungenheitsgemeinschaft vorsehe.

möglichkeit sei, daß die Bestimmung in dem Einzelstatut bereits durch ihren unmittelbaren materiell-rechtlichen Inhalt zeige, daß sie dem Vermögensstatut vorgehen wolle. Dazu reiche es nicht aus, daß bestimmte Sachen in ihrem dinglichen Schicksal anders behandelt werden, als das übrige Vermögen. Vielmehr unterscheidet Zitelmann insoweit zwischen Sonderordnungen, die nur innerhalb eines Vermögensstatuts angewandt werden wollen und solchen die sich jederzeit durchsetzen: also zwischen den in dieser Untersuchung[912] als systemimmanent und als systemextern bezeichneten Regelungen. Nur bei Sonderbestimmung der zweiten Art ergebe sich aus deren materiell-rechtlichem Inhalt auch die internationalprivatrechtliche Entscheidung, unbedingt angewandt wer-den zu wollen, nicht aber bei solchen der ersten Art.
Darüber hinaus gibt es bei Zitelmann noch eine weitere Gestaltungsmöglichkeit der ausgenommenen Vermögensstücke durch das ausländische Recht. In diesen Fällen könne man die Geltung nicht der materiellen Gestaltung des ausländischen Rechts entnehmen, sondern einem eigenen Rechtssatz, der den Willen kundtue, daß diese Bestimmungen in bestimmten Fällen als Einzelstatut zur Anwendung kommen solle. Ein Beispiel für eine solche Bestimmung ist für Zitelmann die französische ehegüterrechtliche Kollisionsnorm für Immobilien. Der Satz des französischen Rechts, der einen solchen Vorrang anordne, sehe einer reinen Kollisionsnorm zwar ähnlich, aber auch hier sei die Norm in Wahrheit eine materiell-rechtliche Norm, denn internationalprivatrechtlich stehe ja fest, daß das Vermögensstatut nur insoweit Anwendung finden könne, als das Einzelstatut ihm nicht die Anerkennung verweigere.

(2) Die Ansicht Frankensteins

Weitere Äußerungen zum Ansatz der notwendigen Anerkennung des Gesamtstatuts durch das Einzelstatut finden sich bei Frankenstein. Frankenstein knüpft in vielen Überlegungen bei Zitelmann an, obwohl er dessen System insgesamt ablehnend gegenübersteht.[913] Auch für Frankenstein ist letztlich das Ziel des Grenzrechts, eine Formel zu finden, „die sich in allen Ländern bei aller Verschiedenartigkeit ihrer positiven Vorschriften zur Anwendung eignet und damit das verwirklicht, was mir Aufgabe allen Rechts zu sein scheint: die Rechtsharmonie.“[914] Dazu entwickelt er die beiden Anknüpfungspunkte der Gebietshoheit und der Staatsangehörigkeit als Grundprinzipien des Grenzrechts. Für Frankenstein ist die Verknüpfung des Menschen mit seinem Heimatstaat eine völkerpsychologische und staatsrechtliche Notwendigkeit und die Verknüpfung der Sache mit dem Gebietsstaat das einzige rechtliche Band zwischen Sache und Rechtsordnung. Daraus ergäben sich die beiden Grundtatsachen, die die Men-

---

[912] Vgl. o. S. 173.

[913] Frankenstein, IPR I, 32 f. (unter Fn. 1).

[914] Frankenstein, IPR I, 34.

schen und Sachen mit einer Rechtsordnung verbinden. Diese beiden Anknüpfungen seien die einzigen, welche sich aus dem Wesen des Rechts unabhängig von jeder gesetzgeberischen Willkür ergäben; das einzige, was man überhaupt a priori über die Beziehungen von Menschen und Sachen zu einer Rechtsordnung aussagen könne.
Eine solche Verknüpfung einer Rechtsordnung mit Mensch und Sache bezeichnet Frankenstein als aprioristisches Axiom oder als primäre Anknüpfung, die die Grundlage für das gesamte Grenzrecht darstelle. Demgegenüber seien alle übrigen Anknüpfungen (am Wohnsitz, Aufenthalt, Vertragsort usw.) lediglich sekundäre Anknüpfungen, die einer willkürlichen Schöpfung der einzelnen Rechtsordnung entspringen und anders als die primäre Anknüpfung nicht aus der Einsicht in das Wesen des Rechts entstanden seien.[915]
Aus dieser Konzeption des Grenzrechts ergibt sich für Frankenstein auch eine eindeutige Lösung für das Verhältnis zwischen Gesamt- und Einzelstatut. Das Vermögen ist für ihn ein Sammelbegriff für wirtschaftliche Einheiten, deren Zusammenfassung im Rechtssinn erst der Anerkennung durch die Rechtsordnung bedürfe.[916] Daraus ergebe sich, daß bezüglich der Gegenstände das Sachstatut herrsche, bezüglich der Zusammenfassung des Vermögens hingegen das Personalstatut. Fasse nun das Personalstatut bestimmte Rechte einer Person zu einer Einheit zusammen, so könne es das, weil die zusammengefaßten Rechte seiner Herrschaft nicht unterstünden, nur unter Mitwirkung aller Statuten, welche über die einzelnen zusammengefaßten Rechte gebieten. Das Vermögensstatut lebe demzufolge von der Gnade der Einzelstatuten.[917] Diesen Grundsatz habe der Gesetzgeber in Art. 28 EGBGB a.F. normiert.[918]

(3) Die neuere Lehre

Die Prinzipien, die Zitelmann und Frankenstein zum Verhältnis von Gesamt- und Einzelstatut entwickelt haben, wurden von einigen Autoren in neuerer Zeit wieder aufgegriffen. Erstaunlich ist, daß diese Autoren nur den Gedanken der notwendigen Anerkennung des Gesamtstatuts durch das Einzelstatut von Zitelmann und Frankenstein übernommen haben, ohne die dazu entwickelten theoretischen Grundlagen miteinzubeziehen. Deshalb stellt sich die Frage, inwieweit

---

[915] Frankenstein, IPR I, 34 ff., 49 ff.

[916] Frankenstein, IPR I, 324, 508.

[917] Frankenstein, IPR I, 509 f.

[918] Frankenstein, IPR I, 512. Eine Seite zuvor formuliert er das Prinzip mit den Worten "Einzelstatut bricht Gesamtstatut", und stellt dabei die These auf, daß diese einem bekannten deutschen Rechtssatz nachgebildet sei, ohne den Rechtssatz näher zu benennen. Ob er damit Art. 28 EGBGB a.F. oder einen generellen Grundsatz meinte ist nicht klar. Ersteres dürfte eher zweifelhaft sein.

nur die Übernahme dieses Gedanken ohne Berücksichtigung seiner theoretischen Basis überhaupt möglich und sinnvoll ist.
Betrachtet man die Argumentation[919] im einzelnen so geht sie in zwei Schritten vor. Zuerst wird gesagt, daß Art. 3 III EGBGB das Verhältnis zwischen Einzel- und Vermögensstatut regle. In einem zweiten Schritt wird festgestellt, daß Art. 3 III EGBGB dieses Verhältnis in der von Zitelmann und Frankenstein entwickkelten Weise bestimme, nämlich, daß die rechtliche Zusammenfassung verschiedener Gegenstände zu einer Vermögenseinheit der Anerkennung durch das für das Einzelstatut maßgebende Recht bedürfe. Tiedemann[920] sieht den Grund für die notwendige Anerkennung des Gesamtstatuts durch das Einzelstatut in der Verzahnung des Erbrechts mit dem Sachenrecht, was auch vom Gesetzgeber als Argument für die Schaffung des Art. 3 III EGBGB genannt wurde. Damit sei das Spannungsverhältnis von Einzel- zu Gesamtstatut angesprochen. Demgegenüber argumentieren die übrigen Autoren damit, daß sich nur auf diese Weise die Berücksichtigung der Fälle, die der Gesetzgeber unter Art. 3 III EGBGB fassen wollte, widerspruchsfrei erklären ließe.

(4) Die dogmatische Kritik an diesem Ansatz

Ansatzpunkt der Kritik ist, daß die dogmatischen Grundlagen der Systeme von Zitelmann und Frankenstein in der heutigen Zeit überholt seien und als verfehlt angesehen werden.[921] Denn sowohl die Zurückführung des IPR auf generelle Prinzipien als auch die Verankerung des IPR in der Souveränität der Staaten und der Reichweite ihrer staatlichen Macht entspreche nicht den heutigen Vorstellungen eines Privatrechts, das die Verhältnisse zwischen Privatpersonen regle. Diese grundsätzliche Kritik muß aber nicht unbedingt bedeuten, daß das Verhältnis von Einzel- zu Gesamtstatut von Zitelmann und Frankenstein ebenfalls falsch interpretiert wurde.

---

[919] Tiedemann, Internationales Erbrecht, 41 f.; Staudinger/Hausmann, Art. 3 EGBGB, Rn. 41; Staudinger/Dörner, Art. 25 EGBGB, Rn. 522.

[920] Tiedemann, Internationales Erbrecht, 41.

[921] Rabel, Conflict I 10 (1958); v. Bar, IPR I, Rn. 135 f.; Schurig, Kollisionsnorm, 121 ff.; Neuhaus, German Yearbook of International Law 21 (1978) 60, 64 ff.; Neumeyer, RabelsZ 3 (1929) 260 ff.; Zeuge, Das Recht der belegenen Sache, 28 f.; Mansel, in Jayme/Mansel, Nation und Staat, 57, 74 f. m.w.N.; vgl. auch BGH, Urt. v. 5. 10. 1976, NJW 1976, 496, 497 der sagt: "Insoweit ist die Kollisionsnorm sachverhaltsorientiert; Territorial- und Souveränitätsvorstellungen treten demgegenüber für das heutige kollisionsrechtliche Verständnis zurück."

α) Einordnung als Qualifikationsproblem

Als Argument gegen die notwendige Anerkennung des Gesamtstatuts durch das Einzelstatut führt Thoms[922] an, daß das Gesamtstatut als Vermögensstatut für Zitelmann und Frankenstein kollisionsrechtlichen Charakter habe, wohingegen das Einzelstatut Sachnormcharakter aufweise. Der Sachnormcharakter des Einzelstatuts sei aber mit dem „Problem von Gesamt- und Einzelstatut" nicht in Einklang zu bringen, da es sich bei diesem Problem um eine Statutenkollision handle. Art. 3 III EGBGB habe aber mit dem Sachstatut (als Sachenrechtsstatut) nichts zu tun, sondern regle eine Abspaltung besonderer Vermögenssonderstatute. Insofern sei das Verhältnis von Sachstatut zum Vermögensstatut nicht von einem absolutem Vorrang des Einzelstatuts gekennzeichnet, sondern stelle ein Qualifikationsproblem dar. Da diese Qualifikation im Sinne des Erbrechts gelöst werde,[923] könne das von Zitelmann und Frankenstein angeführte Sachstatut keinen Einfluß haben.

Die Argumentation von Thoms gibt zunächst die Beziehung zwischen Sach- und Kollisionsrecht in den Lehren Zitelmanns und Frankensteins nicht korrekt wieder, da beide Autoren das Verhältnis von Gesamt- und Einzelstatut im Grunde als kollisionsrechtliches Problem sehen, das sie aus dem Sachrecht heraus entwickeln. So schreibt Zitelmann,[924] daß die Frage zwar im Kern in der materiellen Rechtsordnung angesiedelt sei, ihre Entscheidung dann aber auf das internationale Privatrecht zurückwirke. Er sieht deshalb auch den Satz, daß das Vermögensstatut die Herrschaft über einen Gegenstand nur besitze, solange das Einzelstatut die Einheitlichkeit des Vermögens ebenfalls durchführe, als eine Feststellung des internationalen Privatrechts an. Frankenstein[925] behandelt die Frage des Verhältnisses von Gesamt- und Einzelstatut sogar unmittelbar im Kollisionsrecht, was sich für Reichelt[926] gerade als Weiterentwicklung des zitelmannschen Gedankens darstellt.

Ferner ist das Argument von Thoms nicht überzeugend, daß das Besondere der hier vorliegenden Lehre darin liege, daß sie das sachenrechtliche und das vermögensrechtliche Einzelstatut als Einheit auffasse und deshalb fehlerhaft qualifiziere. Die Frage der Qualifikation ist für die Lehre der notwendigen Anerkennung des Gesamtstatuts durch das Einzelstatut ohne Belang und wird deshalb von dieser auch nicht problematisiert. Zudem spricht einiges dafür, daß diese Lehre in vergleichbarer Weise qualifiziert. So wird die grundlegende Abgrenzung zwischen Sachstatut und Gesamtstatut in Übereinstimmung mit der Quali-

---

[922] Thoms, Einzelstatut, 58 f.

[923] Vgl. o. S. 123 ff.

[924] Vgl. Zitelmann, FS für Gierke, 255, 262.

[925] Frankenstein, IPR I, 509 ff.

[926] Reichelt, Gesamtstatut, 65 f.

fikation von Thoms vorgenommen.[927] Ebenso zeigt die Tatsache, daß das Einzelstatut über Art. 3 III EGBGB zur Anwendung gebracht wird, der nur erb- und familienrechtliche Vorschriften verdrängt, daß die Qualifikation des Einzelstatuts für diese Lehre erb- oder familienrechtlich ist. Vor allem aber basiert diese Lehre auf einer Anwendung des Territorialitätsprinzip und nicht auf einer Qualifikation des Einzelstatuts als sachenrechtlich, so daß diese Lehre erbrechtlich qualifizieren und dennoch den Vorrang des Einzelstatuts vor dem Sachstatut annehmen kann.

β) Unbedingte Anerkennung des Einzelstatuts durch das Gesamtstatut

Ein weiteres Argument,[928] das gegen die Lehre der notwendigen Anerkennung des Gesamtstatuts durch das Einzelstatut angeführt wird, ist, daß ihre Begründung, das Vermögensstatut gewinne seine Herrschaft über die Sache nur durch die Anerkennung des Einzelstatuts, auf überkommenen Vorstellungen von Staatensouveränität beruhe. Ein solches kollisionsrechtliches Dogma bestehe nicht. Im internationalen Sachenrecht sei die Geltung der lex rei sitae grundsätzlich anerkannt, aber nicht etwa, weil es uns aus Gründen der Souveränität verwehrt sei, Aussagen über dingliche Zuordnungen auf fremdem Gebiet zu machen, sondern weil infolge der Abwägung der privatrechtlichen Interessen diese Anknüpfung für angemessen gehalten werde. Eine Anknüpfung an die lex rei sitae sei jedoch keineswegs vorgegeben.
Dem ist zuzustimmen. Ein kollisionsrechtliches Dogma, wonach das Gesamtstatut von der Gnade der Einzelstatuten lebe, besteht nach heutigem IPR-Verständnis nicht mehr. Eine solche Feststellung kann a priori nicht getroffen werden und beschreibt nicht allgemein das Verhältnis zwischen Sach- und Vermögensstatut. Vielmehr ist der Gesetzgeber frei in der Entscheidung, wieweit die Ausdehnung des Gesamtstatuts reichen soll, da eine völkerrechtliche Festlegung nicht besteht. Er kann wie beispielsweise der italienische Gesetzgeber eine absolute Ausdehnung des Gesamtstatuts auf sämtliche, im Eigentum der Person stehenden Gegenstände vorsehen oder eine Einschränkung des Gesamtstatuts, wie sie Art. 3 III EGBGB beinhaltet, bestimmen. Soweit Zitelmann und Frankenstein ein Vorrang des Einzel- vor dem Gesamtstatut aus der Natur der Sache entnehmen wollten, ist ihre Lösung überholt. Insofern scheitert der Gedanke einer *notwendigen* Anerkennung des Gesamtstatuts durch das Einzelstatut.
Jedoch kann - und daran besteht kein Zweifel - der Gesetzgeber durch eine autonome Entscheidung das Erfordernis einer Anerkennung des Gesamtstatuts durch das Einzelstatut gesetzlich festlegen. Einem solchen positiv-rechtlichen

[927] Vgl. die herkömmliche Abgrenzung Sach-/Vermögensstatut o. S. 123 ff., die auch von dieser Ansicht vertreten wird (Dörner, IPRax 1997, 26, 27). Tiedemann schließt sich sogar der weiteren Auslegung an (Tiedemann, Internationales Erbrecht, 99 ff.).

[928] Reichelt, Gesamtstatut, 59; Thoms, Einzelstatut, 57; Zeuge, Das Recht der belegenen Sache, 28 f.; Solomon, IPRax 1997, 81, 86 f.

Satz könnte auch nicht entgegengehalten werden, daß er auf fehlerhaften Vorstellungen völkerrechtlicher Souveränität beruhe, denn dies wäre nur dann der Fall, wenn der Gesetzgeber glaubt, aus dem Souveränitätsgedanken heraus nicht anders handeln zu können. Jedoch reichen die von den Vertretern der neueren Lehre für einen solchen Vorrang des Einzelstatuts angeführten Gründe nicht aus. Soweit die Verzahnung des Erb- mit dem Sachenrecht genannt wird, wird nicht ein Vorrang des Einzel- vor dem Gesamtstatut behandelt, sondern die Vorteile einer Harmonisierung der erbrechtlichen mit den sachenrechtlichen Vorschriften.[929] Die weitere Anmerkung, daß sich nur auf diese Weise die Fälle, die der Gesetzgeber unter Art. 3 III EGBGB fassen wollte, widerspruchsfrei erklären lassen, stellt nur die Wiedergabe des gesetzgeberischen Willens, nicht aber eine darüber hinausgehende Begründung für die gesetzgeberische Entscheidung dar und beschreibt damit nur das Phänomen des Art. 3 III EGBGB, begründet es aber nicht. Die Lehre vom Vorrang des Einzel- vor dem Gesamtstatut dient also nur der Erläuterung, nicht aber der Begründung des Art. 3 III EGBGB.

bb) Theorie der Näherberechtigung

Art. 3 III EGBGB wird häufig in der Weise verstanden, daß er den kollisionsrechten Grundsatz der Näherberechtigung enthalte.[930] Dabei ist der Begriff der Näherberechtigung, der von Kahn[931] geprägt wurde, inhaltlich nicht ganz eindeutig und wird, wie Neuhaus[932] festgestellt hat, oftmals mit dem Gedanken der Durchsetzbarkeit vermengt. Unter dem Grundsatz der Näherberechtigung im hier behandeltem Sinn versteht man, daß ein Recht, das zu einem Fall eine bestimmte räumliche Beziehung aufweist, durch diese räumliche Beziehung, dem *näher-an-der-Sache-sein*, ein besonderes Interesse an dessen Regelung besitzen und aus diesem Grunde zur Anwendung kommen kann.[933] Demgegenüber stellt

---

[929] Vgl. o. S. 262 ff.

[930] Erman/Hohloch, Art. 3 EGBGB, Rn. 1; Palandt/Heldrich, Art. 3 EGBGB, Rn. 1; Kropholler, IPR, § 26 I; Ferid/Firsching/Lichtenberger, IntErbR II, Deutschland, Rn. 50 f.; Raape, IPR, § 12 II 1 (S. 86); Wolf, IPR, 81; Ferid, IPR, 3-152. So ebenfalls der Gesetzgeber mit Berufung auf Ferid (BT-Drucksache 10/504; 36).

[931] Kahn, Abhandlungen I, 31 ff.

[932] Neuhaus, IPR, § 38 II (S. 287 f.).

[933] Nicht ganz klar ist, ob die Näherberechtigung in dem Sinne zu verstehen ist, daß das Ortsrecht der Sache naturgemäß näher sei, als die anderen Anknüpfungsmöglichkeiten oder ob damit lediglich das besondere Interesse des Belegenheitsstaates zum Ausdruck gebracht werden soll. So wird vielfach von der eigentlich zuständigen "näherberechtigten" Rechtsordnung gesprochen (vgl. Neuhaus, IPR, § 38 II (S. 287 f.); ähnlich Kahn, Abhandlungen I, 36). Da ersteres auf die oben abgelehnte absolute Geltung des Territorialprinzips hinausläuft soll die Näherberechtigung im zweiten Sinne verstanden werden. In diesem Sinne wird der Begriff auch in der aktuellen Diskussion gebraucht. Nach unseren Vorstellungen gibt es kei-

das Zurückweichen vor einer „stärkeren Rechtsordnung" nur ein reines Zurückweichen vor fremder Macht dar,[934] beinhaltet aber nicht die Anerkennung der Berechtigung einer Rechtsordnung, diesen Fall zu lösen. Daß das Belegenheitsrecht prinzipiell eine Näherberechtigung darstellen kann, zeigt sich daran, daß eine Anknüpfung an der lex rei sitae im deutschen Sachenrecht angenommen wird oder die Belegenheit zur Konkretisierung der engen Verbindung[935] im Eingriffsrecht herangezogen wird.
Ohne Zweifel regelt Art. 3 III EGBGB ebenfalls eine solche Näherberechtigung, da Art. 3 III EGBGB ausdrücklich auf den Ort der Belegenheit des jeweiligen Gegenstandes abstellt. Insofern enthält Art. 3 III EGBGB auch eine Regelung der Näherberechtigung, indem er besagt, daß in solchen Fällen das Belegenheitsrecht anwendbar, also „näher an der Sache" sei. Allein durch die Kodifizierung der Näherberechtigung in Art. 3 III EGBGB ist aber noch nichts über die konkrete Reichweite der Norm gesagt. Insofern ist der Grundsatz der Näherberechtigung kein eigenes Argument für die weite Auslegung, sondern gibt lediglich den Willen des Gesetzgebers wieder, so daß er für die konkrete Auslegung keine große Hilfe bietet.

Der erste Kritiker des Grundsatzes der Näherberechtigung war derselbe, der den Begriff geprägt hat, nämlich Kahn.[936] Anlaß waren zwei Entscheidungen des Turiner Kassationshofes,[937] in denen dieser von dem eigentlich anwendbaren Personalstatuts abwich und die Herrschaft der lex rei sitae für die in Frage stehenden Grundstücke annahm. Der Kassationshof habe, so Kahn,[938] das Prinzip der Territorialität dem der Personalität vorgezogen, weil er es als das Natürlichere empfunden habe. Der Fehler an dieser Argumentation sei, daß man sich damit über den Gesetzgeber erhebe, anstatt ihm zu folgen.
Die Ausführungen Kahns waren zum damaligem Zeitpunkt vor Erlaß des EGBGB passend,[939] wurden aber durch die Schaffung des Art. 28 EGBGB a.F. und des Art. 3 III EGBGB überholt. Sie können allenfalls und insoweit zutref-

ne eigentlich zuständige Rechtsordnung mehr, sondern nur eine aus bestimmten Gründen vom Gesetzgeber für zuständig gehaltene Rechtsordnung.

[934] Plastisch Kahn (Kahn, Abhandlungen I, 40): "Macht geht vor Recht".

[935] MüKo/Martiny, Art. 34 EGBGB, Rn. 107 ff.

[936] Kahn, Abhandlungen I, 31 ff.

[937] Corte di Cassazione, Urt. vom 22. 12. 1870, Monitore dei Tribunali, XII (1871), 38 ff.; sowie Urt. vom 17. 6. 1874, Monitore dei Tribunali, XV (1874), 894 ff.

[938] Kahn, Abhandlungen I, 31 ff.

[939] Kahns Beitrag über die Gesetzeskollisionen wurde zuerst in Jherings Jahrbücher für die Dogmatik des heutigen römischen und deutschen Privatrechts im Jahre 1891 veröffentlicht (Kahn, JherJb. 30 (1891), 1 ff.).

fend zum Ausdruck bringen,[940] daß ein prinzipieller kollisionsrechtlicher Grundsatz der Näherberechtigung a priori nicht existiert, nicht aber, daß ein solcher nicht normierungsfähig ist. Soweit dieses Argument weiterhin vorgetragen wird,[941] basiert es auf der Annahme, daß der Gesetzgeber in Art. 25 I EGBGB einen Vorrang des Personalstatuts bestimmt habe, die jedoch, wie oben gezeigt,[942] auf der Negierung des in Art. 3 III EGBGB geäußerten gesetzgeberischen Willens beruht.
Ferner wird in diesem Zusammenhang die von Wochner[943] als Argument gegen die weite Auslegung gestellte Frage, wie man sich vorstellen solle, daß ein Pariser Grundstück dem französischen Rechtskreis *näher* sei als ein Kopenhagener dem dänischen, diskutiert. Aus Sicht der h.M. läßt sich jedoch die größere Nähe des französischen Grundstücks folgendermaßen erklären: Art. 3 III EGBGB besteht aus den zwei Elementen, daß sich das ursprünglichen Gesamtstatut zum Belegenheitsstatut öffnet und daß das ausländischen Rechts durch den Erlaß besonderer Vorschriften für den Gegenstand die Anwendbarkeit des eigenen Rechts erklärt. Das Näherstehen des Pariser Grundstücks zum französischen Rechtskreis im Vergleich zum dänischen Recht besteht gerade in den vom Belegenheitsstaat erlassenen besonderen Normen, durch die er ein gesteigertes Interesse dieses Rechtskreises an dem dort belegenen Gegenstand zum Ausdruck bringt.

cc) Durchsetzbarkeit und Selbstbeschränkung

Als weitere Begründung für die Auslegung der h.M. wird angeführt, daß Art. 3 III EGBGB ein Interesse an der Vermeidung undurchsetzbarer Rechtslagen zugrunde liege.[944] Um klären zu können, ob dieses Argument zutreffend ist, soll zunächst untersucht werden, welche deutschen erbrechtlichen Entscheidungen in den ausländischen Rechtsordnungen anerkannt und vollstreckt werden, bevor die theoretischen Aspekte des Arguments diskutiert werden. Dabei wird auf erb-

---

940 So ist wohl Kahn zu verstehen (Kahn, Abhandlungen I, 32 ff.). Da in der aktuellen Diskussion der Begriff nicht mehr als absolutes Prinzip angesehen wird (vgl. die Verwendung des Begriffes bei Ferid, IPR, 3-152) geht seine Kritik insoweit ins Leere. Interessant ist die Lösung von Kahn (Kahn, Abhandlungen I, 41) bzgl. der Lehen und Fideikommisse. Da er keine Ausnahme vom Personalstatut erlaubt, läßt er es zu, daß das Sachenrecht des maßgebenden Ortsrechts bestimmen kann, welche Gegenstände zum Vermögen zählen; eine Lösung, die der von Zitelmann nahe kommt.

941 Thoms, Einzelstatut, 67; Solomon, IPRax 1997, 81, 84.

942 Vgl. o. S. 208 ff.

943 Wochner, FS für Wahl, 161, 181; Raape/Sturm, IPR I, § 12 II 2 a (S. 186).

944 BT-Drucksache 10/504, 36; BGH, Beschl. v. 4. 10. 1995, BGHZ 131, 22, 29; MüKo/Sonnenberger, Art. 3 EGBGB, Rn. 18; Ferid, IPR, 3-150; Nußbaum, IPR, 59; Staudinger[12]/Graue, Art. 28 EGBGB, Rn. 1; Kropholler, IPR, § 26 I; Neuhaus, IPR, § 38 II (S. 287 f.).

rechtliche und nicht auf familienrechtliche Entscheidungen abgestellt, weil die bisherige Diskussion diese in den Vordergrund gestellt hat.

(1) Anerkennungsbedürftige deutsche Entscheidungen

Als Erstes ist danach zu fragen, welche deutschen Entscheidungen grundsätzlich anerkennungsbedürftig sind. Zum einen handelt es sich dabei um die Nachlaß- und Teilungssachen gemäß §§ 72 ff. FGG. In diesem Zusammenhang spielt vor allem die Anerkennung eines deutschen Erbscheins im Ausland eine Rolle. Infolge des von der Rechtsprechung angewandten Gleichlaufgrundsatzes[945] besteht eine internationale Zuständigkeit der deutschen Gerichte im Nachlaßverfahren nur dann, wenn auf die Rechtsnachfolge von Todes wegen deutsches Erbrecht Anwendung findet. Dieser Rechtsprechung zufolge sind die inländischen Nachlaßgerichte nur beim Tode eines deutschen Erblassers zuständig, sofern sich die Erbfolge nicht gemäß Art. 3 III EGBGB nach ausländischem Belegenheitsrecht richtet.[946] In diesem Fall wird die Einschränkung des Erbrechts im Erbschein vermerkt.[947] Zu untersuchen ist im folgenden also, ob ein uneingeschränkter deutscher Erbschein bezüglich der im Ausland belegenen unbeweglichen und beweglichen Gegenstände in Ländern, die der Belegenheitsanknüpfung folgen, anerkannt werden könnte oder ob eine Beschränkung des Erbescheins aus Durchsetzbarkeitsgesichtspunkten sinnvoll ist.
Als weitere Möglichkeit einer anerkennungsbedürftigen Entscheidung kommen Urteile in Betracht, die in einem streitigen erbrechtlichen Verfahren gefällt worden sind. Die örtliche und damit internationale Zuständigkeit der deutschen Gerichte in erbrechtlichen Streitigkeiten kann sich aufgrund der allgemeinen Zuständigkeitsnorm des § 12 ZPO, also aufgrund des Wohnsitzes des Beklagten, sowie aus den besonderen Gerichtsständen des Erbrechts gemäß §§ 27, 28 ZPO ergeben. Dabei ist die fakultative Zuständigkeit des § 27 ZPO am letzten allgemeinen Gerichtsstand des Erblassers von besonderem Interesse, da sie auch dann gilt, wenn sich die Nachlaßgegenstände im Ausland befinden.[948] Da im streitigen Verfahren der Gleichlaufgrundsatz keine Anwendung findet, ist eine Zuständigkeit gemäß § 27 ZPO unabhängig vom anwendbaren Recht.[949] Deshalb findet § 27 II ZPO auch dann Anwendung, wenn der Nachlaßgegenstand

---

[945] Vgl. die umfassenden Nachweise bei Berenbrok, Internationale Nachlaßabwicklung, 17 ff.

[946] Staudinger/Dörner, Art. 25 EGBGB, Rn. 798.

[947] KG, Beschl. v. 22. 5. 1984, OLGZ 1984, 428, 431 f.; Staudinger/Dörner, Art. 25 EGBGB, Rn. 827; MüKo/Birk, Art. 25 EGBGB, Rn. 351; Firsching, IPRax 1983, 166, 167.

[948] BGH, Urt. v. 5. 4. 1968, IPRspr. 1968/69 Nr. 158 (S. 391), dieser Teil wurde nicht abgedruckt in BGHZ 50, 63 ff.; Lange/Kuchinke, ErbR, § 3 III; Schack, IZPR, Rn. 321; Kropholler, HdbIZVR I, Rn. 425.

[949] Ebenroth, ErbR, Rn. 1310; Wieczorek/Schütze/Hausmann, § 27 ZPO, Rn. 18.

im Ausland belegen ist und gemäß Art. 3 III EGBGB nach ausländischem Recht vererbt wird.
Problematisch ist in dieser Hinsicht jedoch das Verhältnis von § 27 ZPO zu § 24 ZPO für die im Ausland belegenen unbeweglichen Gegenstände. § 24 ZPO sieht einen ausschließlichen Gerichtsstand für dingliche Klagen im Bereich der belegenen Sache vor und regelt nach h. M.[950] auch die internationale Zuständigkeit. Deshalb besteht keine internationale Zuständigkeit deutscher Gerichte für dingliche Klagen bei ausländischen Grundstücken. Die Zuständigkeit nach § 27 ZPO würde, soweit eine Frage als dinglich einzuordnen ist, entfallen. Unter § 27 ZPO werden demgegenüber Klagen auf Feststellung des Erbrechts, Ansprüche gegen den Erbschaftsbesitzer, Ansprüche aus Vermächtnis oder sonstigen Verfügungen von Todes wegen, Pflichtteilsansprüche sowie die Teilung der Erbschaft gefaßt.[951]
Eine Überschneidung von § 27 ZPO und § 24 ZPO kann sich in erbrechtlichen Fragen allein bei Ansprüchen gegen den Erbschaftsbesitzer und Vermächtnissen ergeben, soweit sich diese auf ein ausländisches Grundstück beziehen, da zur Durchsetzung der Feststellungsklage des Erbrechts eine weitere Klage erforderlich ist, so daß die Fragen der Anerkennung im Rahmen dieser Klage zu berücksichtigen sind. Eine eindeutige Lösung zugunsten einer Zuständigkeit gemäß § 27 ZPO würde für Vermächtnisansprüche bestehen, qualifiziert man diese Ansprüche nach der lex fori, weil es sich nach deutschem Recht bei Ansprüchen aus einem Vermächtnis um obligatorische und nicht um einen dingliche Ansprüche handelt.[952] Demgegenüber schlägt Otte[953] vor, die Qualifikation der Vermächtnisansprüche anhand des Belegenheitsstatuts vorzunehmen und in den Fällen, in denen das ausländische Recht einer solchen Einzelzuwendung dingliche Wirkung beimesse, bereits die deutsche Entscheidungszuständigkeit gemäß § 24 ZPO zu verneinen.
Bei Ansprüchen gegen den Erbschaftsbesitzer unterscheidet die h. M.[954] bisher wie folgt: Macht der Erbe im Rahmen seines Erbschaftsanspruchs nach §§ 2018 BGB die Herausgabe eines Grundstücks geltend, so falle dies unter die Zuständigkeit des § 27 ZPO, wohingegen sich der nach § 985 BGB ebenfalls mögliche Einzelanspruch nach § 24 ZPO richte. Dies gelte selbst dann, wenn der Nachlaß

---

[950] Stein/Jonas/Schumann, § 24 ZPO, Rn. 3a f.; Wieczorek/Schütze/Hausmann, § 24 ZPO, Rn. 41; Schack, IZPR, Rn. 311; Kropholler, HdbIZVR I, Rn. 421; a.A. Geimer, IZPR, Rn. 926 ff.

[951] Zöller/Vollkommer, § 27 ZPO, Rn. 4 ff.; Baumbach/Lauterbach/Hartmann, § 27 ZPO, Rn. 3 ff.

[952] Lange/Kuchinke, ErbR, § 29, II.

[953] Otte, IPRax 1993, 142, 143; dagegen Schack, IZPR, Rn. 312a.

[954] Schröder, Internationale Zuständigkeit, 355; MüKo/Patzina, § 24 ZPO, Rn. 8; Wieczorek/Schütze/Hausmann, § 24 ZPO, Rn. 34; Zöller/Vollkommer, § 24 ZPO, Rn. 9; Stein/Jonas/Schumann, § 24 ZPO, Rn. 12.

nur aus dem Grundstück bestehe.[955] Zur Begründung wird gesagt, daß bei § 2018 BGB Klagegegenstand der Nachlaß oder ein Teil dessen sei.[956] Problematisch an dieser Lösung ist, daß dem Anspruch aus § 2018 BGB, soweit es um die Herausgabe von Sachen geht, dinglicher Charakter beigemessen wird, was eine Zuständigkeit nach § 24 ZPO nahelegt.[957] Dieses Argument tritt jedoch zurück, da es um die Geltendmachung des einheitlichen erbrechtlichen Gesamtanspruchs geht und § 27 ZPO vom Gesetz als der sachnähere Gerichtsstand angesehen wird, so daß für das deutsche Recht keine Ausschlußwirkung des § 24 ZPO anzunehmen ist.[958]

Die Frage des Verhältnisses beider Vorschriften zueinander kann abschließend ebenso wie die Anerkennungsfähigkeit deutscher erbrechtlicher Entscheidungen erst nach einer Untersuchung des ausländischen Anerkennungsrechts geklärt werden. Aus diesem Grund sollen die Anerkennungs- und Vollstreckungsmöglichkeiten erbrechtlicher Entscheidung in Frankreich, Großbritannien und den USA als den wichtigsten Vertretern der kollisionsrechtlichen Spaltung sowie in weiteren Ländern untersucht werden.[959] Dabei ist zu beachten, daß das Europäische Gerichtsstands- und Vollstreckungsabkommen vom 27. 9. 1968[960] gemäß dessen Art. 1 II Nr.1 nicht die Gebiete des Erb- und Familienrechts umfaßt.[961]

---

955 MüKo/Patzina, § 24 ZPO, Rn. 8; Stein/Jonas/Schumann, § 24 ZPO, Rn. 12.

956 Zöller/Vollkommer, § 24 ZPO, Rn. 9; Stein/Jonas/Schumann, § 24 ZPO, Rn. 12.

957 MüKo/Frank, § 2018 BGB, Rn. 7 ff.; Staudinger/Gursky, Vorbem zu §§ 2018 BGB, Rn. 7 ff.

958 Ob sich dies auch für internationale Zuständigkeit bei ausländischen Grundstücken als sinnvoll erweist, wird unten behandelt (S. 258 ff.).

959 Im Verhältnis zu Belgien gilt das deutsch-belgische Abkommen vom 30. 6. 1958 (abgedruckt bei Jayme/Hausmann, IPV, Nr. 94). Nach Art. 3 I Nr.8 des Abkommens sind in Erbschaftsstreitigkeiten die Gerichte des letzten Wohnsitzes zuständig, unabhängig davon, ob zum Nachlaß bewegliche oder unbewegliche Gegenstände gehören. Nach Art. 2 II 2 des Abkommens darf die Anerkennung einer auf dieser Zuständigkeit beruhenden Entscheidung dann versagt werden, wenn die Entscheidung dem internationalen Privatrecht des Staates eines Angehörigen widerspricht, in dessen Hoheitsgebiet sie geltend gemacht wird. Insofern findet die in Belgien geltende Anwendung des Belegenheitsrechts auf Grundstücke nur bei der Anerkennung und Vollstreckung deutscher Entscheidungen statt, die belgische Staatsbürger betreffen, nicht aber Angehörige anderer Länder. Insofern ist zumindest eine teilweise Vollstreckung deutscher erbrechtlicher Entscheidungen in belgische Grundstücke möglich. Da es sich bei dem deutsch-belgischen Abkommen um einen bilateralen Vertag mit Ausnahmecharakter handelt, können daraus keine weitergehenden Schlüsse gezogen werden (Rigeaux/Fallon, D.i.p., Nr. 953 zu § 2 II dieses Abkommens).

960 Abgedruckt bei Jayme/Hausmann, IPV, Nr. 72.

961 Zu den Einzelheiten Kropholler, Art. 1 EuGVÜ, Rn. 26 ff.

(2) Frankreich

Eine grundlegende Entscheidung für die Anerkennung und Vollstreckung ausländischer Entscheidungen in Frankreich ist das Urteil Munzer der Cour de cassation, [962] das die folgenden fünf Voraussetzungen aufstellt, die für eine Anerkennung erfüllt sein müssen: Anerkennungszuständigkeit des ausländischen Richters, Ordnungsmäßigkeit des ausländischen Verfahrens, Anwendung des nach französischem IPR zuständigen Rechts oder eines anderen Rechts, wenn dessen Anwendung zu demselben Ergebnis führt, Vereinbarkeit mit dem ordre public sowie das Fehlen einer Gesetzesumgehung (fraude à la loi).

Für die Frage, ob deutsche Erbrechtsentscheidungen in Frankreich anerkannt werden, sind besonders das erste und dritte von der Entscheidung aufgestellte Erfordernis von Bedeutung. Betrachtet man die Anerkennung deutscher Urteile auf in Frankreich belegene Gegenstände unter dem Gesichtspunkt der Anwendung des nach französischem IPR berufenen Rechts, so gilt, daß das französische IPR auf Grundstücke das Belegenheitsrecht, also auf französische Grundstücke, immer französisches Recht anwendet. Für bewegliche Gegenstände bestimmt das französische Recht das Erbstatut demgegenüber nach dem Recht des letzten Wohnsitzes. Ergebnis ist, daß die Anerkennung eines Erbscheins oder eines Urteils, das ohne Anwendung des Art. 3 III EGBGB zustandegekommen ist, auf die in Frankreich belegenen Grundstücke nicht anerkannt wird.[963] Dagegen werden Entscheidungen über bewegliche Gegenstände immer dann Anerkennung finden, wenn Wohnsitz und Staatsangehörigkeit zusammenfallen, da die unterschiedlichen IPR-Regelungen zur gleichen Rechtsordnung führen. Eine Anerkennung ist des weiteren möglich, wenn die zweite Alternative der dritten Bedingung erfüllt ist und sich gleichartige Rechtsfolgen nach angewandtem und nach dem durch französisches IPR berufenen Recht ergeben. Eine solche Übereinstimmung wird sich allerdings in den seltensten Fällen ergeben, da im Erbrecht eine besondere Vielfalt an unterschiedlichen materiellen Regelungen in den verschiedenen Rechtsordnungen bestehen.

Darüber hinaus ist aus französischer Sicht für die Anerkennung einer deutschen Entscheidung die Zuständigkeit des ausländische Gericht notwendig. In der französischen Rechtslehre herrschte lange Zeit Streit darüber, ob man die Anerkennungszuständigkeit durch eine entsprechende Anwendung der Regeln für die internationale französische Zuständigkeit bestimmen (vergleichbar mit § 328 I Nr.1 ZPO) oder ob man die Kontrolle anhand der internationalen Zustän-

---

[962] Cour de cassation, Urt. v. 7. 1. 1964, Rev.crit.d.i.p 53 (1964) 344 f. m. Anm. Battifol.

[963] Eine Ausnahme gilt allein für Urteile, die französisches Recht infolge deutschen Kollisionsrechts anwenden, also z.B. ein Vermächnis eines französischen Grundstück zugunsten eines französischen Erblassers mit Wohnsitz in Deutschland. Das Vermächnis ist gemäß Art. 1014 C.c. ein Vindikationslegat (Ferid/Sonnenberger, FranzZR III, 5 C 120), eine deutsche internationale Zuständigkeit besteht insoweit nach § 27 ZPO. Allerdings wäre die internationale Anerkennungszuständigkeit in Frankreich problematisch (dazu im folgenden).

digkeitsregeln der ausländischen Entscheidung vornehmen solle. Der Streit wurde schließlich von der Cour de cassation im Urteil Mack Trucks[964] und vor allem in der Entscheidung Simitch[965] einer Lösung zugeführt.[966] Diesen Urteilen zufolge muß die internationale Zuständigkeit des ausländischen Gerichts anerkannt werden, wenn nach den französischen Regeln des internationalen Zivilverfahrensrechts den französischen Gerichten nicht eine ausschließliche internationale Zuständigkeit zukommt, der Rechtsstreit wesentlich mit dem Land des ausländischen Gerichts verknüpft und die Wahl des Gerichts nicht aufgrund von Umgehungsabsichten bestimmt worden ist.[967] Das Gericht hat damit eine Generalklausel geschaffen, die Elemente beider Theorien beinhaltet, aber letztendlich zu einer Abkehr vom System der Spiegelbildlichkeit führt. Für die Frage nach der erbrechtlichen internationalen Zuständigkeit spielen vornehmlich die Merkmale der ausschließlichen internationalen Zuständigkeit französischer Gerichte und der wesentlichen Verknüpfung mit einer ausländischen Rechtsordnung eine Rolle.

Aus dem Urteil des Kassationshofes läßt sich entnehmen, daß für die ausschließliche internationale Zuständigkeit französischer Gerichte der Bestand eines innerfranzösisch zwingenden Gerichtsstandes allein nicht ausreicht, sondern weitere Voraussetzungen vorliegen müssen. In erbrechtlichen Fragen wird davon ausgegangen, daß ein nicht nur national sondern international ausschließlicher, französischer Gerichtsstand für in Frankreich belegenen Grund-stücke besteht. Trotz gewisser Zweifel wurde der Gerichtsstand des letzten Wohnsitzes des Erblassers für bewegliche Gegenstände gleichfalls als international zwingender Gerichtsstand angesehen,[968] aber nur soweit sich der letzte Wohnsitz in Frankreich befindet. Bisher ungeklärt ist, ob eine französische Annerkennungszuständigkeit ebenfalls in den Fällen verneint werden würde, in denen sich eine

---

964 Cour d'appel de Paris, Urt. v. 10. 11. 1971, Clunet 100 (1973) 239 ff., m. Anm. Huet.

965 Cour de cassation, Urt. v. 6. 2. 1985, Rev.crit.d.i.p. 74 (1985) 369 ff.; abgedruckt auch in Clunet 112 (1985) 460 ff. m. Anm. Huet.

966 Francescakis, Rev.crit.d.i.p. 74 (1985) 243 ff.; Battifol/Lagarde, D.i.p. II, Nr. 717 ff.; Loussouarn/Bourel, D.i.p., Rn. 498 ff.; Mayer, D.i.p., Nr. 364 ff.; Audit, D.i.p., Nr. 451 ff. Diese Entscheidungen wurden auch in Deutschland vielfach kommentiert, so Herzfelder, ZVglRWiss 86 (1987) 49 ff.; Fricke, IPRax 1989, 201 ff.; ders., Anerkennungszuständigkeit, 31 ff.; Mezger, FS für Nagel, 246 ff.

967 Der französische Wortlaut ist: "Attendu que, toutes les fois que la règle française de solution des conflits de juridictions n'attribue pas compétence exclusive aux tribunaux français, le tribunal étranger doit être reconnu compétent, si le litige se rattache d'une manière caractérisée au pays dont le juge a été saisi et si le choix de la juridiction n'a pas été frauduleux." (Cour de cassation, Urt. v. 6. 2. 1985, Rev.crit.d.i.p. 74 (1985) 369, 373; Clunet 112 (1985) 460, 461).

968 Cour de cassation, Urt. v. 14. 6. 1983, Rev.crit.d.i.p. 73 (1984) 316 ff. m. Anm. Ancel; Audit, D.i.p., Nr. 460; Muir Watt, J.C., D.i.p., Fasc. 584-3, Nr. 73; Loussouarn/Bourel, D.i.p., Rn. 452; vgl. auch Art. 45 des Nouveau Code de procédure civile.

ausländische Zuständigkeit aus der Staatsangehörigkeit des Erblasser ergibt und sich der Wohnsitz des Erblassers in einem Drittstaat befindet.
Für Fragen der Anerkennung ist außerdem das Privileg für französische Staatsbürger in den Artt. 14 und 15 C.c. zu beachten, das auch in diesem Zusammenhang gilt.[969] Danach besteht eine international ausschließliche Zuständigkeit Frankreichs in den Fällen, in denen ein Franzose an einem Rechtsstreit beteiligt ist. Allerdings wurde diese Zuständigkeit in der Weise eingeschränkt, daß sie abbedungen werden kann und dies sogar durch eine stillschweigende Erklärung. So gilt die Klage eines Franzosen im Ausland oder die Einlassung auf ein ausländisches Verfahren, ohne die Unzuständigkeit zu rügen, als Verzicht auf dieses Privileg. In solchen Fällen ist ein ausländisches Urteil auch anerkennungsfähig. Darüber hinaus können die Artt. 14 und 15 C.c. keine Zuständigkeit für im Ausland belegene Grundstücke begründen.
Zusammengefaßt ergibt sich, daß keine französische Anerkennungszuständigkeit für in Frankreich belegene Grundstücke besteht. Eine Anerkennungszuständigkeit liegt aber vor, wenn sich die Entscheidung auf bewegliche Gegenstände bezieht und die Zuständigkeit nach dem letzten Wohnsitz des Erblassers bestimmt wurde, wie dies nach § 73 I 1.Alt FGG und § 27 I ZPO der Fall ist sowie, wenn nach beiden internationalen Privatrechtsordnungen dasselbe Recht auf den Fall Anwendung findet. Ob eine Anerkennung auch dann möglich ist, wenn die Zuständigkeit aufgrund der Eigenschaft des Erblassers als deutscher Staatsbürger bestimmt wurde, wie sich dies aus § 73 I 2.Alt. i.V.m. II ZPO und § 27 II ZPO ergibt, dürfte hingegen zweifelhaft sein, ist aber noch offen.

(3) Großbritannien

In Großbritannien erweist sich die Rechtslage für die Anerkennung deutscher erbrechtlicher Entscheidung als kompliziert. Als erstes ist zu klären, ob das Deutsch-Britische Vollstreckungsabkommen vom 14. 7. 1960 auf erbrechtliche Fragen Anwendung findet.[970] Das Abkommen ist von besonderer Bedeutung, weil es auf dem Foreign Jugement Act 1933 beruht,[971] der die Rechtslage im Hinblick auf die Anerkennung ausländischer Entscheidungen in Großbritannien und dem Common Law wiedergibt. Allerdings mangelt es in dem Abkommen

---

[969] Dazu Fricke, IPRax 1989, 202, 204; Mezger, FS für Nagel, 246, 247 ff.; Basedow, Die Anerkennung von Auslandsscheidungen, 108 ff.; Mayer, D.i.p., Nr. 290 ff.; Audit, D.i.p. Nr. 459 f.; Battifol/Lagarde, D.i.p. II, Nr. 677 ff.

[970] Abgedruckt bei Jayme/Hausmann, IPV, Nr. 96; Bülow/Böckstiegel/Geimer/Schütze, Internationaler Rechtsverkehr II, Nr. 702.1 ff.

[971] Abgedruckt bei Bülow/Böckstiegel/Geimer/Schütze, Internationaler Rechtsverkehr II, Nr. 704.9 ff.; Arndt, RabelsZ 9 (1935) 428, 449 ff.. Es handelt sich um ein Rahmengesetz, daß erst dann in Kraft tritt, wenn es gegenüber einem Land, mit dem ein entsprechender Staatsvertrag abgeschlossen wurde, für anwendbar erklärt wurde (Arndt, RabelsZ 9 (1935) 428, 443 f., Bülow/Böckstiegel/Geimer/Schütze, Internationaler Rechtsverkehr II, Nr. 701.2 f.).

an einer internationalen Anerkennungszuständigkeit für Erbschaftsangelegenheiten. Art. V (2) c) des Abkommens sieht vor, daß es sich um Entscheidungen handeln muß, die die Zahlung einer bestimmten Geldsumme anordnen, damit sie vollstreckt werden können. Deshalb scheiden Gestaltungsurteile von vornherein aus. Zudem enthält Art. IV (1) c) des Abkommens eine Generalklausel für die Zuständigkeit der nicht nach Art. IV (1) a) und b) des Abkommens ergangen Entscheidungen,[972] also insbesondere Entscheidungen, die in Familien- und Statussachen sowie in Erbschaftsangelegenheiten ergangen sind. In diesen Fällen bestimmt sich die Anerkennung der Zuständigkeit des Gerichts des Urteilsstaates nach dem Recht des Anerkennungsstaates;[973] sie ist also nicht im Abkommen geregelt.

Das Common Law unterscheidet bei der internationalen Zuständigkeit prinzipiell zwischen actions in personam und actions in rem. Der wesentlicher Unterschied besteht darin, daß in personam-Urteile nur zwischen den Parteien (inter partes) wirken, wohingegen die in rem-Klagen zu einer Entscheidungswirkung erga omnes führen.[974] Wichtigste Voraussetzung für die Anerkennung einer in personam-Klage ist die international jurisdiction des Erstgerichts aus Sicht des englischen Rechts. Des weiteren muß ein anerkennungsfähiges Urteil auf Zahlung einer Geldsumme gerichtet sein, nicht die Zahlung von Steuern oder Bußgeldern beinhalten sowie endgültig und abschließend sein (final and conclusive).[975] Für die Klagen in rem gilt hingegen, daß eine internationale Zuständigkeit nur dann besteht, wenn sich der bewegliche oder unbewegliche Gegenstand zu dem Zeitpunkt, als das Verfahren eingeleitet wurde, im Gerichtsstaat befand.[976] Deshalb besteht keine internationale Zuständigkeit für unbewegliche Gegenstände außerhalb des Hoheitsgebietes des Belegenheitsstaates.[977] Ist eine auf eine solche Zuständigkeit gestützte in rem-Klage zudem endgültig und abschließend, so ist sie anerkennungsfähig.

---

[972] Den Entscheidungen ad rem und ad personam.

[973] Zum Deutsch-Britischen Abkommen vgl. Ganske, RIW 1961, 172 f.; Bülow/Böckstiegel/ Geimer/Schütze, Internationaler Rechtsverkehr II Nr. 701.1 ff.

[974] Bülow/Böckstiegel/Geimer/Schütze, Internationaler Rechtsverkehr III, Nr. 1156.6 ff.; Kropholler, HdbIZPR I, Rn. 101 ff. Zur geschichtliche Entwicklung der Klagearten vgl. Ziegenbein, Die Unterscheidung von Real und Personal Actions im Common Law, 17 ff.

[975] Ausführlich zur Anerkennung North/Fawcett, P.I.L. 345 ff. (1992); Graveson, Conflict 616 ff. (1974); Dicey/Morris, Conflict, Rule 43 ff., 453 ff. (1993); Jacob, Private International Litigation 65 ff. (1985).

[976] Castrique v. Imrie, House of Lords, Urt. v. 4. 4. 1870, All E.R. 508 ff. (1861-1873); Dicey/Morris, Conflict, Rule 40, 495 ff. (1993); so auch Art. IV I b des Deutsch-Britischen Vollstreckungsabkommens.

[977] Tezcan v. Tezcan, British Columbia Court of Appeal, 46 D.L.R. (4 th) 176 (1987); Chapman Estate v. O'Hara, Saskatchewan Court of Appeal, 2 W.W.R. 275 ff. (1988); Graveson, Conflict, 134 (1974).

Es stellt sich nunmehr die Frage, zu welcher Klageart die Statussachen wie Ehesachen oder Erbschaftsangelegenheiten zählen. Diese werden, obwohl sie sich nicht auf Gegenstände als solche beziehen, den actions in rem gleichgestellt, da sie erga omnes und nicht nur zwischen den Parteien wirken.[978] Im Bezug auf die Nichtigkeit einer Ehe heißt es bei Sir Jocelyn Simon:[979] „A judgement declaratory of the status of some subject-matter legally situated within the national and international jurisdiction of the court pronouncing the judgement constitutes a judgement in rem which is universally conclusive."
Jedoch kann aus dieser Gleichstellung nicht die Schlußfolgerung gezogen werden, daß die jurisdiction für Statussachen der für actions in rem entspricht. Zwar wird die Regel, daß ein ausländischer Staat keine jurisdiction über unbewegliche Gegenstände hat, die außerhalb seines Staatsgebietes belegen sind, als ausschließliche Zuständigkeit aufgefaßt und gilt deshalb auch für Statussachen, obwohl die englischen Gerichte in einigen Fällen die Regel zu ihren Gunsten ausgeweitet haben.[980] Demgegenüber wird die Belegenheitszuständigkeit bei in rem-Urteilen für bewegliche Gegenstände nicht als ausschließliche Zuständigkeit verstanden,[981] so daß in Statussachen weitere internationale Zuständigkeiten neben die Belegenheitszuständigkeit treten können. So besteht im Erbrecht eine jurisdiction des ausländischen Staates am letzten Domizil des Erblassers für die Erbfolge an sämtlichen beweglichen Gegenständen unabhängig von deren Lageort. Eine solche ausländische internationale Zuständigkeit wird in England anerkannt.[982]
Zusammengefaßt ergibt sich folgende Anerkennungslage in Großbritannien für deutsche erbrechtliche Entscheidungen: Die jurisdiction und demnach die Möglichkeit der Anerkennung fehlt für sämtliche Entscheidungen, die sich auf Grundstücke außerhalb des Urteilsstaates beziehen und deshalb bei deutschen Entscheidungen für in England belegene Grundstücke. Anerkannt werden hingegen Entscheidungen für bewegliche Gegenstände, soweit die übrigen Voraussetzungen erfüllt sind, die auf der Zuständigkeit der Gerichte am letzten Wohnsitz des Erblassers beruhen sowie Entscheidungen, die sich auf Gegenstände beziehen, die sich zum Zeitpunkt der Einleitung des Verfahrens im Gerichts-

[978] Salvesen v. Administrator of Austrian Property, House of Lords, Urt. v. 27. 5. 1927, A.C. 641, 662 f. (1927); Lepre v. Lepre, House of Lords 2 W.L.R., 735, 742 f. (1963); North/Fawcett, P.I.L., 216 (1992); Graveson, Conflict, 109ff. (1974).

[979] Lepre v. Lepre, House of Lords, 2 W.L.R., 735, 742 f. (1963).

[980] Ausführlich dazu North/Fawcett, P.I.L., 253 ff., insbes. 255 ff. (1992); Penn v. Lord Baltimore, Lord Chancellor's Court, Urt. vom 15. 5. 1750, All E.R. 99 ff. (1558-1774).

[981] Dicey/Morris, Conflict, Rule 40, S. 498 (1993); Doglioni v. Crispin, House of Lords, 15 L.T.R. 44 ff. (1866); Re Trufort, House of Lords, 36 Ch.D. 600 ff. (1887); Senkiw v. Muzyka, Saskatchewan, Court of Appeal, 4 D.L.R. (3d) 708 ff. (1969).

[982] Dicey/Morris, Conflict, Rule 132, S. 1021 f. (1993).

staat befanden.[983] Anders als das französischen Recht nimmt das englische Recht keine Kontrolle am inländischen IPR vor. Damit kommt es zu einer Anerkennung der meisten deutschen Erbrechtsentscheidungen für bewegliche Gegenstände in Großbritannien, da die deutsche Hauptzuständigkeit (§ 27 I ZPO, § 73 I 1. Alt. FGG) sich ebenfalls nach dem Wohnsitz richtet. Eine Anerkennung bei beweglichen Gegenständen entfällt nur, wenn die Zuständigkeit anderweitig bestimmt wird und der Gegenstand nicht in Deutschland belegen ist. Deutsche Urteile, die englische Grundstücke miteinbeziehen, sind hingegen in keinem Fall anerkennungsfähig.

(4) Vereinigte Staaten

Die Ausgangslage in den Vereinigten Staaten ist mit der in Großbritannien vergleichbar. Das amerikanische Recht unterscheidet zwischen den jurisdictions in personam, in rem und quasi in rem und zählt Nachlaßklagen zu der jurisdiction in rem.[984] Die Anerkennung und Vollstreckung eines in rem Urteils folgt aus dem Common Law, da sich der Uniform Foreign Country Money Judgement Recognition Act von 1964, der von 21 Staaten übernommen wurde, nur mit der Anerkennung und Vollstreckung von Zahlungsurteilen befaßt.[985]

Die erste wichtige Entscheidung, in der sich die amerikanischen Gerichte mit Fragen der Anerkennung ausländischer Urteile beschäftigten, war die Entscheidung Hilton v. Guyot.[986] In dieser Entscheidung stellte der Supreme Court die comity-Grundsätze auf, anhand derer die Anerkennung ausländischer Entscheidung gemessen wird. Wichtigster comity-Grundsatz ist, daß die für eine Anerkennung durch ein amerikanisches Gericht notwendige internationale Zuständigkeit des Erstgerichts anhand der jurisdiction des Anerkennungsgerichts bestimmt wird.[987] Als weitere Voraussetzungen für eine Anerkennung werden die Beweisfreiheit, rechtliches Gehör, Einlassung des Beklagten oder rechtsgültige Ladung ohne Rechtsbeugung, Gleichbehandlung beider Parteien vor dem Rich-

---

983 Dicey/Morris, Conflict, Rule 133, S. 102 (1993). Dies ergibt sich aus den Regeln für die jurisdiction in rem.

984 Lenhoff, RabelsZ 19 (1954) 201, 217 ff.; Casad, Jurisdiction I, § 3.06, 3-174 ff. (1991); Peterson, Anerkennung, 40 ff., insbes. 44 f.; ders., RabelsZ 33 (1969), 543, 551 ff., sowie die im folgenden aufgeführten Urteile.

985 Abgedruckt bei 13 U.L.A. 261 ff.; Scoles/Hay, Conflict, § 24.36 (1992); Weinschenk, Anerkennung, 96 ff. (dort im Anhang findet sich auch eine Übersetzung).

986 Hilton v. Guyot, Supreme Court, 159 U.S. 113 ff. (1895).

987 Das in diesem Urteil zusätzlich geforderte Element der Gegenseitigkeit vermochte sich im weiteren Verlauf hingegen nicht durchzusetzen (dazu Ehrenzweig/Jayme, P.I.L. II, 56 (1973)).

ter, keine Urteilserschleichung sowie keinen Verstoß gegen den amerikanischen ordre public aufgestellt.[988]
Für die Anerkennung einer deutschen erbrechtlichen Entscheidung ist also die jeweilige jurisdiction des amerikanischen Rechts maßgeblich. Eine jurisdiction in rem besteht im Grundsatz nur im Belegenheitsstaat der Sachen. Nun wird aber in erbrechtlichen Fragen keine bestimmte Belegenheit für bewegliche Gegenstände festgelegt,[989] vielmehr ergibt sich die Belegenheit in diesen Fällen nach dem Grundsatz mobilia sequuntur personam am Domizil des Besitzers.[990] Damit besteht eine internationale Zuständigkeit für bewegliche Sachen am Domizil des Erblassers. Eine auf Grund einer solche Zuständigkeit ergangene deutsche erbrechtliche Entscheidung wird deshalb in den USA anerkannt.[991] Vergleichbares läßt sich auch § 317 Restatement Second Conflict of Laws entnehmen, der bezüglich einer administration für bewegliche Gegenstände die Anerkennung erbrechtlicher Entscheidungen des Domizilstaates durch den Belegenheitsstaat vorsieht. Für unbewegliche Gegenstände besteht hingegen eine internationale Zuständigkeit nur am Belegenheitsort der Sache und damit keine Möglichkeit einer Anerkennung.
Zu beachten ist, daß im Anerkennungsstaat bestimmte verfahrensrechtliche Sonderregeln für bewegliches Vermögen bestehen,[992] die für das Verfahren der gerichtlichen Gültigkeitserklärung (probate) als auch das der Nachlaßverwaltung durch den administrator oder den personal representative die Zuständigkeit des Gerichts am Domizil des Erblassers anerkennen. Eine Entscheidung gilt zunächst nur im Domizilstaat sowie gegenüber anderen Personen, die der personal jurisdiction dieses Staates unterfallen.[993] Für eine vollständige Geltung der Entscheidung auch in anderen Staaten ist darüber hinaus eine ancilliary probate und

---

[988] Hilton v. Guyot, Supreme Court, 159 U.S. 113 ff. (1895); Weinschenk, Anerkennung, 24 ff.; Deutsch, ZZP 71 (1958) 321, 323 ff.; Chrocziel/Westin, ZVglRWiss 87 (1988) 145, 158 ff.

[989] "It is a general and universal rule that personal property has no locality. It is the subject to the law of the owner's domicile ...", Cross v. United States Trust Co, Court of Appeals New York, 30 N.E. 125, 127 f. (1892); Re Estate v. Paramythiotis, Surrogate's Court New York County, 181 N.Y.S. (2d) 590, 592 (1958).

[990] Dazu Supreme Court of Michigan, 26 N.W.(2d) 777, 780 (1947) die diese Maxime allerdings für den Sonderfall ablehnen, indem es um ein Erbrecht des Belegenheitsstaates geht (ausführlich dazu Hopkins, *The Extraterritorial Effect of Probate Decrees*, 53 Yale L.J. (1943-44) 221 ff., insbes. 226.

[991] Re Estate v. Paramythiotis, Surrogate's Court New York County, 181 N.Y.S. (2d) 590 , 592 (1958); Re Turton, New York Court of Appeals, 170 N.E. (2d) 190 ff. (1960); Vogel v. New York, New York Court of Appeal, 55 F (2d), 205 ff. (1932); Re Nolan's Estate California, District Court of Appeal, 286 P (2d) 899 ff. (1955); vgl. a. Lenhoff, RabelsZ 19 (1954) 201, 214 ff.; Deutsch, ZZP 71 (1958) 321, 332 f.

[992] Ausführlich dazu Ferid/Firsching/Lichtenberger, IntErbR VI, USA Grdz., Rn. 238 ff.; Hopkins, *The Extraterritorial Effect of Probate Decrees*, 53 Yale L.J. 221 ff. (1943-44).

[993] Casad, Jurisdiction I, § 3.06, 3-174 f. (1991).

eine ancilliary administration erforderlich. Die ancilliary probate wird gemeinhin ohne Prüfung und gegen Vorlage der domiciliary probate erteilt.[994] Außerdem werden dem domiciliary administrator inzwischen Rechte in anderen Staaten zugestanden.[995]
Allerdings ist das dargestellte System der alleinigen jurisdiction des Belegenheitsstaates seit der Entscheidung Schaffer v. Heitner[996] in Bewegung geraten. Dieses Urteil übertrug die Grundsätze der Entscheidung International Shoe Co. v. State of Washington[997] auf die jurisdiction quasi in rem. Danach muß sich die Gerichtszuständigkeit am Verfassungsgrundsatz des due process of law messen lassen. Dieser Grundsatz ist nur in den Fällen erfüllt, in denen der Beklagte minimal contacts zum forum aufweist, was bei der jurisdiction quasi in rem problematisch sein kann und weshalb die Frage überhaupt entstand. Minimal contacts bestehen nach der Entscheidung schon dann, wenn eine Person behauptet, Rechte an einer im Gerichtsbereich belegenen Sache zu haben oder sich die Rechte an einer solchen Sache, die im Eigentum eines anderen steht, als Haftungssubstrat zusprechen lassen will.[998] Bei einem in rem Prozeß über Grundstücke befindet sich die Sache jedoch immer im Urteilsstaat, so daß dem due process Grundsatz Genüge getan ist.[999] Soweit einige Entscheidungen die Übertragung von Grundstückseigentum der jurisdiction in personam unterstellten, behandelten sie keine erbrechtliche Übertragungen.[1000] Vielmehr wurde ei-

[994] Vgl. dazu Restatement Second, Conflict of Laws, § 317 Reporters Note (1991).

[995] Currie, *The Mutiple Personality of the Dead: Executors, Administrators and the Conflict of Laws,* 33 U.Chi.L.Rev., 429, 439 ff. (1965-66); Casad, Jurisdiction I, § 3.06, 3-174 ff. (1991); Ferid/Firsching/Lichtenberger, IntErbR VI, USA Grdz., Rn. 56c ff.

[996] Shaffer v. Heitner, Supreme Court, 433 U.S. 186 ff. (1977).

[997] International Shoe Co v. State of Washington, Supreme Court, 326 U.S. 310 ff. (1945).

[998] Im Fall Schaffer v. Heitner ging es um eine Aktionärsklage, bei der die Anknüpfung an dem Belegenheitsort nur in dem dinglichen Arrestbefehl bezüglich der Aktien bestand, welche sich aber physisch nicht am Belegenheitsort befanden. Die Belegenheit ergab sich lediglich aus dem dortigen Sachstatut.

[999] Scoles/Hay, Conflict, § 6.2 (1992); Friedental/Miller/Kane, Civil Procedure, § 3.14 ff. (1993).

[1000] So wird seit der Entscheidung Fall v. Austin anerkannt, daß Gerichte außerhalb des Belegeheitsstaates den Beklagten aus einem obligatorischen Anspruch zur Übertragung von Grundstückseigentum verurteilen können, soweit dafür eine in personam jurisdiction existiert. Neuere Entscheidungen in Ehesachen erkennen auch Urteile an, die unmittelbar über die dingliche Rechtslage entschieden haben, soweit eine in personam jurisdiction bestand. Aus diesem Grund wird die Rechtskraft der Anerkennung allerdings auf die Parteien beschränkt, obwohl es sich eigentlich um eine in rem Entscheidung handelt. Man betrachtet solche Ansprüche als Analogie zu personal obligations und weigert sich deshalb, diesen Gedanken auf echte in rem Entscheidungen zu übertragen (vgl. Fall v. Austin, Supreme Court, 215 U.S. 1 ff. (1909); McElreath v. McElreath, Supreme Court of Texas, 345 S.W. (2d) 722 ff. (1961); Matter of Estate of Mack, Supreme Court of Iowa, 373 N.W. (2d) 97, 99 ff.

ne Ausdehnung der jurisdiction auf erbrechtliche Fragen bei unbeweglichen Gegenständen bisher immer abgelehnt und eine ausschließliche Zuständigkeit des Belegenheitsstaates angenommen.[1001]
Die Rechtslage entspricht also derjenigen des englischen Rechts, so daß eine Anerkennung deutscher erbrechtlicher Entscheidungen ebenfalls nur für bewegliche, nicht aber für unbewegliche Gegenstände möglich ist.[1002]

(5) Die Rechtslage in anderen Ländern

Das Prinzip des internationalen Anerkennungsrechts in nahezu allen Ländern ist, daß die Anerkennung von der internationalen Zuständigkeit des Ausgangsgerichts abhängt, die anhand der Zuständigkeiten des Anerkennungsgerichts geprüft wird. Darüber hinaus wird häufig eine Gegenseitigkeit gefordert; die wenigsten Länder nehmen eine weitere Kontrolle der ausländischen Entscheidung anhand ihres internationalen Privatrechts vor.[1003]
Folgende Tendenzen lassen sich für die Bestimmung der internationalen Zuständigkeit in erbrechtlichen Fragen erkennen: In den meisten Ländern besteht eine Zuständigkeit für erbrechtliche Fragen am letzten Wohnsitz des Erblassers sowie häufig eine ausschließliche Zuständigkeit für immobiliarechtliche Fragen am Ort der Belegenheit. Die Zuordnung der erbrechtlichen Fragen des Grundvermögens zu der einen oder der anderen Zuständigkeit hängt im wesentlichen von der Lösung des Kollisionsrechts des jeweiligen Landes ab. Folgt das Kollisionsrecht dem Prinzip der Nachlaßeinheit, so werden die erbrechtlichen Fragen auch bezüglich des Immobiliarvermögens der Wohnsitzzuständigkeit zugeordnet, besteht hingegen Nachlaßspaltung, so fallen diese Fragen unter die Belegenheitszuständigkeit. Das Prozeßrecht erweist sich in dieser Hinsicht als sehr vom materiellen Recht geprägt.

Gute Beispiele für die aufgestellten Prinzipien finden sich in Südamerika, wo nahezu alle kollisionsrechtlichen Möglichkeiten, von völliger Nachlaßspaltung bis hin zu weitgehender Nachlaßeinheit, vorkommen. So unterwirft Art. 10 CC. des venezulanischen Rechts das gesamte in Venezuela belegene bewegliche wie unbewegliche Vermögen dem venezulanischen Recht, da es den erbrechtlichen Übertragungsvorgang sachenrechtlich qualifiziert. Außerdem besteht eine ausschließliche internationale Zuständigkeit für die in Venezuela belegenen Ge-

---

(1985); dazu auch Currie, *Full Faith and Credit to Foreign Land Decrees,* 21 U.Chi.L.Rev. 620 ff. (1953-54)).

[1001] Matter of Estate of Mack, Supreme Court of Iowa, 373 N.W. (2d) 97, 100 (1985); Miller v. Miller, Court of Appeals of Texas, 715 S.W. (2d) 786, 789 f. (1986).

[1002] Zur Nichtanerkennung deutscher Entscheidungen auf amerikanische Grundstücke vgl. auch Otte, IPRax 1993, 142, 145 ff.; Brandi, Haager Abkommen, 231 ff.

[1003] Wie z.B. in Frankreich vgl. o. S. 245 ff.

genstände.[1004] Deshalb sind Urteile über die in Venezuela belegenen unbeweglichen Sachen nach Art. 748 Nr.1 C.proc.civ. nicht vollstreckungs-fähig.[1005]
Betrachtet man die Rechtslage in Brasilien, besteht dort materiell-rechtlich ein gemischtes System von Inländerbevorzugung mit Belegenheitsanknüpfung. So wird grundsätzlich am Wohnsitz des Erblassers angeknüpft. Das Wohnsitzrecht wird jedoch von Art. 10 § 1 LICC für den Fall durchbrochen, daß ein ausländischer Erblasser oder ein Brasilianer mit ausländischem Wohnsitz einen brasilianischen Ehegatten, eheliche Kinder oder brasilianische Kinder hinterläßt. In diesem Fällen richtet sich die Nachfolge des in Brasilien belegenen beweglichen und unbeweglichen Vermögens nach brasilianischem Recht, jedoch nur, wenn das Wohnsitzrecht nicht günstiger ist.[1006] Aus diesem Grund besteht auch eine ausschließliche internationale Zuständigkeit brasilianischer Gerichte für in Brasilien belegene Gegenstände.[1007]
Davon abweichend ist die Rechtslage in Peru gestaltet. In Peru besteht eine nahezu vollständige Nachlaßeinheit[1008] und einer Anknüpfung der Erbfolge am letzten Wohnsitz des Erblassers gemäß Art. 2100 CC. Da Peru dem Gleichlaufgrundsatz für Nachlaßsachen folgt, richtet sich die internationale Zuständigkeit ebenfalls nach dieser Vorschrift. Die ausschließliche Zuständigkeit nach Art. 2058 S.2 CC. für Grundstückssachen findet hingegen in erbrechtlichen Fragen keine Anwendung.[1009] Deutsche Erbrechtsentscheidungen würden in Peru also anerkannt werden.

Sehr aufschlußreich ist in diesem Zusammenhang[1010] auch die Regelung des neuen Schweizer IPRG vom 18. 12 .1987. Nach Art. 90 I IPRG untersteht der

---

[1004] Vgl. dazu Tiedemann, Internationales Erbrecht, 128 f., 133 f.

[1005] So Martiny in HdbIZVR III/1, Rn. 1511.

[1006] Vgl. o. S. 176.

[1007] Vgl. Tiedemann, Internationales Erbrecht, 190; Möllring, Anerkennung , 43, die dies unter der Rubrik “unbewegliches Vermögen” behandelt, vgl. aber den Wortlaut des Gesetzes bei Ferid/Firsching/Lichtenberger, IntErbR I, Brasilien, Texte D I; Bülow/Böckstiegel/Geimer/ Schütze, Internationaler Rechtsverkehr III, Nr. 1023.6 f.

[1008] Eine Ausnahme besteht nach Art. 2101 CC nur für die Fälle, in denen die Erbfolge nach dem Wohnsitzrecht für in Peru belegene Gegenstände zur Erbschaft eines ausländischen Staates führen würde. Hier geht dann peruanisches Recht vor (vgl. Tiedemann, Internationales Erbrecht, 195).

[1009] Ausführlich Tiedemann, Internationales Erbrecht, 196 f.; Samtleben, RabelsZ 49 (1985) 486 ff., 501 ff. Die Ausführungen von Martiny, HdbIZVR III/1, Rn. 1460, beziehen sich noch auf das alte Zivilgesetzbuch (zur Neuregelung vgl. Bergmann/Ferid, IntEheR IX, Peru, 11, dort findet sich auch die Übersetzung der einschlägigen Artt. 2057 ff. auf S. 52 f.).

[1010] Im Verhältnis zwischen Deutschland und der Schweiz ist noch das Deutsch-Schweizer Abkommen vom 2. 11. 1929 zu beachten (abgedruckt bei Jayme/Hausmann, IPV, Nr. 92), das eine Anerkennung und Vollstreckung auch in nichtvermögensrechtlichen Streitigkeiten zuläßt. Umstritten ist, ob das Abkommen auch für FGG-Verfahren gilt, was in Deutschland abgelehnt, in der Schweiz aber bejaht wird (Bülow /Böckstiegel/Geimer/Schütze, Internati-

Nachlaß einer Person mit letztem Wohnsitz in der Schweiz dem schweitzer Recht. Nach Art. 96 I a IPRG gilt folgendes:

> „Ausländische Entscheidungen, Maßnahmen und Urkunden, die den Nachlaß betreffen, sowie Rechte aus einem im Ausland eröffneten Nachlaß werden in der Schweiz anerkannt: a. wenn sie im Staat des letzten Wohnsitzes des Erblassers oder im Staat, dessen Recht er gewählt hat, getroffen, ausgestellt oder festgestellt worden sind oder wenn sie in einem dieser Staaten anerkannt werden, ...".[1011]

Es findet also eine weitgehende Anerkennung ausländischer Erbrechtsentscheidungen sowohl für bewegliche als auch für unbewegliche Gegenstände statt. Die weiteren Anerkennungsvoraussetzungen ergeben sich aus den Artt. 25 ff. IPRG.[1012]

In Spanien bestimmt sich das Erbstatut wie im deutschen Recht nach der Staatsangehörigkeit des Erblassers zum Zeitpunkt des Todes.[1013] Für Fragen der Anerkennung gilt zwischen Deutschland und Spanien der deutsch-spanische Vertrag vom 14. 11. 1983.[1014] Darüber hinaus ist in Spanien das Bestehen einer internationalen Zuständigkeit eine der wesentlichen Voraussetzungen für die Anerkennung ausländischer Urteile nach autonomem Recht.[1015] Die internationale Zuständigkeit in Erbschaftsangelegenheiten im spanischen Recht richtet sich nach Art. 22 Nr.3 LOPJ. Danach sind Gerichte in Nachlaßsachen zuständig, wenn der Erblasser seinen letzten Wohnsitz in Spanien hatte oder wenn dort unbewegliches Vermögen des Erblassers belegen ist.[1016] Art. 22 Nr.3 LOPJ geht Art. 22 Nr.1 LOPJ vor, der eine ausschließliche Zuständigkeit für Klagen vor-

---

onaler Rechtsverkehr II, Nr. 660.12 f.). Da es um die Feststellung prinzipieller Regeln geht, bleibt das Abkommen in der weiteren Untersuchung außen vor.

1011 Vgl. zu den Einzelheiten, Honsell/Vogt/Schneider, IPR, Art. 90 IPRG, Rn. 3 ff., Art. 96 IPRG, Rn. 8 ff.

1012 Vgl. Bülow/Böckstiegel/Geimer/Schütze, Internationaler Rechtsverkehr III, Nr. 1121.7 ff.

1013 Art. 9 Nr. 1 CC, abgedruckt bei Ferid/Firsching/Lichtenberger, IntErbR V, Spanien, 6.f mit der deutschen Übersetzung.

1014 Abgedruckt bei Jayme/Hausmann, IPV, Nr. 99. Nach Art. 7 Nr. 13 des Abkommens wird die internationale Zuständigkeit des Erstgerichts anerkannt, wenn der Erblasser Angehöriger dieses Staates war oder dort seinen letzten Wohnsitz oder Aufenthalt hatte, unabhänigig davon, ob es sich um bewegliche oder unbewegliche Gegenstände handelt (vgl. dazu Karl, Die Anerkennung von Entscheidungen in Spanien, 139 f.).

1015 Vgl. Art. 954 Ley de Enjuiciamiento Civil (abgedruckt bei Karl, Die Anerkennung von Entscheidungen in Spanien, 279; sowie Bülow/Böckstiegel/Geimer/Schütze, Internationaler Rechtsverkehr III, Nr. 1139.16 ff.).

1016 Hayton, European Succession Laws, Rn. 13.89 (1998); Bülow / Böckstiegel/ Geimer / Schütze, Internationaler Rechtsverkehr III, Nr. 1139.9 f.

sieht, die dingliche Rechte sowie Miete und Pacht der in Spanien belegenen unbeweglichen Sachen betreffen.[1017]

(6) Ergebnis

Die Untersuchung der Vollstreckungsmöglichkeiten deutscher Entscheidungen in ausländische Vermögensgegenstände führt zu folgendem Ergebnis: In Ländern, die dem Prinzip der Vermögensspaltung folgen, ist eine Anerkennung oder Vollstreckung deutscher erbrechtlicher Entscheidungen in das dort belegene unbewegliche Vermögen nicht möglich. Jedoch kann in diesen Ländern eine deutsche erbrechtliche Entscheidung für bewegliche Gegenstände regelmäßig anerkannt und vollstreckt werden, soweit sie aufgrund einer Zuständigkeit am letzten Wohnsitz des Erblassers ergangen ist. In Ländern, die dem Prinzip der Vermögenseinheit folgen, ist die Anerkennung von Entscheidungen, die auf dem letzten Wohnsitz des Erblassers beruhen, ebenfalls möglich. Die Anerkennung erstreckt sich in diesen Fällen auf das bewegliche und auf das unbewegliche Vermögen. Dabei richtet eine Anerkennungszuständigkeit sowohl in Ländern, die dem Wohnsitzprinzip folgen, als auch in den Ländern, die dem Staatsangehörigkeitsprinzip folgen, nach dem letzten Wohnsitz des Erblassers.
Systematisch konnte eine weitgehende Übereinstimmung zwischen den Regeln des materiellen Rechts, des Kollisionsrechts und des Zuständigkeits- und Anerkennungsrechts der jeweiligen Staaten entdeckt werden. Folge dieser Übereinstimmung ist, daß die fehlende Durchsetzbarkeit einer Entscheidung dann besteht, wenn das ausländische Recht kollisionsrechtlich an der Belegenheit anknüpft, selbst wenn sich die Anerkennung und Vollstreckung an der internationalen Zuständigkeit orientiert. Diese Verbindung zeigt, daß Art. 3 III EGBGB tatsächlich der Vermeidung undurchsetzbarer Rechtslagen dient und diesen Zweck auch erfüllen kann.

(7) Das Gegenargument der willkürlichen Bevorzugung des Belegenheitsrechts

Gegen die Begründung, daß Art. 3 III EGBGB dem Ziel diene, die Durchsetzbarkeit deutscher Entscheidungen zu sichern, wird angeführt,[1018] daß Art. 3 III EGBGB dieses Ziel höchst willkürlich verfolge. So finde Art. 3 III EGBGB keine Anwendung, wenn das Belegenheitsrecht generell und nicht nur für einzelne Gegenstände anders anknüpfe. In diesem Fall sei aber die Durchsetzbarkeit deutscher Entscheidungen in gleichem Maße gefährdet, da eine Anerken-

---

[1017] Vgl. die Übersetzung bei Karl, Die Anerkennung von Entscheidungen in Spanien, 281 f.

[1018] Staudinger/Dörner, Art. 25 EGBGB, Rn. 522; Thoms, Einzelstatut, 61 ff.; Solomon, IPRax 1997, 81, 84; Soergel/Schurig, Art. 25 EGBGB, Rn. 89; Kegel/Schurig, IPR, § 12 II 2 b cc ; Raape/Sturm, IPR I, § 12 II 2 b (S. 186); Wochner, FS für Wahl, 161, 177 f.

nung von den, aus deutscher Sicht nicht beeinflußbaren, Zuständigkeitsregeln des Belegenheitsstaates abhänge.
Dem widerspricht jedoch die tatsächliche Anerkennungslage, wie sie sich nach den obigen Analyse darstellt. Im übrigen läßt sich auch systematisch und materiell-rechtlich begründen, warum die fehlende Durchsetzbarkeit nur in den von Art. 3 III EGBGB geregelten Konstellationen besteht. In den Fällen, in denen die Staaten von einer Vermögensspaltung ausgehen und die unbeweglichen Gegenstände am Belegenheitsrecht anknüpfen, ergibt sich dort auch unproblematisch eine ausschließliche Zuständigkeit, da die Gründe, die auf materieller Ebene für eine Anknüpfung am Belegenheitsrecht sprechen, ebenso auf Zuständigkeitsebene gelten. Es wäre geradezu widersinnig, in einem solchen Fall materiell am Recht der Belegenheit anzuknüpfen, dort aber keine oder keine ausschließliche internationale Zuständigkeit zu begründen. Damit würden die entstandenen Vorteile, die eine Anknüpfung am Belegenheitsrecht mit sich bringt, wieder aufgehoben werden.
Bei einer Anknüpfungen am Wohnsitzrecht oder an der Staatsangehörigkeit ergibt sich dagegen, daß sich die Zuständigkeit in erbrechtlichen Fragen in beiden Systemen regelmäßig am Wohnsitz des Erblassers befindet. Für die Länder, die am Wohnsitzrecht anknüpfen, folgt die Zuständigkeit schon aus der Übereinstimmung mit ihrem IPR. Für die an die Staatsangehörigkeit anknüpfenden Länder, ergibt sie sich daraus, daß die Staatsangehörigkeit lokalisieren werden muß, wofür ebenfalls der Wohnsitz ausgewählt wird. Zudem werden in den Staatsangehörigkeitsländern weitere Gerichtsstände für Staatsangehörige, deren Wohnsitz sich nicht im Land befindet, geschaffen.[1019] Da die meisten Länder keine revision au fond oder einer Kontrolle anhand des eigenen IPR vorsehen, können solche Entscheidungen in der Regel gegenseitig anerkannt werden. Mit einer ausschließlichen Grundstückszuständigkeit ist nicht zu rechnen, da sich das einheitliche materielle Vermögensstatut regelmäßig auf die interne und demzufolge auf die internationale Zuständigkeit ausgewirkt hat.
Art. 3 III EGBGB zieht also mit der Einbeziehung der nur kollisionsrechtlichen Belegenheitsanknüpfung in die besonderen Vorschriften die Konsequenzen aus dem Zusammenspiel von materiellem Recht und Zuständigkeit wie es regelmäßig vorkommt und verhindert undurchsetzbare Rechtslagen. Die Regelung des Art. 3 III EGBGB ist daher in Bezug auf die Durchsetzbarkeit nicht willkürlich, sondern die logische Schlußfolgerung aus dem Aufbau der im Ausland bestehenden vermögensrechtlichen Systeme. Der Umstand, daß möglicherweise nicht sämtliche Fälle davon erfaßt werden,[1020] ist bei einer abstrakt formulierten Norm nicht überraschend und spricht nicht gegen sie.

1019 Solche Zuständigkeiten bestehen im übrigen auch in einigen Staaten, die am Wohnsitz anknüpfen. Man nehme nur Art. 14, 15 C.c. (vgl. o. S. 247).

1020 Etwa durch Staatsverträge oder dadurch, daß ein ausländisches Land jegliche Anerkennung in erb- oder familienrechtlichen Entscheidungen ablehnt. Allerdings wurden solche Beispiele in der Praxis bisher nicht gefunden.

(8) Einschränkung der internationalen Zuständigkeit infolge der fehlenden Durchsetzbarkeit

Letzte Frage in diesem Zusammenhang ist, ob das Argument der fehlenden Durchsetzbarkeit nicht bereits zu einer Einschränkung auf Zuständigkeitsebene führen soll. Dazu sei noch einmal kurz auf den Ansatz von Otte[1021] hingewiesen: Otte will im Verhältnis zwischen § 24 ZPO und § 27 ZPO die Frage der Qualifikation - dinglich oder erbrechtlich - nicht wie gewöhnlich nach der lex fori, sondern nach der lex causae, also in diesem Fall nach dem Belegenheitsrecht qualifizieren. Sehe eine Rechtsordnung beispielsweise ein Vermächtnis als dinglich an, so müsse diese Einordnung übernommen und § 24 ZPO angewandt werden. In einem solchen Fall sei eine Entscheidung über das Grundstück bereits als unzulässig abzuweisen. Nicht ganz klar ist, ob Otte eine Qualifikation nach der lex causae nur in Fällen, in denen das Erbrecht nach Art. 3 III EGBGB bestimmt wird, oder in jedem Fall vornehmen will.
Maßgeblich für eine abweichende Qualifikation, wie Otte sie vorschlägt, muß sein, ob eine günstige oder ungünstige Anerkennungsprognose besteht. Dabei sagt die Einordnung eines Vermächtnisses als dinglich oder schuldrechtlich über die Anerkennung einer Entscheidung noch nichts aus. Vielmehr kann selbst in den Fällen, in denen das ausländische Recht ein Vermächtnis schuldrechtlich qualifiziert, eine Anerkennung versagt bleiben, da zentraler Punkt nicht die Frage der Qualifikation des Vermächtnisses als dinglich oder schuldrechtlich ist, sondern ob sich das Vermächtnis auf einen beweglichen oder unbeweglichen Gegenstand bezieht. Zwischen der Anerkennung in einem ausländischen Staat und der Einordnung eines Anspruchs als schuldrechtlich oder dinglich besteht demnach kein unmittelbarer Zusammenhang. Otte benutzt die in einigen Fällen bestehende Übereinstimmung, um den Gerichtsstand des § 27 ZPO zu umgehen, allerdings in einer systematisch inkonsequenten Weise.[1022]

Will man diese Ziele auf einem logisch konsequenten Weg erreichen, so wäre es erforderlich eine mit Art. 86 II IPRG des schweizerischen IPR vergleichbare Vorschrift einführen. Art. 86 IPRG hat dabei folgenden Wortlaut:

> „[1] Für das Nachlassverfahren und die erbrechtlichen Streitigkeiten sind die schweizerischen Gerichte und Behörden am letzten Wohnsitz des Erblassers zuständig.

[1021] Otte, IPRax 1993, 142, 143.

[1022] Ein solches Problem kann im Erbscheinsverfahren infolge des Gleichlaufgrundsatzes nicht auftreten, da Art. 3 III EGBGB in diesen Fällen zur Anwendung ausländischen Rechts führt und wir deshalb über das ausländische Grundstück keine Entscheidung treffen. Deshalb wird im Erbschein lediglich vermerkt, daß der Erbschein nicht für den im Staate X belegenen Nachlaß gelte (vgl. dazu Staudinger/Dörner, Art. 25 EGBGB, Rn. 827 m.w.N.).

[2] Vorbehalten ist die Zuständigkeit des Staates, der für Grundstücke auf seinem Gebiet die ausschließliche Zuständigkeit vorsieht."[1023]

Da die Anerkennung ausländischer Entscheidungen, wie bereits dargestellt, nahezu immer von der internationalen Zuständigkeit des Anerkennungsstaates abhängt, Art. 86 II IPRG in Fällen einer fehlenden internationalen Zuständigkeit aber bereits die Zuständigkeit des Heimatstaates verneint, vermeidet man auf diese Weise das Entstehen von nicht anerkennungsfähigen Entscheidungen. Aus dem gleichen Grund stellt sich die Frage, ob Art. 3 III EGBGB nicht ebenfalls als eine zuständigkeitseinschränkende Norm verstanden werden soll vergleichbar mit Art. 86 II IPRG, wie dies bereits von Wochner wenn auch mit anderer Begründung vertreten wurde.[1024]
Gegen eine solche Auslegung des Art. 3 III EGBGB spricht die Tatsache, daß es äußerst ungewöhnlich ist, eine Norm, die der Einschränkung der internationalen Zuständigkeit dient, innerhalb des EGBGB zu finden. Zudem entspricht diese Auslegung nicht dem Willen des Gesetzgebers, der in Art. 3 III EGBGB eine kollisionsrechtliche Teilverweisung erblickt. Dennoch bietet sich die Zuständigkeitslösung aus Praktikabilitätsgründen an. Es ist vorteilhafter, keine Entscheidung zu treffen, als eine Entscheidung, der dann die Anerkennung versagt werden würde. Auch die systematisch falsche Bezugnahme des Art. 3 III EGBGB auf das ausländische Kollisionsrecht anstatt auf die internationale Zuständigkeit des ausländischen Staates ist unproblematisch, da in den meisten Staaten insoweit ein Gleichlauf zwischen Prozeß- und Kollisionsrecht besteht.[1025]
Eine Zuständigkeitslösung führt auch nicht dazu, daß die von Art. 3 III EGBGB gewollte Rechtsfolge, die Anwendung des Belegenheitsrechts, nicht eintritt, da das Belegenheitsrecht vom ausländischen Staat angewandt wird. Eine vergleichbare Lösung kennt das deutsche Recht auch bereits im Bereich der freiwilligen Gerichtsbarkeit für den Erbschein, da nach dem Gleichlaufgrundsatz des internationalen Erbrechts deutsche Nachlaßgerichte für die Erteilung eines Erbscheins nur dann zuständig sind, wenn deutsches Recht Erbstatut ist.[1026] Aus diesen Gründen ist Art. 3 III EGBGB soweit einschlägig als zuständigkeitseinschränkende Norm zu verstehen.

1023 Wie sich aus dem Zusammenspiel mit Abs.1 ergibt, handelt es um die erbrechtliche nicht um eine sachenrechtliche Zuständigkeit (vgl. dazu Honsell/Vogt/Schneyder, IPR, Art. 86 IPRG, Rn. 15 ff.).

1024 Vgl. o. S. 167 f., der dortige Begründungsansatz aus der Abgrenzung von öffentlichem und privatem Recht ist als nicht zutreffend abzulehnen.

1025 Vgl. die Beispiele und die systematischen Erwägungen die oben (S.256 ff.) angestellt wurden.

1026 Vgl. o. S. 242.

dd) Äußerer Entscheidungseinklang

Ein zusätzliches Argument für eine weite Auslegung des Art. 3 III EGBGB ist, daß er der Herstellung eines äußeren Entscheidungseinklang diene.[1027] Daß der äußere Entscheidungseinklang eines der Ziele des IPR darstellt[1028] und durch Art. 3 III EGBGB erreicht werden kann, ist unzweifelhaft, da die ausländische Kollisionsnorm ein tragendes Entscheidungselement innerhalb des Art. 3 III EGBGB ist. Ein Vergleich des Art. 3 III EGBGB mit dem Renvoi[1029] unter diesem Gesichtspunkt zeigt, daß, anders als beim Renvoi durch Art. 3 III EGBGB, ein vollständiger Entscheidungseinklang aufgrund seiner Besonderheit, das Belegenheitsrecht positiv für anwendbar zu erklären, erreicht werden kann.
Das am häufigsten gegen den äußeren Entscheidungseinklang vorgebrachte Argument nennt daher, anders als beim Renvoi, als Grund nicht, daß ein internationaler Entscheidungseinklang nicht in jedem Fall erreicht werden könne, sondern daß dies willkürlich geschehe.[1030] Werde das gesamte Vermögen vom Belegenheitsstaat nach einem anderen Recht behandelt, sei der Widerspruch zwar viel gravierender, jedoch mangels besonderer Vorschriften für das deutsche Recht ohne Bedeutung. Es stellt sich also die Frage, warum aus den Fällen, in denen ein ausländischer Staat eine bestimmte Rechtsordnung für anwendbar erklärt, gerade diejenige des Belegenheitsrechts vom deutschen Recht herausgegriffen und das Recht für anwendbar erklärt werde.
Betrachtet man die Konstellation des positiven Kompetenzkonflikts im Vergleich zum negativen Konflikt, bei dem sich keine von mehreren Rechtsordnungen für anwendbar hält, so zeigt sich, daß der positive Konflikt im Bereich der Vermögensstatute das zusätzliche Element der Belegenheit enthält. Bei einem Vermögen, daß sich über mehrere Länder erstreckt, können verschiedene Rechtsordnungen die Anwendung ihres Rechtes fordern. In dem Beispiel eines deutschen Erblassers mit Wohnsitz in Dänemark und einem Grundstück in Frankreich halten sich sämtliche Rechtsordnungen für anwendungsberechtigt. In dieser Konstellation hat sich das deutsche Recht für den Entscheidungseinklang mit dem Belegenheitsrecht entschieden, da dieses mit Sicherheit durchsetzbar ist.
Daraus könnte man den Schluß ziehen, daß ein Entscheidungseinklang mit dem jeweiligen Belegenheitsrecht für sämtliche Gegenstände eines Vermögensstatuts herzustellen sei. Dazu müßte der Ort, an dem sich der jeweiligen Gegens-

---

[1027] Erman/Hohloch, Art. 3 EGBGB, Rn. 13; MüKo/Sonnenberger, Art. 3 EGBGB, Rn. 18; Staudinger/Hausmann, Art. 3 EGBGB, Rn. 41; Brandi, Haager Abkommen, 195 f.; Firsching/v.Hoffmann, IPR, § 9 Rn. 61; Stöcker, WM 1980, 1134, 1137.

[1028] Vgl. o. S. 187 ff.

[1029] Vgl. o. S. 187 ff.

[1030] Soergel/Schurig, Art. 25 EGBGB, Rn. 89; Solomon, IPRax 1997, 81, 84; Staudinger/Dörner, Art. 25 EGBGB, Rn. 522; Kegel/Schurig, IPR, § 12 II 2 b cc; Raape/Sturm, IPR I, § 1 II 2 c (S. 186).

tand befindet und das nach dem jeweiligen Land auf den Gegenstand anwendbare Recht ermittelt werden. Dies hätte zur Folge, daß ein zwar umfassender, aber unpraktikabler Entscheidungseinklang entstünde, da eine Vielzahl von Rechten zur Anwendung kommen würden. Ein solcher Entscheidungseinklang widerspräche darüber hinaus auch dem Gedanken der Vermögenseinheit, dem ein Großteil der Staaten folgt, auf die verwiesen wird. Deren kollisionsrechtliche Aussage zugunsten eines Gesamtstatuts würde eine nachträgliche Korrektur durch die Einführung der Vermögensspaltung finden. Außerdem wäre die Verweisung auf das ausländische Recht und deren Annahme nicht deckungsgleich, da das ausländische IPR keine Begrenzung auf die in seinem Land belegenen Gegenstände kennt, wie dies bei den Verweisungen nach Art. 3 III EGBGB der Fall ist. Zudem ist die Herstellung der Entscheidungsharmonie mit Ländern, die dem Prinzip der Vermögenseinheit folgen, nicht in gleicher Weise erforderlich, da diese Länder eine mögliche Anerkennung der ausländischen Entscheidung einer Durchsetzung des eigenen Prinzips vorziehen,[1031] wohingegen die Anwendung der lex rei sitae über Art. 3 III EGBGB den Vorteil aufweist, daß ein vollständiger Entscheidungseinklang unproblematisch und ohne zu große Einschränkung des Vermögensstatuts erzielt werden kann und dabei gleichzeitig die Durchsetzbarkeit berücksichtigt.

Als weiteres Gegenargument nennt Thoms,[1032] daß durch die gesonderte Anknüpfung von Teil- und Vorfragen[1033] trotz der Anknüpfung nach Art. 3 III EGBGB ein Entscheidungseinklang nicht hergestellt werden könne, wenn sich die gesonderte Anknüpfung nicht ebenfalls nach dem Belegenheitsrecht richte. Dem ist entgegenzuhalten, daß das Fehlen des internationalen Entscheidungseinklangs in diesen Fällen auf einem anderen Grund beruht, nämlich der selbständigen oder unselbstständigen Anknüpfung der Vorfrage.[1034] Entscheidet man sich aber für eine selbständige Anknüpfung von Vorfragen, kann es immer zu einer Störung des äußeren Entscheidungseinklangs führen. Es handelt sich damit nicht um ein spezifisches Problem des Art. 3 III EGBGB, sondern um eine Folge der selbständigen Anknüpfung, die auch in anderen Fällen die internationale Entscheidungsharmonie durchbricht.

1031 Vgl. die parallel gestaltete Argumentation gegen die h. M. beim Argument der Durchsetzbarkeit und ihre Ablehnung (o. S. 256 ff.).

1032 Thoms, Einzelstatut, 71 ff.

1033 Vgl. o. S. 113 ff.

1034 Vgl. o. S. 114 sowie z.B. MüKo/Sonnenberger, Einl. IPR, Rn. 494 ff.; Kropholler, IPR, § 32.

ee) Verzahnung des Erbrechts mit dem Sachenrecht und dem Familienrecht

Die weite Auslegung des Art. 3 III EGBGB wird vom Gesetzgeber weiterhin mit der Verzahnung von Erbrecht und Sachenrecht begründet.[1035] Da nicht ganz klar ist, was der Gesetzgeber mit dieser Formulierung zum Ausdruck bringen wollte, wird diese von einigen Autoren in der Weise verstanden,[1036] daß damit die fehlende Durchsetzbarkeit im Ausland gemeint sei. Tiede-mann[1037] erblickt in diesem Satz hingegen eine Behandlung des Spannungsverhältnisses zwischen Einzel- und Gesamtstatut in der von ihr verstandenen Weise. Sonnenberger[1038] denkt, daß die Formulierung aussage, daß „...eine Regelung des Gesamtvermögensstatuts, die im Widerspruch zu der des Belegenheitsortes eines Gegenstandes steht, auf Durchsetzungsschwierigkeiten stoßen kann."

Gegen die Annahme, dieser Satz der Gesetzesmaterialien behandle das Argument der Durchsetzbarkeit, spricht, daß der Gesetzgeber bereits zwei Absätze vorher die weite Ansicht mit der „Vermeidung undurchsetzbarer Rechtslagen" begründet.[1039] Die Wiederholung dieses Arguments erscheint angesichts der Kürze der Begründung unwahrscheinlich, zumal die Formulierung selbst nicht in diese Richtung zielt. Auch für die Auslegung Tiedemanns biete der Wortlaut der Gesetzesbegründung keine Stütze, da dieser weder das Einzelstatut als solches noch einen zwingenden Vorrang des Einzelstatuts erwähnt, sondern von dem Zusammenspiel des Sachenrechts mit dem Erbrecht spricht.

Das Argument der Verzahnung des Sachen- mit dem Erbrecht will vielmehr zum Ausdruck bringen, daß das Vermögensstatut sachenrechtliche Tatbestände regelt, die mit den übrigen sachenrechtlichen Normen eines Landes aufs Engste verknüpft sind. [1040] Trennt man das Vermögensstatut und das Sachstatut, wie es durch die unterschiedlichen Anknüpfungen des Kollisionsrechts erfolgt, entstehen zwischen den erbrechtlichen und den sachenrechtlichen Normen Widersprüche, da diese nicht aufeinander abgestimmt sind. Diese Widersprüche führen zu Anpassungs- und Angleichungsproblemen, die sich, wie gesehen, zum Beispiel bei der Anwendung ausländischer Vindikationslegate im Inland zeigen.[1041] Diese Schwierigkeiten entfallen, wenn die Anknüpfung des Vermögensstatuts anhand des Belegenheitsrecht vorgenommen wird, da sowohl das Erb- als auch das Sachenrecht derselben Rechtsordnung entnommen werden.

[1035] BT-Drucksache 10/504, 37.

[1036] Thoms, Einzelstatut, 92; Tiedemann, Internationales Erbrecht, 40 f.

[1037] Tiedemann, Internationales Erbrecht, 41.

[1038] MüKo/Sonnenberger, Art. 3 EGBGB, Rn. 19.

[1039] BT-Drucksache 10/504, 36.

[1040] So ist m.E. auch Sonnenberger zu verstehen, anders jedoch Thoms, Einzelstatut, 92.

[1041] Vgl. dazu o. S. 124 f. sowie BGH, Urt. v. 28. 9. 1994, IPRax 1996, 39 ff.; dazu Dörner IPRax 1996, 26 ff; Staudinger/Stoll, IntSachenR, Rn. 181 ff.; in neuerer Zeit Nishitani, IPRax 1998, 74 ff. mit umfangreichen Nachweisen.

Aus diesem Grund spricht die Verzahnung vom Erb- mit dem Sachenrecht für eine übereinstimmende Anknüpfung am Belegenheitsrecht. Daß die Verzahnung von Erb- und Sachenrecht ein wesentliches Argument für die Anwendung des Belegenheitsrechts bildet, zeigt sich auch daran, daß das Argument in den ausländischen Rechtsordnungen vielfach für die Wahl der Belegenheitsanknüpfung im Erb- und Familienrecht genannt wird.[1042] In besonderem Maße gilt die Begründung der Verzahnung von Erb- und Sachenrecht für unbewegliches Vermögen, für das im Gegensatz zum beweglichen Vermögen ein Vielfaches an sachenrechtlichen Vorschriften existieren. Nicht ohne Grund nennt der Rechtsausschuß des deutschen Bundestages[1043] als Argument für die Einführung der Rechtswahltatbestände in Art. 15 II Nr. 3 EGBGB und Art. 25 II EGBGB, daß eine solche „im Hinblick auf die praktischen Bedürfnisse des Grundstückverkehrs" geschah.[1044]
Darüber hinaus besteht noch ein weiterer Vorteil der übereinstimmenden Anknüpfung, der in der Gesetzesbegründung nicht genannt wurde:[1045] Da vielfach nicht nur das Erb- sondern auch das Familienrecht am Belegenheitsrecht angeknüpft wird, kommt es zu einer Übereinstimmung des Familien- mit dem Erbrecht. Dadurch entfallen die in diesem Verhältnis bestehenden komplizierten Anpassungs- und Qualifikationsprobleme.

ff) Gedanke der Vermögensspaltung im deutschen Kollisionsrecht

Außerdem könnte zugunsten einer weiten Auslegung des Art. 3 III EGBGB geschlossen werden, wenn das deutsche Recht nicht mehr unumschränkt von dem Prinzip der Vermögenseinheit ausgehen würde. Betrachtet man die Argumentation Solomons, so basiert diese im wesentlichen auf dem Gedanken, das im deutschen Recht als vorrangig anerkannte Prinzip der Vermögenseinheit im Erb- und Familienrecht weitestmöglich durchzusetzen, so daß eine gegenläufige Tendenz für die Auslegung der h.M. spräche.
Das Prinzip der einheitlichen Behandlung des Vermögens befindet sich im deutschen internationalen Erb- und Familienrecht im Zurückweichen. Im Rahmen der IPR-Reform wurde die Möglichkeit einer objektbezogenen Teilrechtswahl für unbewegliches Vermögen eingefügt. Nach Art. 25 II EGBGB kann für das im Inland belegene unbewegliche Vermögen deutsches Recht und im Ehegüterrecht für sämtliches unbewegliches Vermögen das Recht des Lageortes gemäß Art. 15 II Nr.3 EGBGB gewählt werden. Der Gesetzgeber bringt damit

---

[1042] Vgl. o. S. 191 ff.

[1043] BT-Drucksache 10/5632 42, 44.

[1044] Vgl. Kötters, Parteiautonomie, 32 f.; Stoll, Rechtswahl, 55 f.

[1045] Dieses Argument wurde lediglich als Grund für die Einführung der Rechtswahlmöglichkeit des Belegenheitsrechts bei Grundstücken genannt (Vgl. u. S. 290 ff.), gilt bei Art. 3 III EGBGB aber in gleichem Maße.

zum Ausdruck, daß er einer vertikalen Spaltung des Vermögensstatuts verstärkt Gewicht beimißt. Die Vermögensspaltung besteht damit im deutschen Recht als gegensätzliches Prinzip zur Vermögenseinheit.

Außerdem wird das Prinzip der Gesamtrechtsnachfolge auch im materiellen Erbrecht aufgeweicht, z.B. durch die von der Rechtsprechung entwickelte Sondernacherbfolge in die Anteile einer Personengesellschaft.[1046] Ein vergleichbares Ergebnis läßt sich durch das Zusammenspiel von Teilungsanordnung mit dem § 2087 BGB, wonach die Erbquoten anhand des Wertes von Vermögensgruppen oder von einzelnen Gegenständen bestimmt werden können, erzielen, auch wenn eine Teilungsanordnung nur schuldrechtlichen Charakter[1047] hat und deshalb keine Sonderrechtsnachfolge darstellt.[1048] Instruktives Beispiel hierfür ist die Entscheidung des BGH vom 16. 10. 1996.[1049] Diese Entscheidung beruht auf einem vom Erblasser hinterlassenen Testament mit folgendem Inhalt:

> „Für den Fall meines Todes verfüge ich über mein in der Schweiz (ausgenommen meiner Liegenschaften in Flims), in Liechtenstein, Österreich und Italien sich befindliches Vermögen wie folgt: Alleinerbin nach meinem Tode ist die A .... Ich stelle fest, daß meine eheliche Frau und meine ehelichen Kinder in Düsseldorf, aus meinem in Deutschland liegenden Vermögen und meiner Liegenschaft in Flims bedacht bzw. abgefunden sind.“

Das Gericht sah in diesem Testament eine Erbeinsetzung beider Teile nach Vermögensgruppen verbunden mit den entsprechenden Teilungsanordnungen. Die Zuwendung eines Vermögensbruchteils gemäß § 2087 I BGB könne auch dann vorliegen, wenn Gruppen von Vermögensgegenständen zugewandt werden, die zusammen das ganze Vermögen ausmachen würden.[1050] Die Vorgehensweise in solchen Fällen stellt sich wie folgt dar: Zuerst wird die Feststellung, daß eine Erbfolge vorliegt, getroffen und anschließend anhand des Wertes

---

[1046] Vgl. o. S. 144 f.; Ebenroth, ErbR, Rn. 857 ff.; Staudinger/Werner, Vorbem. zu §§ 2032 ff. BGB, Rn. 24 ff.

[1047] Die Teilungsanordnungen können sich dabei auf sämtliche Gegenstände des Erblassers beziehen (Staudinger/Werner, § 2048 BGB, Rn. 1).

[1048] Staudinger/Werner, Vorbem. zu §§ 2032 ff. BGB, Rn. 19; MüKo/Dütz, vor § 2032 BGB, Rn. 6 f.; ders., § 2048 BGB, Rn. 1, 8; Soergel/Wolf, § 2048 BGB, Rn. 2. Auch die Einzetzung auf einen Gegenstand stellt keine Erbeinsetzung auf einen einzelnen Gegenstand dar (so aber Schrader, NJW 1987, 117 f.; dagegen die ganz h.M. Otte, NJW 1987, 3164 f.; ders., Staudinger/Otte, § 2087 BGB, Rn. 4; MüKo/Schlichting, § 2087 BGB, Rn. 7; Soergel/Wolf, § 2087 BGB, Rn. 17).

[1049] BGH, Urt. v. 16. 10. 1996, NJW 1997, 392 ff.

[1050] BGH, Urt. v. 16. 10. 1996, NJW 1997, 392, 393 sowie BGH, Urt. v. 19. 1.1994, NJW 1994, 939, 940 in dem über die Gültigkeit des Testaments und weitere Fragen entschieden wurde.

der einzelnen Gegenstände die Erbquote ermittelt, um dann die einzelnen Gegenstände den Erben wieder über die Teilungsanordnung zuzuweisen. Trotz der verbleibenden Unterschiede führt diese Lösung zu einer Annäherung an die Einzelrechtsnachfolge. Sowohl das deutsche materielle, als auch das deutsche Kollisionsrecht kennt also in bestimmten Fällen eine Vermögensspaltung, so daß die Regelung des Art. 3 III EGBGB auch aus dieser Perspektive keinen völligen Fremdkörper im System des deutschen Rechts darstellt.

gg) Vergleich des Art. 3 III EGBGB mit dem Renvoi

Zu überlegen ist weiterhin, inwieweit der Renvoi Anhaltspunkte für eine enge oder weite Auslegung des Begriffs der besonderen Vorschriften bietet kann. Art. 3 III EGBGB löst den positiven Kompetenzkonflikt, also wenn sich zwei Rechtsordnungen gleichzeitig für anwendbar erklären. Im Gegensatz dazu regelt der Renvoi den negativen Kompetenzkonflikt, der in den Konstellationen auftritt, in denen beide Rechte nicht angewandt werden wollen.[1051] Die Übereinstimmung zwischen positivem und negativem Kompetenzkonflikt besteht darin, daß in beiden Fällen der abweichenden ausländischen Kollisionsnorm Beachtung geschenkt wird. Aus diesem Grund wird Art. 3 III EGBGB als teilweiser Renvoi[1052] oder Renvoi eigener Art bezeichnet.[1053] Darüber hinaus kann es aufgrund einer Verweisung auf eine Rechtsordnung, die der Nachlaßspaltung folgt, ebenfalls zu einem Teilrenvoi und über Art. 4 I EGBGB zu einer Nachlaßspaltung kommen.[1054]
Gegen die Vergleichbarkeit beider Rechtsinstitute wird angeführt, daß dem Renvoi eine andere Ausgangslage zugrunde liegt als Art. 3 III EGBGB. Die Anerkennung des Renvoi beruhe auf dem Interesse, einen Entscheidungseinklang mit der von der Anknüpfung berufenen Rechtsordnung herzustellen. Zunächst entscheide das Kollisionsrecht, welches Recht das geeignetste sei. Der Entscheidung dieses Rechts unterwerfe man sich schließlich nicht nur sachrechtlich, sondern auch kollisionsrechtlich.[1055] Demgegenüber sei die Situation bei Art. 3 III EGBGB eine andere. Hier komme es zu einer Abweichung von der eigentlichen Anknüpfung und zwar nicht, weil es die vom deutschen IPR berufene Rechtsordnung verlange, sondern weil eine weitere Rechtsordnung sich positiv für anwendbar erkläre und dies berücksichtigt werde. Aufgrund dessen seien beide Rechtsinstitute nicht miteinander vergleichbar.

[1051] Kropholler, IPR, § 26 I; Neuhaus, IPR, § 38 I (S. 286 f.); Wolf, IPR, 81; Dölle, IPR, 96.

[1052] Siehr, IPRax 1987, 4, 5.

[1053] Ebenroth/Eyles, IPRax 1989, 1, 3.

[1054] Vgl. o. S. 66 ff.; 118 ff., 187 ff.

[1055] Michaels, RabelsZ 61 (1997) 685, 691 f.

Thoms[1056] macht ferner darauf aufmerksam, daß eine Teilverweisung die Vermögensspaltung eines ausländischen Rechts lediglich „importiere“, wohingegen die Nachlaßspaltung des Art. 3 III EGBGB ihre Ursache bereits im deutschen IPR habe, ohne daß dieses dafür eine befriedigende Lösung bereithalte. Zudem führe der Teilrenvoi zu einer verstärkten, an sich erstrebten Anwendung deutschen Rechts, wohingegen von Art. 3 III EGBGB vermehrt fremdes Recht berufen werde.

In der Tat ist zuzustimmen, daß die Ausgangssituationen im deutschen IPR für Art. 3 III EGBGB und Art. 4 I EGBGB divergieren. Die Gründe für die Beachtung der ausländischen Kollisionsnormen sind andere und müssen, was die Entscheidungsharmonie betrifft, gesondert geprüft werden. Eine Vergleichbarkeit besteht jedoch was die Berücksichtigung des ausländischen Kollisionsrechts angeht. Indem man dem ausländischen Anwendungswillen nachgibt, unterwirft man sich diesem, unabhängig davon, welchen Inhalt er hat. So folgt man aufgrund des Renvois einem System der Vermögensspaltung, obwohl dieses Prinzip in der eigenen Rechtsordnung nicht befürwortet wird. Gleiches gilt für Art. 3 III EGBGB. Insofern besteht zwar keine Übereinstimmung zwischen Renvoi und Art. 3 III EGBGB bei den Gründen für die Berufung des ausländischen Anwendungswillens, wohl aber bei der Anwendung des ausländischen Kollisionsrechts, das in beiden Fällen ohne weitere Wertungen des eigenen Rechts übernommen wird.

Nicht zu überzeugen vermag die Argumentation von Thoms. Würde das deutsche Recht für die Nachlaßspaltung tatsächlich keine befriedigende Lösung bereithalten, so wäre eine Anwendung der Nachlaßspaltung über Art. 4 I EGBGB ebenfalls abzulehnen. Im übrigen ist schon der Ausgangspunkt ihrer Überlegung verfehlt, da das deutsche Recht keine Lösung für die Nachlaßspaltung bereit hält, weil es keine Nachlaßspaltung kennt. Auch das Argument, daß der Renvoi im Gegensatz zu Art. 3 III EGBGB zur vermehrten und erwünschen Anwendung deutschen Rechts führe, vermag nicht durchzugreifen. Schließlich ist es im Rahmen des Art. 4 I 2 EGBGB umstritten, inwieweit das Heimwärtsstreben beim Renvoi ein rechtspolitisch maßgebliches Interesse darstellt.[1057] Außerdem kann Art. 3 III EGBGB ebenso zugunsten des deutschen Rechts Anwendung finden.[1058]

Insgesamt betrachtet geht es bei der Gegenüberstellung von Art. 3 III EGBGB und Art. 4 I EGBGB um die grundsätzliche Vergleichbarkeit zweier unterschiedlicher Rechtsfiguren. Daß dabei einzelne rechtspolitische Motive divergieren, ist nicht verwunderlich. Viel entscheidender ist, daß beide Vorschriften in ihrem Kern das Argument des internationalen Entscheidungseinklangs beinhalten und sich mit der Frage der Berücksichtigung ausländischen Kollisions-

---

[1056] Thoms, Einzelstatut, 79.

[1057] Michaels, RabelsZ 61 (1997) 685, 693; MüKo/Sonnenberger, Art. 4 EGBGB, Rn. 22; Kegel/Schurig, IPR, § 10 III 3.

[1058] Vgl. o. S. 157 ff.

rechts beschäftigen. Aus diesem Grund stellt die Gegenüberstellung von Renvoi und Art. 3 III EGBGB kein positives Argument für die eine oder andere Auslegung des Art. 3 III EGBGB dar. Sie vermag aber aufzuzeigen, daß sich Art. 3 III EGBGB reibungslos in das bestehende IPR-System eingliedern läßt.[1059]

hh) Das extensive Verständnis des Art. 3 III EGBGB von Braga

Abschließend ist die von Braga[1060] zu Art. 28 EGBGB a.F. entwickelte extensive Auslegung zu behandeln, die aus seinem Verständnis des Art. 28 EGBGB a.F. als Kollisionsnorm für Kollisionsnormen entstand. Ausgangspunkt bildet für ihn der Gedanke, Zwangslagen, denen „Rechtsunterworfene" im Ausland ausgesetzt sind, kollisionsrechtlich zu berücksichtigen. Solche Zwangslagen könnten von vorneherein im Ehegüter- und insbesondere im Erbrecht lokalisiert werden, wenn das IPR des Belegenheitsstaates eine andere Zuordnung der Erbmassen vornehme.[1061] In Art. 28 EGBGB a.F. gehe es um die Berücksichtigung dieser Zwangslagen, die Braga bei sämtlichen Anknüpfung durch das jeweilige Belegenheitsrecht für gegeben hält. Ihm schwebt vom Ergebnis her das oben dargestellte Modell der „absoluten Entscheidungsharmonie" vor,[1062] nach dem das anwendbare Recht anhand der jeweiligen Belegenheit des Gegenstandes bestimmt wird. Art. 28 EGBGB a.F. verkörpere den Koexistenzgedanken und übernehme die Kooperationsfunktion mit dem ausländischen IPR.
Die Begründung für ein solches Verständnis des Art. 28 EGBGB a.F. ergebe sich daraus, daß das Prinzip der Nachlaßeinheit, dem Braga prinzipiell sehr kritisch gegenübersteht, zwar auch im internationalen Bereich rechtspolitisch wünschenswert sei, aber an den typischen Rechtslagen im Belegenheitsstaat scheitere, so daß den Geboten der Individualgerechtigkeit sowie der Koexistenz und Kooperation der Vorrang gegeben werden müsse.[1063] Art. 28 EGBGB a.F. enthalte ein System des Gleichgewichts zwischen dem IPR des Belegenheitsstaates und dem nationalen deutschen Kollisionsrecht, stelle also eine Kollisionsnorm für Kollisionsnormen dar. Im Ergebnis bedeute dies, daß das IPR des Belegenheitsstaates das Erb- und Ehegüterrechtsstatut für dortige Vermögensmassen prägt; im übrigen bleibe das Idealkonzept des deutschen Kollisionsrechts erhalten.[1064] Aus diesen Gründen macht Braga den kollisionsrechtlichen Schwerpunkt des Erbstatuts letztendlich im Belegenheitsstaat fest.[1065]

[1059] Vgl. dazu auch o. S. 187 ff.

[1060] Braga, FS für Wengler II, 191, 200 ff.

[1061] Braga, FS für Wengler II, 191, 201.

[1062] Vgl. o. S. 260.

[1063] Braga, FS für Wengler II, 191, 205 ff.

[1064] Braga, FS für Wengler II, 191, 208.

[1065] Er begründet das damit, daß die verschiedenen Funktionen der Erbrechts, Übertragungsfunktion, Eigentumsgarantie und Rechtssicherheit ein amorphes Gebilde darstellten. Haupt-

Bragas Modell der vollständigen Berücksichtigung des Belegenheitsrechts stellt den Gegenpol zum System der absoluten Vermögenseinheit dar, wie ihn etwa das italienische Recht vertritt und wie es vielfach im Zuge der IPR-Re-form gefordert wurde.[1066] Interessant daran ist vor allem der Versuch, den Vorrang der Belegenheitsanknüpfung privatrechtlich[1067] und nicht wie Frankenstein und Zitelmann[1068] völkerrechtlich zu erklären. Trotz des beachtenswerten Ansatzes kann aber die Begründung Bragas nicht überzeugen, weil Art. 28 EGBGB a.F. eine solche extensive Auslegung nicht trägt und sie deshalb nicht auf dem Boden des Gesetzes steht.[1069] Vor allem aber zeigt die Untersuchung zur Durchsetzbarkeit,[1070] daß die von Braga postulierte Zwangslage, die er zum Ausgangspunkt seiner Argumentation macht, nur in den Fällen vorliegt, in denen das ausländische IPR an der Belegenheit anknüpft, nicht aber soweit es eine abweichende Anknüpfung des Gesamtstatuts enthält. Deshalb ist es auch nur in den ersteren Fällen erforderlich, daß das deutsche Kollisionsrecht auf die Situation reagiert. Im übrigen gilt das bereits zur absoluten Entscheidungsharmonie Gesagte.[1071] Die vielfache Zersplitterung, die aus der Anwendung von Bragas Konzept entstehen würde, würde zu einer unübersichtlichen Rechtslage führen, die von Belegenheitsstaaten, die dem Prinzip der Vermögenseinheit folgen, nicht gewollt ist, weswegen sie sich in diesen Konstellationen auch als anerkennungsfreundlich erweisen, so daß die Anwendung des Belegenheitsrechts aus ihrer Sicht ebenfalls unerwünscht ist.

e) Darstellung der eigenen Meinung

Ausgangspunkt für die Auslegung des Begriffs der besonderen Vorschriften muß der Wille des Gesetzgebers sein, der bei der Normierung des Art. 3 III EGBGB klar zum Ausdruck gebracht hat, daß er eine lediglich kollisionsrechtlichen Spaltung in den Anwendungsbereich des Art. 3 III EGBGB einbeziehen wollte. Dadurch wird zunächst der Gedanke geäußert, daß das Prinzip der Vermögenseinheit, wie es aus dem materiellen Recht bekannt ist, nicht ohne weiteres auf die Ebene des internationalen Privatrechts übertragen werden kann.

---

sächlich aufgrund einer Bevorzugung der Schuldnerinteressen entscheidet er sich schließlich für das Belegenheitsrecht (Braga, FS für Wengler II, 191, 207 ff.).

1066 Vgl. o. S. 106 ff.

1067 So ausdrücklich auf S. 201 f. (Braga, FS für Wengler II, 191, 201 f.).

1068 Vgl. o. S. 230 ff.

1069 Das sieht Braga genauso, da er schreibt, er habe "die Hypothese eines in Art. 28 EGBGB möglicherweise enthaltenen kollisionsrechtlichen Systems deutlich gemacht." (Braga, FS für Wengler II, 191, 209).

1070 Vgl. o. S. 256 ff.

1071 Vgl. o. S. 260 f.

Vielmehr ist die Wertung auf der Ebene des internationalen Privatrechts autonom zu treffen, da die Problemlage im internationalen Privatrecht eine andere als im materiellen Recht ist und eine Abwägung zwischen den Prinzipen der Vermögenseinheit und der Vermögensspaltung erfordert. Daß eine solche Unterscheidung im Bereich des Familien- und Erbrechts nicht ungewöhnlich ist, zeigt ein Vergleich mit dem französischen Recht, das im Rahmen der erbrechtlichen Sachnormen vom Prinzip der Vermögenseinheit ausgeht, im internationalen Privatrecht aber eine Vermögensspaltung anordnet. Der deutsche Gesetzgeber hat jedoch im Vergleich zum französischen Recht eine andere Lösung gewählt: Er geht zwar von dem Prinzip der Vermögenseinheit im internationalen Privatrecht aus, um diesen Grundsatz aber gleich in mehrfacher Hinsicht wieder einzuschränken. Aus diesem Grund ist das deutsche internationale Privatrecht von beiden Prinzipien gleichermaßen beherrscht, ohne einem davon den Vorzug zu geben.

Für die Begründung der weiten Auslegung des Art. 3 III EGBGB wurden zwei unterschiedliche Ansätze ausgearbeitet: der von Tiedemann und Dörner weiterentwickelte Gedanke der notwendigen Anerkennung des Gesamtstatuts durch das Einzelstatut sowie der *klassisch internationalprivatrechtliche* Ansatz. Der erste Ansatz basiert auf dem Gedanken, daß die rechtliche Zusammenfassung verschiedener Gegenstände zu einer Vermögenseinheit die Anerkennung durch das jeweilige Belegenheitsrecht voraussetzt. Dies ist zunächst nur eine Behauptung, die einer Begründung bedarf. Soweit die Begründung in einem völkerrechtlichen Verständnis des IPR gesucht wurde, ist sie überholt. Soweit die neueren Vertreter dieser Argumentation ihr Verständnis allein auf den Willen des Gesetzgebers stützen, kann das eine inhaltliche Begründung, weshalb eine Anerkennung des Gesamtstatuts durch das Einzelstatut notwendig ist, nicht ersetzen. Deshalb stellt dieses Modell lediglich eine Beschreibung, jedoch keine Begründung des in Art. 3 III EGBGB geregelten Phänomens dar.

Die Begründung für eine weite Auslegung des Art. 3 III EGBGB vermag jedoch der *klassisch internationalprivatrechtliche* Ansatz zu liefern, wobei sich drei Gründe, die alle vom Gesetzgeber in den Materialien genannt wurden, als tragfähig erwiesen: die fehlende Durchsetzbarkeit deutscher Entscheidungen, der äußere Entscheidungseinklang sowie der Verzahnung des Sachenrechts mit dem Vermögensstatut.
Die Untersuchung der Durchsetzbarkeit deutscher Erbrechtsentscheidungen konnte aufzeigen, daß im Bezug auf Gegenstände, die von ausländischen Kollisionsnormen dem Belegenheitsrecht unterworfen werden, eine Übereinstimmung von Kollisionsrecht, Prozeßrecht und Anerkennungsrecht existiert. In dem Maße, in dem also eine Belegenheitsanknüpfung in einer ausländischen Rechtordnung vorgenommen wird, erkennt diese Rechtsordnung eine Entscheidungen über die ihrem Gebiet belegenen Grundstücke nicht an. Demgegenüber ist eine Anerkennung in den Fällen möglich und wahrscheinlich, in denen das

ausländische IPR nicht am Belegenheitsrecht anknüpft, da sich die Anerkennungszuständigkeit dann regelmäßig nach dem besonderen Gerichtsstand der Erbschaft richtet und dieser sowohl für Staaten, die dem Wohnsitzprinzip, als auch für Staaten, die dem Staatsangehörigkeitsprinzip folgen, der Wohnsitz ist. Art. 3 III EGBGB übernimmt demnach in der weiten Auslegung die dem ausländischen Anerkennungsrecht zugrundeliegende Systematik und führt sie einer den Interessen der Parteien gerecht werdenden Lösung zu. Sie entspricht den internationalprivatrechtlichen Parteiinteressen, da diesen mit dem Entstehen von hinkenden Rechtslagen nicht gedient ist, indem sich die Vorschrift in den Fällen, in denen eine Anerkennung von vornherein ausgeschlossen ist, der Lösung des ausländischen Rechts anpaßt und Entscheidungsharmonie herstellt. Darüber hinaus entsteht durch eine solche Auslegung des Art. 3 III EGBGB ein großes Maß an Rechtssicherheit.
Weiterhin dürfen die Vorteile nicht unterschätzt werden, die die Übereinstimmung von Sach- und Vermögensstatut mit sich bringen. Gerade in dem Hauptanwendungsbereich des Art. 3 III EGBGB bei Grundstücken sind diese Vorteile von großer Bedeutung und waren nicht ohne Grund ein wesentliches Argument für die Einführung der Rechtswahlmöglichkeiten für Grundstücke im deutschen internationalen Familien- und Erbrecht.

Zudem fügt sich Art. 3 III EGBGB auch in der weiten Auslegung in die Struktur des deutschen IPR ein. Die Berücksichtigung der Wertungen des ausländischen Kollisionsrechts ist sowohl aus Art. 4 I EGBGB als auch aus dem Kollisionsrecht für Eingriffsnormen bekannt. Dabei nimmt Art. 3 III EGBGB eine Mittelstellung zwischen diesen beiden Vorschriften ein. Anders als beim Renvoi und vergleichbar mit den Eingriffsnormen wird in Art. 3 III EGBGB der positive Anwendungswille des ausländischen Rechts berücksichtigt. Abweichend von den Eingriffsnormen handelt es sich bei den von Art. 3 III EGBGB berufenen Vorschriften jedoch nicht um international zwingendes Recht, vielmehr wird jedes ausländische Kollisionsrecht beachtet, das das deutsche Recht aufgrund der autonomen kollisionsrechtlichen Entscheidung befragt, so daß die Situation in dieser Hinsicht mit Art. 4 I EGBGB vergleichbar ist. Dabei sollte Art. 3 III EGBGB aus Praktikabilitätsgesichtspunkten als Zuständigkeitsnorm aufgefaßt werden, auch wenn dies der Gesetzessystematik widerspricht, da auf diese Weise eine letztendlich nutzlose Entscheidung über ausländische Gegen-stände vermieden werden kann.

Kapitel 3:

Durchbrechung des ehegüterrechtlichen Gesamtstatuts durch Rechtswahl für unbewegliches Vermögen gemäß Art. 15 II Nr. 3 EGBGB

Dieses Kapitel behandelt die Durchbrechung des ehegüterrechtlichen Gesamtstatuts durch Rechtswahl für unbewegliches Vermögen. Ausgangspunkt der gesamten Entwicklung war das Haager Abkommen zum Ehegüterrecht von 1978,[1072] das erstmalig eine Rechtswahlmöglichkeit für unbewegliches Vermögen kodifizierte und am 1. 9. 1992 in Kraft trat, allerdings mangels Ratifizierung nicht in Deutschland. In Deutschland wurde statt dessen eine vergleichbare Rechtswahlmöglichkeit im Zuge der IPR-Reform von 1986 in Art. 15 II Nr. 3 EGBGB eingeführt.[1073] Da die Rechtswahlmöglichkeit des deutschen Rechts in Anlehnung an das Haager Ehegüterrechtsabkommen von 1978 gestaltet wurde, soll dieses zunächst behandelt werden, bevor sich die Arbeit mit den Schwierigkeiten, die bei der Anwendung des Art. 15 II Nr. 3 EGBGB bestehen, auseinandersetzt. Dabei konzentriert sich die Untersuchung des Haager Abkommens auf die Frage, wie Art. 3 IV der Konvention, der die Rechtswahl-möglichkeit für Grundstücke enthält, zu verstehen ist.

I) Das Haager Abkommen zum Ehegüterrecht von 1978

Das Haager Ehegüterrechtsabkommen von 1978 war nicht das erste Haager Abkommen im Bereich des Ehegüterrechts. Vielmehr enthielt bereits das Haager Ehewirkungsabkommen vom 17. 7. 1905[1074] in seinen Artt. 2-8 Regelungen für das Vermögen der Ehegatten. Die Mitgliedsstaaten dieses Übereinkommens waren Belgien, Frankreich, Deutschland, Italien, die Niederlande, Polen, Portugal, Rumänien und Schweden.[1075] Das Abkommen wurde von einem Teil der Staaten schon vor, von den meisten aber nach dem Zweiten Weltkrieg gekündigt, so daß es heute keine Anwendung mehr findet.[1076] Es bleibt allerdings auf alle E-

---

[1072] Abgedruckt in RabelsZ 41 (1977) 554 ff.

[1073] BT-Drucksache 10/504, 58; BT-Drucksache 10/5632, 42 (dort ohne ausdrücklichen Verweis auf das Haager Ehegüterrechtsabkommen). Vgl. u. S. 292 ff. zum Verhältnis des Art. 15 II Nr. 3 EGBGB zum Haager Abkommen.

[1074] Abgedruckt bei Jayme/Hausmann[3], IPV, Nr. 20.

[1075] Vgl. die Nachweise bei v.Bar, RabelsZ 57 (1993) 63, 77.

[1076] Vgl. die Nachweise bei Soergel/Schurig, Anh. Art. 16 EGBGB, Rn. 2. Nicht gekündigt wurde es bis heute nur von Rumänien, das allerdings keine Wiederanwendungsvereinbarung nach dem Zweiten Weltkrieg mit Deutschland abgegeben hatte, so daß die Wirksamkeit von der Stellung zur Differenzierungstheorie abhängt (vgl. dazu Soergel/Schurig, Anh. Art. 16 EGBGB, Rn. 2 einerseits Staudinger[12]/v.Bar, Vorbem. zu Art. 13 EGBGB, Rn. 119 f. andererseits). Da es sich bei dem Haager Abkommen von 1905 nicht um lois uniformes, sondern

hen mit oder zwischen ausländischen Partnern anwendbar, die zu einem Zeitpunkt geschlossen worden sind, zu dem deren Heimatstaaten noch Vertragsstaaten des Abkommens waren.[1077] Deutschland kündigte als einer der letzten Staaten das Abkommen zum 23. 8. 1987.[1078] Allerdings war Art. 2 I des Abkommens, der eine Anknüpfung des Ehegüterstatuts am Mannesrecht vorsah, wegen seiner Verfassungswidrigkeit für Ehen, die nach dem 1. 4. 1953 geschlossen wurden, schon vorher nicht anwendbar.[1079] Darüber hinaus erwiesen sich weitere Regelungen des Haager Abkommens von 1905 vielfach als unzeitgemäß,[1080] worauf dessen mangelnde Akzeptanz nach dem Ersten und Zweiten Weltkrieg zurückgeführt werden kann.

1) Vorarbeiten, Entstehung und Ratifikationsstand des Abkommens von 1978

Anlaß für die Ausarbeitung eines Haager Abkommens zum Ehegüterrecht war die Tatsache, daß das Haager Ehewirkungsabkommen von 1905 zum damaligen Zeitpunkt nur noch in wenigen Staaten in Kraft war und vielfach als veraltet empfunden wurde.[1081] Die Ausarbeitung einer Konvention zum Ehegüterrecht wurde erstmals auf der 11. Haager Konferenz im Jahre 1968 in Zusammenhang mit dem Vorschlag, eine Konvention über das Recht der Nachlaßverwaltung zu schaffen, angesprochen, jedoch zunächst an die zweite Stelle gesetzt.[1082] Auf der 12. Haager Konferenz kam es dann zu einer ausführlicheren Diskussion, ob eine Konvention zum Ehegüterrecht ausgearbeitet werden solle,[1083] was von einem Großteil der Delegierten bejaht wurde. Einige Delegierte sahen jedoch in dem Zusammenspiel von Erb- und Ehegüterrecht zu schwierige Probleme und

---

um reziprokes Kollisionsrecht handelt (vgl. Art. 10 des Abkommens), spielt das Abkommen nach der Kündigung durch Italien keine Rolle mehr.

1077 Staudinger/v.Bar/Mankowski, Art. 15 EGBGB, Rn. 4, der auch die sich durch Art. 220 EGBGB ergebenden Modifikationen erörtert.

1078 BGBl 1986, II, 505. Nur die Kündigung Italiens wurde zu einem noch späteren Zeitpunkt (1. 6. 1994) ausgesprochen (Staudinger/v.Bar/Mankowski, Art. 14 EGBGB, Rn. 6a).

1079 So die nahezu einhellige Meinung vgl. BGH, Urt. v. 17. 9. 1986, IPRax 1987, 114 ff. m. Anm. Henrich, IPRax 1987, 93 ff.; KG, Urt. v. 13. 2. 1986, IPRax 1987, 117 m. Aufs. Jayme, IPRax 1987, 95 f., sowie die umfassenden Nachweise bei Soergel/Schurig, Anh. Art. 16 EGBGB, Rn. 4.

1080 Vgl. die ausführliche Analyse der eherechtlichen Haager Konventionen durch v.Bar, RabelsZ 57 (1993) 63, 81 ff.

1081 Beitzke, RabelsZ 41 (1977) 457, 458.

1082 Beitzke, RabelsZ 33 (1969) 204, 207; Acte final, Document de travail No. 5, Procès verbal No. 4., Conférence de La Haye, Actes et documents de la Onzième Session I, 47, 96 ff.

1083 Procès verbal No. 2, Conférence de La Haye, Actes et documents de la Douzième Session I, 92 ff.

lehnten aus diesem Grund eine Behandlung des Themas auf der nächsten Sitzung ab. Schließlich wurde der Antrag, das Ehegüterrecht an erster Stelle zu bearbeiten, in der Abschlußerklärung angenommen.[1084]
Anhand von Fragebögen, die von den beteiligten Ländern ausgefüllt wurden, erarbeitete Droz einen ersten Bericht,[1085] der die Basis für die Arbeit der commission spéciale, die sich im Jahr 1975 traf, bildet. Dabei stellte die commission spéciale[1086] in einem ersten Schritt 28 Thesen auf, die in einen Vorentwurf einer Konvention zum Ehegüterrecht mündeten, der von von Overbeck erläutert wurde. Die 13. Haager Konferenz fand dann unter dem Vorsitz des Präsidenten Schultsz vom 4. bis zum 23. 10. 1976 statt. Für die Ausarbeitung des Konventionstextes war die Erste Kommission unter dem Vorsitz von Mr. Philip zuständig, der bereits die commission spéciale geleitet hatte.[1087] Die Konvention wurde in der Sitzung vom 21. 10. 1976 mit 22 Stimmen und 2 Enthaltungen angenommen und am 23. 10. 1976 im Rahmen des Abschlußberichts unterschrieben.[1088] Seither wurde das Abkommen von Österreich (14. 3. 1978), Portugal (12. 7. 1978), Frankreich (26. 9. 1978), Luxemburg (14. 10. 1982) und den Niederlanden (14. 10. 1988) gezeichnet und von Frankreich (26. 9. 1979), Luxemburg (19. 6. 1984) und den Niederlanden (25. 6. 1992) ratifiziert. Es ist gemäß Art. 29 des Abkommens seit dem 1. 9. 1992 für die drei letztgenannten Länder in Kraft.[1089]

2) Grundprinzipien des Abkommens

Erstes der drei Grundprinzipien des Abkommens ist der Vorrang der Parteiautonomie vor der objektiven Anknüpfung, was für die Ehegatten die Möglichkeit eröffnet, aus einer begrenzten Anzahl von Rechten (Heimatrecht, Recht des gewöhnlichen Aufenthalts sowie Belegenheitsrecht für Grundstücke) frei zu wählen.

Den zweiten Grundsatz bildet die objektive Anknüpfung in Art. 4 des Abkommens am Recht des ersten gemeinsamen gewöhnlichen Aufenthalts der Ehegatten. Abweichend von diesem Grundsatz ist eine Anknüpfung am Recht der gemeinsamen Staatsangehörigkeit in den Fällen vorgesehen (s. Art. 4 II Nr.1-3 des

---

1084 Acte final, Conférence de La Haye, Actes et documents de la Douzième Session I, 50.

1085 Questionnaire commenté, Conférence de La Haye, Actes et documents de la Treizième Session II, 9 ff.

1086 Commission spéciale - Conclusions, Conférence de La Haye, Actes et documents de la Treizième Session II, 128 ff.; vgl. zum Vorentwurf Philip, *Hague Draft Convention on Matrimonial Property,* 24 Am.J.Comp.L. 307 ff. (1976); Beitzke, FS für Bosch, 65 ff.

1087 von Overbeck, Rapport, Nr. 7 f. (S. 330).

1088 Acte final, Conférence de La Haye, Actes et documents de la Treizième Session I, 23 ff.

1089 Zum Stand der Ratifikation vgl. Rev.crit.d.i.p. 86 (1997) 183.

Abkommens), in denen ein Staat diese Anknüpfung im Rahmen der Möglichkeiten des Art. 5 des Abkommens für seine Angehörigen vorbehalten hat. An die Staatsangehörigkeit wird gleichfalls angeknüpft, wenn der Heimatstaat der Ehegatten Nichtvertragsstaat ist, dessen Kollisionsrecht das eigene materielle Recht anwenden will und die Ehegatten ihren ersten gewöhnlichen Aufenthalt in einem Staat nehmen, der entweder den Vorbehalt nach Art. 5 des Abkommens erklärt hat oder die Ehegatten Aufenthalt in einem Nichtvertragsstaat nehmen, dessen internationales Privatrecht die Anwendung des Heimatrechts vorsieht. Ferner kommt es zu einer Anwendung des Heimatrechts gemäß Art. 4 II Nr. 3 des Abkommens, wenn Ehegatten mit gemeinsamer Staatsangehörigkeit nach der Eheschließung keinen gemeinsamen Aufenthalt in demselben Staat begründen.

Drittes prägendes Element des Abkommens ist die Entscheidung zugunsten einer Anwendung des Prinzips der Wandelbarkeit des Ehegüterstatuts sowohl in Fällen subjektiver (Art. 6 des Abkommens) als auch objektiver Anknüpfung (Art. 7 des Abkommens). Dabei folgt das Abkommen im Falle der objektiven Anknüpfung dem Modell einer automatischen Wandelbarkeit des Ehegüterstatuts. Nach Art. 7 II des Abkommens wird deshalb das Recht des Staates des gemeinsamen gewöhnlichen Aufenthalts in dem Zeitpunkt Ehegüterstatut, in dem der Aufenthaltsstaat gleichzeitig der gemeinsame Heimatstaat der Ehegatten ist. Gleiches gilt, wenn der gemeinsame gewöhnliche Aufenthalt während der Ehe in einem Staat mehr als 10 Jahre gedauert hat oder wenn zunächst das Heimatrecht der beiden Ehegatten mangels eines gemeinsamen gewöhnlichen Aufenthalts gegolten hat (Art. 4 II Nr. 3 des Abkommens) und dieser nunmehr begründet wurde.[1090]

3) Verständnis des Art. 3 IV des Abkommens

Die Einführung einer Rechtswahlmöglichkeit für Grundstücke zugunsten des Belegenheitsrechts innerhalb des Abkommens geht auf den Einfluß der Common-Law Länder zurück, da die Anwendung der lex rei sitae auf Grundstücke einer der wesentlichen Grundsätze ihres Systems darstellt.[1091] Art. 3 IV des Abkommens, der diese Möglichkeit eröffnet, hat in der französischen Fassung folgenden Wortlaut:[1092]

[1090] Zum Abkommen insgesamt Beitzke, RabelsZ 41 (1977) 457, 461 ff.; von Overbeck, SchJbIntR. XXXIII (1977) 105 ff.; Battifol, Rev.crit.d.i.p. 66 (1977) 451, 453 ff.; Loussouarn, Clunet 106 (1979) 5, 7 ff.

[1091] von Overbeck, Rapport, Nr. 133 (S. 359).

[1092] Projet adopté, Conférence de La Haye, Actes et documents de la Treizième Session II, 320.

„Toutefois, que les époux aient ou non procédé à la désignation prévue par les alinéas précédents, ils peuvent désigner, en ce qui concerne les immeubles ou certes d'entre eux, la loi du lieu où ces immeubles sont situés. Ils peuvent également prévoir que les immeubles qui seront acquis par la suite seront soumis à la loi du lieu de leur situation."[1093]

Eine nahezu übereinstimmende Formulierung findet sich in Art. 6 IV des Abkommens, der die Rechtswahlmöglichkeiten der Ehegatten während der Ehe behandelt. In Art. 6 IV des Abkommens wurde lediglich die Formulierung „... ou par l'article 3, ..."[1094] nach „...prévue par les alinéas précédents..." eingefügt. Mit dieser Einfügung sollte zum Ausdruck gebracht werden, daß die Rechtswahl für Grundstücke zu jedem Zeitpunkt der Ehe möglich ist, was ebenfalls aus der Systematik von Art. 3 des Abkommens (Rechtswahl vor der Ehe) und Art. 6 des Abkommens (Rechtswahl während der Ehe) folgt.

a) Die Diskussion um die Einführung der Rechtswahl für Grundstücke innerhalb der commission spéciale

Die Frage der Einführung einer gesonderten Rechtswahl für Grundstücke war lediglich in der anfänglichen Diskussion der Spezialkommission umstritten.[1095] Die These No.7 des ersten Arbeitspapiers enthielt den Grundsatz, daß die Ehegatten keine Möglichkeit haben sollten, die lex rei sitae für irgendeinen Gegenstand des Vermögens wählen zu können.[1096] Eine Einschränkung des Grundsatzes der Einheit des Güterstatuts wurde jedoch in No. 18 der Thesen bestimmt: Danach sollte sich das anwendbare Recht auf sämtliche Gegenstände der Ehegatten unabhängig von deren Belegenheit beziehen, „..., sous réserve de règles spéciales prévues par la *lex situs* pour certains types de propriété."[1097] Diese These, die eine erstaunliche Ähnlichkeit mit Art. 3 III EGBGB aufweist, wurde im Verlauf der Verhandlungen der Spezialkommission als unnötig verworfen,

---

[1093] Der englische Text ist: " Nonetheless, the spouses, whether or not they have designated a law under the previous paragraphs, may designate with respect to all or some of the immovables, the law of the place where these immovables are situated. They may also provide that any immovables which may subsequently be aquired shall be governed by the law of the place where such immovables are situated." (Projet adopté, Conférence de La Haye, Actes et documents de la Treizième Session II, 320).

[1094] Die englische Fassung lautet "... or under Article 3, ...", Projet adopté, Conférence de La Haye, Actes et documents de la Treizième Session II, 320 f.

[1095] von Overbeck, Rapport de la Commission spéciale, Nr. 21 (S. 143).

[1096] Conclusion de la Commission spéciale, Conférence de La Haye, Actes et documents de la Treizième Session II, 129.

[1097] Der englische Text lautet: "..., except for the application of special rules of the *lex situs* to certain kinds of property." Conclusion de la Commission spéciale, Conférence de La Haye, Actes et documents de la Treizième Session II, (S. 131).

da man sich nicht im klaren darüber war, welches die speziellen Normen sein sollten, und man befürchtete, daß die Praxis durch eine solche Vorschrift unnötigerweise dazu ermutigt werden würde, unproblematische Fragen dem Situsrecht anstatt dem regulären Ehegüterstatut zu unterstellen.[1098]

Die Möglichkeit einer gesonderten Rechtswahl für Grundstücke war demgegenüber erstmals in dem von der Spezialkommission ausgearbeiteten Vorentwurf der Konvention in den Artt. 3 d, 5 c und 11 vorgesehen.[1099] Art. 3 d des Vorentwurfs lautete:

> „Le régime matrimonial est soumis à la loi interne désignée par les époux au momment du marriage.
> Toutefois les époux ne peuvent désigner que l'une des lois suivantes:...
> *d.* pour les immeubles, la loi de l'Etat de leur situation."[1100]

Von Overbeck nennt in seinem Bericht[1101] folgende Gründe, die die Spezialkommission zum Vorschlag einer Einführung der Rechtswahl für Grundstücke bewogen haben: Die Wahl des Ortsrechts vereinfache die Rechtsbeziehungen der Ehegatten zu Dritten. Außerdem erleichtere die Einführung der Rechtswahlmöglichkeit für Grundstücke den Common-Law-Ländern der Konvention beizutreten, da ihr bisheriges Recht die lex rei sitae auf Grundstücke anwende. Im übrigen sei es zweckdienlich, den Ehegatten die Rechtswahl zu erlauben, soweit sie Eigentümer eines Grundstücks in einem Nichtvertragsstaat seien und dieser dem Prinzip der lex rei sitae für Grundstücke folge, da die Wahl des Belegenheitsrechts in dieser Situation das einzig effektive sei.
Zusätzliche Argumente, die die Einführung einer Rechtswahl für unbewegliches Vermögen stützen, lassen sich dem Bericht von Droz entnehmen,[1102] auf den ausdrücklich Bezug genommen wird. Zum einen betont Droz, daß ein besonderes Interesse der Ehegatten an einer Wahl des Ortsrechts bestehen kann. Außerdem erleichtere eine Wahl des Belegenheitsrechts die rechtlichen Beziehungen zu dritten Personen im Belegenheitsstaat. Weiteres Argument sei, daß selbst wenn man eine automatischen Spaltung des Güterrechts ablehne, dies nicht in gleichem Maße für eine Spaltung durch Rechtswahl zu gelten habe. Die meisten Ehegüterrechtssysteme ließen es im materiellen Recht zu, daß innerhalb einer Gütertrennung eine begrenzte Gütergemeinschaft geschaffen werde oder die

---

[1098] von Overbeck, Rapport de la Commission spéciale, Nr. 64 f. (S. 152).

[1099] Avant-projet de la Commission spéciale, Conférence de La Haye, Actes et documents de la Treizième Session II, (S. 133 f.).

[1100] Der englische Text ist: "However the spouses may only designate one of the following laws- d) with respect to immovables, the law of the state where immovables are situated.".

[1101] von Overbeck, Rapport de la Commission spéciale, Nr. 21 f. (S. 143).

[1102] Rapport Droz, Section II II B (S. 124).

Gütergemeinschaft bestimmte Güter ausnehme. Der wesentliche Unterschied bei der Einführung einer partiellen Rechtswahl bestehe lediglich darin, daß die Möglichkeit, Gegenstände unterschiedlichen Güterständen zu unterwerfen, sich nun nicht mehr aus dem materiellen Recht, sondern aus der Rechtswahl ergebe.

Die Spezialkommission[1103] verstand Art. 3 II d und den korrespondierenden Art. 5 II c des Vorentwurfs in der Weise, daß eine Rechtswahl sowohl zum Zeitpunkt des Grundstückserwerbs als auch zu jedem späteren Zeitpunkt nur für ein bestimmtes Grundstück möglich wäre. Deshalb sei es unzulässig, das gesamte Grundvermögen dem Recht der Belegenheit eines der Grundstücke zu unterwerfen oder eine Rechtswahl einmal für sämtliche, auch die erst in der Zukunft erworbenen Grundstücke, zugunsten der Belegenheit des jeweiligen Grundstücks zu treffen.[1104] Die Rechtswahl für das jeweilige Grundstück bleibe solange bestehen, bis eine neue Rechtswahl konkret für das Grundstück getroffen werde. Weder die Wahl eines insgesamt neuen Ehegüterstatuts noch der au-tomatische Wechsel eines, für das übrige Vermögen bestehenden, objektiven Ehegüterstatuts beeinflusse die vorhandene Rechtswahl zugunsten der lex rei sitae für das einzelne Grundstück.

b) Die Diskussion über die Ausgestaltung von Art. 3 IV des Abkommens innerhalb der Ersten Kommission

Bemerkenswert an den weiteren Diskussion ist, daß das Prinzip der Rechtswahl für Grundstücke innerhalb der Beratungen der Ersten Kommission nicht mehr umstritten war,[1105] sondern nur, wie die Möglichkeit der Rechtswahl im einzelnen ausgestaltet werden solle. Insbesondere wurde die Auslegung des Vorentwurfes durch die Spezialkommission, wie sie sich aus von Overbecks Bericht ergab, von Seiten der kanadischen und englischen Regierung kritisiert.[1106] In den Beratungen[1107] ging es darum, ob die Möglichkeit der Rechtswahl für Grundstücke neben einer normalen Rechtswahl und neben einer objektiven An-

---

[1103] von Overbeck, Rapport de la Commission spéciale, Nr. 79 f. (S. 155 f.).

[1104] Dazu widersprüchlich sind die Äußerungen von von Overbeck als Berichterstatter bei der Vorstellung des Art. 3 zu Beginn der Diskussion der Ersten Kommission (Procès-verbal No. 3, Conférence de La Haye, Actes et documents de la Treizième Session II, 208 f.). Danach sehe die Spezialkommission in der Rechtswahl für Grundstücke "une possibilité *spécifique* de choix pour l'ensemble des immeubles; ..."

[1105] Kritisch nur die Äußerungen von M. Goldman, wonach die französische Delegation nicht begeistert von einer solchen Möglichkeit sei, sich aber der Mehrheit anschließe (Procès-verbal No. 4, Conférence de La Haye, Actes et documents de la Treizième Session II, 216).

[1106] Observations des Gouvernements, Conférence de La Haye, Actes et documents de la Treizième Session II, 180 (Canada), 191 (Vereinigtes Königreich).

[1107] Procès-verbal No. 4, Conférence de La Haye, Actes et documents de la Treizième Session II, 215 ff.

knüpfung bestehe, ob mehr als ein Belegenheitsrecht oder nur ein Belegenheitsrecht für alle Grundstücke gewählt werden könne und ob eine Rechtswahl für Grundstücke möglich sei, die erst in Zukunft erworben werden. Außerdem wurde die Frage, wie Gesetzesumgehungen bei einer partiellen Rechtswahl zu behandeln seien, angesprochen.
Den Ausgangspunkt der Verhandlungen zur Gestaltung der Rechtswahlmöglichkeit für Grundstücke bildeten neben den Äußerungen der kanadischen und der englischen Regierung[1108] ein ägyptischer und ein englischer Vorschlag,[1109] die sich beide mit dem Verhältnis der allgemeinen Rechtswahl zur speziellen Rechtswahl für Grundstücke befaßten. Den von dem englischen Delegierten innerhalb der Beratungen gemachten Äußerungen läßt sich entnehmen, daß es bei der Einbringung seines Abänderungsvorschlages inhaltlich hauptsächlich um eine Klarstellung der Auslegung des Art. 3 d des Vorentwurfs ging.[1110] Im Verlauf der Diskussion kam es dann zu einer Abstimmung über die einzig wirklich streitig gewordene Frage, ob es möglich sei, auch für erst in der Zukunft erworbene Grundstücke bereits zum jetzigen Zeitpunkt das jeweilige Belegenheitsrecht zu wählen, oder ob das Wahlrecht erst bei oder nach dem Erwerb des Grundstücks ausgeübt werden könne. Die Abstimmung fiel im er-steren Sinne mit 11 Ja-Stimmen bei 3 Gegenstimmen sowie 10 Enthaltungen aus. Eine Rechtswahl des Belegenheitsrechts ist aus diesem Grund auch für erst zu erwerbende Grundstücke möglich.
Als Folge der Diskussion wurde der Text des Art. 3 IV der Konvention noch mehrfach geändert, um die zu Art. 3 d des Vorentwurfs geäußerten Ansichten möglichst klar zum Ausdruck zu bringen, ohne daß es zu weiteren inhaltlichen Änderungen kam. Zunächst entstand eine Formulierung des Redaktionskommitees,[1111] die nochmals überarbeitet[1112] und dann von der Ersten Kommission angenommen wurde.[1113] Der erste Text des Redaktionskommitees entsprach nur teilweise, der zweite schon weitgehend dem endgültigen Konventionsentwurf.

1108 Neben diesen finden sich nur noch kurze Bemerkungen der niederländischen (Observations des Gouvernements, Conférence de La Haye, Actes et documents de la Treizième Session II, 187) und der portugisischen Regierung (Observations des Gouvernements, Conférence de La Haye, Actes et documents de la Treizième Session II, 189) die zur Diskussion aber nichts Wesentliches beitrugen.

1109 Documents de travail Nos. 14 et 15, Conférence de La Haye, Actes et documents de la Treizième Session II, 211.

1110 Vgl. die Äußerung von Mr. Freeman, Procès-verbal No. 4, Conférence de La Haye, Actes et documents de la Treizième Session II, 215 f.

1111 Document de travail No. 43, Conférence de La Haye, Actes et documents de la Treizième Session II, 264 f.

1112 Document de travail No. 1, Conférence de La Haye, Actes et documents de la treizième Session II, 303 f.

1113 Procès-verbal No. 13, Conférence de La Haye, Actes et documents de la treizième Session II, 288.

Auf Grund eines weiteren Änderungsvorschlags der englischen Delegation[1114] in Bezug auf den Wortlaut der Vorschrift, kam es innerhalb der Beratungen in der Gesamtkonferenz zu einer Aussprache über die Formulierungen des Art. 3 IV des Abkommens,[1115] woraufhin dieser noch einmal leicht abgeändert wurde.[1116] Mit der letzten Änderung sollte die in den Beratungen der Ersten Kommission entstandene Meinung, daß sich Art. 3 IV der Konvention auch auf Grundstücke beziehe, die nur einem der Ehegatten gehören, klarer zum Ausdruck gebracht werden.[1117]

c) Das Verständnis des Art. 3 IV der Konvention

Aus den Verhandlungen ergibt sich, daß die Artt. 3 IV, 6 IV der Konvention die einzigen Vorschriften der Konvention sind, die eine Durchbrechung der Einheit des Ehegüterstatuts durch Rechtswahl zulassen.[1118] Diese Artikel ermöglichen es den Ehegatten sowohl in den Fällen, in denen sie eines der nach Art. 3 II der Konvention zulässigen Rechte gewählt haben, als auch in den Fällen, in denen sich das Ehegüterstatut objektiv nach Art. 4 der Konvention bestimmt, für ihre Immobilien das Recht der jeweiligen Belegenheit zu wählen.[1119] Die Zulässigkeit einer solchen Wahl läßt sich zum einen aus der Eingangsformulierung des Art. 3 IV des Abkommens entnehmen,[1120] zum anderen aus der ausführlichen Behandlung sämtlicher Fallkonstellationen durch die Erste Kommission.[1121] Nicht zulässig ist es hingegen, das anwendbare Recht gemäß Art. 3 II der Konvention nur für bewegliche Gegenstände zu wählen und das Immobiliarvermö-

---

[1114] Documents de travail No. 7, Conférence de La Haye, Actes et documents de la Treizième Session II, 311.

[1115] Procès-verbal No. 2, Conférence de La Haye, Actes et documents de la Treizième Session II, 314.

[1116] Documents de travail No. 12, Conférence de La Haye, Actes et documents de la Treizième Session II, 316; vgl. dazu auch von Overbeck, Rapport, Nr. 136 (S. 360).

[1117] Der englische Vorschlag, der dahinging, Art. 3 IV in einen Satz zu fassen, wurde hingegen mit 16 zu 1 Stimmen bei 3 Enthaltungen abgelehnt (Procès-verbal No. 2, Conférence de La Haye, Actes et documents de la Treizième Session II, 314).

[1118] Vgl. Artt. 3 III, 6 III der Konvention sowie von Overbeck, Rapport, Nr. 13, 38 (S. 331, 337).

[1119] von Overbeck, Rapport, Nr. 124, 134 (S. 357, 360).

[1120] "Toutefois, que les époux aient ou non procédé à la désignation prévue par les alinéas précédents, ils peuvent désigner, ...". "Noneless the spouses, whether or not they have designated a law under the previous paragraphs, may designate ...". Projet adopté, Conférence de La Haye, Actes et documents de la Treizième Session II, 320.

[1121] Vgl. die Äußerungen im Procès-verbal No. 4, Conférence de La Haye, Actes et documents de la Treizième Session II, 216 f.

gen nach Art. 4 des Abkommens anzuknüpfen.[1122] Da Art. 4 des Abkommens keine gesonderte Belegenheitsanknüpfung vorsieht und auch eine mit Art. 3 III EGBGB vergleichbare Regelung nicht in die Konvention aufgenommen wurde, besteht keine Möglichkeit einer objektiven Anknüpfung an das Belegenheitsrecht.

aa) Die Wahl des Belegenheitsrechts im einzelnen

Aus der Formulierung des Art. 3 IV der Konvention „ils peuvent désigner, en ce qui concerne les immeubles ou certains d'entre eux" geht hervor, daß sowohl sämtliche als auch einzelne Grundstücke dem Belegenheitsrecht unterworfen werden können.[1123] Sind die Grundstücke in verschiedenen Ländern belegen, findet des jeweiligen Belegenheitsrechts Anwendung. Hingegen ist die Wahl eines der Belegenheitsrechte für sämtliche Grundstücke unzulässig.[1124]
Daß eine Rechtswahl auch für Grundstücke möglich ist, die erst in der Zukunft von den Ehegatten erworben werden, ergibt sich aus Art. 3 IV 2 der Konvention, der auf Grund der positiven Abstimmung innerhalb der Ersten Kommission in die Konvention eingefügt wurde.[1125] Ungeklärt blieb in diesem Zusammenhang, ob sich die Wahl für zukünftig zu erwerbende Grundstücke auf sämtliche zu erwerbenden Grundstücke beziehen muß oder auf bestimmte, etwa die eines Landes, beschränkt werden kann. Für eine Auslegung im ersteren Sinne läßt sich zunächst der Wortlaut des Art. 3 IV 2 der Konvention anführen, der von „les immeubles qui seront aquis par la suite" beziehungsweise von „any immovable which may subsequently be acquired" spricht.[1126] Der systematische Zusammenhang mit Art. 3 IV 1 der Konvention, wonach eine Rechtswahl auch für einzelne Grundstücke zulässig ist, sowie der Grundgedanke des Art. 3 IV des Abkommens, eine Wahl der Ehegatten in keiner Weise einzuschränken, führen jedoch dazu, der zweiten Lösung den Vorzug zu geben, zumal für eine gegenteilige Auslegung keine inhaltlichen Gesichtspunkte sprechen. Die befürwortete Lösung empfiehlt sich aus Praktikabilitätserwägungen, da die Ehegatten eine

---

[1122] von Overbeck, Rapport, Nr. 134 (S. 360).

[1123] Der englische Text lautet: "may designate with respect to all or some immovables,.." (Projet adopté, Conférence de La Haye, Actes et documents de la Treizième Session II, 320). von Overbeck, Rapport, Nr. 124, 135 (S. 357, 360).

[1124] Vgl. die erste Äußerung des englischen Delegierten innerhalb der Diskussion über Art. 3 IV sowie die Antwort des Berichterstatters darauf (Procès-verbal No. 4, Conférence de La Haye, Actes et documents de la Treizième Session II, 215 f. sowie von Overbeck, Rapport, Nr. 135 (S. 360).

[1125] Procès-verbal No. 4, Conférence de La Haye, Actes et documents de la Treizième Session II, 216 f.; von Overbeck, Rapport, Nr. 124, 136 (S. 357, 360).

[1126] Projet adopté, Conférence de La Haye, Actes et documents de la Treizième Session II, 320. So wohl auch von Overbeck, Rapport, Nr. 136 (S. 360).

generelle Rechtswahl nach dem Kauf eines Grundstücks jederzeit rückgängig machen könnten. Es bietet sich also an, den Ehegatten die geeignetste und einfachste rechtliche Handhabe zur Verfügung zu stellen, da gegen das Ergebnis selbst keine Bedenken bestehen.
Art. 3 IV der Konvention bezieht sich sowohl auf Grundstücke, die im gemeinsamen als auch auf solche, die im Eigentum nur eines Ehegatten stehen.[1127] Diese Frage wurde in der Plenumssitzung erörtert und führte zu einer Umformulierung des Vorentwurfs in der Weise, daß in Art. 3 IV 1 des Abkommens „leurs immeubles" durch „les immeubles" und in Art. 3 IV 2 des Abkommens aus „les immeubles qu'ils acquerront par la suite" „les immeubles qui seront aquis par la suite" wurde.
In zeitlicher Hinsicht bleibt das gewählte Recht solange anwendbar, bis die Ehegatten für das oder die Grundstücke ausdrücklich ein abweichendes Recht nach Art. 6 der Konvention bestimmen oder die Wahl der lex rei sitae rückgängig machen. Keinen Einfluß auf die Wahl des Belegenheitsrechts hat, wenn die Ehegatten für ihr allgemeines Ehegüterstatut ein anderes Recht wählen oder wenn sich das auf einer objektiven Anknüpfung beruhende Ehegüterstatut gemäß Art. 7 der Konvention ändert. Kommt es zu einer Wahl des Belegenheitsrechts nach der Eheschließung, wirkt die Wahl gemäß Art. 6 III der Konvention auf den Zeitpunkt der Eheschließung oder den Zeitpunkt des Grundstückskaufes, falls der Kauf nach der Eheschließung und vor der Rechtswahl erfolgte, zurück.[1128]

bb) Das Problem Qualifikation des unbeweglichen Vermögens

Nicht behandelt wurde innerhalb der Beratungen die Frage, nach welchem Recht die Qualifikation als beweglich oder unbeweglich vorzunehmen ist. Lediglich von Overbeck diskutiert dieses Problem in seinen Erläuterungen der Konvention und entscheidet sich für die Qualifikation nach der lex rei sitae.[1129] Von Overbeck geht in seinen Überlegungen davon aus, daß sich die Wahl des Belegenheitsrechts nicht nur auf das Grundstück mit seinen Gebäuden, sondern auf alle Gegenstände und Rechte beziehe, die unter den Begriff des unbewegliches Vermögen subsumiert werden können,[1130] was eine Qualifikation als be-

---

[1127] von Overbeck, Rapport, Nr. 136 (S. 360).

[1128] Eine Wahl nur für die Zukunft wurde in den Beratungen ausdrücklich ausgeschlossen (Pro-cès-verbal No. 10, Conférence de La Haye, Actes et documents de la Treizième Session II, 257 ff., 261 f.; von Overbeck, Rapport, Nr. 71 f., 139 (S. 344 f., 361)). Zu möglichen Abwicklungsfragen vgl. von Overbeck, Rapport, Nr. 72 (S. 345) sowie u. S. 282.

[1129] von Overbeck, Rapport, Nr. 137 (S. 360).

[1130] Der in der Konvention verwandte Begriff "immeubles" bzw. "immovables" bezieht sich sowohl im englischen als auch im französischen Recht nicht lediglich auf Grundstücke, sondern auf das unbewegliche Vemögen, so daß dieses Verständnis dem Wortlaut entspricht (zum französischen Recht vgl. Artt. 516 ff. C.c.; Ferid/Sonnenberger, FranzZR II, Rn. 3 A

weglich oder unbeweglich erforderlich mache. Seine Präferenz für eine Qualifikation nach der lex rei sitae begründet er damit, daß sich nur in diesem Falle die Ziele der Artt. 3 IV, 6 IV des Abkommens erreichen lassen, den Ehegatten die Möglichkeit zu geben, eine Übereinstimmung des Ehegüterstatuts mit dem Belegenheitsrecht der Immobilien herzustellen. Im übrigen sei die Qualifikation nach der lex rei sitae die einzige Lösung, die zu einer übereinstimmenden Anwendung der Rechtswahl in allen Vertragsstaaten führe. Außerdem entspräche nur eine solche Qualifikation dem Bedürfnis nach Einheitlichkeit in der Form wie es in Art. 10[1131] der Konvention, der vorsieht, daß die Voraussetzungen einer gültigen Rechtswahl durch das gewählte Recht bestimmt werden, zum Ausdruck komme. Nicht angesprochen hat von Overbeck in diesem Zusammenhang jedoch das Problem, die bei einer Rechtswahl des Belegenheitsrechts entstehen können, wenn die lex rei sitae die Unterscheidung in bewegliches und unbewegliches Vermögen nicht kennt.

cc) Das Bestehens von Ausgleichsansprüchen

Innerhalb des Abkommens ist das Problem ungelöst geblieben, ob es infolge der Störung des einheitlichen Güterstatuts durch eine partielle Rechtswahl im Falle einer güterrechtlichen Abwicklung zu Ausgleichsansprüchen kommen soll. Von Overbeck[1132] geht davon aus, daß Konstellationen bestehen könnten, die zu Ausgleichsansprüchen führen, ohne diese näher zu spezifizieren und schlägt eine Lösung über die Anpassung des anwendbaren materiellen Rechts vor. Vergleichbare Vorschläge finden sich in den Aussagen des deutschen und des französischen Vertreters,[1133] wohingegen der spanische Delegierte eine Lösung bereits auf kollisionsrechtlicher Ebene bevorzugt. Zu einer ausführlicheren Aussprache oder einer Entscheidung dieser Frage kam es im Verlauf der Verhandlungen jedoch nicht.

d) Ergebnis

Bei den Artt. 3 IV, 6 IV handelt es sich mit um die ausgereiftesten und gelungensten Absätze der Güterrechtskonvention. Mit Sicherheit ist das darauf zurückzuführen, daß die grundsätzliche Entscheidung der Einführung einer Rechtswahlmöglichkeit für Grundstücke sehr schnell feststand und auch im fol-

---

47 ff.; zum englischen Recht Dicey/Morris, Conflict, Rule 113 (S. 915, 916 ff.), beide mit Bsp. was in den einzelnen Ländern als beweglich und unbeweglich eingestuft wird).

[1131] Projet adopté, Conférence de La Haye, Actes et documents de la Treizième Session II, 322.

[1132] von Overbeck, Rapport, Nr 124 (S. 357 f.).

[1133] Procès-verbal No. 4, Conférence de La Haye, Actes et documents de la Treizième Session II, 216 (rechte Spalte).

genden nicht mehr in Diskussion geriet, so daß man sich ganz auf die konkrete Ausgestaltung der Vorschriften konzentrieren konnte. Die mehrfache Umformulierung der Absätze führte dazu, daß nahezu sämtliche, möglicherweise auftretenden Probleme bereits im Wortlaut der Vorschriften eine klare und eindeutige Lösung gefunden haben. Auch inhaltlich sind diese Vorschriften zu befürworten, da sie im wichtigen Bereich des Immobiliarvermögens in vielfacher Hinsicht zu einer Konfliktvermeidung beitragen.

II) Die Rechtswahl nach Art. 15 II Nr. 3 EGBGB für unbewegliches Vermögen

Das deutsche internationale Ehegüter- und Erbrecht hat im Zuge der IPR-Reform von 1986 - in Anlehnung an das Haager Ehegüterrechtsabkommen und als Folge der allgemeinen Tendenz, in diesen Bereichen vermehrt eine Rechtswahl zuzulassen -[1134] die Möglichkeit einer objektbezogenen Teilrechtswahl in den Art. 15 II Nr. 3 und Art. 25 II EGBGB eingeführt und damit die Möglichkeit einer Vermögensspaltung geschaffen. Um den Anwendungsbereich der güterrechtlichen Vermögensspaltung des Art. 15 II Nr. 3 EGBGB zu bestimmen, wird im folgenden zunächst die Entstehungsgeschichte, der Sinn und Zweck sowie die Auslegung der Norm anhand des Haager Abkommens, der Vorbild für Art. 15 II Nr. 3 EGBGB war, untersucht. Im Anschluß daran kommt es zu einer Abgrenzung des Art. 15 II Nr. 3 EGBGB zu den Fällen des Art. 3 III EGBGB und zu den Rechtswahlmöglichkeiten nach Art. 15 I, II EGBGB. Danach wird der Umfangs einer Rechtswahl gemäß Art. 15 II Nr. 3 EGBGB erörtert mit dem Schwerpunkt auf der Frage, ob die Rechtswahl auch auf einzelne Vermögensgegenstände, wie im Fall des LG Mainz,[1135] beschränkt werden kann. Abschließend wird diskutiert, ob der Begriff des unbeweglichen Vermögens nach der lex fori oder der lex causae zu qualifizieren ist und was zum Begriff des unbeweglichen Vermögens nach deutschem Recht zu zählen ist.

[1134] Ausführlich dazu Reinhart, ZVglRWiss 80 (1981) 150, 150 ff.; sowie die einzelnen Ländernachweise in BT-Drucksache 10/504, 58.

[1135] LG Mainz, Beschl. V. 14.12.1992, DNotZ 1994, 564.

1) Entstehungsgeschichte des Art. 15 II Nr. 3 EGBGB

a) Die vorbereitenden Entwürfe

aa) Die Entwürfe des Deutschen Rates für internationales Privatrecht

Der erste Reformentwurf[1136] des internationalen Ehegüterrechts wurde im Jahre 1959 vom Deutschen Rat für internationales Privatrecht vorgelegt.[1137] Dieser Entwurf verhielt sich zu einer Einführung der Parteiautonomie im internationalen Ehegüterrecht generell ablehnend[1138] und sah lediglich die Aufrechterhaltung eines nach ausländischem Recht geschlossenen Güterrechtsvertrag für den Fall eines Wechsel der allgemeinen Anknüpfung zu deutschem Recht vor.[1139] Abweichend davon griff Beitzke[1140] in seinem Gutachten zur Überarbeitung des Reformvorschlages die Idee der Parteiautonomie mit Verweis auf die Lösungen des Haager Ehegüterrechtsabkommens, wenn auch etwas zögernd, auf. Auch die Kommission des Deutschen Rates selbst sprach sich im Rahmen der Überarbeitung ihrer Vorschläge im Jahre 1981 für die Einführung einer Rechtswahl in Anlehnung an das Haager Abkommen aus.[1141] Dies führte dazu, daß der zweite Reformvorschlag[1142] unter den Ehewirkungen in § B die Einführung einer güterrechtlichen Rechtswahl vorsah. Vergleichbar mit der Lösung des Haager Ehegüterrechtsabkommen sollte danach das Heimat- oder Aufenthaltsrecht jedes Ehegatten zum Zeitpunkt der Rechtswahl sowie das Recht des Belegenheitsortes für jedes der Grundstücke der Ehegatten gewählt werden können.

bb) Der Entwurf von Kühne

Ein mit dem zweiten Entwurf des Deutschen Rates für internationales Privatrecht vergleichbarer Vorschlag findet sich in dem Entwurf von Kühne.[1143] Beide

---

[1136] Zum generellen Verlauf der IPR-Reform vgl. o. S. 106 ff.

[1137] Kegel, RabelsZ 25 (1960) 201 ff.; Lauterbach (Hrsg.), Reform des deutschen internationalen Eherechts, 1 ff.

[1138] Beitzke in Lauterbach (Hrsg.), Reform des deutschen internationalen Eherechts, 89, 91; Ehewirkungen § A, in Lauterbach (Hrsg.), Reform des deutschen internationalen Eherechts, 2 (m. Anm. S. 22).

[1139] Ehewirkungen § B in Lauterbach (Hrsg.), Reform des deutschen internationalen Eherechts, 3 (m. Anm. S. 22 f.).

[1140] Beitzke in Beitzke (Hrsg.), Vorschläge zur Reform, 146, 149.

[1141] Beitzke (Hrsg.), Vorschläge zur Reform, 39.

[1142] Beitzke (Hrsg.), Vorschläge zur Reform, 6.

[1143] Kühne, Entwurf, 6, 99.

Entwürfe stimmen ihrem Wortlaut nach im wesentlichen überein, in Hinblick auf die Formulierung der Rechtswahl zugunsten des Belegenheitsrechts weicht der Vorschlag Kühnes jedoch vom Entwurf des deutschen Rates ab. Während der Vorschlag des deutschen Rates formuliert,[1144] daß die Ehegatten jedes ihrer *Grundstücke* dem Recht seines Belegenheitsortes unterstellen können, lautet der Kühne-Entwurf:

> „Die Ehegatten können als das für die güterrechtlichen Wirkungen ihrer Ehe geltende Recht wählen: ...
> 3. hinsichtlich des unbeweglichen Vermögens das Recht des jeweiligen Belegenheitsortes."

Kühne verwendet also im Unterschied zum Entwurf des deutschen Rates und zum ersten Mal in diesem Zusammenhang den Begriff des unbeweglichen Vermögens. Als Begründung für die Einführung einer Rechtswahl nennt Kühne[1145] die Möglichkeit, die gesetzlich wegen des Unwandelbarkeitsprinzips nicht vorgesehene kollisionsrechtliche Anpassung an veränderte Lebens- und Vermögensverhältnisse herbeiführen zu können. Des weiteren beruft Kühne sich darauf, daß der Entwurf einer Tendenz des staatsvertraglichen und internationalen Bereichs folge und verweist auf das Haager Ehegüterrechtsabkommen und auf die Tatsache, daß sich der Entwurf im Umfang der Rechtswahl mit dem Abkommen im wesentlichen decke. Als Begründung für seinen Vorschlag, nur eine beschränkte Rechtswahl einzuführen, nennt Kühne, daß damit alle weltweit verbreiteten gesetzlichen Anknüpfungen zur Wahl stehen würden und ein Bedürfnis für weitergehende Wahlmöglichkeiten nicht zu erkennen sei. Das Argument für die Zulassung der Wahlmöglichkeit der lex rei sitae erblickt er in einer Kompensation für die in seinem Entwurf vorgesehene Streichung des Art. 28 EGBGB a.F.[1146] Für die Eheleute solle die Möglichkeit bestehen, in Fällen, in denen der Belegenheitsstaat sein Situsrecht anwende, dieses Recht wählen zu können, um auf diese Weise den sonst entstehenden Problemen aus dem Weg zu gehen. Eine über die Rechtswahl für Grundstücke hinausgehende Teilrechtswahl lehnt Kühne hingegen mit dem Verweis auf das im materiellen- und im Kollisionsrecht bestehende Prinzip der Einheitlichkeit des Vermögensstatuts ab.

cc) Der Vorschlag von Neuhaus/Kropholler

Der Entwurf von Neuhaus/Kropholler beschäftigt sich in seinem Art. 14 III ebenfalls mit der Frage, ob eine Rechtswahl im Ehegüterrecht eingeführt wer-

---

[1144] Beitzke (Hrsg.), Vorschläge zur Reform, 6.

[1145] Kühne, Entwurf, 103. Vgl. auch die allgemeinen Ausführungen von Kühne zur Rechtswahl im Bereich des Familienrechts (S. 94 ff.).

[1146] Kühne, Enwurf, 104, 207.

den soll[1147] und schlägt die Einführung einer güterrechtlichen Rechtswahl vor, beschränkt auf die Rechte, mit denen einer der Ehegatten durch seinen gewöhnlichen Aufenthalt oder seine Staatsangehörigkeit verbunden ist. Art. 14 S. 2 des Entwurfs beinhaltet darüber hinaus die Möglichkeit, für „Rechte an Grundstükken" das Recht des Lageortes wählen zu können. Eine besondere Begründung für die vorgeschlagene generelle Einführung einer Rechtswahl im internationalen Ehegüterrecht wird von den Autoren nicht gegeben. Zur Zulassung der speziellen Rechtswahl für Rechte an Grundstücken erklären sie, diese diene der Vermeidung von Zweifeln, ob ein Fall des Art. 28 des Entwurfs[1148] vorliege. Dabei könne die Formulierung „Rechte an Grundstücken" zwar zu Abgrenzungsschwierigkeiten führen, aber eine Vorschrift, die alle denkbaren Grenzfälle entscheide, existiere wohl nicht.

dd) Thesen des Max-Planck-Instituts

Sehr viel weitreichender im Hinblick auf die Einführung einer Rechtswahl im internationalen Ehegüterrecht waren die Thesen des Max-Planck-Instituts. Nach These 8 II dieses Entwurfs[1149] können die Ehegatten einzelne oder alle Ehewirkungen jeder Rechtsordnung unterstellen, zu der eine objektive Beziehung bestehe. Das Ehegüterstatut für Vermögenswerte, die in verschiedenen Staaten belegen sind, könne darüber hinaus auch ländermäßig bestimmt werden. Zur Begründung wird ausgeführt,[1150] daß die gefühlsmäßigen Widerstände gegen eine Rechtswahl, insbesondere hinsichtlich der besonderen Ehewirkungen, Nachwirkungen einer „überholten, obrigkeitsstaatlichen Eheauffassung" seien, für die im IPR kein Platz mehr sei. Vielmehr diene die Parteiautonomie der Einzelfallgerechtigkeit und der Rechtssicherheit, weshalb sie neben dem internationalen Vertragsrecht auch im internationalen Eherecht in weitem Umfang Beachtung finden solle.[1151] Schließlich gebe es gute Gründe für Eheleute, das Recht des Landes der zukünftigen Ansiedlung oder in dem der größte Teil ihres Vermögens belegen ist, wählen zu wollen. Außerdem könne eine ländermäßig abweichende Bestimmung des Güterstatuts für bewegliches Vermögen sich als sinnvoll erweisen. Weiterhin sei eine gesetzliche Enumeration der wählbaren Rechte abzulehnen, da der Gesetzgeber nicht alle sinnvollen Konstellationen vorhersehen könne, lediglich eine offensichtlich willkürliche Rechtswahl müsse ausgeschlossen werden.[1152]

[1147] Neuhaus/Kropholler, RabelsZ 44 (1980) 325, 330 f.

[1148] Dieser enthielt eine mit Art. 28 EGBGB a.F. vergleichbare Regel vgl. o. S. 108 sowie Neuhaus/Kropholler RabelsZ 44 (1980) 325, 334 f.

[1149] Max-Planck-Institut, RabelsZ 44 (1980) 344, 350.

[1150] Max-Planck-Institut, RabelsZ 44 (1980) 344, 358.

[1151] Max-Planck-Institut, RabelsZ 44 (1980) 344, 347.

[1152] Max-Planck-Institut, RabelsZ 44 (1980) 344, 358.

ee) Kolloquium im Max-Planck-Institut

Die Teilnehmer des Kolloquiums im Max-Planck-Institut zur Reform des deutschen internationalen Privatrechts[1153] waren sich bei ihrer Diskussion bis auf einen darin einig, daß im internationalen Güterrecht eine Anwendung der Parteiautonomie grundsätzlich am Platze sei.[1154] Auch bestand Übereinstimung darüber, daß der Kreis der wählbaren Rechte nicht enger gezogen werden solle, als von den verschiedenen Entwürfe vorgesehen. Sowohl die Reichweite der E-numerationssysteme als auch die Lösung der Thesen fanden jedoch nur vereinzelt eine ausdrückliche Billigung. Gegen die Thesen wurde eingewandt, daß das Kriterium der objektiven Beziehung zu unbestimmt sei. Außerdem tendierten mehrere Sprecher in der Diskussion für eine gänzlich freie Rechtswahl, andere befürworteten hingegen zumindest einen erweiterten Katalog der wählbaren Rechte.

b) Die Diskussion während des Gesetzgebungsverfahrens

Grundlage des Regierungsentwurfes, der sich im wesentlichen an dem Vorschlag Kühnes orientierte, war der Gedanke den Unwandelbarkeitsgrundsatz im Bereich der objektiven Anknüpfung beizubehalten, eine Anpassung an die jeweiligen Lebens- und Vermögensverhältnisse der Ehegatten jedoch durch Rechtswahl zuzulassen.[1155] Anders als der Entwurf von Kühne enthielt Art. 15 II EGBGB-E[1156] jedoch nicht die Möglichkeit, das Belegenheitsrecht für unbewegliches Vermögen zu wählen. Vorgesehen waren im Entwurf lediglich Wahlmöglichkeiten zugunsten des Heimat- oder des Aufenthaltsrechts jedes Ehegatten.

Als Begründung[1157] für Art. 15 II EGBGB-E wurde genannt, daß dieser mit der Einführung der Parteiautonomie im internationalen Ehegüterrecht einer Tendenz folge, die sich sowohl im völkervertraglichen Bereich als auch rechtsvergleichend abzeichne. Insbesondere wurde dabei auf das Haager Ehegüterrechtsabkommen von 1978 sowie auf die Kollisionsrechte Frankreichs, Belgiens, Luxemburgs, Englands, der Türkei und Österreichs verwiesen. Gegen die Einführung einer völlig freien Rechtswahl spreche, so die Begründung weiter, daß eine solche „das Zusammenspiel mit dem auf die allgemeinen Ehewirkungen anzuwendenden Recht beeinträchtigen" würde. Die Nichteinführung der

---

[1153] Allgemein dazu o. S. 108.

[1154] Dopffel/Drobnig/Siehr, Kolloquium, 47 f.

[1155] BT-Drucksache 10/504, 57 f., so auch bereits der unveröffentliche Referentenenwurf (vgl. die Besprechung des Referentenentwurfs von Schwimann, StAZ 1983, 57, 62).

[1156] BT-Drucksache 10/504, 9.

[1157] BT-Drucksache 10/504, 58.

Rechtswahlmöglichkeit für Grundstücke wird damit begründet, daß ein Bedürfnis für weitergehende Möglichkeiten, insbesondere für eine abweichende Wahl hinsichtlich einzelner Teile des Vermögens der Ehegatten im Hinblick auf den in Art. 3 III EGBGB-E beibehaltenen Grundsatz des Art. 28 EGBGB a.F., nicht zu erkennen sei. Dieses Argument findet sich ebenfalls bei den Erläuterungen zu Art. 3 III EGBGB-E:[1158]

> „Wird Art. 28 EGBGB seinem Grundsatz nach beibehalten, so bedarf es im Rahmen der im Entwurf vorgesehenen Rechtswahl (Güterstand) nicht der Einräumung einer Wahlmöglichkeit zum Belegenheitsrecht hin, weil dieses - soweit es selbst auf seiner Anwendung besteht - ohnehin vorrangig zu berücksichtigen und im übrigen ein Interesse an einer Aufspaltung der anzuwendenden Rechtsordnungen durch Rechtswahl nicht anzuerkennen ist."

In seiner Stellungnahme zum Regierungsentwurf äußerte sich das Max-Planck-Institut sehr kritisch zu den dort gemachten Vorschlägen zur Änderung des internationalen Ehegüterrechts.[1159] Kritisiert wurde zunächst die vorgesehene Unwandelbarkeit des objektiven Güterstatuts. Anstelle dieser Lösung plädierte das Max-Planck-Institut nach einer ausführlichen Analyse der Sachlage für die Einführung einer Wandelbarkeit kombiniert mit einer Rückwirkungsfiktion. Zudem fordert das Max-Planck-Institut, da es den Kreis der Wahlmöglichkeiten für zu eng hält, einen erweiterten Katalog der wählbaren Rechte, insbesondere das zukünftige Heimat- oder Aufenthaltsrechts der Ehegatten, für unbewegliches Vermögen die des Rechts des Lageortes und für Betriebsvermögen eines Unternehmens die Wahl des Rechts des Unternehmenssitzes oder das der jeweiligen Niederlassung zuzulassen.[1160] Es sei nämlich ein „Trugschluß", daß sich die Wahlmöglichkeit der lex rei sitae als partielles Güterstatut erübrige, wenn man Art. 28 EGBGB a.F. beibehalte.

Die Rechtswahlmöglichkeit für Grundstücke in Art. 15 II Nr. 3 EGBGB wurde durch den Rechtsausschuß des deutschen Bundestages eingefügt[1161] mit der Begründung, daß auf diese Weise den praktischen Bedürfnissen des Grundstücksverkehrs Rechnung getragen werden könne. Der erweiterte Art. 15 II EGBGB erleichtere die praktische Rechtsanwendung in einem Bereich, in dem die Heranziehung fremden Güterrechts weitreichende Folgen haben könne, nämlich beim Erwerb deutscher Grundstücke durch ausländische Ehegatten. Die mit einer solchen Wahl verbundenen Folgen einer Spaltung des für den Güterstand maßgeblichen Rechts könnten dabei hingenommen werden. Außerdem würde es die Einführung einer Rechtswahlmöglichkeit für Grundstücke erlauben, Über-

---

[1158] BT-Drucksache 10/504, 37.

[1159] Max-Planck-Institut, RabelsZ 47 (1983) 595, 629 ff.

[1160] Max-Planck-Institut, RabelsZ 47 (1983) 595, 633 f.

[1161] BT-Drucksache 10/5632, 42.

einstimmung des Güterstatuts mit dem ohnehin für die dingliche Rechtslage maßgeblichen Lagerecht zu erreichen.[1162]

c) Schlußfolgerungen aus der Gesetzgebungsgeschichte für das Verständnis des Art. 15 II Nr. 3 EGBGB

Betrachtet man die Diskussion im Vorfeld der Gesetzesreform sowie während des Gesetzgebungsverfahrens, so bestand bis auf den ersten Entwurf des Deutschen Rates für internationales Privatrecht aus dem Jahre 1959 Übereinstimmung darin, daß der Parteiautonomie im internationalen Ehegüterrecht ein größerer Spielraum als bisher zukommen soll, wobei die überwiegende Mehrheit der gemachten Vorschläge in Anlehnung an das Haager Ehegüterrechtsabkommen von einer Begrenzung auf die weltweit am weitesten verbreiteten gesetzlichen Anknüpfungen ausgeht. Unter den verschiedenen vom Haager Abkommen offerierten Rechtswahlmöglichkeiten war dabei allein die Einführung der Wahl der lex rei sitae für unbewegliches Vermögen umstritten. Jedoch wurde, dafür das diese Rechtswahlmöglichkeit den bis dato geltenden Grundsatz der Einheit des Güterrechts widersprach, in erstaunlich vielen Entwürfen für die Einführung dieser Rechtswahlmöglichkeit plädiert. Lediglich der Regierungsentwurf sah von den Vorschlägen, die überhaupt die Möglichkeit einer Rechtswahl beinhalteten, die Rechtswahlmöglichkeit der lex rei sitae für Grundstücke nicht vor.
Die Diskussion über die Einführung einer solchen Vorschrift kreiste dabei um die Frage, ob das Belegenheitsrecht durch eine mit Art. 28 EGBGB a.F. vergleichbare Norm oder durch die Einführung einer Rechtswahlmöglichkeit Beachtung finden solle. Die Einführung einer Rechtswahlmöglichkeit zugunsten des Belegenheitsrechts wurde deshalb entweder mit der Streichung des Art. 28 EGBGB a.F. oder umgekehrt, die Weglassung einer solchen Rechtswahlmöglichkeit mit der Beibehaltung einer mit Art. 28 EGBGB a.F. vergleichbaren Norm begründet. Lediglich der Entwurf von Neuhaus/Kropholler sowie das letztendlich verabschiedete IPR-Reformgesetz beinhalteten beide Möglichkeiten. Der diesem vorausgehende Regierungsentwurfs argumentierte zugunsten der nur objektiven Berücksichtigung des Belegenheitsrechts, daß sich das Belegenheitsrecht in den fraglichen Fällen ohnehin selbst durchsetze und ein darüber hinausgehendes Interesse an einer Aufspaltung des Güterstatuts nicht anzuerkennen sei. Dagegen hält Kühne in seinem Entwurf die Parteiautonomie für den angemessenen Ort der Berücksichtigung des Belegenheitsrechts, da die Interessen der Parteien je nach Konstellation ganz unterschiedlich zu bewerten sein könnten. Auch das Max-Planck-Institut hält es für einen „Trugschluß", daß sich die Wahlrechtsmöglichkeit zugunsten der lex rei sitae bei Beibehaltung des Art. 28 EGBGB a.F. erübrige.

1162 S. die vergleichbare Begründung für die Einführung des Art. 25 II EGBGB durch den Rechtsausschuß (BT-Drucksache 10/5632, 44). Die Zulassung der Rechtswahl nur für inländische Grundstücke beruht auf dem Gedanken des Schutzes von Pflichteilsberechtigten.

Leider setzt sich die Begründung des Rechtsausschusses, durch die Art. 15 II Nr. 3 EGBGB in das Reformgesetz eingeführt wurde, weder mit den Argumenten noch mit den Fragen und Folgen auseinander, die sich aus der gleichzeitigen Übernahme beider Vorschriften ergebenen und nennt lediglich praktische Gründe für die Einführung der Rechtswahlmöglichkeit des Belegenheitsrechts. Außerdem hielt der Rechtsausschuß die Folgen einer Spaltung des Güterrechtsstatuts nicht für so bedeutsam, daß sie der Einfügung des Art. 15 II Nr. 3 EGBGB entgegenstehen könnten.
Aus der Einführung der Rechtswahlmöglichkeit des Art. 15 II Nr. 3 EGBGB neben Art. 3 III EGBGB lassen sich verschiedene Schlußfolgerungen ziehen. Die Argumentation zur Einführung und Reichweite der Rechtswahl sowie der Erlaß beider Vorschriften verdeutlicht, daß der Rechtswahl eine Stellung zukommt, die über die Behebung der Schwierigkeiten bei der objektiven Anknüpfung hinausgeht und ihr einen eigenständigen Charakter verleiht. Durch die Schaffung einer Rechtswahlmöglichkeit für Grundstücke auch in Fällen, in denen das aus Sicht des Belegenheitsrechts nicht erforderlich ist, wurden die Vorteile dieser Wahl besonders berücksichtigt und dem Gedanken einer erweiterten Parteiautonomie vermehrt Rechnung getragen.
In Bezug auf das Prinzip eines einheitlichen Vermögensstatuts kann aus der Einführung des Art. 15 II Nr. 3 EGBGB geschlossen werden, daß dieser Grundsatz nach wie vor von besonderer Bedeutung und weiterhin zu berücksichtigen ist, seine Stellung als *absolutes Dogma* aber verloren hat und bei einer abweichenden Interessenwertung aufgegeben werden kann. Der bedeutsame Unterschied zwischen Artt. 15 II Nr. 3, 25 II EGBGB und Art. 3 III EGBGB besteht darin, daß über Art. 3 III EGBGB lediglich das System einer fremden Vermögensspaltung importiert wird, wohingegen die Einführung einer Teilrechtswahl, die zur Anwendung deutschen Sachrechts führen kann, eine solche Möglichkeit erstmals positiv im deutschen internationalen Privatrecht verankert und damit eine neue, darüber hinausgehende Qualität der Vermögensspaltung erreicht wird.

2) Sinn und Zweck der Norm

Wie oben geschildert[1163] führten zwei Hauptbeweggründe zur Einführung der Rechtswahlmöglichkeit für Grundstücke: zum einen die praktische Erleichterung des Grundstücksverkehrs, die durch eine Rechtswahl des Belegenheitsrechts erzielt werden könnten, zum anderen die Rücksichtnahme auf besondere Kollisionsnormen, die zwingend die Geltung der lex rei sitae für Grundstücke vorschreiben.
Dabei stellt sich die Frage, ob der letztgenannte Zweck trotz der Beibehaltung des Art. 3 III EGBGB weiterhin ein Argument im Rahmen des Art. 15 II Nr. 3

[1163] Vgl. o. S. 290 ff.

EGBGB darstellen kann. So vertreten einige Autoren,[1164] daß auf Grund der Beibehaltung des Art. 3 III EGBGB der Gedanke der Anpassung an das ausländische Kollisionsrecht in den Hintergrund gedrängt werde. Jedoch bringt die Rechtswahl des Belegenheitsrechts unabhängig von dem Verhältnis der beiden Normen zueinander[1165] zumindest den Vorteil mit sich, daß sie in den einschlägigen Fällen Zweifel ausräumen kann, ob ein Fall des Art. 3 III EGBGB vorliegt.[1166]

Wesentliches Ziel des Art. 15 II Nr. 3 EGBGB ist zum anderen, den praktischen Bedürfnissen des Rechtsverkehrs Rechnung zu tragen.[1167] So bestehen bei Verfügungen über deutsche Grundstücke häufig Zweifel, ob bei einem Verkauf oder einer Belastung der andere Ehegatte der Verfügung des eingetragenen Ehegatten zustimmen muß. Ferner kann es unsicher sein, ob bei dem Kauf eines Grundstück nur derjenige Ehegatte, der das Grundstück gekauft hat, Eigentümer geworden ist oder ob das Grundstück aufgrund einer bestehenden Gütergemeinschaft zu gemeinschaftlichem Vermögen wurde. Die Ursache für die Unklarheiten liegen darin begründet, daß die Ermittlung des Güterstandes oftmals schwierig ist und die Folgen des Güterstandes automatisch eintreten.[1168] Die Rechtswahl zugunsten des deutschen Lagerechts erspart deshalb die Kosten und Mühen der Ermittlung des Güterstandes und es entsteht eine Rechtssicherheit, die die Bedenken der Kaufinteressenten ausschaltet.[1169] Dies gilt gleichermaßen bei einer Rechtswahl des Belegenheitsrecht für im Ausland belegene Grundstücke. Als vorteilhaft wird außerdem die durch das Reformgesetz geschaffene Möglichkeit der übereinstimmenden Rechtswahl des Belegenheitsrechts sowohl für das Ehegüter- als auch das Erbstatuts angesehen.[1170] Auf diese Weise kann ein Auseinanderfallen beider Statute vermieden, die erb- und güterrechtliche Vermögensplanung aufeinander abgestimmt und Qualifikationsproblemen[1171] ausgewichen werden. Des weiteren können die Ehegatten in Fällen, in denen ohne Rechtswahl über Art. 3 III EGBGB ein von ihrem allgemeinen materiellen Güterrecht abweichendes Güterrechtssystem zur Anwendung käme, die objektbezogene Rechtswahl dazu nutzen, beide Güterrechte aufeinander abzustim-

---

1164 Soergel/Schurig, Art. 15 EGBGB, Rn. 20; Henrich in Conflict and Integration, 561, 569.

1165 Vgl. dazu u. S.294 ff.

1166 Kropholler, IPR, § 45 III 3 c.

1167 BT-Drucksache 10/5632, 42.

1168 Henrich in Conflict and Integration, 561, 568 f.; Staudinger/v.Bar/Mankowski, Art. 15 EGBGB, Rn. 152.

1169 v.Bar, IPR II, Rn. 225.

1170 Böhringer, BWNotZ 1988, 49, 51; Henrich, FamRZ 1986, 841, 847; Mankowski/Osthaus, DNotZ 1997, 10, 12; Soergel/Schurig, Art. 25 EGBGB, Rn. 4.

1171 Vgl. o. die Nachweise zum Qualifikationsproblem (§§ 1371 I; 1931 IV BGB) im deutschen Recht S. 92.

men.[1172] Bezieht sich die Rechtswahl auf ausländisches Grundvermögen, so ist zu bedenken, daß sich diese nur durchsetzen kann, wenn sie auch im Belegenheitsland anerkannt wird.[1173] Läßt man bei Art. 15 II Nr. 3 EGBGB eine einzelobjektbezogene Rechtswahl zu,[1174] kann dieses Problem allerdings ohne Schwierigkeiten im Rahmen einer Rechtsberatung gelöst werden, da anders als bei einer Rechtswahl nach Art. 15 II Nr. 1 und Nr. 2 EGBGB, das zu befragende Recht zum Zeitpunkt der Wahl feststeht.

3) Auslegung anhand des Haager Ehegüterrechtsabkommens

Im Rahmen der Auslegung des Art. 15 II EGBGB, insbesondere bei Art. 15 II Nr. 3 EGBGB, stellt sich die Frage, ob man sich dafür am Haager Ehegüterrechtsabkommen von 1978 orientieren kann und soll. Wegmann[1175] vertritt dazu die Ansicht, man könne das Übereinkommen nicht für die Auslegung des Art. 15 II EGBGB heranziehen, wohingegen andere Autoren[1176] eine Harmonisierung des Art. 15 II EGBGB mit dem Ehegüterrechtsabkommen im Wege der Auslegung erreichen wollen.
Gegen eine Auslegung des Art. 15 II EGBGB anhand des Haager Abkommens spreche, so Wegmann, [1177] daß der Wortlaut der deutschen Vorschrift von der des Abkommens abweiche. Das Abkommen sei außerdem von Deutschland nicht ratifiziert worden. Ferner sei ein gesetzgeberischer Wille, der über den Gedanken der Einheit der Rechtsordnung bei der Auslegung der deutschen Vorschriften berücksichtigt werden könne, in den Materialien gerade nicht geäußert worden. Als Grund für eine am Abkommen orientierte Auslegung wird angeführt, daß sich der Gesetzgeber im Verlauf des Gesetzgebungsverfahrens das Haager Abkommen als Vorbild für die Ausgestaltung des Art. 15 II EGBGB

1172 So können Ehegatten z.B. Gütertrennung für ein Grundstück in einem US-Bundesstaat mit community-property System wählen, auch wenn sie im Hinblick auf das übrige Vermögen im Regime der Gütertrennung leben. Probleme bestehen soweit die jeweils übereinstimmenden Güterrechtsmodelle in den verschiedenen Staaten in Einzelheiten nicht übereinstimmen und sich dies nicht immer vertraglich angleichen läßt. Dennoch bietet sich durch eine solche Wahl die Möglichkeit vertraglich eine relativ weitgehende Einheit des Güterrechts herzustellen. Die Teilrechtswahl führt also nicht gezwungenermaßen zu verschiedenen Güterrechtssystemen, sondern kann ebenso für eine Vereinheitlichung benutzt werden.

1173 Das ist ein generelles Problem der Rechtswahl im internationalen Ehegüterrecht, da nicht alle Länder im Ehegüterrecht Parteiautonomie gewähren (vgl. dazu Staudinger/v.Bar/Mankowski, Art. 15 EGBGB, Rn. 127).

1174 Vgl. u. S. 303 ff.

1175 Wegmann, NJW 1987, 1740, 1743.

1176 Staudinger/v.Bar/Mankowski, Art. 15 EGBGB, Rn. 164, 225; Soergel/Schurig, Art. 15 EGBGB, Rn. 22; Lichtenberger, FS für Ferid II, 269, 276 f.

1177 Wegmann, NJW 1987, 1740, 1743.

genommen habe.[1178] Auch solle man die Möglichkeit nutzen, eine Übereinstimmung mit den Entwicklungen im modernen Staatsvertragsrecht herzustellen, indem man die Ergebnisse des deutschen und internationalen Kollisionsrechts im Wege der Auslegung harmonisiere. Darüber hinaus spricht für eine das Abkommen berücksichtigende Auslegung der von Jayme[1179] entwickelte Gedanke der „narrativen Normen", wonach selbst nicht geltende Staatsverträge als Wertträger Entscheidungshilfe bieten können.

Vergleicht man den Wortlaut der Artt. 3, 6 des Haager Abkommens[1180] mit dem des Art. 15 II EGBGB, so sind in der Tat einige Unterschiede festzustellen. Die Artt. 3, 6[1181] des Abkommens enthalten die zusätzliche Rechtswahlmöglichkeit des zukünftigen gewöhnlichen Aufenthalts nach Eheschließung sowie eine zeitliche Differenzierung der Rechtswahl, in diejenige, die gemäß Art. 3 des Abkommens vor, und diejenige, die gemäß Art. 6 des Abkommens während der Ehe mit rückwirkendem Charakter getroffen wurde. Des weiteren unterscheiden sich die Formulierungen der Rechtswahlmöglichkeiten des Belegenheitsrechts voneinander. Das Abkommen ist diesbezüglich ausführlicher und präziser als das EGBGB gefaßt und regelt bereits im Text nahezu alle im Rahmen einer solchen Rechtswahl möglicherweise auftretenden Probleme.
Der Verlauf des Gesetzgebungsverfahrens[1182] selbst ergibt kein einheitliches Bild über das Verhältnis der ehegüterrechtlichen Vorschriften des EGBGB zum Haager Ehegüterrechtsabkommen. Zutreffend ist, daß das Haager Abkommen ein auslösender Faktor für die Einführung einer Rechtswahl im internationalen Ehegüterrecht war und sich der Gesetzgeber bei der Formulierung des Art. 15 II EGBGB nach dem Abkommen richtete. Allerdings wird das Abkommen während des Gesetzgebungsverfahrens lediglich im Regierungsentwurf,[1183] in dem Art. 15 II EGBGB ohne dessen Nr.3 vorgeschlagen wurde, nicht aber in dem entscheidenden Protokoll des Rechtsausschusses des deutschen Bundestages erwähnt.[1184] Es ist aber davon auszugehen, daß der Kühne-Entwurf dem Rechtsausschuß als Vorbild gedient hat. Dieser wiederum bezieht sich ausdrücklich auf das Abkommen[1185] und bemerkt, daß sich der Umfang der Rechtswahl des

[1178] Staudinger/v.Bar/Mankowski, Art. 15 EGBGB, Rn. 164; Lichtenberger, FS für Ferid II, 269, 276.

[1179] Jayme, Narrative Normen im Internationalen Privat- und Verfahrensrecht, 16 ff.

[1180] Vgl. den Wortlaut des Art. 3 IV der Konvention o. S. 274.

[1181] Projet adopté, Conférence de La Haye, Actes et documents de la Treizième Session II, 320 f.

[1182] Vgl. o. S. 284 ff.

[1183] BT-Drucksache 10/504, 58.

[1184] BT-Drucksache 10/5632, 42.

[1185] Kühne, Entwurf, 103.

Abkommens im wesentlichen mit seinem Vorschlag decke.[1186] Nach seiner Vorstellung stimmten Entwurf und Abkommen in der Frage der Rechtswahlmöglichkeit des Belegenheitsrechts sogar völlig überein. Ferner sprechen die zahlreichen Hinweise auf das Haager Abkommen, die während der Gesetzesvorarbeiten und des Gesetzgebungsverfahrens abgegeben wurden, für eine sich am Abkommen orientierende Auslegung.

Der dominierende Aspekt für die Heranziehung des Abkommens ist, daß sich der Gedanke der Rechtsangleichung durch eine übereinstimmende Auslegung unproblematisch durchführen läßt. Eine auseinanderfallende Auslegung würde insbesondere seit in Kraft treten des Abkommens in unseren unmittelbaren Nachbarländern Frankreich, den Niederlanden und Luxemburg den Entscheidungseinklang stören, da es infolge unterschiedlicher Auslegungen zu einer Nichtanerkennung der Rechtswahl und damit zu hinkenden Rechtsverhältnissen kommen könnte.

Auch die fehlende Ratifikation spricht nicht gegen eine am Abkommen orientierte Auslegung. Wie Jayme[1187] gezeigt hat, können nicht geltende Staatsverträge als „ratio scripta" angesehen werden und auf diese Weise trotz ihrer fehlenden Bindung ihre narrative Wirkung entfalten. Gerade die von ihm angeführten Beispiele aus der Rechtssprechung,[1188] die die Verhältnisse EuGVÜ und ZPO behandeln, zeigen, daß dieses Prinzip der Berücksichtigung nicht geltender narrativer Normen auch in der Rechtssprechung Anklang gefunden hat.

Außerdem wurde die Ratifikation des Abkommens hauptsächlich auf Grund der zu komplexen und mit deutschen Vorstellungen nicht übereinstimmenden objektiven Anknüpfung abgelehnt, nicht aber wegen der im Abkommen enthaltenen Vorschriften über die subjektive Anknüpfung. Letztere haben vielmehr erheblichen Beifall gefunden und den Impuls für die deutsche Regelung gegeben.[1189] Aus diesen Gründen sollte sich die Auslegung so weit als möglich am Haager Ehegüterrechtsabkommen orientieren.

4) Verhältnis einer ehegüterrechtlichen Rechtswahl zu Art. 3 III EGBGB

Bisher ist dogmatisch nur unzureichend geklärt worden, ob Art. 3 III EGBGB auch in den Fällen Vorrang hat, in denen das Güterstatut nicht objektiv gemäß Art. 15 I EGBGB, sondern infolge einer Rechtswahl nach Art. 15 II Nr. 1-3 EGBGB angeknüpft wird. Die Frage des Vorrangs wird dabei besonders problematisch in Fällen einer Rechtswahl nach Art. 15 II Nr. 1 und Nr. 2 EGBGB.

[1186] Wesentlicher inhaltlicher Unterschied dürfte (neben einigen Unterschieden in Formfragen) die ex tunc Rechtswahl des Abkommens sein (vgl. dazu Beitzke, RabelsZ 41 (1977) 457, 465 f.; v.Bar, RabelsZ 57 (1993) 63, 108).

[1187] Jayme, Narrative Normen im Internationalen Privat- und Verfahrensrecht, 29 ff.

[1188] Jayme, Narrative Normen im Internationalen Privat- und Verfahrensrecht, 18 ff.

[1189] Kropholler, RabelsZ 57 (1993) 207, 216 f.; v.Bar, RabelsZ 57 (1993) 63, 108 ff.

Jedoch kann sich das Problem auch bei einer Rechtswahl nach Art. 15 II Nr. 3 EGBGB stellen, wenn man, wie es eine Ansicht vorsieht,[1190] bei Art. 15 II Nr. 3 EGBGB das unbewegliche Vermögen anders als bei Art. 3 III EGBGB nicht nach der lex rei sitae qualifiziert. Eine Überschneidung von Art. 15 II Nr. 3 EGBGB und Art. 3 III EGBGB tritt ebenfalls ein, wenn sich die objektbezogene Teilrechtswahl, wie von der herrschenden Meinung als zulässig angesehen, nur auf einen Teil des in einem Land mit kollisionsrechtlicher Vermögensspaltung belegenen Grundvermögens bezieht und für das übrige Grundvermögen keine Rechtswahl des Belegenheitsrechts vorgenommen wurde.

a) Darstellung der unterschiedlichen Lösungsvorschläge

Für die Beantwortung dieser Frage haben sich im wesentlichen zwei Ansichten herausgebildet: Ein Teil der Autoren[1191] geht auch in den Fällen einer Rechtswahl von einem absoluten Vorrang des Art. 3 III EGBGB aus. Zu dieser Gruppe dürften auch die Autoren zu zählen sein,[1192] die generell einen Vorrang des Art. 3 III EGBGB vor Art. 15 EGBGB statuieren, ohne diesen ausdrücklich auf den Fall der Rechtswahl zu beziehen.
Die davon abweichende Meinung erweist sich demgegenüber als sehr heterogen. Siehr[1193] und ihm folgend Hausmann[1194] und Thoms[1195] unterscheiden in Anlehnung an die unterschiedlichen Auslegungsvarianten des Art. 3 III EGBGB zwischen besonderen Vorschriften für gewisse Sondervermögen und der lediglich kollisionsrechtlichen Vermögensspaltung. Bei ersteren Normen solle trotz einer Rechtswahl das Belegenheitsrecht über Art. 3 III EGBGB berücksichtigt werden, wohingegen sich eine nur kollisionsrechtliche Vermögens-spaltung gegen eine Rechtswahl auch dann nicht durchsetzen könne, wenn die ausländische lex rei sitae als zwingendes Recht ausgestaltet sei und deshalb keine abweichende Rechtswahl zulasse. Allerdings wird in praktischer Hinsicht die Einschränkung vorgenommen, daß sich eine solche Rechtswahl nicht empfehle, da sie sich nicht gegen zwingendes Kollisionsrecht durchsetzen könne. Deshalb seien Rechtswahlvereinbarungen restriktiv auszulegen: Solange die Parteien im Ehevertrag nicht *ausdrücklich* ihr *ganzes* Vermögen einem gewähl-ten Statut

---

1190 Vgl. die Darstellung des Meinungsstandes zur Qualifikation des unbeweglichen Vermögens o. S. 127 und u. S. 315 ff.

1191 v.Bar, IPR II, Rn. 232; Johannsen/Henrich/Henrich, EheR, Art. 15 EGBGB, Rn. 17; Staudinger/v.Bar/Mankowski, Art. 15 EGBGB, Rn. 18; Wegmann, NJW 1987, 1740, 1742.

1192 So z.B. Rahm/Künkel/Paetzold VIII, Rn. 813; Palandt/Heldrich, Art. 15 EGBGB, Rn. 4.

1193 MüKo/Siehr, Art. 15 EGBGB, Rn. 137 f.

1194 Staudinger/Hausmann, Art. 3 EGBGB, Rn. 63; Reithmann/Martiny/Hausmann, IntVR, Rn. 1941.

1195 Thoms, Einzelstatut, 82 ff.

unterworfen hätten, beziehe sich die Rechtswahl nicht auf Vermögen, das nach dem Belegenheitsstatut zwingend diesem Recht unterworfen sei.
Innerhalb dieser Ansicht geht Stoll einen Schritt weiter.[1196] Stoll unterscheidet ebenfalls zwischen ausländischem ordnungsrelevantem Sondervermögen und Fällen lediglich kollisionsrechtlicher Vermögensspaltung. Soweit lediglich eine kollisionsrechtliche Vermögensspaltung bestehe, will er nicht nur eine Wahl nach Art. 15 II Nr. 1 und Nr. 2 EGBGB der Anwendung des Art. 3 III EGBGB vorgehen lassen, sondern auch eine im Umfang zurückbleibenden Teilrechtswahl nach Art. 15 II Nr. 3 EGBGB.
Zwischen beiden Meinungen ist der Vorschlag von Schotten anzusiedeln.[1197] Schotten geht davon aus, daß der Sonderanknüpfung nach Art. 3 III EGBGB im Verhältnis zu einem durch Rechtswahl bestimmten Güterstatut der Vorrang zukomme. Durch die Anwendung des Art. 3 III EGBGB entstehe wie in Fällen einer teilweisen Rück- oder Weiterverweisung oder einer Rechtswahl nach Art. 15 II Nr. 3 EGBGB eine Güterrechtsspaltung. Für die durch Art. 3 III EGBGB entstandenen Einzelstatute will Schotten nunmehr eine getrennte Rechtswahl nach Art. 15 II Nr. 1 oder Nr. 2 EGBGB zulassen und zwar unabhängig davon, ob das abgewählte (Belegenheitsrecht) oder das gewählte Recht dem folge oder nicht. Nicht möglich sei diese getrennte Rechtswahl jedoch für die Fälle einer Rechtswahl nach Art. 15 II Nr. 3, da hier die Ehegatten die Spaltung durch Aufhebung der Rechtswahl beseitigen könnten. Für Schotten besteht demnach eine von Art (objektiv oder subjektiv) und Inhalt der Anknüpfung des Gesamtstatuts völlig unabhängige Rechtswahl im Rahmen des durch die Anwendung des Art. 3 III EGBGB entstandenen Einzelstatuts.
Zu einer Übereinstimmung mit der Ansicht von Siehr kommt es, wenn im Rahmen des Gesamt- und des Einzelstatuts dasselbe Recht nach Art. 15 II Nr. 1 und Nr. 2 EGBGB gewählt wurde. Ein Unterschied der beiden Ansätze besteht aber in zweifacher Hinsicht: Die innerhalb des Gesamtstatuts gewählte Rechtsordnung muß, folgt man Schotten, nicht mit derjenigen übereinstimmen die innerhalb des Einzelstatuts gewählt wurde. Darüber hinaus kommt es nach dem Modell von Schotten ohne eine auf das Einzelstatut bezogene Rechtswahl immer zu einer Anwendung des Belegenheitsrechts, so daß eine dementsprechende Rechtswahl erforderlich ist, um eine Harmonisierung mit dem Gesamtstatut zu erreichen.

[1196] Stoll, Rechtswahl, 106 f.

[1197] Schotten, IPR, Rn. 155, 165.

b) Diskussion

aa) Struktur des Gesetzes und Entstehungsgeschichte

Ausgangspunkt für die Klärung des Verhältnisses von Art. 3 III EGBGB zu Art. 15 II Nr. 3 EGBGB ist eine prinzipielle Überlegung anhand der Struktur des Gesetzes. Aus der Stellung des Art. 3 III EGBGB im Allgemeinen Teil des EGBGB ergibt sich, daß eine Anwendung auf alle Normen, auf die Art. 3 III EGBGB Bezug nimmt, ohne Ausnahme vorgesehen ist. Dieses Verständnis wird auch durch den Wortlaut des Art. 3 III EGBGB und die Entstehungsgeschichte der Vorschrift gestützt. So spricht der Wortlaut des Abs. 3 des Regierungsentwurfs von „Verweisungen in den Abschnitten 3 und 4...". Die Endfassung, die durch eine Umformulierung im Rechtsausschuß zustande kam,[1198] lautet ähnlich: „Soweit Verweisungen im Dritten und Vierten Abschnitt das Vermögen einer Person dem Recht eines Staates unterstellen,...".[1199]
Der Wortlaut des Art. 3 III EGBGB ist also erheblich weiter als derjenige des Art. 28 EGBGB a.F., der nur eine enumerative Aufzählung beinhaltete,[1200] und bezieht sich auch unzweifelhaft auf Art. 15 II EGBGB. In diese Richtung weist ebenfalls die Entstehungsgeschichte der Vorschrift, da die Bundesregierung zur Begründung für die Umformulierung anführt:

> „Nur hinsichtlich der bisher angeführten Einzelvorschriften des EGBGB soll durch eine allgemeinere Fassung („Abschnitte 3 und 4") dem Umstand Rechnung getragen werden, daß die Vorschrift einen generellen Grundsatz enthält".

Sowohl die Stellung des Art. 3 III EGBGB, als auch Wortlaut und Entstehungsgeschichte sprechen aus diesem Grund eine eindeutige Sprache zugunsten einer Anwendung des Art. 3 III EGBGB auch in den Fällen einer Rechtswahl des Ehegüterrechts. Deshalb ist es nicht zutreffend zu sagen, daß der Gesetzgeber dieses Problem nur im Bezug auf das Verhältnis der Teilrechtswahl des Belegenheitsrechts[1201] zu Art. 3 III EGBGB gesehen hätte.[1202] Dennoch besteht die

---

[1198] Zu den Gründen für die Umformulierung o. S. 109.

[1199] Vgl. die Gegenüberstellung sämtlicher Fassungen bei Pirrung, IPR, 31.

[1200] Art. 28 EGBGB a.F. lautete: „Die Vorschriften der Art. 15, 19, des Art. 24 Abs.1 und der Art. 25, 27 finden keine Anwendung .." (abgedruckt bei Jayme/Hausmann, IPV, Nr. 2).

[1201] Damit ist der zunächst für den Verzicht auf Art. 15 II Nr.3 EGBGB genannte Grund (Einführung des Art. 3 III EGBGB) gemeint (vgl. o.S. 287 ff.).

[1202] So aber MüKo/Siehr, Art. 15 EGBGB, Rn. 138. Er bemerkt dabei nicht, daß die Rechtswahl nach Art. 15 II Nr. 1 und Nr. 2 EGBGB bereits im Regierungsentwurf enthalten war, und sich die oben zitierte Begründung damit ebenfalls auf die Rechtswahl bezog. Man kann

Möglichkeit, beim Bestehen von überzeugenden Gründen an eine teleologische Reduktion des Art. 3 III EGBGB zu denken.

bb) Gegenargument von Siehr

Hauptargument von Siehr für den Vorrang einer Rechtswahl ist,[1203] daß er eine Anwendung des Art. 3 III EGBGB bei einer nur kollisionsrechtlichen Vermögensspaltung und einem IPR auf der Grundlage des Staatsangehörigkeitsprinzips, für einen „kollisionsrechtlichen Sündenfall" hält. Da er das Verhältnis der Rechtswahl zu Art. 3 III EGBGB als vom Gesetzgeber nicht entschieden ansieht, lehnt er eine Anwendung des Art. 3 III EGBGB aus diesem Grund für den Bereich der kollisionsrechtlichen Vermögensspaltung ab. Für die Lösung greift er auf den allgemeinen Grundsatz zurück, daß die Frage der Reichweite einer Rechtswahl ohne Rücksicht auf Stellung des ausländischen Rechts zur Rechtswahl zu entscheiden sei und hält deshalb eine Rechtswahl in den Fällen der lediglich kollisionsrechtlichen Vermögensspaltung für vorrangig. Die besonderen Vorschriften für gewisse Sondervermögen sieht Siehr hingegen als in „aller Regel zwingend" an und will sie aus diesem Grund über Art. 3 III EGBGB beachtet wissen.
Die Argumentation von Siehr beachtet jedoch nicht die oben dargestellten systematischen Gründe für den generellen Vorrang des Art. 3 III EGBGB vor einer Rechtswahl und übersieht, daß dieser Vorrang dem Willen des Gesetzgebers entspricht. Außerdem erweist sich die aus Art. 3 III EGBGB übernommene Differenzierung in diesem Zusammenhang als nicht schlüssig, insbesondere wenn man sich den Grund des Art. 3 III EGBGB, die Verhinderung undurchsetzbarer Rechtslagen, vor Augen führt, da dieser in beiden Fallgruppen gleichermaßen besteht. Letztendlich beruht die Argumentation von Siehr mehr auf dem Gedanken, den Anwendungsbereich des als unerwünscht verstanden Art. 3 III EGBGB weitestmöglich einzuschränken, als auf einer konsequenten Durchführung der Gesetzessystematik.

cc) Der grundsätzliche Vorrang der Parteiautonomie

Eine andere Begründung, die auch ein weitergehendes Verständnis des Vorrangs der Rechtswahl erklärt, findet sich bei Stoll.[1204] Er erblickt in jeder Rechtswahl eine verbindliche Bewertung der kollisionsrechtlichen Interessen, die der Parteiautonomie zugänglich sind, also sowohl der für eine reale Anknüpfung sprechenden als auch der personalen Interessen. Durch eine Rechts-

---

nicht erwarten daß der Gesetzgeber bei der Aufstellung eines allgemeinen Grundsatzes sämtliche Einzelfälle aufführt.

[1203] MüKo/Siehr, Art. 15 EGBGB, Rn. 138.

[1204] Stoll, Rechtswahl, 106 f.

wahl werde der Konflikt der kollisionsrechtlichen Interessen abschließend gelöst, so daß für die Anwendung von Art. 3 III EGBGB kein darüber hinausgehendes Bedürfnis bestünde. Lediglich in Fällen, in denen es sich um fremdes ordnungsrelevantes Sondervermögensrecht handle, sei dies über Art. 3 III EGBGB zu berücksichtigen. Insofern statuiert Stoll einen grundsätzlichen Vorrang der Parteiautonomie vor Art. 3 III EGBGB, der nur durch eine Sonderanknüpfung des Eingriffsrechts durchbrochen werde.
Dem widerspricht jedoch der Sinn und Zweck des Art. 3 III EGBGB. Art. 3 III EGBGB dient in der Hauptsache dazu, undurchsetzbare Rechtslagen zu vermeiden sowie den äußeren Entscheidungseinklang herzustellen. Die Verwirklichung dieser Ziele ist jedoch unabhängig von einem Vorrang der Parteiautonomie im deutschen IPR und hängt vielmehr davon ab, ob eine inländische Rechtswahl bezüglich ausländischer Gegenstände, die nach der dortigen objektiven Anknüpfung der lex rei sitae unterworfen werden, von diesem Recht anerkannt werden kann. Der Gesetzgeber hat durch seine allgemein gehaltene Formulierung des Art. 3 III EGBGB, der von „Verweisungen im Dritten und Vierten Abschnitt" spricht, auch zum Ausdruck gebracht, daß er bei der Abwägung der Parteiautonomie mit den Durchsetzbarkeitsinteressen, letzteren für die Fälle des Art. 3 III EGBGB den Vorrang einräumt.

dd) Lösung

Dieser Gedanke führt auch zur Lösung des Konflikts zwischen einer Rechtswahl nach Art. 15 II EGBGB und Art. 3 III EGBGB. Da sich nach dem Willen des Gesetzgebers Art. 3 III EGBGB grundsätzlich gegenüber einer Anknüpfung nach Art. 15 II EGBGB durchsetzen soll, kann der generelle Vorrang des Art. 3 III EGBGB in Form einer teleologischen Reduktion nur für die Fälle modifiziert werden, in denen der Sinn und Zweck des Art. 3 III EGBGB, undurchsetzbare Rechtslagen zu vermeiden und Entscheidungsharmonie herzustellen, nicht erreicht werden kann.
Wann dies der Fall ist, zeigt sich bei einer Analyse der in Betracht kommenden Fallgruppen. Wird eine Rechtswahl im Belegenheitsstaat nicht anerkannt, wie dies z.B. nach früherem argentinischen[1205] internationalen Ehegüterrecht der Fall war, handelt es sich um eine typische Konstellation des Art. 3 III EGBGB, so daß es bei einer Anwendung der Vorschrift bleibt. Wird hingegen eine Rechtswahl im Belegenheitsstaat bezüglich des dort belegenen Vermögens anerkannt, wie dies das englische und auch das US-amerikanische Kollisionsrecht[1206] zulassen, so würde eine Anwendung des Art. 3 III EGBGB dazu füh-

[1205] Chambre civile de Buenos Aires, Urt. v. 2. 2. 1982, Clunet 111 (1984) 622 ff., zum neuen argentinischen internationalen Güterrecht, das nunmehr einheitlich am Recht des ersten Wohnsitzes angeknüpft (vgl. Piltz, IPRax 1988, 320 f.).

[1206] Vgl. dazu Niewöhner, MittRhNotK 1981, 219, 228 f., 234; Dicey/Morris, Rule 150, S. 1071 ff. (1993); North/Fawcett, P.I.L., 872 ff (1992); Leitentscheidung ist Re De Nicols, 2

ren, daß aus deutscher Sicht an das Belegenheitsrecht, aus Sicht der ausländischen Rechtsordnung hingegen an dem Recht der Rechtswahl anknüpft werden würde. Eine solche Lösung widerspricht dem in Art. 3 III EGBGB enthalten Gedanken der Entscheidungsharmonie und ist auch aus Durchsetzbarkeitsgründen nicht erforderlich, da die Rechtswahl im Belegenheitsland anerkannt wird. Um den in Art. 3 III EGBGB enthaltenen Zielen deshalb vollständig gerecht zu werden, ist dieser im Wege einer teleologischen Reduktion dann nicht anzuwenden, wenn die nach deutschem Recht gemäß Art. 15 II EGBGB gültige Rechtswahl von dem Belegenheitsrecht anerkannt wird. In den übrigen Fällen bleibt es hingegen bei einer Anwendung des Art. 3 III EGBGB. Die Lösung ist, entgegen den oben diskutierten Vorschlägen unabhängig davon, ob es sich bei der ausländischen Norm um eine Kollisionsnorm oder eine Sachnorm handelt. Erstaunlicherweise entspricht diese Lösung im Ergebnis ungefähr dem *praktischen Vorschlag* von Siehr und Hausmann.
Eine weitere Ausnahme von der vorrangigen Anwendung des Art. 3 III EGBGB ist aus Praktikabilitätsgründen bei einer Rechtswahl nach Art. 15 II Nr. 3 EGBGB zu machen. Im Falle einer Rechtswahl des Belegenheitsrechts kann diese auch bei einem bestehenden Vorrang des Art. 3 III EGBGB aufrecht erhalten werden, soweit beide Vorschriften übereinstimmend ausgelegt werden,[1207] da man in einer solchen Konstellation, unabhängig davon welche Kollisionsnorm benutzt wird, zur Anwendung des gleichen materiellen Recht kommt. Die Aufrechterhaltung der Rechtswahl hat dabei den zusätzlichen Vorteil, daß sich die Prüfung, ob ein Fall des Art. 3 III EGBGB vorliegt, erübrigt und sollte deshalb vorrangig beachtet werden. Ein solches Verständnis entspricht darüber hinaus der Intention des Gesetzgebers[1208] und trägt zu erhöhter Rechtssicherheit bei.

ee) Ablehnung der Ansicht Schottens

Dem Vorschlag Schottens kann ebenfalls nicht gefolgt werden. Zwar stellt sich grundsätzlich die Frage, ob eine unterschiedliche Rechtswahl für bestimmte Teile des Vermögens möglich sein sollte, wie dies auch die These 8 II des Vorschlags des Max-Planck-Instituts vorsah,[1209] nach der bestehenden Gesetzeslage

Ch. 410 (1900). Zum in dieser Beziehung vielschichtigeren amerikanischen Recht vgl. Kleb v. Kleb, Court of Chancery of New Jersey, 62 A. 396 ff. (1905); Richardson v. De Giverville, Supreme Court of Missouri, 17 S.W. 974 ff. (1891); Bondzio, Internationales Ehegüterrecht, 106 ff., 211 ff.; Scoles/Hay § 14.15 (1992); Restatement Second, Conflict of Laws, §§ 234, 258 (1971); Marsh, Marital Property, 218 ff. (1952).

[1207] Das hängt von der Qualifikation nach der lex rei sitae oder lex fori ab (s. die Darstellung der Problematik am Anfang des Gliederungspunktes sowie u. S. 315 ff.).

[1208] Vgl. o.S. 290.

[1209] Max-Planck-Institut, RabelsZ 44 (1980) 344, 350, 358.

ist dies jedoch nicht zulässig. Der Gesetzgeber wollte[1210] eine Rechtswahl grundsätzlich nur für das gesamte Vermögen erlauben und hat lediglich im nachhinein eine Ausnahme zugunsten der Wahl des Belegenheitsrechts eingefügt. Nicht zugelassen hat er hingegen eine Rechtswahl gemäß Art. 15 II Nr.1 und Nr.2 EGBGB für einzelne Gegenstände des Vermögens, wie Schotten sie vorschlägt. Schottens Lösung verletzt deshalb die vom Gesetzgeber für die Rechtswahl nach Art. 15 II Nr. 1 und Nr. 2 EGBGB vorgesehene Einheitlichkeit des Vermögensstatuts.

Bei seiner Lösung verkennt Schotten darüber hinaus die Systematik des Gesetzes und das Verständnis des Art. 3 III EGBGB. Seine Lösung basiert auf einer vom Gesetz in dieser Weise nicht vorgesehenen Zweistufigkeit. Zunächst wendet er Art. 3 III EGBGB an und erkennt diesem einen Vorrang vor einer Rechtswahl zu, um dieses Ergebnis nach der Spaltung durch eine dann wieder zulässige Rechtswahl zu überspielen. Eine solche Lösung ist in sich systematisch widersprüchlich, da man entweder Art. 3 III EGBGB oder Art. 15 II EGBGB anwenden kann, nicht aber beide kummulativ. Außerdem enthält Art. 3 III EGBGB implizit die Rechtsfolge, das Belegenheitsrecht anzuwenden, und läßt weder eine nachträgliche Weiterverweisung[1211] noch die nachträgliche Anwendung einer weiteren Kollisionsnorm zu.

5) Verhältnis des Art. 15 II Nr. 3 EGBGB zu Art. 15 II Nr. 1 und Nr. 2 EGBGB

Ein weiteres Abgrenzungsproblem besteht im Verhältnis der objektiven Anknüpfung nach Art. 15 I EGBGB oder einer Rechtswahl nach Art. 15 II Nr. 1 oder Nr. 2 EGBGB zu einer Teilrechtswahl nach Art. 15 II Nr. 3 EGBGB. Langenfeld[1212] will eine Rechtswahl nach Art. 15 II Nr. 3 EGBGB nur für die Fälle zulassen, in denen die beteiligten Ehegatten sicher einen ausländischen Güterstand haben, da eine Rechtswahl ansonsten zu einem Verstoß gegen das Gebot der Einheitlichkeit des Güterstandes führen würde.

Dieser Auslegung kann jedoch nicht gefolgt werden, da ein solches Verständnis in unzulässiger Weise Fragen des Kollisionsrechts mit denen des Sachrechts vermischt. Eine Rechtswahl nach Art. 15 II Nr. 3 EGBGB ist jederzeit und unabhängig davon möglich, welches Recht nach der objektiven Anknüpfung oder nach einer Rechtswahl gemäß Art. 15 II Nr. 1 oder Nr. 2 EGBGB allgemeines Güterstatut ist.[1213] Diese Lösung hat auch dann zu gelten, wenn das so bestimm-

---

1210 BT-Drucksache 10/504, 58.

1211 Vgl. o. S. 119 ff.

1212 Langenfeld, FamRZ 1987, 9, 13; ders., Eheverträge, Rn. 929; ders., BWNotZ 1986, 153. Ihm folgend Franz, Comunione legale, 79.

1213 Schotten, IPR, Rn. 159; MüKo/Siehr, Art. 15 EGBGB, Rn. 34; Henrich, IntFamR, 68.; Staudinger/v.Bar/Mankowski, Art. 15 EGBGB, Rn. 99.

te allgemeine Güterstatut deutsches Recht ist, da eine solche Teilrechtswahl vom Gesetzgeber zugelassen wurde. Zu trennen von der Möglichkeit der Durchbrechung des Güterstatutes auf kollisionsrechtlicher Ebene ist die Frage der Einheitlichkeit des Güterstandes auf materiellrechtlicher Ebene. Über diese Frage entscheidet allein das gewählte Sachrecht.[1214] Geht dieses wie das deutsche Recht von einem einheitlichen Güterstand aus, so besteht trotz der Zulässigkeit einer Rechtswahl des Belegenheitsrechts nach herrschender Meinung[1215] nicht die Möglichkeit, dafür auch unterschiedliche Güterstände zu wählen. Dennoch kann eine solche Teilrechtswahl des deutschen Belegenheitsrechts für Grundstücke zusätzlich zum bereits nach allgemeinen Ehegüterstatut anwendbaren deutschen Recht sinnvoll sein in Fällen, in denen die Grundstücke aus irgendwelchen Gründen von den Entwicklungen des allgemeinen Ehegüterstatuts dauerhaft ausgeklammert werden sollen, so z.B. wenn die Möglichkeit einer abändernden Rechtswahl nach Art. 15 II EGBGB im Raum steht. Einzige Grenze ist in diesem Zusammenhang Art. 3 I EGBGB, so daß eine Rechtswahl bezüglich eines im Inland belegenen Grundstücks durch in Deutschland lebende deutsche Ehegatten ausgeschlossen sein dürfte.

6) Umfang der Rechtswahl nach Art. 15 II Nr. 3 EGBGB

Einer der Hauptstreitpunkte bei Art. 15 II Nr. 3 EGBGB ist, ob eine Beschränkung der Rechtswahl auf einzelne oder mehrere Gegenstände zulässig ist oder ob die Rechtswahl für das gesamte unbewegliche Vermögen getroffen werden muß. Ursache der Unklarheit ist, daß sich der deutsche Gesetzgeber, anders als die Haager Konvention,[1216] die sich sowohl im Wortlaut, als auch nach den Vorarbeiten als eindeutig erweist, zu diesem Punkt nicht geäußert hat.

a) Umfassende und länderbezogene Rechtswahl

Art. 15 II Nr. 3 EGBGB erlaubt unzweifelhaft eine umfassende Rechtswahl, die zur Folge hat, daß das gesamte unbewegliche Vermögen der Ehegatten dem *jeweiligen* Belegenheitsrecht des Vermögens unterstellt wird.[1217] Nicht möglich ist hingegen die Rechtswahl *eines* Belegenheitsrechts für das gesamte, in verschiedenen Staaten belegene unbewegliche Vermögen, da ein solches Verständnis Sinn und Zweck des Art. 15 II Nr. 3 EGBGB widerspricht. Diese Lösung

---

[1214] Böhringer, BWNotZ 1987, 104, 109f.; Staudinger/v.Bar/Mankowski, Art. 15 EGBGB, Rn. 126; Kropholler, IPR, § 45 III 3 c.

[1215] Vgl. u. S. 302 ff.

[1216] Vgl. o.S. 280.

[1217] Stoll, Rechtswahl, 131 f.; Staudinger/v.Bar/Mankowski, Art. 15 EGBGB, Rn. 216.

stimmt auch mit der Rechtslage nach der Haager Konvention überein.[1218] Eine solche Rechtswahl bezieht sich dabei auf alle gegenwärtigen und zukünftigen, im Eigentum der Ehegatten befindlichen Grundstücke und wirkt prinzipiell ex nunc. Die Ehegatten können allerdings auch im Rahmen von Art. 15 II Nr. 3 EGBGB, wie bei einer Rechtswahl nach Art. 15 II Nr. 1 oder Nr. 2, eine Rückwirkung vereinbaren.[1219] Für die Praxis ist die umfassende Rechtswahl jedoch nicht zu empfehlen, da sie keine Rücksicht auf die Anerkennung durch die jeweilige lex rei sitae nimmt und den großen Vorteil, den die Möglichkeit einer objektbezogenen Teilrechtswahl mit sich bringt, rechtliche Klarheit für genau bezeichnete Gegenstände zu schaffen, wieder zunichte macht.
Ebenfalls unumstritten[1220] zulässig ist es, die Rechtswahl auf einzelne Länder zu beschränken. So können Ehegatten mit Grundbesitz in verschiedenen Ländern für einige Länder das Belegenheitsrecht wählen und für den Grundbesitz in den übrigen Ländern das allgemeine Ehegüterstatut beibehalten. Der Grund dafür ist darin zu sehen, daß die Interessenlage, die für oder gegen eine Wahl der lex rei sitae spricht, infolge der unterschiedlichen rechtlichen Ausgestaltung des Familien-, Grundstücks- und internationalen Privatrechts der verschiedenen Staaten in den jeweiligen Fällen stark voneinander abweicht, und man darauf nur mit einer ländermäßig differenzierten Rechtswahl reagieren kann. Ein solches Verständnis steht in Übereinstimmung mit den Zielen des Art. 15 II Nr. 3 EGBGB sowie mit der Auslegung des Haager Abkommens.[1221]

b) Beschränkung der Rechtswahl auf einzelne Vermögensgegenstände

Äußerst umstritten ist demgegenüber, ob die Rechtswahl innerhalb eines Landes auf einzelne Gegenstände des unbeweglichen Vermögens beschränkt werden kann, wie das die herrschende Meinung[1222] annimmt, so daß für das übrige, dort belegene unbewegliche sowie das bewegliche Vermögen der Ehegatten das all-

---

[1218] Vgl. o. S. 280.

[1219] A.A. Böhringer, BWNotZ 1987, 104, 109. Es ist kein Grund für eine Sonderbehandlung des Art. 15 II Nr. 3 EGBGB ersichtlich, so daß der allgemeine Grundsatz der Rückwirkung des Art. 15 II EGBGB auch hier gilt (ausführlich zu diesem Grundsatz u. S. 339 ff.).

[1220] MüKo/Siehr, Art. 15 EGBGB, Rn. 48; Kühne, IPRax 1987, 69, 73; Stoll, Rechtswahl, 132.

[1221] Vgl. o. S. 280, 290 ff.

[1222] LG Mainz, Beschl. v. 14. 12. 1992, DNotZ 1994, 564 ff.; v.Bar, IPR II, Rn. 225; Palandt/Heldrich, Art. 15 EGBGB, Rn. 22; Kropholler, IPR, § 45 III 3 c; MüKo/Siehr, Art. 15 EGBGB, Rn. 49; Staudinger/v.Bar/Mankowski, Art. 15 EGBGB, Rn. 218 ff.; Stamatiadis, Ehescheidung, 174; Lichtenberger, FS für Ferid II, 269, 275 ff.; ders., DNotZ 1987, 292, 300; Firsching/v.Hoffmann, IPR, § 8, Rn. 41; Böhringer, BWNotZ 1987, 104, 109 f.; Johannsen/Henrich/Henrich, EheR, Art. 15 EGBGB, Rn. 12; Henrich, in Conflict and Integration, 561, 572 f.; Soergel/Schurig, Art. 15 EGBGB, Rn. 21; Erman/Hohloch, Art. 15 EGBGB, Rn. 29; Kegel/Schurig, IPR, § 20 VI 1 b.

gemeine Ehegüterstatut gilt, oder ob, wie von der Gegenansicht vertreten,[1223] die Rechtswahl das gesamte, unbewegliche Vermögen innerhalb eines Landes erfassen muß. Folgt man der ersten Ansicht, so könnten Ehegatten, die die innerhalb eines Landes belegenen Grundstücke A und B besitzen, das Grundstück A dem Belegenheitsrecht unterstellen, wohingegen auf das Grundstück B weiterhin das allgemeine Güterstatut angewendet werden würde. Nach der Mindermeinung wäre eine solche Lösung hingegen nicht zulässig; sowohl die Grundstücke A und B als auch ein erst in Zukunft zu erwerbendes Grundstück C würden danach einheitlich dem Belegenheitsrecht unterfallen.

aa) Entstehungsgeschichte

Die Entstehungsgeschichte des Art. 15 II Nr. 3 EGBGB gibt nicht viel Aufschluß für die Beantwortung dieser Frage. Der Regierungsentwurf selbst enthielt keine Norm, die eine Teilrechtswahl für unbewegliches Vermögen zuließ und bei der nachträglichen Einfügung durch den Rechtsausschuß wurde das Problem der Rechtswahl für einzelne Gegenstände des Vermögens nicht erörtert.[1224]

Lediglich den Vorarbeiten lassen sich gewisse Hinweise entnehmen.[1225] Zwar äußern sich die unterschiedlichen Vorschläge nicht ausdrücklich zu diesem Punkt, anhand der unterschiedlich gewählten Formulierungen der jeweiligen Rechtswahlklauseln kann man jedoch ihre Einstellung zu einer Rechtswahl für einzelne Gegenstände erkennen. So will Kühne die Rechtswahl hinsichtlich „des unbeweglichen Vermögens" einführen. Der Vorschlag des Deutschen Rates für IPR sieht die Möglichkeit vor, daß die Ehegatten „jedes ihrer Grundstücke" dem Belegenheitsrecht unterstellen können, der Entwurf von Neuhaus/ Kropholler spricht von „Rechten an Grundstücken" und die Thesen des Max-Planck-Instituts sahen lediglich eine ländermäßig getrennte Bestimmung sowohl des beweglichen als auch des unbeweglichen Vermögens vor. Erst die Stellungnahme zum Regierungsentwurf enthielt eine mit dem Gesetzeswortlaut übereinstimmende Formulierung ohne jedoch diese Wortwahl näher zu erläutern.

Im Hinblick auf die Fragestellung findet sich eine eindeutige Formulierung in den Vorschlägen des Deutschen Rates im Sinne einer Beschränkung der Rechtswahl auf einzelne Gegenstände sowie in den Thesen des Max-Planck-

[1223] Schotten, IPR, Rn. 163; ders., DNotZ 1994, 564, 566 ff.; Langenfeld, Eheverträge, Rn. 924 f.; Schwab/Schwab, Scheidungsrecht VII, Rn. 279; Reithmann/Martiny/Hausmann, IntVR, Rn. 1933; Schneider, MittRhNotK 1989, 33, 42; Wegmann, NJW 1987, 1740, 1742; Franz, Comunione legale, 79; Rahm/Künkel/Paetzold VIII, Rn. 784; Kühne, IPRax 1987, 69, 73.

[1224] Vgl. o. S. 284 ff.

[1225] Vgl. o. S. 287 ff. zu den einzelnen Entwürfen (zu der Formulierung der Stellungnahme des Max-Planck-Instituts zum Regierungsentwurf RabelsZ 47 (1983) 595, 633).

Instituts, dort allerdings in gegenteiliger Hinsicht. Bei Kühne spricht zwar der Wortlaut ebenfalls eher für ein Verständnis im letzteren Sinn, seine Bezugnahme auf das Haager Abkommen läßt daran jedoch gewisse Zweifel aufkommen. Ebenfalls keine klare Zuordnung erlaubt der Entwurf von Neuhaus/Kropholler. Die Entstehungsgeschichte des Art. 15 II Nr. 3 EGBGB hilft also nicht weiter.

bb) Wortlaut

Von größerem Interesse ist hingegen eine Analyse des Wortlauts. So ziehen einige Autoren[1226] aus der Formulierung, daß der Gesetzgeber eine Rechtswahl für „unbewegliches Vermögen" und nicht für *das* unbewegliche Vermögen zuläßt, die Schlußfolgerung, daß er eine Rechtswahl auch für einzelne unbewegliche Gegenstände einführen wollte. Dagegen hat Wegmann[1227] eingewandt, der Wortlaut spreche eher gegen eine erweiternde Auslegung. Der Begriff des Vermögens werde im deutschen Recht herkömmlicherweise als eine Gesamtheit von Sachen und Rechten definiert, so daß der Gesetzgeber, der eine partielle Rechtswahl für einzelne Grundstücke eindeutig hätte zulassen wollen, den Begriff der unbeweglichen Vermögens*gegenstände* hätte benutzen müssen. Hiergegen wendet Lichtenberger[1228] ein, daß schon ein Grundstück allein eine Gesamtheit von Gegenständen im Sinne des Art. 15 II Nr. 3 EGBGB sei. Neben dem Grundstück würden die damit verbundenen Rechte, Ansprüche, Zubehör etc. dazu zählen. Da also schon ein einzelnes Grundstück unbewegliches Vermögen darstelle, sei die Unterscheidung zwischen der Wortwahl unbewegliches Vermögen und das unbewegliche Vermögen schlagkräftiger und naheliegender als diejenige zwischen Vermögen und Vermögensgegenständen.
Für indifferent hält hingegen Stoll[1229] den Wortlaut. Da die Unterstellung eines in verschiedene Staaten belegenen, unbeweglichen Vermögens unter ein einziges Belegenheitsrecht ohnehin nicht zulässig sei, habe der Gesetzgeber den bestimmten Artikel nicht verwenden können. Die vergleichbare Formulierung in Art. 25 II EGBGB, die dort nicht erforderliche gewesen wäre, weil Art. 25 II EGBGB nur auf im Inland belegenes Vermögen Anwendung findet, könne insoweit als „unbedachter Parallelismus" verstanden werden. Darüber hinaus führt Stoll weitere Beispiele an, in denen der Gebrauch des unbestimmten Arti-

---

[1226] Böhringer, BWNotZ 1987,104, 109; Lichtenberger FS für Ferid II, 269, 276; Henrich, IntFamR, 676.

[1227] Wegmann, NJW 1987, 1740, 1743; ihm zustimmend Schotten, IPR, Rn. 163; Langenfeld, Eheverträge, Rn. 924.

[1228] Lichtenberger, FS für Ferid, 269, 276.

[1229] Stoll, Rechtswahl, 134.

kels durch den Gesetzgeber bei der Fassung der IPR-Reform nicht einer gezielten Wortwahl entspringe, so daß diese nicht entscheidend sein könne.[1230]

Übereinstimmender Gedanke sämtlicher Auslegungen ist, daß der Wortlaut des Art. 15 II Nr. 3 EGBGB durch die Weglassung des bestimmten Artikels zumindest eine ländermäßige Differenzierung zuläßt. Aus der Tatsache, daß der Wortlaut überhaupt die Möglichkeit einer Differenzierung und keine weiteren Einschränkungen auf einen bestimmten räumlichen Bereich enthält, kann jedoch darüber hinaus positiv geschlossen werden, daß der Wortlaut auch eine Rechtswahl für einzelne Grundstücke erlaubt.
Jedoch stellt sich die Frage, ob sich eine Einschränkung aus dem Normzusammenhang oder der Verwendung des Begriffs Vermögen im Gesetzeswortlaut ergibt. Nicht zutreffend ist in dieser Hinsicht die Ansicht von Stoll. Hätte der Gesetzgeber tatsächlich nur eine ländermäßige, nicht aber auch eine gegenstandsbezogene Differenzierung gewollt, so hätte er dies unter Verwendung des bestimmten Artikels ausdrücken können, indem er die Rechtswahlmöglichkeit folgendermaßen formuliert hätte: „...für das unbewegliche Vermögen das jeweilige Recht des Lageorts.“ Die Weglassung des bestimmten Artikels erlaubt hingegen gerade eine objektbezogene Differenzierung.[1231]
Des weiteren kann auch aus dem Begriff des Vermögens keine abweichende Schlußfolgerung gezogen werden. Zwar beinhaltet der Begriff Vermögen die Zusammenfassung zu einer Sachgesamtheit, da im vorliegenden Fall aber mindestens drei Auslegungsmöglichkeiten der Sachgesamtheit - das in sämtlichen Staaten belegene, das in einem Staat belegene unbewegliche Vermögen sowie das einzelne Grundstück als Vermögenseinheit - denkbar sind, kann man aus der Verwendung dieses Begriffes keine Schlüsse zugunsten einer bestimmte Auslegung ziehen.[1232] Vielmehr zeigt der Vergleich mit Art. 25 II EGBGB, bei dem die Weglassung des bestimmten Artikels infolge der Beschränkung der Rechtswahl auf deutsches Recht eindeutig für die Zulassung einer objektsbezo-

[1230] So würden in Art. 15 II EGBGB “die Ehegatten” als wahlberechtigte Parteien benannt, während die Rechtswahltatbestände in Artt. 14 III 1, 10 II EGBGB schlicht von “Ehegatten” sprächen, ohne daß aus dem unterschiedlichen Wortlaut geschlossen werden könne, daß nach den letztgenannten Vorschriften jeder Ehegatte für sich eine eigenständige Rechtswahlerklärung abgeben dürfe.

[1231] Nicht zutreffend ist auch Stolls Argument des “gesetzgeberischen Versehens”, da zum einen die von ihm herangezogenen Formulierungsunterschiede nicht mit der hier diskutierten Situation vergleichbar sind und darüber hinaus ein solches Argument von Beginn an jegliche Wortlautinterpretation und Argumentation überflüssig machen würde.

[1232] Vor allem läßt sich aus dem Begriff keine Bevorzugung lediglich auf das in einem Staat belegene Vermögen herauslesen. Konsequenterweise müßte dann das gesamte unbewegliche Vermögen gemeint sein, so daß eine Rechtswahl nur in dem Sinne einer umfassenden Rechtswahl zulässig wäre.

genen Rechtswahl spricht,[1233] daß der Begriff des Vermögens bei der güterrechtlichen Rechtswahl ebenfalls in diesem Sinne gebraucht wurde. Die Analyse des Wortlautes des Art. 15 II Nr. 3 EGBGB hat erbracht, daß dieser die Auslegung zugunsten einer Rechtswahlmöglichkeit für einzelne Grundstücke positiv stützt.

cc) Gedanke der Vermögenseinheit

Eines der Hauptargumente der Mindermeinung[1234] ist, daß eine objektbezogene Teilrechtswahl nicht mit dem im deutschen Recht vorherrschenden Grundsatz der Vermögenseinheit in Einklang gebracht werden könne, wobei dieses Argument in zweifacher Hinsicht sowohl auf kollisionsrechtlicher als auch auf sachrechtlicher Ebene gebraucht wird. So wird zum Teil[1235] aus der Möglichkeit einer beschränkten Rechtswahl für einzelne Gegenstände der Schluß gezogen, daß dies zu einer Wahl verschiedener deutscher Güterstände, also etwa für Grundstück A Zugewinngemeinschaft, für Grundstück B Gütertrennung und für Grundstück C Gütergemeinschaft, führen könne. Ein solches Verständnis krankt jedoch an einer unzulässigen Vermischung der sachrechtlichen und kollisionsrechtlichen Ebene. Die Wahl eines bestimmten Güterstatutes sagt nämlich noch nichts über die sachrechtlichen Möglichkeiten der Ehegatten aus. Diese richten sich nach dem gewählten Sachrecht. Nur wenn dieses eine Vermögensspaltung vorsieht, kommt es zu der geschilderten Situation. Ordnet das Sachrecht hingegen eine Einheit des Güterstandes an, so können sich die Ehegatten nur für einen Güterstand entscheiden.[1236]
Auf kollisionsrechtlicher Ebene wird argumentiert, daß das deutsche internationale Güterrecht vom Prinzip der Einheitlichkeit des Güterstandes ausgehe, weshalb eine abweichende Rechtswahlmöglichkeit nach Art. 15 II Nr. 3 EGBGB restriktiv auszulegen sei.[1237] Zudem bestehe eine Tendenz güterrechtlicher Normen, eine rechtliche Ordnung für das gesamte Vermögen herzustellen. Auch wenn die Rechtswahl nach Art. 15 II Nr. 3 EGBGB hiervon eine Ausnahme mache, bestehe kein Anlaß davon weiter als unbedingt erforderlich abzuweichen.[1238] Als mit dem Prinzip der Einheit des Güterstandes ebenfalls nicht vereinbar wird das mögliche Ergebnis einer auf einzelne deutsche Grundstücke be-

---

[1233] Dörner, DNotZ 1988, 67, 86; Reinhart, BWNotZ 1987, 97, 102; Siehr, IPRax 1987, 1, 7; Tiedemann, RabelsZ 55 (1991) 17, 25 f.

[1234] Wegmann, NJW 1987, 1740, 1743; Schneider, MittRhNotK 1989, 39, 42; Schotten, IPR, Rn. 163; Kühne, IPRax 1987, 69, 73; Langenfeld, Eheverträge, Rn. 925; Reithmann/Martiny/Hausmann, IntVR, Rn. 1933.

[1235] Wegmann, NJW 1987, 1740, 1743; Schneider, MittRhNotK 1989, 39, 42.

[1236] Vgl. u. S. 312 ff., 359 ff.

[1237] Reithmann/Martiny/Hausmann, IntVR, Rn. 1933.

[1238] Schotten, IPR, Rn. 163.

zogenen Rechtswahl angesehen, weil dann ein Teil des inländischen Grundvermögens unter deutsches, das übrige aber unter ausländisches Recht fallen würde.[1239] Außerdem erblicken einige Autoren[1240] in der Zulassung der Wahl eines gegenstandsbezogenen Güterstandes ein Verstoß gegen Art. 3 I GG unter dem Gesichtspunkt der Inländerdiskriminierung.
Im Rahmen dieser Argumentation wird jedoch nicht beachtet, daß sich aus der Zulassung einer Rechtswahl für einzelne Vermögensgegenstände keine weitergehenden Möglichkeiten einer Statutenspaltung ergeben als die, die durch die Einführung einer Rechtswahlmöglichkeit zugunsten des Belegenheitsrechts ohnehin schon bestehen.[1241] Innerhalb eines Territoriums ist lediglich eine einzige Abspaltung möglich. Der Unterschied besteht lediglich darin, daß die Grenze zwischen allgemeinem Güterstatut und Belegenheitsstatut, je nach dem welche Wahlmöglichkeit zugelassen wird, unterschiedlich verläuft.
Darüber hinaus können auch die weiteren Argumente nicht überzeugen. Güterrechtliche Normen sind dahingehend ausgerichtet, die ihnen unterliegenden Vermögensgegenstände bestimmten güterrechtlichen Folgen zu unterwerfen, sagen aber nichts über die Ausdehnung und Einbeziehung von Vermögen im internationalen Bereich aus. Gegen das Argument, die Aufteilung des inländischen unbeweglichen Vermögens in Vermögen, das teilweise deutschem und teilweise ausländischem Güterrecht unterliegt, sei nicht von der Einheit des Güterstandes gedeckt, spricht, daß der abweichende Vorschlag ebenfalls zu einer Auflösung der Einheit des Güterstandes führt, nur mit dem Unterschied, daß die Grenze zwischen deutschem unbeweglichen und beweglichem Vermögen verlaufen würde. Zudem stellt die Tatsache, daß Art. 15 II Nr. 3 EGBGB ausländischen Ehepaaren eine Rechtswahlmöglichkeit zugunsten deutschen Güterrechts eröffnet, die so für deutsche Ehepaare nicht besteht,[1242] keine wie auch immer geartete Inländerdiskriminierung dar, da sie in der Natur der Sache begründet liegt. Ausländische Ehegatten können deutsches Güterrecht für in Deutschland belegenes unbewegliches Vermögen treffen, wohingegen deutsche Ehegatten eine Rechtswahl für ihr ausländisches unbewegliches Vermögen vornehmen können. Im übrigen wäre die Inländerdiskriminierung kein gesondertes Problem einer objektbezogenen Rechtswahl, sondern würde sich gleichfalls bei einer ländermäßigen Beschränkung der Rechtswahl stellen.[1243]
Allerdings kann der Gedanke der Vermögenseinheit auch in der Weise verstanden werden, daß er im Rahmen der durch die Rechtswahl eintretenden Vermögensspaltung wiederum zu der Herstellung einer möglichst weitgehenden ver-

---

[1239] Langenfeld, Eheverträge, Rn. 925.

[1240] Wegmann, NJW 1987, 1740, 1743.

[1241] Stoll, Rechtswahl, 135 f.; Mankowski, FamRZ 1994, 1457, 1459.

[1242] Vgl. zur dazu o. S. 301 f.

[1243] Ausführlich dazu Lichtenberger, FS für Ferid II, 269, 277; Mankowski, FamRZ 1457, 1458 f.; LG Mainz, Beschl. v. 14. 12. 1992, DNotZ 1994, 564, 566.

mögensrechtlichen Einheit führen soll.[1244] Eine solche Argumentation enthält aber folgenden theoretischen cirrculum virtiosus: Art. 15 II Nr. 3 EGBGB durchbricht das Prinzip der Vermögenseinheit; um die Reichweite dieser Durchbrechung festzustellen, bemüht man aber wiederum das Prinzip der Vermögenseinheit.[1245]
Da der Gedanke der Vermögenseinheit für die Rechtswahl nach Art. 15 II Nr. 3 EGBGB aufgegeben wurde, kann er als Argument für die eine oder andere Auslegung letztendlich nur eine untergeordnete Rolle spielen. Viel bedeutsamer ist in dieser Hinsicht, wie die Gründe, die den Gesetzgeber zu einer Durchbrechung der Einheitlichkeit des Güterstandes veranlaßt haben, besser erreicht werden können.

dd) Vergleich mit dem Haager Abkommen

Als Argument für die Zulassung einer Rechtswahl für einzelne Vermögensgegenstände spricht zunächst, daß mit einer solchen Auslegung eine Übereinstimmung mit der Lösung des Haager Ehegüterrechtsabkommens hergestellt werden könnte. Wie oben dargestellt,[1246] wurde diese Frage im Verlauf der Diskussion des Abkommens angesprochen und zugunsten einer objektbezogenen Rechtswahl geklärt. Diese Lösung hat sich auch in dem umgestalteten Wortlaut der Artt. 3 IV, 6 IV der Konvention[1247] niedergeschlagen, der eine einzelobjektbezogene Rechtswahl nunmehr ausdrücklich erlaubt.

ee) Ordnungs- und Verkehrsinteressen

Einer der Gründe für die Einführung des Art. 15 II Nr. 3 EGBGB lag in der Erleichterung der praktischen Rechtsanwendung im Bezug auf den Grundstücksverkehr. Deswegen ist von besonderer Bedeutung, welche der beiden Auslegungsmöglichkeiten diesen Interessen besser Rechnung trägt. Analysiert man die Auswirkungen einer regionalen Rechtswahl unter diesem Gesichtspunkt, so zeigt sich, daß nicht sie, sondern eine objektbezogene Rechtswahl die prakti-

---

[1244] Dies scheint der Grundgedanke der oben dargestellten Ausführungen zu sein, auch wenn das explizite nicht gesagt wird.

[1245] So ebenfalls Lichtenberger, FS für Ferid II, 269, 277.

[1246] Vgl. o. S. 280.

[1247] Der französische Wortlaut ist: "ils peuvent désigner, en ce qui concerne les immeubles ou certes d'entre eux". Der englische Wortlaut ist: "may designate with respect to all or some of the immovables" (Projet adopté, Conférence de La Haye, Actes et documents de la Treizième Session II, 320).

sche Rechtsanwendung stärker erleichtert sowie der Rechtsklarheit und Rechtssicherheit in erheblich weiterem Umfang Rechnung trägt.[1248]
Eine nur territorial einheitlich mögliche Rechtswahl hat zur Folge, daß davon sämtliche unbeweglichen Gegenstände erfaßt werden, die die Ehegatten in diesem Land besitzen. Das gilt unabhängig davon, ob die Ehegatten die Rechtswahl zugunsten des gesamten Belegenheitsrechts getroffen haben oder diese nur auf ein bestimmtes Grundstück beziehen wollten. Zudem wirkt eine solche Rechtswahl, soweit die Ehegatten keine Rückwirkung vereinbaren, ex nunc mit der Folge, daß das Grundbuch bezüglich der bereits den Ehegatten gehörenden Grundstücke im Anschluß an eine solche Rechtswahl unrichtig wird, was den Interessen des Grundstücksverkehrs widerspricht. Ein weiteres Manko ist, daß dadurch die Möglichkeit entsteht, daß die Ehegatten die Rechtswahl übersehen und bezüglich dieser Grundstücke unter falschem Recht handeln. Beides kann ebenfalls bezüglich der Grundstücke eintreten, die erst in der Zukunft von den Ehegatten erworben werden.
Eine weitere Schwierigkeit ist, daß eine länderbezogene Rechtswahl von den Ehegatten auch bei zukünftigen Erwerbsvorgängen jeweils nachgewiesen werden müßte mit dem Ergebnis, daß das Grundbuchamt bei jedem Erwerbsvorgang zu prüfen hätte, ob vorher bereits eine Rechtswahl getroffen wurde. Die Einführung der Rechtswahl sollte das Grundbuchamt gerade von der Vornahme einer solchen komplizierten und fehlerbehafteten Prüfung entlasten, was aber lediglich durch die Zulassung einer objektbezogenen Rechtswahl erreicht wird. Damit zeigt sich auch, daß auch das Argument von Kühne,[1249] die Verkehrsinteressen könnten nur ländereinheitlich beurteilt werden, gerade nicht zutreffend ist.[1250]

ff) Parteiinteressen

Ein weiterer wesentlicher Gesichtspunkt für die Einführung einer objektbezogenen Rechtswahl ist, daß nur mit einer solchen den Parteiinteressen wirklich gedient werden kann.[1251] So ist schon prinzipiell eine möglichst freie Gestaltbarkeit für die Ehegatten wünschenswert, da nur dann die Vorteile einer

[1248] LG Mainz, Beschl. v. 14. 12. 1992, DNotZ 1994, 564,565 f.; Staudinger/ v.Bar/Mankowski, Art. 15 EGBGB, Rn. 226 f.; Henrich in Conflict and Integration, 561, 572 f.; Lichtenberger, FS für Ferid II, 269, 278 f.; Böhringer, BWNotZ 104, 109 f.; Stoll, Rechtswahl, 137; Wegmann, NJW 1987, 1740, 1743; Schneider, MittRhNotK 1989, 39, 42.

[1249] Kühne, IPRax 1987, 69, 73.

[1250] Soweit er eine einheitliche Beurteilung auch für Partei- und Durchsetzbarkeitsinteressen anführt, gilt dies nur für die letzteren. Die Parteiinteressen sprechen hingegen ebenfalls für eine objektsbezogene Rechtswahl (vgl. die Ausführungen im folgenden).

[1251] MüKo/Siehr, Art. 15 EGBGB, Rn. 49; Staudinger/v.Bar/Mankowski, Art. 15 EGBGB, Rn. 226; Lichtenberger, FS für Ferid II, 269, 278 f.; Böhringer, BWNotZ 104, 109 f.; Stoll, Rechtswahl, 136.

Rechtswahl, die in der Anpassung an die jeweiligen Lebensumstände bestehen, vollständig ausgenutzt werden können. In Anbetracht dessen wäre eine Verpflichtung der Ehegatten, sämtliches unbewegliches Vermögen, das sie in Zukunft während der Ehe in demselben Staat erwerben, dem Belegenheitsrecht zu unterwerfen oder die Rechtswahl vollständig zurücknehmen zu müssen, diesen Zielen entgegengesetzt und würde die Ehegatten eher von einer Rechtswahl gänzlich absehen lassen. Gerade für die erst in Zukunft hinzukommenden Grundstücke fehlt es zum Zeitpunkt der Rechtswahl noch an jeglicher Vorhersehbarkeit. Eine schon jetzt vorzunehmende Rechtswahl ließe eine Reaktion auf zwischenzeitliche Änderungen nicht in ausreichendem Maße zu. Diese Gründe gelten in ähnlicher Weise für bereits im Vermögen vorhandene, im gleichen Land belegene und nicht von der ausdrücklichen Rechtswahl umfaßte Grundstücke. Auch in diesen Fällen ist die Möglichkeit der Vermögensplanung für die Ehegatten in Bezug auf das Grundvermögen stark eingeschränkt.
Auch das dagegen angeführte Argument,[1252] daß das Problem auf sachrechtlicher Ebene durch entsprechende Güterstandsgestaltung gelöst werden könne, scheitert daran, daß sich die Durchführung einer solchen als sehr viel komplizierter erweist.[1253] Will man Art. 15 II Nr. 3 EGBGB nicht zur Bedeutungslosigkeit verkümmern lassen, was nicht im Sinne des Gesetzgebers wäre, sollte man den Parteien eine objektbezogene Teilrechtswahl ermöglichen.

gg) Untragbare Folgen durch eine objekts- oder länderbezogene Rechtswahl

Erstaunlicherweise führt die eine Ansicht gegen die jeweils andere an, daß ihre Auslegung des Art. 15 II Nr. 3 EGBGB ungeahnte Folgeprobleme mit sich bringe. So solle eine länderbezogene Rechtswahl zu schwierigen Auseinandersetzungsproblemen bezüglich des zum Zeitpunkt der Rechtswahl bereits bestehenden Immobilienvermögens führen.[1254] Demgegenüber würde eine objektbezogene Rechtswahl Anpassungs- und Angleichungsprobleme nach sich ziehen, da noch nicht einmal ansatzweise geklärt sei, welche Folgen eine einzelgegenstandsbezogene Rechtswahl auf sachrechtlicher Ebene habe.[1255] Insoweit gingen die praktischen Vorteile, die zunächst erzielt würden, mit einer Verlagerung der Probleme auf einen späteren Zeitpunkt einher.
Beiden Ansichten kann in der Weise nicht gefolgt werden. Die erwähnten Probleme resultieren im wesentlichen aus den Schwierigkeiten, die aus der Möglichkeit einer jederzeitigen Rechtswahl mit der daraus folgenden Wandelbarkeit entstehen, und nicht aus der Auslegung des Art. 15 II Nr. 3 EGBGB als objekt-

[1252] Langenfeld, Eheverträge, Rn. 925.

[1253] Lichtenberger, FS für Ferid II, 269, 278 f.

[1254] Staudinger/v.Bar/Mankowski, Art. 15 EGBGB, Rn. 226.

[1255] Schotten, IPR, Rn. 163; Reithmann/Martiny/Hausmann, IntVR, Rn. 1933.

oder länderbezogene Rechtswahl.[1256] Aus diesem Grund lassen sich die zu den Problemen der Wandelbarkeit entwickelten Lösungen auf die Rechtswahl nach Art. 15 II Nr. 3 EGBGB übertragen und zwar auch insoweit, als sich Besonderheiten infolge der eingeschränkten Rechtswahl nur für ein oder mehrere bestimmte Gegenstände ergeben.[1257] So ist, folgt man der Mindermeinung, lediglich eine Auseinandersetzung bestehender Güterstatute häufiger erforderlich. Aber auch nach der herrschenden Meinung kommt es zu einem Übergang des Güterstatuts in den Fällen, in denen die Rechtswahl nicht zum Zeitpunkt des Grundstückskaufes vereinbart wurde.

c) Zulassung der Wahl verschiedener Güterstände als Folge einer einzelgegenstandsbezogenen Rechtswahl

Läßt man eine objektbezogenen Rechtswahl zu, so kommt die Frage auf, ob daraus die Möglichkeit entsteht, für die einzelnen Gegenstände innerhalb eines Güterstatuts, für die gesonderte Rechtswahlen bestehen, parallel zu diesen Rechtswahlen verschiedene Güterstände vereinbaren zu können. Damit ist der Fall gemeint, daß ausländische Ehegatten zwei Grundstücke in Deutschland besitzen, für die sie jeweils das Belegenheitsrechts wählen und dabei die Rechtswahl für Grundstück A mit einer Wahl der Gütertrennung und für Grundstück B mit einer Wahl der Gütergemeinschaft verbinden. Die Zulässigkeit einer mit der Rechtswahl verbundenen gesonderten Wahl des Güterstandes wird vereinzelt bejaht,[1258] von der weit überwiegenden Anzahl von Autoren hingegen verneint.[1259] Der dogmatische Ausgangspunkt dieses Problems ist dabei eindeutig. Über die Frage, ob eine mehrfache Rechtswahl innerhalb eines Güterstandes zulässig ist, hat das Sachrecht der lex rei sitae zu entscheiden; Kollisionsrecht und Sachrecht sind insoweit strikt voneinander zu trennen. Ordnet eine Rechtsordnung einen einheitlichen Güterstand an, so ist dem deshalb Folge zu leisten.
Nicht überzeugend ist der von diesem Prinzip abweichende Konstruktionsversuch Lichtenbergers,[1260] der in jeder partiellen Rechtswahl eines Güterrechtsstatuts eine Abspaltung des jeweiligen unbeweglichen Gegenstands erblickt, für den die Rechtswahl getroffen wurde. Diese abgespaltenen Güterrechtsstatute stehen aus seiner Sicht unabhängig nebeneinander, obwohl für sie jeweils das Lagerecht gilt. Dieser Vorschlag, der auf Rechtswahlebene in etwa den Theo-

---

1256 Zur Lösung dieses Problems vgl. u. S. 339 ff.

1257 Vgl. u. S. 337 ff.

1258 Lichtenberger, FS für Ferid II, 269, 280 f.; Reithmann/Röll/Geßle, Handbuch der notariellen Vertragsgestaltung, Rn. 922.

1259 Schotten, IPR, Rn. 164; MüKo/Siehr, Art. 15 EGBGB, Rn. 50; Böhringer, BWNotZ 104, 109 f.; Stoll, Rechtswahl, 135 f.; Staudinger/vBar/Mankowski, Art. 15 EGBGB, 220 ff., insbes. Rn. 228 ff.; Langenfeld, Eheverträge, Rn. 925.

1260 Lichtenberger, FS für Ferid II, 269, 280 f.

rien Zitelmanns und Frankensteins zum Einzel- und Gesamtstatut bei Art. 3 III EGBGB entspricht, scheitert daran, daß er nicht zu erklären vermag, warum durch die übereinstimmende Wahl desselben Rechts auf kollisionsrechtlicher Ebene eine Spaltung des Sachrechts eintreten solle.

Folgender anderer Ansatz ist jedoch denkbar, um die Möglichkeit einer gesonderten Wahl verschiedener Güterstände zu erklären. Bei dem Gedanken der Einheit des Güterstandes handelt es sich um kein dem deutschen Sachrecht zwingend zugrunde liegendes Prinzip,[1261] vielmehr besteht dogmatisch durchaus die Möglichkeit davon abzuweichen, was durch geschickte Vertragsgestaltung sowohl innerhalb einer Güter-, als auch innerhalb einer Zugewinngemeinschaft heute schon vielfach praktiziert wird.[1262] Insofern stellt sich die Frage, ob diesem Zustand nicht dadurch Rechnung getragen werden sollte, daß man für bestimmte Fälle die Möglichkeit der Wahl unterschiedlicher Güterstände eröffnet. Für eine solche Ausnahme bietet sich die hier vorliegende Konstellation aus mehreren Gründen an: Zum einen geht der sachrechtlichen Spaltung eine kollisionsrechtliche Spaltung voraus. Soweit durch die Rechtswahl ein Vermögensstatut von zwei oder mehr Grundstücken entsteht, erscheint eine Zusammenfassung auf sachrechtlicher Ebene als nicht besonders sinnvoll, da diese keine weitergehenden Vorteile mit sich bringt. Auch zwei Grundstücke sind nur ein *Torso* des allgemeinen Vermögensstatuts. Im übrigen würde eine gesonderte Wahlmöglichkeit der Güterstände den Vorteil mit sich bringen, zur Vertiefung der Rechtssicherheit und Rechtsklarheit beizutragen, da zusammen mit der kollisionsrechtlichen Rechtswahl auch das Güterstatut gewählt werden könnte und dieses dann ohne Rücksicht auf andere güterrechtliche Vorgänge eindeutig feststehen würde. Darüber hinaus wäre mit einer solchen Lösung auch den oben geschilderten Parteiinteressen am besten gedient.[1263]

Argument gegen eine solche Auslegung könnte sein, daß eine solche Wahlmöglichkeit des Güterstandes es den Ehegatten erlaubt, ihren allgemeinen Güterstand in nachteiliger Weise auszuhebeln. Nachdem aber sämtliche Güterstände ebenso für das gesamte in Deutschland belegene unbewegliche Vermögen wählbar wären, vermag dieses Argument nicht durchgreifen. Auch die Brüche, die in erbrechtlicher Hinsicht infolge einer abweichenden Güterstandswahl auftreten können, sind über eine Wahl des deutschen Erbrechts gemäß Art. 25 II EGBGB nicht schwierig zu lösen. Ebenfalls nicht vorliegen dürfte ein Verstoß

[1261] Vgl. u. S. 359 ff.

[1262] Vgl. das Beispiel bei Langenfeld, Eheverträge, Rn. 925, 185 ff. Da bei einer Zugewinngemeinschaft einzelne Grundstücke herausgenommen werden können, bestehen dann in unserem Fall faktisch ein Grundstück mit dem Güterstand der Zugewinngemeinschaft und eines mit Gütertrennung.

[1263] Lichtenberger, FS für Ferid II, 269, 280 f.

gegen Art. 3 GG, da es für ausländische Ehegatten schon an einer Vergleichbarkeit mit deutschen Ehepaaren fehlt.[1264]

Die Ziele, die der Gesetzgeber mit der Einführung einer Rechtswahl für unbewegliches Vermögen verfolgt, können demnach in Deutschland nur dann vollständig verwirklicht werden, wenn parallel zu einer objektbezogenen Rechtswahl auch eine Wahl unterschiedlicher Güterstände zugelassen wird. Diese Lösung erscheint auch als zulässig, betrachtet man den Grundsatz der güterrechtlichen Vermögenseinheit unter pragmatischen Gesichtspunkten, da eine Abwägung der Interessen in der vorliegenden Fallkonstellation ergibt, daß die Aufrechterhaltung des Grundsatzes der Vermögenseinheit keine Vorteile bringt, seine Nichtbeachtung hingegen schon.

d) Minimalumfang der einzelgegenstandsbezogenen Rechtswahl

Weiter ist zu überlegen, ob innerhalb eines Grundstücksverbandes noch einmal gesondert anzuknüpfen ist, soweit unter dem Begriff des unbeweglichen Vermögens rechtlich eigenständige Gegenstände und Rechte zusammengefaßt werden.[1265] Folgt man dem Gedanken der wirtschaftlichen Einheit eines Grundstücks, ist nur eine einheitliche Rechtswahl für den Grundstücksverband sinnvoll und zulässig. Zudem werden die Ehegatten in den seltensten Fällen auf den Gedanken einer den Grundstücksverband spaltenden Rechtswahl kommen, da dadurch wesentliche Vorteile einer grundstücksbezogenen Rechtswahlmöglichkeit verloren gehen würden.

e) Ergebnis

Die Rechtswahl des Art. 15 II Nr. 3 EGBGB kann sich sowohl auf das gesamte, als auch nur auf das in einem Land belegene unbewegliche Vermögen oder ein spezifisches Objekt beziehen, da nur bei einer solchen Auslegung die Ziele der Vorschrift, zur Rechtssicherheit und Rechtsklarheit beizutragen sowie den Ehegatten eine Anpassung des Ehegüterrechts an ihre Lebensumstände zu ermöglichen, in vollem Maße verwirklicht werden können. Um die Leitgedanken des Art. 15 II Nr. 3 EGBGB noch weitergehend zur Geltung zu bringen, sollte darüber hinaus eine gesonderte Wahlmöglichkeit des Güterstandes für jede einzelne objektsbezogene Teilrechtswahl gestattet werden. Nicht erforderlich ist es hingegen, eine gesonderte kollisionsrechtliche Anknüpfung innerhalb des Vermögensverbundes eines Objekts zuzulassen.

[1264] Anders Wegmann, NJW 1987, 1740, 1743. Ebenso Lichtenberger, FS für Ferid II, 269, 281.

[1265] Vgl. u. S. 318 ff.; Stoll, Rechtswahl, 137 f.

7) Problem der Qualifikation des unbeweglichen Vermögens

Weiterer Diskussionspunkt bei Art. 15 II Nr. 3 EGBGB ist, ob der Begriff des unbeweglichen Vermögens nach der jeweiligen lex rei sitae oder nach dem IPR der deutschen lex fori (also letztendlich nach deutschem Sachrecht) zu qualifizieren ist. Anders als bei Art. 25 II EGBGB, wo dieses Problem infolge der auf deutsches unbewegliches Vermögen beschränkten Rechtswahl und dem daraus resultierenden Zusammenfallen von lex fori und lex rei sitae nicht relevant wird, kann dies bei Art. 15 II Nr. 3 EGBGB durchaus zu abweichenden Ergebnissen führen. Ein Qualifikationskonflikt tritt nämlich immer dann ein, wenn eine Gegenstand, der im deutschen Recht als unbeweglich qualifiziert wird, von der ausländischen Rechtsordnung des Belegenheitsortes als unbeweglich eingestuft wird und ungekehrt. Dabei plädieren einige Autoren[1266] für eine Qualifikation anhand des Belegenheitsrechts, wohingegen die Gegenmeinung[1267] auf der grundsätzlichen Qualifikation nach deutschem Recht beharrt. Innerhalb der letztgenannten Ansicht läßt sich weiter differenzieren: Während ein Großteil der Autoren für sämtliche Fälle nach der deutschen lex fori qualifizieren will, schlägt Siehr[1268] und sich ihm anschließend Thoms[1269] vor, daß dort „wo Art. 15 Abs. 2 Nr. 3 auf die Schranke des Art. 3 Abs. 3 stößt", das Sondervermögen nach ausländischem Recht zu qualifizieren sei. Damit ist, auch wenn sich die Formulierung als nicht ganz eindeutig erweist, folgender Fall angesprochen: Überschneidet sich eine Rechtswahl nach Art. 15 II Nr. 3 EGBGB und ein Fall des Art. 3 III EGBGB, was nach der Ansicht von Siehr[1270] nur bei Sondervermögen der Fall sein kann, so ist der Begriff des unbeweglichen Vermögens innerhalb der Rechtswahl nach dem ausländischen Belegenheitsrecht zu qualifizieren.[1271]

[1266] Soergel/Schurig, Art. 15 EGBGB, Rn. 22; Staudinger/v.Bar/Mankowski, Art. 15 EGBGB, Rn. 161 ff.; Kötters, Parteiautonomie, 56 ff.; Stoll, Rechtswahl, 107 ff.; Henrich, IntFamR, 68; Rahm/Künkel/Paetzold VIII, Rn. 784; Kühne, IPRax 1987, 69, 73; Johannsen/Henrich/Henrich, Art. 15 EGBGB, Rn. 12; Firsching/v.Hoffmann, IPR, § 8 Rn. 41; Schotten, IPR, Rn. 160.

[1267] Reithmann/Martiny/Hausmann, IntVR, Rn. 1932; Lichtenberger, DNotZ 1986, 644, 659; ders., FS für Ferid II, 269, 284; Kropholler, IPR, § 45 III 3 c; Schneider, MittRhNotK 1989, 33, 41; Palandt/Heldrich, Art. 15 EGBGB, Rn. 22; Erman/Holoch, Art. 15 EGBGB, Rn. 28; Böhringer, BWNotZ 1987, 104, 109; MüKo/Siehr, Art. 15 EGBGB, Rn. 27; Thoms, Einzelstatut, 84; v.Bar, IPR II, Rn. 226.

[1268] MüKo/Siehr, Art. 15 EGBGB, Rn. 31.

[1269] Thoms, Einzelstatut, 84.

[1270] Vgl. o. S. 301 ff.

[1271] Zwar besteht in solchen Fällen eigentlich ein Vorrang des Art. 3 III EGBGB, so daß die Rechtswahl unwirksam wäre. Allerdings kann man eine mit dem Ergebnis des Art. 3 III EGBGB übereinstimmende Rechtswahl aus Praktikabilitätsgesichtspunkten aufrechterhalten (vgl. o. S. 299 f.).

a) Argumente für eine Qualifikation nach der lex fori

Diejenigen Autoren, die eine Qualifikation nach deutschem Recht befürworten, stützen sich auf den Grundsatz des deutschen IPR, daß prinzipiell nach Maßgabe der deutschen lex fori zu qualifizieren ist. Darüber hinaus bestehe kein hinreichender Grund, warum eine von diesem Prinzip abweichende Auffassung zu übernehmen sei, die dem Lagerecht die Bestimmung darüber überlasse, was als beweglich oder unbeweglich einzuordnen ist.
Diesem Gedankengang ist vom Ansatz her zuzustimmen, da Einigkeit darüber bestehen dürfte, daß eine Qualifikation prinzipiell nach der lex fori vorgenommen wird, allerdings autonom im Hinblick auf das deutsche Kollisionsrecht.[1272] Allerdings ist eine der anerkannten Möglichkeiten, eine Ausnahme von einer Qualifikation nach der lex fori zuzulassen, die Qualifikation einer Sache als beweglich oder unbeweglich durch das jeweilige Belegenheitsrecht.[1273] Deshalb ist zu untersuchen, welche besonderen Interessen im Rahmen des Art. 15 II Nr. 3 EGBGB für eine Qualifikation nach der lex rei sitae sprechen könnten.

b) Argumente für eine Qualifikation nach der lex rei sitae

Ein erster Hinweis zugunsten einer Qualifikation nach der lex rei sitae ist unter rechtsvergleichenden Gesichtspunkten darin zu erblicken, daß das anglo-amerikanische Recht das jeweilige Lagerecht über die Frage entscheiden läßt, welche Gegenstände und Rechte zum unbeweglichen Vermögen zu zählen sind und welche nicht.[1274] Außerdem werden auch im deutschen Recht die Artt. 12 Satz 2, 26 I Nr. 4 EGBGB und Art. 11 IV, V EGBGB[1275] in der Weise ausgelegt, daß sich die Qualifikation als unbeweglich oder beweglich nach dem Belegenheitsrecht bestimmt.[1276] Infolge der sachverhaltlichen Überschneidungen ist die Haltung von besonderem Interesse, die das deutsche IPR zu dieser Frage im Rahmen des Art. 3 III EGBGB einnimmt. Auch hier entscheidet man sich für eine Qualifikation nach der lex rei sitae.[1277]

[1272] v.Bar, IPR I, Rn. 581 ff.; MüKo/Sonnenberger, Einl. IPR, Rn. 444 ff.; Soergel/Kegel, Vor Art. 3 EGBGB, Rn. 111 ff.; Palandt/Heldrich, Einl. v. EGBGB 3 (IPR), Rn. 27.

[1273] Kropholler, IPR, § 16 II 1; Soergel/Kegel, Vor Art. 3 EGBGB, Rn. 127.

[1274] Vgl. Jayme, ZfRV 17 (1976) 93, 93 ff. (dort auch ausführlich zur Qualifikationsrückverweisung); Neuhaus, RabelsZ 17 (1954) 554, 556 ff.; Soergel/Schurig, Art. 25 EGBGB, Rn. 80.

[1275] Erman/Hohloch, Art. 11 EGBGB, Rn. 32 f.

[1276] Zu Art. 12 Satz 2 EGBGB: MüKo/Spellenberg, Art. 12 EGBGB, Rn. 66; Erman/Holoch, Art. 12 EGBGB, Rn. 16. Zu Art. 26 I Nr.4 EGBGB: Palandt/Heldrich, Art. 26 EGBGB, Rn. 4; MüKo/Birk, Art. 26 EGBGB, Rn. 59.

[1277] Vgl. o. S. 127; Staudinger/Hausmann, Art. 3 EGBGB, Rn. 72.

Allerdings ist diesen Normen gemein, daß es sich um Fälle einer objektiven Anknüpfung am Belegenheitsrecht handelt, wohingegen Art. 15 II Nr. 3 EGBGB eine Rechtswahlnorm enthält. Der prinzipielle Unterschied zwischen subjektiver und objektiver Anknüpfung bei der Frage der Qualifikation ist, daß das deutsche Recht bei der objektiven Anknüpfung eine Übereinstimmung mit dem ausländischen Belegenheitsrecht zum Ziel hat, wohingegen es bei der Rechtswahl nach Art. 15 II Nr. 3 EGBGB zunächst nur um die Bestimmung der Reichweite der Rechtswahl nach deutschem Kollisionsrecht geht, ohne daß es dabei auf die Stellung des ausländischen Rechts ankommt, was sich an der Möglichkeit hinkender Rechtsverhältnisse bei einer Rechtswahl zeigt. Dies macht eine Qualifikation nach der lex rei sitae nur in Fällen einer objektiven Anknüpfung unbedingt erforderlich, so daß sich nicht schon unmittelbar aus dem Vergleich mit den oben aufgeführten Normen die Lösung für Art. 15 II Nr. 3 EGBGB entnehmen läßt.

Erstes Argument für eine Qualifikation nach der lex rei sitae ist die Vorbildfunktion des Haager Ehegüterrechtsabkommens,[1278] da nach der Kommentierung des Art. 3 IV des Abkommens die Qualifikation, welche Gegenstände zum unbeweglichen Vermögen zu zählen sind, anhand der lex rei sitae vorgenommen wird.[1279] Nach dem in Kraft treten des Abkommens bringt eine übereinstimmende Qualifikation auch praktische Vorteile mit sich, da dadurch hinkende Rechtsverhältnisse vermieden werden, die ansonsten als Folge einer unterschiedlichen Qualifikation im Verhältnis zu den Vertragsstaaten, die ebenfalls dieser Auslegung folgen, entstehen.
Von entscheidender Bedeutung sind aber die Vorteile, die die Harmonisierung mit dem Belegenheitsrecht auch in den Fällen einer Rechtswahl hat. Erstes Argument ist das Zusammenspiel von Art. 3 III EGBGB und Art. 15 II Nr. 3 EGBGB.[1280] Eine Anwendung der partiellen Rechtswahl kann in diesen Fällen Zweifel darüber ausräumen, ob überhaupt ein Fall des Art. 3 III EGBGB vorliegt und sich daher eine Prüfung desselben erübrigt,[1281] was zu einer erheblicher Rechtssicherheit beitragen würde. Auf einen Vorrang des Art. 3 III EGBGB vor einer Teilrechtswahl kann nach deren Stellung zueinander allerdings nur in Fällen einer übereinstimmenden Qualifikation verzichtet werden.
Weiteres Argument für die Qualifikation nach der lex rei sitae ist der Zusammenhang zwischen Erb- und Güterrecht. Da eine Rechtswahl im Erbrecht für ausländisches unbewegliches Vermögen nicht möglich ist, bleibt es für die Länder, die der Belegenheitsanknüpfung folgen, über die Anwendung des Art. 3 III EGBGB bei einer Qualifikation nach der lex rei sitae. Eine abweichende Qualifikation im Rahmen des Art. 15 II Nr. 3 EGBGB würde aber den großen Vorteil

[1278] Vgl. o. S. 292 ff.

[1279] von Overbeck, Rapport, No. 137 (S. 360); vgl. dazu o. S. 281.

[1280] Vgl. zu diesem Verhältnis o. S. 294 ff., insbes. S. 300.

[1281] Kropholler, IPR, § 45 III 3 c.

dieser Rechtswahl, die Möglichkeit einer Harmonisierung des Güterrechts mit dem Erbrecht, zunichte machen. Im übrigen würde durch eine Qualifikation nach der lex fori auch ein weiteres Ziel der Norm, die Übereinstimmung mit dem jeweiligen Sachenrecht herzustellen, unterlaufen. Ohnehin kommt es bei einer Teilrechtswahl für ausländisches Grundvermögen wesentlich auf die Anerkennung einer solchen Rechtswahl im jeweiligen Belegenheitsstaat an. Die Chancen für eine solche Anerkennung verbessern sich aber durch eine Qualifikation nach der lex rei sitae erheblich, so daß diese Qualifikation auch den Parteiinteressen Rechnung trägt.

c) Ergebnis

Der Gedanke der internationalen Entscheidungsharmonie sollte sich bei der Frage, nach welchem Recht sich die Unbeweglichkeit oder Beweglichkeit eines Gegenstandes bestimmt, durchsetzen, da für ihn sowohl die besseren Argumente als auch die besseren praktischen Ergebnisse sprechen. Der Begriff des unbeweglichen Vermögens ist demzufolge nach dem Recht der Belegenheit zu qualifizieren. Der Ort der Belegenheit des unbeweglichen Vermögens bestimmt sich hingegen wie bei Art. 3 III EGBGB[1282] nach der lex fori, also nach deutschem Recht.[1283] Soweit das Lagerecht zwischen einem sach- und einem kollisionsrechtlichen Begriff des unbeweglichen Vermögens unterscheidet,[1284] bezieht sich die Qualifikationsverweisung auf letzteren. Nicht zu folgen ist dem Vorschlag Stolls,[1285] der die Qualifikationsfrage ins Belieben der Parteien stellen will, da die Qualifikation einer parteiautonomen Behandlung nicht zugänglich ist.

8) Der Begriff des unbeweglichen Vermögens im deutschen Recht

Voraussetzung für eine Bestimmung des Begriffs des unbeweglichen Vermögens nach deutschem Recht ist, wie soeben dargestellt, dass die Parteien deutsches Recht für ein in Deutschland belegenes Grundstück gewählt haben. Der Begriff des unbeweglichen Vermögens ist bei Art. 15 II Nr. 3 EGBGB grundsätzlich in gleicher Weise wie bei Art. 25 II EGBGB zu bestimmen. Dieser Begriff ist dem deutschen Recht auch nicht völlig unbekannt, er spielte jedoch vor in Kraft treten des IPR-Reformgesetzes eine eher untergeordnete Rolle.

1282 Vgl. o. S. 127 ff.

1283 Kötters, Parteiautonomie, 55; Staudinger/v.Bar/Mankowski, Art. 15 EGBGB, Rn. 165. Ausführlich dazu o. S. 127 ff.

1284 Wie z.B. im anglo-amerikanischen Recht (vgl. dazu Jayme, ZfRV 17 (1976) 93, 101).

1285 Stoll, Rechtswahl, 109.

a) Begriffsentwicklung im deutschen Kollisionsrecht vor der IPR-Reform

Das deutsche Kollisionsrecht kennt den Begriff des unbeweglichen Vermögens zunächst aus Art. 1 I lit. e des Haager Testamentformübereinkommens vom 5. 10. 1961,[1286] das für Deutschland am 1. 1. 1966 in Kraft getreten ist[1287] und der in Art. 26 I Nr. 4 EGBGB inkorporiert wurde.[1288] Des weiteren ist in Art. 28 III des Deutsch-Sowjetischen Konsularvertrages vom 25. 4. 1958 von „unbeweglichen Nachlaßgegenständen" die Rede.[1289] Die §§ 12-14 des Deutsch-Türkischen Konsularvertrages vom 28. 5. 1929[1290] sprechen von „beweglichen und unbeweglichen Nachlässen" und § 18 des Vertrages sogar von „beweglichem und unbeweglichem Vermögen". Diese Formulierungen in den Staatsverträgen haben jedoch, bis auf das Haager Testamentsformübereinkommen[1291], keinen weiteren Erklärungsbedarf hervorgerufen.

Wirklich bedeutsam wurde die Frage deshalb eigentlich nur in Fällen der Qualifikationsrückverweisung bezüglich des Begriffspaares movables/immovables aus Staaten des anglo-amerikanischen Rechtskreises.[1292] In diesem Zusammenhang hat sich die Rechtsprechung[1293] mehrfach mit der Frage beschäftigt, was zum unbeweglichen Vermögen zu zählen ist, ohne daß es über Einzelfallentscheidungen hinaus zu einer generellen Begriffsklärung gekommen wäre. Auch das Schrifttum hat sich mit der Qualifikationsverweisung auseinandergesetzt. Die Frage nach der Begriffsbestimmung wurde jedoch von dem Streit überlagert, ob und in welcher Form eine Qualifikationsverweisung überhaupt Beachtung finden soll.[1294] Zudem läßt sich auf die im Rahmen der Qualifikationsverweisung gewonnen Ergebnisse nur bedingt zurückgreifen, da der Begriff des unbeweglichen Vermögens nunmehr autonom nach deutschem Kollisionsrecht zu bestimmen ist.[1295]

[1286] Abgedruckt bei Jayme/Hausmann, IPV, Nr. 39.

[1287] BGBl. 1966, II, 11.

[1288] Staudinger/Dörner, Art. 26 EGBGB, Rn. 19.

[1289] Abgedruckt bei Staudinger/Dörner, Vorbem. zu Art. 25 f EGBGB, Rn. 199.

[1290] Abgedruckt bei Jayme/Hausmann, IPV, Nr. 40.

[1291] Staudinger/Dörner, Vorbem. zu Art. 25 f EGBGB, Rn. 64 ff.

[1292] Jayme, ZfRV 17 (1976) 93, 94 ff.; Hering, Deutsch-kanadische Erbfälle, 92 ff.

[1293] Vgl. die umfassenden Rechtsprechungs- und Gutachtennachweise bei Krzywon, BWNotZ 1986, 154, 155 ff.; BGH, Urt. v. 5. 6. 1957, BGHZ 24, 352, 356 ff.

[1294] Dazu Kegel/Schurig, IPR, § 10 VI; Jayme, ZfRV 17 (1976) 93, 103 ff.; MüKo[1]/Sonnenberger, Art. 27 EGBGB, Rn. 43.

[1295] So bereits vor der Reform die Rechtsprechung und Teile der Literatur (vgl. BGH, Urt. v. 5. 6. 1957, BGHZ 24, 352, 356 ff., Krzywon, BWNotZ 1986, 154, 155 ff.). Insoweit können die dabei gewonnenen Ergebnisse berücksichtigt werden. MüKo/Sonnenberger, Art. 4 EGBGB Rn. 58 ff., greift inzwischen umgekehrt bei der Qualifikationsverweisung auf die Begriffsbestimmung nach Artt. 15 II Nr.3; 25 II EGBGB zurück.

b) Der Begriff des unbeweglichen Vermögens im Rahmen der deutschen Sachnormen

Die prinzipielle Unterscheidung des BGB in den §§ 90 ff. BGB ist nicht diejenige zwischen beweglichem und unbeweglichem Vermögen, sondern zwischen Grundstücken und beweglichen Sachen und hilft deshalb bei der Begriffsbestimmung zunächst nicht weiter. Das deutsche Recht kannte allerdings den Begriff des unbeweglichen Vermögens in dem inzwischen aufgehobenen § 1551 II BGB a.F.[1296] Eine Orientierung daran wurde jedoch bereits vom BGH[1297] mit der Begründung abgelehnt, daß dieser auf spezifischen, nicht verallgemeinerungsfähigen güterrechtlichen Motiven beruhe, wie dies auch bereits im Wortlaut zum Ausdruck komme, der vom „unbeweglichen Vermögen im Sinne dieser Vorschrift" spreche.[1298]
Darüber hinaus kennt das deutsche materielle Recht den Begriff des unbeweglichen Vermögens in §§ 864 ff. ZPO sowie in § 21 I 1 Nr. 1 EStG. In letzterem Fall ist die Reichweite des Begriffs von einer steuerrechtlichen Zielsetzungen bestimmt, so daß diese nicht herangezogen werden kann, da es bei § 21 I 1 Nr. 1 EStG lediglich um die Zurechnung von Geldeinkünften zu einer bestimmten Einkommensart geht.[1299]
Eine Heranziehung der ZPO-Vorschriften wird ebenfalls verneint mit der Begründung, daß diese Normen offensichtlich von rein zwangsvollstreckungsrechtlichen Überlegungen und einer besonderen Formalisierung geprägt seien.[1300] Dem kann jedoch nur teilweise zugestimmt werden. Zwar ergibt sich die Unterscheidung zwischen beweglichem und unbeweglichem Vermögen in der Tat aus der Notwendigkeit einer unterschiedlichen Gestaltung der Zwangsvollstreckung für Geldforderungen in den jeweiligen Vermögensteil. Insbesondere § 865 ZPO basiert jedoch auf dem Gedanken, daß die Immobiliarvollstreckung nicht nur das betroffene Grundstück, sondern auch die Gegenstände und Rechte erfassen will, die mit diesem eine zusammenhängende wirtschaftliche Einheit bilden.[1301] Soweit diese Zielsetzung auch in den IPR-Vorschriften enthalten ist,[1302] können die angeführten Vorschriften der ZPO und infolge des Verweises

---

[1296] Aufgehoben am 27. 6. 1957 durch das Gleichberechtigungsgesetz vom 18. 6. 1957 (BGBl. 1957, I, 609, 623, 654).

[1297] BGH, Urt.v. 5. 6. 1957, BGHZ 24, 352, 357 f.

[1298] So bereits Neuner, Sinn, 85; Jayme, ZfRV 17 (1976) 93, 97; Neuhaus, RabelsZ 19 (1954) 554, 560, der sich bei den Einzelfragen aber doch an dieser Norm orientiert.

[1299] Staudinger/v.Bar/Mankowski, Art. 15 EGBGB, Rn. 167.

[1300] Staudinger/Dörner, Art. 25 EGBGB, Rn. 479; Staudinger/v.Bar/Mankowski, Art. 15 EGBGB, Rn. 166; Stoll, Rechtswahl, 111.

[1301] Stein/Jonas/Münzberg, § 865 ZPO, Rn. 1; MüKo/Eickmann, § 865 ZPO, Rn. 1; Rosenberg/Gaul/Schilken, ZVR, § 49 II 6.

[1302] Vgl. u. S. 321 ff.

in § 865 I ZPO auch die §§ 1120 ff. BGB für die Einordnung der jeweiligen Gegenstände herangezogen werden.[1303]

Gegen eine Orientierung am hypothekarischen Haftungsverbund als solchem[1304] wurde vorgebracht, daß dieser auf eine abweichende Interessenwertung zurückgehe, nämlich dem Gläubiger die Möglichkeit einer wertmäßigen Befriedigung nach dem Umfang der gesamten Sachsubstanz zu erhalten und ihn gegen Manipulationen zu schützen. Das zeige insbesondere der Katalog der Enthaftungstatbestände, für den es keine kollisionsrechtliche Entsprechung geben könne.[1305] Dieses Argument ist jedoch nicht durchgreifend. Es geht hier nicht um die Frage einer Übertragung von Enthaftungstatbeständen ins IPR, die in der Tat auf den Gedanken des Schutzes vor Manipulationen beruhen, sondern darum, welche Gegenstände der Gesetzgeber prinzipiell zur Vermögenseinheit eines Grundstücks zählt. Hierfür können die §§ 864 ZPO iVm. §§ 1120 ff. BGB einen ersten Anhaltspunkt bieten. Soweit darüber hinaus noch weitere kollisionsrechtliche Verkehrs- und Parteiinteressen eine Rolle spielen, sind diese bei der Einordnung des jeweiligen Gegenstandes zu berücksichtigen und können gegebenenfalls zu Abweichungen führen.

c) Grundsätze der Auslegung des Begriffs des unbeweglichen Vermögens

Die Gesetzesmaterialien selbst geben keinen Aufschluß darüber, wie es zu der Begriffswahl kam und erläutern auch dessen Reichweite nicht näher.[1306] Zudem verwendet das IPR-Reformgesetz keinen einheitlichen Begriff des unbeweglichen Vermögens. So sprechen die Artt. 11 IV, 28 III EGBGB von Verträgen, „die ein dingliches Recht an einem Grundstück oder ein Recht zur Nutzung eines Grundstücks" zum Gegenstand haben, und Art. 12 Satz 2 EGBGB von „Verfügungen über ein in einem anderen Staat belegenes Grundstück". Damit ist der Begriff des unbeweglichen Vermögens dem Wortlaut nach weiter, als in den anderen Artikeln des EGBGB mit Ausnahme von Art. 25 II EGBGB.[1307]

aa) Enge oder weite Auslegung des Begriffs

Die Auslegung des Begriffs des unbeweglichen Vermögens hat sich vor allem an Sinn und Zweck der Einführung der Teilrechtswahlmöglichkeiten zu orientieren und zwar im Wege einer funktionalen Auslegung.[1308] Vorgeschlagen

[1303] Ebenso Henrich in Conflict and Integration, 561, 571; Schotten, IPR, Rn. 162.

[1304] Krzywon, BWNotZ 1987, 4, 5; Neuhaus, RabelsZ 19 (1954) 554, 563.

[1305] Stoll, Rechtswahl, 116 f.; Staudinger/v.Bar/Mankowski, Art. 15 EGBGB, Rn. 169.

[1306] Vgl. o. S. 304 f.

[1307] MüKo/Siehr, Art. 15 EGBGB, Rn. 32.

[1308] Vgl. dazu MüKo/Sonnenberger, Einl. IPR, Rn. 458 ff.

wurden von einer auf Grundstücke beschränkten Auslegung,[1309] über eine vom Grundsatz her eher enge Auslegung in verschiedenen Varianten,[1310] bis hin zu der Empfehlung einer extensiven Interpretation.[1311] Insgesamt gesehen, bestehen bei nahezu jedem Gegenstand oder Recht unterschiedliche Ansichten über dessen Einbeziehung in den Begriff des unbeweglichen Vermögens, was der Rechtsklarheit und Rechtssicherheit nicht förderlich ist.

Diejenigen Autoren, die eine Beschränkung auf Grundstücke und Erbbaurechte vorschlagen, begründen ihrer Ansicht mit der Wortwahl des Rechtsausschusses,[1312] der von Grundstücken und „Grundstücksverkehr" sprach. Angesichts des vom Rechtsausschuß gewählten Wortlauts des Art. 15 II Nr. 3 EGBGB, der von unbeweglichem Vermögen und nicht von Grundstücken spricht, kann dies aber kein durchgreifendes Argument sein. Vielmehr handelt es sich bei den im Rechtsausschuß verwendeten Begriffen um Oberbegriffen ohne genauere Festlegung einer bestimmten Reichweite der Norm, wie dies gerade der Begriff „Grundstücksverkehr" impliziert. Beweggrund für eine enge Auslegung des Art. 15 II Nr. 3 EGBGB scheint auch eher zu sein, daß man die Einführung dieser Rechtswahlmöglichkeiten für rechtspolitisch verfehlt hält und sie deswegen möglichst einschränkend auslegen will,[1313] obwohl man damit den Vorstellungen des Gesetzgebers zuwiderläuft. Für eine enge Auslegung solle im übrigen die Tatsache sprechen, daß es sich bei der Teilrechtswahl um eine Ausnahmevorschrift handle.[1314] Ob dies angesichts dessen behauptet werden kann, daß die Rechtswahlmöglichkeit für Grundstücke sowohl im Erb- als auch im Familienrecht eingeführt wurde und auch in weiteren Fällen eine Vermögensspaltung eintreten kann, erscheint zweifelhaft und kann ein an Sinn und Zweck orientiertes Verständnis nicht ersetzen.

Die extensive Auslegung beruht auf dem Gedanken, daß die Situationen nach einem Erbfall bei in einem Staat belegenen beweglichem und unbeweglichem Vermögen, nämlich die jeweilige Berechtigung schnell und sicher ermitteln zu können, übereinstimmen. Aus dem Interesse einer möglichst vollständigen Erfassung dieser Vermögensrechte und der möglichst weitgehenden Nutzung dieser Vorteile ergebe sich eine extensive Auslegung dieser Vorschrift.[1315] Danach sollten zumindest alle Vermögensrechte unter den Begriff des unbeweglichen Vermögens fallen, die einen Bezug zu dem Grundstück aufweisen und im Inland realisiert werden müssen. Einer Ausdehnung auf bewegliches Vermögen

[1309] Kegel/Schurig, IPR, § 20 VI 1 b. Ähnlich Soergel/Schurig, Art. 15 EGBGB, Rn. 22, der neben Grundstücken nur noch Erbbaurechte zulassen will.

[1310] MüKo/Birk, Art. 25 EGBGB, Rn. 65; Schotten, IPR, Rn. 162.

[1311] Dörner, DNotZ 1988, 67, 92 ff., 94.

[1312] BT-Drucksache 10/5632, 42, 44.

[1313] Kegel/Schurig, IPR, § 20 VI 1 b.

[1314] MüKo/Birk, Art. 25 EGBGB, Rn. 65; Reinhart, BWNotZ 1987, 97, 100 f.

[1315] Dörner, DNotZ 1988, 67, 92 ff., 94.

steht jedoch entgegen, daß der Gesetzgeber keine generelle Rechtswahl des Belegenheitsrechts im internationalen Erbrecht hat einführen wollen. Zudem ist die Situation nach einem Erbfall nur teilweise mit der des Ehegüterrechts zu vergleichen, so daß sich auch daraus Zweifel im Hinblick auf die Argumentation ergeben.
Letztendlich bestehen also weder spezielle Gründe für eine besonders enge oder besonders weite Auslegung des Begriffs des unbeweglichen Vermögens. Entscheidend muß deshalb die Beachtung des Normzwecks sowie die Praktikabilität der Auslegung sein.

bb) Die eintragungsfähigen Rechte als unbewegliches Vermögen

Hauptgrund für die Einführung der Rechtswahlmöglichkeit für unbewegliches Vermögen waren staatliche Ordnungsinteressen: es sollte den praktischen Bedürfnissen des Grundstücksverkehrs besonders Rechnung getragen werden. Die besonderen praktischen Bedürfnisse des Grundstücksverkehrs im Vergleich zum beweglichen Vermögen entstehen aber vornehmlich aus der Registrierung des Grundstücks im Grundbuch. Die Erleichterung der Grundbuchführung und die Richtigkeit des Grundbuchs sind demnach Ziele, die durch die Einführung der Teilrechtswahlmöglichkeit erreicht werden sollten. Daraus ergibt sich die prinzipielle Richtigkeit, des von vielen Autoren[1316] als Faustregel aufgestellten Satzes, daß unter den Begriff des unbeweglichen Vermögens zumindest alle der Eintragung ins Grundbuch fähigen subjektiven Sachenrechte fallen. Daß diese Regel zutreffend ist, erweist sich auch daran, daß als Vorteil der Rechtswahlmöglichkeit die Harmonisierung mit dem jeweiligen Sachenrecht der lex rei sitae angesehen wurde und das deutsche Sachenrecht im Bereich des unbeweglichen Vermögens durch die Besonderheiten des Grundbuchverfahrens geprägt ist.

cc) Der Gedanke der wirtschaftlichen Einheit des Grundeigentums

Als weiterer, bereits von Neuhaus[1317] entwickelter Gedanke sollte zur Begriffsbestimmung herangezogen werden, daß das unbewegliche Vermögen in der Weise vom beweglichen Vermögen abzugrenzen ist, daß das einzelne Grundeigentum als wirtschaftliche Einheit erhalten bleibt und einer einheitlichen Anknüpfung unterfällt. Zwar läßt sich dieses Element nicht unmittelbar der Begründung des Rechtsausschusses des Bundestages entnehmen, jedoch erscheint

---

[1316] Jayme, IPRax 1986, 265, 270; Reinhart, BWNotZ 1987, 97, 101; Siehr, IPRax 1987, 4, 7; Palandt/Heldrich, Art. 15 EGBGB, Rn. 22; Erman/Hohloch, Art. 15 EGBGB, Rn. 28; Staudinger/v.Bar/Mankowski, Art. 15 EGBGB, Rn. 168; Tiedemann, RabelsZ 55 (1991) 17, 35.

[1317] Neuhaus, RabelsZ 19 (1954) 554, 562; ebenso Stoll, Rechtswahl, 111, 113; Krzywon, BWNotZ 1986, 154, 160 iVm. 155; Kötters, Parteiautonomie, 61.

ein abweichendes Verständnis als unpraktikabel. Eine Teilrechtswahl führt zu einer Spaltung des Vermögensstatuts und schafft eine neue abgetrennte Vermögenseinheit. Die Grenze zwischen beiden Vermögensstatuten ist anhand der wirtschaftlichen Einheit des abgetrennten Statuts zu ziehen, da nur dann die Abspaltung einen Sinn ergibt und nicht zu Folgeproblemen führt.
Dies gilt im Besonderen, wenn man eine objektbezogene Teilrechtswahl zuläßt,[1318] da dadurch sogar Einzelobjekte dem allgemeinen Güterstatut entzogen werden können. Hier kann eine Abtrennung sinnvollerweise nur als wirtschaftliche Einheit geschehen. Leben die Ehegatten im Ausland und besitzen sie im Belegenheitsstaat nur ein Grundstück, so läßt sich der Fall nur dann praktikabel lösen, sofern man die Rechtswahl für die gesamte wirtschaftliche Einheit des Grundstücks ermöglicht. Ansonsten käme es für die dort belegenen Gegenstände zu einer erneuten Spaltung des Güterrechts, wodurch die Vorteile einer Rechtswahl des Belegenheitsrechts konterkariert würden. Gerade für diese *Ferienhauskonstellationen* ist eine Rechtswahl des Belegenheitsrechts aber besonders geeignet.

Die an die Zwecke des Kollisionsrechts angepaßte Auslegung des Begriffs des unbeweglichen Vermögens sollte sich also an den ins Grundbuch eintragungsfähigen subjektiven Rechten sowie an der Erhaltung der wirtschaftlichen Einheit des Vermögens orientieren.

d) Einzelfälle[1319]

Unter den Begriff des unbeweglichen Vermögens fallen nach dem vorher gesagten zunächst Grundstücks-, Wohnungs-, Stockwerk- und Teileigentum, Erbbaurecht und Bergwerkseigentum, Erbpacht sowie die sonstigen beschränk-ten dinglichen Rechte an Grundstücken, also dingliches Vorkaufsrecht, subjektiv persönliche Reallasten, Nießbrauch und persönliche Dienstbarkeiten.[1320] Ebenfalls dazuzurechnen ist das Gebäudeeigentum des ZGB der DDR.[1321] Der Grundstücksverband umfaßt dabei die wesentlichen und unwesentlichen Bestandteile, mit dem Boden verbundenen Erzeugnisse sowie die gemäß § 96 BGB mit dem Eigentum an einem Grundstück verbundenen Rechte wie z.B. Grunddienstbarkeiten.[1322] Auf Grund der Verbindung mit dem Grundstück zu

1318 Vgl. o. S. 303 ff.

1319 Ausführlich dazu Stoll, Rechtswahl, 114 ff.; Staudinger/v.Bar/Mankowski, Art. 15 EGBGB, Rn. 170 ff.

1320 Staudinger/v.Bar/Mankowski, Art. 15 EGBGB, Rn. 170; Erman/Hohloch, Art. 15 EGBGB, Rn. 28; Jayme, IPRax 1986, 265, 270; Tiedemann, RabelsZ 55 (1991) 17, 35; Kropholler, IPR, § 45 III c.

1321 Schotten, IPR, Rn. 162; Reithmann/Martiny/Hausmann, IntVR, Rn. 1932.

einem nur vorübergehenden Zweck gehören die Scheinbestandteile nach § 95 BGB hingegen nicht zum unbeweglichen Vermögen.[1323]
Zum beweglichen Vermögen zu zählen sind demgegenüber Rechte an Schiffen und Schiffsbauwerken.[1324] Zwar könnte man aus der Tatsache, daß diese einer mit dem Grundbuch vergleichbaren Registrierung unterliegen und die Vereinfachung des Registersystems eines der Ziele bei der Einführung der Rechtswahl zugunsten des Belegenheitsrechts war, den Schluß ziehen, für diese Rechte ebenfalls eine solche Rechtswahl zu erlauben. Anders als bei Grundstücken ist jedoch bei Schiffen jederzeit eine grenzüberschreitende Veräußerung verbunden mit einer Registerlöschung möglich, so daß die Rechtswahl nicht dauerhaft mit dem Sachstatut übereinstimmen muß. Auch die Gleichstellung in §§ 864 ff. ZPO entspringt nur der Übereinstimmung in der Art der Vollstreckung und läßt keine weiteren Rückschlüsse zu.

aa) Zubehör, Surrogate, abgetrennte Bestandteile und Früchte

Umstritten ist die Einordnung von Zubehör, abgetrennten Bestandteilen, Früchten (§§ 97-99 BGB) und Surrogaten. Bei diesen Sachen handelt es sich um bewegliche Gegenstände, die nicht ins Grundbuch eintragbar sind, die aber kollisionsrechtlich zum unbeweglichen Vermögen gerechnet werden können, soweit sie eine wirtschaftliche Einheit mit dem Grundstück bilden.
Als Grund für eine Einordnung des Zubehörs als beweglich[1325] wird die Legaldefinition des § 97 BGB genannt, der insoweit Vorrang vor § 865 ZPO habe, sowie die aus der Beweglichkeit folgenden Zuordnungs- und Rechtsscheinprobleme.[1326] Aus dem Gedanken der wirtschaftlichen Einheit heraus ist das Zubehör jedoch zweifellos als unbeweglich einzuordnen, zumal sich die gesetzgeberische Wertentscheidung nicht nur aus § 865 II 1 ZPO, sondern auch aus den §§ 314, 926 I, 2164 I BGB ergibt.[1327]
Schwieriger gestaltet sich die Antwort bei abgetrennten Bestandteilen und Früchten. Hier wird zugunsten einer Einordnung als beweglich damit argumen-

---

[1322] Stoll, Rechtswahl, 114 f.; Staundinger/Dörner, Art. 25 EGBGB, Rn. 482; Palandt/Heldrich, Art. 15 EGBGB, Rn. 22; Neuhaus, RabelsZ 19 (1954) 554, 562 f.

[1323] Stoll, Rechtswahl, 115.

[1324] MüKo/Siehr, Art. 15 EGBGB, Rn. 33; Staudinger/v.Bar/Mankowski, Art. 15 EGBGB, Rn. 213 ff.; Erman/Hohloch, Art. 15 EGBGB, Rn. 28; Stoll, Rechtswahl, 131.

[1325] v.Bar, IPR II, Rn. 369, Fn. 77; Schotten, IPR, Rn. 162 a.E., der die Einstufung als beweglich allerdings mit der von ihm vorgeschlagenen engen Auslegung begründet.

[1326] Vgl. das Bsp. von Stoll, Rechtswahl, 115.

[1327] Dörner, DNotZ 1988, 76, 94; Erman/Hohloch, Art. 15 EGBGB, Rn. 28; Stoll, Rechtswahl, 115 f.; Neuhaus, RabelsZ 19 (1954) 554, 563; Palandt/Heldrich, Art. 15 EGBGB, Rn. 22.

tiert,[1328] daß diese nach ihrer Abtrennung einen Charakter als eigenständige Sachen hätten und kein aktueller wirtschaftlicher Zusammenhang zwischen ihnen und der Muttersache mehr bestünde. Die Tatsache, daß sich der originäre Eigentumserwerb gemäß §§ 953 ff. aus der Muttersache ergibt, wird als unbeachtlich angesehen, da dieser durch besondere güter- oder erbrechtliche Vermögenszuweisungen überlagert werden könne, wie § 1417 II BGB zeige. Eine vergleichbare Überlagerung könne sich ebenfalls auf kollisionsrechtlicher Ebene ergeben. Des weiteren spreche auch die Einordnung in den hypothekarischen Haftungsverband nicht gegen eine Einordnung als beweglich, da es dabei nur um die Beibehaltung der Haftungssubstanz gehe.
Entscheidend muß auch in diesem Fall sein, inwieweit die abgetrennten Bestandteile und Früchte zur wirtschaftlichen Einheit des Grundstücks zu zählen sind. Nicht überzeugend ist insoweit die Argumentation mit den §§ 953 ff. BGB und § 1417 II BGB, da es bei der Schaffung der Rechtswahlmöglichkeit gerade um die Harmonisierung des Güterrechts mit dem Sachenrecht ging und der Vorrang des Güterrechts deshalb keine Besonderheit darstellt. Wichtiger ist demgegenüber das Argument, daß die abgetrennten Bestandteile und Früchte anders als das Zubehör keinen aktuellen wirtschaftlichen Bezug mehr zu dem Grundstück aufweisen. Der fehlende wirtschaftliche Bezug ergibt sich bereits aus § 865 II ZPO, der von den Gegenständen, auf die sich bei Grundstücken und Berechtigungen die Hypothek erstreckt, lediglich das Zubehör von einer möglichen Zwangsvollstreckung in das bewegliche Vermögen ausgenommen hat, da nur beim Zubehör die wirtschaftliche Einheit als so stark angesehen wird, daß diese nicht vom Grundstück getrennt werden soll.[1329] Deshalb ist von den Gegenständen, die dem hypothekarischen Haftungsverband unterfallen, nur das Zubehör zu der wirtschaftlichen Einheit des Grundstücks zu rechnen; alle übrigen Gegenstände dienen demgegenüber dem Zweck, die Haftungssubstanz aufrechtzuerhalten. Da aus kollisionsrechtlicher Sicht nur das erste Element zur Beurteilung herangezogen wird, fällt lediglich das Zubehör unter den Begriff des unbeweglichen Vermögens des Art. 15 II Nr. 3 EGBGB, nicht aber die abgetrennten Bestandteile und Früchte des Grundsstücks. Aus dem gleichen Grund[1330] fallen auch surrogierende Versicherungsforderungen, die gemäß § 1127 BGB zum hypothekarischen Haftungsverband zählen, nicht unter den kollisionsrechtlichen Begriff des unbeweglichen Vermögens.

1328 Stoll, Rechtswahl, 116 f.; Staudinger/v.Bar/Mankowski, Art. 15 EGBGB, Rn. 177.

1329 Zöller, § 865 ZPO, Rn. 9; Stein/Jonas/Münzberg, § 865 ZPO, Rn. 20.

1330 Im Ergebnis ebenso, aber mit abweichender Begründung Staudinger/v.Bar/Mankowski, Art. 15 EGBGB, Rn. 178; Stoll, Rechtswahl, 117; a.A. Neuhaus, RabelsZ 19 (1954) 554, 563.

bb) Miet- und Pachtzinsforderungen

Die überwiegende Ansicht geht bei der Einordnung von Miet- und Pachtzinsforderungen von einer Qualifikation als beweglich aus.[1331] Als Hauptgrund einer Zurechnung dieser Ansprüche zum unbeweglichen Vermögen wird neben dem Gebot einer extensiven Auslegung angeführt, daß die Inhaber der Miet- und Pachtrechte die ihnen zugewiesenen Handlungsbefugnisse, wie z.B. Gebrauch, Nutzung, Mitwirkung bei der Erfüllung sowie die zwangsweise Durchsetzung des Leistungsverlangens im Inland realisieren müssen.
Der Ort für die Ausübung bestimmter, im Zusammenhang mit dem Grundstück entstehender Handlungsbefugnisse ist jedoch kein ausreichendes Abgrenzungskriterium, da sämtliche auf das Grundstück bezogene Tätigkeiten nur dort realisiert werden können. Zudem ist die Durchsetzung von Geldforderungen gegenüber dem Mieter nicht an das Inland gebunden. Entscheidend ist aber vor allem, daß die Mietverhältnisse nicht in das Grundbuch eingetragen werden können und auch nicht zur wirtschaftlichen Einheit des Grundstücks zu zählen sind.[1332] Auch die partielle Verdinglichung des Mietvertrags nach § 571 BGB ändert nichts daran, daß keine Eintragungsfähigkeit besteht. Die Verdinglich-ung ist vielmehr über eine Qualifikation als sachenrechtlich zu berücksichtigen, die dann letztendlich ebenfalls zu einer Anknüpfung dieser Forderungen an das Belegenheitsrecht führt.[1333]

cc) Grundpfandrechte

Demgegenüber sind Grundpfandrechte zum unbeweglichen Vermögen zu zählen. Dabei herrschte vor der IPR-Reform lange Zeit die Meinung vor,[1334] daß die Grundpfandrechte zu beweglichen Vermögen zu rechnen sind, erst nach der Reform kam es in dieser Hinsicht zu einem Meinungsumschwung.[1335] Überein-

---

[1331] MüKo/Birk, Art. 25 EGBGB, Rn. 67; Staudinger/v.Bar/Mankowski, Art. 15 EGBGB, Rn. 189 ff.; Stoll Rechtswahl, 125; Soergel/Schurig, Art. 15 EGBGB, Rn. 22; Tiedemann, RabelsZ 55 (1991) 17, 36; a.A. Staudinger/Dörner, Art. 25 EGBGB, Rn. 486; Pünder, MittRhNotK 1989, 1,4.

[1332] Auch die Mietzinsforderungen zählen nur zum hypothekarischen Haftungsverband (§§ 1123 ff. BGB), nicht aber zu der von § 864 ff. ZPO zusammengefaßten Einheit.

[1333] LG Hamburg, Urt. v. 29. 8. 1991, IPRspr. 1991 Nr. 40; MüKo/Martiny, Art. 28 EGBGB, Rn. 123; Reithman/Martiny/Limmer, IntVR, Rn. 945 f.

[1334] Vgl. die Nachweise bei Jayme, ZfRV 17 (1976) 93, 95 f., Fn. 17, 18; Staudinger/v.Bar/ Mankowski, Art. 15 EGBGB, Rn. 172.

[1335] Grundlegend vor der IPR-Reform schon Jayme, ZfRV 17 (1976) 105 ff.; ders., IPRax 1986, 265, 270; Palandt/Heldrich, Art. 15 EGBGB, Rn. 22; Erman/Hohloch, Art. 25 EGBGB, Rn. 18; MüKo/Siehr, Art. 15 EGBGB, Rn. 33; Staudinger/v.Bar/Mankowski, Art. 15 EGBGB, Rn. 172 ff.; Staudinger/Dörner, Art. 25 EGBGB, Rn. 484; v.Bar, IPR II, Rn. 369; Kropholler, IPR, § 45 III 3 c; Kötters, Parteiautonomie, 61; Rahm/Künkel VIII, Rn.

stimmung zwischen beiden Ansichten kann dabei insoweit hergestellt werden, als eine getrennte Behandlung von Forderung und Grundpfandrecht vermieden werden soll. Wie Jayme[1336] gezeigt hat, zwingt die einheitliche Behandlung von Forderung und Hypothek jedoch nicht zu einer Qualifikation der Hypothek als beweglich aufgrund ihrer Akzesiorität zur Forderung. Vielmehr kann eine Einheitlichkeit auch dann erreicht werden wenn man beide dem unbeweglichen Vermögen zurechnet. Deshalb vermag das Argument,[1337] daß es nicht zutreffend sein könne, eine Forderung, sobald sie dinglich gesichert ist, güterrechtlich zu verselbständigen, nicht zu überzeugen. Die güterrechtliche Verselbständigung beruht auf der kollisionsrechtlich einheitlichen Behandlung von Forderung und Hypothek und würde im umgekehrten Fall zu einer Verselbständigung der Hypothek führen.

Grundgedanke muß auch in diesem Fall wiederum sein, daß sämtliche ins Grundbuch eintragungsfähigen subjektiven Rechte, zu denen auch die Grundpfandrechte zählen, zum unbeweglichen Vermögen zu rechnen sind. Sowohl bei der Ersteintragung eines Grundpfandrechts als auch bei den weiteren Übertragungen sind die Interessen des Grundstücksverkehrs in der gleichen Weise betroffen wie beim Erwerb oder der Übertragung von Grundeigentum. Dagegen spricht auch nicht, daß sich die Übertragung durch die Einführung einer Briefhypothek außerhalb des Grundbuchs abspielen kann,[1338] da von Bedeutung allein die Güterrechtsverhältnisse auf Seiten des Hypothekenschuldners, nicht aber der jeweiligen Hypothekengläubiger sind. Diese Verhältnisse lassen sich aber gerade dem Grundbuch entnehmen, erlaubt man eine einheitliche Rechtswahl. Auch das Argument, daß die Hypothek akzessorisch zur Forderung und deshalb bestimmend sei,[1339] überzeugt nicht, da wirtschaftlich gesehen die Hypothek die Forderung dominiert,[1340] was kollisionsrechtlich eine abweichende Bewertung zuläßt. Die größere Bedeutung der Hypothek zeigt sich unter anderem daran, daß für die hypothekarische Forderungsabtretung § 1154 BGB eine besondere Form eingeführt hat und § 1138 BGB den sonst nicht möglichen gutgläubigen Erwerb der Forderung vorsieht.

784; Linde-Rudolf, Parteiautonomie, 28 ff.; a.A. Schotten, IPR, Rn. 162; Ebenroth, ErbR, Rn. 1256; Soergel/Schurig, Art. 15 EGBGB, Rn. 22; Henrich in Conflict and Integration, 561, 570 f. Die abweichende Meinung beruht in den meisten Fällen auf dem oben dargestellten Grundsatz der engen Auslegung.

1336 Jayme, ZfRV 17 (1954) 93, 105.

1337 Henrich in Conflict and Integration, 561, 570 f.

1338 So aber Stoll, Rechtswahl, 120.

1339 So die frühere Argumentation (vgl. OLG Karlsruhe, Beschl v. 20. 3. 1931, IPRspr. 1931 Nr. 96, 184, 189; IPG 1967/68 Nr. 72 (Heidelberg), 774; Raape, IPR § 38 A I 2 b (S. 417)).

1340 BGH, Urt v. 1. 2. 1952, NJW 1952, 420, 420 f.; Baur/Stürmer, SachenR, § 38 I.

dd) Forderungen auf die Übertragung von Grundstücksrechten

Auf die Frage, wie Ansprüche auf die Übertragung von Grundstücksrechten einzuordnen sind, werden drei unterschiedliche Antworten gegeben. Die meisten Autoren gehen generell von einer Qualifikation als beweglich[1341] oder unbeweglich[1342] aus; zum Teil[1343] wird jedoch auch danach unterschieden, ob der Anspruch durch eine Vormerkung gesichert ist (dann unbeweglich) oder nicht (dann beweglich).

Auf Grund des Sachenrechts des BGB sind Forderungen prinzipiell als beweglich einzustufen,[1344] da ihrer Begründung und Übertragung kein besonderer Traditionsakt zugrunde liegt und sie deshalb nicht als unbeweglich verstanden werden können. Eine Abweichung ergibt sich auch nicht daraus, daß sich die Ansprüche auf Grundstücke richten, denn das deutsche Recht differenziert zwischen Anspruch und Inhaberschaft einer Sache.[1345]

Die Meinung, die solche Ansprüche als unbeweglich einordnen will, beruft sich dafür auf das Postulat der extensiven Auslegung des Begriffs des unbeweglichen Vermögens und der zwangsläufigen Realisierung dieser Ansprüche im Inland, was auch in diesem Zusammenhang nicht zu überzeugen vermag.[1346] Das weitere Argument, daß die Unterscheidung zwischen schuldrechtlicher Verpflichtung und dinglichem Erwerb dem deutschen Recht eigentümlich sei und dies bei einer Anwendung unterschiedlicher Rechtsordnungen auf Erwerb und Erwerbscausa Kondiktionsansprüche nach sich ziehen könne, ist nicht zutreffend, da es sich dabei um eine Frage des internationalen Schuld- und Sachenrechts, nicht aber des internationalen Ehegüterrechts handelt.

Die sachenrechtliche Einteilung bietet jedoch für die kollisionsrechtliche Einordnung lediglich einen ersten Anhaltspunkt. Dies zeigt schon die Zurechnung des Zubehörs zum unbeweglichen Vermögen, obwohl es sich nach seiner Legaldefinition in § 97 I BGB um eine bewegliche Sache handelt. Im übrigen kann das aus der vom Sachenrecht abweichenden kollisionsrechtlichen Interessenlage in diesem Bereich entnommen werden, die nach den Grundbuchinteressen und

---

1341 Staudinger/v.Bar/Mankowski, Art. 15 EGBGB, Rn. 181; MüKo/Birk, Art. 25 EGBGB, Rn 66; Palandt/Heldrich, Art. 15 EGBGB, Rn. 22; Erman/Hohloch, Art. 15 EGBGB, Rn. 28; Tiedemann, RabelsZ 55 (1991) 17, 36; Reithmann/Martiny/Hausmann, IntVR, Rn. 1932; v.Bar, IPR II, Rn. 369; Henrich, IntFamR, 68.

1342 Staudinger/Dörner, Art. 25 EGBGB, Rn. 486; Kötters, Parteiautonomie, 61 f.; Wegmann, NJW 1987, 1740, 1743; Linde-Rudolf, Parteiautonomie, 38 f.; Lichtenberger, DNotZ 1986, 644, 659; Krzywon, BWNotZ 1987, 4, 5; Pünder, MittRhNotK 1989, 1,4; Reithmann, DNotZ 1996, 227, 228 f.

1343 Stoll, Rechtswahl, 125; Haegele/Schöner/Stöber, Grundbuchrecht, Rn. 3413.

1344 Staudinger/v.Bar/Mankowski, Art. 15 EGBGB, Rn. 182; Stoll, Rechtswahl, 121.

1345 Staudinger/v.Bar/Mankowski, Art. 15 EGBGB, Rn. 182 ff.

1346 Vgl. o. S. 321 ff., 327 f.

dem Gedanken der wirtschaftlichen Einheit des Grundstücks fragt. Deshalb ist zu untersuchen, inwieweit die einzelnen Ansprüche auf Übertragung von Grundstücksrechten diese Interessen berühren.

1) Durch eine Vormerkung gesicherte Ansprüche

Die durch eine Vormerkung gesicherten Ansprüche wären demnach als unbeweglich zu qualifizieren, wenn sie zu den ins Grundbuch eintragungsfähigen Rechten zählen würden und dabei die Güterrechtlage vom Grundbuchamt berücksichtigt werden müßte. Letzteres ist jedoch bei durch Vormerkung gesicherten Ansprüchen unsicher.

So besteht nach herrschender Meinung[1347] bei der dauerhaften Eintragung eines Ehegatten eine Prüfungspflicht des Grundbuchamtes nur dann, wenn das Grundbuchamt sichere Kenntnis davon hat, daß das Grundbuch unrichtig werden würde, bloße Zweifel genügen hingegen nicht. Zweifel des Grundbuchamtes reichen lediglich in den Fällen aus, in denen sich diese auf die Wirksamkeit von Eintragungsvoraussetzungen etwa bei der Auflassung beziehen, also z.B. bei einer Verfügungsbeschränkung auf Veräußererseite.

Umstritten ist, inwieweit diese Prüfungspflichten des Grundbuchamtes für die Eintragung einer Auflassungsvormerkung übernommen werden können.[1348] Teilweise wird vertreten, daß die schnelle Erwerbssicherung insoweit Vorrang vor der Richtigkeit des Grundbuchs habe und jegliche Prüfungspflichten bei Vormerkungen ausschließe. Dieses Argument wird jedoch mit der Begründung abgelehnt, daß Probleme schon bei der Vormerkung auftreten könnten, wenn das ausländische Ehegüterrecht die Entstehung des Anspruchs vereitle. Außerdem sei die Richtigkeit des Grundbuchs auch bei einer eingetragenen Vormerkung vorrangig.

Letztendlich spielt dieser Streit um die Prüfungspflichten des Grundbuchamtes im Rahmen einer Auflassung jedoch keine Rolle für die Frage, ob eine Vormerkung zum unbeweglichen Vermögen zu zählen ist. Nach Sinn und Zweck des Art. 15 II Nr. 3 EGBGB kommt es nicht auf eine Prüfungspflicht, sondern lediglich auf die Möglichkeit der Eintragung der Güterrechtslage ins Grundbuch an. Diese ist aber bereits für die Eintragung von Güterständen bei der Vormerkung gegeben. Darüber hinaus würde keine Erleichterung des Grundstücksverkehrs eintreten, wenn Ehegatten, die zum Zeitpunkt des Kaufvertragesabschlusses bereits eine Rechtswahl zugunsten des deutschen Ehegüterrechts getroffen

---

[1347] BayOLG, Beschl v. 17. 4. 1986, Rpfleger 1986, 369; BayOLG, Beschl. v. 2. 4. 1992, FamRZ 1992, 1204 f.; LG Aurich, Beschl. v. 23. 2. 1990, IPRax 1991, 341 f.; Demharter, § 33 GBO, Rn. 28 f.; Meikel, GBR, § 20 GBO, Rn. 228 ff.; Roth, IPRax 1991, 320, 320 f.

[1348] Für eine Prüfungspflicht Jayme, IPRax 1986, 290; Rauscher, Rpfleger 1985, 52 ff.; ders., Rpfleger 1986, 119 ff. Dagegen BayOLG, Beschl. v. 9. 1. 1986, Rpfleger 1986, 127 f. = IPRax 1986, 301 ff.; AG Schwalbach, Beschl. v. 4. 2. 1983 m. zust. Anm. Ertl, Rpfleger 1983, 429 ff.; Demharter, Anhang zu § 44 GBO, Rn. 105; Aman, Rpfleger 1986, 117 ff.

hätten, diese Rechtswahl nicht bereits bei Eintragung der Vormerkung im Grundbuch vermerken könnten, sondern erst bei der Auflassung. Aus diesen Gründen sind die durch eine Vormerkung gesicherten Ansprüche zum unbeweglichen Vermögen zu rechnen.

2) Rückerstattungsansprüche

Demgegenüber sind Rückerstattungsansprüche als beweglich einzustufen. Zwar könnte man überlegen, aus dem Gedanken der wirtschaftlichen Einheit des Grundstücks eine Qualifikation als unbeweglich herzuleiten, wenn man wie die Rechtsprechung[1349] vor der IPR-Reform davon ausgeht, daß ein Recht durch den Gegenstand auf den es gerichtet ist, bestimmt wird. Der besondere Rückerstattungsanspruch nach § 3 I VermG wurde in der Zwischenzeit jedoch als beweglich eingestuft.[1350] Vor allem vermag aber der hinter diesen Ansprüchen stehende Surrogationsgedanke eine Einordnung als unbeweglich nicht zu tragen, da das deutsche Recht grundlegend zwischen der Sache selbst und dem Anspruch auf eine Sache unterscheidet. Beide sind auch wirtschaftlich nicht vergleichbar, da dem Anspruch eine Ungewißheit in seiner Verwirklichung zugrunde liegt.

ee) Gesamthands- und Gesellschaftsanteile

Eine weitere, schon bei der Qualifikationsverweisung[1351] und bei Art. 3 III EGBGB[1352] sehr umstrittene Frage ist, ob Anteile an Gesellschaften, Erben- und Gütergemeinschaften zum unbeweglichen Vermögen zu zählen sind, wenn das Gesellschaftsvermögen, der Nachlaß oder die Gütergemeinschaft sich ganz oder teilweise aus unbeweglichem Vermögen zusammensetzt.
Zur Lösung werden die unterschiedlichsten Modelle angeboten: so wird in den Fällen, in denen das Vermögen als im wesentlichen unbeweglich einzustufen ist, von einigen Autoren[1353] eine Qualifikation als beweglich, von anderen[1354]

[1349] BGH, Urt. v. 5. 6. 1957, BGHZ 24, 352, 362, sowie die weiteren Nachweise bei Staudinger/v.Bar/Mankowski, Art. 15 EGBGB, Rn. 179.

[1350] BGH, Beschl. v. 4. 10. 1995, FamRZ 1995, 1567, 1568 f; Solomon, IPRax 1995, 24, 28; Staudinger/v.Bar/Mankowski, Art. 15 EGBGB, Rn. 180 m.w.N.; Erman/Hohloch, Art. 25 EGBGB, Rn. 18.

[1351] Vgl. die Zusammenstellung bei Krzywon, BWNotZ 1986, 154, 155 ff.

[1352] Vgl. o. S. 139 ff.

[1353] IPG 1972 Nr. 30 (Heidelberg) 294, 298 ff.; Stoll, Rechtswahl, 126 ff.; Reinhart, BWNotZ 1987, 97, 101 f.; Reithmann/Martiny/Hausmann, IntVR, Rn. 1932; Staudinger/v.Bar/Mankowski, Art. 15 EGBGB, Rn. 193 ff.; Kropholler, IPR, § 45 III 3 c; v.Oertzen, IPRax 1994, 73, 79 f.; Tiedemann, RabelsZ 55 (1991) 17, 35 f.; MüKo/Birk, Art. 25 EGBGB, Rn. 67.

[1354] Staudinger/Dörner, Art. 25 EGBGB, Rn. 485; Reithmann, DNotZ 1996, 227, 228.

hingegen als unbeweglich angenommen. Teilweise wird die Qualifikation als unbeweglich daran geknüpft, daß das gesamte Vermögen der Gesamthandsgemeinschaft oder Gesellschaft unbeweglich ist[1355] oder vertreten, daß das auch in diesen Fällen nur für die Gütergemeinschaft gelte.[1356] Eine weitere Ansicht[1357] befürwortet eine Spaltung der Gesamthandsgemeinschaften in einen Anteil mit beweglichem und einen mit unbeweglichem Vermögen und qualifiziert letzteren als unbeweglich.

Bei der Qualifikation der Gesamthands- und Gesellschaftsanteile handelt es sich nach den meisten der dazu vertretenen Ansichten um ein zweistufiges Problem. Auf einer ersten Ebene ist zu klären, wann eine Gesamthandsgemeinschaft oder eine Gesellschaft aus unbeweglichem Vermögen besteht. Dies ist sicherlich der Fall, wenn in ihrem Vermögen nur ein oder mehrere Grundstücke vorhanden sind; es wird aber von dem Moment an problematisch, in dem sich bewegliche Gegenstände im Vermögen befinden, die auch nicht als unbeweglich qualifiziert werden können. Im Falle der letzteren Konstellation ergeben sich zwei Fragen: Reicht es aus, daß der überwiegende Teil des Vermögens als unbeweglich zu qualifizieren ist, kann also die Zusammenfassung von beweglichem und unbeweglichem Vermögen durch eine Gesamthandsgemeinschaft oder Gesellschaft zu einer abweichenden Qualifikation des beweglichen Vermögens führen? Falls dies nicht der Fall sein sollte, besteht dann zumindest die Möglichkeit einer Aufspaltung der Gesamthandsgemeinschaft oder Gesellschaft in einen Anteil für das bewegliche und einen für das unbewegliche Vermögen?

Auf der zweiten Ebene ist zu prüfen, ob die Verselbständigung einer Vermögensmasse durch eine Gesamthandsgemeinschaft oder Gesellschaft dazu führt, daß die Anteile daran in jedem Fall als beweglich zu qualifizieren sind oder ob in bestimmten Fällen die Qualifikation der Bestandteile der Vermögensmasse als unbeweglich durchgreifen kann. Dies stellt das eigentliche Problem bei der Qualifikation von Gesamthandsgemeinschaften oder Gesellschaften dar, denn nur wenn man eine Qualifikation als unbeweglich überhaupt zuläßt, kommt man zur Frage, in welchen Fällen eine Gesellschaft oder Gesamthandsgemeinschaft als unbeweglich einzuordnen ist.

Vergleich man die Problemstellung mit den übrigen, bisher analysierten Einzelfällen, so zeigt sich, daß ein fundamentaler Unterschied besteht: Bei den bisherigen Einzelfällen ging es um die Zurechnung bestimmter Gegenstände und Rechte zum Grundstücksverband, also um den Umfang desselben. Diese Frage stellt sich bei den Gesamthands- oder Gesellschaftsanteile nur auf der ersten Ebene. Auf der zweiten Ebene geht es demgegenüber um die Frage des Durch-

---

[1355] MüKo/Siehr, Art. 25 EGBGB, Rn. 333; wohl auch Erman/Hohloch, Art. 15 EGBGB, Rn. 28; ders., Art. 25 EGBGB, Rn. 18; IPG 1974, Nr. 32 (Freiburg) 338, 344 ff.; IPG 1978, Nr. 40 (Freiburg) 436, 443 ff.; IPG 1976, Nr. 42 (München) 483, 485.

[1356] Soergel/Schurig, Art. 25 EGBGB, Rn. 4.

[1357] IPG 1977, Nr. 34 (Göttingen) 311, 314 f.; Pünder, MittRhNotK 1989, 1, 4; Kryzwon, BWNotZ 1986, 154, 159 f.; wohl auch Neuhaus, RabelsZ 19 (1954) 554; 565 f.

griffs auf Inhaberseite eines als unbeweglich eingeordneten Gegenstandes, also nicht um den Umfangs des Grundstücksverbandes, sondern der *Identität* der Gesellschaft und Gesamthandsgemeinschaft mit den dahinterstehenden Personen. Dies hat zur Folge, daß auch die für die Qualifikation entwickelten Kriterien nur bedingt brauchbar sind. So spielen die Interessen des Grundstücksverkehrs eine Rolle, vor allem kommt es aber auf die Vergleichbarkeit auf personeller Ebene an, also ob der Unterschied unmittelbares Eigentum zu Gesellschafts- oder Gesamthandseigentum im wesentlichen auf eine abweichende rechtliche Konstruktion zurückzuführen ist. Dabei können die Antworten für die Gesellschaftsanteile, Erben- und Gütergemeinschaften durchaus unterschiedlich ausfallen.

(1) Anteile an Erbengemeinschaften

Infolge der Komplexität des Sachverhalts soll zunächst eine typische Konstellation dargestellt werden. Der Anteil von 1/3 einer unauseinandergesetzen Erbengesamthandsgemeinschaft gehört zum Vermögen des A. Einziger Vermögensbestandteil der Erbschaft ist ein in Deutschland belegenes Grundstück. A selbst ist weder Deutscher noch hat er seinen gewöhnlichen Aufenthalt in Deutschland. Nunmehr möchte er innerhalb seines Gesamtvermögens für diesen Anteil an der Erbengemeinschaft deutsches Ehegüter- und Erbrecht wählen.
Betrachtet man den Fall und vergleicht ihn mit den Fällen der Qualifikationsrückverweisung, so zeigt sich die Besonderheit, daß ein gewisser Auslandbezug bei A für die Rechtswahl erforderlich ist. Bei der Erbengesamthandsgemeinschaft kann es sich demgegenüber sowohl um eine deutsche, als auch um eine ausländische Erbengemeinschaft handeln. Würde die Erbengemeinschaft in Form einer Buchteilsgemeinschaft bestehen, wie dies der römischrechtlichen Tradition entspricht, so wäre eine Rechtswahl unproblematisch möglich. Der Unterschied zu den Fällen der Qualifikationsrückverweisung besteht darin, daß bei dieser eine Qualifikation der Erbengemeinschaft als unbeweglich zu einer Vererbung des gesamten Grundstücks nach dem Belegenheitsrecht führt. Die Möglichkeit einer Rechtswahl muß hingegen nicht von allen Miterben genutzt werden, was zur Folge hat, daß die jeweiligen Miterbenanteile einer unterschiedlichen rechtlichen Behandlung unterliegen können. Die Rechtsordnung, die über die erste Erbengemeinschaft als solche herrscht, wird aber deshalb von der Rechtswahl nicht beeinflußt; diese bezieht sich nur auf das Recht, das für die Vererbung des Miterbenanteils gelten soll.

Für eine Qualifikation als beweglich spricht zunächst, daß eine Rechtswahl des Gesamthandsanteils das Grundbuch nicht beeinflußt, sondern sich außerhalb dessen abspielt, da weiterhin die Gesamthandsgemeinschaft eingetragen bleibt.[1358] Deshalb ist auch die Übertragungsform eine andere; sie richtet sich

[1358] So auch Staudinger/v.Bar/Mankowski, Art. 15 EGBGB, Rn. 206.

für den Erbenanteil nach § 2033 I BGB und nicht nach §§ 313, 925 BGB. Auch die Lage nach dem materiellen deutschen Recht spricht eher für eine Qualifikation als beweglich. Zwar wurde aus § 2033 II BGB teilweise der gegenteilige Schluß gezogen, nach der heute vorherrschenden Theorie der ungeteilten Gesamtberechtigung[1359] hat der Erbe aber kein beschränktes Teilrecht am einzelnen Erbschaftsgegenstand,[1360] so daß dieses Argument ausscheidet. Auch die Tatsache, daß die Gemeinschaft einen sachenrechtlichen Charakter aufweist, der in der Weise verstanden wird, daß jeder Nachlaßgegenstand dem einzelnen Miterben ganz gehört, allerdings eingeschränkt durch die Rechte der Miterben, ändert daran nichts, da den Miterben jedenfalls kein eigenständiges und frei verfügbares Eigentumsrecht zusteht.[1361]

Da es sich aber um eine kollisionsrechtlich autonome Qualifikation handelt, kommt es letztendlich darauf an, ob eine innere Verbindung zwischen Grundstück, Erbengemeinschaftsanteil und Rechtswahl hergestellt werden kann. Die Erbengemeinschaft ist dabei keine auf Dauer angelegte Gesamthandsgemeinschaft. Vielmehr beinhaltet der Anteil an der Erbengemeinschaft das Recht, die Auseinandersetzung in Höhe der Quote der Nachlaßbeteiligung zu verlangen. Soweit die Erbengemeinschaft nur aus Grundstücken besteht, setzt sich das Recht des einzelnen Erben regelmäßig nach der Auseinandersetzung in einem der Quote vergleichbaren Miteigentumsanteil an dem Grundstück fort. Zu diesem Zeitpunkt könnte nunmehr eine Rechtswahl getroffen werden. Insofern wäre eine Nichtzulassung der Rechtswahl bereits für den Nachlaßanteil formalistisch und ist abzulehnen.

Diese Lösung bietet sich jedoch nur an, wenn durch sie keine neuen Probleme geschaffen werden. So wird gesagt,[1362] daß die Liquidation der Erbengemeinschaft nicht zwangsläufig in eine spätere Beteiligung der Erben an den Grundstücken münden müsse, sondern diese auch verkauft werden könnten. Ein Verkauf oder eine Nichtbeteiligung bereitet jedoch keine größeren Schwierigkeiten, da eine Rechtswahl in einem solchen Fall erlischt. Auch bezüglich der Erbscheinserteilung sind keine besonderen Probleme zu erwarten.[1363] Ebenfalls nicht zu überzeugen vermag das Argument, daß man im Fall des Versterbens des wählende Miterbens Erbengemeinschaften nach zwei verschiedenen Rechte gestuft bewältigen müsse. Der oben dargestellten Fall zeigt nämlich, daß die Rechtswahl bezüglich des Miterbenanteils die Erbengemeinschaft nur in der Person des Anteilsinhabers der Gesamthandsgemeinschaft beeinflußt, ansonsten

[1359] MüKo/Dütz, § 2032 BGB, Rn. 10 f.; ders., § 2033 BGB, Rn. 38; Staudinger/Werner, § 2032 BGB, Rn. 6 ff.

[1360] So die Theorie der geteilten Mitberechtigung (RGRK/Kregel, § 2032 BGB, Rn. 4), die lediglich eine Beschränkung der Verfügungsmacht des einzelnen Erben annahm.

[1361] Staudinger/Werner, § 2032 BGB, Rn. 6, 8; MüKo/Dütz, § 2032 BGB, Rn. 11.

[1362] Staudinger/v.Bar/Mankowski, Art. 15 EGBGB, Rn. 205; Stoll, Rechtswahl, 128 f.

[1363] Vgl. BayOLG, Beschl. v. 26.5.1983, IPRspr. 1983, Nr. 117; Staudinger/v.Bar/Mankowski, Art. 15 EGBGB, Rn. 204.

aber auf das *erste Erbrecht* keinen Einfluß hat. Zu einem Auseinanderfallen von zwei Rechtsordnungen bei einer doppelten Erbschaft wird es aber in Fällen mit Auslandsbezug regelmäßig kommen. Vor allem erlaubt aber eine Rechtswahl, soweit die erste Gesamthandsgemeinschaft deutschem Recht unterliegt, eine Übereinstimmung mit dem Erbrecht des versterbenden Anteilseigners herzustellen, da dieser für den in Deutschland belegenen unbeweglichen Teil seines Vermögens gerade deutsches Recht gewählt hat. Die sich daraus ergebende zweifache Anwendung deutschen Erbrechts stellt aber keinen Nachteil, sondern einen erheblichen Vorteil dar.

Daraus läßt sich nunmehr auch die Frage beantworten, ob eine Spaltung des Miterbenanteils in einen beweglichen und einen unbeweglichen Teil mit einer Rechtswahl auf der zweiten Ebene möglich ist oder nicht. Die einzige Möglichkeit der Beeinflussung der ursprünglichen Gesamthandsgemeinschaft besteht in der Ausübung der Anteilsrechte an dieser Gesamthand. Nicht möglich ist demgegenüber eine Spaltung dieser Gesamthand in einen beweglichen und unbeweglichen Teil.[1364] Eine Spaltung würde nach dem Tode des Anteilseigners dazu führen, daß die Anteile an der ersten Erbengemeinschaft bezüglich des unbeweglichen und des beweglichen Vermögens unterschiedlich aufgeteilt werden müßten mit der Konsequenz, daß auf der Ebene der zweiten Erbschaft dann zwei Erbengemeinschaften existieren würden, die im Zweifel unterschiedlichen Rechten unterliegen. Folge wäre, daß auf der ersten Ebene schwierige Problemen bei der Auflösung dieser Gesamthand auftreten würden, weshalb eine Spaltung abzulehnen ist.

Auch eine Einbeziehung beweglicher Gegenstände in das unbewegliche Vermögen nur auf Grund ihrer Zugehörigkeit zu einer Gesamthandsgemeinschaft scheidet aus, da die Gesamthandsgemeinschaft als solche keinen kollisionsrechtlichen Grund für eine solche Einbeziehung darstellen kann.[1365] Eine Rechtswahl ist also nur dann möglich, wenn der Anteil an der Erbengemeinschaft ausschließlich aus unbeweglichem Vermögen besteht.

(2) Gesellschaftsanteile

Mit der Frage, inwieweit Gesellschaftsanteile einer Grundstücksgesellschaft zum unbeweglichen Vermögen zu zählen sind, hat sich bereits der BGH[1366] im Rahmen der Qualifikationsverweisung beschäftigt. Dabei rechnete er den Anteil an einer Personalgesellschaft zum beweglichen Vermögen, ließ die Frage für

[1364] So wohl Stoll, Rechtswahl, 130. M.E. beruht diese Vorstellung auf einer fehlenden Trennung der Gesamthandsebene und der Rechtswahlebene. In die Gesamthandsebene kann eine Rechtswahl nie eingreifen, ansonsten müßten wird auch das Grundbuch etc. ändern. Die Rechtswahl regelt nur die unterschiedliche Verteilung der aus der Auflösung der Gesamthand entstehenden Rechte.

[1365] Vgl. dazu Stoll, Rechtswahl, 126 f.

[1366] BGH, Urt. v. 5. 6. 1957, BGHZ 24, 352, 367 f.

eine reine Grundstückspersonalgesellschaft nach bürgerlichem Recht aber ausdrücklich offen. Wesentliche Argumente waren für den BGH, daß sich der Ein- und Austritt aus der Gesellschaft nicht in den spezifischen Formen der §§ 313, 925 BGB vollziehen muß und der Grundbesitz für gesellschaftsrechtliche Streitigkeiten keinen Gerichtsstand nach § 24 ZPO eröffnet.
Dem BGH ist im Ergebnis zuzustimmen. Zum einen ist die rechtliche Verselbständigung bei Gesellschaften, insbesondere bei Kapitalgesellschaften sehr viel größer als bei einer Erbengemeinschaft. Zum anderen sind Gesellschaften anderes als die Erbengemeinschaft auf Dauer und nicht auf Liquidation angelegt. Die Rechtswahl kann also nicht als Vorgriff auf eine spätere Grundstücksbeteiligung angesehen werden, da eine solche bei der Gesellschaft nicht stattfinden soll, was aber bei der Erbengemeinschaft den ausschlaggebenden Grund für eine Qualifikation als unbeweglich darstellt.
Auch würden sich bei einer Qualifikation als unbeweglich zwei weitere, nicht ganz einfach zu lösende Probleme ergeben.[1367] Durch den Kauf und Verkauf von Grundstücken würde sich die Qualität der Gesellschaft als beweglich oder unbeweglich ändern, da der Verkaufserlös in das Gesellschaftsvermögen fallen würde.[1368] Zudem ist nicht klar, ob dann, wenn inländische Grundstücke im Eigentum ausländischer Gesellschaften stehen, sich die Qualifikation und damit das wählbare Recht nach dem Gesellschaftsstatut oder nach der Belegenheit der Grundstücke richtet.

(3) Anteile an einer Gütergemeinschaft

Des weiteren ist zu untersuchen, ob Anteile an einer Gütergemeinschaft, die sich aus unbeweglichem Vermögen zusammensetzt, als unbeweglich zu qualifizieren sind und damit einer ehegüterrechtlichen Rechtswahl nach Art. 15 II Nr. 3 EGBGB unterworfen werden können. Zu beachten ist, daß eine solche Konstellation relativ selten eintreten wird,[1369] da, soweit es sich um Gesamtgut einer bestehenden Ehe handelt, die Rechtswahl für Grundstücke unmittelbar getroffen werden kann.
Allerdings ist die Konstellation denkbar, daß einer der Ehegatten das Gesamtgut aus seiner früheren Ehe noch nicht auseinandergesetzt hat. In diesem Fall gilt gemäß § 1471 II BGB weiterhin die Vorschrift des § 1419 BGB, so daß das Gesamtgut bis zur Liquidation eine gemeinschaftliche Vermögensmasse bleibt.[1370] Dieser Anteil ist in einer solchen Konstellation als unbeweglich zu qualifizie-

[1367] Staudinger/v.Bar/Mankowski, Art. 15 EGBGB, Rn. 200 f.

[1368] Daß sie häufiger ihre Zusammensetzung ändert, im Gegensatz zu einer Erbengemeinschaft, ist ein spezifisches Element einer auf Dauer angelegten Gesellschaft.

[1369] Das ist in der Hauptsache ein Problem der erbrechtlichen Rechtswahl nach Art. 25 II EGBGB.

[1370] Soergel/Gaul, vor § 1471 BGB, Rn. 3.

ren, soweit er nur aus unbeweglichem Vermögen besteht, da es sich bei dem gemeinschaftlichen Vermögen auf Grund der zu erwartenden Liquidation wie bei der Erbengemeinschaft lediglich um ein vorübergehendes Stadium handelt. Zudem führt eine Gütergemeinschaft nicht zu einer völligen rechtlichen Verselbständigung, wie dies bei den Personalgesellschaften der Fall ist. Vielmehr läßt sie sich eher mit der Erbengemeinschaft vergleichen, zumal anders als bei der Erbengemeinschaft nicht einmal ein Anteilsverkauf zulässig ist (s. § 1419 I BGB).[1371]

9) Allgemeine Fragen

Für eine Rechtswahl nach Art. 15 II Nr. 3 EGBGB gilt im Prinzip nichts anderes als für die Rechtswahl nach Art. 15 II Nr. 1 oder Nr. 2 EGBGB. Die Form einer solchen Rechtswahl richtet sich gemäß Art. 15 III EGBGB nach Art. 14 IV EGBGB. Wird eine solche Rechtswahl im Inland getroffen, ist zu ihrer Wirksamkeit eine notarielle Beurkundung erforderlich.[1372] Bei der Vornahme einer Rechtswahl im Ausland genügt die Einhaltung der vom Recht des Vornahmeorts oder vom gewählten Recht für Eheverträge vorgeschriebenen Form. In diesen Fällen besteht in bestimmten Konstellationen außerdem die Möglichkeit einer Formerleichterung.[1373]
Die Rechtswahl nach Art. 15 II Nr. 3 EGBGB ist prinzipiell gesondert von dem allgemeinen Ehegüterstatut zu betrachten. Es existieren keinerlei Verknüpfungen untereinander, weshalb auch keine Ausgleichsansprüche bestehen.[1374] Die Rechtswahl wirkt, wie bei Art. 15 II Nr. 1 und Nr. 2 EGBGB ex nunc, solange die Ehegatten keine Rückwirkung vereinbaren. Aus diesem Grund sind mögliche Überleitungsansprüche in gleicher Weise wie dort zu behandeln.[1375] Die Lösung der Überleitung ergibt sich dabei aus dem materiellen und nicht aus dem Kollisionsrecht, was anhand des von Schotten[1376] aufgeworfenen Problems, ob mehrere zeitlich gestaffelte, gegenstandsbezogene Wahlen des deutschen Rechts zu unterschiedlichen Stichtagen für die Berechnung des Anfangsvermögens bei einer Zugewinngemeinschaft führen, praktisch gezeigt werden kann. Da § 1374 BGB für die Berechnung des Anfangsvermögens auf den Eintritt des

---

[1371] Zweifelhaft ist das Argument von Schurig, IPRax 1990, 389, 391, der § 1419 BGB entnimmt, daß dieser nur eine gesonderte Verfügung, nicht aber das Bestehen eines Anteils an den einzelnen Gegenständen ausschließt. Dieses Verständnis widerspricht der vergleichbaren Situation bei der Erbengemeinschaft und wird deshalb auch bei § 1419 BGB abgelehnt (Staudinger/Thiele, § 1419 BGB, Rn. 14).

[1372] Johannsen/Henrich/Henricht, EheR, Art. 15 EGBGB, Rn. 13.

[1373] Vgl. u. S. 44 f.

[1374] Vgl. u S. 363 ff.

[1375] Vgl. u. S. 339 ff.

[1376] Schotten, IPR, Rn. 163.

Güterstandes abstellt und die Rechtswahl grundsätzlich ex nunc wirkt, ist dieser Moment der Zeitpunkt für den Beginn des Güterstandes, so daß sich unterschiedliche Stichtage für die Berechnung des Zugewinnausgleichs ergeben.[1377] Soweit aus den Übergangsansprüchen reine Zahlungsansprüche, wie etwa bei einem Zugewinnausgleich entstehen, ist zu beachten, daß diese aus dem übrigen Vermögen beglichen und in das übrige Vermögen vollstreckt wer-den können, da es sich um allgemeine, nicht auf einen bestimmten Teil des Vermögens bezogene Ansprüche handelt.
Die einzige wirkliche Besonderheit, die durch die objektbezogene Rechtswahl entsteht, ist die Frage, ob die Rechtswahl mit dem Verkauf des Gegenstandes endet. Dies ist uneingeschränkt zu bejahen, da eine objektbezogene Rechtswahl ohne Objekt keinerlei Wirksamkeit mehr entfaltet. Soweit man nicht der source doctrine folgt,[1378] setzt sich der gewählte Güterstand auch nicht am Veräußerungserlös fort.

III) Zusammenfassung

Die Besonderheit an Art. 15 II Nr. 3 EGBGB und Art. 25 II EGBGB ist die Tatsache, daß der Gesetzgeber zum ersten Mal eine Durchbrechung der internationalprivatrechtlichen Vermögenseinheit innerhalb des deutschen Kollisionsrechts vorsieht. Damit gibt er zu erkennen, daß das Prinzip der Vermögenseinheit im internationalen Privatrecht für ihn nicht länger ein Selbstzweck ist, sondern ebenfalls einer konkreten Interessenabwägung unterliegt, die zu einer Durchbrechung der Vermögenseinheit führen kann. Erstaunlich ist allerdings, daß die Begründung des Gesetzgebers für diese theoretisch erhebliche Änderung recht kurz ausgefallen ist und dadurch zu den mit der Norm verbundenen Auslegungsproblemen beigetragen hat.

[1377] Staudinger/v.Bar/Mankowski, Art. 15 EGBGB, Rn. 223.

[1378] Vgl. u. S. 353 ff.

Kapitel 4:

Durchbrechung des ursprünglichen Güterrechtsstatutes durch Rechtswahl nach Art. 15 II Nr. 1 oder Nr. 2 EGBGB

I) Spaltung des Güterrechtsstatuts durch kollisionsrechtliche Rechtswahl nach Art. 15 II Nr. 1 und Nr. 2 EGBGB

Da eine Rechtswahl nach Art. 15 II Nr.1 oder Nr.2 EGBGB jederzeit und ex nunc getroffen werden kann, entstehen durch die Rechtswahl auf materiellrechtlicher Ebene zunächst zwei Güterstände: ein Güterstand, der die bisher im Vermögen der Ehegatten befindlichen Gegenstände beherrscht, und ein Güterstand für die neu ins Vermögen kommenden Gegenstände. Eine solche ex nunc Rechtswahl würde eine Durchbrechung der materiellen Vermögenseinheit nach sich ziehen, wenn die Güterstände auf Dauer getrennt blieben und würde dann neben Art. 15 II Nr.3 EGBGB eine weitere Möglichkeit des deutschen IPR darstellen, eine güterrechtliche Vermögensspaltung zu erreichen, mit der Besonderheit, daß die Spaltung auch bewegliche Gegenstände umfassen würde. Ob jedoch tatsächlich und dauerhaft zwei oder mehr unterschiedliche Güterstände das ehegüterrechtliche Vermögen regeln, hängt von dem Bestehen und der Gestaltung der Überleitung der beiden Güterstände im Falle einer solchen Rechtswahl ab und soll im folgenden untersucht werden.

1) Entstehungsgeschichte

Die Vorschläge des Deutschen Rates für internationales Privatrecht und die in diesem Zusammenhang erstellten Gutachten[1379] befassen sich nicht ausdrücklich mit den aus einer güterrechtlichen ex nunc Rechtswahl entstehenden Problemen. Eine erste Erörterung findet sich jedoch bei Kühne.[1380] Er hält für die in seinem Entwurf vorgesehene Möglichkeit einer ex nunc Rechtswahl eine gesetzliche Überleitungsregelung für nicht erforderlich, da auch die zu diesem Zeitpunkt bestehenden Normen des Art. 15 II EGBGB a.F. und § 1409 II BGB keine gesetzlichen Überleitungsregeln enthalte. Die Überführung des unter altem Güterstatut erworbenen Vermögens in das neue Statut müsse vielmehr der Vorsorge der Parteien anheim gestellt werden. Die Vorschläge von Neuhaus/ Kropholler sowie des Max-Planck-Instituts sehen ebenfalls die Möglichkeit einer jederzeitigen Wandelbarkeit des Güterstatuts durch Rechtswahl vor,[1381] be-

[1379] Lauterbach (Hrsg.), Reform des deutschen internationalen Eherechts, 1 ff.; Beitzke (Hrsg.), Vorschläge zur Reform, 1 ff.

[1380] Kühne, Entwurf, 104 f.

[1381] Vgl. o. S. 285 f.

schäftigen sich aber nicht explizit mit den daraus entstehenden Folgeproblemen und können deswegen keine Hinweise liefern.
Die einzige weitere Stellungnahme findet sich im Gesetzesentwurf der Bundesregierung bei Art. 15 II EGBGB-E.[1382] Zunächst wird im Gesetzesentwurf festgestellt, daß eine Rechtswahl jederzeit möglich sei. Daraufhin heißt es:

> „Die Ehegatten können im Gegensatz zu Artikel 14 Abs. 4 EGBGB-E eine einmal getroffene Rechtswahl jederzeit aufheben oder ändern, da im Güterrecht nur so erforderliche Anpassungen an geänderte Verhältnisse des Einzelfalles möglich sind. Das neue Recht - sei es ein anderes vereinbartes, sei es das gesetzliche Güterstatut - gilt dann ohne weiteres für das neu erworbene Vermögen. Ob das beim Statutenwechsel vorhandene Vermögen dem neuen Vermögen untersteht oder nicht und wie der alte Güterstand abzuwickeln ist, bestimmt grundsätzlich das neue Recht. Die Ehegatten können jedoch dem neuen Statut das bis zur Änderung erworbene Vermögen auch selbst unterstellen. Gesetzliche Überleitungsregelungen im Rahmen des Entwurfes sind insoweit nicht erforderlich, vgl. jedoch zur Einführung der Rechtswahl auch für vor Inkrafttreten dieses Entwurfs geschlossene Ehen Artikel [219] Abs. 2 Satz 2 EGBGB-E."

Vor einer weiteren Erörterung soll zunächst der etwas undurchsichtige Verweis auf Art. 219 II 2 EGBGB-E geklärt werden.[1383] Art. 219 II 2 EGBGB-E hatte zu diesem Zeitpunkt folgenden Wortlaut:[1384]

> „Die güterrechtlichen Wirkungen einer Ehe unterliegen weiterhin dem bisher anwendbaren Recht; die Ehegatten können jedoch eine Rechtswahl nach Art. 15 Abs. 2, 3 treffen."

Art. 219 II 2 EGBGB-E wurde vor der Zeit der Nichtigkeitserklärung großer Teile des Art. 15 EGBGB a.F. entworfen und ging von der Verfassungsmäßigkeit des Art. 15 EGBGB a.F. aus.[1385] Die Vorschrift beinhaltete zum einen den Grundsatz *alte Ehe - alte Kollisionsnorm* sowie die Einräumung einer nur für die Zukunft wirkenden Rechtswahl,[1386] was man aus der Gesetzesbegründung entnehmen kann,[1387] in der es heißt:

[1382] BT-Drucksache 10/504, 58.

[1383] Zur Entstehungsgeschichte des Art. 220 EGBGB (Art. 219 EGBGB-E) ausführlich Lorenz, Intertemporales Ehegüterrecht, 42 ff.

[1384] BT-Drucksache 10/504, 15.

[1385] Zur Nichtigkeitserklärung des Art. 15 EGBGB a.F. vgl. BVerfG, Beschl. v. 22. 2.1983, BVerfGE 63, 181 ff.; dazu z.B. Henrich, IPRax 1983, 208 ff.

[1386] Vgl. Lorenz, Intertemporales Ehegüterrecht, 42.

[1387] BT-Drucksache 10/504, 85.

„Aus den vom Bundesgerichtshof (IPRax 1981, S. 23 ff.) dargelegten Erwägungen[1388] bedarf es hier in besonderem Maß sicherer Grundlagen für die gesetzliche Anknüpfung; über die Verweisungsmöglichkeit des § 1409 Abs. 2 BGB und des Art. 15 Abs. 2 EGBGB bisheriger Fassung wird daher mit Wirkung für die Vergangenheit nicht hinausgegangen werden können."

Da weder der 1. Entwurf des Art. 219 EGBGB-E noch die Gesetzesbegründung sich mit Fragen der Überleitung beschäftigen, ist davon auszugehen, daß sich der Begriff „vgl. jedoch" in Art. 15 EGBGB-E nicht auf den davorliegenden Satzteil mit den Erläuterungen der Überleitungsansprüche, sondern allgemein auf das zur Rechtswahl nach Art. 15 EGBGB-E Gesagte bezieht. Eine solche Auslegung macht auch Sinn, da die Begründung zu Art. 15 EGBGB-E eine Rückwirkung zuläßt,[1389] die Rückwirkung im Rahmen von Art. 219 EGBGB-E aber gerade ausgeschlossen sein sollte. Die Anmerkung ist damit in unserem Zusammenhang ohne Belang. Die weitere Analyse der Gesetzesbegründung zu Art. 15 EGBGB-E soll aus Verständnisgründen an den jeweils einschlägigen Stellen vorgenommen werden.

2) Möglichkeiten der kollisionsrechtlichen Rechtswahl

Die Ehegatten können eines der nach Art. 15 II Nr. 1 oder Nr. 2 EGBGB vorgesehenen Rechte wählen.[1390] Eine territoriale oder gegenständliche Beschränkung ist außer bei einer Belegenheitsrechtswahl nach Art. 15 II Nr. 3 EGBGB nicht erlaubt[1391] und kann sich lediglich aus einer Anwendung des Art. 3 III EGBGB ergeben.[1392] Zudem muß eine solche Rechtswahl nicht in jedem Fall durchsetzbar sein, vielmehr kann es durch Nichtanerkennung der Rechtswahl im Ausland zu hinkenden Güterrechtsverhältnissen kommen.[1393]
Dabei können die Ehegatten eine Rechtswahl gemäß Art. 15 II Nr. 1 oder Nr. 2 EGBGB vor und bei der Eheschließung sowie zu jedem Zeitpunkt während der Ehe treffen. Dies läßt sich zwar nicht unmittelbar aus dem Wortlaut des Art. 15 II EGBGB entnehmen, ergibt sich jedoch eindeutig aus der Gesetzesbegründung und dem Zweck der Rechtswahl, daß die Ehegatten jederzeit die Möglichkeit haben sollen, sich den geänderten Verhältnissen anzupassen.[1394] Keine

---

[1388] Hierbei handelt es sich um den Grundsatz des Vertrauensschutzes, aufgrund dessen der BGH in der zitierten Entscheidung von der Fortgeltung des Art. 15 EGBGB a.F. ausging.

[1389] Vgl. u. S. 341 ff.

[1390] Vgl. dazu im einzelnen o. S. 45 ff.

[1391] MüKo/Siehr, Art. 15 EGBGB, Rn. 50.

[1392] Vgl. zu dem Verhältnis Art. 15 II EGBGB und Art. 3 III EGBGB o. S. 294 ff.

[1393] Staudinger/v.Bar/Mankowski, Art. 15 EGBGB, Rn. 127 f.

[1394] BT-Drucksache 10/504, 58.

Voraussetzung für eine Rechtswahl während der Ehe ist, daß sich die Lebensumstände der Ehegatten zwischen dem Zeitpunkt der Eheschließung und der Rechtswahl geändert haben.[1395] Erforderlich ist lediglich, daß die Anknüpfungsmerkmale des Art. 15 II EGBGB zum Zeitpunkt des beabsichtigten Eintritts der Wirkungen vorliegen. Dabei können die Ehegatten eine Rechtswahl auch in der Erwartung des Eintritts einer noch nicht erfüllten Zulässigkeitsvoraussetzung, also mit Wirkung für die Zukunft treffen,[1396] weswegen auch eine Rechtswahl bereits vor Eheschließung möglich ist.
Die Rechtswahl kann von den Ehegatten jederzeit wieder abgeändert oder aufgehoben werden. Soweit die Ehegatten die Rechtswahl lediglich wieder aufheben, kommt es zu einer Neubestimmung des Ehegüterstatuts gemäß Art. 15 I EGBGB iVm. Art. 14 EGBGB, wobei prinzipiell auf die Anknüpfungsverhältnisse zum Zeitpunkt der Eheschließung und nicht den Zeitpunkt der Aufhebungsvereinbarung abzustellen ist. Dies ist nicht unumstritten,[1397] liegt aber neben dem Gesetzeswortlaut darin begründet, daß man es nicht mit der Wahl eines anderen Statuts, sondern mit einer lediglich negativ wirkenden Aufhebung zu tun hat. Eine *Wahl* würde hingegen dann eintreten, wenn bei einer zwischenzeitlichen Änderung der Anknüpfungspunkte an einem vom ursprünglichen Recht abweichenden Recht angeknüpft werden würde. Eine Rechtswahl ist jedoch nur unter den Voraussetzungen des Art. 15 II EGBGB und nicht des Art. 15 I EGBGB zulässig.
Allerdings stimmen die Voraussetzungen des Art. 15 II EGBGB sowie diejenigen für die objektive Anknüpfung regelmäßig überein. Eine Abweichung besteht lediglich in den Fällen, in denen sich die objektive Anknüpfung nach Art. 15 I iVm. 14 I Nr. 3 EGBGB richtet. Soweit eine Übereinstimmung beider Anknüpfungen besteht, ist es deshalb auch möglich, in der Aufhebungsvereinbarung eine inzidente Rechtswahl zugunsten des Rechts der objektiven Anknüpfung zum Zeitpunkt der Rechtswahl zu erblicken, weswegen die Erklärung der Ehegatten auf diese Frage hin immer genau zu untersuchen ist. Im Zweifel spricht dabei mehr für den Willen der Ehegatten, durch die Aufhebungsvereinbarung das objektive Recht zum Zeitpunkt der Rechtswahl inzident gewählt zu haben, da ein Rückgriff in die Vergangenheit in den Fällen als wenig sinnvoll erscheint, in denen die Ehegatten zu der so bestimmten Rechtsordnung keinen Bezug mehr aufweisen und mit einem solchen Verständnis den Parteiinteressen am meisten gedient ist.

[1395] MüKo/Siehr, Art. 15 EGBGB, Rn. 36; Stoll, Rechtswahl, 84.

[1396] BT-Drucksache 10/504, 58; Mankowski/Osthaus, DNotZ 1997, 10, 18.

[1397] Soergel/Schurig, Art. 15 EGBGB, Rn. 25; Kropholler, IPR, § 45 III 3 d; Lichtenberger, DNotZ 1986, 644, 660; Rahm/Künkel/Paetzold VIII, Rn. 792; a.A. MüKo/Siehr, Art. 15 EGBGB, Rn. 58; Staudinger/v.Bar/Mankowski, Art. 15 EGBGB, Rn. 112 ff.; Stoll, Rechtswahl, 84, Fn. 90.

3) Zulässigkeit einer rückwirkenden Rechtswahl auf kollisionsrechtlicher Ebene

Ein Statutenwechsel durch eine Rechtswahl während der Ehe wirkt, soweit von den Parteien nichts abweichendes vereinbart wurde, grundsätzlich ex nunc. Dies ergibt sich zwar nicht explizit aus dem Gesetzeswortlaut, wohl aber aus dem Gedanken der Rechtsklarheit und Rechtssicherheit. Im übrigen entspricht ein solches Verständnis auch den Vorstellungen der Parteien, die bis zum Zeitpunkt der Rechtswahl das bisherige Recht als für sie passend empfunden haben. Äußerst umstritten ist jedoch, ob die Parteien eine Rechtswahl auf kollisionsrechtlicher Ebene mit Rückwirkung treffen können.[1398] Ausgangspunkt der beiden zu dieser Frage vertretenen Ansichten ist der Satz der Gesetzesbegründung, wonach die Ehegatten das bis zur Änderung erworbene Vermögen auch selbst dem neuen Statut unterstellen können. Diese zulässige Unterstellung unter das Neustatut wird zum einen als Möglichkeit einer kollisionsrechtlichen Rechtswahl mit Rückwirkung, zum anderen als Lösungsmöglichkeit auf sachrechtlicher Ebene gedeutet.

a) Vorschlag des Regierungsentwurfs

Der Wortlaut der Begründung des Regierungsentwurfs ist in dieser Hinsicht nicht ganz eindeutig, da er zwar eine Unterstellung unter das neue Statut zuläßt, ohne sich aber konkret zu dem Problem zu äußern, in welcher Weise die Unterstellung unter das Neustatut geschehen soll, so daß auch eine Überführung in das Neustatut auf sachrechtlicher Ebene denkbar ist. Der Wortlaut weist aber durch den Gebrauch der Formulierung, daß die Ehegatten das bestehende Vermögen dem neuen „Statut" unterstellen können, in Richtung einer kollisionsrechtlichen Rückwirkung. Eindeutiger zur Frage des Statutenübergangs sind hingegen die Äußerungen, die im Rahmen der IPR-Reform zu Art. 220 EGBGB gemacht wurden. So heißt es in diesem Zusammenhang:[1399]

> „Wie weit die Ehegatten nach dem Inkrafttreten der Neuregelung Abweichendes von den hier vorgeschlagenen Regelungen (auch mit Rückwir-

---

[1398] Staudinger/v.Bar/Mankowski, Art. 15 EGBGB, Rn. 116; Mankowski/Osthaus, DNotZ 1997, 10, 21 ff.; MüKo/Siehr, Art. 15 EGBGB, Rn. 48; Erman/Hohloch, Art. 15 EGBGB, Rn. 25; a.A. Stoll, Rechtswahl, 89 ff.; Schotten, IPR, Rn. 167 ff.; Langenfeld, Eheverträge, Rn. 917; Henrich, IntFamR, 68 f.; Soergel/Schurig, Art. 15 EGBGB, Rn. 24; Böhringer, BWNotZ 1987, 104, 109. Nicht eindeutig ist die Einordnung derjenigen Autoren, die sich lediglich auf die Gesetzesbegründung berufen, da das Verständnis der Gesetzesbegründung selbst nicht einheitlich ist (Pakuscher, Unwandelbarkeit, 214; Palandt/Heldrich, Art. 15 EGBGB, Rn. 21).

[1399] Es handelt sich um die Gegenäußerung der Bundesregierung gegen die Stellungnahme des Bundesrates BT-Drucksache 10/504, 107.

kung, aber nicht zu Lasten Dritter, vgl. Artikel 8 Abs.2 des genannten Haager Übereinkommens, Artikel 16 EGBGB-E) vereinbaren wollen, bleibt ihnen überlassen."

und in der Sitzung des Rechtsausschusses:[1400]

„Dabei ist davon auszugehen, daß der vom Bundesverfassungsgericht aufrechterhaltene Teil der Anknüpfungsregeln (Möglichkeit zum Abschluß von Eheverträgen) ebenso weiter gilt wie die Ehegatten die Möglichkeit zu gemeinsamen abweichenden Vereinbarungen, also zu einer Rechtswahl auch mit Wirkung für die Vergangenheit haben."

Beide Formulierungen gehen offenkundig von einer kollisionsrechtlich rückwirkenden Wahl aus, insbesondere der Verweis auf Art. 8 II des Haager Abkommens, der eine solche ausdrücklich anordnet,[1401] läßt keine Zweifel offen.[1402]

b) Sachrechtliche Lösung

Diejenigen Autoren, die eine Lösung auf sachrechtlicher Ebene anstreben, halten die Vereinbarung einer Rückwirkung auf kollisionsrechtlicher Ebene nicht für zulässig, da sie gegen das Rückwirkungsverbot verstoße.[1403] Dieses Argument kann jedoch nicht überzeugen, da bei einer gemeinsamen Vereinbarung der Ehegatten der Vertrauensschutz zwischen ihnen keine Rolle spielt und außenstehende Dritte ausreichend durch die Anwendung des Art. 16 EGBGB sowie des Rechtsgedankens des Art. 27 II 2 EGBGB geschützt werden können.[1404] Zudem nimmt der BGH sogar in Fällen der objektiven Anknüpfung des Art. 220 III 2 EGBGB an, daß eine Rückwirkung nicht gegen das verfassungsrechtliche Rückwirkungsverbot verstoße.[1405]

Auch die weiteren, zugunsten einer sachrechtlichen Lösung genannten Argumente vermögen nicht durchzugreifen. Eine Rückwirkung auf sachrechtlicher

---

[1400] BT-Druchsache 10/5632, 45; Pirrung, IPR, 190.

[1401] Vgl. u. S. 349 ff.

[1402] Ebenso Stoll, Rechtswahl, 86.

[1403] Schotten, IPR, Rn 167; Soergel/Schurig, Art. 15 EGBGB, Rn. 24.

[1404] Ausführlich dazu Mankowski/Osthaus, DNotZ 1997, 10, 21 f.; gegen Stoll, Rechtswahl, 92 f. Zu Art. 27 II EGBGB z.B. Möllenhoff, Nachträgliche Rechtswahl und Rechte Dritter, 35 ff.

[1405] BGH, Urt. v. 17. 9. 1986, IPRax 1987, 114, 115 ff.; BGH, Urt. v. 8. 4. 1987, IPRax 1988, 100, 101 f.; OLG Karlsruhe, Urt. v. 16. 2. 1989, IPRax 1990, 122, 124. Zur Frage der Verfassungsmäßigkeit der Rückwirkung, BVerfG, Beschl v. 21. 6. 1988, IPRax 1988, 366 f.; sowie Staudinger/Dörner, Art. 220 EGBGB, Rn. 75, 82.

Ebene ist ohne Probleme nur möglich, wenn der neue Güterstand seiner Konstruktion nach das gesamte Vermögen der Ehegatten erfaßt wie bei einer Gütergemeinschaft. Soweit die Güterstände hingegen von einem bestimmten Datum ausgehen, wie dies der Beginn der Ehe oder der Abschluß eines Ehevertrages bei einer Zugewinngemeinschaft einer ausländischen Errungenschaftsgemeinschaft oder einer Gütertrennung der Fall ist, so verschiebt sich dieser Zeitpunkt auf den Beginn der kollisionsrechtlichen Rechtswahl. Um das vorher erworbene Vermögen auf sachrechtlicher Ebene in den Güterstand zu überführen, wird deshalb vorgeschlagen, daß zunächst der alte Güterstand auseinandersetzt werden solle und im Anschluß daran der Güterstand in einem Ehevertrag nach § 1408 BGB auf den Tag der Eheschließung zurück zu datieren sei.[1406]
Eine in dieser Weise vorgenommene Rückdatierung würde jedoch dazu führen, daß die bis zum Zeitpunkt der Rechtswahl erworbenen Gegenstände zweimal berücksichtigt werden; zum einen fließen sie in die Abwicklung des alten Güterstandes und zum anderen in die Berechnung des neuen Güterstandes ein. Darüber hinaus würde die Rückdatierung auf den Zeitpunkt der Ehe zu einer Geltung des gesamten Güterstandes von diesem Zeitpunkt an führen, was in Wirklichkeit aber nichts anderes als eine kollisionsrechtliche Rückwirkung darstellt. Deshalb kann festgehalten werden, daß die Überleitung der Altgegenstände auf sachrechtlicher Ebene eine Rückwirkung des neuen Güterstandes nach sich zieht,[1407] mit dem Ergebnis einer rückwirkenden Anwendung eines abweichenden Güterstandes und damit des abweichenden neuen Güterstatuts, da ansonsten aus der Sicht des Kollisionsrecht ein abweichender Güterstand angewendet werden müßte. Diese Überlegung zeigt, daß eine Rückwirkung auf sachrechtlicher Ebene nicht autonom von einer kollisionsrechtlichen Rückwirkung durchgeführt werden kann.

c) Der Vorschlag von Stoll

Stoll[1408] schlägt abweichend von dieser Lösung vor, daß die Parteien das Altvermögen ohne Liquidation auf sachrechtlicher Ebene dem Neustatut unterstellen könnten. Folgt man diesem Vorschlag entfällt eine Rückwirkung, da die Herrschaft des bisherigen Güterstatuts, von der Auseinandersetzung des Altvermögens abgesehen, nicht beinträchtigen werden würde.[1409] Die praktische

[1406] Schotten, IPR, Rn. 173.

[1407] Bei der Gütergemeinschaft ist insofern die Sachlage eine völlig andere, da dort keine Überführung von Altgegenständen erforderlich ist, da sämtliche Gegenstände "Neugegenstände" sind. Insofern wird die Rechtswahl dort jedesmal nur ex nunc vorgenommen, eine Rückwirkung ist weder auf kollisionsrechtlicher noch auf sachrechtlicher Ebene erforderlich.

[1408] Stoll, Rechtswahl, 89 f.

[1409] Bezieht man sie nur als Anfangsvermögen mit ein, so handelt es sich nur um eine ex nunc Rechtswahl.

Durchführung dieser Lösung ist wohl in der Weise gedacht, daß das zum Zeitpunkt der Rechtswahl sich noch tatsächlich bei den Ehegatten befindliche Altvermögen nur sachrechtlich mit ex nunc Wirkung in den neuen Güterstand eingestellt wird, ohne daß davon bereits abgewickelte Güterrechtsvorgänge betroffen sind, verbunden mit einem Verzicht auf Abwicklung.
Dieser Vorschlag stellt eine Überführung des Alt- in das Neuvermögen auf sachrechtlicher Ebene ohne Rückwirkung dar und ist auch zulässig, da der Verzicht auf eine Abwicklung insoweit einer Parteivereinbarung zugänglich ist und sich dieses Modell auch mit dem Wortlaut in Einklang bringen läßt. Dabei ist jedoch zu beachten, daß einer der Ehegatten durch den Verzicht auf eine Abwicklung Ausgleichsansprüche aufgibt. Aus diesem Grund muß der Verzicht ausdrücklich erklärt und kann nicht bereits in einer allgemeinen Rückwirkungsvereinbarung erblickt werden.

c) Kollisionsrechtliche Rückwirkung

Der Vorschlag von Stoll stellt jedoch nur eine weitere Lösungsmöglichkeit dar und spricht nicht gegen eine kollisionsrechtliche Rückwirkung. Zwar ist eine rückwirkende kollisionsrechtliche Rechtswahl ist in gewisser Hinsicht unpraktikabel, da sie sämtliche, auch die schon abgeschlossenen Vorgänge neu zu bewerten hat.[1410] Sie muß aber nicht unbedingt zu größeren Schwierigkeiten führen als sie bei der rückwirkenden Abwicklung einer langjährigen Ehe ohne nachträglichen Güterstandswechsel bestehen, da der Einfluß des Güterstandes während der Ehe gering sein kann. Das Hauptproblem liegt in beiden Fällen ohnehin zumeist in der Ermittlung, wann welcher Gegenstand von wem erworben wurde.
Vor allem kann man aber nicht aus möglichen praktischen Schwierigkeiten auf eine rechtliche Unzulässigkeit der kollisionsrechtlichen Rückwirkung schließen. Soweit die Parteien ein Bedürfnis für eine rückwirkende Rechtswahl in ihrem Fall sehen, sollte man ihnen vielmehr eine solche erlauben. Daß ein solches Interesse der Ehegatten bestehen kann, zeigt das von Mankowski und Osthaus dargestellte Beispiel[1411] einer auf den Tod des erstversterbenden Ehegatten bedingten ehegüterrechtlichen Rechtswahl des Rechts des Erbstatuts mit Rückwirkung. Eine solche Rechtswahl hat den Vorteil der Harmonisierung des Erb- und Güterstatuts. Da auch Dritte durch die Rückwirkung der Rechtswahl nicht beeinträchtigt werden, sollte man dem Gedanken der Parteiautonomie des internationalen Ehegüterrechts den Vorzug geben und eine rückwirkende Rechtswahl zulassen.

[1410] Stoll, Rechtswahl, 91 f.; vgl. auch Mankowski/Osthaus, DNotZ 1997, 10, 21 f.

[1411] Mankowski/Osthaus, DNotZ 1997, 10, 16 ff.

4) Bisher bestehende Lösungsmodelle für die Überleitung der Güterstände

Im folgenden sollen im Überblick die im deutschen Recht bekannten Möglichkeiten der Überleitung von Güterständen bei einer Rechtswahl ex nunc dargestellt werden. Das deutsche Recht kannte und kennt die Überleitung verschiedener Güterstände in mehreren Normen. In Art. 8 I Nr.3 ff. des GleichberG,[1412] das die Regelung des ehelichen Güterrechts unter Berücksichtigung des Gleichberechtigungsgrundsatzes enthielt und dabei unter anderem die Zugewinngemeinschaft einführte, wurde für jeden Güterstand des früheren Ehegüterrechts eigens dessen intertemporale Geltung festgelegt. Im Kollisionsrecht kennt man das Problem des güterrechtlichen Statutenwechsels zunächst aus den §§ 1, 3 des Gesetzes über den ehelichen Güterstand von Vertriebenen und Flüchtlingen.[1413] Da sich das Gesetz jedoch darauf beschränkt, die Überleitung des ausländischen Güterstandes in die Zugewinngemeinschaft des BGB zu regeln und dabei von dem Hauptfall ausgeht, daß die Eheleute in Gütertrennung nach dem österreichischen ABGB a.F. oder dem früheren Güterrecht der DDR gelebt haben und deshalb allgemeine Regeln für die Überleitung einer Güter- oder Errungenschaftsgemeinschaft fehlen, kann dieses Spezialgesetz nichts zur Klärung der hier vorliegenden Frage beitragen.[1414]
Interessanter sind die Übergangsregelungen in Artt. 220 III 4, 234 § 4, 4a, 236 § 3 EGBGB, die sich auf die Folgen eines intertemporalen Statutenwechsels beziehen. Obwohl diese Artikel die Folgen einer intertemporalen Änderung eines objektiven Statuts behandeln und deshalb von der Interessenlage her lediglich teilweise mit der auf Parteiautonomie basierenden Rechtswahl vergleichbar sind, sollen die dazu entwickelten Lösungen dargestellt werden, um einen ersten Überblick zu erhalten.

a) Lösung bei Art. 220 III EGBGB

Die Rechtsprechung[1415] geht im Rahmen des Art. 220 III EGBGB von einem Verzicht auf die Abwicklung des alten Güterstandes und einer Rückwirkung des neuen Güterstandes aus. Eine Auseinandersetzung findet erst bei Beendigung der Ehe und nicht zum Zeitpunkt des Stichtages statt. Von Ferid[1416] wurde zu Art. 220 III EGBGB vorgeschlagen, Altstatut und Neustatut völlig getrennt

---

[1412] BGBl. 1957, I, 609, 639.

[1413] Abgedruckt bei Jayme/Hausmann, IPV, Nr. 27.

[1414] Vgl. zu der Überleitung nach dem VFGüterstandG im einzelnen Wassermann, FamRZ 1990, 333, 338 ff.

[1415] BGH, Urt. v. 17. 9. 1986, IPRax 1987, 114, 115 ff.; BGH, Urt. v. 8. 4. 1987, IPRax 1988, 100, 101 f.; OLG Karlsruhe, Urt. v. 16. 2. 1989, IPRax 1990, 122, 124; ebenso Palandt/Heldrich, Art. 15 EGBGB, Rn. 13.

[1416] Ferid, IPR, 8-146, 3.

voneinander und ohne gesetzlich vorgesehene Auflösung des Altstatuts zu behandeln. Dies würde bedeuten, daß bis zum Zeitpunkt der Beendigung der Ehe zwei unterschiedliche Güterstände nebeneinander bestehen. Die herrschende Meinung[1417] steht demgegenüber auf dem Standpunkt, daß bis zum Stichtag altes und danach neues Güterstatut gelte; der frühere Güterstand sei nach den für ihn geltenden Regeln seines Güterstandes abzuwickeln. Die sich daraus ergebenden Vermögensrechte würden dann das jeweilige Anfangsvermögen des neuen Güterstandes bilden. Da sich die Vorschrift des Art. 236 § 3 EGBGB an Art. 220 III EGBGB anlehnt, werden dort im wesentlichen die gleichen Ansichten vertreten. Allerdings wird zum Teil bestritten, daß sich die Lösung der Rechtsprechung auch auf diese Vorschrift übertragen lasse.[1418]

b) Lösung des Art. 234 § 4, 4a EGBGB

Beachtenswert ist auch Art. 234 § 4, 4a EGBGB. Nach § 4 I dieser Vorschrift fand für Ehegatten, die im gesetzlichen Güterstand der Eigentums- und Vermögensgemeinschaft der DDR gelebt hatten, eine Überleitung in den Güterstand der Zugewinngemeinschaft mit ex nunc Wirkung zum 3. 10. 1990 statt, soweit die Ehegatten keine abweichende Vereinbarung getroffen haben. Art. 234 § 4 IV EGBGB bestimmte, daß in Fällen des Art. 234 § 4 I EGBGB für die Auseinandersetzung des bis zum 3. 10. 1990 erworbenen Vermögens § 39 des Familiengesetzbuches der DDR, der eine Auseinandersetzungsregel für diese Güterstände enthält, sinngemäß gelte.
Uneinigkeit bestand über die Folgen dieser Vorschrift, wozu sich zwei in etwa gleichstarke Meinungen[1419] gebildet haben. Ein Teil der Autoren sprach sich für eine sofortige Beendigung aller gesamthänderischer Bindungen der Ehegatten zum Stichtag und eine Überführung des Altvermögens in hälftiges Miteigentum nach Bruchteilen aus. Dies würde eine Auseinandersetzung ex lege darstellen. Die andere etwa gleich verbreitete Ansicht plädierte hingegen für eine Aufrechterhaltung der Gesamthand in Form einer Liquidationsgesellschaft, also ohne Einbeziehung neuer Gegenstände allerdings mit der Möglichkeit eines Surrogationserwerbes. Als Hauptargument gegen einen Fortbestand der Gesamthand wurde genannt, daß das Nebeneinander zweier Güterstände unpraktikabel sei. Aufgelöst wurde der Streit durch die Einführung des Art. 234 § 4a I EGBGB, der eine Zwangsauseinandersetzung aller bis zum 25. 12. 1993 noch

---

1417 Staudinger/Dörner, Art. 220 EGBGB, Rn. 124; Soergel/Schurig, Art. 220 EGBGB, Rn. 56; MüKo/Siehr, Art. 15 EGBGB, Rn. 189; ausführlich Lorenz, Intertemporales Ehegüterrecht, 123 ff.; Rauscher, NJW 1987, 531, 532.

1418 Staudinger/Dörner, Art. 236 EGBGB, Rn. 60; Soergel/Schurig, Art. 236 EGBGB, Rn. 22; Rauscher, DtZ 1991, 20, 21; a.A. Palandt/Heldrich, Art. 236 EGBGB, Rn. 10.

1419 MüKo/Gernhuber, Art. 234 §§ 4, 4a EGBGB, Rn. 15 m.umfass.Nach.; Staudinger[12]/Rauscher, Art. 234 § 4 EGBGB, Rn. 43 ff.; Staudinger/Rauscher, Art. 234 § 4 EGBGB, Rn. 73 ff.; Otto, Ehegüterrecht, 152 ff.; Münch, Vermögensgemeinschaft , 101 ff.

bestehenden Gesamthandsgemeinschaften im Wege einer Umwandlung in Bruchteilseigentum vorsah ohne allerdings rückwirkend eine Klärung der Frage herbeizuführen.

c) Schlußfolgerungen

Zwar können die hier vorgestellten Lösungsmodelle der Überleitung von Güterständen nicht ohne weiteres für Art. 15 II EGBGB übernommen werden, da die Argumentation zu den einzelnen Vorschriften sehr von deren jeweiliger Ausgestaltung und deren spezieller Situation geprägt ist. Auch ist bei Art. 15 II EGBGB die Sachlage eine andere, da der Wechsel des Güterstatuts auf einer parteiautonomen Entscheidung der Ehegatten beruht und nicht auf einer Änderung der objektiven Anknüpfung. Allerdings spielen bei den Überleitungen infolge einer objektiven Anknüpfung bereits alle in der späteren Diskussion tragenden Elemente eine Rolle. So war entscheidend, ob zwei Güterstände gleichzeitig nebeneinander bestehen können, ob in dieser Konstellation dann Surrogationsvorschriften bestehen, zu welchem Zeitpunkt eine Abwicklung des Altgüterstandes durchgeführt werden muß und welches Recht die Abwicklung beherrscht. Unter diesen Gesichtspunkten ergaben die oben aufgeführten Lösungen von Norm zu Norm unterschiedliche Ergebnisse ohne eindeutige Tendenz. Bevor es zu einer Diskussion der Lage bei Art. 15 II EGBGB kommt, soll deshalb weiterhin das Haager Abkommen sowie das anglo-amerikanische Recht zu dieser Frage untersucht werden.

II) Lösung des Haager Ehegüterrechtsabkommens von 1978

Die Lösung des Haager Ehegüterrechtsabkommens[1420] ist für die hier untersuchte Problematik von mehrfachem Interesse.[1421] So bestimmt Art. 6 des Abkommens für Rechtswahl während der Ehe vorgenommene Rechtswahl eine Rückwirkung auf den Zeitpunkt der Eheschließung, da eine Rechtswahl nur für das gesamte Vermögen zugelassen wird.[1422] Aus diesem Grund entstehen bei einer Rechtswahl keine Überleitungsprobleme. Problematischer sind in dieser Hinsicht die in Art. 7 II des Abkommens bestimmten Fällen einer automatischen Wandelbarkeit des objektiv angeknüpften Güterstatuts. In diesen Fällen stellt sich ebenfalls die Frage der Rückwirkung, die in Art. 8 der Konvention folgendermaßen geregelt wurde:

[1420] Projet adopté, Conférence de la Haye, Actes et documents de la Treizième Session II, 321 f.

[1421] Vgl. dazu Beitzke, RabelsZ 41 (1977) 457, 464 f.; 473 ff.

[1422] Art. 6 III der Konvention lautet: "La loi ainsi désignée s'applique à l'ensemble de leur biens." Englisch: "The law thus designated applies to the whole of their property." (Projet adopté, Conférence de la Haye, Actes et documents de la Treizième Session II, 321).

„Le changement de la loi applicable en vertu de l'article 7, alinéa 2, n'a d'effet que pour l'avenir, et les biens appartenant aux époux antérieurement à ce changement ne sont pas soumis à la loi désormais applicable. Toutefois, les époux peuvent , à tout moment et dans les formes prévues à l'article 13, soumettre l'ensemble de leurs biens à la nouvelle loi, sans préjudice, en ce qui concerne les immeubles, des dispositions de l'article 3, alinéa 4, et de l'article 6, alinéa 4. L'exercise de cette faculté ne porte pas atteinte aux droits de tiers.“[1423]

Demzufolge geht das Abkommen in Fällen einer automatischen Wandelung des Güterstatuts von einer ex nunc Wirkung verbunden mit einer Fortwirkung des bisherigen Statuts aus, läßt aber die Möglichkeit einer rückwirkenden Rechtswahl zu.

1) Die Äußerungen innerhalb der Thesen

Die ersten interessanten Äußerungen zu Fragen der Überleitung zweier Güterstände[1424] finden sich in den Thesen Nr. 15 a, 19 und 21.[1425] In Nr. 15 a, wird den Ehegatten die Möglichkeit zugestanden, die Rechtswahl rückwirkend auszugestalten; No. 19 sieht vor, daß ein Wechsel des anwendbaren Rechts nicht die vorher erworbenen Rechte beeinflussen kann, solange die Ehegatten nichts Abweichendes vereinbaren (vested rights); No. 21 bestimmt, daß ein Wechsel die Rechte Dritter nicht beeinflussen kann.

[1423] "A change of applicable law pursuant to the second paragraph of Article 7 shall have effect only for the future, and property belonging to the spouses before the change is not subject to the new applicable law.

Nonetheless the spouses may at any time, employing the forms available under Article 13, subject the whole of their property to the new law, without prejudice, with respect to immovables, to the provisions of the fourth paragraph of Article 3 and the fourth paragraph of Article 6. The exercise of this option shall not adversly affect the rights of third parties." (Projet adopté, Conférence de la Haye, Actes et documents de la Treizième Session II, 322).

[1424] Davor bereits Rapport Droz, Section I D b (S. 114 f.) zu den Folgen einer automatischen Wandelbarkeit.

[1425] Commission spéciale - Conclusions, Conférence de la Haye, Actes et documents de la Treizième Session II, 130 f.

2) Die Kommentierung des Vorentwurfes und die Anmerkungen der Regierungen zum Vorentwurf

Art. 12 des Vorentwurfes[1426] enthielt bereits einen mit Art. 8 der endgültigen Fassung vergleichbaren Wortlaut. Die Erläuterungen des Vorentwurfes[1427] bemerken dazu, daß in diesen Konstellationen dadurch Probleme entstehen könnten, daß sich die verschiedenen Ehegüterrechte wie „Zugwagons" aneinanderreihen. Dennoch wurde einem solchen System der Vorzug vor einem System der Rückwirkung gegeben, da letzteres bei einer automatischen Wandelung des Güterstatuts theoretisch schwer zu rechtfertigen sei und zu ungerechten Ergebnisse führten. Im übrigen spielten die früheren Rechte bei der endgültigen Abwicklung häufig keine Rolle mehr, so daß diese in beiden Fällen übereinstimme. Außerdem bestehe die Möglichkeit für die Ehegatten, eine rückwirkende Rechtswahl zu treffen, wobei die Kommission davon ausging,[1428] daß die Ehegatten im Zusammenhang mit der Rechtswahl eine Regelung bezüglich des alten Güterstandes vereinbaren würden, ohne sich auf eine bestimmte Art der Abwicklung festlegen zu wollen.
Auch in den Anmerkungen der Regierungen finden sich verschiedentlich Äußerungen[1429] zur Frage der Abwicklung des Altstatuts im Fall einer automatischen Wandelbarkeit. Dabei wurde mehrfach eine Anwendung des Neustatuts auf das gesamte Vermögen gefordert,[1430] die Frage gestellt ob eine Liquidation oder eine Fortsetzung des alten Regimes nicht vorteilhafter sei[1431] oder ob die Lösung nicht dem materiellen Recht überlassen werden sollte.[1432] Folge dieser Anmerkungen waren die verschiedenen Änderungsvorschläge, [1433] die zu Art. 12 des Vorentwurfes gemacht wurden und dahingingen entweder eine Rückwirkung auch kollisionsrechtlich für die automatische Wandelbarkeit einzuführen oder die Sätze 2 und 3 des Artikels 12 des Vorentwurfs zu streichen um damit zum Ausdruck zu bringen, daß die Lösung dem Sachrecht überlassen wird.[1434]

[1426] Commission spéciale - Avant-project; Conférence de la Haye, Actes et documents de la Treizième Session II, 135.

[1427] von Overbeck, Rapport de la Commission spéciale, Nr. 41 f., 112 ff. (S. 147, 164).

[1428] von Overbeck, Rapport de la Commission spéciale, Nr. 113 (S. 164).

[1429] Observations des Gouvernements, Conférence de la Haye, Actes et documents de la Treizième Session II, 179 ff.; der deutschen (S. 180), spanischen (S. 184), norwegischen (S. 186), portugisischen und britischen Regierung (S. 191 f., No. 14, 21).

[1430] So der britische und der norwegische Vorschlag.

[1431] So die spanische Regierung.

[1432] So der deutsche Vorschlag.

[1433] Documents de travail No. 3, 37 und 41, Conférence de la Haye, Actes et documents de la Treizième Session II, 198, 248, 256.

[1434] Vgl. die Erläuterungen der Vorschläge im Procès-verbal No. 10, Conférence de la Haye, Actes et documents de la Treizième Session II, 257 ff.

3) Die Diskussion im Rahmen der Ausarbeitung des Abkommens sowie die Kommentierung

Zur Diskussion der gesamten Problematik und damit auch der Rückwirkung einer Rechtswahl während der Ehe, kam es dann im Procès-verbal No. 10.[1435] Dabei setzte man sich ausführlich mit den abweichenden Vorschlägen auseinander und besprach die Vor- und Nachteile einer automatischen Rückwirkung. Erörtert wurden unter anderem der überraschende, rückwirkende Eingriff in bestehende Güterrechtsverhältnisse und dessen Folgen für Dritte, das Problem des Nebeneinanders mehrerer Güterstände sowie der Surrogation. Darüber hinaus wurde eine Lösung auf sachrechtlicher Ebene diskutiert, wobei es in diesem Zusammenhang zu Problemen kam, wie der Begriff der Rückwirkung zu verstehen sei, da dieser im Verlauf der Diskussion in unterschiedlicher Weise benutzt wurde.[1436] Letztendlich kam es zu einer Abstimmung über die abweichenden Vorschläge, die beide jedoch abgelehnt und der Inhalt des Art. 12 des Vorentwurfs somit beibehalten wurde.

Im weiteren Fortgang des Procès-verbal No. 10 kam es dann zu der Frage, ob Art. 12 des Vorentwurfs nicht auch die Fälle einer während der Ehe vereinbarten Rechtswahl umfassen solle.[1437] Eine solche Lösung war vom Wortlaut des Vorentwurfs her möglich, da der Vorentwurf keinen mit Art. 6 III des endgültigen Entwurfs vergleichbaren Absatz enthielt. Aus diesem Grund wurde daran gedacht, daß Art. 12 I des Vorentwurfs Anwendung finden solle, wenn die Ehegatten eine Rechtswahl treffen. Eine Rückwirkung solle hingegen nur in den Fällen eintreten, in denen die Ehegatten diese ausdrücklich gemäß Art. 12 II des Vorentwurfs erklärten. Gegen diese Auslegung des Abkommens wurde eingewandt, daß der Vorentwurf in Art. 11[1438]ein Verbot enthalte, nur für einen Teil des ehegüterrechtlichen Vermögens eine Rechtswahl zu treffen und in einer ex nunc Rechtswahl eine solche Teilrechtswahl liege.

Auch über diese Frage wurde abgestimmt. Dabei votierten 10 Kommissionsmitglieder gegen und 8 für eine Anwendung des Art. 12 des Konvention auf die Rechtswahl bei 2 Enthaltungen mit der Folge, daß eine Rechtswahl während der Ehe nur für das gesamte Vermögen der Ehegatten getroffen werden kann und Art. 6 III in die Konvention eingefügt wurde.[1439]

1435 Procès-verbal No. 10, Conférence de la Haye, Actes et documents de la Treizième Session II, 257 ff.

1436 Vgl. die Äußerung des Vorsitzenden zu diesem Punkt, Procès-verbal No. 10, Conférence de la Haye, Actes et documents de la Treizième Session II, 259.

1437 Procès-verbal No. 10, Conférence de la Haye, Actes et documents de la treizième Session II, 261 f.

1438 Commission spéciale - Avant-project, Conférence de la Haye, Actes et documents de la Treizième Session II, 134.

1439 Vgl. von Overbeck, Rapport, No. 139 (S. 361).

Die Erläuterungen[1440] zu Art. 8 des endgültigen Entwurfs (Art. 12 des Vorentwurfs) stellen nochmals die Folgen eines zeitlichen Wechsels des Güterstatuts mit Wirkung ex nunc aus Sicht des Haager Abkommens dar. Demzufolge besteht, solange keine Parteivereinbarung stattgefunden hat, der Altgüterstand weiterhin für das Alt- und der neue Güterstand für das Neuvermögen. Aus dem Hintereinander der Güterstatute wird also ein Nebeneinander der Güterstände. Bei einer Beendigung der Ehe kommt es dann zu einer Gesamtliquidation des ehegüterrechtlichen Vermögens. Dabei ist jeweils zu fragen, zu welchem Zeitpunkt die Gegenstände in das Vermögen gelangt sind und nach den Regeln des zu diesem Zeitpunkt geltenden Güterstandes auseinanderzusetzen.

4) Schlußfolgerungen

Das System des Haager Abkommens ist in dieser Frage spiegelverkehrt zur Regelung des deutschen IPR. Das deutsche Kollisionsrecht geht im Rahmen der objektiven Anknüpfung von einer einheitlichen Anknüpfung für das gesamte Ehegütervermögen aus, wohingegen das Haager Abkommen durch die Einführung eine automatischen Wandelbarkeit verbunden mit einer ex nunc Wirkung des neuen Güterstatuts zu einer zeitlichen Spaltung und damit zu einem nebeneinander mehrerer Güterstände kommt. Umgekehrt erlaubt das deutsche Kollisionsrecht bei der Rechtswahl ein zeitliches Nacheinander zweier Güterstatute, wohingegen das Haager Ehegüterrechtsabkommen bei einer Rechtswahl eine Rückwirkung des neuen Statuts vorsieht und damit ein einheitliches Statut von Beginn bis Ende der Ehe erzielt. Beachtenswert ist, daß die Folgen der Rückwirkung hauptsächlich darin liegen, daß die Ehegatten bei Abschluß der Rechtswahl gezwungen werden, sich über ihr altes Ehegüterrecht in irgendeiner Form auseinanderzusetzen.

III) Lösungsmodell des amerikanischen Rechts (source doctrine)

Das amerikanische internationale Ehegüterrecht geht seit der Entscheidung Saul v. His Creditors[1441] ebenfalls vom Prinzip der Wandelbarkeit des Güterstatuts aus, weshalb sich die amerikanische Rechtsprechung und Literatur mit dem hier vorliegenden Problem ausführlich auseinandergesetzt hat, zumal besondere Probleme in den USA daraus erwachsen, daß sich im materiellen amerikanischen Ehegüterrecht zwei vollkommen verschiedene Güterrechtsordnungen gegenüberstehen. Während die Ehegüterrechte der meisten amerikanischen Staaten dem Vorbild des Common Law gefolgt sind und im Ehegüterrecht die Gü-

---

[1440] von Overbeck, Rapport, No. 171 ff. (S. 367 f.).

[1441] Saul v. His Creditors, Supreme Court of Louisiana, 16 Am. Dec. 212 ff. (1827); dazu Juenger, *Marital Property and the Conflict of Laws: A Tale of two Countries*, 81 Colum.L.Rev. 1061, 1067 ff. (1981).

tertrennung eingeführt haben, besteht in acht Bundesstaaten ein System des community property.[1442]

Bestes Beispiel für die besonderen Schwierigkeiten, die sich aus dem Übergang von einem in den anderen gesetzlichen Güterstand ergeben, ist der Fall Hughes v. Hughes[1443]. In diesem Fall heirateten die Ehegatten in Washington D.C. und begründeten ihr erstes ehegüterrechtliches Domizil in Iowa, einem Common-Law-Staat. Nach etwa 11 Jahren Ehe zogen die Ehegatten nach New Mexico, einem Community-Property-Staat. Hier kauften sie aus dem Verdienst, den der Ehemann in Iowa erzielt hatte, eine Ranch und einige Appartements. Ein Jahr später wurde der Mann, der von Beruf Soldat war, nach Vietnam versetzt, wo er sechs Jahre in Kriegsgefangenschaft verbrachte. In dieser Zeit blieben die Frau und die Kinder in New Mexico wohnhaft. Dabei verwalteten und nutzten sie die Gewinne für Investitionen in die Ranch und die Appartements. Nach der Rückkehr des Ehegatten aus der Gefangenschaft kam es zur Scheidung. Daraus entstand die Frage, ob das unbewegliche Vermögen der Ehegatten community- oder separate property war.

Nach den Grundsätzen des amerikanischen interlokalen Kollisionsrechts führt die Anwendung der lex rei sitae zunächst zum Recht von New Mexico, also zum community property. Dieser Recht wird jedoch überspielt von der als source doctrine oder tracing rule bezeichneten Rechtsfigur.[1444] Danach behält Vermögen, das in einen anderen Staat überführt wird, seine ehegüterrechtliche Rechtsnatur bei.[1445] Das Güterrecht setzt sich auch an Gegenständen, die aus diesem Vermögen erworben werden, fort; es tritt Surrogation ein, soweit der Erwerb mit diesen Mitteln bewiesen werden kann. Die Anwendung der source doctrine auf den Fall hatte zur Folge, daß das Gericht das Recht von Iowa auf die Grundstücke anwendete und diese als separate property behandelte.[1446] In den umgekehrten Fällen, in denen das unter community property erworbene Vermögen in ein Grundstück in einem Separate-Property-Staat investiert wird, reagiert man, da das Eigentumsrecht nur dem in eigenem Namen erwerbenden

---

1442 McClanahan, Community Property, § 1:6 ff., S. 5 ff. (1982); Krause, Family Law, Sect. 5, S. 202 ff. (1990); Bondzio, Internationales Ehegüterrecht, 32 ff.

1443 Hughes v. Hughes, Supreme Court of New Mexico, 573 P. (2d) 1194 ff. (1978); dazu Scoles/Hay, Conflict, § 14.6. (1992).

1444 Ausführlich dazu Pakuscher, Unwandelbarkeit, 112 ff.; Bondzio, Internationales Ehegüterrecht, 84 ff.; Bergmann/Ferid, IEK XII, USA, 67 f.; Clausnitzer, Güterrechtliche Stellung, 110 ff.; Scoles/Hay, Conflict § 14.6 (1992); Leflar/McDougal/Felix, Conflicts, § 233 (1986); Ehrenzweig/ Jayme, P.I.L. II, 203 (1973); Marsh, Marital Property 102 f. (1952).

1445 Hughes v. Hughes, Supreme Court of New Mexico, 573 P. (2d) 1194, 1198 ff. (1978).

1446 Umstritten ist, ob dies auch für das Einkommen aus dem separate property gilt oder ob dieses dem Domizilrecht unterfällt und damit community property wird (vgl. dazu Scoles/Hay, Conflict, § 14.7 (1992) m.w.N.).

Ehegatten zusteht, indem man ein besonderes Treuhandverhältnis (constructive trust) zugunsten des anderen Ehegatten annimmt.[1447]
Die source doctrine gilt ebenfalls für das bewegliche Vermögen.[1448] Die kollisionsrechtliche Anknüpfung des beweglichen Vermögens richtet sich nach dem gemeinsamen Domizil der Ehegatten. Kommt es zu einem Wechsel des ehelichen Domizils, so setzt sich der Ehegüterstand an den Gegenständen und Surrogaten durch, unter dem der jeweilige Vermögensgegenstand erworben wurde. Die source doctrine beruht letztendlich auf dem Gedanken der wohlerworbenen Rechte (vested rights), wonach einmal erworbene Rechte nicht beeinträchtigt oder entzogen werden dürfen.[1449]
Dem Beispiel des amerikanischen Rechts läßt sich entnehmen, daß ein Nebeneinander zweier Güterstände durchaus möglich ist und die praktischen Schwierigkeiten in den Griff zu bekommen sind (so z.B. durch spezielle Beweislastregeln[1450]). Von zentraler Bedeutung bei einem Nebeneinanderzweier Güterstatute ist, wie der Fall Hughes v. Hughes zeigt, vor allem inwieweit eine Surrogation zulässig ist und zu einer Fortsetzung des Altstatuts führt.

IV) Eigener Lösungsvorschlag

Die Frage des Übergangs von dem Altstatut in das Neustatut bei Art. 15 II EGBGB hat bisher noch keine umfassende Untersuchung erfahren.[1451] Vielmehr beschränkt sich die Diskussion hauptsächlich auf die Frage, ob das Recht des alten Güterstatuts[1452] oder des neuen Güterstatuts[1453] die Abwicklung be-

[1447] Marsh, Maritial Property 239 ff. (1952); Pakuscher, Unwandelbarkeit, 119 f.

[1448] Pakuscher, Unwandelbarkeit, 124 ff.; Scoles/Hay, Conflict, § 14.6. (1992).

[1449] Vgl. In re Thornton's Estate, Supreme Court of California, 33 P. (2d) 1 ff. (1934); Scoles/Hay, Conflict, § 14.6. (1992).

[1450] So sehen die Community-Property-Staaten eine gesetzliche Vermutung dafür vor, daß die Gegenstände unter diesem Güterstand erworben wurden (vgl. Pakuscher, Unwandelbarkeit, 117 f. m.w.N.).

[1451] Obwohl sich bereits vor der IPR-Reform vereinzelte Äußerungen finden (vgl. Gamillscheg, FS für Bötticher, 143, 152 ff.; Beitzke, FS für Bosch, 65, 71 ff.).

[1452] MüKo/Siehr, Art. 15 EGBGB, Rn. 54; Stoll, Rechtswahl, 87 ff.; Kropholler, IPR, § 45 III 3 d; Lichtenberger, FS für Ferid II, 269, 274 f.; Soergel/Schurig, Art. 15 EGBGB, Rn. 24; Schotten, IPR, Rn. 173; Wegmann, NJW 1987, 1740, 1743 f.; Reithmann/Martiny/Hausmann, IntVR, Rn. 1936, Beitzke, FS für Bosch, 65, 72 f.; Kötters, Parteiautonomie, 52; unklar Henrich, IntFamR, 68 f.; Johannsen/Henrich/Henrich, EheR, Art. 15 EGBGB, Rn. 15; differenzierend nach Art des Güterstandes v.Bar, IPR, Rn. 227.

[1453] Erman/Hohloch, Art. 15 EGBGB, Rn 25; Palandt/Heldrich, Art. 15 EGBGB, Rn. 21; Staudinger/v.Bar/Mankowski, Art. 15 EGBGB, Rn. 120 ff.; Mankowski/Osthaus, DNotZ 1997, 10, 23 f.; Schneider, MittRhNotK 1989, 33, 41 Aretz/Korth, IPR, Rn. 117; differenzierend Ferid, IPR, 8-110.

herrscht. Beide Ansichten gehen dabei davon aus, daß in jedem Fall eine Abwicklung zum Zeitpunkt der Rechtswahl stattfindet. Wie die Untersuchungen der Artt. 220 III, 234 § 4 und 236 § 3 EGBGB sowie des Haager Ehegüterrechtsabkommens und des amerikanischen internationalen Ehegüterrechts gezeigt haben, sind aber noch weitere Lösungsmöglichkeiten denkbar, die zunächst dargestellt werden sollen.
Dabei lassen sich drei Lösungswege unterscheiden, die den bisher dargestellten Ansichten zugerechnet werden können: so kann an die Fortsetzung des Altgüterstandes gedacht werden, vergleichbar mit einer bei Art. 234 § 4 EGBGB sowie in Art. 8 I des Haager Ehegüterrechtsabkommens und der source doctrine des amerikanischen internationalen Ehegüterrechts vertretenen Lösung. Danach würde es zum Zeitpunkt der Rechtswahl zu keiner Abwicklung des alten Güterstandes kommen, vielmehr würde dieser in seiner bisherigen Form neben dem neuen Güterstand weiter bestehen. Eine Liquidation des Altgüterstandes würde es erst im Moment der Auseinandersetzung des gesamten Ehegütervermögens vorgenommen werden. Innerhalb des Altgüterstandes würde ein Wech-sel nur insoweit stattfinden, wie eine Surrogation zugelassen wurde. Aus dem Nacheinander der Güterstatute würde also ein Nebeneinander der Güterstände.
Als zweite Möglichkeit bietet sich eine Liquidation des Altvermögens zum Zeitpunkt der Rechtswahl nach den Vorschriften des Altstatuts an. Nach einer Abwicklung des Altvermögens übernimmt der Güterstand des Neustatuts das auseinandergesetzte Vermögen in der Weise, wie er das auch bei Beginn der Ehe machen würde. Ist ein Stichtag vorgesehen, so wäre dieser der Zeitpunkt der Rechtswahl. Nehmen die Ehegatten allerdings keine Auseinandersetzung vor, so kommt es zu einer mit der ersten Möglichkeit vergleichbaren Situation, da der neue Güterstand das Altvermögen erst dann erfassen kann, wenn dieses auseinandergesetzt wurde. Außer im letzten Fall wird aus einem Nacheinander der Güterstatute ein Nacheinander der Güterstände.
Die dritte Lösungsmöglichkeit besteht darin, daß das neue Recht das alte Recht in irgendeiner Weise anhand seiner Normen übernimmt und in den neuen Güterstand transponiert, vergleichbar mit einer zu Art. 234 § 4 EGBGB vertretenen Lösung. Dazu werden die alten Güterstände, soweit sie sich einpassen, übernommen, also Gegenstände, die der Gütertrennung unterliegen, werden bei einer Gütergemeinschaft Vorbehaltsgut. Soweit eine Einpassung nicht möglich ist, kommt es zu einer Anpassung auf sachrechtlichen Ebene, so daß z.B. Gesamthandsgut in Bruchteilseigentum überführt wird. Schwierigkeiten ergeben sich dabei nicht so sehr in dem sachenrechtlichen Übergang der Gegenstände, sondern bei entstehenden Ausgleichsansprüchen, die ebenfalls nach dem neuen und nicht nach dem alten Recht bestimmt werden.

1) Analyse der Gesetzesbegründung

In der Gesetzbegründung findet sich lediglich die folgende Äußerung zur Frage, wie der Übergang vonstatten gehen solle:

„Ob das beim Statutenwechsel vorhandene Vermögen dem neuen Vermögen untersteht oder nicht, und wie der alte Güterstand abzuwickeln ist, bestimmt grundsätzlich das neue Recht."

Aus dieser Äußerung wird vielfach der Schluß gezogen, daß nur das neue Güterstatut und nicht das alte Güterstatut für die Abwicklung des Altvermögens zuständig sein könne.[1454] Das ist jedoch nicht zwingend. Der Formulierung läßt sich nämlich eindeutig nur entnehmen, daß sich dann, wenn der alte Güterstand abzuwickeln ist, die Abwicklung nach dem neuen Recht regeln soll. Jedoch bestimmt das neue Recht zunächst darüber, ob das beim Statutenwechsel vorhandene Vermögen dem neuen Vermögen überhaupt untersteht oder nicht. Damit geht der Regierungsentwurf davon aus, daß durchaus nicht alles Altvermögen in den neuen Güterstand überführt werden muß, vielmehr kann auch nach der Rechtswahl das Altvermögen oder ein Teil davon weiterhin dem Altstatut unterliegen.[1455] Der Wortlaut spricht sich also im Sinne der ersten und dritten Lösung aus. Soweit eine Transformation ohne Änderung möglich ist, findet eine Überführung in das Neustatut statt (Gütertrennung als Vorbehaltsvermögen), im übrigen bleibt es bei der Geltung des Altstatuts. Letztendlich dürfte die Gesetzesbegründung in diesem Punkt zu wenig aussagekräftig sein und sich zu wenig mit den Problemen auseinandersetzen, um einen eindeutigen Hinweis für eine konkrete Lösung des Übergangs zweier Güterstände geben zu können.

2) Die kollisionsrechtlichen Prinzipien und die Folgen für das Sachrecht

Ausgangspunkt der Überlegung muß die Lösung des Kollisionsrechts sein, das von einer Rechtswahl ex nunc ausgeht.[1456] Der Eintritt der Rechtsfolgen einer Rechtswahl ex nunc dürfen nun nicht durch das Sachrecht unterlaufen werden, vielmehr ist insoweit eine Anpassung des Sachrechts erforderlich.

Aus kollisionsrechtlicher Sicht gilt zunächst der Grundsatz, daß das nach der Rechtswahl hinzukommende Neuvermögen unter das Neustatut fällt, wohingegen das Altvermögen unter dem Altstatut verbleibt, bis es in irgendeiner Form eine Auflösung erfährt. Grund für die prinzipielle Wirkung ex nunc ist der Gedanke, daß nicht ohne ausdrückliche positive, vertragliche Regelung der Ehegatten die unter dem alten Güterstatut erworbenen Rechte entfallen sollen. Die Folge dieser konsequenten Trennung von Alt- und Neustatut ist, daß beide Güterstände getrennt voneinander behandelt werden müssen und auf zeitlicher Ebene keiner in den Bereich des anderen eingreifen darf. Das zeitliche Nacheinander bedeutet aber nicht, daß damit bereits ein Nebeneinander beider Statute

---

[1454] Staudinger/v.Bar/Mankowski, Art. 15 EGBGB, Rn. 121.

[1455] Stoll, Rechtswahl, 88 f.

[1456] Ebenso Beitzke, FS für Bosch, 65, 72 f.

ausgeschlossen ist, sondern vielmehr nur, daß das eine Statut keine Gegenstände miteinbeziehen darf, die dem anderen Statut unterfallen.
Die Umsetzung dieses Prinzips auf sachrechtlicher Ebene führt zu der Konsequenz, daß der Zeitpunkt der Rechtswahl auf sachrechtlicher Ebene, das eine solche Konstellation nicht kennt, mit der Beendigung beziehungsweise mit dem Eintritt eines Güterstandes gleichzusetzen ist. Insofern stellt das Kollisionsrecht eine zusätzliche Variante zu den sachrechtlichen Eintritts- und Beendigungsgründen dar. Da die Güterstatute zu trennen sind, sind auch die Güterstände unabhängig voneinander zu behandeln und aus diesem Grund müssen sich auch die Abwicklungsansprüche des Altgüterstandes aus diesem entnehmen lassen. Daraus darf jedoch nicht die Schlußfolgerung gezogen werden, daß die Beendigung eines Güterstandes bedeutet, daß dieser bereits zu diesem Zeitpunkt abgewickelt werden muß. Diese Frage obliegt vielmehr allein dem jeweiligen Sachrecht.[1457] Soweit das Sachrecht, wie z.B. das deutsche Recht für die Gütergemeinschaft in § 1471 ff. BGB, die Aufrechterhaltung in Form einer Liquidationsgemeinschaft erlaubt, kann der alte Güterstand weiterbestehen. In diesem Fall kommt auch die Anwendung von Surrogationsvorschriften in Betracht, soweit das jeweilige Sachrecht solche enthält (s. § 1473 BGB).
Für den Eintritt des Neugüterstandes ergibt sich aus der Beachtung der kollisionsrechtlichen ex nunc Wirkung, daß der Neugüterstand zum Zeitpunkt der Rechtswahl beginnt. Ist das bisherige Vermögen bereits auseinandergesetzt oder steht es im Eigentum nur eines der Ehegatten, ist es nach den geltenden Güterrechtsnormen zu behandeln. Soweit keine Auseinandersetzung stattgefunden hat, muß das Altvermögen hingegen außer Betracht bleiben und ist erst im Falle einer Gesamtauflösung des Vermögens abzuwickeln.
Auch der Güterstand der Gütergemeinschaft läßt sich unproblematisch in dieses System eingliedern. Zwar umfaßt die Gütergemeinschaft grundsätzlich das gesamte Vermögen und bezieht dabei das Altvermögen mit ein, was dem Grundsatz der konsequenten Trennung der Güterstatute widerspricht. Die Vereinbarung der Gütergemeinschaft kommt jedoch infolge einer parteiautonomen Wahl des Güterstatuts und in der Regel auch des Güterstandes zustande. Da die Parteien eine rückwirkende Wahl treffen und auch auf eventuelle Ausgleichsansprüche verzichten können, ist die Vereinbarung der Gütergemeinschaft in dieser Weise auszulegen. Ein Ausgleich kann in einem solchen Fall auch in der Form vorgenommen werden, daß die Ehegatten bestimmte Gegenstände in Rahmen einer solchen Vereinbarung zu Vorbehaltsgut erklären. Im folgenden sollen die für und gegen dieses Modell sprechenden Argumente im einzelnen untersucht und diskutiert werden.

1457 Schotten, IPR, Rn. 173.

3) Lösung der Fortsetzung des Güterstandes als Verstoß gegen die Einheit des deutschen materiellen Güterrechts

Die Hauptargumente gegen das Nebeneinander zweier Güterstände sind zum einen, daß praktische Schwierigkeiten bei der Ermittlung des jeweiligen Güterrechts bestehen würden, sowie zum anderen, daß ein Verstoß gegen die Einheit des deutschen materiellen Güterrechts vorliege.[1458]
Die Berufung auf die praktischen Schwierigkeiten vermag jedoch im Rahmen des Art. 15 II EGBGB nicht überzeugen.[1459] So besteht das wesentliche Problem darin, den Zeitpunkt eines Erwerbs eines Gegenstandes festzustellen, um ihn einem bestimmten Güterstand zuweisen zu können. Dieser muß aber, soweit das Gesetz Stichtage kennt, auch in Fällen eines einheitlichen Güterstandes festgestellt werden, ohne daß dies zu unüberwindlichen Schwierigkeiten führt. Faktisch gesehen wird es so sein, daß bei geringerwertigen Vermögensstücken der Erwerbszeitpunkt nicht feststellbar ist und diese dem letzten Güterstand unterliegen, wohingegen dies bei wertvolleren Gegenstände möglich sein wird. Auch können die Ehegatten den Schwierigkeiten bei einer Rechtswahl durch schriftliche Fixierung entgegenwirken.
Gewichtiger ist in diesem Zusammenhang das Argument, daß das deutsche materielle Recht nur einen einheitlichen Güterstandes kenne. Dieses Argument vermag jedoch deswegen nicht durchzudringen, weil die Spaltung des materiellen Güterrechts auf einer kollisionsrechtlichen Entscheidung des Gesetzgebers beruht, also aus diesem Grund zulässig ist. Im übrigen ist dieser Grundsatz des einheitlichen Güterstandes im deutschen Recht nicht unumstritten[1460] und ergibt sich, soweit die Ehegatten Eheverträge geschlossen haben, nur aus einem ungeschriebenen Grundsatz. Außerdem sieht das deutsche Recht innerhalb eines Güterstandes durchaus die Existenz unterschiedlicher Beteiligungsformen vor.[1461]
Darüber hinaus lassen sich mit einer Güterstandsspaltung vergleichbare Wirkungen durch eine entsprechende Formulierung des Ehevertrages erzielen, indem z.B. gewisse Gegenstände von vorneherein aus dem Zugewinnausgleich herausgenommen werden.[1462] Es bestehen also keine stichhaltigen Argumente, warum ein Nebeneinander verschiedener Güterstände nicht zugelassen werden soll.

[1458] Stoll, Rechtswahl, 88.

[1459] Beitzke, FS für Bosch, 65, 73.

[1460] Die h.M. geht insofern von der Einheit des Vermögens aus (vgl. Gernhuber/Coester-Waltjen, FamR, § 32 III 3; Langenfeld, Eheverträge, Rn. 9; Müko/Kanzleiter, § 1408 BGB, Rn. 13; a.A. Staudinger/Thiele, vor § 1408 BGB, Rn. 22 f.; Mikat, FS für Felgentaeger, 323, 326 f.

[1461] So in den §§ 1416 ff. BGB.

[1462] Vgl. Langenfeld, Eheverträge, Rn. 185 ff.; Reithmann/Albrecht/Basty, Handbuch der notariellen Vertragsgestaltung, Rn. 985 ff.

4) Theorie der Abwicklung des Güterstandes nach dem Altstatut

Neben dem Wortlaut der Gesetzesbegründung wird gegen eine Abwicklung des bisherigen Güterstandes anhand des Altstatuts angeführt, daß es widersprüchlich sei, daß diese Lösung trotz der Herrschaft des Altstatuts über die Abwicklung eine Überführung der Abwicklungsansprüche in das neue Recht für nötig halte und diese konsequenterweise dem neuen Recht unterstelle.[1463] Dieses Argument ist jedoch nicht zutreffend. Durch die Beendigung des alten Güterstandes und durch dessen Abwicklung entsteht nämlich eine klare Zuordnung der verschiedenen Vermögenswerte zu einem der beiden Ehegatten. Vermögensrechtlich stehen die Ehegatten in dieser Situation dann wie vor der Eheschließung. An diesem Punkt setzt nunmehr das neue Recht an, ohne daß eine besondere Überführung oder Unterstellung der Abwicklungsansprüche in das neue Recht vorzunehmen wäre. Das neue Recht greift vielmehr unabhängig von dem alten Recht nur unter Verschiebung des Zeitpunktes für den Beginn des neuen Güterstandes ein.

Weiteres Argument[1464] für eine Abwicklung nach dem Altstatut ist der funktionelle Zusammenhang zwischen den Abwicklungsregeln des Altgüterstandes und dessen sonstigen Normen. Allerdings ist dieses sachrechtliche Verständnis für das Kollisionsrecht nicht ausschlaggebend. Wesentliches Problem der Abwicklung nach dem Altstatut ist, daß die Ehegatten tatsächlich keinem Zwang unterliegen, sich auseinandersetzen zu müssen und so die Güterstände nebeneinander bestehen können.

5) Aufnahme des Altgüterstandes durch den Neugüterstand

Grundgedanke der Aufnahme des Altgüterstandes durch den Neugüterstand ist die sachrechtliche Überlagerung des Alt- durch den Neugüterstand. Diese Lösung für den Übergang von dem Alt- auf das Neustatut ist jedoch aus mehreren Gründen abzulehnen.

So widerspricht die Ansicht dem Gedanken des Vertrauensschutzes und der Garantie bereits erworbener Rechte,[1465] da auf diesem Weg unter dem Altstatut erworbene Ansprüche und Rechte möglicherweise nicht in gleichem Maße berücksichtigt werden würden, ohne daß einer der Ehegatten bewußt auf seine Ansprüche verzichtet hat. Soweit man diesen Mangel in Form einer Anpassung auszugleichen versucht, kann auch gleich das Altstatut für die Abwicklung herangezogen werden. Vor allem widerspricht eine Abwicklung des Altgüterstandes durch das Neustatut aber der durch das Kollisionsrecht gezogenen Grenze.

[1463] Staudinger/v.Bar/Mankowski, Art. 15 EGBGB, Rn. 123.

[1464] Stoll, Rechtswahl, 87; Wegmann, NJW 1987, 1740, 1743.

[1465] Kötters, Parteiautonomie, 52; anders Staudinger/v.Bar/Mankowski, Art. 15 EGBGB, Rn. 123; wohl auch Henrich, IntFamR, 68 f.

Im übrigen hätte eine solche Form des Übergangs die mißliche Konsequenz, daß sich die sachen- und güterrechtliche Änderungen, die infolge der Rechtswahl auftreten, aufgrund des automatischen Übergangs oftmals ohne Kenntnis der Ehegatten eintreten würden, falls diese von dem Wechsel keine gesonderte Kenntnis erhalten haben. Die Folge wäre ein Handeln der Ehegatten unter falschem Recht.

VI) Ergebnis

Ausgangspunkt der Lösung ist die Trennung von Sach- und Kollisionsrecht. Die Entscheidung des Gesetzgebers, ein zeitliches Nacheinander zweier Güterstatute zuzulassen, ohne wie in Art. 220 III EGBGB eine bestimmte Regelung für den Übergang anzudeuten, führt dazu, auch auf sachrechtlicher Ebene, dem kollisionsrechtlichen Gedanken folgend, eine klare Trennung von Alt- und Neugüterstand vorzunehmen. Das bedeutet auf sachrechtlicher Ebene, daß sich die Folgen der Beendigung eines jeden Güterstandes sowie der Eintritt in den neuen Güterstand aus dem jeweils dafür zuständigen Recht zu entnehmen sind. Dabei ist zu beachten, daß die Beendigung des Altgüterstandes nicht zwingend mit einer Abwicklung verbunden ist. Ob eine Abwicklung vorzunehmen ist, bleibt vielmehr eine Frage des jeweiligen Sachrechts und, wenn von diesem zugelassen, eine Entscheidung der Ehegatten. Beschließen die Ehegatten in einem solchen Fall den Altgüterstand weiter aufrecht zu erhalten, so bestehen auch im Anschluß an eine Rechtswahl zwei Güterstände nebeneinander. Aus Gründen der praktischen Vereinfachung wird den Ehegatten allerdings regelmäßig zu empfehlen sein, den alten Güterstand abzuwickeln.
Folge eines solchen Verständnisses des Übergangs der Güterstände ist, daß eine Rechtswahl nach Art. 15 II Nr.1 und 2 EGBGB ebenfalls zu einer Teilung des Güterstandes und damit zu einer mit der Spaltung des Güterstatuts vergleichbaren Situation führen kann und deshalb in die Fälle der Durchbrechungen des Gesamtstatuts mit aufzunehmen ist, auch wenn die dauerhafte Spaltung nur auf materieller, nicht aber auf kollisionsrechtlicher Ebene besteht.

Kapitel 5:

Das Problem von Ausgleichsansprüchen infolge einer güterrechtlichen Rechtsspaltung

Die Rechtsfolgen einer Vermögensspaltung bestehen darin, daß die jeweiligen Vermögensmassen unabhängig voneinander zu behandeln sind.[1466] Dies gilt sowohl für eine Vermögensspaltung nach Art. 3 III EGBGB als auch wenn die Spaltung Folge einer Rechtswahl nach Art. 15 II EGBGB ist. Zwischen den Vermögensstatuten existiert kein rechtlicher Zusammenhang, so daß jedes Güterstatut für sich bestimmt, welcher Güterstand besteht, welche Rechtsfolgen dieser Güterstand während der Ehe hat und wie der Güterstand abzuwickeln ist. Soweit die dadurch entstehenden Ergebnisse als falsch oder ungerecht empfunden werden, wird trotz der eigentlichen Trennung beider Vermögensmassen teilweise gefordert, ein Ausgleich zwischen den Vermögensmassen vorzunehmen.

I) Unterscheidung von Ausgleichs- und Überleitungsansprüchen

Aus dieser Ausgangslage ergibt sich bereits der wesentliche Unterschied zwischen den Ausgleichs- und Überleitungsansprüchen. Während letztere bei dem Wechsel von einem Alt- zu einem Neugüterstatut infolge einer Rechtswahl, also infolge einer temporären Spaltung entstehen, würde erstere, ließe man sie zu, auf Gerechtigkeitserwägungen basieren. Die Überleitungsansprüche sind, wie oben gezeigt wurde, nichts anderes als diejenigen Ansprüche, die aus der Abwicklung eines Güterstandes entstehen und ihre Existenz wird nicht bestritten, wohingegen die Frage, ob Ausgleichsansprüche zu gewähren sind, zweifelhaft ist.

II) Erfordernis von Ausgleichsansprüchen

Da Ausgleichsansprüche prinzipiell infolge der unterschiedlichen Behandlung der einzelnen Vermögensmassen nicht bestehen, können sie nur dann gewährt werden, wenn besondere Gerechtigkeitserfordernisse oder andere Erwägungen dies verlangen. Die Gründe, die für eine Einführung von Ausgleichsansprüchen sprechen, können bei einer Spaltung durch Rechtswahl und als Folge des Art. 3 III EGBGB unterschiedlich sein und sollen deshalb gesondert behandelt werden.

[1466] Staudinger/Dörner, Art. 25 EGBGB, Rn. 733; Schotten, IPR, Rn. 151; v.Bar, IPR II, Rn. 225; Palandt/Heldrich, Art. 15 EGBGB, Rn. 22; Staudinger/v.Bar/Mankowski, Art. 15 EGBGB, Rn. 154; Staudinger/Hausmann, Art. 3 EGBGB, Rn. 76; BGH, Urt. v. 21. 3. 1993, IPRax 1994, 375, 375; BGH, Urt. v. 5. 6. 1957, BGHZ 24, 352, 355.

1) Ausgleichsansprüche bei Spaltung infolge subjektiver Anknüpfung

Für die Frage einer Anpassung bei einer Rechtswahl nach Art. 15 II Nr. 3 EGBGB hat Henrich folgenden Fall gebildet:[1467] Ehegatten, die nach ihrem gemeinsamen Heimatrecht in Gütertrennung leben, vereinbaren beim Erwerb eines deutschen Grundstücks durch die Ehefrau die Geltung deutschen Güterrechts für in Deutschland belegenes Grundvermögen. Angenommen, der Mann erzielt im Lauf der Ehe einen Zugewinn in Höhe von 500.000 DM, während das Grundstück der Frau einen Wertzuwachs von 100.000 DM erfährt. Muß die Frau dann bei Scheidung der Ehe 50.000 DM zahlen, ohne selbst Forderungen stellen zu können oder muß hier mit § 1381 BGB geholfen werden?
Stoll[1468] diskutiert in diesem Zusammenhang noch das Problem, wie auf Vermögensverschiebungen zwischen Haupt- und Sondervermögen zu reagieren ist, also wenn für ein ausländisches Grundstück Gütertrennung gewählt wurde, während für das übrige Vermögen Zugewinngemeinschaft besteht und der Ehegatte, dem das ausländische Grundstück gehört, in das Grundstück weiter investiert und sein restliches Vermögen damit schmälert.
Für die Lösung solcher Fälle sollte die kollisionsrechtliche Trennung auf jeden Fall beibehalten werden und zu einer unabhängigen Behandlung der beiden Gütermassen führen. Soweit die Vermögensspaltung auf einer Rechtswahl beruht, ergibt sich dieses Ergebnis schon deswegen, weil die Sachlage infolge der zulässigen Willensentscheidung der Ehegatten zustande gekommen ist. Wählen die Ehegatten deutsches Belegenheitsrecht, ist ihnen bewußt, daß sie einen gesetzlichen Güterstand der Zugewinngemeinschaft gewählt haben, den sie auch durch die Wahl eines anderen Güterstandes hätten abbedingen können. Die Rechtswahl und damit der oben dargestellte Zugewinnausgleich beruht auf der Vorstellung der Ehegatten, wie sie ihr Vermögen organisieren und verteilen wollen. Insofern wäre es widersinnig, den Parteien zunächst eine Rechtswahlmöglichkeit zuzugestehen und diese nachträglich auf dem Wege der Gewährung von Ausgleichsansprüchen wieder rückgängig zu machen, weil eine der beiden Ehegatten damit später nicht mehr einverstanden ist.
Ebenso ist die Frage der Vermögensverschiebung zu behandeln. Zwar besteht in der Tat die Gefahr des Mißbrauchs durch eine vermögensmäßige Verschiebung, die nach einer vorgenommenen Rechtswahl nicht kontrolliert werden kann, jedoch sind Vermögensverschiebungen zwischen den verschiedenen Güterrechten während der gesamten Ehezeit prinzipiell zulässig, so daß sich die Abgrenzung zu einem Mißbrauch als nahezu unmöglich erweisen dürfte. Lediglich da, wo dies eindeutig nachgewiesen werden kann, ist auf sachrechtlicher Ebene korrigierend einzugreifen.

[1467] Henrich, FamRZ 1986, 841, 847.

[1468] Stoll, Rechtswahl, 139 ff.

2) Anpassung bei einer Spaltung infolge von Art. 3 III EGBGB

Auch eine Vermögensspaltung die durch eine Anwendung des Art. 3 III EGBGB entstanden ist, könnte zu Ausgleichsansprüchen führen,[1469] die z.B. in der Weise gestaltet werden würden, daß man den Zugewinnausgleich aus dem Gesamtvermögen und nicht aus dem Teilvermögen berechnet.[1470] Grund für eine solche Anpassung müßten Gerechtigkeitserwägungen in den Fällen sein, in denen durch die Güterrechtsspaltung völlig unzulängliche Ergebnisse erzielt werden würden.
Solche Ausgleichsansprüche werden jedoch in den allerseltensten Fällen bestehen. Es ist nicht zulässig, die kollisionsrechtlichen Wertungen, die Art. 3 III EGBGB zugrundeliegen, in der Weise zu unterlaufen, daß man regelmäßig Anpassungen zwischen den Ehegatten vornimmt. Auch sind kaum Gerechtigkeitserwägung denkbar, die zu einer abweichenden Wertung führen können und zwar aufgrund folgender Erwägung: Da das deutsche Recht die unterschiedlichesten Güterstände von der Gütertrennung bis hin zur Gütergemeinschaft kennt, kann die Lösung einer anderen Rechtsordnung nicht schon aus dem Grund als ungerecht angesehen werden, wenn diese einen abweichenden gesetzlichen Güterstand anordnet, der aber nach deutschem Recht ebenfalls wählbar ist. Anders als im internationalen Erbrecht, wo man im Hinblick auf Pflichtteilsansprüche gegenteiliger Meinung sein kann,[1471] ist im internationalen Ehegüterrecht deshalb eigentlich keine Konstellation vorstellbar, die zu Ausgleichsansprüchen zwischen den Ehegatten führen kann.

[1469] MüKo/Sonnenberger, Art. 3 EGBGB, Rn. 39 (m. Verweis auf das Erbrecht).

[1470] Vgl. den Fall bei Schotten, IPR, Rn. 50.

[1471] Vgl. dazu BGH, Urt. v. 21.3.1993, IPRax 1994, 375, 375; MüKo/Birk, Art. 25 EGBGB, Rn. 127; Staudinger/Dörner, Art. 25 EGBGB, Rn. 737 ff.; Henle, Nachlaßspaltung, 125 ff. Zum schweizer Recht Buschor, Nachlaßplanung ("estate planning") nach schweizerischem internationalen Erbrecht, 117 ff., 158 ff.

Kapitel 6:

Durchbrechung des Gesamtstatuts in deutsch-französischen Rechtsfällen

Das folgende Kapitel behandelt ein praktisches Anwendungsbeispiel für die gewonnenen Erkenntnisse und untersucht die Fälle, in denen es im deutsch-französischen Rechtsverkehr zu einer Durchbrechung des ehegüterrechtlichen Gesamtstatuts kommt. Das ehegüterrechtliche Gesamtstatut wird in deutsch-französischen Sachverhalten lediglich durch eine Rechtswahl nach Art. 15 II Nr. 3 EGBGB durchbrochen,[1472] da sowohl das materielle als auch das internationale französische Ehegüterrecht keine besonderen Vorschriften im Sinne des Art. 3 III EGBGB kennen; Art 3 al. 2 C.c als einzige insoweit in Betracht kommende Vorschrift findet nur auf erbrechtliche, nicht aber auf güterrechtliche Sachverhalte Anwendung.[1473]
Eine Spaltung des Güterstatuts tritt in deutsch-französischen Rechtsfällen daher immer dann auf, wenn die Ehegatten ein Grundstück in dem Land besitzen, dessen Recht nach den Vorschriften des deutschen IPR nicht bereits das Recht des Gesamtstatuts ist, und dieses Grundstück dem jeweiligen Belegenheitsrecht unterstellen. Soweit deutsches Recht Gesamtstatut ist, müssen die Ehegatten, damit eine Spaltung des Gesamtstatuts eintritt, ein Grundstück in Frankreich besitzen und dieses Grundstück gemäß Art. 15 II Nr. 3 EGBGB französischem Recht unterwerfen. Ist im umgekehrten Fall französisches Recht Gesamtstatut, müssen die Ehegatten ein Grundstück in Deutschland besitzen und dieses deutschem Recht unterstellen, damit eine Spaltung eintritt.

Für die Analyse der Fälle, in denen im deutsch-französischen Rechtsverkehr eine güterrechtlichen Spaltung eintritt, ist es deshalb zunächst erforderlich zu untersuchen, in welchen Konstellationen deutsches und in welchen französisches Recht Gesamtstatut ist, da sich daraus unmittelbar die Fälle der Durchbrechungen des Gesamtstatuts ergeben. Daran anschließend sind die spezifischen kollisionsrechtlichen Fragen zu behandeln, die bei der Anwendbarkeit des französischen Ehegüterrechts, sei es als Gesamtstatut oder als Einzelstatut, entstehen.[1474] Dabei stellt sich im Hinblick auf die anwendbaren Vorschriften des

---

[1472] Ausgeklammert bleiben die Fälle einer Durchbrechung des Güterrechtsstatuts durch Rechtswahl nach Art. 15 II Nr. 1 oder Nr. 2 EGBGB, da diese lediglich temporale und nicht territoriale Spaltungen behandeln und damit keine spezifisch deutsch-französische Komponente aufweisen.

[1473] Vgl. o. Fn. 736 f. m.w. N.; Battifol/Lagarde, D.i.p. II, Nr. 638; Lancin, Gaz.Pal. 1994.2, doctr., 916, 918; Loussouarn/Bourel, D.i.p., Rn. 429 ff.; Meyer D.i.p. Nr. 802 f.

[1474] Insoweit beschränkt sich die Untersuchung auf die rechtlichen Schwierigkeiten die sich aus einer Anwendung des französischen Rechts ergeben, da die vergleichbaren Fragen des deutschen Rechts bereits eine umfassende Behandlung erfahren haben (vgl. z.B. Staudinger/ v.Bar/Mankowski, Art. 15 EGBGB, Rn. 231 ff.).

französischen Güterrechts zunächst das Problem der Qualifikation des in Art. 15 EGBGB verwandten Begriffes der güterrechtlichen Wirkungen der Ehe. Darüber hinaus ist für die Fälle der Rechtswahl des französischen Belegenheitsrechts der Begriff des unbeweglichen Vermögens zu qualifizieren[1475] und zwar, wie oben dargestellt,[1476] ausnahmsweise nach Maßgabe der lex rei sitae.

I. Anwendbares Recht

Das anwendbare Güterrecht bestimmt sich nach Artt. 14, 15 EGBGB, die bereits oben dargestellt wurden.[1477] Insofern ist es an dieser Stelle ausreichend, die konkreten deutsch-französischen Rechtsfälle[1478] zu analysieren, in denen deutsches bzw. französisches Recht güterrechtliches Gesamtstatut ist. Dabei soll in der Weise vorgegangen werden, daß zunächst die Artt. 14, 15 EGBGB darauf untersucht werden, wann sie unmittelbar auf deutsches Recht verweisen, so daß deutsches Recht Gesamtstatut ist, und in welchen Fällen eine Verweisung auf französisches Recht besteht. Soweit eine Verweisung auf das französische Recht in Form einer Gesamtverweisung vorliegt, ist in einem nächsten Schritt anhand einer Analyse des französischen Kollisionsrechts danach zu differenzieren, ob das französische Recht die Verweisung annimmt und damit französisches Recht ehegüterrechtliches Gesamtstatut ist oder auf deutsches Recht zurückverweist, so daß wiederum deutsches Recht anwendbar ist. Da das französische Ehegüterkollisionsrecht durch die Ratifikation des Haager Abkommens zum Ehegüterrecht einer grundlegenden Änderung unterzogen wurde, soll des besseren Verständnisses wegen vor der Prüfung des französischen Kollisionsrechts ein kurzer Exkurs zur Aufnahme des Abkommens in Frankreich sowie ein Vergleich der alten mit der neuen Rechtslage gegeben werden. Im Rahmen der Prüfung der Rückverweisung ist dann auf Grund der Ratifikation des Haager Ehegüterrechtsabkommens durch Frankreich die von Jayme[1479] aufgeworfene Frage zu klären, ob im Bereich des Renvoi im Ausland geltende Staatsverträge zu berücksichtigen sind.

[1475] Vgl. o. S. 318 ff zur Qualifikation dieses Begriffes nach deutschem Recht.

[1476] Vgl. o. S. 315 ff.

[1477] Vgl. o. S. 37 ff.

[1478] Deutsch-französische Rechtsfälle im Rahmen der vorliegenden Untersuchung sind solche, in denen die Ehegatten kummulativ oder alternativ die deutsche und/oder die französische Staatsbürgerschaften besitzen, abweichende gewöhnliche Aufenthalte in Deutschland und Frankreich haben oder ihr Vermögen in Deutschland und Frankreich belegen ist. Nicht einbezogen in die Untersuchung sind demgegenüber deutsch-französische Sachverhalte mit Bezügen zu Drittstaaten (z.B. ein Ehegatte mit einer deutchen und österreichischen Staatsbürgerschaft, der mit einem französischen Ehegatten verheiratet ist).

[1479] Jayme, FS für Beitzke, 541 ff., ders. IPRax 1981, 17 f.; vgl. auch bereits o. S. 67 f.

1) Bestimmung der ehegüterrechtlichen Gesamtstatuts gemäß Artt. 14, 15 EGBGB

a) Rechtswahl gemäß Art. 15 II EGBGB

Die Ehegatten können gemäß Art. 15 II Nr. 1 und Nr. 2 EGBGB eine Rechtswahl in Bezug auf das ehegüterrechtliche Gesamtstatut treffen,[1480] die einer objektiven Anknüpfung des Ehegüterstatuts vorgeht.[1481] Gemäß Art. 15 II Nr. 1 EGBGB kann zunächst das Recht des Staates gewählt werden, dem einer der Ehegatten angehört. Dabei ist Art. 15 II Nr. 1 EGBGB trotz des entgegenstehenden Wortlautes in der Weise auszulegen, daß er sowohl die Wahl eines nicht effektiven Heimatrechts eines der beiden Ehegatten als auch die Wahl des gemeinsamen Heimatrechts der beiden Ehegatten zuläßt.[1482] Demnach können Ehegatten mit lediglich deutscher Staatsbürgerschaft deutsches und Ehegatten mit lediglich französischer Staatsbürgerschaft französisches Ehegüterrecht wählen. Besitzt zumindest einer der beiden Ehegatten eine deutsche und französische Staatsbürgerschaft oder ist einer der Ehegatten deutscher Staatsbürger und der andere französischer Staatsbürger, so können die Ehegatten sowohl das französische als auch das deutsche Ehegüterrecht wählen.

Gemäß Art. 15 II Nr. 2 EGBGB können die Ehegatten auch das Recht des Staates wählen, in dem einer der Ehegatten seinen gewöhnlichen Aufenthalt hat.[1483] Die Definition des Begriffes des gewöhnlichen Aufenthalts entspricht dabei derjenigen des Art. 14 I Nr. 2 EGBGB. Danach ist der gewöhnliche Aufenthalt der Ort, an dem einer der Ehegatten seinen Daseinsmittelpunkt begründet hat. Dies wird anhand objektiver Kriterien wie Dauer und Beständigkeit des Aufenthalts, familiäre und berufliche Bindungen, soziale Integration, des bekundenden Willens u.s.w. bestimmt.[1484] Dabei ist ebenfalls eine Wahl des gemeinsamen Heimatrechts der beiden Ehegatten möglich. Eine abstrakte Festlegung, in welchen deutsch-französischen Sachverhalten welches Recht gewählt werden kann, ist auf Grund der anhand einer Vielzahl unbestimmter Kriterien vorgenommenen Bestimmung des gewöhnlichen Aufenthalts allerdings nicht möglich.

[1480] Ausführlich zur Einführung und Auslegung der Rechtswahlmöglichkeit o. S. 43 ff.

[1481] Vgl. o. S. 44 zur notwendigen Form einer solchen Rechtwahl.

[1482] Vgl. dazu ausführlich o. S. 45 ff.

[1483] Vgl. dazu o. S. 48 f.

[1484] Vgl. o. S. 41 f. zu weiteren Einzelheiten dieser Anknüpfung sowie Baetge, Aufenthalt, S. 102 ff.

b) Objektive Anknüpfung

Nach Art. 15 I EGBGB bestimmt sich die objektive Anknüpfung des Ehegüterstatuts grundsätzlich nach dem für die allgemeinen Ehewirkungen maßgeblichen Recht gemäß Art. 14 EGBGB zum Zeitpunkt der Eheschließung.[1485] Nach Art. 14 I Nr. 1 EGBGB unterliegen die güterrechtlichen Wirkungen der Ehe vorrangig dem Recht der gemeinsamen Staatsangehörigkeit der Ehegatten.[1486] Besitzen beide Ehegatten nur die deutsche Staatsangehörigkeit, so ist demnach deutsches Recht ehegüterrechtliches Gesamtstatut. Gleiches gilt auf Grund der Regelung des Art. 5 I EGBGB,[1487] wenn beide Ehegatten deutsch-französische Mehrstaater sind, selbst wenn die deutsche Staatsangehörigkeit bei einem oder beiden Ehegatten nicht die effektive Staatsbürgerschaft ist. Deutsches Recht ist ebenfalls Gesamtstatut, wenn einer der Ehegatten deutscher Staatsbürger und der andere deutsch-französischer Mehrstaater ist. Dies gilt auch in diesem Fall unabhängig davon, ob die effektive Staatsbürgerschaft die deutsche oder die französische ist. Als Folge der Anwendung des Art. 5 I 2 EGBGB besteht außerdem keine gemeinsame französische Staatsangehörigkeit, wenn die effektive Staatsangehörigkeit beider Ehegatten die französische ist, aber einer der Ehegatten als Mehrstaater gleichzeitig die deutsche Staatsbürgerschaft innehat. In einem solchen Fall bestimmt sich das anwendbare Recht vielmehr nach Artt. 14 I Nr. 2, 15 I EGBGB. Insofern besteht eine gemeinsame französische Staatsbürgerschaft gemäß Artt. 14 I Nr. 1, 15 I EGBGB in deutsch-franzö-sischen Fälle nur, wenn beide Ehegatten als einzige Staatsbürgerschaft die französische Staatsbürgerschaft besitzen.[1488]

Kann nicht an eine gemeinsame Staatsangehörigkeit der Ehegatten angeknüpft werden, so bestimmen sich die güterrechtlichen Wirkungen der Ehe gemäß Artt. 14 I Nr. 2, 15 I EGBGB nach dem Recht des Staates, in dem die Ehegatten zum Zeitpunkt der Heirat ihren gewöhnlichen Aufenthalt hatten. Die Auslegung des Begriffes des gewöhnlichen Aufenthalts bezieht sich im Rahmen der objektiven Anknüpfung des Ehegüterstatuts, anders als bei einer Rechtswahl gemäß Art 15 II Nr. 2 EGBGB, auf den *gemeinsamen* gewöhnlichen Aufenthalt der Ehegatten. Auch hier ist es auf Grund der auf den jeweiligen Einzelfall zugeschnittenen Kriterien ebenfalls nicht möglich, abstrakt eine eindeutige Anknüpfung

---

1485 Kropholler, IPR, § 45 III 2; Palandt/Heldrich, Art. 15 EGBGB, Rn 16.

1486 Vgl. dazu ausführlich o. S. 39 f.

1487 Vgl. zur Kritik an der Regelung des Art. 5 I 2 EGBGB ausführlich Mansel, Personalstatut, Rn. 231 ff, sowie die w.N. o. Fn. 37. Da dieses Kapitel die Lösung deutsch-französischer Rechtsfälle behandelt, hat sich die Lösung der Fälle, trotz der berechtigten Kritik an der Vorschrift, an der durch den Wortlaut vorgegebenen und durch die Gerichte vorgenommenen Auslegung zu orientieren.

1488 Vgl. zu den einzelnen Konstellationen Staudinger/v.Bar/Mankowski, Art. 14 EGBGB, Rn. 34 ff.

deutsch-französischer Sachverhalte zu ermitteln. Soweit die Ehegatten auch keinen gemeinsamen gewöhnlichen Aufenthalt begründet haben, ist gemäß Artt. 14 I Nr. 3, 15 I EGBGB an die gemeinsame engste Verbindung anzuknüpfen.[1489] Da sich auch diese Anknüpfung nach den Umständen des Einzelfalles wie die gemeinsamen sozialen Bindungen, Herkunft, Kultur, Sprache, berufliche Tätigkeit usw. richtet, kann die Anknüpfung für deutsch-französi-sche Rechtsfälle im Rahmen der Artt. 14 I Nr. 3, 15 I EGBGB ebenfalls nicht abstrakt bestimmt werden.

c) Mittelbare Rechtswahl

Von der dargestellten objektiven Bestimmung des Ehegüterstatuts kann im Wege einer mittelbaren Rechtswahl[1490] der Ehegatten gemäß Art. 14 II-IV EGBGB abgewichen werden. Die auch für das Güterrechtsstatut geltende Rechtswahl der allgemeinen Ehewirkungen ist dabei allerdings nur unter engen Voraussetzungen möglich und erlaubt lediglich die Wahl des Staatsangehörigkeitsrechts eines oder beider Ehegatten. Gemäß Art. 14 II EGBGB können die Ehegatten, wenn einer von ihnen Mehrstaater ist und der andere Ehegatte die Staatsangehörigkeit eines Staates besitzt, dem auch der Mehrstaater angehört, das Recht ihrer gemeinsamen Staatsangehörigkeit ungeachtet des Art. 5 I EGBGB wählen.[1491] Mit dieser Vorschrift soll ausländischen Mehrstaatern der Weg in ein ineffektives, deutsch-ausländischen Mehrstaatern der Weg in ihr ausländisches Heimatrecht freigegeben werden.[1492] In deutsch-französischen Rechtsfällen kann allein die zweite Konstellation auftreten; Ehegatten, von denen einer deutsch-französischer Doppelstaater ist und der andere die französische Staatsbürgerschaft besitzt, können daher die oben beschriebene Wirkung des Art. 5 I 2 EGBGB durch die Wahl des französischen Heimatrechts umgehen. Ob Art. 14 II EGBGB darüber hinaus die Wahl des gemeinsamen effektiven Heimatrechts zuläßt, um damit gemäß Art. 4 II EGBGB die Möglichkeit eines Renvoi zu vermeiden, ist umstritten.[1493] Für den Bereich des Ehegüterrechts ist eine solche Wahl aber jedenfalls nach Art. 15 II Nr. 1 EGBGB zulässig.

[1489] Vgl. o. S. 43.

[1490] Vgl. o. S. 37 ff. zur Einordnung der mittelbaren Rechtswahl als objektive Anknüpfung im Rahmen des Art. 15 I EGBGB.

[1491] Staudinger/v.Bar/Mankowski, Art. 14 EGBGB, Rn. 164.

[1492] v.Bar, IPR II, Rn. 199.

[1493] Vgl. die Darstellung des Meinungsstandes bei Staudinger/v.Bar/Mankowski, Art. 14 EGBGB, Rn. 171, der dies bejaht. Ebenso Kühne, IPRax 1987, 69, 70 f.; Kötters, Parteiautonomie, 78 ff.; dagegen Lichtenberger, FS für Ferid II, 269, 273 f.; Palandt/Heldrich, Art. 14 EGBGB, Rn. 12.

Nach Art. 14 III EGBGB können die Ehegatten, sofern die weiteren Voraussetzungen des Art. 14 III 1 Nr. 1 oder Nr. 2 EGBGB erfüllt sind, auch das Heimatrecht eines von ihnen als Ehewirkungsstatut wählen und dadurch die Anknüpfungen nach Art. 14 I Nr. 2 und Nr. 3 EGBGB derrogieren, wenn nicht bereits nach Art. 14 I Nr. 1 EGBGB ein gemeinsames Heimatrecht kraft Gesetzes maßgeblich ist.[1494] Weiterhin ist nach Art. 14 III 1 Nr. 1 EGBGB für die Zulässigkeit einer Rechtswahl erforderlich, daß keiner der Ehegatten dem Staat angehört, in dem beide Ehegatten ihren gewöhnlichen Aufenthalt haben. Eine solche Konstellation kann bei einer Beschränkung auf rein deutsch-französi-sche Sachverhalte jedoch nicht auftreten.[1495] Nach Art. 14 III 1 Nr. 2 EGBGB ist zudem eine Rechtswahl möglich, wenn die gemischtnationalen Ehegatten ihren gewöhnlichen Aufenthalt nicht in demselben Staat haben. Für deutsch-französische Fälle ergibt sich eine solche Konstellation, wenn der gewöhnliche Aufenthalt des einen Ehegatten in Deutschland und der des anderen Ehegatten in Frankreich ist und die Ehegatten keine gemeinsame Staatsangehörigkeit im Sinne des Art. 14 I Nr. 1 EGBGB besitzen. Eine solche Möglichkeit besteht zum einen, wenn der eine Ehegatte deutscher und der andere französischer Staatsbürger ist und kein gemeinsamer Aufenthalt begründet wurde. Darüber hinaus fehlt es in deutsch-französischen Fällen an einer gemeinsamen Staatsangehörigkeit im Sinne des Art. 14 I Nr. 1 EGBGB, in denen einer der Ehegatten deutsch-französischer Doppelstaater und der andere französischer Staatsbürger ist, da Art. 5 I 2 EGBGB in diesen Fällen die gemeinsame Staatsangehörigkeit derrogiert und damit die Möglichkeit einer Rechtswahl gemäß Art. 14 III 1 Nr. 2 EGBGB eröffnet. In dieser Konstellation ergibt sich die Frage, ob die Ehegatten jedes oder nur das effektive Heimatrecht wählen können.[1496] Dabei ist letzterer Ansicht der Vorzug zu geben,[1497] so daß in der beschriebenen Konstellation die Wahl des ineffektiven deutschen Heimatrechts nicht möglich wäre.

2) Annahme der Verweisung durch das französische Kollisionsrecht oder Rückverweisung auf deutsches Recht

a) Sachnorm- oder Gesamtverweisung

Soweit nach den oben dargestellten Fallgruppen auf französisches Recht verwiesen wird, ist zu unterscheiden, ob es sich um eine Gesamt- oder Sachnorm-

[1494] Palandt/Heldrich, Art. 14 EGBGB, Rn. 13.

[1495] Vgl. o. Fn. 1478 zur Einschränkung deutsch-französischer Sachverhalte.

[1496] Vgl. zum Streitstand Staudinger/v.Bar/Mankowski, Art. 14 EGBGB, Rn. 181 ff. Für eine Wahl nur des effektiven Heimatrechts Kühne IPRax 1987, 69, 72; Mansel, Personalstatut, Rn. 433, dagegen Palandt/Heldrich, Art. 14 EGBGB, Rn. 13; Soergel/Schurig, Art. 14 EGBGB, Rn. 22.

[1497] Vgl. die Begründung bei Mansel, Personalstatut, Rn. 433.

verweisung handelt, da es nur im Rahmen einer Gesamtverweisung überhaupt zu einer Prüfung französischen Kollisionsrechts kommt. Dabei geht das deutsche Recht gemäß Art. 4 I 1 EGBGB vom Prinzip der Gesamtverweisung aus, schränkt dieses Prinzip aber ein, soweit eine Gesamtverweisung dem Sinn der Verweisung widerspricht oder die Parteien das Recht des jeweiligen Staates gewählt haben. Eine Gesamtverweisung besteht demnach für die Fälle der objektiven Anknüpfung nach Artt. 14 I, 15 I EGBGB;[1498] eine Sachnormverweisung soweit das Güterstatut gemäß Art. 15 II EGBGB von den Ehegatten gewählt wurde. In dieser Hinsicht zweifelhaft ist die Einordnung der mittelbaren Rechtswahl gemäß Art. 14 II-IV EGBGB, da diese über Art. 15 I EGBGB und nicht über Art. 15 II EGBGB zur Anwendung gebracht wird. Aus methodischen Gründen ist die mittelbare Rechtswahl als objektive Anknüpfung einzuordnen, die Annahme einer Gesamtverweisung jedoch über Art. 4 I 1 2.Alt. EGBGB einzuschränken, da eine Gesamtverweisung in diesem Zusammenhang dem Sinn der Verweisung widersprechen würde.[1499]

Aus diesem Grund ist das französischen Kollisionsrechts nur im Rahmen der objektiven Verweisung nach Artt. 14 I, 15 I EGBGB von Bedeutung, nicht aber für den Bereich der unmittelbaren oder mittelbaren Rechtswahl, da nur bei einer objektiven Verweisung das internationale Privatrecht des Staates miteinzubeziehen ist, auf den verwiesen wurde. Insofern kann eine Rechtswahl der Ehegatten lediglich zu hinkenden Rechtsverhältnissen führen, wenn die Rechtswahl, in dem Staat auf den verwiesen wurde, nicht anerkannt wird. Solche hinkenden Rechtsverhältnisse werden in deutsch-französischen Rechtsfällen jedoch nur in begrenzter Anzahl auftreten, da die Rechtswahlmöglichkeiten des Art. 15 II EGBGB den Artt. 3, 6 des in Frankreich geltenden Haager Abkommens zum Ehegüterrecht nachgebildet wurden, so daß hinkende Rechtsverhältnisse nur in Fällen einer abweichenden Auslegung dieser Vorschriften oder im Rahmen der relativ selten vorkommenden mittelbaren Rechtswahl entstehen können.

Die französischen Kollisionsnormen auf die sich die Gesamtverweisung des deutschen Rechts beziehen, sind nach der Ratifikation des Haager Abkommens zum Ehegüterrecht durch Frankreich grundsätzlich die Bestimmungen dieses Abkommens. Zu beachten ist jedoch, daß das bisherige Recht weiterhin auf Ehen anwendbar ist, die vor in Kraft treten des Abkommens geschlossen wurden.[1500] Bevor die kollisionsrechtlichen Regelungen des Abkommens im einzelnen auf deutsch-französische Rechtsverhältnisse angewandt werden, sollen deshalb zunächst die Reaktionen auf die Ratifizierung des Haager Abkommens in

1498 Soergel/Kegel Art. 4 EGBGB, Rn. 29 m.w.N.; Staudinger/Hausmann, Art. 4 EGBGB, Rn. 174.

1499 Vgl. zur Begründung ausführlich o. S. 37 ff.

1500 Vgl. Art. 21 der Hagger Konvention.

Frankreich sowie die wichtigsten sich aus der Ratifizierung ergebenden Änderungen der Rechtslage im Überblick dargestellt werden.

b) Exkurs: Ratifikation des Haager Abkommens in Frankreich[1501]

aa) Reaktionen auf die Ratifikation des Abkommens in Frankreich

Die Ratifikation des Haager Abkommen zum Ehegüterrecht durch die Niederlande als drittem Ratifikationsstaat führte zum in Kraft treten des Abkommens zum 1. 9. 1992 und damit auch zu seiner Wirksamkeit in Frankreich, das die Konvention bereits zu einem früheren Zeitpunkt ratifiziert hatte. Folge war, das das bis zu diesem Zeitpunkt bestehende Ehegüterkollisionsrecht aufgehoben und durch die Regelungen der Konvention, die als lois uniformes konzipiert sind, ersetzt wurden. Die mit der Wirksamkeit des Abkommens verbundenen Änderungen des französischen internationalen Ehegüterrechts haben die unterschiedlichsten Reaktionen hervorgerufen. So wurden gegen die Konvention die prinzipiellen Bedenken geltend gemacht, daß sie eine zu große Komplexität aufweise und einige fundamentale Prinzipien des bisherigen französischen Rechts unnötigerweise über Bord werfe.[1502] Die Konvention sei das unglückliche Ergebnis eines Kompromißversuches zwischen unterschiedlichen Kollisionsrechtssystemen.[1503] Dies gelte um so mehr, als die Länder des Common Law die Konvention nicht gezeichnet oder ratifiziert hätten, so daß der Versuch, eine Übereinstimmung mit dem Common Law herzustellen, unnötig gewesen sei.[1504] Außerdem habe bereits vor in Kraft treten der Konvention eine Übereinstimmung mit dem luxemburgischen Recht bestanden, weshalb der Effekt der Rechtsvereinheitlichung nur gering sei. Aus diesen Gründen legt Lequette sogar eine Kündigung der Konvention nahe.[1505]

1501 Zur Konvention aus französischer Sicht generell Droz, Rev.crit.d.i.p. 81 (1992) 631 ff.; Lequette, Receuil des Cours 246 (1994-II) 9, 174 ff.; Claeys, Droit et Patrimoine 1993, No. 3 (mars), 48 ff.; Cabrillac, Les régimes matrimoniaux, 73 f.; Revillard, Liber Amicorum Droz, 369 ff., dies., Droit international privé et pratique notariale, Nr. 153 ff., dies., J.C., D.i.p., Fasc. 556, Nr. 46 ff.; Maury, Les régimes matrimoniaux, 565 ff.; Laroche de Roussane/Ferrandes; Droit et Patrimoine 1994, No. 18 (juillet/aout), 19 ff.; Batiffol, Rev.crit.d.i.p. 66 (1977) 451, 453 ff.; de la Marnierre, D. 1993, Chron., 169 ff.; Vareille, Rev.trim.dr.civ. 1995, 673, 675 ff.; Loussouarn, Clunet 106 (1979) 5 ff.

1502 Lequette, Receuil des Cours 246 (1994-II) 9, 174 ff. übt die umfassendste Kritik an der Konvention. Die übrigen Autoren geben sich hingegen moderater und kritisieren im wesentlichen die zu große Komplexität der Konvention vgl. Battifol, Rev.crit.d.i.p. 66 (1977) 451, 453 f.; Loussouarn, Clunet 106 (1979) 5 f., 19f.; Vareille, Rev.trim.dr.civ. 1995, 673, 675.

1503 Lequette, Receuil des Cours 246 (1994-II), 9 175.

1504 Lequette, Receuil des Cours 246 (1994-II) 9, 175; Mayer, D.i.p., Nr. 774.

1505 Lequette, Receuil des Cours 246 (1994-II) 9, 176 f.

Dieser Kritik stehen jedoch auch deutlich positivere Äußerungen gegenüber.[1506] Die Konvention sei aus französischer Sicht als durchaus zufriedenstellend zu bezeichnen, da sie sich an die bisher bestehenden Regeln anlehne, diese vielfach noch präzisiere und das internationale französische Ehegüterrecht, das bisher rechtsvergleichend betrachtet sehr isoliert gewesen sei, an die übrigen Rechte angleiche.[1507] Darüber hinaus wird angemerkt, daß die kritisierte Komplexität der Konvention auf der Schwierigkeit der Sachverhalte beruhe, die keine einfacheren Lösungen zulasse. Die Konvention stelle außerdem für einen Großteil der Fälle klare Lösungen bereit.[1508] In den schwierig formulierten Regeln der Konvention wird zudem die Idee einer Koordination der verschiedenen nationalen Systeme erblickt („une convention coordinatrice"), die hier erstmals zum Ausdruck gekommen sei und sich auf sehr einfache, gut anwendbare Prinzipien zurückführen lasse, weshalb der Einwand der Komplexität letztendlich nicht durchgreife.[1509] Darüber hinaus liegt aus der notariellen und gerichtlichen Praxis der Befund vor, daß sich die Vorschriften der Konvention bewährt haben.[1510]

Die französische und niederländische Rechtsprechung hatte sich auch bereits in ersten Urteilen mit der Konvention auseinanderzusetzen, ohne daß dabei allerdings zentrale Fragen berührt wurden. Die französischen Entscheidungen[1511] befaßten sich mit Fragen des Zeitpunktes der Anwendbarkeit der Konvention gemäß Art. 21. Die niederländischen Entscheidungen[1512] beschäftigten sich hingegen mit Problemen der Rechtswahl gemäß den Artt. 3, 6 des Abkommens sowie den Formerfordernissen einer Rechtswahl gemäß Art. 13 der Konvention.

bb) Vergleich der alten mit der neuen Rechtslage

Die wesentlichen Elemente der Konvention, die mit der alten Rechtslage verglichen werden sollen, sind die Bestimmung des Güterstatuts durch Rechtswahl, die objektive Anknüpfung, die Wandelbarkeit des Güterstatuts und die Einführung einer Rechtswahlmöglichkeit für Grundstücke.

[1506] Droz, Rev.crit.d.i.p. 81 (1992) 631, 632.

[1507] Loussouarn, Clunet 106 (1979) 5, 19 f.

[1508] Droz, Rev.crit.d.i.p. 81 (1992) 631, 635.

[1509] Struycken, Liber Amicorum Droz, 445, 446 ff., 459.

[1510] Revillard, Liber Amicorum Droz, 369, 388 f.; Lagarde, Rev.crit.d.i.p. 83 (1994) 90 f. (Anm. zu cour d'appel, Urt. v. 3. 11. 1993, Rev.crit.d.i.p. 83 (1994) 88 ff.).

[1511] Cour d'appel de Colmar, Urt. v. 19. 1. 1993, Rev.crit.d.i.p. 82 (1993) 281 ff., m. Anm. Lagarde; Cour d'appel de Paris, Urt. v. 3. 11. 1993, Rev.crit.d.i.p. 83 (1994) 88 ff., m. Anm. Lagarde; vgl. auch Vareille, Rev.trim.dr.civ. 1995, 673, 675 ff.

[1512] Rechtbank s'Gravenhage, Urt. v. 1. 9. 1993, NIPR 12 (1994) Nr. 87; Rechtbank s'Gravenhage, Urt. v. 14. 2. 1996, NIPR 14 (1996) Nr. 207.

(1) Rechtswahl

In Frankreich hat die Möglichkeit der ehegüterrechtlichen Rechtswahl im Gegensatz zu den meisten anderen europäischen Rechtsordnungen, die diese nicht oder erst seit kurzem kennen, eine über 450 Jahre alte, auf die im Jahre 1522 von Dumoulin gegebene Rechtsauskunft zurückgehende Tradition.[1513] Die Implementierung der Konvention in Frankreich bedeutet in dieser Hinsicht sogar eine Einschränkung, da nach der neuen Rechtslage nicht mehr sämtliche, sondern lediglich bestimmte Rechtsordnungen von den Ehegatten gewählt werden können. Diese Änderung der Rechtslage wird jedoch als hinnehmbar oder sogar als positiv erachtet.[1514]

(2) Objektive Anknüpfung

Die positive Einschätzung wird auch für die Einführung des Prinzips der objektiven Anknüpfung durch Art. 4 der Konvention[1515] geteilt. Im französischen Recht existierte eine objektive Anknüpfung bis zur Ratifikation des Abkommens nicht. Vielmehr ging das französische Recht in Fällen, in denen keine ausdrückliche Rechtswahl festgestellt werden konnte, davon aus, daß sich das Ehegüterrecht durch eine Anknüpfung an einer stillschweigenden Übereinkunft der Ehegatten bestimmt, wobei die stillschweigende Übereinkunft den Inhalt einer Wahl des Rechts am ersten ehelichen Domizil hatte. Inhaltlich entspricht die neu eingeführte objektive Anknüpfung des Art. 4 I der Konvention also der bisherigen Situation im französischen Recht, so daß die durch die Konvention herbeigeführten rechtlichen Änderungen keine tatsächlichen Schwierigkeiten bereiten und aus diesem Grund begrüßt werden.[1516] Vielmehr werde durch die Einführung einer objektiven Anknüpfung ein größeres Maß an Rechtssicherheit und Vorhersehbarkeit geschaffen, als es bei der Anknüpfung an den stillschweigenden Parteiwillen der Fall sei. Neu sind allerdings die hilfsweisen Anknüpfungen des Art. 4 II, III der Konvention, die zudem sehr undurchschaubar formuliert wurden. Deshalb ist Hauptkritikpunkt an Art. 4 der Konvention seine zu große Komplexität.

1513 Mayer, D.i.p., Nr. 771; Loussouarn/Bourel, D.i.p., Rn. 386 f.; Claeys, Droit et Patrimoine 1993, No. 3 (mars), 48, 48.

1514 Loussouarn/Bourel, D.i.p., Rn. 387-1; Droz, Rev.crit.d.i.p. 81 (1992) 631, 635; 642 f.

1515 Vgl. dazu ausführlich u. S. 379 ff.

1516 Droz, Rev.crit.d.i.p. 81 (1992) 631, 646 f.

(3) Wandelbarkeit

Problematischer aus französischer Sicht ist hingegen die Einführung der Wandelbarkeit des Güterstatuts durch die Artt. 6 ff. der Konvention. Das französische internationale Privatrecht ging bis zum Zeitpunkt der Ratifikation des Abkommens vom Prinzip der Unwandelbarkeit des Güterstatutes aus, auch wenn dieser Grundsatz im Laufe der Zeit eine gewisse Aufweichung erfahren hatte.[1517] Dennoch wird die Einführung der Wandelbarkeit durch die Konvention zumeist positiv aufgenommen.[1518] Das ist darauf zurückzuführen, daß durch die lange umstrittene Reform des materiellen französischen Rechts im Jahre 1965 in Art. 1397 C.c.[1519] die Möglichkeit eingeführt wurde, unter bestimmten Voraussetzungen zwischen den verschiedenen Güterständen wechseln zu können, [1520] was bis zu diesem Zeitpunkt nicht zulässig war.[1521]
Aus diesem Grund wird es nur als folgerichtig erachtet, das Prinzip der Wandelbarkeit des internen Rechts auf das internationale Privatrecht zu übertragen.[1522] Zudem schätzt man die Vorteile, die sich aus einer Wandelbarkeit des Güterstatuts ergeben, nämlich daß eine Anpassung des Ehegüterrechts an die jeweiligen Lebensumstände der Ehegatten möglich ist. Kritisch betrachtet werden in diesem Zusammenhang lediglich die Fälle der automatischen Wandelbarkeit des Ehegüterstatuts nach Art. 7 f. der Konvention,[1523] da dieser Wechsel des Ehegüterstatuts automatisch und in manchen Fällen eher überraschend eintrete und deshalb oftmals von den Ehegatten nicht zur Kenntnis genommen werde. Dies habe zur Folge, daß die Ehegatten den alten Güterstand dann nicht liquidieren.[1524] Um den aus der automatischen Wandelbarkeit entstehenden Ge-

---

[1517] Ausführlich dazu Pakuscher, Unwandelbarkeit, 76 ff.; vgl. auch Droz, Rev.crit.d.i.p. 81 (1992) 631, 653.

[1518] Revillard, Liber Amicorum Droz, 369, 377 ff.; Droz, Rev.crit.d.i.p. 81 (1992) 631, 634.

[1519] Abs. 1 des Art. 1397 lautet: "Après deux années d'application du régime matrimonial, conventionnel ou légal, les époux pourront convenir dans l'intérêt de la famille de le modifier, ou même d'en changer entièrement, par un acte notairé qui sera soumis à l'homologation du tribunal de leur domicile." (vgl. auch Art. 1396 C.c.).

[1520] Loussouarn/Bourel, D.i.p., Rn. 396; Laroche de Roussane/Ferrandes, Droit et Patrimoine 1994, No. 18 (juillet/aout), 19 ff.

[1521] Diese Möglichkeit wurde durch Gesetz vom 28. 10. 1997 als Folge der Ratifikation des Haager Ehegüterrechtsabkommens erweitert und umfaßt nunmehr auch die Möglichkeit das materielle Güterrecht im Rahmen einer Wahl des Güterstatuts nach Art. 6 des Konvention zu wählen (Vgl. Artt. 1397-1 ff. C.c. sowie Khairallah, Rev.crit.d.i.p. 87 (1998) 249 ff.).

[1522] Mayer, D.i.p., Nr. 796 f.; Lequette, Receuil des Cours 246 (1994-II) 9, 171.

[1523] Revillard, Liber Amicorum Droz, 369, 378, 385 ff.; Mayer, D.i.p., Nr. 790; Lequette, Receuil des Cours 246 (1994-II) 9, 167 ff.

[1524] Vgl. den Fall (Mayer, D.i.p., Nr. 790 Fn. 30) eines englischen Ehepaares, das dauerhaft in Frankreich wohnhaft war, dann seinen gewöhnlichen Aufenthalt für einige Zeit nach Engfahren aus dem Weg zu gehen, raten die Notare in Frankreich deshalb häufig zu einer ausdrücklichen Rechtswahl.[1525]

(4) Rechtswahl für Grundstücke

Die größte Kritik innerhalb der durch die Konvention vorgesehenen Änderungen hat die Einführung der gesonderten Rechtswahlmöglichkeit für Grundstücke nach Art. 3 IV der Konvention erfahren.[1526] Obwohl diese Kritik im Hinblick auf die kollisionsrechtliche Lösung des französischen Erbrechts überraschend erscheint, ergibt sie sich bereits aus der geschichtlichen Entwicklung.[1527] Eigentlicher Zweck der Rechtsauskunft von Dumoulin im Jahre 1525 war es nämlich nicht, dem Gedanken einer stillschweigenden Rechtswahl zu Durchbruch zu verhelfen, sondern für den Bereich des Grundvermögens das bisher nur für bewegliches Vermögen bekannte Prinzip eines einheitliches Güterstatut durchzusetzen. Folge war, daß seither die Einheit des Ehegüterstatuts als eines der fundamentalen Prinzipien des französischen Ehegüterrechts und sogar als Teil des ordre public angesehen wird.[1528]
An Art. 3 IV des Abkommens wird im einzelnen kritisiert, daß das Prinzip der Einheit des Güterstatuts aufgegeben wurde, um die Konvention auch den Ländern des Common Law interessant zu machen, die ihr aber nicht beigetreten sind. Darüber hinaus wird die Befürchtung geäußert, daß die Einführung einer Rechtswahl für unbewegliches Vermögen die Möglichkeit der Manipulationen eröffnen und damit das Gleichgewicht des französischen gesetzlichen Güterstandes stören würde.[1529] Auch soweit Staaten in jedem Fall die lex rei sitae anwenden würden, sei die Einführung einer Rechtswahl für Grundstücke nicht erforderlich gewesen, da eine Regelung vergleichbar dem Art. 3 III EGBGB oder die Schaffung von Kompensationsmöglichkeiten ausgereicht hätten. Die Rechtswahlmöglichkeit nach Art. 3 IV des Abkommens erfasse demgegenüber sämtliche Grundstücke und lasse Ausgleichsansprüche nicht mehr zu.[1530]

---

land verlegt, um wiederum nach Frankreich zurückzukehren (Fall des Art. 7 II Nr. 1 des Abkommens). Das Ehepaar unterliegt dann 10 Jahre dem englischen Güterrecht.

[1525] Revillard, Liber Amicorum Droz, 369, 386.

[1526] Mayer, D.i.p., Nr. 774; Lequette, Receuil des Cours 246 (1994-II) 9, 159 ff., 165 f.

[1527] Mayer, D.i.p., Nr. 774; Lequette, Receuil des Cours 246 (1994-II) 9, 159 f.

[1528] Cour d'appel de Paris, Urt. v. 3. 12. 1980, Rev.crit.d.i.p. 70 (1981) 501, 503 f., m. kritischer Anm. Gaudemet-Tallon; Cour d'appel de Paris, Urt. v. 31. 10. 1991, Clunet 119 (1992) 373, 376, 383 f., m. Anm. Idot.

[1529] Lequette, Receuil des Cours 246 (1994-II) 9, 163 f.

[1530] Kritisch dazu Droz, Rev.crit.d.i.p. 81 (1992) 631, 644 ff.

Inhaltlich stimmt die Auslegung des Art. 3 IV des Abkommens, wie sie von der französischen Rechtslehre vorgenommen wird,[1531] mit der Interpretation des Abkommens, wie sie sich aus den Materialien ergibt,[1532] überein. Dies ist nicht überraschend, da der Wortlaut von Art. 3 IV des Abkommens anders als Art. 15 II Nr. 3 EGBGB die meisten Schwierigkeiten, die bei einer gesonderten Rechtswahl für Grundstücke auftreten können, bereits in eindeutiger Weise klärt. Die Ehegatten können also alle ihre Grundstücke oder auch nur einzelne davon dem Belegenheitsrecht unterwerfen. Eine Rechtswahl des Belegenheitsrechts ist auch für die erst in der Zukunft erworbenen Grundstücke möglich. Nicht zulässig ist hingegen, sämtliche Grundstücke, die in verschiedenen Ländern belegen sind, dem Recht nur eines der Grundstücke zu unterstellen. In der Frage der Qualifikation eines Gegenstandes als beweglich oder unbeweglich folgt man dem Vorschlag von Overbecks und qualifiziert nach der lex rei sitae.[1533]

cc) Zusammenfassung

Die Regelungen der Konvention werden, insbesondere was die umfassenden Vorschriften zur Rechtswahl und die objektive Anknüpfung des Ehegüterstatuts angeht, insgesamt zustimmend und als in der französischen Rechtstradition stehend bewertet. Lediglich die Einführung der Rechtswahlmöglichkeit für Grundstücke wird kritischer betrachtet. Bei der Auslegung dieser Wahlmöglichkeit für das unbewegliche Vermögen folgt die französische Rechtslehre dabei derjenigen des Haager Abkommens und qualifiziert insbesondere den Begriff der immeubles anhand der lex rei sitae. Der Umfang der durch die Einführung der Konvention erwarteten Schwierigkeiten wurde außerdem deutlich überschätzt, so daß sechs Jahre nach in Kraft treten der Konvention ein positives Fazit gezogen werden kann.

c) Objektive Anknüpfung des Ehegüterrechts im französischen IPR

Da das deutsche Recht eine Gesamtverweisung lediglich für die objektive Anknüpfung des Güterstatuts gemäß Artt. 14 I, 15 I EGBGB vorsieht, ist zur Klärung der Frage, ob das französische Recht die Gesamtverweisung in den einschlägigen deutsch-französischen Fällen annimmt, Art. 4 der Konvention heranzuziehen, der die objektive Anknüpfung des Ehegüterrechts regelt.

[1531] Revillard, J.C., D.i.p., Fasc. 556, Nr. 46 ff.; dies., Droit international privé et pratique notariale, Nr. 174; Droz, Rev.crit.d.i.p. 81 (1992) 631, 644 ff.; Mayer, D.i.p., Nr. 774; Loussouarn/Bourel, D.i.p., Rn. 387.

[1532] Vgl. o. S. 274 ff.

[1533] Revillard, J.C., D.i.p., Fasc. 556, Nr. 52.

Art. 4 I des Abkommens knüpft primär am ersten gemeinsamen gewöhnlichen Aufenthalt der Ehegatten nach der Eheschließung an. Zwar enthält die Konvention keine Definition des Begriffes des gewöhnlichen Aufenthalts, auf Grund der prinzipiellen Übereinstimmung mit der davor bestehenden Rechtslage kann dafür aber auf die dazu entwickelten Kriterien und Fälle des französischen Rechts zurückgegriffen werden.[1534] Dabei ist es nicht erforderlich, daß die Ehegatten den gemeinsamen gewöhnlichen Aufenthalt unmittelbar nach der Eheschließung begründen, vielmehr kann Art 4 I der Konvention auch angewandt werden, wenn die Begründung des ersten gemeinsamen gewöhnlichen Aufenthalts einen längeren Zeitraum in Anspruch nimmt.[1535] Als Indizien für den gemeinsamen gewöhnlichen Aufenthalt werden, vergleichbar mit dem deutschen Recht, die beruflichen, wirtschaftlichen und familiären Bindungen der Ehegatten, die Dauer des Aufenthalts, der Ort der Hochzeit, die Nationalität, das Verhalten nach der Eheschließung sowie die Vorstellungen der Ehegatten, an einem Ort ihr eheliches Domizil einzurichten, genannt.[1536] Insofern ergibt sich die Anknüpfung wiederum erst aus der Anwendung dieser Kriterien auf den konkreten Einzelfall.

In Abweichung vom Grundsatz der Anknüpfung an dem ersten gemeinsamen gewöhnlichen nachehelichen Aufenthalt kennt die Konvention in dem sehr kompliziert formulierten Art. 4 II des Abkommens eine Primäranknüpfung an der gemeinsamen Staatsangehörigkeit in mehreren Fällen.
Nach Art. 4 II Nr. 1 der Konvention kann ein Staat bei der Ratifikation des Abkommens eine Erklärung gemäß Art. 5 der Konvention abgeben, daß auf seine Staatsangehörigen unter gewissen Einschränkungen das Heimatrecht anzuwenden ist. Frankreich hat jedoch im Gegensatz zu den Niederlanden eine solche Erklärung nicht abgegeben,[1537] so daß Art. 4 II Nr. 1 der Konvention auf französische Ehegatten keine Anwendung findet. Zudem besteht gemäß Art. 4 II Nr. 2 der Konvention eine vorrangige Anknüpfung an der gemeinsamen Staatsangehörigkeit der Ehegatten, wenn der Heimatstaat der Ehegatten, der nicht Partei der Konvention sein darf, dem Staatsangehörigkeitsprinzip folgt und die Ehegatten ihren ersten gemeinsamen gewöhnlichen Aufenthalt entweder in einem Staat genommen haben, der die in Art. 5 des Abkommens vorgesehene Erklärung über die Anwendung des Heimatrechts abgegeben hat, oder in einem Nichtvertragsstaat, dessen Kollisionsrecht ebenfalls die Anwendung des Recht der gemeinsamen Staatsangehörigkeit vorsieht. Außerdem findet die Anknüpfung an die gemeinsamen Staatsangehörigkeit gemäß Art. 4 II Nr. 3 des Ab-

---

[1534] Vgl. zu den Kriterien Revillard, Droit international privé et pratique notariale, Nr. 185; Droz, Rev.crit.d.i.p. 81 (1992) 631, 646 f., Mayer, D.i.p. Nr. 775 ff.; Loussouarn/Bourel, D.i.p., Rn. 389.

[1535] von Overbeck, Rapport, Nr. 149 (S. 362); Droz, Rev.crit.d.i.p. 81 (1992) 631, 647.

[1536] Vgl. dazu im einzelnen Mayer, D.i.p., Nr. 775; Loussouarn/Bourel, D.i.p., Rn. 389.

[1537] Droz, Rev.crit.d.i.p. 81 (1992) 631, 648 f.

kommens als Hilfsanknüpfung Anwendung, wenn die Ehegatten nach der Eheschließung keinen gemeinsamen gewöhnlichen Aufenthalt begründen.
Besteht weder ein gemeinsamer gewöhnlicher Aufenthalt noch eine gemeinsame Staatsangehörigkeit der Ehegatten, so sieht Art. 4 III der Konvention vor, daß das Recht anzuwenden ist, mit dem der Sachverhalt nach seinen Umständen die engsten Verbindung aufweist.

Bei der Bestimmung der gemeinsamen Staatsangehörigkeit ist Art. 15 der Konvention zu beachten, der diesen Begriff sehr restriktiv auslegt. Eine gemeinsame Staatsangehörigkeit besteht danach nur, wenn beide Ehegatten die Staatsangehörigkeit bereits vor der Heirat inne hatten (Nr. 1), wenn der eine Ehegatte willentlich die Staatsangehörigkeit des anderen Ehegatten im Augenblick der Eheschließung oder zu einem späteren Zeitpunkt durch Erklärung oder durch willentliche Unterlassung der Ausschlagung eines Staatsangehörigkeit erwirbt (Nr. 2) oder wenn die beide Ehegatten die gemeinsame Staatsangehörigkeit nach der Heirat willentlich erworben haben (Nr. 3). Zudem sind gemäß Art. 15 II der Konvention die Anknüpfungen an eine gemeinsame Staatsangehörigkeit der Ehegatten, bis auf in Fällen der automatischen Wandelbarkeit nach Art. 7 II der Konvention, nicht anwendbar, wenn die Ehegatten mehr als eine gemeinsame Staatsangehörigkeit besitzen.

Im Rahmen der Bestimmung des anwendbaren Rechts ist weiterhin Art. 7 II der Konvention zu berücksichtigen, der für bestimmte Fälle einer bestehenden objektiven Anknüpfung eine automatische Wandelbarkeit des Güterstatuts vorsieht. Danach tritt ein automatischer Wandel des bis zu diesem Zeitpunkt anwendbaren Ehegüterstatuts ein, wenn die Ehegatten den gewöhnlichen Aufenthalt im Staat der gemeinsamen Staatsangehörigkeit begründen oder wenn die Ehegatten nachträglich die Staatsangehörigkeit des Staates ihres gewöhnlichen Aufenthalts erwerben.[1538] Des weiteren tritt ein automatischer Wandel des Güterstatuts ein, wenn die Ehegatten nach der Eheschließung den gemeinsamen gewöhnlichen Aufenthalt mehr als 10 Jahre in einem anderen Land haben als in demjenigen, dessen Recht zunächst anwendbar war. Die dritte Möglichkeit der automatischen Wandelbarkeit des Güterstatuts ist, daß das Ehegüterstatut zunächst hilfsweise an der gemeinsamen Staatsangehörigkeit gemäß Art. 4 II Nr. 3 der Konvention angeknüpft wurde, weil kein gemeinsamer gewöhnlicher Wohnsitz der Ehegatten nach der Ehe bestand und nunmehr ein gemeinsamer Wohnsitz begründet wurde.

Die Untersuchung des französischen Kollisionsrechts hat ergeben, daß das Ehegüterstatut bis auf in wenigen Ausnahmefällen am ersten gemeinsamen gewöhnlichen Aufenthalt der Ehegatten nach der Eheschließung angeknüpft wird

[1538] Dies ist der oben erwähnte Ausnahmefall, in dem die gemeinsame Staatsangehörigkeit der Ehegatten auch dann Berücksichtigung findet, wenn sie mehr als eine gemeinsame Staatsangehörigkeit haben.

und damit von der deutschen Regel einer vorrangigen Anknüpfung an der gemeinsamen Staatsangehörigkeit abweicht. Eine übereinstimmende Anknüpfung findet sich daher in deutsch-französischen Sachverhalten nur in den Fällen, in denen (a) der Staat der gemeinsamen Staatsangehörigkeit mit dem Staat des gemeinsamen gewöhnlichen Aufenthalt übereinstimmt,[1539] (b) keine gemeinsame Staatsangehörigkeit aber ein gemeinsamer gewöhnlicher Aufenthalt, (c) kein gemeinsamer gewöhnlicher Aufenthalt aber ein gemeinsame Staatsangehörigkeit oder (d) sowohl keine gemeinsame Staatsangehörigkeit als auch kein gemeinsamer gewöhnlicher Aufenthalt der Ehegatten besteht.[1540]
In den übrigen deutsch-französischen Konstellationen, die auf Grund der abweichenden Primäranknüpfungen der beiden Rechtssysteme die Mehrzahl der Fälle stellen dürften, stimmen die Anknüpfungen des deutschen und des französischen Kollisionsrechts hingegen nicht überein, so daß für diese Fälle die Frage einer Rückverweisung auf deutsches Recht zu untersuchen ist.

d) Rückverweisung auf deutsches Recht

Bereits oben wurde ausführlich dargelegt,[1541] daß im Rahmen des Renvoi im Ausland geltende Staatsverträge grundsätzlich Berücksichtigung finden müssen. Auch die spezielle Betrachtung des Haager Ehegüterrechtsabkommens von 1978 führt zu dem Ergebnis, daß das Abkommen im Rahmen eines Renvoi zu beachten ist.[1542] Bei dem Haager Ehegüterrechtsabkommen handelt es sich gemäß Art. 2 der Konvention um loi uniforme, das die bisherigen nationalen französischen ehegüterrechtlichen Kollisionsnormen ersetzt und in allen Kollisionsfällen zur Anwendung kommt. Die Anwendung der staatsvertraglichen Kollisionsnorm ist damit unabhängig vom Erfordernis der Gegenseitigkeit und kann deshalb auch auf deutsch-französische Sachverhalte Anwendung finden, obwohl Deutschland dem Abkommen nicht beigetreten ist. Außerdem müßte, da die Vorschriften der Konvention das bisherige Recht vollständig ersetzt haben, bei der Nichtanwendung des Abkommens auf Normen zurückgegriffen werden, die in Frankreich nicht mehr anwendbar sind. Da die Zulässigkeit des Renvoi im Ehegüterrecht auch allgemein anerkannt ist,[1543] finden die Regelungen des Haager Abkommens im Rahmen des Renvoi Beachtung.

[1539] Diese Fallgruppe umfaßt auch die Sachverhalte des Art. 4 II Nr. 2 b der Konvention.

[1540] Insofern muß der Begriff der Staatsangehörigkeit im Sinne der Definition des Art. 15 der Konvention verstanden werden.

[1541] Vgl. o. 67 f.

[1542] Staudinger/Hausmann, Art. 4 EGBGB, Rn. 138; v.Bar, RabelsZ 57 (1993) 63, 97; Graue, RabelsZ 57 (1993) 26, 54.

[1543] Staudinger/Hausmann, Art. 4 EGBGB, Rn. 173 ff.

Staatsvertragliche Kollisionsnormen wie die des Haager Abkommens enthalten dabei in der Regel Sachnormverweisungen.[1544] Eine teilweise Abkehr von diesem Prinzip findet sich allerdings in der oben dargestellten Regel des Art. 4 II Nr. 2 b der Konvention, da es die Berücksichtigung des autonomen Kollisionsrechts des Landes der gemeinsamen Staatsangehörigkeit in einem eng umgrenzten Einzelfall anordnet.[1545] Dennoch bricht die Kollisionsnormverweisung des Art. 4 II Nr. 2 b der Konvention in deutsch-französischen Sachverhalten bei der Anwendung deutschen Ehegüterrechts ab; zum einen auf Grund der Konstruktion dieser Verweisung, die derjenigen des Art. 3 III EGBGB ähnelt und nur das Kollisionsrecht beruft, das das materielle Recht des eigenen Landes zur Anwendung bringen will,[1546] zum anderen jedoch auch auf Grund einer Anwendung des Art 4 I 2 EGBGB.

Somit ist im Rahmen des Renvoi das in Frankreich geltende Haager Ehegüterrechtsabkommen zu beachten. Soweit das deutsche Kollisionsrecht auf französisches Recht verweist und das Haager Ehegüterrechtsabkommens in den bereits beschriebenen Fällen nicht zu einer übereinstimmenden Anknüpfung führt, findet in deutsch-französischen Sachverhalten daher eine Rückverweisung auf deutsches Recht statt, die als Sachnorm- und in einem speziellen Fall als kollisionsrechtliche Verweisung vom deutschen Recht angenommen wird.

3) Ergebnis

Bei der Bestimmung des ehegüterrechtlichen Gesamtstatuts in deutsch-französischen Rechtsfällen ist zunächst zwischen Fällen der subjektiven und der objektiven Anknüpfung zu unterscheiden.
Je nach tatsächlicher Ausgangslage können die Ehegatten deutsches oder französisches Ehegüterrecht wählen. Da die Rechtswahl gemäß Art. 4 II EGBGB Sachnormverweisung ist, kommt das von den Ehegatten gewählte Recht unmittelbar zur Anwendung. Die Gefahr von hinkenden Rechtsverhältnissen infolge einer Rechtswahl ist dabei in deutsch-französischen Sachverhalten gering, da das Haager Ehegüterrechtsabkommen als Vorbild für Art. 15 II EGBGB gedient hat und deshalb eine nahezu vollständige Übereinstimmung der Rechtswahltatbestände gegeben ist.

Die objektive Anknüpfung in deutsch-französischen Rechtsfällen richtet sich gemäß Art. 15 I EGBGB nach der Anknüpfungsleiter des Art. 14 I EGBGB,

---

[1544] Jayme, FS für Beitzke, 541, 546; v.Bar, IPR I, Rn. 192, 212; Staudinger/Hausmann, Art. 4 EGBGB, Rn. 113.

[1545] Jayme, FS für Beitzke, 541, 542 f.; v.Bar, RabelsZ 57 (1993) 63, 97; Graue, RabelsZ 57 (1993) 26, 54.

[1546] v.Bar, RabelsZ 57 (1993) 63, 97.

soweit keine mittelbare Rechtswahl, die nur unter eng umgrenzten Voraussetzungen zulässig ist, getroffen wurde. Gemäß Art. 14 I EGBGB ist zunächst an der gemeinsamen Staatsangehörigkeit der Ehegatten zum Zeitpunkt der Eheschließung, besteht eine solche nicht, an dem gemeinsamen gewöhnlichen Aufenthalt der Ehegatten und hilfsweise an der engsten Verbindung der Ehegatten anzuknüpfen. Soweit es nach diesen Anknüpfungen oder infolge einer mittelbaren Rechtswahl zu einer Verweisung auf das französische Recht kommt, stellt sich wiederum die Frage nach der Art der Verweisung. Dabei ist die mittelbare Rechtswahl, da Art. 4 I 1 HS. 2 EGBGB einschlägig ist, ebenfalls Sachnormverweisung, wohingegen es sich bei der Anknüpfung nach Artt. 14 I, 15 I EGBGB um eine Gesamtverweisung handelt. Deshalb ist in der zweiten Konstellation die Frage eines Renvoi zu prüfen. Dabei ist zunächst grundsätzlich festzuhalten, daß im Rahmen des Renvoi auch im Ausland geltende Staatsverträge zu berücksichtigen sind. Demnach ist die Annahme der Verweisung bzw. die Rückverweisung anhand des von Frankreich ratifizierten Haager Ehegüterrechtsabkommens zu beurteilen. Da das Haager Ehegüterrechtsabkommen im Bereich der objektiven Anknüpfung bis auf in Ausnahmefällen von einer Anknüpfung am gemeinsamen gewöhnlichen Aufenthalt ausgeht und nur hilfsweise an der gemeinsame Staatsangehörigkeit der beiden Ehegatten bzw. an der engste Verbindung anknüpft, weicht die Stufenanknüpfung des französischen Rechts von derjenigen des deutschen Rechts ab mit der Folge, daß eine Rückverweisung in deutsch-französischen Rechtsfällen eintreten kann, je nach Konstellation.

II. Begriff der güterrechtlichen Wirkungen der Ehe

Zentrale Frage bei der Behandlung deutsch-französischer Güterrechtsfälle ist neben der Bestimmung des anwendbaren Rechts der Umfang des Ehegüterstatuts. Art. 15 EGBGB bezieht sich nach dessen Wortlaut nur auf die güterrechtlichen Beziehungen der Ehe und erfordert eine Qualifikation der jeweiligen Sachnorm als güterrechtlich. Die Qualifikation einer Vorschrift als güterrechtlich gilt dabei gleichermaßen für die objektive wie für die subjektive Anknüpfung und daher auch für die Rechtswahl des unbeweglichen Vermögens gemäß Art. 15 II Nr. 3 EGBGB. Da die Qualifikation der Sachnormen des deutschen Rechts umfassend diskutiert wird,[1547] beschränkt sich die Untersuchung auf die in Betracht kommenden Vorschriften des französischen Rechts.

Der Anknüpfungsgegenstand der güterrechtlichem Wirkungen der Ehe umfaßt grundsätzlich alle Rechtssätze, die zwischen den Ehegatten eine Sonderordnung ihres Vermögens bei der Eingehung der Ehe entstehen lassen, die die Beschaffenheit einer solchen Sonderordnung einschließlich der dazugehörigen Rechte

---

[1547] Vgl. z.B. die umfassende Darstellung bei Staudinger/v.Bar/Mankowski, Art. 15 EGBGB, Rn. 231 ff.

und Pflichten der Ehegatten festlegen sowie die Beendigung der Sonderordnung und die im Rahmen der Beendigung entstehenden und bestehenden Rechte und Pflichten regeln.[1548] Dabei zählen zum ehelichen Güterrecht nicht nur Normen über die Sonderordnung der Ehegatten, sondern auch Vorschriften, die von einer Sonderordnung der vermögensrechtlichen Beziehung der Ehegatten eigens absehen (Gütertrennung).[1549] Die Einordnung der ausländischen Vorschriften erfolgt anhand der allgemeinen Grundsätze der Qualifikation, ohne daß dafür im konkreten Fall eine Einheitsformel besteht.[1550] Einordnungs- und Abgrenzungsprobleme ergeben sich vor allem mit dem Ehewirkungsstatut, Scheidungsfolgenstatut und Erbstatut. Im folgenden werden die Rechtssätze des französischen Rechts gegliedert nach Entstehen, Wirkungen und Auflösung der Güterstände untersucht. In diesem Rahmen wird auch die Abgrenzung zu den anderen Statuten vorgenommen.

1. Entstehen der Güterstände

Das über Art. 15 EGBGB zur Anwendung gebrachte Recht behandelt zunächst die Frage, wie sich die güterrechtlichen Verhältnisse der Ehegatten durch die Eheschließung ändern. Daher sind unbestritten die Vorschriften güterrechtlicher Natur, die das Entstehen und Bestehen der einzelnen Güterstände behandeln. Gesetzlicher Güterstand des französischen Rechts ist seit der Reform des Ehegüterrechts im Jahr 1965 die Errungenschaftsgemeinschaft (communauté légale), die in den Artt. 1400 ff. C.c. geregelt ist.[1551] Weitere Güterstände des französischen Rechts, die vertraglich vereinbart werden können, sind die Fahrnisgemeinschaft (communauté de meubles et acquêts) gemäß Artt. 1498-1502 C.c., die allgemeine Gütergemeinschaft (communauté universelle) gemäß Art. 1526 C.c., die reine Gütertrennung (régime de la séparation de biens) gemäß Artt. 1536-1568 C.c. und die der deutschen Zugewinngemeinschaft nachgebildete Beteiligung am Zugewinn (régime de participation aux acquêts) gemäß Artt. 1569-1581 C.c.[1552] Soweit die angeführten Vorschriften die jeweiligen Güterstände des französischen Rechts konstituieren, fallen sie unter den Begriff der güterrechtlichen Wirkungen der Ehe gemäß Art. 15 EGBGB. Dabei ist aller-

---

1548 Erman/Hohloch, Art. 15 EGBGB, Rn. 32. Soergel/Schurig, Art. 15 EGBGB, Rn. 32; v.Bar, IPR II, Rn. 236.

1549 Staudinger/v.Bar/Mankowski, Art. 15 EGBGB, Rn. 231.

1550 Soergel/Kegel, vor Art. 3 EGBGB, Rn. 111 ff.; Kropholler, IPR, § 14 ff.; Palandt/Heldrich, vor Art. 3 EGBGB, Rn. 27.

1551 Ausführlich dazu Sper, Der neue gesetzliche Güterstand in Frankreich, S. 51 ff.; Maury, Les régimes matrimoniaux, Nr. 2-1 ff.

1552 Terré/Simler, Les régimes matrimoniaux, Rn. 431 ff.; Ferid/Sonnenberger, FranzZR III, 4 B 313 ff.

dings zu beachten, daß die Vorfrage des wirksamen Bestehens der Ehe selbständig nach dem jeweiligen Eheschließungsstatut zu beurteilen ist.[1553]

2. Wirkungen bestehender Güterstände

Das Ehegüterstatut bestimmt ebenfalls die Wirkungen des gesetzlichen Güterstandes.[1554] Es entscheidet, welche Gütermassen vorhanden und welche Vermögensgegenstände welcher Gütermasse zuzuordnen sind. Weiterhin zählen zum Güterstatut die Verwaltungs- und Nutznießungsrechte der Ehegatten an den jeweiligen Vermögensmassen sowie die Verfügungsbeschränkungen der Ehegatten, allerdings nur insoweit wie diese integraler Bestandteil des maßgebenden Güterstandes sind und nicht ohne Rücksicht auf den jeweiligen Güterstand gelten.[1555] Des weiteren sind zum ehelichen Güterrecht solche Vorschriften zu rechnen, die güterstandsabhängige Sorgfaltspflichten, eine Legitimation zur gerichtlichen Geltendmachung von Ansprüchen des anderen Ehegatten oder güterstandsbezogene Auskunftsansprüche enthalten.[1556] Soweit die oben beschriebenen Güterstände des französischen Rechts Vorschriften mit einem solchen Inhalt vorsehen, sind diese als güterrechtlich zu qualifizieren. Schwierigkeiten bereitet in dieser Hinsicht vor allem die Anknüpfung des régime matrionial primaire und der hypothèque légale.

a) Qualifikation des régime matrimonial primaire

aa) Das régime matrimonial primaire des französischen Rechts

Das französische Ehevermögensrecht ist prinzipiell in zwei Teile gegliedert. Während die oben bereits angesprochenen Artt. 1400 ff. C.c. das spezielle Ehegüterrecht bezogen auf die einzelnen Güterstände regeln, enthalten die im ersten Buch des Code Civile unter dem Titel „Des personnes" aufgeführten Normen der Artt. 214 C.c. das régime matrimonial primaire.[1557] Es zeichnet sich dadurch aus, daß es sich gemäß Art. 226 C.c. um zwingendes Recht handelt, das auf

---

[1553] Erman/Hohloch, Art. 15 EGBGB, Rn. 10; v.Bar, IPR II, Rn. 237.

[1554] MüKo/Siehr, Art. 15 EGBGB, Rn. 63, Erman/Hohloch, Art. 15 EGBGB, Rn. 34.

[1555] Ausführlich dazu im folgenden, vgl. auch MüKo/Siehr, Art. 15 EGBGB, Rn. 64; v.Bar, IPR II, Rn. 241.

[1556] Erman/Hohloch, Art. 15 EGBGB, Rn. 34; Staudinger/v.Bar/Mankowski, Art. 15 EGBGB, Rn. 257 ff.

[1557] Vgl zu den inhaltlichen Regelungen des régime matrimonial primaire z.B. Colomer, Régimes matrimoniaux, Rn. 61 ff.; Flour/Champenois, Les régimes matrimoniaux, Nr. 53 ff.; Maury, Les régimes matrimoniaux, Nr. 1-1 ff.; Terré/Simler, Les régimes matrimoniaux, Rn. 46 ff.; Zajaty, Imre, FS für Ficker, 473, 484 ff.

sämtliche Güterstände anzuwenden ist.[1558] Deshalb kann das régime matrimonial primaire als eine Zusammenfassung der allgemeinen vermögensrechtlichen Wirkungen der Ehe bezeichnet werden[1559] und gibt auf Grund seiner weitgehenden Regelungen einen umfassenden Unterbau (substructure)[1560] für die besonderen Güterstände ab.[1561]

Im einzelnen enthält das régime matrimonial primaire folgende Regelungen: Verteilung der Verpflichtung zur Tragung der Ehelasten (Art. 214 C.c.), Schutz von Familienwohnung und Hausrat (Art. 215 III C.c.), gerichtliche Ermächtigung zur alleinigen Vornahme von zustimmungsbedürftigen Rechtsgeschäften (Art. 217 C.c.), rechtsgeschäftliche Stellvertretung in vermögensrechtlichen Angelegenheiten (Art. 218 C.c.), gerichtliche Ermächtigung zur Stellvertretung in vermögensrechtlichen Angelegenheiten (Art. 219 C.c.), Schlüsselgewalt (Art. 220 C.c.), richterliche Eingriffe zum Schutz der Familieninteressen (Artt. 220-1 ff. C.c.), Kontoeröffnung und Schutz der kontoführenden Institute (Art. 221 C.c.), Verkehrsschutz bei Mobiliargeschäften (Art. 222), die Selbständigkeit der Ehegatten in Bezug auf die freie Berufsausübung sowie die Fähigkeit seine Einkünfte, gleich welcher Art frei zu empfangen und darüber nach Abzug des Beitrags der ehelichen Lasten frei verfügen zu können (Artt. 223, 225 C.c.).

bb) Qualifikation des régime matrimonial primaire

Die Qualifikation der Vorschriften des régime matrimonial primaire bereitet Schwierigkeiten, da es sich bei den meisten Vorschriften um vermögensrechtliche Regelungen allgemeinerer Art handelt, die deshalb grundsätzlich sowohl dem Ehegüterstatut als auch dem Ehewirkungsstatut unterstellt werden können. Dabei ist die Qualifikation von Schlüsselgewalt, Stellvertretung in vermögensrechtlichen Angelegenheiten oder die Fähigkeit zur Kontoeröffnung, als den allgemeinen Wirkungen der Ehe unterfallend, relativ unumstritten.[1562] Problematisch ist demgegenüber die Abgrenzung von Ehewirkungs- und Ehegüter-

---

[1558] Die Motive zum Reformgesetz sprechen in ihrer Einführung daher auch von einem régime primaire et impératif (abgedruckt bei Hamiaut, La réforme des régimes matrimoniaux, 5) ähnlich Colomer (Colomer, Régimes matrimoniaux, Rn. 61) der von dem „statut impératif de base“ spricht.

[1559] Ferid/Sonnenberger, FranzZR III, 4 B 131.

[1560] Savatier, D. 1965, Chron., 135, 135.

[1561] Sper, Der neue gesetzliche Güterstand in Frankreich, 24.

[1562] MüKo/Siehr, Art. 14 EGBGB, Rn. 100; Henrich, IntFamR, 38 f.; Soergel/Schurig, Art. 14 EGBGB, Rn. 44. Teilweise a.A. Greubel, Das „régime matrimonial primaire“ und seine Stellung im deutsch-französischen Verhältnis, 74 ff., der anhand einer von der h.M. abweichenden Abgrenzung von Ehewirkungs- und Ehegüterstatut für einzelne Vorschriften zu einer abweichenden Qualifikation des régime matrimonial primaire kommt.

statut insbesondere bei Verfügungsbeschränkungen,[1563] die sich für Hausrat und Ehewohnung in Art. 215 III C.c. finden.[1564]

Zu den allgemeinen Ehewirkungen zählen grundsätzlich alle Fragen, die während einer Ehe das Zusammenleben der Ehegatten behandeln, soweit sie nicht einem der besonders geregelten Bereiche der Artt. 15 ff. EGBGB zuzurechnen sind.[1565] Damit unterfallen den allgemeinen Ehewirkungen zunächst die persönlichen Rechtsbeziehungen zwischen den Ehegatten und ihre Aufgaben während der Ehe. Darüber hinaus sind zum Ehewirkungsstatut aber auch die allgemeinen vermögensrechtlichen Beziehungen der Ehegatten zu zählen, so daß sich an diesem Punkt die Frage der Abgrenzung zum Güterstatut stellt.
Der Grund für die Einbeziehung der allgemeinen vermögensrechtlichen Beziehungen in das Ehewirkungsstatut ist, daß solche Rechtsverhältnisse, obwohl sie vermögensrechtlichen Charakter besitzen, mehr vom sozialen Umfeld der Lebenspartner geprägt werden und Vermögensgegenstände betreffen, die der Befriedigung der unmittelbaren Lebensbedürfnisse der Familie dienen.[1566] Anders als das Ehegüterrecht wird das Ehewirkungsrecht aber wandelbar angeknüpft, mit der Folge, daß eine Anknüpfung der allgemeinen vermögensrechtlichen Beziehungen am jeweils nächsten Recht der Ehegatten gewährleistet ist, wohingegen die Ziele des Vertrauensschutzes und der Vermeidung von Überleitungsproblemen,[1567] die der Unwandelbarkeit des Güterstatuts zugrundeliegen, bei solchen Rechtsverhältnissen zurücktreten können.[1568]
Das Güterstatut wird daher vom Ehewirkungsstatut oder in Ausnahmefällen einem anderen speziellen familienrechtlichen Statut in der Weise abgrenzt, daß zum Ehegüterrecht nur diejenigen materiellen Rechtssätze zu zählen sind, die sich auf eine Sonderordnung des Vermögens beziehen oder gerade von einer solchen Sonderordnung absehen.[1569] Kriterium für die Abgrenzung ist deshalb, ob die jeweilige Vorschrift nach ihrer Funktion und Wirkung ohne Rücksicht auf eine besondere Ordnung der Vermögensverhältnisse Einzelfragen für *alle*

1563 Vgl. dazu Henrich, IntFamR, 40 ff., 83 f.; Andrae, Internationales Familienrecht, Rn. 307 ff.; Soergel/Schurig, Art. 15 EGBGB, Rn. 33; MüKo/Siehr, Art. 14 EGBGB, Rn. 76, 114, Art. 15 EGBGB, Rn. 10; Jayme, FS für Henrich (erscheint demnächst), III.

1564 Ferid, IPR, 8-89, a.A. Andrae, Internationales Familienrecht, Rn. 307.

1565 Soergel/Schurig, Art. 14 EGBGB, Rn. 36; MüKo/Siehr, Art. 14 EGBGB, Rn. 73 ff.

1566 Andrae, Internationales Familienrecht, Rn. 276.

1567 Vgl. zu den einzelnen Gründen, die für die Unwandelbarkeit des Güterstatuts angeführt werden, Grundmann, FamRZ 1984, 445, 446.

1568 Diese Abgrenzung wurde auch nicht durch die Einführung des Art. 15 II EGBGB gegenstandslos, da die objektive Anknüpfung des Güterstandes weiterhin dem Grundsatz der Unwandelbarkeit folgt, wohingegen Art. 14 I EGBGB eine automatische Wandelbarkeit in diesen Fälle vorsieht. Vielmehr kann über Art. 15 II EGBGB sogar ein Gleichlauf mit dem Ehewirkungsstatut hergestellt werden.

1569 Vgl. o. S. 385 sowie die Regierungsbegründung BT-Drucksache 10/504, 57.

Ehen regelt (dann kein Ehegüterstatut) oder ob die Vorschrift lediglich für eine bestimmte Sonderordnung eingreift (dann Ehegüterstatut).[1570]

Dabei bestehen grundsätzlich vier Möglichkeiten, wie bestimmte familienrechtliche Rechtsverhältnisse (.z.B. Verfügungsbeschränkung) in diesem Zusammenhang qualifiziert werden können:[1571] Zunächst kann man sich für eine einheitliche Qualifikation als ehewirkungs- oder als ehegüterrechtlich entscheiden. Weiterhin kommt eine Doppelqualifikation als ehewirkungs- und ehegüterrechtlich in Betracht.[1572] Ebenfalls möglich ist außerdem, keine generelle Qualifikation in die eine oder andere Richtung vorzunehmen, sondern abhängig von Funktion und Wirkung des jeweiligen Rechtsverhältnisses im Einzelfall entweder ehwirkungsrechtlich, ehegüterrechtlich oder im Wege einer Doppelqualifikation anzuknüpfen.

Betrachtet man die Qualifikation von ausländischen Verfügungsbeschränkungen unter diesem Gesichtspunkt, wird häufig in Anlehnung an das deutsche Sachrecht vorgeschlagen, güterrechtlich anzuknüpfen, da die Verfügungsbeschränkungen (§§ 1365, 1369 BGB) in den Regelungen der Zugewinngemeinschaft enthalten sind.[1573] Eine solche einseitige Ausrichtung am deutschen Sachrecht ist jedoch abzulehnen, da sie dem Grundsatz der autonomen kollisionsrechtlichen Qualifikation widerspricht. Der Einordnung des deutschen materiellen Rechts kommt daher für die Qualifikation lediglich Orientierungscharakter zu.[1574]

Untersucht man die in Betracht kommenden Rechtsverhältnisse, insbesondere die Verfügungsbeschränkungen auf ihren Zweck im Einzelfall, so kann man vielmehr feststellen, daß diese sowohl ehewirkungsrechtliche als auch ehegüterrechtliche Ziele verfolgen können. So ist es z.B. grundsätzlich möglich, daß eine Verfügungsbeschränkung den Zweck hat, die materielle Substanz jeder Ehegemeinschaft zu erhalten und damit das soziale Umfeld der Ehegatten absichern will. Umgekehrt kann eine Verfügungsbeschränkung aber auch als Sicherheit für bestimmte Ansprüche innerhalb eines Güterstandes dienen.
Zudem birgt bereits die prinzipielle Einbeziehung von vermögensrechtlichen Fragen in das Ehegüterstatut eine solche Doppelfunktion in sich. Dies zeigt die Tatsache, daß lediglich bei bestimmten Vorschriften die Möglichkeit besteht

1570 MüKo/Siehr, Art 15 EGBGB Rn. 92; Soergel/Schurig, Art. 15 EGBGB, Rn. 29; Kegel/Schurig, IPR, § 20 V 3.

1571 MüKo/Siehr, Art. 14 EGBGB, Rn. 76.

1572 Allgemein zur Doppelqualifikation MüKo/Sonnenberger, Einl. zum IPR, Rn. 481 ff.

1573 Dabei ist allerdings die Qualifikation der §§ 1365, 1369 BGB als güterrechtlich umstritten (Soergel/Schurig, Art. 15 EGBGB, Rn. 33; Henrich, IntFamR, 40 f.; a.A. bzgl. § 1369 BGB Staudinger/v.Bar/Mankowski, Art. 14, Rn. 320 f.).

1574 Staudinger/v.Bar/Mankowski, Art. 15 EGBGB, Rn. 232.

diese vor die Klammer zu ziehen. So ist es zwar machbar, Vertretungs- oder Verfügungsbefugnisse allgemein zu regeln, nicht möglich ist dies hingegen z.B. bei Zugewinnansprüchen oder Gesamthandseigentum als Rechtsverhältnisse für spezifische Güterstände.
Schlußfolgerung ist deshalb, daß in Zweifelsfällen die jeweilige Vorschrift des ausländischen Rechts auf ihren spezifischen Zweck zu untersuchen und dementsprechend als ehewirkungs-, ehegüterrechtlich oder mehrfach zu qualifizieren ist. Dabei handelt es sich auch nicht um eine Qualifikation lege causae, sondern um eine autonome Qualifikation unter Einbeziehung rechtsvergleichender Erkenntnisse.[1575] Folge dieses Verständnisses ist im übrigen, daß das deutsche Recht ebenfalls Verfügungsbeschränkungen schaffen kann, die für alle Güterstände gleichermaßen gelten und deshalb den allgemeinen Ehewirkungen zuzuordnen sind.

Untersucht man Art. 215 III C.c. auf seinen spezifischen Zweck, so sprechen mehrere Punkte für eine Anknüpfung am Ehewirkungsstatut. Art. 215 III C.c. gilt wie das gesamte régime matrimonial primaire, da er vor die Klammer gezogen wurde, für alle und nicht nur für einen speziellen Güterstand. Darüber hinaus hat das französische Recht das régime matrimonial primaire der Disposition der Parteien entzogen und es auch damit unabhängig von einer Wahl des Güterstandes gemacht. Dies zeigt, daß die Verfügungsbeschränkungen des französischen Rechts nicht lediglich die Sicherung güterrechtlicher Ansprüche, sondern in erster Linie den Schutz des sozialen Umfelds der Ehepartner zum Ziel haben. Außerdem sind gerade Gegenstände wie Ehewohnung oder Hausrat nicht in der Weise charakterisiert, daß sie lediglich als Vermögenswert anzuerkennen sind,[1576] da Wohnung und Mobiliar die Grundlage der Führung einer jeden Ehe bilden. Bei solchen Vorschriften geht es also weniger um die vermögensrechtlichen Belange, sondern hauptsächlich um den Schutz der Gestaltung des ehelichen Lebens. Dies ist auch der Grund, warum es dem französischen Recht möglich war, die Verfügungsbeschränkungen als allgemeine Vorschriften vor die Klammer zu ziehen, was bei Vorschriften mit lediglich vermögensrechtlicher Komponente nicht möglich ist.

In Frage steht allerdings noch, ob die Verfügungsbeschränkungen neben der Qualifikation als ehewirkungsrechtlich im Wege der Doppelqualifikation gleichfalls als güterrechtlich zu qualifizieren sind. Dies wird mit der Begründung vertreten, daß derartige Normen auch den Charakter einer Sonderordnung

[1575] MüKo/Siehr, Art. 14 EGBGB, Rn. 77.

[1576] Lill, Ehewohnung und Hausrat im Familienrecht europäischer Staaten, 131 f.; Staudinger/v.Bar/Mankowski Art. 14 EGBGB, Rn. 321. Dabei ist zu beachten, daß es in unserem Zusammenhang nicht um die Frage geht, ob solche Verfügungsbeschränkungen *immer* ehewirkungsrechtlich qualifiziert werden sollen, sondern ob sie *auch* ehewirkungsrechtlich qualifiziert werden sollen.

für das Vermögen der Ehegatten besäßen und eine Aufnahme in die einzelnen Sonderordnungen durch die allgemeine Regelung entbehrlich geworden sei.[1577] Dem ist jedoch entgegenzuhalten, daß auch Vorschriften die dem Ehewirkungsstatut unterfallen, vermögensrechtliche Wirkungen entfalten können, so daß allein die Tatsache des Bestehens solcher vermögensrechtlicher Auswirkungen nicht zu einer Doppelqualifikation führen kann, da ansonsten jede ehewirkungsrechtliche Vorschrift mit Vermögensbezug gleichzeitig auch güterrechtlich zu qualifizieren wäre. Eine solche Lösung steht aber im Widerspruch zu der Abgrenzung der beiden Statuten, wie sie das deutsche IPR vornimmt. Vielmehr ist eine Doppelqualifikation nur dann möglich, wenn die Vorschrift neben ihrer ehewirkungsrechtlichen auch eine klare ehegüterrechtliche Komponente aufweist. Dies ist jedoch bei Art. 215 III C.c. nicht der Fall. Bei dieser Vorschrift steht der Schutz der vermögensrechtlichen Grundlagen der Familie und damit des sozialen Umfelds eindeutig im Vordergrund; eine anders geartete Schutzrichtung im Hinblick auf bestimmte Güterstände (z.B. Schutz bestimmter güterrechtlicher Ansprüche) ist demgegenüber nicht zu erkennen.

In diesem Zusammenhang ist zu beachten, daß es bei einem Auseinanderfallen von Ehegüterstatut und Ehewirkungsstatut zu einer Normhäufung oder einem Normmangel kommen kann.[1578] So ist es denkbar, daß eine Verfügungsbeschränkung in einem berufenen ausländischen Güterstand deshalb nicht besteht, weil die Verfügungsbeschränkung in den Vorschriften des allgemeinen Eherechts enthalten ist, das auf die Ehewirkungen anwendbare Recht die Verfügungsbeschränkung aber im Güterrecht regelt. Ein solcher Normwiderpruch ist gegebenenfalls wie auch in anderen Fällen im Wege der Angleichung, nicht aber im Wege einer Doppelqualifikation zu lösen.[1579]

Die Gründe der Qualifikation des Art. 215 III C.c. als ehewirkungsrechtlich können auch auf die übrigen Vorschriften des régime matrimonial primaire des französischen Rechts übertragen werden mit der Folge, daß sämtliche Vorschriften des régime matrimonial primaire nicht ehegüterrechtlich sondern ehewirkungsrechtlich anzuknüpfen sind, soweit nicht eine andere abweichende Sonderanknüpfung besteht. Gestützt wird diese Qualifikation im übrigen dadurch, daß das régime matrimonial primaire in Frankreich ebenfalls nicht güterrechtlich, sondern ehewirkungsrechtlich qualifiziert wird.[1580]

[1577] Andrae, Internationales Familienrecht, Rn. 309.

[1578] Soergel/Schurig, Art. 15 EGBGB, Rn. 33.

[1579] Zur Angleichung s. z.B. Kropholler, IPR, § 34; Soergel/Schurig, vor Art. 3 EGBGB, Rn. 154 ff.

[1580] Meyer, D.i.p., Nr. 783; J.C., Revillard, D.i.p., Fasc. 556, Nr. 126 ff; Loussoarn/Bourel, D.i.p., Rn. 314. Dabei wird in Frankreich diskutiert,ob nicht einige Vorschriften des régime matrimonial primaire als loi de police zu verstehen sind.

b) Qualifikation der Unterhaltsansprüche

Das französische Recht unterscheidet zwischen der Unterhaltspflicht der Ehegatten, die aus Art. 212 C.c. hergleitet wird,[1581] und der innerhalb des régime primaire in Art. 214 C.c. geregelten Pflicht zur Tragung des ehelichen Aufwandes.[1582] Diese Zweiteilung ist jedoch nicht unumstritten[1583] und es wird die Annahme eines einzigen Gesamtanspruch gefordert, der die gegenseitigen Unterstützungspflichten regelt und sich sowohl aus Art. 212 C.c. als auch aus Art. 214 C.c. ergeben soll.
Unabhängig von der Auslegung der Artt. 212, 214 C.c. sind die sich daraus ergebenden Ansprüche nicht als ehegüterrechtlich zu qualifizieren. Unterhaltsansprüche zwischen den Ehegatten gehören an sich zum Recht der allgemeinen Ehewirkungen,[1584] werden jedoch vom Haager Übereinkommen über das auf Unterhaltspflichten anzuwendende Recht vom 2.10.1973 seit dessen in Kraft treten am 1.4.1987 erfaßt.[1585] Demnach ist der Anspruch gemäß Art. 212 C.c. unzweifelhaft unterhaltsrechtlich zu qualifizieren. Schwieriger ist die Qualifikation des Anspruches aus Art. 214 C.c., da sich dieser nicht eindeutig zum Unterhaltsstatut oder zum Ehewirkungsstatut zuordnen läßt.[1586] Art. 214 C.c. ist als Vorschrift des régime matrimonial primaire aber zumindest nicht ehegüterrechtlich zu qualifizieren, so daß die Frage der Qualifikation der Ansprüche aus Art. 214 C.c. in diesem Zusammenhang nicht abschließend zu entscheiden ist.

c) Qualifikation der hypothèque légale

Ebenfalls Schwierigkeiten bereitet die Qualifikation der hypothèque légale des französischen Rechts, für die sowohl eine güterrechtliche als auch eine Qualifikation als allgemeine Ehewirkung in Betracht kommt.

[1581] Art. 212 C.c. lautet: „Les époux se doivent mutellement fidélité, secours, assistance." Der Ehegattenunterhalt wird dabei der gegenseitigen Verpflichtung zu „secours" entnommen.

[1582] Maury, Les régimes matrimoniaux, Nr. 1-9 f.; Ferid/Sonnenberger, FranzZR III, 4 B 151 ff.; Flour/Champenois, Les régimes matrimoniaux, Nr. 64; Grimaldi, Droit parimonial de la famille, Nr. 89.

[1583] Vgl. die Nachweise bei Maury, Les régimes matrimoniaux, Nr. 1-10; Flour/Champenois, Les régimes matrimoniaux, Nr. 64; Grimaldi, Droit patrimonial de la famille, Nr. 89.

[1584] Dies war zum alten Recht nicht unumstritten, aber h. M. Vgl. die Nachweise bei Staudinger[10/11]/Gamillscheg, Art. 14 EGBGB, Rn. 227.

[1585] Soergel/Schurig, Art. 14 EGBGB, Rn. 46.

[1586] Vgl. dazu Cour de cassation, Urt. v. 6. 11. 1990; Rev.crit. d.i.p., 80 (1991) 348 ff. m. Anm. Simon-Depitre.

aa) Die hypothèque légale des französischen Rechts

In ihrer ursprünglichen Form vor der Reform des Liegenschaftsrechts von 1955 und den Ehegüterreformen von 1965 und 1985 entstand eine hypothèque légale durch die Heirat zugunsten der Ehefrau an allen Grundstücken des Ehemannes unabhängig vom jeweiligen Güterstand.[1587] Diese geheime Legalhypothek wurde durch die Reform des Liegenschaftsrechts im Jahre 1955 in der Weise entschärft, daß die Legalhypothek gegenüber Dritten nur von dem Zeitpunkt an und mit dem Rang wirkt, mit dem sie im Grundbuch eingetragen wird, gemäß Art. 2134 C.c. Eine solche Eintragung wurde aber in den wenigsten Fällen vorgenommen. Eine weitere Einschränkung folgte durch die Güterrechtsreform im Jahre 1965.[1588] Art. 2135 C.c., der im Zuge dieser Reform eingeführt wurde, sah für sämtliche Güterstände die Möglichkeit vor, daß die Ehegatten auf Grund einer Vereinbarung im Ehevertrag eine *vertragliche Legalhypothek* ohne richterliche Entscheidung zugunsten der Ehefrau eintragen lassen konnten. Da-rüber hinaus enthielten die Artt. 2135-2142 C.c. und die Artt. 2163-2165 C.c. zusätzliche spezielle Fälle wie eine hypothèque légale mit oder ohne richter-liche Entscheidung begründet werden konnte. Noch weiter zurückgedrängt wurde die hypothèque légale durch die Ehegüterrechtsreform des Jahres 1985. Im Zuge dieser Reform wurde unter anderem Art. 2135 C.c. aufgehoben. Damit verblieben nur noch wenige Fälle, nach denen eine hypothèque légale nach heutigem Recht begründet werden kann. Zu beachten ist allerdings, daß die nach altem Recht eingetragenen Hypotheken weiter Bestand haben. Außerdem sieht das französische Recht vor, daß ein Titel auf Eintragung einer Hypothek, der nach altem Recht begründet war, auch weiterhin ausgeübt werden kann, wobei allerdings die Eintragung selbst den Regelungen des neuen Rechts unterliegt.[1589] Insofern kommt auch den Vorschriften des früheren Rechts noch erhebliche praktische Bedeutung zu.

Einzige Konstellation der Entstehung einer Legalhypothek ohne gerichtliche Entscheidung nach geltendem Recht ist, wie sich aus Art. 2137 I C.c. ergibt,[1590] diejenige des Art. 2136 C.c. Danach entsteht eine Legalhypothek zugunsten beider Ehegatten zur Sicherung des Zugewinns, wenn die Ehegatten den Wahlgüterstand der Beteiligung am Zugewinn (régime de participation aux acquêts) ehevertraglich vereinbart haben, ohne die Entstehung von Legalhypotheken

---

[1587] Vgl. zur geschichtlichen Entwicklung Colomer, Régimes matrimoneaux, Rn. 380; Terré/Simler, Les régimes matrimoneaux, Rn. 25 ff.; Ferid/Sonnenberger, FranzZR III, 4 B 178 ff.

[1588] Terré/Simler, Les régimes matrimoneaux, Rn. 194.

[1589] Ferid/Sonnenberger, FranzZR III, 4 B 178.

[1590] Art. 2137 I C.c. hat folgenden Wortlaut: „Hors le cas de la particiaption aux acquêts, l'hypothèque légale ne peut être inscrite que par la intervention de justice, ainsi qu'il est expliqué au présent article et à l'article suivant."

auszuschließen. Die hypothèque légale ist demnach Teil der gesetzlichen Ausgestaltung des Wahlgüterstandes des régime de participation aux acquêts und dient nicht mehr dem Schutz der Ehefrau, sondern lediglich dem Zweck, die Forderung auf Zugewinnausgleich zu sichern.[1591] Insofern stellt diese Art der Hypothek keine hypothèque légale im eigentlichen Sinne mehr dar, da sie nicht durch Gesetz, sondern mittelbar durch Rechtsgeschäft begründet wird. Für die Wirkung der Hypothek gegenüber Dritten und ihre Durchsetzung ist seit der Liegenschaftsreform von 1955 eine Eintragung im Grundbuch erforderlich.

Auf Grund einer richterlichen Entscheidung kann eine hypothèque légale in zwei Fällen entstehen:[1592] Gemäß Art. 2137 II C.c. kann ein Ehegatte, wenn er eine Klage auf Feststellung einer Forderung gegen seinen Ehegatten oder dessen Erben erhebt, die vorläufige Eintragung einer Legalhypothek zur Sicherung dieser Forderung von dem Gericht verlangen. Diese vorläufige Eintragung wirkt gemäß Art. 2137 III C.c. drei Jahre lang und kann erneuert werden. Ist die Feststellungsklage erfolgreich, so führt dies nach Art. 2137 IV C.c. zu einer endgültigen Eintragung der Hypothek.
Der zweite Fall der Eintragung auf Grund einer gerichtlichen Entscheidung ist in Art. 2138 C.c. geregelt.[1593] Danach kann das Gericht in bestimmten güterrechtlichen Sondersituationen der communauté légale, die die Übertragung der Verwaltung bestimmter Vermögenswerte von dem einen auf den anderen Ehegatten erforderlich machen, innerhalb der die Übertragung der Verwaltung anerkennenden oder einer späteren Entscheidung, die Eintragung einer hypothèque légale an den Grundstücken desjenigen Ehegatten vorsehen, der zur Verwaltung berufen wurde. Die güterrechtliche Sondersituationen bestimmen sich nach den Artt. 1426, 1429 C.c. und bestehen, wenn die Übertragung der Verwaltung von Gesamtgut oder Eigengut von einem auf den anderen Ehegatten erforderlich ist, weil der andere Ehegatte zur Äußerung seines Willen dauernd unfähig ist oder sich in der Verwaltung des Vermögens als ungeeignet oder betrügerisch erwiesen hat. Die hypothèque légale hat in diesem Fall den Zweck, mögliche Schadensersatzansprüche zu sichern, die aus der ausnahmsweisen Übertragung der Verwaltungsbefugnisse auf den anderen Ehegatten erwachsen können.[1594]

bb) Qualifikation der hypothèque légale als güterrechtlich

Die einem Ehegatten am Grundvermögen des anderen Ehegatten zustehenden Sicherungsrechte werden grundsätzlich den allgemeinen Wirkungen der Ehe

[1591] Colomer, Régimes matrimoneaux, Rn. 384.

[1592] Vgl. dazu im einzelnen Colomer, Régimes matrimoneaux, Rn. 387 ff.

[1593] Terré/Simler, Les régimes matrimoneaux, Rn. 511.

[1594] Flour/Champenois, Les régimes matrimoneaux, Nr. 386.

zugerechnet.[1595] Eine solche Qualifikation als ehewirkungsrechtlich trifft unbesehen jedoch lediglich auf die ursprüngliche Form der hypothèque légale zu, da sie unabhängig vom jeweiligen Güterstand zur Anwendung kommt. Soweit die Sicherungsrechte an Grundstücken nur im Rahmen eines bestimmten Güterstandes gewährt werden, ist hingegen die oben entwickelte Abgrenzung zwischen Ehewirkungs- und Ehegüterstatut zu beachten. Danach sind diejenigen Sicherungsrechte an Grundstücken, die lediglich im Rahmen einer güterrechtlichen Sonderordnung Anwendung finden, als ehegüterrechtlich zu qualifizieren und über Art. 15 EGBGB anzuknüpfen.[1596] Diese abweichende Anknüpfung beruht auf dem Gedanken, daß sich mit der Zuordnung zu einer güterrechtlichen Sonderordnung der Zweck der Vorschrift geändert hat. So dienen die nach Artt. 2136-2138 C.c. entstehenden Legalhypotheken nicht mehr generell als Gegenleistung für bestehende Vorrechte des Mannes oder zum Schutz der Frau, sondern der Sicherung des Zugewinnausgleichs oder von Schadensersatzansprüchen, die im Zusammenhang mit Sonderverwaltungsrechten innerhalb der communauté légale entstehen können, und weisen daher lediglich güterrechtsspezifische Züge auf. Soweit eine hypothèque légale auf Grund der Artt. 2136-2138 C.c. errichtet wurde, ist sie daher über Art. 15 EGBGB anzuknüpfen, wohingegen die Legalhypotheken, die auf dem früheren Art. 2135 C.c. oder den vor 1965 geltenden Vorschriften beruhen, über Art. 14 EGBGB anzuknüpfen sind.

cc) Abgrenzung zum deutschen Sachstatut

Bei einer Beachtung der hypothèque légale in Deutschland stellt sich weiterhin die Schwierigkeit der Abgrenzung des Ehewirkungs- bzw. Ehegüterstatuts vom Sacheinzelstatut, da die hypothèque légale, wie sie in Frankreich besteht, ein Rechtsinstitut ist, das die deutsche Rechtsordnung in der Form nicht kennt. Das Problem der Abgrenzung von Güter- und Sachstatut wurde oben bereits einer ausführlichen theoretischen Betrachtung unterzogen.[1597] Ergebnis war, daß grundsätzlich auch die sachenrechtlichen Tatbestände, die im Zusammenhang mit einem vermögensrechtlichen Gesamtstatut auftreten, von dem Gesamtstatut umfaßt sind. Soweit also französisches Recht Ehegüter- oder Ehewirkungsrecht ist, kann dieses grundsätzlich auch die Entstehung einer hypothèque légale in Deutschland anordnen. Die Ausdehnung des Vermögensstatuts ist über Art. 6 EGBGB jedoch einzuschränken, wenn durch dessen Anwendung die tragenden Prinzipien der deutschen Sachenrechtsordnung verletzt werden. Ob dies bei der

[1595] Staudinger/v.Bar/Mankowski, Art. 14 EGBGB, Rn. 303; Erman/Hohloch, Art. 14 Rn. 32; Palandt/Heldrich Art. 14 EGBGB, Rn. 18; MüKo/Siehr, Art. 14 EGBGB, Rn. 109.

[1596] Staudinger/v.Bar/Mankowski, Art. 14 EGBGB, Rn. 303.

[1597] Vgl. o. S. 123 ff.

hypothèque légale der Fall ist, ist unklar. Dabei gehen die meisten Autoren[1598] davon aus, daß eine hypothèque légale in Form der *geheimen Legalhypothek* nicht mit den Grundsätzen des deutschen Sachenrechts vereinbar sei und deshalb an deutschen Grundstücken nicht entstehen könne. Die Frage ist, ob diese Aussage auch für die hypothèque légale in ihrer heutigen Form übernommen werden kann.

Der Widerspruch zur deutschen Sachenrechtsordnung kann sich bei einer Legalhypothek daraus ergeben, daß sie ohne Eintragung in das Grundbuch entsteht. Seit der Reform des französischen Liegenschaftsrechts im Jahre 1955 wird jedoch auch für die hypothèque légale eine Eintragung verlangt. Die Eintragung nach dem französischen Recht unterscheidet sich jedoch von der Eintragung nach deutschem Grundstücksrecht in der Weise, daß sie nicht Wirksamkeitsvoraussetzung für die Entstehung oder Übertragung der Hypothek ist, sondern vielmehr nur eingetragene Hypotheken Dritten entgegengehalten werden können.[1599] Der Rechtserwerb und Verlust an Hypotheken vollzieht sich hingegen nach französischem Recht außerhalb des Grundbuchs.[1600] Anders als das deutsche Recht folgt das französische Recht im Grundstücksrecht daher nur dem Prinzip der negativen, nicht aber der positiven Publizität. Im französischen Recht wird also lediglich das Vertrauen in das Schweigen des Registers geschützt (vergleichbar mit §§ 68, 1412 BGB, § 15 HGB), aber nicht im Gegensatz zu §§ 891, 892 BGB das Vertrauen auf den positiven Inhalt des Registers. Eine Hypothek nach französischem Recht entspricht vor Eintragung daher ihrem Wesen nach eher einer nicht durch das Grundbuch gesicherten Anwartschaft, da sie lediglich zwischen den Parteien oder deren Gesamtnachfolgern wirkt, Dritte aber unbenommen davon Rechte erwerben können.[1601]
Trotz dieser Unterschiede ist davon auszugehen, daß die Begründung der französischen hypothèque légale keinen Verstoß gegen die tragenden Prinzipien der deutschen Sachenrechtsordnung darstellt. Betrachtet man die Situation vor Eintragung einer hypothèque légale, so ist diese nach französischem Recht zwar entstanden,[1602] hat aber mangels Eintragung keinerlei Außenwirkung. Eine in der Weise ausgestaltete hypothèque légale erfüllt aber den in dieser Konstellati-

1598 Staudinger/v.Bar./Mankowski, Art. 14 EGBGB, Rn. 303; Palandt/Heldrich, Art. 14 EGBGB, Rn. 18; Erman/Hohloch Art. 14 EGBGB, Rn. 32; MüKo/Siehr, Art. 14 EGBGB, Rn. 110; zweifelnd Soergel/Schurig, Art. 15 EGBGB, Rn. 36.

1599 Vgl. zum Vergleich des deutschen mit dem französischen Liegenschaftsrecht Sturm, FS für Ficker, 459 ff.; Ferid/Sonnenberger, FranzZR II, 3 C 70.

1600 Stenz, Der Haftungsverband der Hypothek im französischen und im deutschen Recht, 5 ff.

1601 Sturm, FS für Ficker, 459, 471 f.; Ferid/Sonnenberger, FranzZR II, 3 C 34 ff.

1602 Schwierigkeiten bereitet es festzustellen, wann eine hypothèque légale in den Fällen der Artt. 2137, 2138 C.c. entsteht. Auch hier dient, wie sich aus der Systematik des französischen Rechts ergibt, die Eintragung nicht dem Entstehen des Rechts; Zeitpunkt der Entstehung ist vielmehr die Entstehung des der hypothèque légale zugrundeliegenden Anspruchs.

on entscheidenden Gedanken der negativen Publizität des deutschen Grundbuchrechts; Dritte können sich nach einem Blick in das Grundbuch darauf verlassen, daß sie keine Rechte anderer zu berücksichtigen haben. Insofern ist die entscheidende Funktion des deutschen Grundbuchs vor Eintragung trotz abweichender rechtlicher Konstruktion sichergestellt, da ein ausreichender Drittschutz gewährleistet ist. Im übrigen fügt sich das französische Recht auch in das anwendbare deutsche Verfahrensrecht,[1603] da man an Stelle der Eintragung in das französische Register bei deutschen Grundstücken eine Eintragung in das deutsche Grundbuch verlangen kann.
Nach Eintragung der hypothèque légale in das deutsche Grundbuch erscheint das Zusammenspiel mit dem französischen Recht als problematischer, da lediglich das deutsche nicht aber das französische Recht dem Gedanken der positiven Publizität folgt und den gutgläubigen Erwerb einer eingetragenen Hypothek kennt. Übertragungen von bestehenden Grundstücksrechten richten sich jedoch nach der lex rei sitae und damit nach deutschem Recht. Das französische Recht kann in dieser Hinsicht lediglich die Verfügungsbefugnis des Ehegatten, dem die hypothèque légale zusteht, einschränken.[1604] Ein Widerspruch zur deutschen Sachenrechtsordnung ergibt sich daraus jedoch nicht.
Insofern ist keine Verletzung der tragenden Prinzipien des deutschen Sachenrechts durch die Legalhypotheken des französischen Rechts und damit kein Vorrang der lex rei sitae anzunehmen. Da die verfahrensrechtlichen Reformvorschriften im Gegensatz zu den materiell-rechtlichen Reformvorschriften auch auf Altrechte Anwendung gefunden haben, können insoweit auch keine unbekannten Altrechte mehr entstehen. Zu beachten ist, daß die Fälle einer gerichtlichen Begründung der hypothèque légale eine Anerkennung und Vollstreckbarkeitserklärung der französischen Entscheidung nach §§ 328, 722, 723 ZPO voraussetzt.[1605]

3. Beendigung von Güterständen

Das Ehegüterstatut regelt weiterhin die Beendigung des Güterstandes. Damit unterliegen dem Güterstatut sämtliche Fragen der vorzeitigen Beendigung des Güterstandes sowie die Auseinandersetzung zwischen den Ehegatten. Das Güterstatut bestimmt ebenfalls, ob die Ehegatten Auskunfts- oder Rechnungslegungsansprüche haben. Die in dieser Hinsicht maßgeblichen Vorschriften des

---

1603 Deutsches Grundbuchrecht ist Verfahrensrecht und richtet sich daher nach der lex fori (Staudinger/v.Bar/Mankowski, Art. 15 EGBGB, Rn. 397 m.w.N.).

1604 Die Verfügungsmöglichkeiten einer hypothèque légale bestimmen sich nach den Artt. 2138, 2140 C.c.

1605 Das EuGVÜ findet auf eheliche Güterstände gemäß Art. 1 II Nr. 1 EuGVÜ keine Anwendung.

französischen Rechts beinhalten keine besonderen Qualifikationsprobleme und finden sich in den Artt. 1400 ff. C.c.

4. Vertragsmäßiges Güterrecht

Zu den güterrechtlichen Wirkungen der Ehe gemäß Art. 15 EGBGB zählen ebenfalls die ehevertraglichen Regelungen güterrechtlicher Beziehungen.[1606] Damit gilt das Güterrechtsstatut auch für Eheverträge und bestimmt über deren Zulässigkeit und zulässigen Inhalt. Dabei ist zu beachten, daß ausländische Rechte oftmals andere Materien als das deutsche Recht unter den Begriff des Ehevertrages fassen und sich daraus ein Qualifikationsproblem ergibt. Im Hinblick auf die Vorschriften des französischen Rechts sind daher verschiedene Fragenkreise zu unterscheiden. Schwierigkeiten bereitet zunächst die Qualifikation eines Vertrages zwischen Ehegatten oder zwischen Ehegatten und Dritten als Vertrag, der güterrechtliche Fragen regelt, da das französische Recht, neben unzweifelhaft als Eheverträge anzusehenden Verträgen, andere Typen von Verträgen zwischen Ehegatten, insbesondere die institution contractuelle kennt, deren Einordnung zweifelhaft ist. Soweit Verträge als Eheverträge qualifiziert werden können, ist der Umfang des Ehegüterstatut zu untersuchen und von anderen Statuten abzugrenzen.

a) Qualifikation von Verträgen des französischen Rechts als güterrechtlich

Prinzipiell kommt eine güterrechtliche Qualifikation bei sämtlichen Verträgen in Betracht, die zwischen Ehegatten geschlossen werden können. Das französische Recht enthält zunächst in den Art. 1387-1398 allgemeine Bestimmung über den Ehevertrag und erlaubt die Wahl eines beliebigen der gesetzlich vorgesehenen Güterstände sowie Verbindungen derselben.[1607] Die auf der Basis dieser Vorschriften abgeschlossenen Verträge sind, soweit sie sich auf die Wahl einer vermögensrechtlichen Sonderordnung beziehen, als güterrechtlich zu qualifizieren. Unzweifelhaft nicht güterrechtlicher Natur sind demgegenüber Kauf- und Tauschverträge zwischen Ehegatten,[1608] da sie keinen Bezug zu einer güterrechtlichen Sonderordnung aufweisen. Schwierigkeiten bereitet demgegenüber die Einordnung von Schenkungen sowie von Gesellschaften unter Ehegatten, die daher im folgenden ausführlicher behandelt werden.

[1606] Staudinger/v.Bar/Mankowski, Art. 15 EGBGB, Rn. 298 ff.; Soergel/Schurig Art. 15 EGBGB, Rn. 49 ff.; Erman/Hohloch, Art. 15 EGBGB, Rn. 33.

[1607] Vgl. Artt. 1387, 1393 C.c. sowie Ferid/Sonnenberger, FranzZR III, 4 B 224.

[1608] Solche Verträge sind seit der Aufhebung des Art. 1595 C.c. im Jahre 1985 unbegrenzt zulässig.

aa) Qualifikation von Schenkungen

Das französische Recht unterscheidet zwischen mehreren Formen unentgeltlicher Zuwendungen und enthält für diese besondere Regelungen. Dabei können die verschiedenen Formen der Schenkungen zum einen danach unterteilen werden, ob sie innerhalb eines Ehevertrages, der grundsätzlich vor der Heirat abzuschließen ist,[1609] getätigt oder außerhalb davon während der Ehe vorgenommen wurden. Zum anderen besteht die Möglichkeit danach zu trennen, ob es sich um eine Schenkung unter Lebenden oder um eine Schenkung auf den Todesfall (instiution contractuelle) handelt.[1610] Die letzte Möglichkeit ist nach der Person des Schenkers zu unterscheiden: hier sind Schenkungen zwischen den Ehegatten sowie von Dritten an die Ehegatten oder an einen von ihnen möglich.[1611] Das französische Recht kombiniert diese Möglichkeiten und kennt im einzelnen die im folgenden dargestellten Fälle.

(1) Schenkungen unter Lebenden

Die allgemeinen Regeln der Schenkung finden sich in den Artt. 893 ff. C.c und für die Schenkungen unter Lebenden insbesondere in den Artt. 931 ff. C.c. Auf Grund dieser Vorschriften ist es zunächst Dritten möglich Schenkungen unter Lebenden zugunsten eines oder beider Ehegatten auszusprechen. Darüber hinaus erlaubt Art. 1081 C.c. solche Schenkungen, im Rahmen eines Ehevertrages vorzunehmen. Soweit die Schenkungen durch Dritte in einem Ehevertrag vereinbart werden, wird das allgemeine Schenkungsrecht durch die Vorschriften der Artt. 1081 ff. C.c. modifiziert. Dabei enthalten diese Artikel unter anderem andere Regeln zur Widerruflichkeit der Schenkung (Art. 1086 C.c.), zur Annahme der Schenkung (Art. 1087 C.c.) sowie zur Unwirksamkeit der Schenkung (Artt. 1088-1089 C.c.).
Desgleichen erlaubt das Gesetz den Ehegatten Schenkungen unter Lebenden. Diese Schenkungen können sowohl im Ehevertrag als auch außerhalb des Ehevertrages vorgenommen werden. Soweit die Schenkungen unter Ehegatten nicht im Ehevertrag vereinbart wurden, sind diese gemäß Art. 1096 I C.c. im Gegen-

[1609] Allerdings ist mit Einführung und Erweiterung der Artt. 1397 ff. C.c. die wenn auch eingeschränkte Möglichkeit einer rechtsgeschäftlichen Änderung des Güterstandes während der Ehe geschaffen worden (vgl. o. S. 377).

[1610] Dabei ist auch eine Kombination von Schenkungen unter Lebenden und von Todes wegen zulässig (Art. 1084 C.c., donnation cummulative de biens présents et à venir), die für ihre Wirksamkeit erfordert, daß sowohl die Voraussetzungen für eine Schenkung unter Lebenden wie auch der institution contractuelle gegeben sind. Im Rahmen der Qualifikation sind beide Fälle soweit erforderlich zu trennen.

[1611] Ausführlich zu den verschiedenen Arten der Schenkungen des französischen Rechts Löffler, Ehegattenschenkungen und ihre Rückgängigmachung nach französischem und deutschem Recht, 12 ff.

satz zum normalen Schenkungsrecht jederzeit frei widerruflich. Der Widerruf bewirkt dabei den unmittelbaren Rückfall des Eigentums.

(2) Schenkungen auf den Todesfall (institution contractuelle)

Mit dem Begriff institution contractuelle bezeichnet man einen Vertrag, in dem eine Person für den Fall ihres Todes einer anderen Person verspricht, ihr unentgeltlich das ganze Vermögen oder einen Teil desselben zu überlassen.[1612] Dabei kennt der Code Civil drei Formen der institution contractuelle: Die Einsetzung eines oder beider Ehegatten durch einen Dritten im Ehevertrag (Artt. 1082 ff.), die einseitige oder gegenseitige Einsetzung der Ehegatten im Ehevertrag (Artt. 1091 ff. C.c.) sowie die einseitige oder gegenseitige Einsetzung der Ehegatten während der Ehe ohne Ehevertrag.[1613]
Im Rahmen einer institution contractuelle behält der Schenker, entgegen dem sonst geltenden Grundsatz des französischen Rechts *donner et retenir ne vaut*, alle Rechte an den zugewendeten Gegenständen mit der Ausnahme, daß er über diese Gegenstände nicht mehr anderweitig unentgeltlich verfügen darf, auch nicht von Todes wegen (Art. 1083 C.c.). Allerdings kann die Einsetzung gemäß Art. 1086 C.c. unter dem ausdrücklichen Vorbehalt erfolgen, daß eine anderweitige Verfügung von Todes wegen zulässig ist. Soweit die Vereinbarung der institution contractuelle im Ehevertrag erfolgt, ist diese grundsätzlich unwiderruflich. Allerdings ist unter engen Voraussetzungen eine nachträgliche Abänderung des Ehevertrags möglich. Auch können Auflagen und Widerrufsklauseln für bestimmte Fälle vereinbart werden. Demgegenüber ist eine institution contractuelle, die außerhalb des Ehevertrages vereinbart wurde, gemäß Art. 1096 C.c. frei widerruflich. Das Widerrufsrecht ist ein persönliches Recht und kann daher weder von den Erben noch von den Gläubigern des Begünstigten ausgeübt werden.[1614]

(3) Qualifikation der verschiedenen Arten der Schenkungen

Die Qualifikation der unterschiedlichen Formen der Schenkung bereitet auf Grund ihrer Beziehungen zu verschiedenen Rechtsgebieten gewisse Schwierig-

---

[1612] Vgl. Art. 1082 C.c., der den Begriff der institution contracuelle selbst allerdings nicht verwendet. Zur Begrifflichkeit und zur Entstehung dieses Rechtsinstituts vgl. auch Wilfurth, Die Institution Contractuelle nach belgischem Recht Qualifikation und Handeln unter falschem Recht in deutsch-belgischen Erbfällen, 83 f.

[1613] Zwar ist lediglich die Schenkung künftigen Vermögens zwischen Ehegatten im Ehevertrag ausdrücklich im Gesetz normiert (Art. 1093 C.c.). Sie ist nach allgemeiner Ansicht jedoch auch während der Ehe außerhalb des Ehevertrages gestattet (Mazenaud/Leveneur IV/2 Nr. 695; Ferid/Sonnenberger, FranzZR III, 5 C 70).

[1614] Ferid/Sonnenberger, FranzZR III, 4 B 189.

keiten. Aus diesem Grund soll zunächst die Qualifikation dieser Schenkungen in Frankreich dargestellt werden.

α) Grundsätzliche Qualifikation nach französischem Recht

Die Anknüpfung von Schenkungen zwischen Ehegatten ist im französischen Recht äußerst umstritten. Diskutiert wird eine Anknüpfung am Recht der persönlichen Ehewirkungen, am Erbstatut, am Personalstatut des Schenkers, am Güterrechtsstatut, an der lex rei sitae sowie an der Parteiautonomie.[1615] Dabei haben sich in den letzten Jahren gewisse Leitlinien für die Anknüpfung herauskristallisiert mit der Folge, daß eine Fokussierung der Anknüpfung auf das Ehewirkungs- und Erbstatut stattfindet. So wird im Anschluß an die Entscheidung Campell/Johnson[1616] nunmehr von den meisten Autoren vertreten, daß die Schenkungen unter Lebenden zwischen Ehegatten am Ehewirkungsstatut anzuknüpfen sind.[1617] Diese Anknüpfung gilt dabei sowohl für bewegliches wie auch für unbewegliches Vermögen. Bei Schenkungen von Todes wegen wird demgegenüber eine Anknüpfung für bewegliches Vermögen am Erbstatut und für unbewegliches Vermögen an der lex rei sitae favorisiert.[1618]

β) Grundsätzliche Qualifikation nach deutschem Recht

Die Qualifikation nach französischem Recht stellt jedoch zunächst lediglich einen ersten Anhaltspunkt dar. Im deutschen IPR werden Vorschriften, die Schenkungen zwischen Ehegatten unter Lebenden behandeln grundsätzlich ehewirkungsrechtlich und nicht ehegüterrechtlich qualifiziert.[1619] Diese Einordnung wird jedoch in Frage gestellt, soweit die Schenkungen einen besonderen Bezug zu einem bestimmten Güterstand aufweisen. Liegt ein solcher Fall vor, knüpft die überwiegende Meinung am Ehegüterstatut an.[1620] Eine solche Zwei-

---

[1615] Wilfurth, Die Institution Contractuelle nach belgischem Recht Qualifikation und Handeln unter falschem Recht in deutsch-belgischen Erbfällen, 123 m.w.N; Kühne, FamRZ 1969, 371, 376. Umfassend zur gesamten Problematik Ancel, Les conflits de qualifications a l'épreuve de la donation entre époux, 265 ff.; Fadlallah, La famille légitime en droit international privé, 241 ff.

[1616] Cour de cassation, Urt. v. 15. 2. 1966, Rev.crit.d.i.p. 55 (1966) 273 ff. m. Anm. Battifol.

[1617] Meyer, D.i.p., Nr. 783; J.C., Revillard, D.i.p., Fasc. 556, Nr. 119; Loussoarn/Bourel, D.i.p., Rn. 317 jeweils m.w.N.

[1618] Meyer, D.i.p., Nr. 834; J.C., Revillard, D.i.p., Fasc. 556, Nr. 119 jeweils m.w.N.

[1619] Staudinger/v.Bar/Mankowski, Art. 14 EGBGB, Rn. 310; MüKo/Siehr, Art. 14 EGBGB, Rn. 108; Soergel/Schurig, Art. 14 EGBGB, Rn. 63; Kühne, FamRZ 1969, 371, 376 f.

[1620] Siehr, Art. 14 EGBGB, Rn. 108; Soergel/Schurig, Art. 14 EGBGB, Rn. 63; Kühne, FamRZ 1969, 371, 376. Ablehnend hingegen Staudinger/v.Bar/Mankowski, Art. 14 EGBGB, Rn. 311.

teilung erscheint auch als konsequent, da sie lediglich die prinzipielle Unterscheidung zwischen Ehewirkungsstatut und Ehegüterstatut bei Schenkungen zwischen Ehegatten unter Lebenden durchführt. Zur Abgrenzung der beiden Statute kann daher auf die bereits entwickelten Kriterien zurückzugegriffen werden.
Dabei ist zu beachten, daß grundsätzlich nur diejenigen Schenkungsvorschriften, die einen speziellen familienrechtlichen Bezug aufweisen, ehewirkungs- oder ehegüterrechtlich qualifiziert werden, wohingegen die Schenkung selbst gemäß Artt. 27 ff. EGBGB anzuknüpfen ist.[1621] Diese Sonderanknüpfung von Teilfragen dürfte allerdings dort ihre Grenze haben, wo sich die jeweilige Schenkung als Institution verselbständigt hat und nicht lediglich einzelne Schenkungsverbote zu qualifizieren sind.

Die Schenkungen auf den Todesfall werden demgegenüber prinzipiell erbrechtlich qualifiziert.[1622] Umstritten ist dabei allerdings, ob die im Sachrecht existierende Unterscheidung zwischen Schenkungen auf den Todesfall und Schenkungen unter Lebenden, wie sie sich aus § 2301 BGB ergibt,[1623] auch in die autonome kollisionsrechtliche Qualifikation übernommen werden soll.[1624] Dies erscheint insbesondere deswegen problematisch, weil das deutsche Recht die Unterscheidung davon abhängig macht, ob das Schenkungsversprechen unter einer Überlebensbedingung des Beschenkten erteilt wurde und nur in diesem Fall von einer Schenkung auf den Todesfall ausgeht, ausländische Rechte diese Unterscheidung aber oftmals nicht kennen und deshalb keine eindeutige Regelung in dieser Hinsicht treffen.

Allgemein ist weiterhin zu berücksichtigen, daß ein Ehevertrag nicht einheitlich angeknüpft werden muß, sondern die verschiedenen Elemente des Vertrages, soweit sie abtrennbar sind, einer unterschiedlichen Anknüpfung unterworfen werden können. Dies ist zwar hauptsächlich bei kombinierten Ehe- und Erbverträgen von Bedeutung,[1625] gilt aber gleichermaßen für eine kombinierte Anknüpfung an das Ehewirkungs- und das Ehegüterstatut. Damit führt die Auf-

---

[1621] Ausführlich dazu Kühne, FamRZ 1969, 371, 376 f.; Staudinger/v.Bar/Mankowski, Art. 14 EGBGB, Rn. 310; MüKo/Siehr, Art. 14 EGBGB, Rn. 108; a.A. BGH, Urt. v. 18. 10. 1968, FamRZ 1969, 28 ff.

[1622] Soergel/Schurig, Art. 26 EGBGB, Rn. 44; Erman/Hohloch, Art. 25 EGBGB, Rn. 34; Staudinger/Dörner, Art. 25 EGBGB, Rn. 354 ff.

[1623] Vgl zur Unterscheidung im einzelnen Staudinger/Kanzleitner § 2301 BGB, Rn. 10 ff.; MüKo/Musielak, § 2301 BGB, Rn. 9 ff.

[1624] Vgl. den Streitstand bei Soergel/Schurig, Art. 26 EGBGB, Rn. 44; Staudinger/Dörner, Art. 25 EGBGB, Rn. 354 ff.

[1625] Zu kombinierten Ehe- und Erbverträgen vgl. Staudinger/v.Bar/Mankowski, Art. 15 EGBGB, Rn. 337; Henrich, FS für Schippel, 904, 914; Erman/Hohloch, Art. 15 EGBGB, Rn. 39.

nahme einer Schenkung in den Ehevertrag allein jedenfalls noch nicht zu einer güterrechtlichen Anknüpfung.

γ) Qualifikation der verschiedenen Arten der Schenkungen

Anhand dieser Kriterien können nunmehr die verschiedenen Formen der Schenkung daraufhin untersucht werden, ob sie güterrechtlich zu qualifizieren sind. Betrachtet man die verschiedenen Formen der Schenkungen unter diesen Kriterien so ergibt sich folgendes: Die Schenkungen unter Lebenden von Dritten an die Ehegatten außerhalb des Ehevertrages weisen keinerlei familienrechtlichen Bezug auf und richten sich daher nach den allgemeinen Vorschriften, die für die Schenkung gelten. Sie sind deshalb nach dem Vertragstatut der Artt. 27 ff. EGBGB anzuknüpfen.
Soweit die Schenkungen durch Dritte innerhalb eines Ehevertrages vorgenommen werden, kommt es ebenfalls nicht zu einer Anknüpfung als güterrechtlich und zwar sowohl in dem Fall der Schenkung unter Lebenden als auch bei Schenkungen auf den Todesfall. Die Form des Ehevertrages allein kann, wie bereits dargestellt, nicht zu einer Anknüpfung als güterrechtlich führen, da der Vertrag insoweit aufgeteilt und unterschiedlich qualifiziert werden kann. Eine Anknüpfung am Ehegüterstatut scheidet in diesen Fällen deswegen aus, weil güterrechtliche Vorschriften die Regelung einer vermögensrechtlichen Sonderordnung *zwischen* den Ehegatten zum Gegenstand haben, nicht aber zwischen einem oder beiden Ehegatten und Dritten. Die Schenkungen von Dritten führen aber nur eine Vermögensverschiebung von außerhalb der Sonderordnung zugunsten eines oder beider Ehegatten herbei.

Schwieriger ist es Schenkungen zwischen Ehegatten zu qualifizieren. Soweit diese Schenkungen unter Lebenden und außerhalb des Ehevertrages vollzogen werden, stellt dies den typischen Fall einer Schenkung zwischen Ehegatten dar und weist keinerlei güterrechtliche Bezüge auf. Eine solche Schenkung ist daher gemäß Artt. 27 ff. EGBGB zu qualifizieren; die Möglichkeit des Widerrufs der Schenkung gemäß Art. 1096 C.c. ist insofern ehewirkungsrechtlich einzuordnen.
Ebenfalls nicht güterrechtlich anzuknüpfen sind die Schenkungen unter Ehegatten auf den Todesfall, die nicht in der Form eines Ehevertrages vollzogen werden. Auch bei diesen Schenkungen handelt es sich um Schenkungen, die im Lauf der Ehe ausgesprochen werden, ohne daß eine besondere Beziehung zu einem bestimmten Güterstand besteht. Die Bezugnahme auf den Todesfall kann in

einer solchen Konstellation auch nicht als güterrechtlicher Ausgleich, sondern allenfalls als erbrechtlicher Anspruch angesehen werden.[1626]

Problematischer, aber letztendlich ebenso nicht güterrechtlich zu qualifizieren, sind Schenkungen zwischen Ehegatten, die durch Ehevertrag vorgenommen werden und zwar unabhängig davon, ob diese Schenkungen unter Lebenden oder auf den Todesfall ausgesprochen werden. Dabei besteht durchaus ein gewisser Zusammenhang mit dem Ehegüterrecht in diesen Fällen. Solche Schenkungen werden innerhalb eines Ehevertrages ausgesprochen und können daher unter anderem dem Zweck dienen, Härten, die im Zusammenhang mit der Vereinbarung des jeweiligen Güterstandes auftreten, auszugleichen. Diese Ansprüche sind in Abweichung zu dem sonstigen Recht auch dadurch gesichert, daß die Verfügungsmöglichkeiten über das verschenkte Vermögen eingeschränkt und ein Widerruf grundsätzlich nicht zulässig ist, so daß der Beschenkte eine gesicherte Rechtsposition erhält.
Diese Verbindung zum Güterrecht reicht jedoch für eine güterrechtliche Qualifikation letztendlich nicht aus. Die Schenkungen können nach ihrer Konstruktion im französischen Recht unabhängig von dem jeweiligen Güterstand eingegangen werden und sind daher von ihrem Gesetzeszweck nicht dazu vorgesehen, einen Ausgleich für bestimmte Güterstände vorzunehmen. Insofern sind die Vorschriften, die die Schenkungen im Ehevertrag zulassen, von ihrer Struktur allenfalls dem allgemeinen Wirkungen der Ehe, nicht aber dem Güterrecht zuzuordnen, da sie keine Regelungen einer vermögensrechtlichen Sonderordnung der Ehegatten enthalten. Vielmehr ist die Eingehung einer Schenkung sowie die Bestimmung des Zwecks nicht vom Gesetzgeber vorgegeben, sondern steht im Belieben der Parteien, weshalb die Verbindung mit einem bestimmten Güterstand allenfalls auf dem Willen der Parteien im Einzelfall basiert, aber nicht, wie für eine güterechtliche Anknüpfung erforderlich, auf einer gesetzlichen Anordnung beruht. Die Parteien sind aber frei, der Schenkung auch einen anderen Zweck zu geben. So kann die Schenkung lediglich auf dem Gedanken eines Geschenks als solchem beruhen und die Aufnahme in den Ehevertrag lediglich die Dauerhaftigkeit des Geschenks sichern, oder die Schenkung kann im Fall der institution contractuelle dazu dienen, vertragliche Verfügungen von Todes wegen zu treffen.[1627] Obwohl die Schenkungen in den Ehevertrag aufgenommen werden, der die Vereinbarung eines bestimmtem Güterstandes enthält, ist die Verbindung mit dem Ehegüterrecht lediglich formaler Art. Die Schen-

[1626] Ob diese Form der Schenkungen als erbrechtlich oder wie Schenkungen unter Lebenden zwischen Ehegatten zu qualifizieren sind, richtet sich letztendlich danach, ob man der Qualifikation § 2301 BGB zugrunde legt und eine Überlebensbedingung fordert, da die Vereinbarung einer solchen wegen Art. 1082 II C.c. in diesem Fall nur schwerlich anzunehmen sein dürfte.

[1627] Das französische Recht untersagt im übrigen gemäß Artt. 791, 1130 II C.c. Erbverträge bis auf den Fall der institution contractuelle, was dieser eine besondere Bedeutung zukommen läßt.

kungen weisen aber keine Verbindung materiell-recht-licher Art mit dem jeweiligen Güterstand auf, so daß eine Qualifikation als ehegüterrechtlich ausscheidet.[1628]

Somit sind die Vorschriften, die eine ehevertragliche vereinbarte Schenkung unter Lebenden zwischen Ehegatten behandeln, als ehewirkungsrechtlich zu qualifizieren.[1629] Schwieriger ist die Frage der Qualifikation der Schenkungen auf den Todesfall zwischen Ehegatten, die im Ehevertrag vereinbart wurden, zu beantworten, da sowohl eine ehewirkungsrechtliche als auch eine erbrechtliche Anknüpfung in Betracht kommt. Diese Frage ist im Rahmen der vorliegenden Fragestellung jedoch nicht abschließend zu klären. Vieles spricht aber dafür, die institution contractuelle einheitlich erbrechtlich anzuknüpfen, da es sich letztendlich um Anordnungen über das Vermögen handelt, die für die Zeit nach dem Tode getroffen werden.[1630]

bb) Qualifikation von Gesellschaften unter Ehegatten

Die Ehegattengesellschaft war im französischen Recht lange Zeit nicht gesetzlich geregelt und wurde von der Rechtsprechung abgelehnt, weil sie in einer Gesellschaft unter Ehegatten einen Verstoß gegen verschiedene ehegüterrechtliche Vorschriften erblickte.[1631] Der Gesetzgeber griff jedoch zur Klärung des umstrittenen Rechtszustandes seit 1958 mehrfach ein, so daß Gesellschaften zwischen Ehegatten nunmehr zulässig sind. Dabei bestimmt Art. 1832-1 C.c. nach der Reform von 1985, daß Ehegatten allein oder mit anderen Personen ohne Einschränkungen Mitglieder einer Gesellschaft sein können. Eine Spezialregelung findet sich in Art. 1832-2 C.c., der die Einbringung von Gesamtgut in eine Gesellschaft regelt und klarstellt, welcher der Ehegatten bei Einbringung von Gesamtgut in eine Gesellschaft als Gesellschafter anzusehen ist.[1632]

1628 Eine solche Verbindung ist prinzipiell durchaus denkbar, wenn z.B. Schenkungen zwischen Ehegatten nur bei bestimten Güterständen als zulässig erklärt werden.

1629 Da die Vorschriften der Artt. 1081 ff. C.c. diese Form der Schenkungen nahezu umfassend regeln und daher institutionell verselbständigen, bietet sich eine einheitliche ehewirkungsrechtliche Anknüpfung an, selbst insoweit wie auf allgemeine Schenkungsvorschriften zurückgegriffen wird (z.B. auf die Artt. 955, 959 C.c.; vgl. Löffler, Ehegattenschenkungen und ihre Rückgängigmachung nach französischem und deutschem Recht, 161 ff.).

1630 Vgl. dazu Wilfurth, Die Institution Contractuelle nach belgischem Recht Qualifikation und Handeln unter falschem Recht in deutsch-belgischen Erbfällen, 140 ff. Entscheidend dürfte wiederum sein, ob man das Bestehen einer Überlebensbedingung fordert und ob eine solche gegebenenfalls in der instiution contractuelle zwischen Ehegatten hineingelesen werden kann.

1631 Ausführlich zur geschichtlichen Entwicklung und zu den Gründen der Ablehnung Kiefner-Weigl, Die Ehegattengesellschaft im französischen Zivilrecht, 3 ff.

1632 Ausführlich zum Ganzen, Ferid/Sonnenberger, FranzZR III, 4 B 194 ff.; Colomer, Régimes matrimoniaux, Rn. 371.

Auch bei Ehegattengesellschaften ist nicht ganz klar, ob sie güterrechtlich oder ehewirkungsrechtlich zu qualifizieren sind. Dabei werden Verbote von Ehegattengesellschaft wie die des früheren französischen Rechts zumeist als ehegüterrechtlich qualifiziert;[1633] diese Qualifikation wird jedoch zunehmend kritisch betrachtet.[1634] Demgegenüber knüpft das französische Recht die Ehegattengesellschaft grundsätzlich an den Wirkungen der Ehe an.[1635] Letztendlich ist auch in diesem Zusammenhang die Entscheidung wiederum nach dem Zweck der Vorschrift zu treffen: regeln die Normen über die Ehegattengesellschaft eine vermögensrechtliche Sonderordnung, sind sie güterrechtlich, regeln sie allgemeine, für alle Ehen geltende vermögensrechtliche Einzelfragen, sind sie ehewirkungsrechtlich zu qualifizieren.

Untersucht man die Vorschriften des französischen Rechts anhand dieser Unterscheidung, so ergibt sich, daß Art. 1832-1 C.c. ehewirkungsrechtlich, Art. 1832-2 C.c. hingegen ehegüterrechtlich zu qualifizieren ist. Während Art. 1832-1 C.c. die Vereinbarung einer Ehegattengesellschaft bei sämtlichen Güterständen zuläßt und den Zweck hat, den Ehegatten generell eine bestimmte Betätigungsmöglichkeit zu eröffnen, enthält Art. 1832-2 C.c. eine Sonderregelung für die Güterstände, die sich ganz oder teilweise aus Gesamtgut zusammensetzen. Diese Unterscheidung zeigt auch nochmals die Richtigkeit der Differenzierung von Ehewirkungs- und Ehegüterstatut, da eine Anwendung des Art. 1832-2 C.c. lediglich dann Sinn macht, wenn güterrechtlich Gesamtgut besteht, wohingegen Art. 1832-1 C.c. eindeutig eine Regelung enthält die unabhängig vom jeweiligen Güterstatut angewendet werden muß.

b) Die weiteren Fragen der Anknüpfung im Rahmen eines Ehevertrages

Soweit ein Vertrag nach den vorherigen Ausführungen zu den Eheverträgen zu zählen ist, stellen sich weitere Abgrenzungsprobleme. Das Ehegüterrechtsstatut entscheidet dabei über Zulässigkeit von Eheverträgen in jeglicher Hinsicht.[1636] Insofern ist die Vorschrift des Art. 1395 C.c., die den Abschluß eines Güterrechtsvertrages grundsätzlich nur vor Eingehung der Ehe zuläßt, güterrechtlich zu qualifizieren. Das Ehegüterstatut entscheidet ebenfalls darüber, ob ein Ehe-

---

1633 RG, Urt. v. 11. 4. 1940, RGZ 163, 367, 375 ff.; Erman/Hohloch, Art. 14 EGBGB, Rn. 32; MüKo/Siehr, Art. 15 EGBGB, Rn. 104; Soergel/Schurig, Art. 14 EGBGB, Rn. 63, der allerdings auf den jeweiligen Zweck der Vorschrift abstellt.

1634 Staudinger/v.Bar/Mankowski, Art. 14 EGBGB, Rn. 312; dies., Art. 15 Rn. 269.

1635 Revillard, J.C., D.i.p., Fasc. 556, Nr. 120 m.w.N.

1636 Staudinger/v.Bar/Mankowski, Art. 15 EGBGB, Rn. 304 ff.; Soergel/Schurig, Art. 15 EGBGB, Rn. 50 ff.

vertrag einer gerichtlichen oder behördlichen Genehmigung bedarf.[1637] Insofern ist auch Art. 1397 C.c., der eine gerichtliche Genehmigung im Rahmen einer Änderung des Ehevertrages nach Eheschließung verlangt, güterrechtlich einzuordnen.

Schwieriger ist hingegen die Qualifikation des Art. 1398 C.c., der eine besondere Regelung der Geschäftsfähigkeit zum Abschluß von Eheverträgen enthält. Danach haben Minderjährige die Geschäftsfähigkeit zum Abschluß von Eheverträgen lediglich dann, wenn diejenigen Personen ihr Einverständnis erteilen, die auch ihre Zustimmung zur Eingehung einer Ehe durch Minderjährige erteilen müssen. Dies sind im Regelfall gemäß Art. 148 C.c. die Eltern.[1638] Diese spezielle Geschäftsfähigkeit wird dabei vielfach dem Bereich der allgemeinen Geschäftsfähigkeit zugeordnet.[1639] Sie wird jedoch auch teilweise über Art. 15 EGBGB angeknüpft,[1640] letzteres allerdings unter der Voraussetzung, daß eine vorausgesetzte oder verwiesene Geschäftsfähigkeit über Art. 7 EGBGB angeknüpft wird.
Eine Anknüpfung über Art. 15 EGBGB ist von diesen beiden Lösungen vorzuziehen, da die Beschränkung der Geschäftsfähigkeit auf einen ganz bestimmten Rechtsgeschäftstyp gerade in der besonderen Bedeutung dieses Vertragstyps wurzelt und deshalb in Übereinstimmung mit diesem angeknüpft werden sollte. Art. 1398 C.c. ist demzufolge güterrechtlich zu qualifizieren. Die allgemeine Geschäftsfähigkeit für Eheverträge richtet sich hingegen weiterhin nach Art. 7 EGBGB.

Demgegenüber ist die Form eines Ehevertrages nach Art. 11 I-III EGBGB zu beurteilen.[1641] Die Form des Ehevertrages muß daher entweder dem Güterstatut oder dem Ortsrecht genügen. Somit können deutsch-französische Ehegatten einen Ehevertrag nach den Formvorschriften des französischen Rechts, also vor einem französischen Notar gemäß Art. 1394 C.c. wie auch anhand der deutschen Formvorschriften gemäß § 1410 BGB vor einem deutschen Notar schließen.

[1637] Staudinger/v.Bar/Mankowski, Art. 15 EGBGB, Rn. 307 f.; MüKo/Siehr, Art. 15 EGBGB, Rn. 89.

[1638] Vgl. die Sonderegeln der Artt. 149 f. C.c.

[1639] Wolff, IPR, 203; Staudinger/Gamillscheg[10/11], Art. 15 EGBGB, Rn. 400, 404; Ferid, IPR, Rn. 8-137.

[1640] Staudinger/v.Bar/Mankowski, Art. 15 EGBGB, Rn. 309 ff.; Soergel/Schurig, Art. 15 EGBGB, Rn. 55; MüKo/Siehr, Art. 15 EGBGB, Rn. 87.

[1641] Soergel/Schurig, Art. 15 EGBGB, Rn. 56; MüKo/Siehr, Art. 15 EGBGB, Rn. 88.

5. Ergebnis

Die Untersuchung des französischen Rechts hat gezeigt, daß die Normen der Artt. 1387 ff. C.c., die zunächst in den Artt. 1387-1399 C.c. allgemeine Vorschriften in Bezug auf die Güterstände des französischen Rechts enthalten sowie in den Artt. 1400 ff. C.c. die einzelnen Güterstände regeln, güterrechtlich anzuknüpfen sind. Schwierigkeiten bereitet demgegenüber die Qualifikation des régime matrimonial primaire, der hypothèque légale sowie der Schenkungen die von Dritten zugunsten der Ehegatten sowie zwischen den Ehegatten vorgenommen werden. Dabei ist das régime matrimonial primaire des französischen Rechts ehewirkungsrechtlich anzuknüpfen, da diese Vorschriften als zwingendes Recht für alle Güterstände gleichermaßen gelten und daher nicht einen güterrechtlichen, sondern im wesentlichen einen allgemein ehewirkungsrechtlichen Zweck aufweisen. Ebenfalls nicht ehegüterrechtlich zu qualifizieren, sind sämtliche Formen der Schenkungen des französischen Rechts, die familienrechtlichen Bezug aufweisen. Demnach fallen also weder die Schenkungen unter Lebenden noch die Schenkungen auf den Todesfall (institution contractuelle) unter das Ehegüterstatut, sondern sind ehwirkungs- bzw. erbrechtlich anzuknüpfen. Demgegenüber ist die hypothèque légale in der heutigen Form des französischen Rechts güterrechtlich zu qualifizieren, da sie lediglich bei bestimmten Güterständen zur Anwendung kommt. Die Anwendung der hypothèque légale auf deutsche Grundstücke steht auch nicht im Widerspruch zur deutschen Sachenrechtsordnung, da das französische Recht seit der Grundbuchreform von 1955 die Eintragung einer hypothèque légale für die Wirksamkeit der Hypothek gegenüber Dritten verlangt.

III. Begriff des unbeweglichen Vermögens im französischen Recht

Neben der Qualifikation des Begriffes der güterrechtlichen Wirkungen der Ehe stellt sich in deutsch-französischen Fällen einer Durchbrechung des Güterstatuts durch Rechtswahl die Frage, wie der Begriff des unbeweglichen Vermögens in Art. 15 II Nr. 3 EGBGB in Bezug auf französische Grundstücke anzuknüpfen ist.[1642] Im Rahmen der Untersuchung des Art. 15 II Nr. 3 EGBGB wurde dazu bereits festgestellt,[1643] daß eine Qualifikation des unbeweglichen Vermögens anhand des Belegenheitsrechts, vorliegend also des französischen Rechts, vorzuziehen ist.

Das französische Recht teilt in den Artt. 516 ff. C.c. sämtliche Güter, gleichgültig ob sie körperlich oder unkörperlich sind, in unbewegliche und beweg-

---

[1642] Vgl. o. S. 318 ff. zum Umfang des Begriffes des unbeweglichen Vermögens im deutschen Recht.

[1643] Vgl. o. S. 315 ff.

liche Gegenstände ein.[1644] Die Unterscheidung zwischen beweglichen und unbeweglichen Gegenständen hatte seine Grundlage in der überragenden Stellung, den das Grundvermögen aufgrund seiner wirtschaftlichen Bedeutung bis zum Ende des 19. Jahrhunderts für die Gesellschaft sowie für den Einzelnen besaß und die auch heutzutage wenn auch in geringerem Maße weiter besteht.[1645] Dabei ist zu beachten, daß die Unterscheidung von meubles und immeubles im französischen Recht den Hintergrund hat, bestimmte Güter aus Gründen ihrer natürlichen Beschaffenheit und ihrer wirtschaftlichen und gesellschaftlichen Bedeutung verschiedenen rechtlichen Normen zu unterwerfen, dies also nicht allein aus sachenrechtlichen Gesichtspunkten wie im deutschen Recht geschieht.[1646] Das französische Recht kennt gemäß Art. 517 C.c. drei Gründe, aus denen ein Gegenstand oder ein Recht zum unbeweglichen Vermögen gehören kann und die im folgenden untersucht werden sollen:

> „Les biens sont immeubles, ou par nature, ou par leur destination, ou par l'object auquel ils s'appliquent."

1) Immobilien von Natur aus

Welche Gegenstände unter die immeubles par nature fallen ist in den Artt. 518-521 C.c. sowie Art. 523 C.c. geregelt.[1647] Die zentrale Vorschrift in dieser Hinsicht ist Art. 518 C.c.:

> „Les fonds de terre et les bâtiments sont immeubles par leur nature."

Zu den immeubles par nature werden deshalb die Bodenoberfläche, der sich darunter befindliche Erdraum sowie die darin enthaltenen Bodenschätze gezählt, die letzteren allerdings nur, soweit sie nicht vom Staat einem Sonderrecht unterstellt worden sind. Der Begriff der bâtiments des Art. 518 C.c wird weit ausgelegt, so daß darunter nicht etwa nur Gebäude fallen, sondern sämtliche Bauwerke, die mit dem Grundstück und sei es nur durch ihrer eigene Schwere und auch nur vorübergehend verbunden sind. Art. 519 C.c. nennt als Beispiel „les moulins à vent ou à eau, fixés sur piliers et faisant partie du bâtiment" und Art. 523 C.c. „les tuyaux servant à la conduite des euax dans une

---

[1644] Art. 516 C.c. hat folgenden Wortlaut: „Tous les biens sonst meubles or immeubles."

[1645] Lefebvre, J.C., Civil, Art. 516, Fasc. A, Nr. 5 ff.; Weill/Terré/Simler, Droit civil, Nr. 17.

[1646] Aubry/Rau (Esmein), Droit civil français, II, 16 ff.; Ferid/Sonnenberger, FranzZR II, 3 A 55. Vgl. die Zusammenfassung der unterschiedlichen Vorschriften, die für unbewegliches und bewegliches Vermögen gelten (Weill/Terré/Simler, Droit civil, Nr. 18).

[1647] Vgl. im einzelnen bei Weill/Terré/Simler, Droit civil, Nr. 20; Lefebvre, J.C., Civil, Art. 518-521, Fasc. 30, Nr. 7 ff.; Cornu, Droit civil, Nr. 907; Atias, Droit civil, Les biens, Nr. 23; Ferid/Sonnenberger, FranzZR II, 3 A 62.

maison ou autre héritage". Darüber hinaus zählen dazu aber z.B. auch Mauern, Zäune, Brücken und andere Arten von Versorgungsleitungen. Weiter fällt darunter Zubehör (assecoires), soweit ohne dieses das Bauwerk als unvollständig anzusehen wäre, wie z.B. eine Zentralheizung oder elektrische Installationen.[1648] Zu beachten ist, daß die Einordnung eines Gegenstandes als immeubles par nature anders als bei den immeubles par destination nicht davon abhängt, wer den Gegenstand eingebracht hat, so daß die Einbringung des Gegenstandes durch einen Nichteigentümer des Grundstücks dessen Zugehörigkeit zu dem Grundstück nicht verhindert.[1649]
Gemäß Artt. 520, 521 C.c. gehören zu den immeubles par nature weiterhin die nicht vom Grundstück getrennten Erzeugnisse des Bodens. Die Produkte und Früchte des Bodens werden aber zu meubles, sobald sie von diesem getrennt werden.[1650]

2) Immobilien kraft ihrer Bestimmung

Bei den immeubles par destination, die in den Artt. 522, 524, 525 C.c. geregelt sind, handelt es sich um bewegliche Sachen, die infolge einer Gesetzesfiktion dem unbeweglichen Vermögen zugerechnet werden, physisch aber bewegliche Sachen bleiben.[1651] Dahinter steht der Gedanke die tatsächlich und wirtschaftlich bestehende Einheit eines Grundstücks mit den dazugehörigen beweglichen Sachen, auch rechtlich als Einheit zu behandeln.
Damit ein beweglicher Gegenstand zu einem immeuble par destination wird, muß er zwei Grundbedingungen erfüllen: Zum einen ist es, wie sich aus der Formulierung in Art. 524 I C.c. ergibt, erforderlich, daß sich sowohl der bewegliche Gegenstand als auch das Grundstück im Eigentum derselben Person befinden und zwar zu dem Zeitpunkt, zu dem sich die Frage ihrer Qualifikation als beweglich oder unbeweglich stellt.[1652] Zum zweiten ist es notwendig, daß eine objektive Verbindung zwischen dem Grundstück und dem beweglichen Gegenstand existiert. Im Hinblick darauf unterscheidet das Gesetz in den Art. 524 I C.c. und Artt. 524 III, 525 I C.c. die zwei Fälle, daß die beweglichen Sachen dem wirtschaftlichen Zweck des Grundstücks dienen oder daß sie dauerhaft mit dem Boden verbunden sind.

1648 Lefebvre, J.C., Civil, Art. 518-521, Fasc. 30, Nr. 50 ff.

1649 Atias, Droit civil, Les biens, Nr. 23; Lefebvre, J.C., Civil, Art. 518-521, Fasc. 30, Nr. 41 ff.

1650 Vgl. ausführlich dazu Lefebvre, J.C., Civil, Art. 518-521, Fasc. 30, Nr. 69 ff.

1651 Weill/Terré/Simler, Droit civil, Nr. 21; Lefebvre, J.C., Civil, Art. 522-525, Fasc. 40, Nr. 1.

1652 Atias, Droit civil, Les biens, Nr. 27; Weill/Terré/Simler, Droit civil, Nr. 22.

Der erste Fall ist im Code Civil in Art. 524 I C.c. folgendermaßen formuliert: „Les objects que le propriétaire d'un fonds y a placés pour le service et l'expoitation de ce fonds, sont immeubles par destination." Demnach ist es zunächst erforderlich, daß der bewegliche Gegenstand in der Hauptsache dem Grundstück und nicht dem Eigentümer dient. Des weiteren muß der Eigentümer den Willen haben, den beweglichen Gegenstand dem Zweck zu widmen, dem Grundstück zu dienen.[1653] Darüber hinaus verlangt die Rechtsprechung,[1654] daß der bewegliche Gegenstand für den Betrieb des Grundstücks notwendig und unentbehrlich ist. Für die Feststellung, wann ein Gegenstand für das Grundstück unentbehrlich ist, wird auf die Art der Nutzung des Grundstücks abgestellt. Das Gesetz unterscheidet in den von ihm in den Artt. 522, 524 C.c. aufgezählten Einzelfällen zwischen einer landwirtschaftlichen und einer industriellen Nutzung. Diese Zweiteilung wurde jedoch auf die handelsgewerbliche und die rein private Nutzung von Grundstücken ausgedehnt.[1655]
Bei einer landwirtschaftlichen Nutzung rechnet man zu den unentbehrlichen Gegenständen unter anderem die Tiere, die für den Anbau notwendig sind (z.B. Zugtiere) sowie die wild auf dem Grundstück lebenden Tiere, nicht hingegen die in irgendeiner Weise zum Verkauf bestimmten Tiere (Schlachtvieh, Fische etc.), das Saatgut, nicht aber die sonstigen Erntevorräte, die Bienenstöcke sowie die landwirtschaftlichen Geräte. Im Rahmen der industriellen Nutzung nennt Art. 524 II C.c. „les ustensiles nécessaires à l'exploitation des forges, papeteries et autres usines." Darüber hinaus sind dazu alle Gegenstände zu rechnen, die dem Betrieb der Industrie und der Fabrikation sowie dem Transport der Produkte dienen, wie z.B. Bierfässer, Zementsäcke, Distillerien, Lieferfahrzeuge etc., nicht aber die Materialien, die verbraucht oder zum Endprodukt weiterverarbeitet werden. Relativ selten sind hingegen die Fälle, in denen bei einer handelsgewerblichen Nutzung des Grundstücks bewegliche Gegenstände als unentbehrlich einzuordnen sind, da die bei einer solchen Nutzung verwendeten Gegenstände zumeist den dort beschäftigten Personen, nicht aber dem Grundstück dienen. Dazu gerechnet werden aber z.B. die Möbel oder der Billiardtisch eines Hotels, die Dekorationen eines Theaters oder die Kabinen und sonstigen Geräte einer Badeanstalt. Bei einer rein privaten Nutzung des Grundstücks wird der Begriff der Notwendigkeit restriktiv ausgelegt, so daß darunter z.B. die Teppiche oder Schlüssel, nicht aber die elektrische Heizung oder Küchenbestandteile fallen.[1656]

[1653] Lefebvre, J.C., Civil, Art. 522-525, Fasc. 40, Nr. 15 ff.

[1654] Cour de cassation, Urt. v. 1. 12. 1976, D., Information rapides, 1977, 74; kritisch und m.w.N. Weill/Terré/Simler, Droit civil, Nr. 23; Lefebvre, J.C., Civil, Art. 522-525, Fasc. 40, Nr. 30 ff.

[1655] Weill/Terré/Simler, Droit civil, Nr. 23; Ferid/Sonnenberger, FranzZR II, 3 A 64.

[1656] Umfassend zu sämtlichen Einzelfällen sowie der ergangenen Rsp. Lefebvre, J.C., Civil, Art. 522-525, Fasc. 40, Nr. 66 ff.

Die zweite Möglichkeit, eine objektive Verbindung zwischen Grundstück und beweglichen Gegenständen herzustellen, ist, die Sachen mit dem Boden auf Dauer zu verbinden. Art. 524 III C.c. formuliert diesen Grundsatz folgendermaßen:

> „Sont aussi immeubles par destination, tous effects mobiliers que le propriétaire a attachés au fonds à perpétuelle demeure."

Eine solche Verbindung auf Dauer besteht demzufolge, wenn der bewegliche Gegenstand nicht entfernt werden kann, ohne daß er selbst oder das Grundstück zerstört oder beschädigt werden würde oder wenn die Entfernung des Gegenstandes einen speziell dafür angefertigten Platz ungenützt lassen würde.[1657] Außerdem ist auf subjektiver Seite erforderlich, daß der Eigentümer ein solche Verbindung auf Dauer auch herstellen wollte. Als Beispiele einer solchen Verbindung auf Dauer nennt das Gesetz Wandspiegel, Gemälde an Wänden und Decken sowie Statuen, die in Nischen plaziert sind. Nicht dazu zählen aber z.B. Namensschilder an der Tür oder eine vorgefertigte Einbauküche, da diese Gegenstände ohne Schwierigkeiten wieder entfernt werden können.[1658]

Die Eigenschaft sämtlicher Gegenstände als immeubles fällt aber weg, wenn die Nutzung oder die Zweckbestimmung entfällt oder der Gegenstand infolge eines Verkaufs, Diebstahls oder ähnlichem tatsächlich vom Grundstück entfernt wird.[1659]

3) Immobilien auf Grund des Objekts, auf das sie sich beziehen

Die dritte Möglichkeit, warum eine Gegenstand oder eine Recht zum unbeweglichen Vermögen gezählt werden kann, ist in Art. 526 C.c. formuliert:

> „Sont immeubles, par l'object auquel ils s'appliquent: L'usefruit des choses immobilières; Les servitudes ou services fonciers; Les actions qui tendent à revendiquer un immeuble."

[1657] Art. 525 C.c., der dies festlegt, hat folgenden Wortlaut: „Le propriétaire est censé avoir attaché à son fonds des effets mobiliers à perpétuelle demeure, quand ils y sonst scellés en plâtre ou à chaux ou à ciment, ou lorsqu'ils ne peuvent être détachés sans être fracturés et détériorés, ou sans briser ou détériorer la partie du fonds à laquelle ils sont attachés.
Les glaces d'un appartement sont censées mises à perpétuelle demeure, lorsque le parquet sur lequel elles sont attachées fait corps avec la boiserie.
Il en est de même des tableaux et autres ornements.
Quant aux statues, elles sont immeubles lorsqu'elles sont placées dans une niche pratiquée exprès pour les recevoir, encore qu'elles puissent être enlevées sans fracture ou détérioration."

[1658] Weill/Terré/Simler, Droit civil, Nr. 24; Atias, Droit civil, Les biens, Nr. 28, 2.

[1659] Vgl. im einzelnen dazu Lefebvre, J.C., Civil, Art. 522-525, Fasc. 40, Nr. 48 ff.

Art. 526 C.c. bezieht sich, wenn auch nicht ausdrücklich, nur auf Rechte, da Gegenstände nicht in sinnvoller Weise auf ein Grundstück *angewandt* werden können. Dabei ist die Aufzählung in Art. 526 C.c. bezüglich der speziellen Rechte äußerst unvollständig. Von diesem Artikel werden vielmehr sämtliche Rechte umfaßt, die sich auf das Grundstück beziehen bis auf das Eigentum selbst, das mit der Immobilie gleichgesetzt wird und deshalb als immeuble par nature gilt.[1660] Zunächst zählen dazu die dinglichen Rechte an Immobilien, wie Nießbrauch, dingliche Nutzungsrechte, Erbpacht, Grunddienstbarkeiten sowie die Rechte, die am Grundstück bestellt wurden, um Forderungen zu sichern, wie Hypotheken, Privilegien und Nutzungspfandrechte an Grundstücken. Des weiteren werden Forderungen auf das Eigentum am Grundstück dazugerechnet, die allerdings auf Grund der Ausgestaltung des französischen Kaufrechts nur äußerst selten, so z.B. im Falle eines Kreditkaufs mit aufgeschobener Übereignung, vorkommen. Außerdem fallen unter die Rechte, die sich auf das Grundstück beziehen, Klagen aus einem Recht am Grundstück. Beispiele dafür sind Grundstücksherausgabeansprüche gegen Dritte, Hypothekenklagen, Besitzschutzklagen sowie Klagen auf Feststellung und Ausübung eines Nießbrauches. Nicht zu den auf das Grundstück bezogenen Rechte zählen hingegen die Rechte aus der Vermietung eines Grundstücks oder einer Wohnung.[1661]

IV. Ergebnis

Dieses Kapitel hat die Durchbrechungen des Güterstatuts in deutsch-französischen Rechtsfällen samt den dabei auftretenden kollisions- und qualifikationsrechtlichen Problemen untersucht. Die einzige Konstellation einer Durchbrechung des güterrechtlichen Gesamtstatuts besteht in deutsch-französischen Sachverhalten, wenn die Ehegatten für ihr unbewegliches Vermögen eine Rechtswahl zugunsten des Belegenheitsrechts ausgesprochen haben, da weder das deutsche noch das französische Recht güterrechtliche Normen kennen, die besondere Vorschriften im Sinne des Art. 3 III EGBGB sind.

Für eine Lösung der Fälle der Durchbrechung des Gesamtstatuts ist zunächst die kollisionsrechtliche Bestimmung des allgemeinen Güterstatuts notwendig. Soweit das allgemeine Güterstatut anhand einer Rechtswahl gemäß Art. 15 II EGBGB bestimmt wird, kommt es dabei nicht zu hinkenden Rechtsverhältnissen, da die Rechtswahltatbestände auf Grund des Ursprungs der deutschen Vorschrift im Haager Ehegüterrechtsabkommen im wesentlichen übereinstimmen. Schwierigkeiten bei der Bestimmung des ehegüterrechtlichen Gesamtstatuts be-

---

[1660] Vgl. zu Art. 526 Weill/Terré/Simler, Droit civil, Nr. 26; Atias, Droit civil, Les biens, Nr. 25, Lefebvre, J.C., Civil, Art. 526, Fasc. E, Nr. 1 ff.; Ferid/Sonnenberger, FranzZR II, 3 A 67.

[1661] Lefebvre, J.C., Civil, Art. 526, Fasc. E, Nr. 14.

reiten hingegen die Fällen der objektiven Anknüpfung, da das deutsche und das französische Recht unterschiedlichen objektiven Anknüpfungsleitern folgen. Während das deutsche Recht in erster Linie an der gemeinsamen Staatsangehörigkeit der beiden Ehegatten und lediglich hilfsweise am gemeinsamen gewöhnlichen Aufenthalt der beiden Ehegatten anknüpft, geht das französische Recht bis auf in einigen Sonderfällen den umgekehrten Weg. Dies hat zur Folge, daß es bei der Bestimmung der Güterstatuts in vielen Fällen zu einem Renvoi kommen wird. Dabei ist im Rahmen des Renvoi das in Frankreich am 1.9.1992 in Kraft getretene Haager Abkommen zum Ehegüterrecht zu beachten.
Auch der Umfang des Güterstatuts ist, soweit französisches Recht zur Anwendung kommt, nicht ohne Schwierigkeiten zu bestimmen. Zwar sind die Artt. 1387 ff. C.c. ohne Zweifel güterrechtlich einzuordnen. Schwierigkeiten bereitet jedoch insbesondere die Qualifikation des régime matrimonial primaire, der hypothèque légale und der Schenkungen mit familienrechtlichem Bezug. Während die hypothèque légale in ihrer derzeitigen Form güterrechtlich zu qualifizieren und auch mit den Grundsätzen des deutschen Sachenrechts vereinbar ist, sind das régime matrimimonial primaire und die Schenkungen mit familienrechtlichem Bezug hingegen nicht güterrechtlich anzuknüpfen.

Als unproblematisch erweist sich in deutsch-französischen Rechtsfällen die Bestimmung des Einzelstatuts, da die Rechtswahl des Belegenheitsrechts für Grundstücke nach der hier vertretenen Auslegung des Art. 15 II Nr. 3 EGBGB mit derjenigen des französischen Rechts übereinstimmt und eine Rechtswahl deshalb nicht zu hinkenden Rechtsverhältnissen führt. Damit können die Ehegatten sowohl einzelne als auch sämtliche in Deutschland und Frankreich belegenen Grundstücke dem jeweiligen Belegenheitsrecht unterstellen. Eine Abweichung zwischen beiden Rechtsordnungen gibt es lediglich in der Frage, was zum unbeweglichen Vermögen zu zählen ist, ohne daß daraus jedoch Schwierigkeiten erwachsen, da die Kollisionsrechte beider Länder die Qualifikation des Begriffes des unbeweglichen Vermögens der lex rei sitae überlassen. Zudem erweist sich die Qualifikation des unbeweglichen Vermögens nach französischem Recht als relativ unproblematisch, da der Begriff des unbeweglichen Vermögens ausführlich gesetzlich geregelt ist.

Insgesamt gesehen, stellt die Möglichkeit der Durchbrechung des ehegüterrechtlichen Gesamtstatuts in deutsch-französischen Rechtsfällen durch Rechtswahl des Belegenheitsrechts für unbewegliches Vermögen einen wichtigen Schritt zu mehr Rechtssicherheit und zu einer praktischen Erleichterung des Grundstücksverkehrs dar, dessen Vorteile aufgrund der übereinstimmenden Auslegung auch vollständig ausgekostet werden können.

Kapitel 7

Schlußbetrachtung zum Verhältnis von Gesamtstatut und Einzelstatut und Einzelergebnisse

Eine der großen rechtlichen Errungenschaften des 19. Jahrhunderts ist die Einführung der Vermögenseinheit im internationalen Ehegüter- und Erbrecht, die damit das Prinzip der Vermögensspaltung der Statutenlehre in diesem Bereich ablöste, das seit dem Mittelalter Gültigkeit hatte. Grund für die Einführung waren die unbestreitbaren Vorteile, die eine einheitliche Behandlung des ehegüterlichen und erbrechtlichen Vermögens nicht nur im nationalen, sondern gerade im internationalen Bereich mit sich bringt. Deshalb besteht grundsätzlich ein Interesse, das Gesamtstatut auch bei internationalen Sachverhalten so weit als möglich auszudehnen, was einige Autoren dazu veranlaßt, das Gesamtstatut als absolut vorrangiges Prinzip anzusehen und dessen umfassende Anwendung zu verlangen.

Anders als im nationalen Bereich, in dem eine Anwendung und Durchsetzung des Prinzips der Vermögenseinheit im Ehegüter- und Erbrecht ohne Schwierigkeiten möglich ist, hat sich in internationalen Sachverhalten jedoch an verschiedenen Stellen gezeigt, daß eine unbeschränkte Ausdehnung des Prinzips der Vermögenseinheit den Besonderheiten dieser Fälle nicht ausreichend Rechnung zu tragen vermag. Deshalb stellt sich für jede Rechtsordnung, die dem Prinzip der Vermögenseinheit folgt, die Frage, auf welche internationalen Sachverhalte sie die Wirkungen des Gesamtstatuts erstrecken will. Das deutsche Kollisionsrecht beantwortet die Frage in der Weise, daß es grundsätzlich von einer umfassenden Anwendung des Prinzips der Vermögenseinheit ausgeht, jedoch in den, in dieser Arbeit untersuchten vier Fällen nämlich in dem des Art. 3 III EGBGB, im Falle der Teilrück- oder Teilweiterverweisung eines ausländischen Kollisionsrechts, bei der Rechtswahl für unbewegliches Vermögen gemäß Art. 15 II Nr. 3 EGBGB und bei einer späteren, von der ursprünglichen Rechtswahl abweichenden Wahl des Güterstatuts gemäß Art. 15 II Nr. 1 und Nr. 2 EGBGB, eine Durchbrechung des Gesamtstatuts vorsieht. Aus historischer Sicht bestehen die beiden ersten Fallgruppen bereits seit in Kraft treten des EGBGB, während die beiden letzten Fallgruppen erst im Zuge der IPR-Reform im Jahre 1986 eingeführt wurden und damit die Ausdehnung des Gesamtstatuts weiter eingeschränkt haben.

Den dogmatischen Grundlagen des Verhältnisses von Gesamtstatut und Einzelstatut werden im Rahmen der diskutierten Ausdehnung beider Statute bei den einzelnen Vorschriften nicht genügend Beachtung geschenkt. Das Gesamtstatut stellt eine *geistige* und daraus folgend eine rechtliche Zusammenfassung bestimmter Gegenstände zu einer vermögensrechtlichen Einheit dar und unterwirft diese einer einheitlichen rechtlichen Behandlung. Es steht daher dem jeweiligen

Gesetzgeber frei, im Rahmen seines Kollisionsrechts die Reichweite des Gesamtstatuts zu bestimmen. Es gibt daher weder einen a priori Vorrang des Gesamtstatuts noch des Einzelstatuts, wie dies oftmals von der einen oder der anderen Seite vertreten wird. Deshalb kann auch weder davon gesprochen werden, daß das Gesamtstatut das Einzelstatut bricht, noch von einem Vorrang des Einzelstatuts vor dem Gesamtstatut, sondern lediglich davon, daß entweder das Einzelstatut oder das Gesamtstatut eingreift.
Aus einer in dieser Weise vorgenommenen Bestimmung des Gesamtstatuts ergibt sich unmittelbar die Definition des Einzelstatuts: Unter das Einzelstatut fallen diejenigen Gegenstände, die vom deutschen Kollisionsrecht von der Zusammenfassung zu einem Gesamtstatut ausgeschlossen werden. Dabei besteht keine unmittelbare Verbindung zwischen dem Einzelstatut und dem Sachstatut, obwohl sich beide Statute in der Regel auf einen Gegenstand beziehen und dies daher häufig fälschlicherweise angenommen wird, da das Einzelstatut vermögensrechtliche Fragen, das Sachstatut aber sachenrechtliche Fragen zum Inhalt hat. Anders als das Sachstatut kann das Einzelstatut daher auch mehrere einzelne Gegenstände erfassen und einheitlich behandeln. Eine Überschneidung beider Statute besteht lediglich dann, wenn, was nicht zwingend der Fall sein muß, im Rahmen des Vermögensstatutes sachenrechtliche Fragen mitgeregelt werden. Diese Überschneidung tritt jedoch in gleicher Weise bei dem Zusammentreffen von Gesamt- und Sachstatut auf und ist daher kein Spezifikum des Verhältnisses von Einzel- und Sachstatut, sondern des Aufeinandertreffens von Vermögens- und Sachstatut.

Bei der Abgrenzung von Einzel- und Gesamtstatut handelt es sich also um eine vom Gesetzgeber vorgenommene Unterscheidung. Die eigentliche Frage bei der Abgrenzung ist deswegen, aus welchen Gründen bestimmte Gegenstände aus der Zusammenfassung zu einem einheitlichen Vermögensstatut herausgenommen werden können.
Dabei lassen sich drei Gründe erkennen, die einen Gesetzgeber, der eigentlich die Anwendung des Gesamtstatuts favorisiert, dazu veranlassen können, dem Einzelstatut den Vorrang einzuräumen. Zum einen ist dies der Fall, wenn die Anwendung des Einzelstatut dazu beiträgt, die fehlende Durchsetzbarkeit einer ansonsten abweichenden Entscheidung im Belegenheitsstaat zu vermeiden. Zum anderen bietet sich eine Durchbrechung des Gesamtstatuts an, um internationalen Entscheidungseinklang mit dem jeweiligen Belegenheitsrecht herzustellen. Dritter Grund sind die Vorteile, die sich infolge der Verzahnung des Vermögens- mit dem Sachstatuts ergeben, wenn man dem Einzelstatut den Vorrang vor dem Gesamtstatut einräumt.
Sämtliche Konstellationen der Durchbrechung des Gesamtstatuts, die das deutsche Recht kennt, basieren dabei in unterschiedlicher Gewichtung auf den drei geschilderten Gründen. Der Gesetzgeber hat in allen Konstellationen, in denen er eine Durchbrechung des Gesamtstatuts anordnet, eine konkrete Interessenabwägung anhand der beschriebenen Gründe vorgenommen und kam dabei je-

weils zu dem Ergebnis, daß es vorteilhafter ist, am Belegenheitsrecht als am Recht des Vermögensstatuts anzuknüpfen, weshalb er der Anwendung des Einzelstatuts den Vorrang einräumt. Die vom Gesetzgeber in den jeweiligen Fällen vorgenommene Interessenabwägung zugunsten des Belegenheitsrechts hat auch ihre rechtspolitische Berechtigung, da im Rahmen dieser Arbeit aufgezeigt werden konnte, daß die den Fällen der Durchbrechung des Gesamtstatuts zugrundeliegenden Konstellationen *spezielle* kollisionsrechtliche Interessen zugunsten eines Vorrangs des Einzelstatuts beinhalten, die auch nicht bereits in der allgemeinen kollisionsrechtlichen Entscheidung zugunsten des Vermögenseinheit berücksichtigt wurden. Daher hat sich die konkrete Auslegung der jeweiligen Vorschriften, die die Durchbrechung des Gesamtstatuts anordnen, an den drei geschilderten Gründe zu orientieren, was sich in den im folgenden geschilderten Einzelergebnissen manifestiert.

Mit den in der IPR-Reform von 1986 eingeführten zusätzlichen Fallgruppen der Durchbrechung des Gesamtstatuts hat das Verständnis des Einzelstatut im deutschen IPR darüber hinaus eine neue Dimension erhalten. Während bis zu diesem Zeitpunkt über Art. 3 III EGBGB sowie über die Teilrück- und Teilweiterverweisung lediglich den Vermögensspaltungen ausländischer Rechte Tribut gezollt wurde, hat das deutsche Recht mit Einführung der Art. 15 II EGBGB und Art. 25 II EGBGB zum ersten Mal positiv im eigenen Recht die Möglichkeit geschaffen, die Vermögenseinheit durch Rechtswahl zugunsten des Belegenheitsrechts zu durchbrechen. Damit hat der Gesetzgeber dem Einzelstatut weiter Raum gegeben, so daß der Grundsatz der Vermögenseinheit Ende des 20. Jahrhunderts zwar weiterhin ein wesentliches Prinzip des deutschen IPR, aber kein kollisionsrechtliches Dogma mehr darstellt.

Zusammenfassend lassen sich folgende Einzelergebnisse festhalten:

(1) Art. 3 III EGBGB ist in der Weise zu verstehen, daß die dort angeführten besonderen Vorschriften auch nur Kollisionsnormen sein können. Ein solches Verständnis lag den Vorstellungen des Gesetzgeber bereits bei Art. 28 EGBGB a.F. zugrunde und setzte sich im Willen des Gesetzgebers bei der Einführung des Art. 3 III EGBGB n.F. fort.

(2) Die wesentlichen Argumente, die eine solche Auslegung tragen, sind die fehlende Durchsetzbarkeit abweichender Entscheidungen im Belegenheitsstaat, der internationale Entscheidungseinklang sowie die Vorteile, die eine Verzahnung des Vermögensstatut mit dem Sachstatut mit sich bringen. Art. 3 III EGBGB enthält hingegen keine Beschränkung auf Sondervermögen, das politischen oder wirtschaftspolitischen Zwecken dient.

(3) Art. 3 III EGBGB sollte aus Praktikabilitätsgesichtspunkten als Zuständigkeitsnorm aufgefaßt werden, auch wenn dies der Gesetzessystematik widerspricht. Auf diese Weise kann eine letztendlich nutzlose Entscheidung über ausländische Gegenstände nach dem dort geltenden Recht vermieden werden.

(4) Folgende allgemeine Definition des Begriffes der besonderen Vorschriften konnte entwickelt werden: Besondere Vorschriften im Sinne des Art. 3 III EGBGB sind demnach internationalprivatrechtliche Sätze des Belegenheitsstaates, die eine bestimmte Gruppe von Gegenständen im Unterschied von anderen Gegenständen wegen ihrer inländischen Belegenheit dem eigenen Recht unterwerfen.

(5) Zu den Gegenständen, die Art. 3 III EGBGB umfaßt, zählen Sachen und Rechte. Die Belegenheit einer Forderung bestimmt sich bei Art. 3 III EGBGB nach dem Forderungsstatut. Auch Gesellschaftsanteile von Personengesellschaften können Gegenstände im Sinne des Art. 3 III EGBGB darstellen. Dabei richtet sich die Vererbung von Anteilen deutscher Personengesellschaften nach Art. 3 III EGBGB. Ebenfalls anwendbar ist Art. 3 III EGBGB auf Versorgungsanwartschaften.

(6) Art. 3 III EGBGB kann, soweit es jeweils dem Willen des Gesetzgebers entspricht oder Sinn und Zweck der Norm es erfordert, eine kollisionsrechtliche Durchsetzungsnorm für materielle Sondervorschriften des deutschen Rechts enthalten. Diese Funktion besitzt Art. 3 III EGBGB im Rahmen des fakultativen Höferechts. Er greift immer dann ein, wenn keine wirksame Rechtswahl zugunsten des deutschen Belegenheitsrechts getroffen wurde und bringt das materielle deutsche Höferecht zur Anwendung.

(7) Durch Art. 15 II Nr. 3 EGBGB wurde erstmals die Möglichkeit geschaffen, das ehegüterrechtliche Gesamtstatut durch Rechtswahl zu durchbrechen. Sinn und Zweck der Norm liegt in der praktischen Erleichterung des Grundstücksverkehrs sowie der Möglichkeit einer Abstimmung des Güterstatuts mit dem Erbstatut, wodurch schwierige Qualifikationsprobleme vermieden werden können. Bei der Auslegung kann man sich an Art. 3 IV des Haager Abkommens zum Ehegüterrecht orientieren, da dieser als Vorbild für die deutsche Regelung gedient hat.

(8) Bei Art. 15 II Nr. 3 EGBGB kann die Rechtswahl auch auf einzelne Vermögensgegenstände beschränkt werden. Dies ergibt sich daraus, daß nur ein solches Verständnis den Ordnungs- und Verkehrsinteressen sowie den Parteiinteressen, die Art. 15 II Nr. 3 EGBGB zugrunde liegen, angemessen Rechnung trägt. Darüber hinaus sollte man parallel zu einer objektbezogenen Rechtswahl auch eine Wahl unterschiedlicher Güterstände zulassen, da die Ziele, die der

Gesetzgeber mit der Einführung einer Rechtswahl für unbewegliches Vermögen verfolgt, nur dann vollständig verwirklicht werden können.

(9) Der Begriff des unbeweglichen Vermögens ist nach dem Recht der Belegenheit zu qualifizieren, da nur so dem Gedanken der internationalen Entscheidungsharmonie Rechnung getragen werden kann. Im deutschen Recht sollte sich der Begriff des unbeweglichen Vermögens an den ins Grundbuch eintragungsfähigen subjektiven Rechten und an der wirtschaftlichen Einheit des Vermögens orientieren. Von den umstrittenen Einzelfällen sind Zubehör, Grundpfandrechte, durch eine Vormerkung gesicherte Ansprüche sowie Anteile an Erbengemeinschaften und Gütergemeinschaften zum unbeweglichen Vermögen zu zählen.

(10) Im Verhältnis von Art. 3 III EGBGB zu einer Rechtswahl des Ehegüterrechts gemäß Art. 15 II EGBGB ist prinzipiell von einem Vorrang des Art. 3 III EGBGB auszugehen. Um den in Art. 3 III EGBGB enthaltenen Gründen aber vollständig gerecht zu werden, ist dieser im Wege einer teleologischen Reduktion dann nicht anzuwenden, wenn die nach deutschem Recht gemäß Art. 15 II EGBGB gültige Rechtswahl von dem Belegenheitsrecht anerkannt wird. Eine Ausnahme davon ist allerdings für eine Rechtswahl nach Art. 15 II Nr. 3 EGBGB zu machen. Hier kann die Rechtswahl auch bei einem bestehenden Vorrang des Art. 3 III EGBGB aufrecht erhalten werden, soweit beide miteinander übereinstimmen, da man unabhängig davon, welche Kollisionsnorm angewandt wird, zum gleichen materiellen Recht kommt. Die Aufrechterhaltung der Rechtswahl hat den Vorteil, daß sich die Prüfung, ob ein Fall des Art. 3 III EGBGB vorliegt, erübrigt.

(11) Auch eine Rechtswahl nach Art. 15 II Nr. 1 und Nr. 2 EGBGB kann zu einer mit der Spaltung des Güterstatuts vergleichbaren Situation führen. Der Unterschied besteht darin, daß bei einer ex nunc-Rechtswahl eine zeitliche Spaltung der Güterstatute gegeben ist und nicht eine räumliche Spaltung. Die temporäre Spaltung kann aber auf der Ebene des materiellen Rechts ebenfalls zu einer gleichzeitigen Geltung mehrerer Güterstände führen.

(12) Ausgleichsansprüche zwischen Einzelstatut und Gesamtstatut bestehen grundsätzlich nicht und können allenfalls auf Grund besonderer Gerechtigkeitserfordernisse gewährt werden. Solche sind im internationalen Ehegüterrecht jedoch kaum vorstellbar.

(13) In deutsch-französischen Güterrechtsfällen kann es nur in Fällen einer objektiven Anknüpfung, nicht aber in Fällen einer Rechtswahl gemäß Art. 15 II EGBGB zu hinkenden Rechtsverhältnissen kommen, da das deutsche und das französische Recht unterschiedlichen objektiven Anknüpfungsleitern folgen, wohingegen die Rechtswahltatbestände übereinstimmen.

(14) Schwierigkeiten bereitet bei deutsch-französischen Rechtsfällen die güterrechtliche Qualifikation der verschiedenen Vorschriften des französischen Rechts. Unzweifelhaft als güterrechtlich einzuordnen sind zunächst die Artt. 1387 ff. C.c., die die zentralen güterrechtlichen Vorschriften des französischen Rechts enthalten. Problematisch ist jedoch die Qualifikation des régime matrimonial primaire, der hypothèque légale und der Schenkungen mit familienrechtlichem Bezug. Während die hypothèque légale in ihrer derzeitigen Form güterrechtlich zu qualifizieren und auch mit den Grundsätzen des deutschen Sachenrechts vereinbar ist, sind das régime matrimimonial primaire und die Schenkungen mit familienrechtlichem Bezug hingegen nicht güterrechtlich anzuknüpfen.

(15) Als unproblematisch erweist sich in deutsch-französischen Rechtsfällen die Bestimmung des Einzelstatuts, da die Rechtswahl des Belegenheitsrechts für Grundstücke nach der hier vertretenen Auslegung des Art. 15 II Nr. 3 EGBGB mit derjenigen des französischen Rechts übereinstimmt und eine Rechtswahl deshalb nicht zu hinkenden Rechtsverhältnissen führt. Auch die Qualifikation, was nach französischem Recht zum unbeweglichen Vermögen zu zählen ist, erweist sich als nicht schwierig, da der Begriff des unbeweglichen Vermögens ausführlich in den Artt. 516 ff. C.c. geregelt ist.

Literaturverzeichnis

Adam, Wolfgang: Internationaler Versorgungsausgleich, Tübingen 1985

Amann, Herrmann: Nochmals: Auflassungsvormerkung für verheiratete Ausländer Rpfleger 1986, 117-119

American Jurisprudence: A Comprehensive modern Text Statement of American Law, 1. Aufl., Band 17A, 1957, Band 28, 1959, San Francisco, Rochester, zit.: Band, AmJur, Stichwort; 2. Aufl., Band 16, 1979, Band 41, 1995, San Francisco, Rochester, zit.: Band, AmJur2d, Stichwort

Ancel, Bertrand: Note sur l'arrêt de la Cour de cassation du 14. 6. 1983, Rev.crit.d.i.p. 73 (1984) 319-325

ders.: Les conflits de qualifications a l'épreuve de la donation entre époux, Paris 1977

Andrae, Marianne: Gesamtstatut oder Einzelstatut bei der Vererbung eines Miterbenanteils, erscheint in IPRax 2000

dies.: Internationales Familienrecht, Baden-Baden 1999

Anton, Alexander Elder: Private International Law, 2. Aufl., Edinburgh 1990, zit.: Anton, P.I.L.

Aretz, Hans/*Korth*, Jürgen: Internationales Privat- und Verfahrensrecht, Köln, Berlin, Bonn, München 1989, zit.: Aretz/Korth, IPR

Arndt, Karl: Englische Gesetzgebung 1933, RabelsZ 9 (1935) 428-505

Atias, Christian: Droit civil, Les biens, 3. Aufl., Paris 1993

Audit, Bernhard: Droit international privé, Paris 1991, zit.: Audit, D.i.p.

Aubry, Charles/*Rau*, Charles-Frédéric: Droit civil français, Des Biens, t. II, 7. Aufl. von Paul Esmein, Paris 1961

Baade, Hans Wolfgang: Anerbenrecht und Ausländererbfolge, SchlHA 1959, 33-37

Bachmann, Peter: Die rechtliche Stellung des Ehegatten bei gesetzlicher Erbfolge im schottischen Erbrecht, München 1996, zit.: Bachmann, Schottische Erbfolge

Baetge, Dietmar: Der gewöhnliche Aufenthalt im Internationalen Privatrecht, Tübingen 1994, zit.: Baethge, Aufenthalt

von Bar, Christian: Die eherechtlichen Konventionen der Haager Konferenz(en), RabelsZ 57 (1993), 63-123

ders.: Internationales Privatrecht, Band 1, Allgemeine Lehren, München 1987, Band 2, Besonderer Teil, München 1991, zit.: v.Bar, IPR, I/II

ders.: Das deutsche IPR vor, in und nach der Reform: Rechtsprechung zum Kollisionsrecht seit 1984 - Teil 1, JZ 1987, 755-761

ders.: Probleme und Problemlösungen des Versorgungsausgleichs in Fällen mit Auslandsberührung, in: Hans F. Zacher, Der Versorgungsausgleich im internationalen Vergleich und in der zwischenstaatlichen Praxis, Berlin 1985 361-390, zit.: v.Bar, in Zacher, Versorgungsausgleich im internationalen Vergleich

ders./Dopffel, Helmut Peter: Deutsches Internationales Privatrecht im 16. und 17. Jahrhundert, Band 1, Tübingen 1995, zit.: v.Bar/Dopffel, Deutsches Internationales Privatrecht

von Bar, Ludwig: Theorie und Praxis des internationalen Privatrechts, Band 1, 2. Aufl., Hannover 1889, zit.: Ludwig v.Bar, IPR I

Basch, Norma: In the Eyes of the Law, Ithaca and London 1982

Basedow, Jürgen:Wirtschaftskollisionsrecht, RabelsZ 52 (1988) 8-40

ders.: Die Neuregelung des Internationalen Privat- und Prozeßrechts, NJW 1986, 2971-2979

ders.: Die Anerkennung von Auslandsscheidungen, Frankfurt am Main 1980

ders./Diehl-Leistner, Barbara: Das Staatsangehörigkeitsprinzip im Einwanderungsland, in: Erik Jayme/Heinz-Peter Mansel, Nation und Staat im internationalen Privatrecht, Heidelberg 1990, 13-43, zit.: Basedow/Diehl-Leistner, in Jayme/Mansel, Nation und Staat

Batiffol, Henri: Note sur l'arrêt de la Cour de cassation du 20. 2. 1979, Rev.crit.d.i.p. 68 (1979) 805-809

ders.: La Treizième Session de la Conférence de La Haye de droit international privé, Rev.crit.d.i.p. 66 (1977) 451-484

ders.: Note sur l'arrêt de la Cour de cassation du 15. 2. 1966, Rev.crit.d.i.p. 55 (1966) 275-279

ders.: Note sur l'arrêt de la Cour de cassation du 7. 1. 1964, Rev.crit.d.i.p. 53 (1964) 346-351

ders./Lagarde, Paul: Droit international privé, Band 2, 7. Aufl., Paris 1983, zit.: Batiffol/Lagarde, D.i.p. II

Baur, Fritz/*Baur*, Jürgen F./*Stürner* Rolf: Lehrbuch des Sachenrechts, 16. Aufl., München 1992, zit.: Baur/Stürner, SachenR

ders./Stürner, Rolf: Zwangsvollstreckungs-, Konkurs- und Vergleichsrecht, Band 1, 12. Aufl., Heidelberg 1995, zit.: Baur/Stürner, ZVR I

Beemelmans, Hubert: Die gespaltene Gesellschaft, Hamburg 1963

Beitzke, Günther: Zur Reform des deutschen internationalen Privatrechts, DAVorm 1983, Sp. 163-182

ders.: Zum Jahreswechsel, StAZ 1983, 1-6

ders.: (Hrsg.), Vorschläge und Gutachten zur Reform des deutschen internationalen Personen-, Familien- und Erbrechts, Tübingen 1981, zit.: Beitzke (Hrsg.), Vorschläge zur Reform

ders.: Zur Reform des Kollisionsrechts des Ehegüterrechts, in: Beitzke (Hrsg.) Vorschläge und Gutachten zur Reform des deutschen internationalen Personen-, Familien- und Erbrechts, Tübingen 1981, 146-150, zit.: Beitzke, in Beitzke (Hrsg.), Vorschläge zur Reform

ders.: Die 13. Haager Konferenz und der Abkommensentwurf zum ehelichen Güterrecht, RabelZ 41 (1977) 457-478

ders.: Wandelbarkeit des Güterrechtsstatuts, Festschrift für Friederich Wilhelm Bosch, Bielefeld 1976, 65-74, zit.: Beitzke, FS für Bosch

ders.: Die 11. Haager Konferenz und das Kollisionsrecht der Straßenverkehrsunfälle, RabelsZ 33 (1969) 204-234
ders.: Zur Reform des Ehegüterrechts im deutschen Internationalprivatrecht, in: Lauterbach (Hrsg.), Vorschläge und Gutachten zur Reform des deutschen internationalen Eherechts, Tübingen 1962, zit.: Beitzke in: Lauterbach (Hrsg.), Reform des deutschen internationalen Eherechts
ders.: Probleme der enteignungsrechtlichen Spaltgesellschaft, Festschrift für Horst Janssen, Heidelberg 1958, 29-40, zit.: Beitzke, FS für Janssen
Berenbrok, Marius: Internationale Nachlaßabwicklung, Berlin 1989
Berger, Klaus Peter: Die Einwirkung drittstaatlicher Eingriffsnormen auf internationale Verträge am Beispiel islamischer Zinsverbote, Deutsches und Internationales Bank- und Wirtschaftsrecht im Wandel, hrsg. von Harald Herrmann, Klaus Peter Berger und Ulrich Wackerbarth, Berlin, New York 1997, zit.: Berger, in Herrmann/Berger/Wackerbarth, Deutsches und Internationales Wirtschaftsrecht im Wandel
Bergmann, Alexander/*Ferid*, Murad: Internationales Ehe- und Kindschaftsrecht, Loseblattsammlung, 3. Aufl., 28. Lieferung, Frankfurt am Main 1964, zit.: Bergmann/Ferid, IEK, Lieferung, Land; 6. Auflage, 131 Lieferung, Band 2, Belgien bis Dänemark, Band 9, Norwegen bis Portugal, Band 12, Ukraine bis Zypern, Frankfurt am Main, Berlin 1983 ff., Stand 1.1.1998, zit.: Bergmann/Ferid, IEK, Bd., Land
Bestelmeyer, Horst: Testamentsanfechtung nach vollzogener Wiederereinigung bei deutsch-deutschen Erbfällen - Anfechtungserklärung oder Anfechtungsklage?, FamRZ 1994, 1444-1448
ders.: Zum gespaltenen Anfechtungsstatut bei der Anfechtung von Testamenten und Ausschlagungserklärungen im Anwendungsbereich des DDR-ZGB, DtZ 1994, 99-100
ders.: Aktuelle erbrechtliche Fragestellungen nach dem Einigungsvertrag, Rpfleger 1993, 381-388
Bishop, Joel Prentiss: Commentaries on the law of married woman, Band 1, Boston 1873, zit.: Bishop, Commentaries
Blumenwitz, Dieter: Einführung in das anglo-amerikanische Recht, 5. Aufl., München 1994, zit.: Blumenwitz, Einführung
Böhringer, Walter: Grundstückserwerb mit Auslandsberührung aus der Sicht des Notars und Grundbuchamts, BWNotZ 1988, 49-54
ders.: Die Rechtswahl nach Artt. 220 1 Nr. 2 und 15 II Nr. 3 EGBGB und die Auswirkungen auf den Grundstückserwerb, BWNotZ 1987, 104-111
Bondzio, Wilhelm: Zum internationalen Ehegüter- und Ehegattenerbrecht der Vereinigten Staaten von Amerika, Karlsruhe 1964, zit.: Bondzio, Internationales Ehegüterrecht
Boulanger, François: Les successions internationales, Paris 1981
ders.: Étude comparative du droit international privé des successions en France et en Allemagne, Paris 1964, zit.: Boulanger, Étude comparative

Bourel, Pierre: Note sur l'arrêt de la Cour de cassation du 1. 7. 1981, Clunet 109 (1982) 151-160
Bundesverband der Deutschen Standesbeamten: Entwurf des Gesetzes zur Neuregelung des Internationalen Privatrechts, StAZ 1983, 80
Braga, Sevold: Einheitliches Erb- und Ehegüterrechtsstatut?, Festschrift für Wilhelm Wengler, Band 2, Berlin 1973, 191-209, zit.: Braga, FS für Wengler II
Brandi, Tim: Das Haager Abkommen von 1989 über das auf die Erbfolge anzuwendende Recht, Berlin 1996, zit.: Brandi, Haager Abkommen
von Breitenstein, Detlev: Nationalisierungen in Frankreich, RIW 1982, 149-155
Bromley, Peter Mann/*Lowe*, Nigel V.: Family law; 6. Aufl., London 1987
Bucher, Andreas: Grundfragen der Anknüpfungsgerechtigkeit im internationalen Privatrecht, Basel, Stuttgart 1975, zit.: Bucher, Anknüpfungsgerechtigkeit
Bülow, Arthur/*Böckstiegel*, Karl-Heinz/*Geimer*, Reinhold/*Schütze*, Rolf A.: Der Internationale Rechtsverkehr, Loseblattsammlung, 19. Lieferung, Band 2, Band 3, Stand: September 1997, München 1997; zit.: Bülow/Böckstiegel/Geimer/Schütze, Internationaler Rechtsverkehr, Band
Bürgle, Helmut: Zum Versorgungsausgleich bei Scheidungen mit Auslandsberührung, FamRZ 1978, 388-391
Buschor, Thomas: Nachlaßplanung („estate planning") nach schweizerischem internationalem Erbrecht, Zürich 1994
Busse, Daniel: Die Berücksichtigung ausländischer „Eingriffsnormen" durch die deutsche Rechtsprechung, ZVglRWiss 95 (1996) 386-418
Cabrillac, Rémy: Droit civil, Les régimes matrimoniaux, 2. Aufl., Paris 1996
California Jurisprudence: California Jurisprudence, Band 12, 3. Aufl., San Francisco 1974, zit.: Band, CalJur3d, Stichwort
Carteaux, Patricia A.: Conflicts of Law and Successions: Comprehensive Interest Analysis as a viable alternative to the traditional approach, 59 Tul. L.R. 389-426 (1984/1985)
Casad, Robert C.: Jurisdiction in Civil Actions, Band 1, 2. Aufl., Salem 1991, zit.: Casad, Jurisdiction, Band
Chrocziel, Peter/*Westin*, David: Die Vollstreckbarkeit ausländischer Urteile und Schiedssprüche, ZVglRWiss 87 (1988) 145-183
Chused, Richard H.: Late Nineteenth Century Married Women's Property Law: Reception of the Early Married Women's Property Acts by Courts and Legislatures, 29 Am.J.Legal History 3-35 (1985)
ders.: Married Women's Property law: 1800 - 1850, 71 Geo.L.J. 1359-1425 (1983)
Claeys, Charles-Emanuel: Les nouvelles règles des régimes matrimoniaux, Droit et patrimoine 1993, Numéro 3 (Mars), 48-52
Clausnitzer, Martin: Die güter- und erbrechtliche Stellung des überlebenden Ehegatten nach den Kollisionsrechten der Bundesrepublik Deutschland und der USA, Konstanz 1986, zit.: Clausnitzer, Güterrechtliche Stellung

Coester, Michael: Die Berücksichtigung fremden zwingenden Rechts neben dem Vertragsstatut, ZVglRWiss 82 (1983) 1-30
Colomer, André: Régimes matrimoneaux, 6. Auflage, Paris 1994
Conférence de la Haye de droit international privé: Actes et documents de la Seizième Session 3 au 20 octobre 1988, Band 2, Successions-loi applicable, La Haye 1990, zit.: Conférence de La Haye, Actes et documents de la Seizième Session II
dies.: Actes et documents de la Treizième Session, Band 1, Matières diverses, 1978 Band 2, Régimes matrimoniaux, 1978, Band 4, Contracts d'intermédiaires, 1979, La Haye, zit.: Conférence de La Haye, Actes et documents de la Treizième Session I/II/IV
dies.: Actes et documents de la Douzième Session 2 au 21 octobre, Band 1, Matières diverses, La Haye 1974, zit.: Conférence de La Haye, Actes et documents de la Douzième Session I
dies.: Actes et documents de la Onzième Session 7 au 26 octobre 1968, Band 1, Matières diverses, La Haye 1971, zit.: Conférence de La Haye, Actes et documents de la Onzième Session I
dies.: Actes de la Troisième conférence de La Haye pour le droit internationale privé (29 mai-18 juin 1900), La Haye 1900; zit.: Conférence de La Haye, Actes de la Troisième conférence
dies.: Actes de la Deuxième conférence de La Haye chargée de réglementer diverses matières de droit international privé (25 Juin-13 Juillet 1894), La Haye 1894, zit.: Conférence de La Haye, Actes de la Deuxième conférence
Cornu, Gérard: Droit civil, Paris 1998
Corpus Juris: A complete and Systematic Statement of the whole body of the law, Band 19, 1920, Band 23, 1921, New York, zit.: Band, C.J., Stichwort
Corpus Juris Secundum: A Complete Restatement of the entire American Law, Band 15a, Brooklyn 1967, zit.: Band, C.J.S., Stichwort
Cramton, Roger C./*Currie*, David P./*Kay*, Herma Hill: Conflict of Laws, 4. Aufl., St. Paul 1987, zit.: Cramton/Currie/Kay, Conflict
Currie, Brainerd: Full Faith and Credit to Foreign Land Decrees, 21 U.Chi.L.Rev. 620-679 (1953-54)
Currie, David P.: The Mutiple Personality of the Dead: Executors, Administrators and the Conflict of Laws, 33 U.Chi.L.R. 429-462 (1965-1966)
David, Klaus: Die Rechtsstellung der überlebenden Ehefrau in den USA, Hamburg 1970
Demharter, Johann: Grundbuchordnung, 22. Aufl., München 1997, zit.: Demharter, GBO
Dessauer, Johannes E.: Zum renvoi im internationalen Deliktsrecht, ZVglRWiss 81 (1982) 215-249
Dethloff, Nina: Doppelstaatsangehörigkeit und Internationales Privatrecht, JZ 1995, 64-73
Deutsch, Erwin: Die Anerkennung ausländischer Urteile in den Staaten der USA, ZZP 71 (1958) 321-339

Deutsches Institut für Vormundschaftswesen: Stellungnahme zu dem Entwurf eines Gesetzes zur Reform des Internationalen Privat- und Verfahrensrechts, DAVorm 1980, Sp. 585-606
Dicey, Albert Venn/*Morris*, John Humphrey Carlile: The conflict of laws, Band 1, Band 2, 12. Aufl., London 1993, zit.: Dicey/Morris, Conflict
ders./Wade, Emlyn Capel Stewart: Law and Public Opinion in England during the nineteenth century, 2. Aufl., London 1963, zit: Dicey/Wade, Law and Public Opinion
Dittmann, J.: Die sechs Haager Abkommen über internationales Privatrecht und Zivilprozeßrecht, München 1914
Dopffel, Peter/*Drobnig*, Ulrich/*Siehr*, Kurt: Reform des deutschen internationalen Privatrechts, Kolloquium im Institut vom 19-21 Juni 1980, Tübingen 1980; zit.: Dopffel/Drobnig/Siehr, Kolloquium
Dörner, Heinrich: Keine dingliche Wirkung ausländischer Vindikationslegate im Inland, IPRax 1996, 26-28
ders.: Nachlaßspaltung - und die Folgen, IPRax 1994, 362-366
ders.: Probleme des neuen Internationalen Erbrechts, DNotZ 1988, 67-109
ders.: Zur Behandlung von deutschen Erbfällen mit interlokalem Bezug, DNotZ 1977, 324-343
Droz, Georges A.L.: Les nouvelles règles de conflit françaises en matière de régimes matrimoniaux, Rev.crit.d.i.p. 81 (1992) 631-680
ders.: Les régimes matrimoniaux en droit intérnational privé - Enseignements et conclusions tirés de l'étude comparative, Convention sur la loi applicable aux régimes matrimoniaux, in: Conférence de la Haye de droit international privé, Actes et documents de la Treizième session, Band 1, Matières diverses, La Haye 1978, 111-127, zit.: Rapport Droz
ders.: La codification du Droit International Privé des successions. - Perspectives Nouvelles, Paris 1970, TCFDIP 1966/69, 319-339
ders./Revillard, Marielle: Successions in: J.C., D.i.p., Band 9, Fasc. 557-A, Paris 1987, zit.: J.C., D.i.p., Fasc. 557-A
Dungs, Hermann: Sechs Haager Abkommen über Internationales Privatrecht, Berlin 1910
Ebenroth, Carsten Thomas: Erbrecht, München 1992, zit.: Ebenroth, ErbR
ders.: Neue Entwicklungen im deutschen internationalen Gesellschaftsrecht - Teil 2, JZ 1988, 75-88
ders./ Eyles, Uwe: Der Renvoi nach der Novellierung des deutschen Internationalen Privatrechts, IPRax 1989, 1-12
Ehrenzweig, Albert A./*Jayme*, Erik: Private International Law, Band 2, Special Part, Dobbs Ferry, Leiden 1973, zit.: Ehrenzweig/Jayme, P.I.L. II
Eisenhauer, Martin: Moderne Entwicklungen im englischen Grundstücksrecht, Tübingen 1997, zit.: Eisenhauer, Englisches Grundstücksrecht
Erman, Walter (Begr.): hrsg. von Harm Peter Westermann, Handkommentar zum Bürgerlichen Gesetzbuch, 7. Aufl., Band 2, Münster 1981, zit.: Erman7/Bearbeiter; 9. Aufl., Band 2, Münster 1993, zit.: Erman/Bearbeiter

Ertl, Rudolf: Anmerkung zu AG Schwalbach Beschluß vom 4. 2. 1983; Rpfleger 1983, 430-431
Fadlallah, Ibrahim: La famille légitime en droit international privé, Paris 1977
Faistenberger, Christoph/*Barta*, Heinz/*Call*, Gottfried: Kommentar zum Wohnungseigentumsgesetz 1975, Wien 1976, zit.: Faistenberger/Barta/Call, WEG
Fellner, Gernot: Zur Novellierung des Anerbengesetzes, NZ 1990, 292-298
Ferid, Murad: Internationales Privatrecht, 3. Aufl., Frankfurt am Main 1986, zit.: Ferid, IPR
ders.: Das internationale gesetzliche Erbrecht, in Lauterbach (Hrsg.), Vorschläge und Gutachten zur Reform des deutschen internationalen Erbrechts, Berlin, Tübingen 1969, 20-41, zit.: Ferid, in Lauterbach (Hrsg.), Reform des deutschen internationalen Erbrechts
ders.: Zur Behandlung von Anteilen an Personalgesellschaften beim zwischenstaatlichen Erbgang, Festschrift für Alfred Hueck, München, Berlin 1959, 343-374, zit.: Ferid, FS für Hueck
ders.: Vermögensrechtliche Wirkungen der Ehe: Deutsches Recht, in: Das internationale Familienrecht Deutschlands und Frankreichs, Tübingen 1955, 114-144
ders./Firsching, Karl/*Lichtenberger*, Peter: Internationales Erbrecht, Quellensammlung mit systematischen Darstellungen des materiellen Erbrechts sowie des Kollisionsrechts der wichtigsten Staaten, Loseblattsammlung, 40. Lieferung, Band 1, Einführung Albanien-Dänemark, Band 2, Deutschland-Frankreich, Band 3, Georgien bis Italien, Band 4, Japan-Östereich, Band 5, Polen-Südafrika, Band 6, Tadschikistan-USA (Grundzüge/Texte), Band 7, USA (Texte)-Vatikan, München 1997, Stand: Dezember 1996, zit.: Ferid/Firsching/Lichtenberger, IntErbR, Bd., Land
ders./Sonnenberger, Hans Jürgen: Das französische Zivilrecht, 2. Aufl., Band 2, Schuldrecht: Die einzelnen Schuldverhältnisse, Sachenrecht, 1986, Band 3, Familienrecht, Erbrecht, 1987, Heidelberg, zit.: Ferid/Sonnenberger, Franz ZR, Bd.
Firsching, Karl: Österreichische Nachlässe, IPRax 1983, 166-169
ders.: Joint tenancy im internationalen Erbrecht - Erbscheinsverfahren nach einem ausländischen (hier US-) Erblasser, IPRax 1982, 98-100
ders.: Zur Reform des deutschen internationalen Erbrechts, in: Beitzke (Hrsg.) Vorschläge und Gutachten zur Reform des deutschen internationalen Personen-, Familien- und Erbrechts, Tübingen 1981, zit.: Firsching, in Beitzke (Hrsg.), Vorschläge zur Reform
ders.: Deutsch-Amerikanische Erbfälle, München und Berlin 1965
ders.: Testamentsvollstrecker - executor - trustee, DNotZ 1959, 354-373
ders./von Hoffmann, Bernd: Internationales Privatrecht einschließlich der Grundzüge des internationalen Zivilverfahrensrechts, 5. Aufl., München 1997, zit.: Firsching/von Hoffmann, IPR
Flessner, Axel: Interessenjurisprudenz im internationalen Privatrecht, Tübingen 1990, zit.: Flessner, Interessenjurisprudenz

Flick, Hans/*Piltz*, Detlev J.: Der Internationale Erbfall, München 1999
Flour, Jaques/*Champenois*, Gérard: Les régimes matrimoniaux, Paris 1995
Francescakis, Phocion: Le contrôle de la compétence du juge étranger après l'arrêt „Simitch" de la Cour de cassation, Rev.crit.d.i.p. 74 (1985) 243-272
Frankenstein, Ernst: Internationales Privatrecht (Grenzrecht), Band 1, Berlin 1926, Band 4, Berlin 1935, zit.: Frankenstein, IPR, Bd.
Franz, Elfriede Maria: Die Einführung der comunione legale als gesetzlichen Güterstand in Italien, München 1990, zit.: Franz, Comunione legale
Freyria, Charles: La Loi applicable aux successions mobilières en droit international privé français, Lille 1946, zit.: Freyria, Loi applicable aux successions
Fricke, Martin: Anerkennungszuständigkeit zwischen Spiegelbildgrundsatz und Generalklausel, Bielefeld 1990, zit.: Fricke, Anerkennungszuständigkeit
ders.: Die Anerkennung ausländischer Urteile in Frankreich nach autonomem Recht, IPRax 1989, 202-207
Friedental, Jack H./*Kane*, Mary Kay/*Miller*, Arther R.: Civil Procedure, 2. Aufl., St. Paul 1993
Fröschle, Tobias: Die Entwicklung der gesetzlichen Rechte des überlebenden Ehegatten in Frankreich und England im Laufe des 20. Jahrhunderts, Tübingen 1996, zit.: Fröschle, Entwicklung der gesetzlichen Rechte des überlebenden Ehegatten
Gamillscheg, Franz: Die Unwandelbarkeit im internationalen Ehegüterrecht, Festschrift für Eduard Bötticher, Berlin 1969, 143-158
ders.: Der Einfluss Dumoulins auf die Entwicklung des Kollsionsrechts, Berlin, Tübingen 1955, zit.: Gamillscheg, Einfluss Dumoulins
Ganske, Joachim: Das deutsch-britische Vollstreckungsabkommen vom 14. 7. 1960, RIW 1961, 172-173
Gauch, Peter/*Schönenberger*, Wilhelm: Schweizerisches Zivilgesetzbuch mit Obligationenrecht, 41. Aufl., Zürich 1996, zit.: Gauch/Schönenberger, ZGB/OR
Gaudemet-Tallon, Hélène: Note sur l'arrêt de la Cour d'appel de Paris du 3. 12. 1980, Rev.crit.d.i.p. 70 (1981) 505-510
Geimer, Reinhold: Internationales Zivilprozeßrecht, 3. Aufl., Köln 1997, zit.: Geimer, IZPR
Gierke, Otto: Deutsches Privatrecht, Band 2, Sachenrecht, Leipzig 1905, zit.: Gierke, Deutsches Privatrecht II
Gottheiner, Hans Georg: Zur Anwendung englischen Erbrechts auf Nachlässe in Deutschland, RabelsZ 21 (1956) 36-72
ders.: Anpassungs- und Umdeutungsprobleme bei deutsch-englischen Erbrechtsfällen, Tübingen 1955
Graue, Eugen Dietrich: Rück- und Weiterverweisung (Renvoi) in den Haager Abkommen, RabelsZ 57 (1993) 26-62
Graveson, Ronald Harry: Conflict of Laws, 7. Aufl., London 1974, zit.: Graveson, Conflict

Gray, Martin: Elements of Land Law, 2. Aufl., London, Dublin, Edinburgh 1993, zit.: Gray, Land Law

Greif, Helmut: Der Nießbrauch des überlebenden Ehegatten nach schweizerischem, italienischem und französischem Recht im Erbschein nach § 2369 BGB, MDR 1965, 447-448

Greubel, Peter: Das „régime matrimonial primaire" und seine Stellung im deutsch-französischen Verhältnis, München 1971

Grimaldi, Michel: Droit patrimonial de la famille, Paris 1998

Großfeld, Bernhard/*Junker*, Abbo: Das CoCom im Internationalen Wirtschaftsrecht, Tübingen 1991, zit.: Großfeld/Junker, CoCom

Grossmann, Carl G.: Das Recht der Vereinigten Staaten von Amerika, Erbrecht und Nachlaßbehandlung, aus: Franz Leske, W. Loewenfeld, Die Rechtsverfolgung im internationalen Verkehr, Band 9, Teil 1, Berlin 1930, zit.: Grossmann, Erbrecht und Nachlaßbehandlung

Guedj, Thomas G.: The Theory of the Lois de Police, A Functional Trend In Continental Private International Law - A Comparative Analysis With Modern American Theories, 39 Am.J.Com.L. (1991) 661-697

Gümpel, Udo: Nochmals: Zum Versorgungsausgleich bei Auslandsberührung, FamRZ 1991, 138-139

ders.: Ermittlung und Behandlung US-amerikanischer Anrechte im Versorgungsausgleich, FamRZ 1990, 226-231

Gutzwiller, Max: Geschichte des Internationalprivatrechts, Basel, Stuttgart 1977, zit.: Gutzwiller, Geschichte

Habicht, Hermann: Internationales Privatrecht nach dem Einführungsgesetze zum Bürgerlichen Gesetzbuche, Berlin 1907, zit.: Habicht, IPR

Hamiaut, Marcel: La réforme des régimes matrimoniaux, Paris 1965

Hancock, Moffatt: Conceptual Devices for Avoiding the Land Taboo in Conflict of Laws: The Disadvantages of Disingenuousness, 20 Stan.L.R. 1-40 (1967/68)

ders.: Equitable Conversion and the Land Taboo in Conflicts of Laws, 17 Stan.L.R. 1095-1127 (1964/65)

Handbuch der Testamentsvollstreckung: hrsg. von Manfred Bengel, Wolfgang Reimann, München 1994, zit.: Handbuch/Bearbeiter

Hanisch, Hans: Grenzüberschreitende Nachlaßinsolvenzverfahren, ZIP 1990, 1241-1251

ders.: Moderne Tendenzen des englischen Ehegüterrechts, Frankfurt am Main, Berlin 1963, zit.: Hanisch, Moderne Tendenzen

Hartwieg, Oskar: Der Renvoi im deutschen Internationalen Vertragsrecht, Frankfurt am Main, Berlin 1967, zit.: Hartwieg, Renvoi

ders./Korkisch, Friedrich: Die geheimen Materialien zur Kodifikation des deutschen Internationalen Privatrechts 1881-1896, Tübingen 1973, zit.: Hartwieg/Korkisch, Geheime Materialien

Hausmann, Rainer: Erbrechtliche Aspekte der italienischen Familienrechtsreform von 1975, FamRZ 1978, 377-385

Hayton, David: European Succession Laws, Bristol 1998
Heck, Philipp: Gesetzesauslegung und Interessenjurisprudenz, AcP 112 (1914) 1-318
ders.: Besprechung von Ludwig von Bar, Theorie und Praxis des internationalen Privatrechts, ZHR 38 (1891) 305-319
Henle, Victor: Kollisionsrechtliche Nachlaßspaltung im deutsch-französischen Rechtsverkehr, München 1975, zit.: Henle, Nachlaßspaltung
Henrich, Dieter: Anordnungen für den Todesfall in Eheverträgen und das Internationale Privatrecht, Festschrift für Helmut Schippel, München 1996, 905-917, zit.: Henrich, FS für Schippel
ders.: Einführung in das englische Privatrecht, 2. Aufl., Darmstadt 1993, zit.: Henrich, Einführung
ders.: Probleme des interlokalen und des internationalen Ehegüter- und Erbrechts nach dem Einigungsvertrag, IPRax 1991, 14-20
ders.: Internationales Familienrecht, Frankfurt am Main 1989, zit.: Henrich, IntFamR
ders.: Die Rechtswahl im deutschen internationalen Familienrecht, in: Conflict and Integration: Comparative Law in the World Today, Tokyo 1989, 561-575, zit.: Henrich, in Conflict and Integration
ders.: Anmerkung zum Beschluß des BVerfG vom 21. 6. 1988; IPRax 1988, 366-367
ders.: Zur Auslegung des Art. 220 Abs. 3 EGBGB, IPRax 1987, 93-95
ders.: Das internationale Eherecht nach der Reform, FamRZ 1986, 841-852
ders.: Art. 15 EGBGB nichtig: Was nun?, IPRax 1983, 208-210
Hering, Wolfgang: Die gesetzlichen Rechte des überlebenden Ehegatten in deutsch-kanadischen Erbfällen, München 1984, zit.: Hering, Deutsch-kanadische Erbfälle
Héron, Jaques: Le morcellement des successions internationales, Paris 1986, zit.: Héron, Morcellement
Herzfelder, François: Eine Grundsatzentscheidung des französischen Kassationshofs zur Anerkennungszuständigkeit, ZVglRWiss 86 (1987) 49-60
Heß, Burkhard: Intertemporales Privatrecht, Tübingen 1998
Heyn, Hanns-Christian: Die „Doppel-“ und „Mehrfachqualifikation“ im IPR, Frankfurt am Main 1986, zit.: Heyn, Doppelqualifikation
Hill, Alfred: The Judical Function in Choice of Law, 85 Colum.L.Rev. 1585-1647 (1985)
von *Hoffmann*, Bernd: Inländische Sachnormen mit zwingendem internationalem Anwendungsbereich, IPRax 1989, 261-271
Holdsworth, William: A History of English Law, Band 3, 5. Aufl., London 1942, zit.: Holdsworth, History
Honsell, Heinrich/*Vogt*, Nedim Peter/*Schneyder*, Anton K.: Kommentar zum schweizerischen Privatrecht, Internationales Privatrecht, Basel, Frankfurt am Main 1995, zit.: Honsell/Vogt/Schneyder, IPR

Hopkins, Bert E.: The Extraterritorial Effect of Probate Decrees, 53 Yale L.J. 221-270 (1943-44)
Hoyer, Hans: Deutsch-österreichische Erbfälle, IPRax 1986, 345-349
ders.: Das österreichische Erbstatut, Festschrift für Günther Beitzke, Berlin, New York 1979, 521-540, zit.: Hoyer, FS für Beitzke
Huet, André: Note sur l'arrêt de la Cour de cassation du 6. 2. 1985, Clunet 112 (1985) 462-473
ders.: Note sur l'arrêt de la Cour d'appel de Paris du 10. 11. 1971, Clunet 100 (1973) 244-259
Hüßtege, Rainer: Internationales Privatrecht, 3. Aufl., München 1999, zit.: Hüßtege, IPR
Idot, Laurence: Note sur l'arrêt de la Cour d'appel de Paris du 31. 10. 1991, Clunet 119 (1992) 378-384
Jacob, Jack: Private International Litigation, Cornwall 1985
Jakobs, Horst Heinrich/*Schubert*, Werner: Die Beratung des Bürgerlichen Gesetzbuchs in systematischer Zusammenstellung, Einführungsgesetz zum Bürgerlichen Gesetzbuch und Nebengesetze, 1.Teilband, Berlin, New York 1990, zit.: Jakobs/Schubert, Beratung I
Jayme, Erik: Zur Anwendung des § 1365 BGB bei ausländischem Geschäftsstatut, Festschrift für Henrich, erscheint demnächst, zit.: Jayme, FS für Henrich
ders.: Narrative Normen im Internationalen Privat- und Verfahrensrecht, Tübinger Universitätsschriften, Band 10, Tübingen 1993
ders.: Schlüssige Rechtswahl und italienisches Übergangsrecht im intertemporalen internationalen Ehegüterrecht, IPRax 1990, 102-103
ders.: Karl Mittermaier und das Internationale Privatrecht, Liber Memorialis François Laurent 1810-1887, Brüssel 1989, 805-813, zit.: Jayme: Liber Memorialis Laurent
ders.: Intertemporales und internationales Ehegüterrecht - Einige vorläufige Betrachtungen, IPRax 1987, 95-96
ders.: Internationales Familienrecht heute, Festschrift für Wolfram Müller-Freienfels, Baden-Baden 1986, 341-375, zit.: Jayme, FS für Müller-Freienfels
ders.: Auflassungsvormerkung und ausländischer Güterstand, IPRax, 1986, 290
ders.: Das neue IPR Gesetz - Brennpunkte der Reform, IPRax 1986, 265-270
ders.: Die Lösungsansätze im internationalen Vergleich, in: Hans F. Zacher, Der Versorgungsausgleich im internationalen Vergleich und in der zwischenstaatlichen Praxis, Berlin 1985, 289-313, zit.: Jayme in Zacher, Versorgungsausgleich im internationalen Vergleich
ders.: Grundfragen des internationalen Erbrechts - dargestellt an deutsch-österreichischen Nachlaßfällen, ZfRV 24 (1983) 162-179
ders.: Zur Rückverweisung durch staatsvertragliche Kollisionsnormen, IPRax 1981, 17-18
ders.: Versorgungsausgleich und Internationales Privatrecht unter besonderer Berücksichtigung der deutsch-österreichischen Scheidungsfälle, ZfRV 21 (1980) 175-191

ders.: Rückverweisung durch im Ausland geltende Staatsverträge, Festschrift für Günther Beitzke, Berlin, New York 1979, 451-459, zit.: FS für Beitzke
ders.: Zur Auslegung des § 1931 IV BGB bei ausländischem Ehegüterrechtsstatut, Festschrift für Murad Ferid, München 1978, 221-232, zit.: Jayme, FS für Ferid I
ders.: Anmerkung zum Urteil des LG München I vom 26. 2. 1978, FamRZ 1978, 366-368
ders.: Ausländische Rechtsregeln und Tatbestand inländischer Sachnormen - Betrachtungen zu Ehrenzweigs Datum-Theorie, Gedächnisschrift für Albert A. Ehrenzweig, Karlsruhe, Heidelberg 1976, 35-49, zit.: Jayme, GS für Ehrenzweig
ders.: Zur Qualifikationsverweisung im internationalen Privatrecht, ZfRV 17 (1976) 93-108
ders./Hausmann, Rainer: Internationales Privat- und Verfahrensrecht, 3. Aufl., München 1986, zit.: Jayme/Hausmann[3], 9. Aufl., München 1998, zit.: Jayme/Hausmann, IPV
ders./Stankewitsch, Peter: Nochmals: Scheidungsfolgen und innerdeutsches Kollisionsrecht, IPRax 1993, 162-167
Jenks, Edward: A short History of English Law, London 1912, zit.: Jenks, History
Joerges, Christian: Vorüberlegungen zu einer Theorie des internationalen Wirtschaftsrechts, RabelsZ 43 (1979) 6-79
Johannsen, Kurt/*Henrich*, Dieter: Eherecht, 3. Aufl., München 1998, zit.: Johannsen/Henrich/Bearbeiter, EheR
Juenger, Friedrich K.: Marital Property and the Conflict of Laws: A Tale of two Countries, 81 Colum.L.Rev. 1061-1079 (1981)
Junker, Abbo: Schadensersatzpflicht bei einem Verstoß gegen ein ausländisches Embargo, JZ 1991, 699-702
ders.: Die „zwingenden Bestimmungen" im neuen internationalen Arbeitsrecht, IPRax 1989, 69-75
Kahn, Franz: Abhandlungen zum internationalen Privatrecht, hrsg. von Otto Lenel und Hans Lewald, Band 1, München, Leipzig 1928, Band 2, München, Leipzig 1928, zit.: Kahn, Abhandlungen, Bd.
ders.: Gesetzeskollisionen, JherJb. 30 (1891), 1-143
Karl, Anna-Maria: Die Anerkennung von Entscheidungen in Spanien, Tübingen 1993
Kartzke, Ulrich: Auslegung letztwilliger Verfügungen bei Nachlaßspaltung, IPRax 1999, 98-100
ders.: Renvoi und Sinn der Verweisung, IPRax 1988, 8-13
Kathrein, Georg: Anerbenrecht, Wien 1990
Katz, Alfred: Staatsrecht: Grundkurs im öffentlichen Recht, 13. Aufl., Heidelberg 1996, zit.: Katz, Staatsrecht

Kegel, Gerhard: Die selbstgerechte Sachnorm, Gedächnisschrift für Albert A. Ehrenzweig, Karlsruhe, Heidelberg 1976, 51-87, zit.: Kegel, GS für Ehrenzweig

ders.: Reform des deutschen internationalen Eherechts, RabelsZ 25 (1960) 201-221

ders.: Probleme des internationalen Enteignungs- und Währunsrechts, Köln, Opladen 1956, zit.: Kegel, Probleme

ders.: Begriffs- und Interessenjurisprudenz im Internationalen Privatrecht, Festschrift für Hans Lewald, Basel 1953, 259-288, zit.: Kegel, FS für Lewald

ders./Schurig, Klaus: Internationales Privatrecht, 8. Aufl., München 2000, zit.: Kegel/Schurig, IPR

Keller, Max/*Siehr*, Kurt: Allgemeine Lehren des internationalen Privatrechts, Zürich 1986, zit.: Keller/Siehr, IPR

Khairallah, Georges: La loi du 28 octobre 1997: Questions de méthode, Rev.crit.d.i.p. 87 (1998) 249-267

Kiefner-Weigl, Barbara: Die Ehegattengesellschaft im französischen Zivilrecht, Münster 1986

Koch, Harald/*Magnus*, Ulrich/*Winkler von Mohrenfels*, Peter: IPR und Rechtsvergleichung, 2. Aufl., München 1996, zit.: Koch/Magnus/Winkler von Mohrenfels, IPR

Köhler, Hans: Internationales Privatrecht; 3. Aufl., Wien, New York 1966, zit.: Köhler, IPR

Kopp, Beate: Probleme der Nachlaßabwicklung bei kollisiosrechtlicher Nachlaßspaltung, Tübingen 1997, zit.: Kopp, Nachlaßabwicklung

Koppenhöfer, Rudolf: Dower und Guardianship im Internationalen Privatrecht Deutschlands, DNotZ 1961, 460-465

Kötters, Ursula: Parteiautonomie und Anknüpfungsmaximen, Frankfurt am Main, Bern, New York, Paris 1988, zit.: Kötters, Parteiautonomie

Krause, Harry D.: Family Law, 3. Aufl., St. Paul 1990

Kreuzer, Karl: Ausländisches Wirtschaftsrecht vor deutschen Gerichten, Heidelberg 1986, zit.: Kreuzer, Wirtschaftsrecht

ders.: Das internationale Privatrecht des Warenkaufs in der deutschen Rechtsprechung, Frankfurt am Main, Berlin 1964, zit.: Kreuzer, Warenkauf

Kropholler, Jan: Internationales Privatrecht, 3. Aufl., Tübingen 1997, zit.: Kropholler, IPR

ders.: Europäisches Zivilprozeßrecht, 5. Aufl., Heidelberg 1996

ders.: Der Einfluß der Haager Übereinkommen auf die deutsche IPR-Kodifikation, RabelsZ 57 (1993) 207-223

ders.: Internationale Zuständigkeit, in: Handbuch des Internationalen Zivilverfahrensrechts, Band 1, Tübingen 1982, zit.: Kropholler, HdbIZVR I

ders.: Die Anpassung im Kollisionsrecht, Festschrift für Murad Ferid, München 1978, 279-289, zit.: Kropholler, FS für Ferid I

Krzywon, Hagen: Die Rechtswahl im Erbrecht, BWNotZ 1987, 4-7

ders.: Der Begriff des unbeweglichen Vermögens in Artikel 25 Abs. 2 EGBGB, BWNotZ 1986, 154-160
Kühne, Gunther: Der Anwendungsbereich des Renvoi im Lichte der Entwicklung des IPR, Festschrift für Murad Ferid, Frankfurt 1988, 251-267, zit.: Kühne, FS für Ferid II
ders.: Die außerschuldvertragliche Parteiautonomie im neuen Internationalen Privatrecht, IPRax 1987, 69-74
ders.: IPR-Gesetz-Entwurf, Heidelberg, Karlsruhe 1980, zit.: Kühne, Entwurf
ders.: Schenkungen unter Ehegatten, insbesondere ihre Rückabwicklung nach der Scheidung im deutschen materiellen und internationalen Privatrecht, FamRZ 1969, 371-380
Kunz, Karl-Heinz: Wandel oder Ruhe im deutschen internationalen Erbrecht?, ZRP 1990, 212-214
Lagarde, Paul: Note sur l'arrêt de la Cour d'appel de Paris du 3. 11. 1993, Rev.crit.d.i.p. 83 (1994) 90-91
ders.: Note sur l'arrêt de la Cour d'appel de Colmar du 19. 1. 1993, Rev.crit.d.i.p. 82 (1993) 281-290
ders.: La nouvelle Convention de La Haye sur la loi applicable aux successions, Rev.crit.d.i.p. 78 (1989) 249-275
ders.: Note sur l'arrêt de la Cour de cassation du 1. 7. 1981, Rev.crit.d.i.p. 71 (1982) 339-349
Lainé, Armand: Droit international privé, Band 2, Paris 1892, zit.: Lainé, D.i.p. II
Lancin, Bernhard: Pour une réforme du droit international privé des successions, Gaz.Pal. 1994.2, doctr., 916-920
Lange, Heinrich/*Kuchinke*, Kurt: Lehrbuch des Erbrechts, 4. Aufl., München 1995, zit.: Lange/Kuchinke, ErbR
Lange, Rudolf/*Wulff*, Hans/*Lüdtke-Handjery*, Christian: Höfeordnung, 9. Aufl., München 1991
Langenfeld, Gerrit: Handbuch der Eheverträge und Scheidungsvereinbarungen, 2. Aufl., München 1989 zit.: Langenfeld, Eheverträge
ders.: Ehevertragsgestaltung nach Ehetypen, FamRZ 1987, 9-14
ders.: Hinweise zur Rechtswahl nach Art. 15 II EGBGB, BWNotZ 1986, 153
Laroche de Roussane, Paul/*Ferrandes*, Jean-Pierre: Comment et pourquoi modifier ou changer son régime matrimonial, Droit et patrimoine 1994, Numéro 18 (juillet/aout), 19-24
Lauterbach, Wolfgang: Vorschläge und Gutachten zur Reform des deutschen internationalen Erbrechts, Tübingen 1969, zit.: Lauterbach (Hrsg.), Reform des deutschen internationalen Erbrechts
ders.: Vorschläge und Gutachten zur Reform des deutschen internationalen Eherechts, Tübingen 1962, zit.: Lauterbach (Hrsg.), Reform des deutschen internationalen Eherechts

Law Reform Commission of Ireland: Report on The Hague Convention (1989) on the Law of Succession to Estates of Deceased Persons (1989), LRC 36-1991, Dublin 1991, 1-109

Lefebvre, Dominique: Biens, J.C., Civil, Artt. 516-543, Fasc. A ff.

Leflar, Robert A./*McDougal III*, Luther L./*Felix*, Robert L.: American Conflicts Law, 4. Aufl., Charlottesville 1986, zit.: Leflar/McDougal/Felix, Conflicts

Lenhoff, Arthur: Die Anerkennung und Vollstreckung ausländischer Urteile in den USA, RabelsZ 19 (1954) 201-241

Lequette, Yves: Le droit international privé de la famille à l'épreuve des conventions internationales, Receuil de Cours, Band 246 (1994-II) 9-234

ders.: Ensembles legislatives et droit international privé des successions, Paris 1986, TCFDIP 1983/84, 163-192

Lichtenberger, Peter: Zu einigen Problemen des Internationalen Familien- und Erbrechts, Festschrift für Murad Ferid, Frankfurt am Main 1988, 269-288, zit.: Lichtenberger, FS für Ferid II

ders.: Anmerkung zu BGH, Urt. v. 17. 9. 1986, DNotZ 1987, 297-302

ders.: Zum Gesetz zur Neuregelung des Internationalen Privatrechts, DNotZ 86, 644-687

Lill, Ingo W.: Ehewohnung und Hausrat im Familienrecht europäischer Staaten, Bielefeld 1974

Linde-Rudolf, Sabine: Probleme einer Parteiautonomie im deutschen internationalen Erbrecht, Rheinfelden 1988, zit.: Linde-Rudolf, Parteiautonomie

Löffler, Wolf: Ehegattenschenkungen und ihre Rückgängigmachung nach französischem und deutschem Recht, Augsburg 1987

van Loon, Hans: The Hague Convention on the Law Applicable to Succession to the Estates of Deceased Persons, Hague Yearbook of International Law 2 (1989) 48-58

Loosschelders, Dirk: Die Anpassung im Internationalen Privatrecht, Heidelberg 1995, zit.: Loosschelders, Anpassung

Lorenz, Egon: Die Rechtswahlfreiheit im internationalen Schuldvertragsrecht, RIW 1987, 569-584

Lorenz, Stephan: Das intertemporale internationale Ehegüterrecht nach Art. 220 III EGBGB und die Folgen eines Statutenwechsels, München 1991, zit.: Lorenz, Intertemporales Ehegüterrecht

ders.: Nachlaßspaltung im geltenden österreichischen IPR?, IPRax 1990, 206

ders.: Rückverweisung des italienischen internationalen Erbrechts auf die lex rei sitae bezüglich der Ausgestaltung der Erbengemeinschaft, IPRax 1990, 82-83

Lorz, Rainer: Fragen der Testamentsvollstreckung am Kommanditanteil beim zwischenstaatlichen Erbgang, in: Europäische Integration und globaler Wettbewerb, hrsg. von Martin Henssler, Thomas M. Kolbeck, Hans-Werner Moritz und Hannes Rehm, Heidelberg 1993, 489-508, zit.: Lorz, Europäische Integration

Loussouarn, Yvon: La Convention de La Haye sur la loi applicable aux régimes matrimoniaux, Clunet 106 (1979) 5-20

ders./Bourel, Pierre: Droit international privé, 5. Aufl., Paris 1996, zit.: Loussouarn/Bourel, D.i.p.

Lüderitz, Alexander: Internationales Privatrecht, 2. Aufl., Neuwied, Berlin 1992, zit.: Lüderitz, IPR

ders.: Die Ehescheidung nach dem Gesetz zur Neuregelung des Internationalen Privatrechts, IPRax 1987, 74-81

ders.: Anknüpfung im Parteiinteresse, Festschrift für Gerhard Kegel, Frankfurt am Main 1977, 31-54, zit.: Lüderitz, FS für Kegel I

ders.: Die Belegenheit von Forderungen nach dem deutsch-österreichischen Vermögensvertrag, JZ 1961, 443-448

Lurger, Brigitta: Doppelstaatsbürgerschaft im deutsch-österreichischen Spaltnachlaß und Beschränkung durch Nacherbschaft, IPRax 1994, 235-241

Magnus, Ulrich: Englisches Kündigungsrecht auf deutschem Schiff - Probleme des internationalen Seearbeitsrechts, IPRax 1991, 382-386

Maine, Henry Sumner: Ancient Law, London 1930

Makarov, Alexander: Die Gleichberechtigung der Frau und das internationale Privatrecht, RabelsZ 17 (1952) 382-396

Mänhardt, Franz/*Posch*, Willibald: Internationales Privatrecht, Privatrechtsvergleichung, Einheitsprivatrecht, Wien 1994, zit.: Mänhardt/Posch, IPR

Mankowski, Peter: Spezielle vertragsrechtliche Gesetze und Internationales Privatrecht, IPRax 1995, 230-234

ders.: Anmerkung zum Beschluß des LG Mainz vom 14. 12. 1992, FamRZ 1994, 1457-1459

ders./Osthaus, Wolf: Gestaltungsmöglichkeiten durch Rechtswahl beim Erbrecht des überlebenden Ehegatten in internationalen Fällen, DNotZ 1997, 10-27

Mann, Frederik Alexander: Eingriffsgesetze und Internationales Privatrecht, Festschrift für Eduard Wahl, Heidelberg 1973, 139-160, zit.: Mann, FS für Wahl

Mansel, Heinz-Peter: Intertemporales internationales Privatrecht des Einiguns-vertrages - Zur Auslegung des Art. 236 EGBGB, in: Erik Jayme/Oliver Furtak, Der Weg zur deutschen Rechtseinheit, Heidelberg 1991, 141-166, zit.: Mansel, in: Der Weg zur deutschen Rechtseinheit

ders.: Die Nation im innerdeutschen privaten Kollisionsrecht, in: Erik Jayme/Heinz-Peter Mansel, Nation und Staat im Internationalen Privatrecht, Heidelberg 1990, 57-92, zit.: Mansel, in Jayme/Mansel, Nation und Staat

ders.: Personalstatut, Staatsangehörigkeit und Effektivität, München 1988, zit.: Mansel, Personalstatut

de la Marnierre, E.S.: Les conflits de lois en matière de régimes matrimoniaux et la Convention de La Haye du 14 mars 1978, D. 1993, Chron. 169-172

Marsh, Harold: Marital Property in Conflicts of Laws, Seattle 1952, zit.: Marsh, Marital Property

Martiny, Dieter: Anerkennung ausländischer Entscheidungen nach autonomem Recht, in: Handbuch des Internationalen Zivilverfahrensrechts, Band III/1, Tübingen 1984, zit.: Martiny, HdbIZVR, Bd III/1
Marx, Hugo: Die Grundregeln des amerikanischen Erbrechts und die Ausstellung eines Teilerbscheins nach § 2369 BGB, NJW 1953, 529-530
Mäsch, Gerald: Der Renvoi - Plädoyer für die Begrenzung einer überflüssigen Rechtsfigur, RabelsZ 61 (1997) 285-312
Maury, Jean: Les régimes matrimoniaux, Paris 1995
Max-Planck-Institut: Kodifikation des deutschen Internationalen Privatrechts. Stellungnahme des Max-Planck-Instituts für ausländisches und internationales Privatrecht zum Regierungsentwurf von 1983, RabelsZ 47 (1983) 595-728
dass.: Thesen zur Reform des Internationalen Privat- und Verfahrensrecht. Im Institut bearbeitet von Jürgen Basedow u.a., RabelsZ 44 (1980) 344-366
Mayer, Pierre: Droit international privé, 5. Aufl., Paris 1994, zit.: Mayer, D.i.p.
Mazeaud, Henri/*Mazeaud*, Léon/*Mazeaud*, Jean/*Chabas*, François: Leçons de Droit Civil, Band IV/2 (Sucessions-Libéralités), Bearbeiter Laurant Leveneur, Sabine Leveneur, 5. Aufl., Paris 1999, zit.: Mazeaud/Leveneur IV/2
McClanahan, W. S.: Community Property Law in the United States, Rochester, San Francisco 1982, zit.: McClanahan, Community Property
Megacode: Code civil: enrichi d'annotations tirées des bases de donées juridiques. bearbeitet von Phillipe Bihr, Gilles Goubeaux, Xavier Henry, Paris 1995, zit.: Megacode
Meikel, Georg: Grundbuchrecht, 7. Aufl., Frankfurt am Main, München 1988, zit.: Meikel, GBR
Meili, Friederich: Das internationale Civil- und Handelsrecht, Band 2, Zürich 1902, zit.: Meili, IPR II
ders./Mamelok, A.: Das internationale Privat- und Zivilprozeßrecht auf Grund der Haager Konventionen, Zürich 1911
Melchior, George: Die Grundlagen des deutschen internationalen Privatrechts, Berlin und Leipzig 1932, zit.: Melchior, Grundlagen
ders.: Die Selbstbeschränkung des deutschen internationalen Privatrechts, RabelsZ 3 (1929) 733-751
Mentzel, Ralph: Sonderanknüpfung von Eingriffsrecht im internationalen Vertragsrecht, München 1993, zit.: Mentzel, Sonderanknüpfung
Meston, Michael C.: The Succession (Scotland) Act 1964, 4. Aufl., Edinburgh 1993, zit Meston, Sucession Act 1964
Meyer, Martin: Anerbengesetz, Wien 1992
Mezger, Ernst: Auflockerung der französischen Regeln über die internationale Zuständigkeit der Gerichte, Festschrift für Heinrich Nagel, Münster 1987, 246-277, zit.: Mezger, FS für Nagel
Michaels, Ralf: Der Abbruch der Weiterverweisung im deutschen Internationalen Privatrecht, RabelsZ 61 (1997) 685-713

Mikat, Paul: Schranken der Vertragsfreiheit im Ehegüterrecht, Festschrift für Wilhelm Felgentraeger, Göttingen 1969, 323-352, zit.: Mikat, FS für Felgentraeger

Miller, Gareth: International Aspects of Interstate Succession, Conv. 1988, 30-44

Ministerium der Justiz der Deutschen Demokratischen Republik (Hrsg.): Internationales Privatrecht: Kommentar zum Rechtsanwendungsgesetz, Leitung des Autorenkollektivs G.-A. Lübchen, Berlin 1989, zit.: Ministerium der Justiz der DDR (Hrsg.), Bearbeiter, Kommentar zum RAG

Möllenhoff, Wolfgang: Nachträgliche Rechtswahl und Rechte Dritter, Berlin 1993

Möllring, Eva: Anerkennung und Vollstreckung ausländischer Urteile in Südamerika, Göttingen 1985, zit.: Möllring, Anerkennung

Mommsen, Friedrich: Wie ist in dem bürgerlichen Gesetzbuch für Deutschland das Verhältnis des inländischen Rechts zu dem ausländischen zu normiren?, AcP 61 (1878) 149-202

Morris, John Humphry Carlile: Interstate Succession to land in the Conflict of laws, 85 L.Q.R., 339-371 (1969)

Morris, Richard B.: Studies in The History of American Law, New York 1930, zit.: Morris, History

Mössle, Ilka: Internationale Forderungspfändung, Berlin 1991, zit.: Mössle, Forderungspfändung

Muir Watt, Horatia: Effets en France des decisions étrangères, J.C., D.i.p., Band 10, Fasc. 584-3, Paris 1987

Müller, Klaus: Zum Problem der Gesamtverweisung, in: Rechtsvergleichung und Rechtsvereinheitlichung, Festschrift zum fünfzigjährigen Bestehen des Institus für ausländisches und internationales Privat- und Wirtschaftsrecht der Universität Heidelberg, Heidelberg 1967, 191-212, zit.: Müller, FS des Heidelberger Instituts

Münch, Eckehart: Die Eigentums- und Vermögensgemeinschaft, Baden-Baden 1993, zit.: Münch, Vermögensgemeinschaft

Münchner Kommentar zum Bürgerlichen Gesetzbuch: hrsg. von Kurt Rebmann und Franz Jürgen Säcker, 1. Aufl, Band 7, Einführungsgesetz zum BGB, Internationales Privatrecht, München 1983, zit.: MüKo[1]/Bearbeiter; 3. Aufl., Band 1, Allgemeiner Teil, 1993, Band 5, Schuldrecht Besonderer Teil III, 1997, Band 7, Familienrecht I, 1993, Band 9, Erbrecht, 1997, Band 10, Einführungsgesetz zum Bürgerlichen Gesetzbuche (Art. 1-38), Internationales Privatrecht,1998, München, Ergänzungsband, München 1996; zit.: MüKo/Bearbeiter

Münchner Kommentar zur Zivilprozeßordnung: hrsg. von Gerhard Lüke und Alfred Walchshöfer, Band 1, Einleitung, §§ 1- 354, München 1992, zit.: MüKo/Bearbeiter, ZPO

Neuhaus, Paul Heinrich: Abschied von Savigny?, RabelsZ 46 (1982) 4-25

ders.: Der Beitrag des Völkerrechts zum Internationalen Privatrecht, German Yearbook of International Law 21 (1978) 60-73
ders.: Die Grundbegriffe des internationalen Privatrechts, 2. Aufl., Tübingen 1976, zit.: Neuhaus, IPR
ders.: Besprechung von Gerhard Kegel, Internationales Privatrecht, RabelsZ 25 (1960) 375-379
ders.: Bewegliches und unbewegliches Vermögen - Besprechung des Beschlusses des OLG Frankfurt a. Main vom 2. 7. 1953, RabelsZ 19 (1954) 554-568
ders./Kropholler, Jan: Entwurf eines Gesetzes über Internationales Privat- und Verfahrensrecht, RabelsZ 44 (1980) 326-343
Neumayer, Karl Heinz: Einheit in der Vielfalt - Bewegung und Bewahrung im Erbrecht der Nationen, Festschrift für Murad Ferid, München 1978, 659-686, zit.: Neumayer, FS für Ferid I
ders.: Die Notgesetzgebung des Wirtschaftsrecht im internationalen Privatrecht, BerGesVR 2 (1958) 35-57
Neumeyer, Karl: Frankensteins zweiter Band, RabelsZ 3 (1929) 260-264
Neuner, Robert R.: Der Sinn der internationalprivatrechtlichen Norm, Brünn, Prag, Leipzig, Wien 1932, zit.: Neuner, Sinn
Ney, Peter: Das Spannungsverhältnis zwischen dem Güter- und dem Erbstatut, Frankfurt am Main 1993
Niemeyer, Theodor: Zur Vorgeschichte des Internationalen Privatrechts im Deutschen Bürgerlichen Gesetzbuch, München, Leipzig 1915, zit.: Niemeyer, Vorgeschichte
Niewöhner, Franz: Zur Problematik des gespaltenen Ehegüterrechts im internationalen Privatrecht, MittRhNotK 1981, 219-234
Niggemann, Friederich: Nachlaßeinheit oder Nachlaßteilung, Köln 1973
Nishitani, Yuko: Ausländische Vindikationslegate und das deutsche Erbrecht - unter besonderer Berücksichtigung des japanischen Erbrechts-, IPRax 1998, 74-79
North, Peter Machin: Reform, But Not Revolution, General Course on Private International Law, Receuil de Cours 220 (1990 I) 9-288
ders./Fawcett J. J.: Cheshire and North's Private International Law, 12. Aufl., London, Dublin, Edinburgh 1992, zit.: North/Fawcett, P.I.L.
Note: Dower as Subjekt to Inheritance Tax, 25 Harvard L.Rev. 181-182 (1911/12)
Note: Real Property - Husband and Wife - Dower - Protection of the Inchoate Right of Dower, 11 Minn.L.Rev. 354-366 (1926/27)
Note: Problems in Real Property Law raised by the Inheritnce Tax, 15 Colum.L.Rev. 692-695 (1915)
Nussbaum, Arthur: Deutsches Internationales Privatrecht. Unter besonderer Berücksichtigung des österreichischen und schweizerischen Rechts, Tübingen 1932, zit.: Nussbaum, IPR
von Oertzen, Christian: Personengesellschaftsanteile im Internationalen Erbrecht, IPRax 1994, 73-80

ders.: Pflichtteilsrecht bei Vererbung von deutschen Personalgesellschaftsanteilen und ausländischem Erbstatut, RIW 1994, 818-821

Oppenheimer, Fritz: Neuordnung des gesetzlichen Erbrechts in England, JW 1926, 1944

Otte, Gerhard: Läßt das Erbrecht des BGB eine Erbeinsetzung auf einzelne Gegenstände zu?, NJW 1987, 3164-3165

Otte, Karsten: Der kurze Arm des Vermächtnisnehmers - internationale Zuständigkeit deutscher Nachlaß- und Prozeßgerichte bei Ansprüchen auf Übertragung U.S.-amerikanischer Grundstücke?, IPRax 1993, 142-148

Otto, Andreas: Das Ehegüterrecht nach dem Einigungsvertrag, Bielefeld 1994, zit.: Otto, Ehegüterrecht

von Overbeck, Alfred E.: Buchbesprechung: Einleitung zum Internationalen Privatrecht: Art. 3-6 EGBGB in Staudingers Kommentar zum Bürgerlichen Gesetzbuch mit Einführungsgesetz und Nebengesetzen, IPRax 1997, 362-363

ders.: La Convention du premier août 1989 sur la loi applicable aux succession pour cause de mort, SchwJbIntR XLVI (1989) 138-152

ders.: Rapport explicatif, Convention sur la loi applicable aux régimes matrimoniaux, in: Conférence de la Haye de droit international privé, Actes et documents de la Treizième session, Band 2, Den Haag 1978, 329-383, zit.: v.Overbeck, Rapport

ders.: Rapport de la Commission spéciale, Convention sur la loi applicable aux régimes matrimoniaux, in: Conférence de la Haye de droit international privé, Actes et documents de la Treizième session, Band 2, Den Haag 1978, 138-178, zit.: v.Overbeck, Rapport de la Commission spéciale

ders.: La convention de la Haye sur la loi applicable aux régimes matrimoniaux, SchwJbIntR XXXIII (1977) 105-126

Pagenstecher, Max: Der Grundsatz des Entscheidungseinklangs im internatinalen Privatrecht, Wiesbaden 1951, zit.: Pagenstecher, Entscheidungseinklang

Pakuscher, Irene: Die Unwandelbarkeit des Ehegüterrechtsstatuts im Lichte der Reform des Internationalen Privatrechts, München 1987, zit.: Pakuscher, Unwandelbarkeit

Palandt, Otto (Begr.): Bürgerliches Gesetzbuch, 58. Aufl., München 1999, zit.: Palandt/Bearbeiter

Pammel, Friedrich Wilhelm: Der Begriff der Belegenheit im deutschen internationalen Enteignungsrecht bei der Enteignung von ungesicherten und hypothekarisch gesicherten Forderungsrechten, Göttingen 1966, zit.: Pammel, Belegeneheit

Parry, David Hughes: The Law of Succession, London 1937

Peterson, Courtland H.: Die Anerkennung und Vollstreckung ausländischer Urteile in den Vereinigten Staaten von Amerika, RabelsZ 33 (1969) 543-563

ders.: Die Anerkennung ausländischer Urteile im amerikanischen Recht, Frankfurt am Main, Berlin 1964, zit.: Peterson, Anerkennung

Philip, Allan: Hague Draft Convention on Matrimonial Property, Am.J.Comp.L. 24 307-315 (1976)

Pikalo, Alfred: Die Neuordnung von Freiheit und Bindung und der erbrechtlichen Bodenzuordnung in der Reform der Höfeordnung als verantwortungsvolle Aufgabe für die Kautelarjurisprudenz, DNotZ 1976, 390-411

Piltz, Burghard: Internationales Scheidungsrecht, München 1988

ders.: Neues materielles und internationales Scheidungsrecht in Argentinien, IPRax 1988, 320-322

ders.: Zum Versorgungsausgleich im Internationalen Privatrecht, FamRZ 1979, 991-993

Pirrung, Jörg: Die Haager Konferenz für Internationales Privatrecht, Feschrift für Murad Ferid, Frankfurt am Main 1988, 339-362, zit.: Pirrung, FS für Ferid II

ders. (Hrsg.): Internationales Privat- und Verfahrensrecht nach dem Inkrafttreten der Neuregelung des IPR, Köln 1987, zit.: Pirrung, IPR

ders.: Der Regierungsentwurf eines Gesetzes zur Neuregelung des Internationalen Privatrechts, IPRax 1983, 201-208

Planck, Gottlieb: Bürgerliches Gesetzbuch nebst Einführungsgesetz, Band 6, 3. Aufl., Berlin 1905

Plassmann, Nobert: Das Verhältnis zwischenstaatlicher Enteignungen zum innerstaatlichen Recht, JZ 1962, 17-20

Pollock, Frederick/*Maitland*, Frederic William: The History of English law, 2. Aufl., Cambridge 1968, zit.: Pollock/Maitland, History

Protokolle der Kommission: Protokolle der Kommission für die zweite Lesung des Entwurfs des Bürgerlichen Gesetzbuches im Auftrage des Reichsjustizamtes, bearbeitet von Alexander Archilles, Albert Gebhard und Peter Spahn, Band 1, Berlin 1897, Band 6, Berlin 1899, zit.: Protokolle, Bd.

Puttfarken, Hans-Jürgen: Ehe in Hamburg, Firma in Lichtenstein, Ranch in Kanada, RIW 1987, 834-841

Quadflieg, Friedrich/*Weihrauch*, Immo: Das landwirtschaftliche Sondererbrecht gemäß der Novelle zur Höfeordnung, FamRZ 1977, 228-235

Raape, Leo: Internationales Privatrecht, 2. Aufl., Berlin 1945, zit.: Raape, IPR^2; 5. Aufl., Berlin, Frankfurt 1961, zit.: Raape, IPR

ders./Sturm, Fritz: Internationales Privatrecht, Band 1, Allgemeine Lehren, 6. Aufl., München 1977, zit.: Raape/Sturm, IPR I

Rabel, Ernst: The Conflict of Laws, Band 1, 2. Aufl., Ann Arbor 1958, zit.: Rabel, Conflict

Rahm, Walter/*Künkel*, Bernd: Handbuch des Familiengerichtsverfahrens, Loseblattsammlung, Band 3, 4. Aufl., Köln 1994, zit.: Rahm/Künkel/Bearbei-ter

Rauscher, Thomas: Intertemporale Bestimmungen zum internationalen Ehegüterrecht im Einigungsvertrag, DtZ 1991, 20-22

ders.: Sachnormverweisungen aus dem Sinn der Verweisung, NJW 1988, 2151-2154

ders.: Art. 220 III EGBGB verfassungswidrig ?, NJW 1987, 531-536

ders.: Nochmals: Auflassungsvormerkung für verheiratete Ausländer Rpfleger 1986, 119-121

ders.: Auflassungsvormerkung für verheiratete Ausländer, Rpfleger 1985, 52-54
Reichart, Peter A.: Der Renvoi im schweizerischen IPR, Zürich 1996, zit.: Reichart, Renvoi
Reichelt, Gerte: Gesamtstatut und Einzelstatut im IPR, Wien 1985, zit.: Reichelt, Gesamtstatut
Reichtsgerichts Kommentar zum Bürgerlichen Gesetzbuch: hrsg. von Mitgliedern des Bundesgerichtshofes, Band 5,1. Teil, §§ 1922-2146, 12. Aufl., Berlin, New York 1974, zit.: RGRK/Bearbeiter
Reimann, Mathias: Einführung in das US-amerikanische Privatrecht, München 1997
Reinhard, Hans-Joachim: Ausländische Rentenanwartschaften im Versorgungausgleich, FamRZ 1990, 1194-1197
Reinhart, Gert: Zur Neuregelung des deutschen internationalen Erbrechts, BWNotZ 1987, 97-104
ders.: Die güterrechtlichen Wirkungen der auslandsbezogenen Ehe (Art. 15 und 16 IPR-Gesetzesentwurf), in: Die Familie im internationalen Privatrecht, hrsg. von Jörg Pirrung, Gert Reinhart, Dieter Henrich, Günther Beitzke, Reinhard Schnabel, Schwerte 1985, 21-42, zit.: Reinhart, in: Familie im internationalen Privatrecht
ders.: Zur Parteiautonomie im künftigen deutschen internationalen Privatrecht auf den Gebieten des Familien- und des Erbrechts, ZVglRWiss 80 (1981) 150-171
Reithmann, Christoph: Buchbesprechung: Staudinger Kommentar zum Bürgerlichen Gesetzbuch mit Einführungsgesetz und Nebengesetzen, DNotZ 1996, 227-229
ders./Martiny, Dieter: Internationales Vertragsrecht, 5. Aufl., Köln 1996, zit.: Reithmann/Martiny/Bearbeiter, IntVR
ders./Albrecht, Andreas/*Basty*, Gregor: Handbuch der notariellen Vertragsgestaltung 7. Aufl., Köln, Berlin, Bonn, München 1995
ders./Röll, Ludwig: Handbuch der notariellen Vertragsgestaltung, 7. Aufl, Köln 1995, zit.: Reithmann/Röll/Bearbeiter, Handbuch der notariellen Vertragsgestaltung
Reppy, Alison/*Tomkins*, Leslie J.: Historical and Statutory Background of The Law of Wills, Chicago 1928, zit.: Reppy/Tomkins, History
Restatement of the Law, Second: Conflict of Laws 2d, Band 2, §§ 222-End, St. Paul 1971, zit.: Restatement Second, Conflict of Laws
dass.: Conflict of Laws, Tentative Draft No. 5, Philadelphia 1959, zit.: Restatement Second, Conflict of Laws, Tentative Draft
Revillard, Mariel: Régimes matrimoniaux, J.C., D.i.p., Band 9, Fasc. 556, Paris 1999
dies.: Droit international privé et pratique notariale, 4. Aufl., Paris 1998
dies.: Premier bilan d'application de la Convention de La Haye du 14 mars 1978 sur la loi applicable aux régimes matrimoniaux, in: E Pluribus Unum,

Liber Amicorum Georges A.L. Droz, The Hague, Boston, London 1996, 369-390, zit.: Revillard, Liber Amicorum Droz
dies.: Droit international privé et pratique notariale, Defrénois 1981.1, 1505-1534
Rheinstein, Max: Buchbesprechung zu Karl Firsching: Deutsch-amerikanische Rechtsfälle, AcP 166 (1966) 547-550
ders.: The law of Decendents' Estates, 2.Aufl., Indianapolis 1955, zit.: Rheinstein, Decendents' Estates
ders./Glendon, Mary Ann: The Law of Decendents' Estates, Mineola 1971, zit.: Rheinstein/Glendon, Decendents' Estates
Richman, William M./*Reynolds*, William L.: Understanding Conflict of Laws, 2. Aufl., New York, Oakland 1993, zit.: Richman/Reynolds, Conflict
Rigeaux, François/*Fallon*, Marc: Droit international privé, Band 2, 2. Aufl., Brüssel 1993, zit.: Rigeaux/Fallon, D.i.p.
Röll, Ludwig: Das Gesetz zur Neuregelung des Internationalen Privatrechts in der notariellen Praxis, MittBayNotV 1989, 1-6
Rosenberg, Leo/*Gaul*, Hans Friedhelm/*Schilken*, Eberhard: Zwangsvollstreckungsrecht, 10. Aufl., München 1987, zit.: Rosenberg/Gaul/Schilken, ZVR
Roth, Herbert: Grundbuchverfahren und ausländisches Güterrecht, IPRax 1991, 320-322
Rummel, Peter (Hrsg): Kommentar zum Allgemeinen Bürgerlichen Gesetzbuch, 2. Aufl., Band 1, §§ 1-1174 ABGB, Wien 1990; Band 2, §§ 1090-1502 ABGB, Nebengesetze, Wien 1992, zit.: Rummel, ABGB
von Sachsen-Gessaphe, Karl August: Das mexikanische internationale Erbrecht und seine Bedeutung für deutsch-mexikanische Nachlaßfälle, München 1987, zit.: v.Sachsen-Gessaphe, Das mexikanische internationale Erbrecht
Samtleben, Jürgen: Neues Internationales Privatrecht in Peru, RabelsZ 49 (1985) 486-521
ders.: Mehrstaater im internationalen Privatrecht, RabelsZ 42 (1978) 456-484
Savatier, René: La finance ou la gloire: Option pour la femme mariée? Réflexions sur la réforme des régimes matrimoniaux, Dalloz 1965, Chronique 135-140
von Savigny, Friedrich Carl: System des heutigen römischen Rechts, Band 8, Berlin 1849, zit.: Savigny, Bd.
Schack, Heimo: Internationales Zivilverfahrensrecht, 2. Aufl., München 1996
ders.: Der Erfüllungsort im deutschen, ausländischen und internationalen Privat- und Zivilprozeßrecht, Frankfurt am Main 1985, zit.: Schack, Erfüllungsort
Schäfer, Martin: Eingriffsnormen im deutschen IPR- eine neverending story? Festschrift für Otto Sandrock, Heidelberg 1995, 37-54, zit.: Schäfer, FS für Sandrock
Schellenkamp, Cornelia: Anmerkung zm Urteil des OLG Oldenburg vom 9. 9. 1997, MittRhNotK 1998, 137-138

Schermutzki, Gerd: Die gesetzliche Stellung des überlebenden Ehegatten im Recht der common law Staaten der USA, München 1967, zit.: Schermutzki, Gesetzliche Stellung des überlebenden Ehegatten

Schlechtriem, Peter: Ausländisches Erbrecht im deutschen Verfahren, Karlsruhe 1966, zit.: Schlechtriem, Ausländisches Erbrecht

Schlosshauer-Selbach, Stefan: Internationales Privatrecht, Heidelberg 1989, zit.: Schlosshauer-Selbach, IPR

Schmidt, Karsten: Gesellschaftsrecht, 3. Aufl., Köln, Berlin, Bonn, München 1997, zit.: K.Schmidt, GesR

Schneider, Johannes: Internationales Familienrecht-Vergleich des neuen IPR-Gesetzes mit den bisherigen gesetzlichen Regelungen im EGBGB, MittRhNotK 1989, 33-49

Schneyder, Anton K.: Wirtschaftskollisionsrecht, Zürich 1990

Schnitzer, Adolf F.: Handbuch des internationalen Privatrechts, Band 1, 4. Aufl., Basel 1957, zit.: Schnitzer, IPR I

Schoenblum, Jeffrey: Choice of Law and Succession to Wealth: A Critical Analysis of the Ramifications of the Hague Convention on Succession to Decedents' Estates, 32 Va.J.Int.L. 83-155 (1991/92)

Schotten, Günther: Das Internationale Privatrecht in der notariellen Praxis, München 1995, zit.: Schotten, IPR

ders.: Probleme des Internationalen Privatrechts im Erbscheinsverfahren, Rpfleger 1991, 181-189

ders./Johnen, Cornelia: Erbrecht im deutsch-deutschen Verhältnis - die Rechtslage vor der Vereinigung und die Regelungen im Einigungsvertrag, DtZ 1991, 225-234

Schouler, James: Law of Wills, Band 3, 6. Aufl., Albany 1923

Schrader, Henning: Erb- und Nacherbeinsetzung auf einzelne Nachlaßgegenstände, NJW 1987, 117-118

Schröder, Jochen: Internationale Zuständigkeit, Opladen 1971

Schubert, Mathias: Internationale Verträge und Eingriffsrecht - ein Beitrag zur Methode des Wirtschaftskollisionsrechts, RIW 1987, 729-746

Schurig, Klaus: Interessenjurisprudenz contra Interessenjurisprudenz im IPR, RabelsZ 59 (1995) 229-244

ders.: Zwingendes Recht, „Eingriffsnormen" und neues IPR, RabelsZ 54 (1990), 217-250

ders.: Erbstatut, Güterrechtsstatut, gespaltenes Vermögen und ein Pyrrhussieg, IPRax 1990, 389-393

ders.: Internationales Ehegüterrecht im Übergang: Ist Art. 220 Abs. III EGBGB verfassungsrechtlich zu halten?, IPRax 1988, 88-94

ders.: Lois d'application immédiate und Sonderanknüpfung zwingenden Rechts: Erkenntnisfortschritt oder Mystifikation?, in: Internationales Privatrecht, Internationales Wirtschaftsrecht, Referate eines Symposiums der Alexander von Humboldt-Stiftung vom 26. bis 30. September 1983 in Ludwigsburg, hrsg. von Wolfgang Holl und Ulrich Klinke, Köln, Berlin, Bonn, Mün-

chen 1985, 55-76, zit.: Schurig, in Holl/Klinke, Internationales Privatrecht, Internationales Wirtschaftsrecht
ders.: Kollisionsnorm und Sachrecht, Berlin 1981, zit.: Schurig, Kollisionsnorm
Schwab, Dieter: Handbuch des Scheidungsrechts, 3. Aufl, München 1995, zit.: Schwab/Bearbeiter, Scheidungsrecht
Schwander, Ivo: Einige Gedanken zum Renvoi, Liber Amicorum Alfred F. Schnitzer, Genf 1979, 411-424 zit.: Schwander, Liber Amicorum Schnitzer
Schwenn, Hermann: Die Anwendung der §§ 2369 und 2368 BGB auf Erbfälle mit englischem oder amerikanischem Erbstatut, NJW 1952, 1113-1116
Schwimann, Michael: Zum aktuellen Reformstand im internationalen Familienrecht. Die Vorschläge des deutschen Referentenentwurfes 1981, StAZ 1983, 57-65
ders.: Grundriß des Internationalen Privatrechts, Wien 1982, zit.: Schwimann, IPR
ders.: Überblick über das internationale Erbrecht Östereichs, NZ 1979, 102-108
Scoles, Eugene F.: Choice of Law in Family Property Transactions, Receuil des Cours 209 (1988 II), 9-94
ders./Hay, Peter: Conflict of Laws, 2. Aufl., St. Paul 1992, zit.: Scoles/Hay, Conflict
ders./Halbach, Edward C.: Problems and Materials on Decendents' Estates and Trusts, 2. Aufl., Boston, Toronto 1973
Scottish Law Commission: Memorandum No. 71, Edinburgh 1986; Report No. 124, Edinburgh 1990
Seidl-Hohenfeldern, Ignaz: Internationales Konfiskations- und Enteignungsrecht, Berlin, Tübingen 1952, zit.: Seidl-Hohenfeldern, Enteignungsrecht
von der Seipen, Christoph: Akzessorische Anküpfung und engste Verbindung im Kollisionsrecht der komplexen Vertragsverhältnisse, Heidelberg 1989 zit.: von der Seipen, Akzessorische Anknüpfung
Serik, Rolf: Zur Behandlung des anglo-amerikanischen Trust im kontinentaleuropäischem Recht, Festschrift für Hans Carl Nipperdey, Band 2, München und Berlin 1965, 653-666, zit.: Serik, FS für Nipperdey
Siebert, Wolfgang: Gesellschaftsvertrag und Erbrecht bei der offenen Handelsgesellschaft, 3. Aufl., Karlsruhe 1958, zit.: Siebert, OHG
Siegmann, Matthias: Personengesellschaftsanteil und Erbrecht, Berlin 1992
Siehr, Kurt: Die gemischt-nationale Ehe im internationalen Privatrecht, Festschrift für Murad Ferid, Frankfurt 1988, 433-446, zit.: Siehr, FS für Ferid II
ders.:Ausländische Eingriffsnormen im inländischen Wirtschaftskollisionsrecht, RabelsZ 52 (1988) 41-103
ders.: Das internationale Erbrecht nach dem Gesetz zur Neuregelung des IPR, IPRax 1987, 4-8
ders.: Normen mit eigener Bestimmung ihres räumlich-persönlichen Anwendungsbereichs im Kollisionsrecht der Bundesrepublik Deutschland, RabelsZ 46 (1982), 357-383

Silberberg, Harry: Probleme des deutschen „Zugewinnausgleichs“ in England und Südafrika, RabelsZ 36 (1972) 526-541
Silberschmidt, Wilhelm: Erbrecht und eheliches Güterrecht im zwischenstaatlichen Rechte der neusten Zeit, NiemZ 48 (1933/1934) 313-334
Simon-Depitre, Marthe: Note sur l'arrêt de la Cour de cassation du 6. 11. 1990, Rev.crit.d.i.p. 80 (1991) 350-354
Sipp-Mercier, Béatrice: Die Abwicklung deutsch-französischer Erbfälle in der Bundesrepublik Deutschland und Frankreich, Bielefeld 1985
Soergel, Hans Theodor (Begr.): Kommentar zum Bürgerlichen Gesetzbuch, 8. Aufl., Band 4, Einführungsgessetz, Stuttgart und Köln 1955, zit.: Soergel[8]/Bearbeiter; 11. Aufl., Band 8, Einführungsgesetz, 1983, Nachträge zur 11. Aufage, 1988, Stuttgart, Berlin, Köln, Mainz, zit.: Soergel[11]/Bearbeiter; 12. Aufl., Band 7, Familienrecht I, §§ 1297-1588, Stuttgart, Berlin, Köln, Mainz 1988; Band 10, Einführungsgesetz, Stuttgart, Berlin, Köln 1996, zit.: Soergel/Bearbeiter
Solomon, Dennis: Der Anwendungsbereich von Art. 3 Abs. 3 EGBGB - dargestellt am Beispiel des internationalen Erbrechts -, IPRax 1997, 81-87
ders.: Nachlaßspaltung, Qualifikation, Pflichtteil und der Rückübertragungsanspruch nach dem Vermögensgesetz, IPRax 1995, 24-31
Sonnenberger, Hans-Jürgen: „Internationales Privatrecht/Internationales Öffentliches Recht“, Festschrift für Kurt Rebmann, München 1989, 819-838, zit.: Sonnenberger, FS für Rebmann
Sper, Walter: Der neue gesetzliche Güterstand in Frankreich, Heidelberg 1972
Stamatiadis, Dimitros: Die Ehescheidung im deutsch-griechischen Rechtsverkehr, Frankfurt am Main, Berlin, Bern, New York, Paris, Wien 1994 zit.: Stamatiadis, Ehescheidung
von Staudinger, Julius (Begr.): Kommentar zum Bürgerlichen Gesetzbuch mit Einführungsgesetz und Nebengesetzen, 9. Aufl., Band 6, 2. Teil, Art. 7- 31 EGBGB (Internationales Privatrecht), München, Berlin, Leipzig 1931, zit.: Staudinger[9]/Raape; 12. Aufl., Internationales Eherecht (Art. 13-17), Internationales Verfahrensrecht in Ehesachen (§§ 606, 606a, 621, 328 ZPO; Art. 7 § 1 FamRÄnderG), 1992, Einführungsgesetz zum Bürgerlichen Gesetzbuch Art. 24-28 aF; 5, 6 nF, 1991, Berlin, zit.: Staudinger[12]/Bearbeiter; 13.Aufl., Erstes Buch, Allgemeiner Teil, §§ 134-163, 1996, Viertes Buch, Familienrecht, §§ 1363-1563, 1994, Fünftes Buch, Erbrecht, §§ 1967-2086, 1996, §§ 2339-2385, 1997, Einführungsgesetz zum Bürgerlichen Gesetzbuche/IPR: Einleitung zum IPR, Art. 3-6 EGBGB, 1996; Art. 13-18 EGBGB mit Anhängen, 1996; Art. 25, 26 EGBGB, 1995, Art. 219-222, 230-236 EGBGB Gesetzesanhang zu Art. 230- 236 EGBGB, 1996, Art. 1, 2, 50-218 EGBGB, 1998 Internationales Sachenrecht, 1996, Internationales Gesellschaftsrecht, 1993, Berlin, zit.: Staudinger/Bearbeiter
Stein, Friedrich/*Jonas*, Martin: Kommentar zur Zivilprozeßordnung, Band 1, §§ 1- 90, 21. Aufl., Tübingen 1993, zit.: Stein/Jonas/Bearbeiter

Steinmeyer, Heinz-Dietrich: Strukturfragen der Alterssicherung der Frau in den USA, ZVglRWiss 83 (1984) 329-34

Stenz, Peter M.: Der Haftungsverband der Hypothek im französischen und im deutschen Recht, Frankfurt am Main, Berlin, Bern, New York, Paris, Wien 1992

Stern, Klaus: Das Staatsrecht der Bundesrepublik Deutschland, Band 1, Grundbegriffe und Grundlagen des Staatsrechts, Strukturprinzipien der Verfassung, München 1984, zit.: Stern, Staatsrecht I

Stöcker, Hans A.: Die Neuordnung des Internationalprivatrechts und das Höferecht, WM 1980, 1134-1138

Stoll, Hans: Rechtliche Inhaltskontrolle bei internationalen Handelsgeschäften, Festschrift für Gerhard Kegel, Stuttgart, Berlin, Köln, Mainz, 1987, 623-662, zit.: Stoll, FS für Kegel II

ders.: Bemerkungen zu den Vorschriften über den „Allgemeinen Teil" im Gesetzentwurf der Bundesregierung zur Neuregelung des IPR (Art. 3-9, 11-12), IPRax 1984, 1-5

Stoll, Veit: Die Rechtswahl im Namens-, Ehe-, und Erbrecht, München 1991, zit.: Stoll, Rechtswahl

Struycken, A.V.M.: Régimes matrimoniaux - banc d'essai de la codification internationale du droit international privé, in: E Pluribus Unum, Liber Amicorum Georges A.L. Droz, The Hague, Boston, London 1996, 445-460, zit.: Struycken, Liber Amicorum Droz

Stumberg, Georges Wilfred: Principles of Conflict of Laws, 3. Aufl., Brooklyn 1963, zit.: Stumberg, Conflict

Sturm, Fritz: Selbständige und unselbständige Anknüpfung im deutschen IPR beim Vor- und Familiennamen (Ehenamen), StAZ 1990, 350-356

ders.: Bringt die französische Bodenregisterreform eine Annäherung an das deutsche Grundbuchrecht?, Festschrift für Hans G. Ficker, Frankfurt, Berlin 1967, 459-472, zit.: Sturm, FS für Ficker

Symeonides, Symeon: Private International Law Codification in a Mixed Jurisdiction: The Louisiana Experience, RabelsZ 57 (1993) 460-507

Terré, François/*Simler,* Philippe: Les régimes matrimoniaux, 2.Auflage, Paris 1994

Thomas, Heinz/*Putzo*, Hans: Zivilprozeßordnung, 20. Aufl., München 1997

Thoms, Cordula: Einzelstatut bricht Gesamtstatut, Tübingen 1996, zit.: Thoms, Einzelstatut

Tiedemann, Andrea: Internationales Erbrecht in Deutschland und Lateinamerika, Tübingen 1993, zit.: Tiedemann, Internationales Erbrecht

dies.: Die Rechtswahl im deutschen Internationalen Erbrecht, RabelZ 55 (1991) 17-40

Tiffany, Herbert Thorndike: The Law of Real Property and other interests in land, Band 1, Chicago 1920, zit.: Tiffany, Law of Real Property

Tuor, Peter/*Schnyder*, Bernhard/*Schmid*, Jörg: Das Schweizerische Zivilgesetzbuch, 11. Aufl., Zürich 1995, zit.: Tuor/Schnyder/Schmid, ZGB

Tzschucke, Christian: Das Pflichtteilsrecht in den Vereinigten Staaten von Amerika, Köln 1969
Ulmer, Peter: Testamentsvollstreckung am Kommanditanteil- Voraussetzungen und Rechtsfolgen, NJW 1990, 73-83
Uniform Laws Annotated: Civil Procedural and Remedial Laws, Band 13, St. Paul 1986, zit.: Bd., U.L.A.
Vareille, Bernard: Régimes matrimoniaux, Rev.trim.dr.civ., 1995, 673-677
de Vareilles-Sommières, Le Comte: La synthèse du Droit International Privé, Band 2, Paris 1897, zit.: Vareilles-Sommières, D.i.p. II
van Venrooy, Gerd J.: Inländische Wirkung ausländischer Vindikationslegate, ZvglRWiss 85 (1986) 205-236
Vernier, Chester G.: American Family Laws, Band 3, Husband and Wifes, Stanford 1935; zit.: Vernier, Bd.
Vischer, Frank: Internationales Vertragsrecht, Bern 1962
Voser, Natalie: Die Theorie der loi d'application immédiate im Internationalen Privatrecht, Basel, Frankfurt am Main 1993, zit.: Voser, Loi d'application immédiate
von Wächter, Carl: Über die Collision der Privatrechtsgesetze verschiedener Staaten, AcP 24 (1841) 230-311, AcP 25 (1842) 1-60
Wagner, Rolf: Versorgungsausgleich mit Auslandsberührung, Bielefeld 1996
Wahl, Eduard: Internationales Privatrecht, Abschnitt II: Allgemeine Lehren, Rechtsvergleichendes Handwörterbuch für das Zivil- und Handelsrecht des In- und Auslandes, Band 4, Berlin 1933, zit.: Wahl, RvglHWB
Wasmuth, Johannes: Zur Korrektur abgeschlossener erbrechtlicher Sachverhalte im Bereich der ehemaligen DDR, DNotZ 1992, 3-18
Wassermann, Peter: Die güterrechtlichen Beziehungen von Übersiedlern aus der DDR, FamRZ 1990, 333-342
Waters, Donovan W. M.: Rapport explicatif, Convention sur la loi applicable aux successions à cause de mort, in: Conférence de la Haye de droit international privé, Actes et documents de la Seizième session, Band 2, Den Haag 1990, 525-617, zit.: Waters, Rapport
ders.: Rapport de la Commission spéciale, Convention sur la loi applicable aux successions à cause de mort, in: Conférence de la Haye de droit international privé, Actes et documents de la Seizième session, Band 2, Den Haag 1990, 238-283, zit.: Waters, Rapport de la Commission spéciale
Weber, Helmut: Die Theorie der Qualifikation, Tübingen 1986
Wegmann, Bernd: Rechtswahlmöglichkeiten im internationalen Familienrecht, NJW 1987, 1740-1745
Weill, Alex/*Terré,* François/*Simler*/Philippe: Droit civil, Les biens, 3. Aufl. Paris 1985
Weinschenk, Fritz: Die Anerkennung und Vollstreckung bundesdeutscher Urteile in den Vereinigten Staaten unter den „Foreign County Money Judgement Recognictions Acts", Berlin 1988, zit.: Weinschenk, Anerkennung

Weintraub, Russell J.: Commentary on the Conflict of Laws, 3. Aufl., Mineola 1986, zit.: Weintraub, Conflict
ders.: An Inquiery into the utility of „situs" as a concept in conflict analysis, 52 Corn.L.Q. 1-42 (1966/67)
Wengler, Wilhelm: Kritische Gedanken zu den Reformarbeiten am deutschen internationalem Privatrecht, StAZ 1983, 11-13
ders.: Die Belegenheit von Rechten, Festschrift der Juristischen Fakultät der Freien Universität Berlin zum 41. Deutschen Juristentag in Berlin, Berlin und Frankfurt am Main 1955, 285-352, zit.: Wengler, FS der Universität Berlin
ders.: Fragen des deutschen Erbscheinrechts für Nachlässe, auf die englisches Interstaterbrecht anwendbar ist, JR 1955, 41-43
ders.: Die Anknüpfung des zwingenden Schuldrechts im internationalen Privatrecht, ZVglRWiss 54 (1941) 168-212
Wenzel, Frank: Die Sondererbfolge in das Mietverhältnis gemäß § 569 a BGB, ZMR 1993, 489-491
Wicki, André Aloys: Zur Dogmengeschichte der Parteiautonomie im Internationalen Privatrecht, Winterthur 1965, zit.: Wicki, Dogmengeschichte
Wiezoreck, Bernhard/*Schütze*, Rolf A.: Zivilprozeßordnung und Nebengesetze, Band 1, 1.Teilband, §§ 1 bis 49, 3. Aufl., Berlin, New York 1994, zit.: Wieczorek/Schütze/Bearbeiter
Wilfurth, Konrad: Die Institution Contractuelle nach belgischem Recht Qualifikation und Handeln unter falschem Recht in deutsch-belgischen Erbfällen, München 1982
Wilke: Reform des englischen Sachen- und Erbrechts, DJZ 1926, Sp. 52-56
Winkler von Mohrenfels, Peter: Ehebezogene Zuwendungen im Internationalen Privatrecht, IPRax 1995, 379-386
Winkler, Wolfgang: Die Vererbung landwirtschaftlicher Betriebe in Skandinavien, AgrarR 1997, 411-416
Witthoff, Eberhard: Die Vererbung von Anteilen deutscher Personengesellschaften im internationalen Privatrecht, Frankfurt am Main, Berlin, Bern, New York, Paris, Wien, 1993, zit.: Witthoff, Vererbung
Wochner, Manfred: Zum Güterrechtsstatut bei deutsch-amerikanischen Ehen, IPRax 1985, 90-92
ders.: Gesamtstatut und Einzelstatut - Zur Auslegung des Art. 28 EGBGB unter besonderer Berücksichtigung der Entstehungsgeschichte, Festschrift für Eduard Wahl, Heidelberg 1973, 161-184, zit.:Wochner, FS für Wahl
ders.: Anmerkung zum Beschluß des BGH vom 7. 11. 1979, JZ 1980, 414-415
Woerner, J. G.: A Treatise on the American Law of Administration (Including Wills), Band 1, Band 2, 3.Aufl., Boston 1923, zit.: Woerner, Bd.
Wöhrmann, Otto/*Stöcker*, Hans A.: Das Landwirtschaftserbrecht, 6. Aufl., Neuwied, Kriftel, Berlin 1995, zit.: Wöhrmann/Stöcker, LwErbR
Wolff, Martin: Das internationale Privatrecht Deutschlands, 3. Aufl, Berlin, Göttingen, Heidelberg, 1954, zit.: Wolff, IPR

Zacher, Hans F.: Der Versorgungsausgleich im internationalen Vergleich und in der zwischenstaatlichen Praxis, Berlin 1984
Zajtay, Imre: Bemerkungen zur Entwicklung des ehelichen Güterrechts in Frankreich, Festschrift für Hans G. Ficker, Frankfurt, Berlin 1967, 473-497, zit.: Zajtay, FS für Ficker
Zemen, Herbert: Zum Statut der gesetzlichen Erbfolge nach dem Österreichischen IPR-Gesetz, ZfRV 24 (1983) 67-77
Zeuge, Wilfried: Das Recht der belegenen Sache im deutschen internationalen Erbrecht (Art. 28 EGBGB.), Würzburg 1939, zit.: Zeuge, Recht der belegenen Sache
Ziegenbein, Ulrich: Die Unterscheidung von Real und Personal Actions im Common Law, Berlin 1971
Zitelmann, Ernst: Sondergut nach deutschem Internationalprivatrecht (EG. Art. 28); Festschrift Otto Gierke, Weimar 1911, 255-284, zit.: Zitelmann, FS für Gierke
ders.: Internationales Privatrecht, Band 1, Leipzig 1897, Band 2, München und Leipzig 1912, zit.: Zitelmann, IPR, Bd.
Zöller, Richard: Zivilprozeßordnung, 20. Aufl., Köln 1997, zit.: Zöller/Bearbeiter
Zweigert, Konrad: Nichterfüllung auf Grund ausländischer Leistungsverbote, RabelsZ 14 (1942) 283-307

STUDIEN ZUM VERGLEICHENDEN UND INTERNATIONALEN RECHT

Herausgeber: Bernd von Hoffmann und Erik Jayme

Band 1 Ferdinand Henke: Die Datenschutzkonvention des Europarates. 1986.

Band 2 Peter Czermak: Der express trust im internationalen Privatrecht. 1986.

Band 3 Peter Kindler: Der Ausgleichsanspruch des Handelsvertreters im deutsch-italienischen Warenverkehr. Eine rechtsvergleichende und kollisionsrechtliche Untersuchung. 1987.

Band 4 Wilhelm Denzer: Stellung und Bedeutung des Engineers in den FIDIC-Bauvertragsbedingungen. 1988.

Band 5 Marijan-Maximilian Lederer: Die internationale Enteignung von Mitgliedschaftsrechten unter besonderer Berücksichtigung der französischen Enteignungen 1982. 1989.

Band 6 Rainer Esser: Klagen gegen ausländische Staaten. 1990.

Band 7 Chang Jae-Ok: Auf dem Weg zu einer Materialisierung des Immateriellen ? Personen-, Persönlichkeitsschutz und Geldersatz des immateriellen Schadens in rechtsvergleichender Hinsicht am Beispiel des koreanischen und japanischen Zivilrechts unter besonderer Berücksichtigung des deutschen Rechts. 1990.

Band 8 Paul-Frank Weise: Lex mercatoria. Materielles Recht vor der internationalen Handelsschiedsgerichtbarkeit.1990.

Band 9 Werner Born: Der Auftrittsvertrag für Musikgruppen im Bereich der Rock- und Popmusik. 1990.

Band 10 Ralf Erich Jürgens: IPR und Verfassung in Italien und in der Bundesrepublik Deutschland. 1990.

Band 11 Rainer Gildeggen: Internationale Schieds- und Schiedsverfahrensvereinbarungen in Allgemeinen Geschäftsbedingungen vor deutschen Gerichten. 1991.

Band 12 Klaus Grabinski: Die kollisionsrechtliche Behandlung des Durchgriffs bei rechtlich verselbständigten Unternehmen in privater oder öffentlicher Hand. 1991.

Band 13 Dieter Stummel: Konkurs und Integration. Konventionsrechtliche Wege zur Bewältigung grenzüberschreitender Insolvenzverfahren. 1991.

Band 14 Joachim Güntzer: Die Rechtsstellung des Geschäftsführers im spanischen Aktienrecht. Die Neuregelung des spanischen Aktienrechts nach dem Beitritt Spaniens zur EG. 1991.

Band 15 Sabine Isenburg-Epple: Die Berücksichtigung ausländischer Rechtshängigkeit nach dem Europäischen Gerichtsstands- und Vollstreckungsübereinkommen vom 27.9.1968. Untersuchungen zum Anwendungsbereich von Art. 21 EuGVÜ unter schwerpunktmäßiger Behandlung der Frage nach der Bestimmung eines europäischen Streitgegenstandsbegriffs. 1992.

Band 16 Ulrich Nickl: Die Qualifikation der culpa in contrahendo im Internationalen Privatrecht. 1992.

Band 17 Theo Rauh: Leistungserschwerungen im Schuldvertrag. Eine rechtsvergleichende Untersuchung des englischen, US-amerikanischen, französischen und deutschen Rechts unter besonderer Berücksichtigung der gerichtlichen Praxis. 1992.

Band 18 Bernadette Chaussade-Klein: Vorvertragliche "obligation de renseignements" im französischen Recht. 1992.

Band 19 Josef Sievers: Verbraucherschutz gegen unlautere Vertragsbedingungen im französischen Recht. Vom Code civil zum "Code de la consommation" – die Entstehung eines Sonderprivatrechts für Verbraucher. 1993.

Band 20 Achim Schäfer: Grenzüberschreitende Kreditsicherung an Grundstücken, unter besonderer Berücksichtigung des deutschen und italienischen Rechts. 1993.

Band 21 Eugenio Hernández-Breton: Internationale Gerichtsstandsklauseln in Allgemeinen Geschäftsbedingungen. Unter besonderer Berücksichtigung des deutsch-südamerikanischen Rechtsverkehrs (dargestellt am Beispiel Argentinien, Brasilien und Venezuela). 1993.

Band 22 Ingo Reng: Unterhaltsansprüche aufgrund nichtehelicher Lebensgemeinschaft – Internationales Privatrecht und ausländisches materielles Recht. 1994.

Band 23 Stefanie Roloff: Die Geltendmachung ausländischer öffentlicher Ansprüche im Inland. 1994.

Band 24 Katharina Ludwig: Der Vertragsschluß nach UN-Kaufrecht im Spannungsverhältnis von Common Law und Civil Law. Dargestellt auf der Grundlage der Rechtsordnungen Englands und Deutschlands. 1994.

Band 25 Malte Diesselhorst: Mehrparteienschiedsverfahren. Internationale Schiedsverfahren unter Beteiligung von mehr als zwei Parteien. 1994.

Band 26 Manfred Kost: Konsensprobleme im internationalen Schuldvertragsrecht. 1995.

Band 27 Wolff-Heinrich Fleischer: Das italienische Wettbewerbsrecht und die Probleme des selektiven Parfümvertriebs unter Berücksichtigung der Rechtslage in Frankreich und Deutschland. 1995.

Band 28 Angelika Fuchs: Lateinamerikanische Devisenkontrollen in der internationalen Schuldenkrise und Art. VIII Abschn. 2 b) IWF-Abkommen. 1995.

Band 29 Jacques Matthias Aull: Der Geltungsanspruch des EuGVÜ: "Binnensachverhalte" und Internationales Zivilverfahrensrecht in der Europäischen Union. Zur Auslegung von Art. 17 Abs. 1 S. 1 EuGVÜ. 1996.

Band 30 Hartmut Ost: EVÜ und fact doctrine. Konflikte zwischen europäischer IPR-Vereinheitlichung und der Stellung ausländischen Rechts im angelsächsischen Zivilprozeß. 1996.

Band 31 Stefan Wagner: Die Testierfähigkeit im Internationalen Privatrecht. 1996.

Band 32 Wolfgang Jakob Hau: Positive Kompetenzkonflikte im Internationalen Zivilprozeßrecht. Überlegungen zur Bewältigung von *multi-fora disputes*. 1996.

Band 33 Markus Schütz: UN-Kaufrecht und *Culpa in contrahendo*. 1996.

Band 34 Volker Geyrhalter: Das Lösungsrecht des gutgläubigen Erwerbers. Ein "vergessener" Kompromiß und die Auswirkungen auf das heutige deutsche Recht unter besonderer Berücksichtigung des internationalen Sachenrechts. 1996.

Band 35 Andreas Kramer: Abwicklungsstörungen bei Kaufverträgen. Die Lieferung vertragswidriger Sachen im deutschen und italienischen Recht. 1996.

Band 36 Petra Krings: Erfüllungsmodalitäten im internationalen Schuldvertragsrecht. 1997.

Band 37 Tonja Gaibler: Der rechtsgeschäftliche Irrtum im französischen Recht. 1997.

Band 38 Dirk Otto: Rechtsspaltung im indischen Erbrecht. Bedeutung und Auswirkungen auf deutsch-indische Nachlaßfälle. 1997.

Band 39 Gregor W. Decku: Zwischen Vertrag und Delikt. Grenzfälle vertraglicher und deliktischer Haftung dargestellt am Beispiel der Berufs- und Expertenhaftung zum Schutze des Vermögens Dritter im deutschen und englischen Recht. 1997.

Band 40 Ulrike Höpping: Auswirkungen der Warenverkehrsfreiheit auf das IPR unter besonderer Berücksichtigung des Internationalen Produkthaftungsrechts und des Internationalen Vertragsrechts. 1997.

Band 41 Andreas Bartosch: Die vermögensrechtlichen Beziehungen der Ehegatten bei bestehender Ehe im englischen Recht – Eigentum, Besitz, Schuldvertrag. 1997.

Band 42 Helene Boriths Müller: Die Umsetzung der europäischen Übereinkommen von Rom und Brüssel in das Recht der Mitgliedstaaten. Dargestellt am Beispiel Deutschlands und Dänemarks. 1997.

Band 43 Bernd von Hoffmann / Myong-Chang Hwang (eds.): The Public Concept of Land Ownership. Reports and Discussions of a German-Korean Symposium held in Seoul on October 7-9, 1996. 1997.

Band 44 Oliver Heeder: Fraus legis. Eine rechtsvergleichende Untersuchung über den Vorbehalt der Gesetzesumgehung in Deutschland, Österreich, der Schweiz, Frankreich und Belgien unter besonderer Berücksichtigung des Internationalen Privatrechts. 1998.

Band 45 Heinrich Schütt: Deliktstyp und Internationales Privatrecht. Dargestellt an grenzüberschreitenden Problemen der Arzthaftung. 1998.

Band 46 Axel Steiner: Die stillschweigende Rechtswahl im Prozeß im System der subjektiven Anknüpfungen im deutschen Internationalen Privatrecht. 1998.

Band 47 Martina Schulz: Der Eigentumsvorbehalt in europäischen Rechtsordnungen. Rechtsvergleichende Untersuchung des deutschen, englischen und französischen Rechts unter besonderer Berücksichtigung von Erweiterungen und Verlängerungen. 1998.

Band 48 Karin Dreher: Die Rechtswahl im internationalen Erbrecht. Unter besonderer Berücksichtigung des italienischen IPR-Reformgesetzes N. 218 vom 31. Mai 1995. 1999.

Band 49 Giuliano Gabrielli: Das Verhältnis zwischen der Anfechtung wegen Eigenschaftsirrtums und den Gewährleistungsansprüchen im deutschen, österreichischen und italienischen Recht. 1999.

Band 50 Bernd von Hoffmann / Myong-Chan Hwang (eds.): Developments in Land Law. Reports and Discussions of a German-Korean Symposium held in Berlin and Trier on July 21-24, 1997. 1999.

Band 51 Volker Heidbüchel: Das UNCITRAL-Übereinkommen über unabhängige Garantien und Standby Letters of Credit. Vergleiche mit den Richtlinien der Internationalen Handelskammer, dem deutschen, englischen und US-amerikanischen Recht. 1999.

Band 52 Jan Christoph Nordmeyer: Pflichtteilsansprüche und Wiedervereinigung. Eine systematische Analyse der Ausgleichsansprüche nach BGB-Pflichtteilsrecht unter besonderer Berücksichtigung der durch den Wiedervereinigungsprozeß eingetretenen Wertveränderungen. 1999.

Band 53 Bettina Linder: Vertragsabschluß beim grenzüberschreitenden Verbraucherleasing. 1999.

Band 54 Almontasser Fetih: Die zivilrechtliche Haftung bei Vertragsverhandlungen. Eine rechtsvergleichende Studie zum deutschen, französischen, ägyptischen und islamischen Recht. 2000.

Band 55 Sona Rajani: Die Geltung und Anwendung des Gemeinschaftsrechts im Vereinigten Königreich von Großbritannien und Nordirland. Der Grundsatz der Parlamentssouveränität im Wandel. 2000.

Band 56 Joachim Kayser: Gegenmaßnahmen im Außenwirtschaftsrecht und das System des europäischen Kollisionsrechts. Eine Analyse der EU-Abwehrverordnung gegen die Auswirkungen extraterritorialer Rechtserstreckung eines Drittlandes. 2001.

Band 57 Albrecht Conrad: Qualifikationsfragen des Trust im Europäischen Zivilprozeßrecht. 2001.

Band 58 Bernd Borgmann: Die Entsendung von Arbeitnehmern in der Europäischen Gemeinschaft. Wechselwirkungen zwischen Kollisionsrecht, Grundfreiheiten und Spezialgesetzen. 2001.

Band 59 Aleksandar Jaksic: Arbitration and Human Rights. 2002.

Band 60 Islamisches und arabisches Recht als Problem der Rechtsanwendung. Symposium zu Ehren von Professor Emeritus Dr. iur. Omaia Elwan. Veranstaltet vom Institut für ausländisches und internationales Privat- und Wirtschaftsrecht der Universität Heidelberg und der Gesellschaft für Arabisches und Islamisches Recht e.V. Herausgegeben von Herbert Kronke, Gert Reinhart und Nika Witteborg. 2001.

Band 61 Patrick Fiedler: Stabilisierungsklauseln und materielle Verweisung im internationalen Vertragsrecht. 2001.

Band 62 Werner Mangold: Die Abtretung im Europäischen Kollisionsrecht. Unter besonderer Berücksichtigung des spanischen Rechts. 2001.

Band 63 Eike Dirk Eschenfelder: Beweiserhebung im Ausland und ihre Verwertung im inländischen Zivilprozess. Zur Bedeutung des US-amerikanischen discovery-Verfahrens für das deutsche Erkenntnisverfahren. 2002.

Band 64 Bernd Ehle: Wege zu einer Kohärenz der Rechtsquellen im Europäischen Kollisionsrecht der Verbraucherverträge. 2002.

Band 65 Heiko Lehmkuhl: Das Nacherfüllungsrecht des Verkäufers im UN-Kaufrecht. 2002.

Band 66 Jochen Nikolaus Schlotter: Erbrechtliche Probleme in der Société Privée Européenne. IPR-Harmonisierung im einheitlichen Europäischen Rechtsraum. 2002.

Band 67 Konrad Ost: Doppelrelevante Tatsachen im Internationalen Zivilverfahrensrecht. Zur Prüfung der internationalen Zuständigkeit bei den Gerichtsständen des Erfüllungsortes und der unerlaubten Handlung. 2002.

Band 68 Tobias Bosch: Die Durchbrechungen des Gesamtstatuts im internationalen Ehegüterrecht. Unter besonderer Berücksichtigung deutsch-französischer Rechtsfälle. 2002.

Band 69 Ursula Philipp: Form im amerikanischen Erbrecht. Zwischen Formalismus und harmless error. 2002.

Band 70 Christian Stefan Wolf: Der Begriff der wesentlich engeren Verbindung im Internationalen Sachenrecht. 2002.

Kirsten Schümann

Nichteheliche Lebensgemeinschaften und ihre Einordnung im Internationalen Privatrecht

Frankfurt/M., Berlin, Bern, Bruxelles, New York, Oxford, Wien, 2001. XXXIV, 162 S.
Europäische Hochschulschriften: Reihe 2, Rechtswissenschaft. Bd. 3116
ISBN 3-631-37783-5 · br. € 35.30*

Nichteheliche Lebensgemeinschaften sind seit Jahren keine gesellschaftliche Randerscheinung mehr. Ihre Eingehung macht naturgemäß vor Ländergrenzen nicht halt. Die unterschiedliche rechtliche Erfassung dieser Verbindungen in den einzelnen Staaten erfordert klare Regeln über das in Fällen mit Auslandsberührung anzuwendende Recht. Derartige gesetzliche Regelungen existieren in Deutschland jedoch nicht. Ausgehend von den unterschiedlichen Motiven nichtehelichen Zusammenlebens und ihrer rechtlichen Anerkennung in den einzelnen Rechtsordnungen wird in dieser Arbeit eine Kollisionsnorm für das deutsche Internationale Privatrecht entwickelt.

Aus dem Inhalt: Nichteheliche Lebensgemeinschaften im Internationalen Raum · Eine Kollisionsregel für nichteheliche Paare

FSC
www.fsc.org
MIX
Papier | Fördert
gute Waldnutzung
FSC® C083411

Kolibri 360 GmbH
Ferdinand-Jühlke-Straße 7
99095 Erfurt, Deutschland
produktsicherheit@kolibri360.de

Druck:
CPI Druckdienstleistungen GmbH
im Auftrag der
Kolibri 360 GmbH
Ferdinand-Jühlke-Str. 7
99095 Erfurt